고시넷

공기업 NCS

대기업 인적성

수리능력 파랑이 자료해석

수리능력 전략과목 만들기

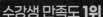

정오표 및 학습 질의 안내

정오표 확인 방법

고시넷은 오류 없는 책을 만들기 위해 최선을 다합니다. 그러나 편집 과정에서 미처 잡지 못한 실수가 뒤늦게 나오는 경우가 있습니다. 고시넷은 이런 잘못을 바로잡기 위해 정오표를 실시간으로 제공합니다. 감사하는 마음으로 끝까지 책임을 다하겠습니다.

고시넷 홈페이지 접속 > 고시넷 출판-커뮤니티 > 정오표

www.gosinet.co.kr

모바일폰에서 QR코드로 실시간 정오표를 확인할 수 있습니다.

학습 질의 안내

학습과 교재선택 관련 문의를 받습니다. 적절한 교재선택에 관한 조언이나 고시넷 교재 학습 중 의문 사항은 아래 주소로 메일을 주시면 성실히 답변드리겠습니다.

이메일주소 **qna@gosinet.co.kr**

contents 차례

자료해석 정복

파트 4 실전연습

책속의 책 **정답과 해설**

파트 4 실전연습

EXAMINATION GUIDE

구성과 활용

STEP 1 자료해석의 빈출 용어 완벽 학습!

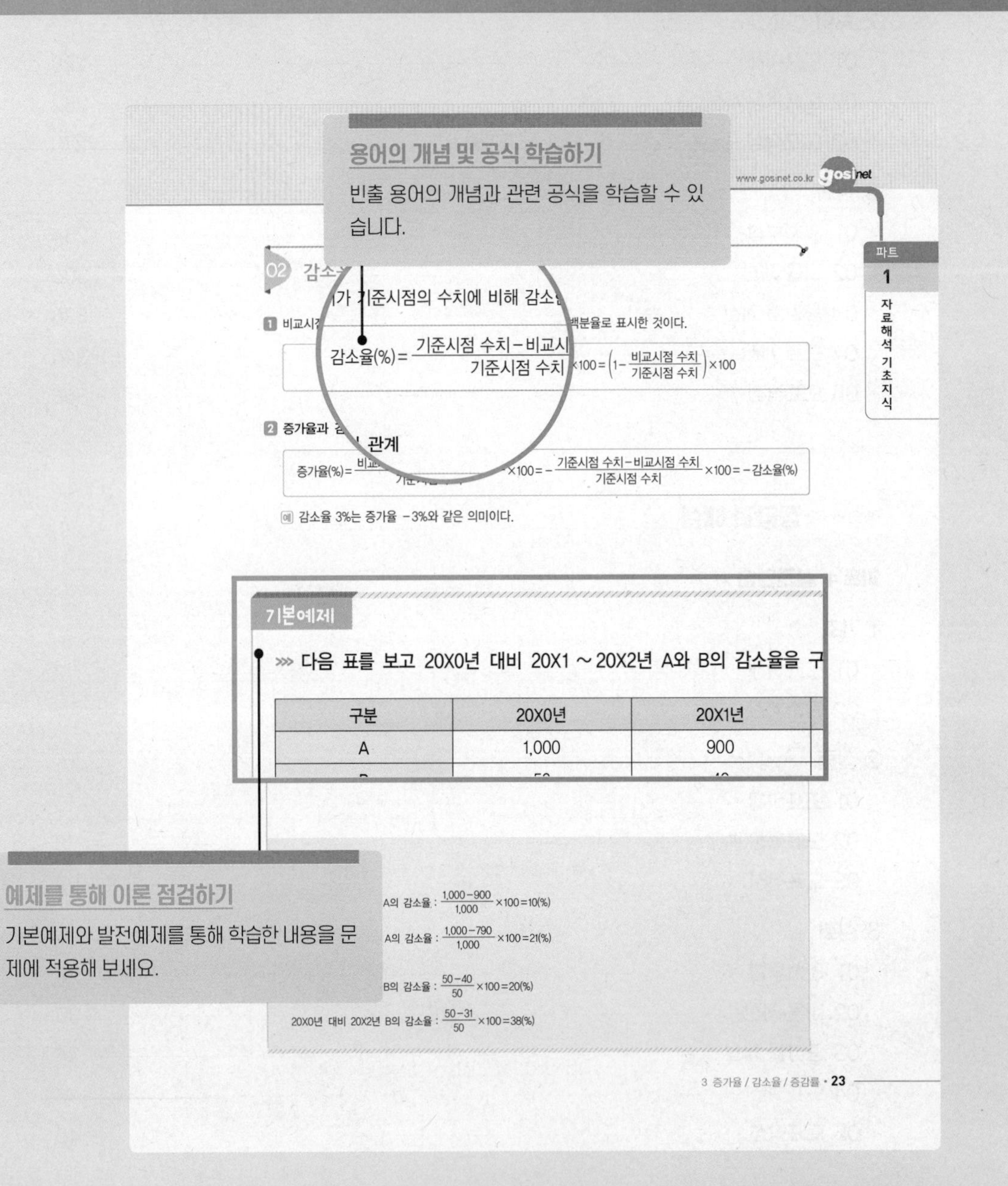

용어의 개념 및 공식 학습하기
빈출 용어의 개념과 관련 공식을 학습할 수 있습니다.
예제를 통해 이론 점검하기
기본예제와 발전예제를 통해 학습한 내용을 문제에 적용해 보세요.

STEP 2 이해가 쏙쏙! 시간을 단축하는 계산 테크닉!

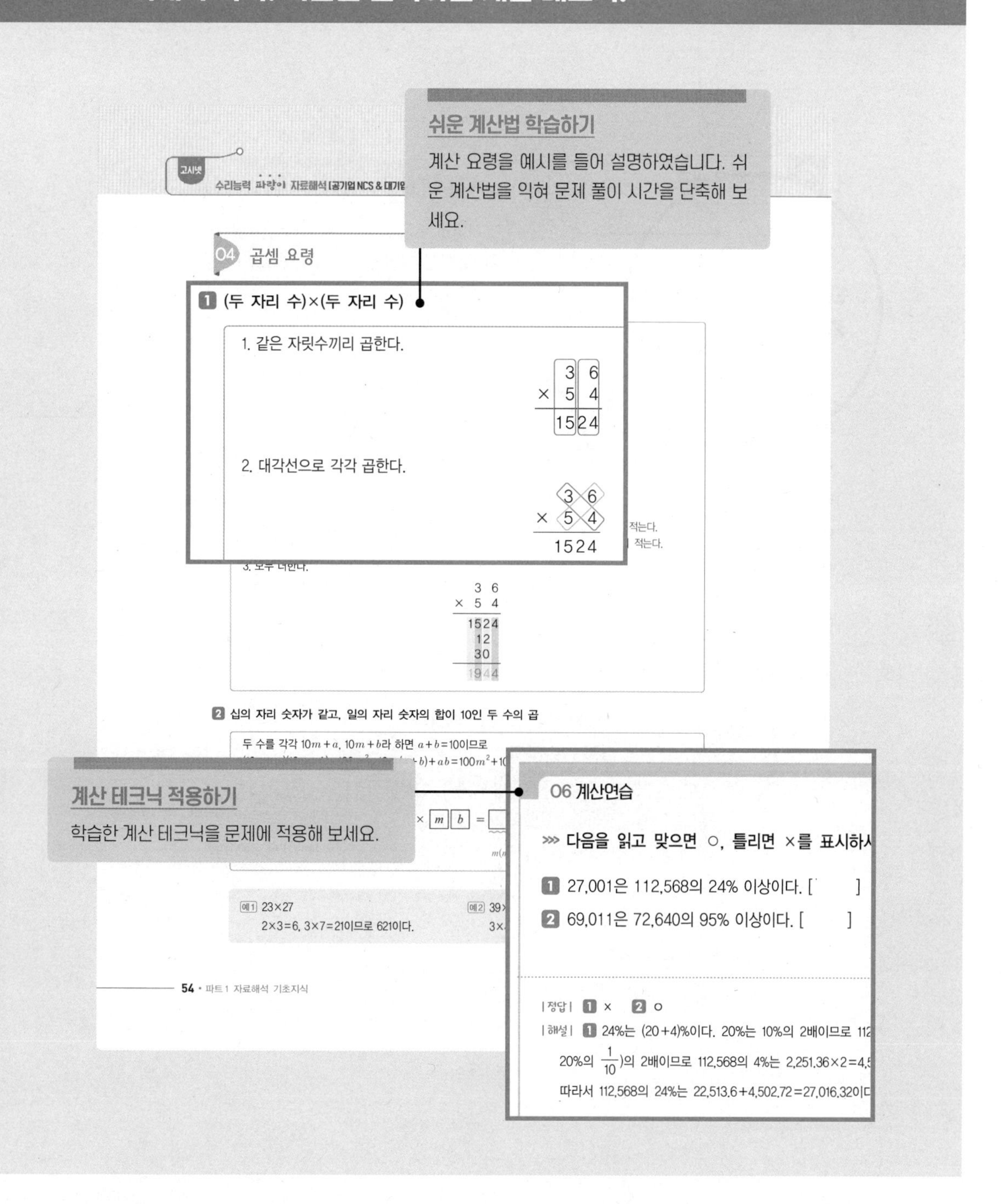

쉬운 계산법 학습하기
계산 요령을 예시를 들어 설명하였습니다. 쉬운 계산법을 익혀 문제 풀이 시간을 단축해 보세요.
04 곱셈 요령
1 (두 자리 수)×(두 자리 수)
1. 같은 자릿수끼리 곱한다.
2. 대각선으로 각각 곱한다.
3. 모두 더한다.
2 십의 자리 숫자가 같고, 일의 자리 숫자의 합이 10인 두 수의 곱
계산 테크닉 적용하기
학습한 계산 테크닉을 문제에 적용해 보세요.
06 계산연습
다음을 읽고 맞으면 ○, 틀리면 ×를 표시하시
1 27,001은 112,568의 24% 이상이다. [ ]
2 69,011은 72,640의 95% 이상이다. [ ]
|정답| 1 × 2 ○

EXAMINATION GUIDE

구성과 활용

STEP 3 그래프의 종류별 특징과 해석 방법으로 기초 다지기!

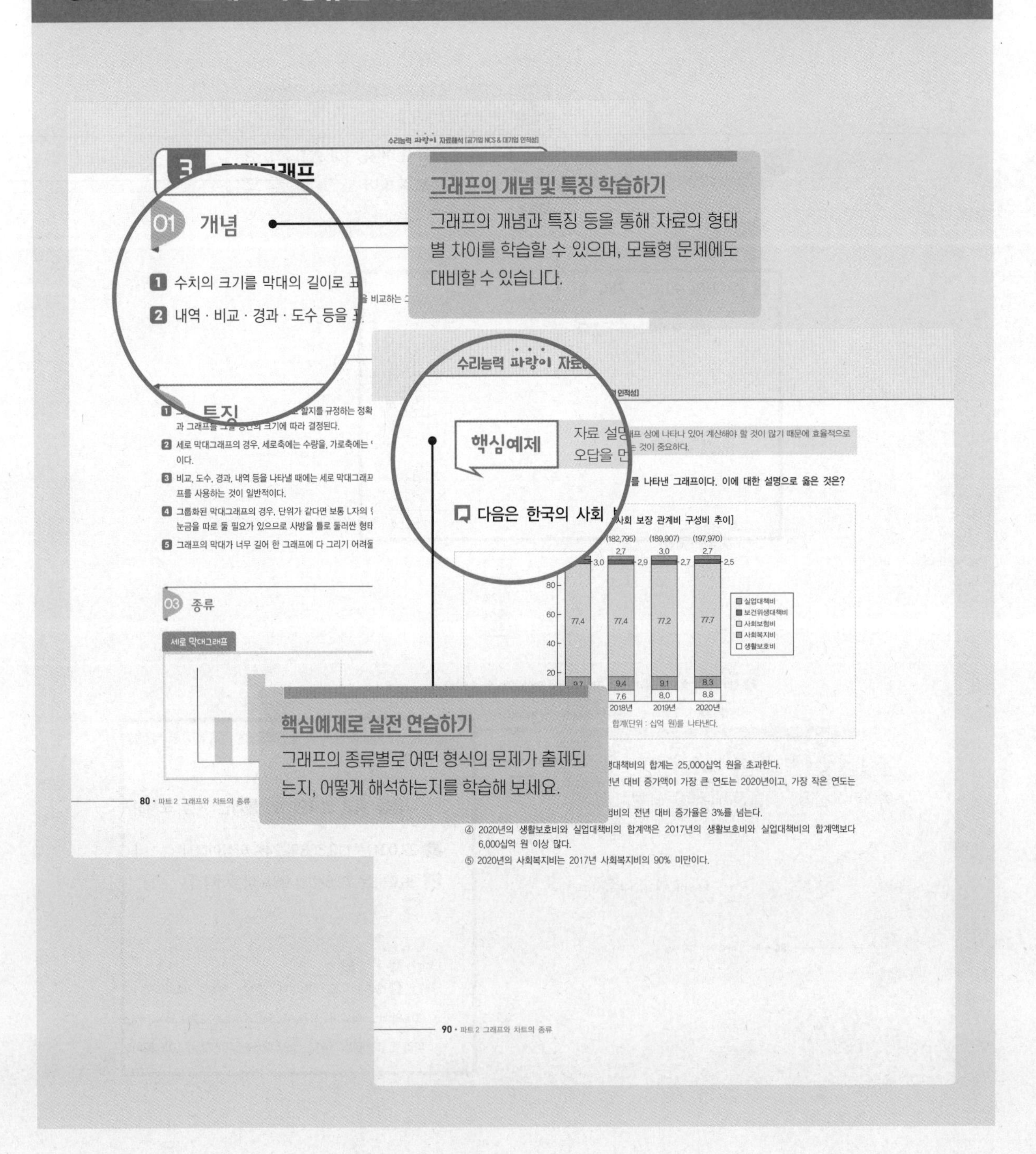

그래프의 개념 및 특징 학습하기
그래프의 개념과 특징 등을 통해 자료의 형태별 차이를 학습할 수 있으며, 모듈형 문제에도 대비할 수 있습니다.
01 개념
1 수치의 크기를 막대의 길이로 표
2 내역 · 비교 · 경과 · 도수 등을 표
02 특징
03 종류
수리능력 파랑이 자료
핵심예제
다음은 한국의 사회 보
핵심예제로 실전 연습하기
그래프의 종류별로 어떤 형식의 문제가 출제되는지, 어떻게 해석하는지를 학습해 보세요.

STEP 4 레벨 1 ⇒ 레벨 2 ⇒ 레벨 3 단계적 학습을 통한 실력 UP!

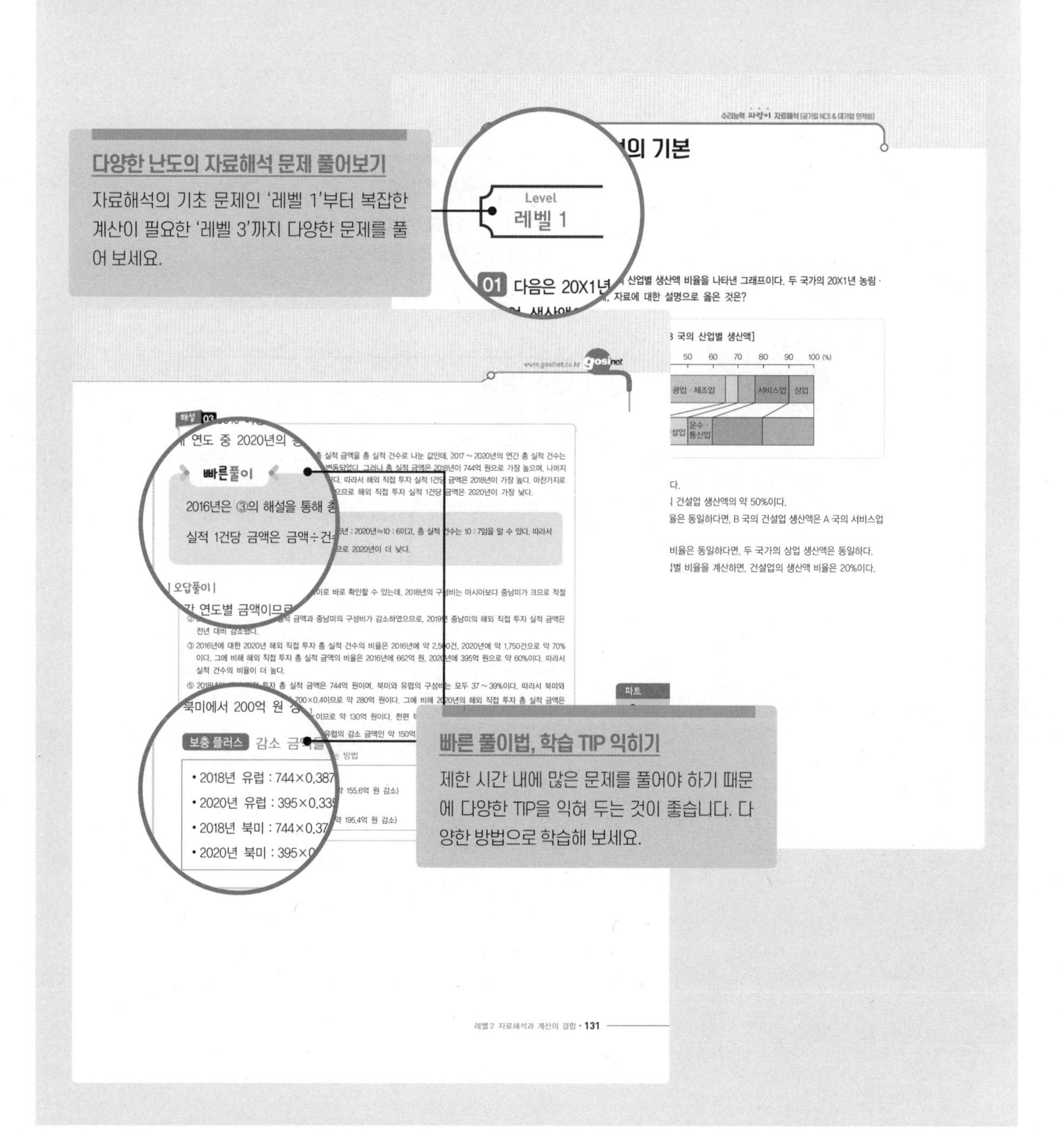

다양한 난도의 자료해석 문제 풀어보기
자료해석의 기초 문제인 '레벨 1'부터 복잡한 계산이 필요한 '레벨 3'까지 다양한 문제를 풀어 보세요.
Level
레벨 1
빠른풀이
보충 플러스
빠른 풀이법, 학습 TIP 익히기
제한 시간 내에 많은 문제를 풀어야 하기 때문에 다양한 TIP을 익혀 두는 것이 좋습니다. 다양한 방법으로 학습해 보세요.

구성과 활용

STEP 5 기출문제로 자료해석 실전 연습!

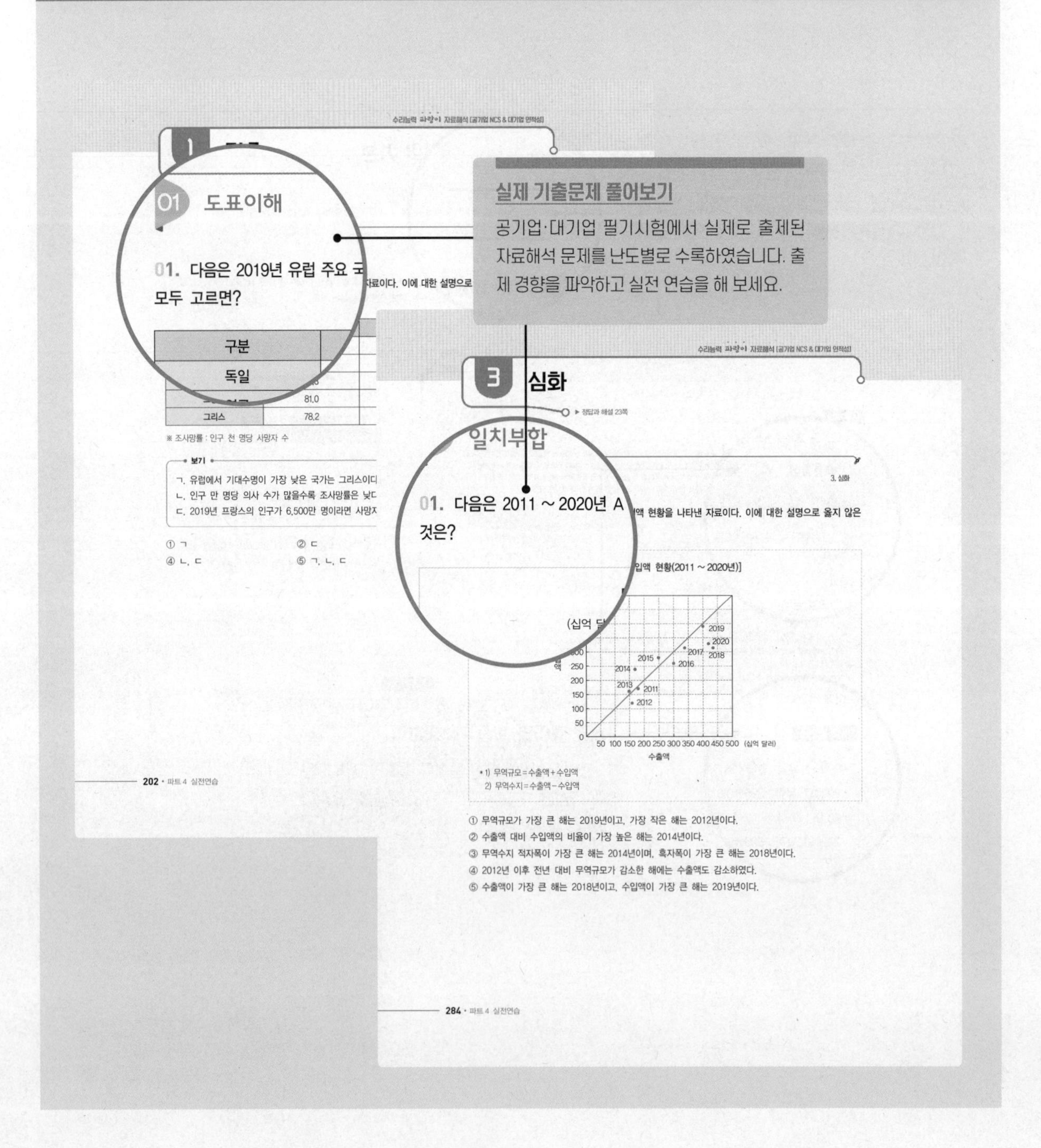

실제 기출문제 풀어보기
공기업·대기업 필기시험에서 실제로 출제된 자료해석 문제를 난도별로 수록하였습니다. 출제 경향을 파악하고 실전 연습을 해 보세요.
01 도표이해
01. 다음은 2019년 유럽 주요 국
모두 고르면?
3 심화
일치부합
01. 다음은 2011 ~ 2020년 A
것은?
① 무역규모가 가장 큰 해는 2019년이고, 가장 작은 해는 2012년이다.
② 수출액 대비 수입액의 비율이 가장 높은 해는 2014년이다.
③ 무역수지 적자폭이 가장 큰 해는 2014년이며, 흑자폭이 가장 큰 해는 2018년이다.
④ 2012년 이후 전년 대비 무역규모가 감소한 해에는 수출액도 감소하였다.
⑤ 수출액이 가장 큰 해는 2018년이고, 수입액이 가장 큰 해는 2019년이다.

상세한 해설과 오답풀이

상세한 해설을 수록하였고 오답풀이 및 보충 사항들을 수록하여 문제 풀이 과정에서의 학습 효과가 극대화될 수 있도록 구성하였습니다.

③ 건강보험료(156,420원)는 고용보험료의 8배(19,003×8 =152,024(원)) 이상이다.

④ • 건강보험료, 국민연금료, 고용보험료의 합이 공제총액에서 차지하는 비율 : 156,420+148,360+19,003 =323,783(원)

$\frac{323,783}{562,914}\times100 ≒ 57.5(\%)$

• 소득세, 지방소득세의 합이 공제총액에서 차지하는 비율 : 160,000+16,000=176,000(원)

$\frac{176,000}{562,914}\times100 ≒ 31.3(\%)$

57.5−31.3=26.2(%p)이므로 옳다.

06

| 정답 | ④

| 해설 | 니켈은 러시아가 17%, 캐나다가 16%, 호주가 11%를 보유하고 있다. 나머지 56%는 8개국을 제외한 국가가 보유하고 있는데, 제시되지 않은 국가는 제시된 국가의 최소량보다 적게 보유한다. 따라서 상위 3개국을 제외한 최소 6개 이상의 국가에서 니켈을 11% 미만으로 보유하고 있다.

| 오답풀이 |

① 남아공의 백금속 부존량은 러시아의 $\frac{57}{28}$ ≒2.04(배)이다.

② 제시된 국가가 아닌 경우 제시된 국가보다 각각의 희소금속을 적게 보유하므로 부존량 비율 50%를 넘는 희소금속이 있는 국가는 중국, 남아공, 호주 3개국이다.

③ 남아공, 호주, 캐나다 3개국이다.

⑤ 리튬과 인듐은 서로 다른 희소금속 종류이므로 비율만으로 부존량을 비교할 수 없다.

07

| 정답 | ④

| 해설 | 2018 ~ 2020년 전체 입양 아동 중 3세 미만 아동의 입양 비율은 다음과 같다.

2018년 : (29+3…

= 976 / 1,05…

2019년 : (43+3…

= 827 / 884 …

2020년 : $\frac{(4+281+150+382)}{(4+281+150+30+382+16)}\times100$

= 817 …

보충 플러스+

3세 미만은 3개의 항목을 더해야 하는데 여집합인 3세 이상은 항목이 1개이므로 이를 이용하는 것이 간단하다. 3세 이상 비율이 매년 1% 이상 증가하면 3세 미만은 매년 1% 이상 감소하게 된다.

| 오답풀이 |

① 2015년 1,548−1,125=423(명), 2016년 1,125−686 =439(명)으로 2016년이 가장 많이 감소하였다.

② 2017년 $\frac{637-535}{637+535}\times100=\frac{102}{1,172}\times100 ≒ 8.7(\%p)$

③ 2019년 $\frac{142+35}{43+330+142+35}\times100=\frac{177}{550}\times100 ≒$ 32.2(%), 2020년 $\frac{150+30}{4+281+150+30}\times100 = \frac{180}{465}\times100 ≒ 38.7(\%)$로 6%p 이상 증가하였다.

⑤ 2018년 이후 국내 입양 아동 수는 683명, 550명, 465명으로 매년 점점 감소한다.

08

| 정답 | ⑤

| 해설 | 제시된 수험 결과를 여성 수험자 수와 남성 수험자 수를 기준으로 정리하면 다음과 같다.

GUIDE

자료해석 한눈에 보기

자료해석 출제유형 분석

수리능력은 수열, 거리 · 속력 · 시간, 농도, 일률, 방정식, 부등식, 약 · 배수, 도형계산 등을 평가하는 응용수리와 표 · 그래프 등을 이해하고 분석하는 자료해석으로 구성되어 있다. 기업마다 응용수리와 자료해석의 출제 비율에는 차이가 있지만, 대부분의 기업이 자료해석을 출제하고 있어 고득점을 위해서는 자료해석의 학습이 필수적이다. 자료해석은 경제, 시사, 생물 등 다양한 분야의 소재로 출제되지만 문제에서 요구하는 것은 증가율, 비율, 지수, 추이 등이 대부분이므로 학습을 통해 자료를 빠르게 이해하고 계산 속도를 높인다면 고득점을 노릴 수 있다. 최근에는 수치의 단순한 증감을 묻는 유형보다는 정확한 계산을 요구하는 형태로 출제되고 있으며, 1개의 자료를 분석하는 문제뿐만 아니라 2~3개의 자료를 복합적으로 비교하여 분석하는 문제도 출제되고 있다. 따라서 제시된 자료에서 필요한 정보를 신속하게 읽어낼 수 있어야 하며, 자료들 간의 관계성을 파악하고 이해할 수 있어야 한다. 또한, 증가율, 감소율, 변화량, 비율 등을 구하는 공식을 숙지하여 빠르고 정확하게 계산할 수 있어야 한다.

NCS 직업기초능력평가 · 직무적성검사 키워드 체크

자료변환

구조 및 구급활동 현황, 회계감리 결과 현황, 공연 · 전시 횟수, 해외 플랜트 수주 실적, 연구실 사고 현황, 농가 인구 및 어가 인구, 통근시간, 지하철 이용 만족도, 생활폐기물 발생량, 철도운임 원가정보 총괄표, 전기차 보급현황 등

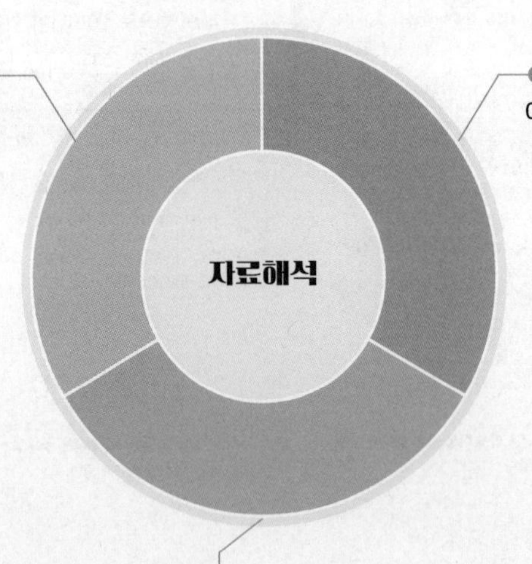

자료이해

여객운송수단별 여객수송현황, 차량 보유 현황, 인구 고령화, 미세먼지 농도, 문화유적지 관람객 수, 남성의 육아휴직, 에너지소비량, 임금 근로자 연간 근로시간, 지방 적정섭취 인구분율, 온실가스 배출량, 4대 고궁 관람객 수 등

자료계산

시간대별 모바일 쇼핑 매출 비율, 환경기업 금융지원 현황, 교양수업 신청 현황, 종사자 지위별 여성 취업자 구성비, 과태료 부과 현황, 비정규직 근로자 비중, 기대수명, 월평균 여가 시간, 지역별 인구 및 인구밀도 등

자료해석 공략

공략 1 빈출 공식과 그래프의 종류별 특징 학습

자료해석에서 반드시 알아두어야 할 공식을 학습하고, 그래프의 종류별 특징과 해석 방법을 학습하여 기초를 다진다.

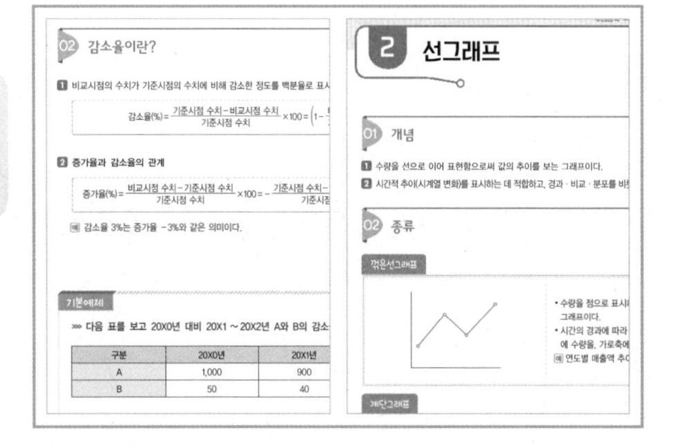
02 감소율이란?

1 비교시점의 수치가 기준시점의 수치에 비해 감소한 정도를 백분율로 표시

감소율(%) = $\frac{\text{기준시점 수치} - \text{비교시점 수치}}{\text{기준시점 수치}} \times 100$

2 증가율과 감소율의 관계

증가율(%) = $\frac{\text{비교시점 수치} - \text{기준시점 수치}}{\text{기준시점 수치}} \times 100$

예 감소율 3%는 증가율 −3%와 같은 의미이다.

기본예제

다음 표를 보고 20X0년 대비 20X1 ~ 20X2년 A와 B의 감소

구분	20X0년	20X1년
A	1,000	900
B	50	40

2 선그래프

01 개념

1 수량을 선으로 이어 표현함으로써 값의 추이를 보는 그래프이다.

2 시간적 추이(시계열 변화)를 표시하는 데 적합하고, 경과 · 비교 · 분포를 비

02 종류

꺾은선그래프

계단그래프

공략 2 계산 테크닉 학습

제곱수, 거듭제곱 등을 암기하고 계산 요령, 대소 비교 요령 등을 익혀 시간관리가 관건인 수리능력에서 시간을 단축하는 방법을 학습한다.

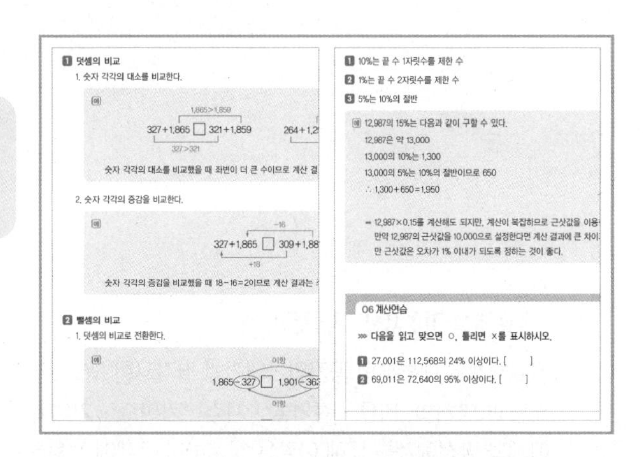
1 덧셈의 비교

1. 숫자 각각의 대소를 비교한다.

예 327+1,865 □ 321+1,859

2. 숫자 각각의 증감을 비교한다.

예 327+1,865 □ 309+1,88

2 뺄셈의 비교

1. 덧셈의 비교로 전환한다.

1 10%는 끝 수 1자릿수를 제한 수

2 1%는 끝 수 2자릿수를 제한 수

3 5%는 10%의 절반

예 12,987의 15%는 다음과 같이 구할 수 있다.

12,987은 약 13,000

13,000의 10%는 1,300

13,000의 5%는 10%의 절반이므로 650

∴ 1,300+650=1,950

06 계산연습

다음을 읽고 맞으면 ○, 틀리면 ×를 표시하시오.

1 27,001은 112,568의 24% 이상이다. [ ]

2 69,011은 72,640의 95% 이상이다. [ ]

공략 3 기출문제 학습

앞서 학습한 내용들을 실제 기출문제를 풀어보며 적용해 본다. 난도별로 구성된 문제를 통해 단계별 학습이 가능하다.

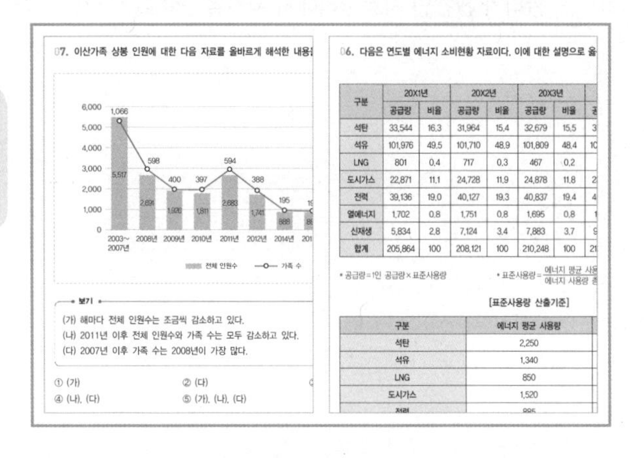
07. 이산가족 상봉 인원에 대한 다음 자료를 올바르게 해석한 내용

보기

(가) 해마다 전체 인원수는 조금씩 감소하고 있다.

(나) 2011년 이후 전체 인원수와 가족 수는 모두 감소하고 있다.

(다) 2007년 이후 가족 수는 2008년이 가장 많다.

① (가) ② (다)

④ (나), (다) ⑤ (가), (나), (다)

06. 다음은 연도별 에너지 소비현황 자료이다. 이에 대한 설명으로 옳

구분	20X1년		20X2년		20X3년	
	공급량	비율	공급량	비율	공급량	비율
석탄	33,544	16.3	31,964	15.4	32,679	15.5
석유	101,976	49.5	101,710	48.9	101,809	48.4
LNG	801	0.4	717	0.3	467	0.2
도시가스	22,871	11.1	24,728	11.9	24,878	11.8
전력	39,136	19.0	40,127	19.3	40,837	19.4
열에너지	1,702	0.8	1,751	0.8	1,695	0.8
신재생	5,834	2.8	7,124	3.4	7,883	3.7
합계	205,864	100	208,121	100	210,248	100

* 공급량=1인 공급량×표준사용량

[표준사용량 산출기준]

구분	에너지 평균 사용량
석탄	2,250
석유	1,340
LNG	850
도시가스	1,520

고시넷 공기업 NCS & 대기업 인적성 _수리능력 파랑이 자료해석

'자료해석 기초지식' 구조보기

자료해석은 대부분의 공기업 · 대기업 필기시험(NCS, 직무적성검사)에서 출제되고 있다. 파트 1에서는 자료해석의 개념과 대처법, 비율 · 증가율 · 지수 · 기여도 · 기여율 등의 이론 학습을 통해 자료해석의 기초를 다지고, 기본예제와 발전예제를 통해 이론을 점검하며 문제에 적용하는 훈련을 할 수 있다. 또한 계산 테크닉 학습을 통해 시간관리가 관건인 자료해석에서 시간을 단축하는 요령을 배울 수 있다.

파트 1

자료해석 기초지식

1. 자료해석의 개념
2. 비율
3. 증가율 / 감소율 / 증감률
4. 지수
5. 기여도 / 기여율
6. 단위당 양
7. 계산 테크닉

1 자료해석의 개념

01 자료란?

- 자료는 가공되지 않은 상태의 다양한 것들로서 연구, 조사의 바탕이 되는 것이다. 즉, 특정 주제에 대한 단순한 사실들을 모아놓은 것으로 글, 수, 사진, 영상 등 그 형태가 다양하다.
  예를 들어, 인구 조사에서 남녀 인구수, 도시별 인구수, 사망자 수 등이 자료에 해당한다. 이처럼 자료는 관찰이나 측정을 통해 얻어진 사실을 말한다.

02 자료해석이란?

- 해석이란 사전적으로는 문장이나 사물 따위로 표현된 내용을 이해하고 설명하는 것으로, 자료해석은 표, 그래프, 그림 등과 같은 자료를 보고 그 의미를 이해하며 변인 사이의 관계를 해석하는 것을 말한다.

03 자료해석의 특징과 대처법

1. 자료해석에서 요구하는 것은 주어진 자료에서만 논리적으로 도출해 낼 수 있는 사항을 올바르게 판단하는 능력이다. 선택지의 내용이 상식적으로는 옳다고 여겨지는 경우에도 자료를 통해 논리적으로 이끌어 낼 수 없다면 정답이라고 할 수 없다.
2. 비율, 증가율, 지수 등을 올바르게 이해해야 한다.
3. 계산 테크닉을 익혀서 쓸데없는 계산을 하지 않도록 한다. 또한 간단한 계산은 암산으로 끝낼 수 있도록 훈련하는 것이 좋다.
4. 선택지를 검토할 때에는 옳고 그름의 판단이 쉬운 것부터 순서대로 확인한다.
5. 자료의 단위, 각주 등을 놓치지 않도록 주의한다.

기본예제

>>> 다음은 시설물별 사고 사례를 조사한 자료이다. 이에 대한 설명으로 옳은 것은?

[국내 · 국외 시설물별 사고 건수]

(단위 : 건)

구분	계	교량	건축물	수리시설물	지하구조물
국내	7	3	3	1	–
국외	82	49	10	19	4
합계	89	52	13	20	4

[시설물별 사고 원인]

(단위 : 건)

구분	계	계획요인	설계요인	시공요인	유지관리	기타
계	89	2	43	20	11	13
교량	52	–	29	12	5	6
건축물	13	–	8	4	–	1
수리시설물	20	1	5	4	6	4
지하구조물	4	1	1	–	–	2

① 국내 건축물 사고의 원인은 설계요인, 시공요인, 기타이다.

② 국외 사고 건수에서 가장 많은 비중을 차지하는 시설물은 교량으로, 약 65%이다.

③ [시설물별 사고 원인]을 보면 계획요인에 의한 사고 사례는 많지 않으며, 설계요인에 의한 사고 사례가 가장 많다.

④ 국내 사고 건수가 국외 사고 건수에 비해 현저히 적은 것은 국내도 많은 시설물 사고가 발생했음에도 불구하고 사고조사에 의한 기술정보의 공유화가 이루어지지 못함에 기인한다.

| 해설 | 선택지 중 ①, ③, ④는 계산이 필요하지 않고, ②는 계산이 필요하므로 ①, ③, ④의 옳고 그름을 먼저 판단하는 것이 시간을 단축할 수 있다.

① [시설물별 사고 원인]의 시설물별 '계'를 보면 국내, 국외 전체의 시설물별 사고 원인을 조사한 것임을 알 수 있다. 따라서 국내 건축물 사고의 원인은 설계요인, 시공요인, 기타보다 적을 수도 있다.

③ [시설물별 사고 원인]을 보면 계획요인에 의한 사고 사례는 2건으로 많지 않으며, 설계요인에 의한 사고 사례가 43건으로 가장 많다.

④ 제시된 자료로부터 알 수 없는 내용이다.

② 국외 사고 건수에서 가장 많은 비중을 차지하는 시설물은 교량으로, $\frac{49}{82}\times100≒60(\%)$를 차지한다.

따라서 자료에 대한 설명으로 옳은 것은 ③이다.

2 비율

01 비율이란?

1 기준량에 대하여 비교하는 양의 크기가 얼마나 되는지를 말해주는 값으로, 실제 수를 나타내는 것이 아니다.

- 비율 = $\frac{\text{비교량}}{\text{기준량}}$
- 비율(%) = $\frac{\text{비교량}}{\text{기준량}} \times 100$
- 구성비(%) = $\frac{\text{부분}}{\text{전체}} \times 100$

2 기준량과 비교량의 관계

- $\frac{●}{■}$ < 1이면 ● < ■
- $\frac{●}{■}$ > 1이면 ● > ■
- $\frac{●}{■}$ = 1이면 ● = ■

02 백분율이란?

1 비율을 나타내는 방식으로 기준량이 100일 때의 비율을 말한다.

2 백분율은 실제 수를 나타내는 것이 아니므로 주의해야 한다. 총수가 주어졌을 경우에는 계산을 통해 실제 수를 도출할 수 있다.

예

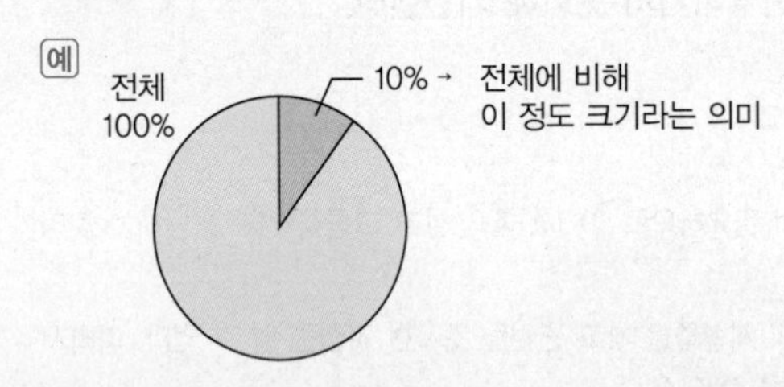

➡ 10%는 전체의 $\frac{1}{10}$ 크기라는 것을 의미한다. 학생 40명의 10%는 4명이고, 중국 인구 14억 명의 10%는 1억 4천만 명이므로 실제 수는 알 수 없다.

3 100명을 대상으로 '물가가 비싸다고 생각하는가?', '생활이 힘들어졌다고 생각하는가?'에 대한 설문조사를 하여 전자 50%, 후자 70%의 결과를 얻었다고 할 때, 50+70=120이 되어 100이 되지 않는다. 퍼센트의 합이 100이 되어야 한다고 생각할 수 있지만 복수 선택이 가능할 경우 퍼센트의 합이 100이 아닐 수 있다.

4 퍼센트포인트(%p) : 두 백분율 간의 차이를 나타낼 때 사용하는 단위로 실업률이나 물가상승률 등의 각종 수치 변화를 이야기할 때 자주 등장한다. 백분율을 뜻하는 퍼센트와 혼동하지 않도록 주의해야 한다.
참고로 경기종합지수에서 종합주가지수 등의 변동을 나타낼 때는 '포인트'라는 용어를 사용한다. 이는 단위가 %가 아니기 때문에 변동폭에 단순히 포인트만 붙여 표현한 것이다.

예 실업률이 작년 3%에서 올해 6%로 상승했다.

➡ 실업률이 작년에 비해 100% 상승 또는 3%p 상승했다.

여기서 퍼센트는 $\frac{\text{올해 실업률} - \text{작년 실업률}}{\text{작년 실업률}} \times 100$을 하여 '100'이란 수치가 나온 것이고, 퍼센트포인트는 퍼센트의 차이이므로 $6-3$을 하여 '3'이란 수치가 나온 것이다.

5 백분율, 천분율, 만분율의 비교

구분	내용
백분율	$\frac{1}{100}$을 뜻하며 기호는 %(퍼센트)이다.
천분율	$\frac{1}{1,000}$을 뜻하며 기호는 ‰(퍼밀)이다.
만분율	$\frac{1}{10,000}$을 뜻하며 기호는 bp 또는 ‱(베이시스 포인트)이다.

기본예제

>>> **형제인 A, B, C는 각각 10만 원, 6만 원, 4만 원의 용돈을 받는다. 용돈 합계에서 A, B, C의 용돈이 각각 차지하는 비율을 구하면?**

| 해설 | 용돈 합계는 10+6+4=20(만 원)이므로 용돈 합계에서 A, B, C의 용돈이 차지하는 비율은 다음과 같다.

- A : $\frac{10}{20} \times 100 = 50(\%)$
- B : $\frac{6}{20} \times 100 = 30(\%)$
- C : $\frac{4}{20} \times 100 = 20(\%)$

➡ 용돈 합계를 100이라고 했을 때, A의 용돈은 50, B의 용돈은 30, C의 용돈은 20만큼이라는 것을 의미한다.

발전예제

>>> 다음 중 자료에 대한 설명으로 옳은 것은?

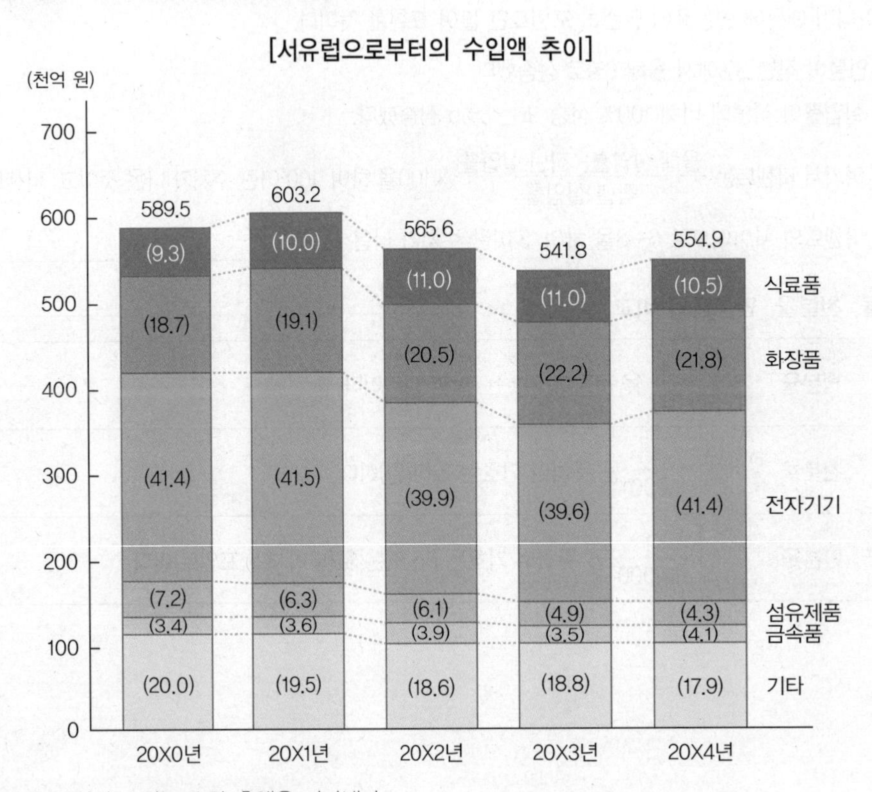

※ 막대그래프 위의 수치는 수입 총액을 나타낸다.

※ 괄호 안의 수치는 구성비(%)를 나타낸다.

① 20X0 ~ 20X4년 동안 매년 전자기기 수입액 대비 화장품 수입액의 비율은 50% 미만이다.

② 20X1 ~ 20X4년 동안 매년 섬유제품과 금속품의 수입액 합은 전년 대비 감소하였다.

③ 20X0년의 전자기기 수입액은 20X4년의 전자기기 수입액보다 15,000억 원 이상 많다.

④ 20X4년 섬유제품의 수입액은 20,000억 원 이상으로, 20X0년 섬유제품 수입액의 $\frac{1}{2}$ 이상이다.

정답과 해설 | ✔

| 정답 | ④

| 해설 | 20X4년 섬유제품의 수입액은 (554.9×0.043)천억 원인데, 554.9의 1%는 약 5.5이므로 4%는 약 5.5×4=22(천억 원)이 되어 554.9×0.043은 20,000억 원 이상인 것을 알 수 있다.

20X0년 섬유제품 수입액의 $\frac{1}{2}$은 (589.5×0.036)천억 원이므로 이를 (554.9×0.043)천억 원과 비교하면 된다.

- 수입 총액 : 589.5천억 원에서 554.9천억 원으로 34.6천억 원 감소하였고, 이는 10% 미만의 감소이다.
- 구성비 : 3.6%에서 4.3%로 0.7%p 증가하였는데, 3.6%의 10%는 0.36%이므로 구성비의 증가율은 약 20%이다.

수입 총액은 10% 미만의 감소이고, 구성비는 약 20%의 증가이므로 약 0.9×1.2=1.08(배)로 증가한 것을 알 수 있다. 따라서 ④는 옳은 설명이다.

| 오답풀이 |

① 전자기기 수입액 대비 화장품 수입액의 비율은 '$\frac{\text{화장품 수입액}}{\text{전자기기 수입액}}\times100$'으로 구할 수 있고, 각 품목의 수입액은 '수입 총액×각 품목의 구성비'로 구할 수 있으므로 $\frac{\text{화장품 수입액}}{\text{전자기기 수입액}}\times100=\frac{\text{해당 연도의 수입 총액}\times\text{해당 연도의 화장품의 구성비}}{\text{해당 연도의 수입 총액}\times\text{해당 연도의 전자기기의 구성비}}\times100$이 된다. 이때 같은 연도의 화장품과 전자기기를 비교한다면 '해당 연도의 수입 총액'이 같으므로 소거할 수 있다. 즉, 전자기기 수입액 대비 화장품 수입액의 비율은 $\frac{\text{해당 연도의 화장품의 구성비}}{\text{해당 연도의 전자기기의 구성비}}\times100$으로 구할 수 있다. 이 값이 50 이상이면 답이 될 수 없으므로, 화장품의 구성비가 전자기기 구성비의 절반 이상인 것을 찾는다. 20X2 ~ 20X4년이 이에 해당하므로 ①은 옳지 않은 설명이다.

② 20X3년과 20X4년을 비교하면, 수입 총액은 증가(541.8 → 554.9)하였는데 구성비는 동일(8.4 → 8.4)함을 알 수 있다. 따라서 20X3년 대비 섬유제품과 금속품의 수입액 합이 증가하였으므로 ②는 옳지 않은 설명이다.

③ 20X0년의 전자기기 수입액은 (589.5×0.414)천억 원, 20X4년의 전자기기 수입액은 (554.9×0.414)천억 원이므로 차이는 (589.5×0.414)−(554.9×0.414)=(589.5−554.9)×0.414=34.6×0.414≒14.3(천억 원)이다.

3 증가율 / 감소율 / 증감률

01 증가율이란?

■ 비교시점의 수치가 기준시점의 수치에 비해 증가한 정도를 백분율로 표시한 것이다.

$$\text{증가율(\%)} = \frac{\text{비교시점 수치} - \text{기준시점 수치}}{\text{기준시점 수치}} \times 100 = \left(\frac{\text{비교시점 수치}}{\text{기준시점 수치}} - 1\right) \times 100$$

예 증가율이 10%라는 것은 10% 증가한 것을 의미하고, 증가율이 −10%라는 것은 10% 감소한 것을 의미한다.

기본예제

>>> 다음 표를 보고 20X0년 대비 20X1 ~ 20X2년 A와 B의 증가율을 구하면?

구분	20X0년	20X1년	20X2년
A	1,000	1,100	1,210
B	50	60	69

| 해설 |

• A

20X0년 대비 20X1년 A의 증가율 : $\frac{1,100-1,000}{1,000} \times 100 = 10(\%)$

20X0년 대비 20X2년 A의 증가율 : $\frac{1,210-1,000}{1,000} \times 100 = 21(\%)$

• B

20X0년 대비 20X1년 B의 증가율 : $\frac{60-50}{50} \times 100 = 20(\%)$

20X0년 대비 20X2년 B의 증가율 : $\frac{69-50}{50} \times 100 = 38(\%)$

02 감소율이란?

1 비교시점의 수치가 기준시점의 수치에 비해 감소한 정도를 백분율로 표시한 것이다.

$$\text{감소율}(\%) = \frac{\text{기준시점 수치} - \text{비교시점 수치}}{\text{기준시점 수치}} \times 100 = \left(1 - \frac{\text{비교시점 수치}}{\text{기준시점 수치}}\right) \times 100$$

2 증가율과 감소율의 관계

$$\text{증가율}(\%) = \frac{\text{비교시점 수치} - \text{기준시점 수치}}{\text{기준시점 수치}} \times 100 = -\frac{\text{기준시점 수치} - \text{비교시점 수치}}{\text{기준시점 수치}} \times 100 = -\text{감소율}(\%)$$

예 감소율 3%는 증가율 −3%와 같은 의미이다.

기본예제

>>> 다음 표를 보고 20X0년 대비 20X1 ~ 20X2년 A와 B의 감소율을 구하면?

구분	20X0년	20X1년	20X2년
A	1,000	900	790
B	50	40	31

| 해설 |

• A

20X0년 대비 20X1년 A의 감소율 : $\frac{1,000-900}{1,000} \times 100 = 10(\%)$

20X0년 대비 20X2년 A의 감소율 : $\frac{1,000-790}{1,000} \times 100 = 21(\%)$

• B

20X0년 대비 20X1년 B의 감소율 : $\frac{50-40}{50} \times 100 = 20(\%)$

20X0년 대비 20X2년 B의 감소율 : $\frac{50-31}{50} \times 100 = 38(\%)$

발전예제

>>> 다음은 A ~ F 6개국의 전년 대비 GNP 증가율을 나타낸 표이다. 이에 대한 설명으로 옳은 것을 〈보기〉에서 모두 고르면?

[A ~ F 6개국의 전년 대비 GNP 증가율]

(단위 : %)

구분	20X1년	20X2년	20X3년	20X4년	20X5년
A	−1.4	9.8	−10.0	−27.7	−8.0
B	2.6	−0.3	−9.1	−16.7	−8.0
C	2.6	1.4	−1.4	−14.7	−7.0
D	4.1	0.2	−11.6	−7.6	1.0
E	−1.9	−2.7	−4.7	−9.3	−7.0
F	−1.3	−1.9	−8.4	−12.2	−25.0

보기

㉠ A ~ F 국가 중 전년 대비 GNP 증가율이 3번 양(+)의 값을 기록한 국가는 없다.
㉡ 20X0년 대비 20X5년 GNP 감소율은 A 국가보다 B 국가가 크다.
㉢ 20X0년 대비 20X5년 GNP 감소율은 E 국가가 가장 크다.
㉣ 20X0년 대비 20X5년 GNP 감소율은 C 국가보다 E 국가가 작다.
㉤ 20X0년 대비 20X5년 GNP 감소율은 D 국가가 가장 작다.

① ㉢
② ㉤
③ ㉠, ㉡
④ ㉡, ㉢
⑤ ㉣, ㉤

정답과 해설 | ✔

| 정답 | ②

| 해설 | D 국가의 경우 20X1년, 20X2년, 20X5년에 전년 대비 GNP 증가율이 양(+)의 값을 기록했으므로 ㉠은 옳지 않다. ㉡ ~ ㉥은 모두 20X0년과 20X5년을 비교하여 감소율을 계산해야 한다.

20X0년 A 국가의 GNP를 1이라 하면 A 국가의 20X0년 대비 20X5년 GNP 감소율은 다음과 같이 계산할 수 있다.

$$\{1-(1-0.014)(1+0.098)(1-0.1)(1-0.277)(1-0.08)\}\times100 \fallingdotseq 35(\%)$$

위와 같이 계산할 경우 시간이 많이 소요되므로 근사계산을 한다(변화율이 15% 이상인 경우 특별취급).

학습 TIP

X_1, X_2, …의 절댓값이 각각 1보다 충분히 작을 때

$$(1+X_1)\times(1+X_2)\times\cdots\times(1+X_n) \fallingdotseq 1+(X_1+X_2+\cdots+X_n)$$

- A 국가
  $-1.4+9.8-10.0-8.0=-9.6$
  $\{1-(1-0.096)(1-0.277)\}\times100=\{1-(0.904\times0.723)\}\times100 \fallingdotseq \{1-(0.9\times0.72)\}\times100 \fallingdotseq 35(\%)$
  따라서 감소율은 35%이다.
- B 국가
  $2.6-0.3-9.1-8.0=-14.8$
  $\{1-(1-0.148)(1-0.167)\}\times100=\{1-(0.852\times0.833)\}\times100 \fallingdotseq \{1-(0.85\times0.83)\}\times100 \fallingdotseq 29(\%)$
  따라서 감소율은 29%이다.
- C 국가
  $2.6+1.4-1.4-14.7-7.0 \fallingdotseq -19$
  $\{1-(1-0.19)\}\times100=19(\%)$
  따라서 감소율은 19%이다.
- D 국가
  $4.1+0.2-11.6-7.6+1.0 \fallingdotseq -14$
  $\{1-(1-0.14)\}\times100=14(\%)$
  따라서 감소율은 14%이다.
- E 국가
  $-1.9-2.7-4.7-9.3-7.0 \fallingdotseq -26$
  $\{1-(1-0.26)\}\times100=26(\%)$
  따라서 감소율은 26%이다.
- F 국가
  $-1.3-1.9-8.4-12.2=-23.8$
  $\{1-(1-0.238)(1-0.25)\}\times100=\{1-(0.762\times0.75)\}\times100 \fallingdotseq \{1-(0.76\times0.75)\}\times100=43(\%)$
  따라서 감소율은 43%이다.

20X0년 대비 20X5년 GNP 감소율은 F－A－B－E－C－D 순으로 크므로 ㉥만 옳은 설명이다.

학습 TIP

변화율이 15% 이상인 데이터를 특별취급하지 않아도 이 문제의 경우 정답이 나오지만 항상 그렇다는 보장이 없다.

03 증감률이란?

1 비교시점의 수치가 기준시점의 수치에 비해 증가한 정도를 백분율로 표시한 것이다.

$$\text{증감률(\%)} = \frac{\text{비교시점 수치} - \text{기준시점 수치}}{\text{기준시점 수치}} \times 100 = \left(\frac{\text{비교시점 수치}}{\text{기준시점 수치}} - 1\right) \times 100$$

2 증가율은 수의 대소, 증감률은 절댓값의 대소로 대소 비교를 한다는 점에서 차이가 있다.

3 해석 요령

1. 부호(+, 0, −)를 먼저 확인한다. 양수(+)이면 기준시점 수치보다 증가, 음수(−)이면 기준시점 수치보다 감소, 0이면 기준시점 수치와 같다는 의미이다.
2. 증감률의 절댓값이 클수록 기준시점 수치에서 많이 변동한 것이다.

기본예제

⋙ 다음은 기관별 연구실 사고 현황에 관한 자료이다. 다음 중 연구실 사고 증감률이 가장 큰 것은?

[기관별 연구실 사고 현황]

(단위 : 건)

구분	20X0년	20X1년	20X2년	20X3년	20X4년
대학	102	97	153	170	212
연구기관	6	13	14	15	38
기업부설연구소	−	2	8	30	17

① 기업부설연구소의 20X1년 대비 20X2년 증감률
② 기업부설연구소의 20X2년 대비 20X3년 증감률
③ 연구기관의 20X3년 대비 20X4년 증감률
④ 대학의 20X1년 대비 20X2년 증감률

| 해설 | • 기업부설연구소의 20X1년 대비 20X2년 증감률 : $\frac{8-2}{2} \times 100 = 300(\%)$

• 기업부설연구소의 20X2년 대비 20X3년 증감률 : $\frac{30-8}{8} \times 100 = 275(\%)$

• 연구기관의 20X3년 대비 20X4년 증감률 : $\frac{38-15}{15} \times 100 \fallingdotseq 153.3(\%)$

• 대학의 20X1년 대비 20X2년 증감률 : $\frac{153-97}{97} \times 100 \fallingdotseq 57.7(\%)$

따라서 증감률이 가장 큰 것은 ①이다.

04 전년 대비 증감률

■ 기준시점이 전년도인 경우로, 해당 연도 수치가 전년도의 수치에 비해 증가한 정도를 백분율로 표시한 것이다.

$$\text{전년 대비 증감률(\%)} = \frac{\text{해당 연도 수치} - \text{전년도 수치}}{\text{전년도 수치}} \times 100$$

기본예제

>>> 다음 표를 보고 20X1 ~ 20X2년 A와 B의 전년 대비 증감률을 구하면?

구분	20X0년	20X1년	20X2년
A	1,000	1,100	1,210
B	50	60	69

| 해설 |

• A

20X1년 A의 전년 대비 증감률 : $\frac{1,100-1,000}{1,000} \times 100 = 10(\%)$

20X2년 A의 전년 대비 증감률 : $\frac{1,210-1,100}{1,100} \times 100 = 10(\%)$

• B

20X1년 B의 전년 대비 증감률 : $\frac{60-50}{50} \times 100 = 20(\%)$

20X2년 B의 전년 대비 증감률 : $\frac{69-60}{60} \times 100 = 15(\%)$

05 증감률과 실수

■ 기준시점의 실수를 X, 비교시점의 실수를 Y, 증감률을 k라 하면 다음과 같은 식이 성립한다.

$$k=\frac{Y-X}{X}\times 100$$

변형하면,

$$Y-X=\frac{k}{100}\times X$$

$$Y=X+\frac{k}{100}\times X$$

$$Y=\left(1+\frac{k}{100}\right)X$$

기본예제

>>> 다음은 20X0년 대비 20X1 ~ 20X2년 A와 B의 증감률을 나타낸 표이다. 20X0년 A의 실수값이 1,000, B의 실수값이 50일 때 20X1 ~ 20X2년 A와 B의 실수값을 구하면?

구분	20X1년	20X2년
A	10%	21%
B	20%	38%

| 해설 |

• A

20X1년 : $\left(1+\frac{10}{100}\right)\times 1,000=1,100$

20X2년 : $\left(1+\frac{21}{100}\right)\times 1,000=1,210$

• B

20X1년 : $\left(1+\frac{20}{100}\right)\times 50=60$

20X2년 : $\left(1+\frac{38}{100}\right)\times 50=69$

06 전년 대비 증감률과 실수

전년도의 실수를 X, 해당 연도의 실수를 Y, 증감률을 k라 하면 다음과 같은 식이 성립한다.

$$k = \frac{Y-X}{X} \times 100$$

변형하면,

$$Y-X = \frac{k}{100} \times X$$

$$Y = X + \frac{k}{100} \times X$$

$$Y = \left(1 + \frac{k}{100}\right) X$$

기본예제

>>> 다음은 20X1 ~ 20X2년 A와 B의 전년 대비 증감률을 나타낸 표이다. 20X0년 A의 실수값이 1,000, B의 실수값이 50일 때 20X1 ~ 20X2년 A와 B의 실수값을 구하면?

구분	20X1년	20X2년
A	10%	10%
B	20%	15%

| 해설 |

• A

20X1년 : $\left(1+\frac{10}{100}\right) \times 1{,}000 = 1{,}100$

20X2년 : $\left(1+\frac{10}{100}\right) \times 1{,}100 = 1{,}210$

• B

20X1년 : $\left(1+\frac{20}{100}\right) \times 50 = 60$

20X2년 : $\left(1+\frac{15}{100}\right) \times 60 = 69$

07 증감률과 증가량

1 증가량이란 기준시점에 비해 비교시점의 수 자체가 얼마나 늘었는지를 나타낸 것이다.

2 기준시점의 실수를 X, 비교시점의 실수를 Y, 증감률을 k라 하면 다음과 같은 식이 성립한다.

$$k=\frac{Y-X}{X}\times 100$$

변형하면,

$$Y-X=\frac{k}{100}\times X$$

즉,

$$(\text{증가량})=\frac{k}{100}\times X$$

기본예제

>>> 다음은 20X0년 대비 20X1 ~ 20X2년 A와 B의 증감률을 나타낸 표이다. 20X0년 A의 실수값이 1,000, B의 실수값이 50일 때 20X0년 대비 20X1 ~ 20X2년 A와 B의 증가량을 구하면?

구분	20X1년	20X2년
A	10%	21%
B	20%	38%

| 해설 |

• A

20X0년 대비 20X1년 A의 증가량 : $\frac{10}{100}\times 1{,}000=100$

20X0년 대비 20X2년 A의 증가량 : $\frac{21}{100}\times 1{,}000=210$

• B

20X0년 대비 20X1년 B의 증가량 : $\frac{20}{100}\times 50=10$

20X0년 대비 20X2년 B의 증가량 : $\frac{38}{100}\times 50=19$

➡ 증가율은 B가 더 크지만 증가량은 A가 더 많은 것을 확인할 수 있다. 즉, 증가율이 크다고 해서 증가량이 많은 것은 아니다.

발전예제

>>> A, B, C의 연소득은 각각 2,000만 원, 2억 원, 20억 원이다. 세 명 모두 연소득이 2,000만 원씩 늘어났다면, 연소득의 증가율은 순서대로 각각 몇 %인가?

① 1%, 10%, 100%
② 2%, 20%, 200%
③ 100%, 10%, 1%
④ 200%, 20%, 2%
⑤ 200%, 110%, 101%

정답과 해설 | ✔

| 정답 | ③

| 해설 |

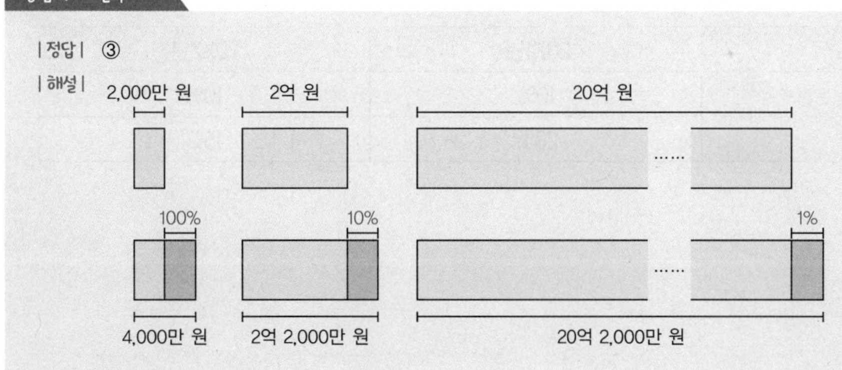

• A : $\dfrac{2,000}{2,000} \times 100 = 100(\%)$

• B : $\dfrac{2,000}{20,000} \times 100 = 10(\%)$

• C : $\dfrac{2,000}{200,000} \times 100 = 1(\%)$

➡ 증가량은 똑같이 2,000만 원이지만 증가율은 기준시점의 실수가 가장 작은 A가 가장 크다.

➡ '증가율이 가장 큰 것은 무엇인가'를 묻는 선택지에서는 '기준시점의 실수가 작고 증가량이 많은 것'에 주목한다. 감소율도 마찬가지로 '기준시점의 실수가 작고 감소량이 많은 것'에 주목한다.

08 전년 대비 증감률과 전년 대비 증가량

■ 전년도의 실수를 X, 해당 연도의 실수를 Y, 전년 대비 증감률을 k라 하면 다음과 같은 식이 성립한다.

$$k=\frac{Y-X}{X}\times 100$$

변형하면,

$$Y-X=\frac{k}{100}\times X$$

즉,

$$(\text{증가량})=\frac{k}{100}\times X$$

기본예제

>>> 다음은 20X1 ~ 20X2년 A와 B의 전년 대비 증감률을 나타낸 표이다. 20X0년 A의 실수값이 1,000, B의 실수값이 50일 때 20X1 ~ 20X2년 A와 B의 전년 대비 증가량을 구하면?

구분	20X1년	20X2년
A	10%	10%
B	20%	15%

| 해설 |

• A

20X1년 A의 전년 대비 증가량 : $\frac{10}{100}\times 1{,}000=100$

20X2년 A의 전년 대비 증가량 : $\frac{10}{100}\times(1{,}000+100)=110$

• B

20X1년 B의 전년 대비 증가량 : $\frac{20}{100}\times 50=10$

20X2년 B의 전년 대비 증가량 : $\frac{15}{100}\times(50+10)=9$

발전예제

>>> 다음은 택배회사의 택배 취급개수 변화에 대한 자료이다. 이에 대한 설명으로 옳은 것은?

[전년 대비 택배 취급개수 증감률]

(단위 : %)

구분	A사	B사	C사	D사
20X1년	7.6	0	0.9	16.6
20X2년	6.3	1.0	0.5	19.2
20X3년	7.4	−5	11.3	12.1

[택배 취급개수 구성비]

(단위 : %)

구분	A사	B사	C사	D사	그 외	합계
20X1년	43.5	26.9	9.1	7.5	13.0	100.0
20X2년	44.3	26.2	8.8	8.6	12.1	100.0
20X3년	44.6	25.2	9.1	9.0	12.1	100.0

① A사와 B사의 택배 취급개수 합이 전체에서 차지하는 비율은 매년 점점 증가하고 있다.

② 20X3년 C사의 택배 취급개수는 A사의 $\frac{1}{5}$배를 밑돌고 있다.

③ B사는 택배 취급개수와 택배 취급개수 구성비 모두 전년 대비 감소하고 있다.

④ 20X2년 대비 20X3년의 택배 취급개수 증가량은 D사보다 C사가 더 많다.

⑤ 20X3년 D사의 택배 취급개수는 20X0년의 1.5배를 상회한다.

정답과 해설 | ✔

| 정답 | ⑤

| 해설 | 20X0년 D사의 택배 취급개수를 1이라 하면, 20X3년은 (1+0.166)(1+0.192)(1+0.121)≒1.17×1.19×1.12≒1.56이다. 따라서 1.5배를 상회한다.

| 오답풀이 |

① [택배 취급개수 구성비]를 보면, A사와 B사의 택배 취급개수 합이 전체에서 차지하는 비율은 20X2년 44.3+26.2=70.5(%), 20X3년 44.6+25.2=69.8(%)로 감소하였다.

② [택배 취급개수 구성비]를 보면, 9.1×5=45.5>44.6이므로 A사의 $\frac{1}{5}$배 이상이다.

③ B사의 택배 취급개수 구성비는 매년 전년 대비 감소하고 있지만, 택배 취급개수는 20X2년에 전년 대비 1% 증가하였다.

④ 20X2년의 택배 취급개수를 총 1,000개라 하면 C사는 88개, D사는 86개이다. 택배 취급개수의 증가량은 이 값에 증감률을 곱해서 구할 수 있다.

- C사 : 88×0.113≒88×0.11=9.68(개)
- D사 : 86×0.121≒86×0.12=10.32(개)

따라서 D사가 더 많다.

09 비율과 전년 대비 증가율의 관계

■ 20X1년의 기준량을 X_1, 비교량을 Y_1, 20X2년의 기준량을 X_2, 비교량을 Y_2라 하면 다음과 같은 식이 성립한다.

20X1년 기준량에서 비교량이 차지하는 비율 : $\frac{Y_1}{X_1}\times 100$

20X2년 기준량에서 비교량이 차지하는 비율 : $\frac{Y_2}{X_2}\times 100$

20X1년 대비 20X2년에 비율이 감소한 경우

$$\frac{Y_1}{X_1}\times 100 > \frac{Y_2}{X_2}\times 100$$

양 변에 $\frac{X_2}{Y_1}$를 곱하면,

$$\frac{X_2}{X_1}\times 100 > \frac{Y_2}{Y_1}\times 100$$

양 변에서 100을 빼면,

$$\frac{X_2}{X_1}\times 100-100 > \frac{Y_2}{Y_1}\times 100-100$$

정리하면,

$$\frac{X_2-X_1}{X_1}\times 100 > \frac{Y_2-Y_1}{Y_1}\times 100$$

➡ 비교량의 비율이 감소한다는 것은 비교량의 전년 대비 증가율이 기준량의 전년 대비 증가율보다 작다는 것을 의미한다.

➡ 비율이 증가하거나 동일한 경우에도 마찬가지이다. 비교량의 비율이 증가한다는 것은 비교량의 전년 대비 증가율이 기준량의 전년 대비 증가율보다 크다는 것을 의미하고, 비교량의 비율이 동일하다는 것은 비교량의 전년 대비 증가율과 기준량의 전년 대비 증가율이 동일하다는 것을 의미한다.

기본예제

>>> 형제인 A, B, C는 작년에 각각 10만 원, 6만 원, 4만 원의 용돈을 받았다. 올해는 3형제의 용돈 합계가 30만 원으로 늘고 A는 20%, B는 100%, C는 50%씩 용돈이 늘었다면 용돈 합계에서 A, B, C의 용돈이 각각 차지하는 비율은 증가했는가? 감소했는가?

| 해설 | 용돈 합계는 전년 대비 $\frac{30-20}{20}\times100=50(\%)$ 늘었다.

- A의 용돈 증가율 20% < 용돈 합계의 증가율 50% ➡ 비율 감소
- B의 용돈 증가율 100% > 용돈 합계의 증가율 50% ➡ 비율 증가
- C의 용돈 증가율 50% = 용돈 합계의 증가율 50% ➡ 비율 동일

자세히 살펴보면 A, B, C의 올해 용돈은 다음과 같다.

- A : $10\times1.2=12$(만 원)
- B : $6\times2=12$(만 원)
- C : $4\times1.5=6$(만 원)

올해 용돈 합계 30만 원에서 A, B, C의 용돈이 각각 차지하는 비율은 다음과 같다.

- A : $\frac{12}{30}\times100=40(\%)$
- B : $\frac{12}{30}\times100=40(\%)$
- C : $\frac{6}{30}\times100=20(\%)$

따라서 전년 대비 A의 비율은 감소, B의 비율은 증가, C의 비율은 동일하다.

4 지수

01 지수(Index)란?

1 구체적인 숫자 자체의 크기보다는 시간의 흐름에 따라 수량이나 가격 등 해당 수치가 어떻게 변화되었는지를 쉽게 파악할 수 있도록 만든 것으로 통상 비교의 기준이 되는 시점(기준시점)을 100으로 하여 산출한다. 즉, 물가나 임금을 나타낼 때 시점마다 변화하는 사항을 알기 쉽도록 어느 시점의 수량을 기준 100으로 하고 그것에 대한 다른 시점의 수량을 비율로 나타낸 수치를 말한다. 거듭제곱을 나타내는 수인 지수(Exponent)와 다르다는 점에 주의한다.

$$\text{지수} = \frac{\text{비교시점 수치}}{\text{기준시점 수치}} \times 100$$

예1 변량 A의 실수값이 75, 변량 B의 실수값이 60일 때

- A를 100으로 하면, A를 기준으로 했을 때 B의 지수는 $\frac{60}{75} \times 100 = 80$이다.
- B를 100으로 하면, B를 기준으로 했을 때 A의 지수는 $\frac{75}{60} \times 100 = 125$이다.

➡ 지수에서 가장 중요한 것은 '무엇을 기준으로 하는가?'

예2 2020년 물가지수가 105.5라는 것은 기준시점에 비해 물가가 5.5% 상승했다는 것을 의미한다.

2 지수에는 반드시 기준수가 존재하며, 기준수가 제시되어 있을 때에만 각 지수가 나타내는 실수값을 알 수 있다.

3 만약 지수만 주어지고 기준수가 주어지지 않는다면, 기준수가 같은 항목 간에는 실수의 대소 비교를 할 수 있지만 기준수가 다른 항목 간에는 실수의 대소 비교를 할 수 없다.

기본예제

>>> A와 B의 20X0 ~ 20X2년 실수값이 다음과 같을 때, 20X0년의 실수값을 100으로 하여 20X1 ~ 20X2년의 지수를 구하면?

구분	20X0년	20X1년	20X2년
A	1,000	1,100	1,210
B	50	60	69

| 해설 |

• A

20X1년 : $\frac{1,100}{1,000} \times 100 = 110$

20X2년 : $\frac{1,210}{1,000} \times 100 = 121$

• B

20X1년 : $\frac{60}{50} \times 100 = 120$

20X2년 : $\frac{69}{50} \times 100 = 138$

따라서 지수를 표로 정리하면 다음과 같다.

구분	20X0년	20X1년	20X2년
A	100	110	121
B	100	120	138

➡ 실수의 비와 지수의 비가 같음을 확인할 수 있다. 즉, 지수는 비를 나타낸다.

발전예제

>>> 다음은 20X3년 11월 7개 도시의 아파트 전세가격 지수 및 전세수급 동향 지수에 대한 자료이다. 이에 대한 설명으로 옳은 것을 〈보기〉에서 모두 고르면?

[아파트 전세가격 지수 및 전세수급 동향 지수]

지수 / 도시	면적별 전세가격 지수			전세수급 동향 지수
	소형	중형	대형	
서울	115.9	112.5	113.5	114.6
부산	103.9	105.6	102.2	115.4
대구	123.0	126.7	118.2	124.0
인천	117.1	119.8	117.4	127.4
광주	104.0	104.2	101.5	101.3
대전	111.5	107.8	108.1	112.3
울산	104.3	102.7	104.1	101.0

※ (1) 20X3년 11월 전세가격 지수 $= \frac{\text{20X3년 11월 평균 전세가격}}{\text{20X2년 11월 평균 전세가격}} \times 100$

(2) 전세수급 동향 지수는 각 지역 공인중개사에게 해당 도시의 아파트 전세공급 상황에 대해 부족 · 적당 · 충분 중 하나를 선택하여 응답하게 한 후, '부족'이라고 응답한 비율에서 '충분'이라고 응답한 비율을 빼고 100을 더한 값임.

예 '부족' 응답비율 30%, '충분' 응답비율 50%인 경우 전세수급 동향 지수는 (30−50)+100=80

(3) 아파트는 소형, 중형, 대형으로만 구분됨.

보기

㉠ 7개 도시 모두에서 20X2년 11월에 비해 20X3년 11월 아파트 평균 전세가격이 상승하였다.

㉡ 중형 아파트의 20X2년 11월 대비 20X3년 11월 평균 전세가격 상승액이 가장 큰 도시는 대구이다.

㉢ 각 도시에서 아파트 전세공급 상황에 대해 '부족'이라고 응답한 공인중개사는 '충분'이라고 응답한 공인중개사보다 많다.

㉣ 광주의 공인중개사 중 60% 이상이 광주의 아파트 전세공급 상황에 대해 '부족'이라고 응답하였다.

① ㉠, ㉡　② ㉠, ㉢　③ ㉡, ㉢
④ ㉡, ㉣　⑤ ㉢, ㉣

정답과 해설 | ✔

| 정답 | ②

| 해설 | ㉠ 각주 (1)에서 분자인 20X3년 11월 평균 전세가격이 분모인 20X2년 11월 평균 전세가격보다 낮을 경우 전세가격 지수는 100 미만이 나오게 되는데, 표를 보면 7개 도시의 면적별 전세가격 지수가 모두 100 초과이므로 분자인 20X3년 11월 평균 전세가격이 분모인 20X2년 11월 평균 전세가격보다 높다는 것을 알 수 있다. 따라서 7개 도시 모두에서 20X2년 11월에 비해 20X3년 11월 아파트 평균 전세가격이 상승하였다는 것을 알 수 있다.

㉢ 각주 (2)의 예를 통해 '부족'이라고 응답한 공인중개사가 '충분'이라고 응답한 공인중개사보다 적을 경우 전세수급 동향 지수가 100 미만이 나오는 것을 알 수 있는데, 표를 보면 7개 도시의 전세수급 동향 지수가 모두 100 초과이므로 각 도시에서 아파트 전세공급 상황에 대해 '부족'이라고 응답한 공인중개사가 '충분'이라고 응답한 공인중개사보다 많다는 것을 알 수 있다.

| 오답풀이 |

㉡ 20X3년 11월 7개 도시의 중형 아파트 전세가격 지수 중 대구의 지수가 126.7로 가장 크지만, 이것은 20X3년 11월 전세가격의 증가율이 7개 도시 중 가장 높다는 것을 의미하는 것이지, 평균 전세가격 상승액이 가장 크다는 것을 의미하는 것은 아니다.

㉣ 광주의 공인중개사 중 60%가 광주의 아파트 전세공급 상황에 대해 '부족'이라고 응답하고 '적당'이라고 응답한 비율이 없다고 가정하더라도 전세수급 동향 지수는 (60－40)＋100＝120이 나오게 되는데, 표를 보면 광주의 전세수급 동향 지수가 101.3이므로, 광주의 공인중개사 중 60% 이상이 광주의 아파트 전세공급 상황에 대해 '부족'이라고 응답하지 않았다는 것을 알 수 있다.

02 지수와 실수

■ 데이터 1의 실수를 X, 데이터 2의 실수를 Y, 데이터 1의 지수를 k, 데이터 2의 지수를 g라 하면 다음과 같은 비례식이 성립한다.

$$X : Y = k : g$$

비례식에서 외항의 곱과 내항의 곱은 같으므로,

$$Xg = Yk$$

변형하면,

$$X = \frac{k}{g} \times Y,\ Y = \frac{g}{k} \times X$$

기본예제

>>> 다음은 20X0년의 실수값을 100으로 했을 때 20X1 ~ 20X2년 A, B의 지수를 나타낸 표이다. 20X0년 A의 실수값이 1,000, B의 실수값이 50일 때 A와 B의 20X1 ~ 20X2년 실수값을 구하면?

구분	20X0년	20X1년	20X2년
A	100	110	121
B	100	120	138

| 해설 |

• A

20X1년 : $\frac{110}{100} \times 1,000 = 1,100$

20X2년 : $\frac{121}{100} \times 1,000 = 1,210$

• B

20X1년 : $\frac{120}{100} \times 50 = 60$

20X2년 : $\frac{138}{100} \times 50 = 69$

참고

변형된 식이 아닌, 비례식을 바로 적용하여 해결해도 된다.

예를 들어, 20X1년 A의 실수값(x)은 1,000 : x = 100 : 110을 통해 $x = \frac{1,000 \times 110}{100}$ = 1,100으로 구할 수 있다.

기본예제

>>> 다음은 20X0년의 실수값을 100으로 했을 때 20X1 ~ 20X2년 A, B의 지수를 나타낸 표이다. 20X2년 A의 실수값이 1,210, B의 실수값이 69일 때 A와 B의 20X0 ~ 20X1년 실수값을 구하면?

구분	20X0년	20X1년	20X2년
A	100	110	121
B	100	120	138

| 해설 |

• A

20X0년 : $\frac{100}{121}\times 1{,}210=1{,}000$

20X1년 : $\frac{110}{121}\times 1{,}210=1{,}100$

• B

20X0년 : $\frac{100}{138}\times 69=50$

20X1년 : $\frac{120}{138}\times 69=60$

참고

변형된 식이 아닌, 비례식을 바로 적용하여 해결해도 된다.

• 20X0년 A의 실수값(a_1)

$a_1 : 1{,}210=100 : 121$ $a_1=\frac{1{,}210\times 100}{121}=1{,}000$

• 20X1년 A의 실수값(a_2)

$a_2 : 1{,}210=110 : 121$ $a_2=\frac{1{,}210\times 110}{121}=1{,}100$

• 20X0년 B의 실수값(b_1)

$b_1 : 69=100 : 138$ $b_1=\frac{69\times 100}{138}=50$

• 20X1년 B의 실수값(b_2)

$b_2 : 69=120 : 138$ $b_2=\frac{69\times 120}{138}=60$

발전예제

>>> 다음은 A사와 B사의 휴대전화 출하대수를 조사한 자료로, 표의 수치는 각각의 회사에 대한 20X0년의 출하대수를 100으로 한 지수이다. (가) ~ (라)에 들어갈 수치를 구하면? (단, 제시된 자료로 산출할 수 없는 경우에는 × 표시한다)

구분	20X0년	20X1년	20X2년
A사	100	120	114
B사	100	100	107

(1) 20X1년 A사의 출하대수는 B사의 (가)배이다.
(2) A사의 20X1년 대비 20X2년 출하대수의 감소율은 (나)%이다.
(3) B사의 20X1년 출하대수가 15만 대라면, B사의 20X2년 출하대수는 (다)만 대, A사의 20X0년 출하대수는 (라)만 대이다.

정답과 해설 | ✔

| 정답 | (가) : × (나) : 5 (다) : 16.05 (라) : ×

| 해설 | (가) A사와 B사의 기준수가 다를 수 있기 때문에 지수만으로 A사와 B사의 출하대수를 비교하는 것은 불가능하다.

(나) A사의 20X1년 대비 20X2년 출하대수의 감소율은 $\frac{120-114}{120}\times100=5(\%)$이다.

(다) B사의 20X1년 출하대수가 15만 대라면, B사의 20X2년 출하대수는 $15\times\frac{107}{100}=16.05$(만 대)이다.

(라) A사의 20X0년 출하대수는 기준수가 다를 수 있기 때문에 알 수 없다.

03 지수와 증감률의 관계

기준시점의 지수가 100일 때,

$$증감률(\%)=\frac{비교시점\ 수치-기준시점\ 수치}{기준시점\ 수치}\times 100$$
$$=\left(\frac{비교시점\ 수치}{기준시점\ 수치}\times 100\right)-\left(\frac{기준시점\ 수치}{기준시점\ 수치}\times 100\right)$$
$$=지수-100$$

기본예제

>>> 다음은 20X0년의 실수값을 100으로 했을 때 20X1 ~ 20X2년 A, B의 지수를 나타낸 표이다. 20X0년 대비 20X1 ~ 20X2년 A와 B의 증감률을 구하면?

구분	20X0년	20X1년	20X2년
A	100	110	121
B	100	120	138

| 해설 |

• A

20X0년 대비 20X1년 A의 증감률 : 110－100＝10(%)

20X0년 대비 20X2년 A의 증감률 : 121－100＝21(%)

• B

20X0년 대비 20X1년 B의 증감률 : 120－100＝20(%)

20X0년 대비 20X2년 B의 증감률 : 138－100＝38(%)

발전예제

>>> 다음은 어느 회사의 공산품 생산량에 관한 표이다. 이에 대한 설명으로 옳은 것은?

[공산품 생산량 지수 추이]

(20X0년=100.0)

구분	20X0년	20X1년	20X2년	20X3년	20X4년	20X5년
A	100.0	97.0	94.4	92.5	90.1	89.0
B	100.0	103.2	109.1	105.3	106.7	102.8
C	100.0	106.6	119.2	115.3	113.6	130.3
D	100.0	97.8	96.2	94.0	95.7	98.9

① 20X1 ~ 20X3년 중 D 제품 생산량의 전년 대비 증감률이 가장 큰 해는 20X2년이다.
② 20X1년 A 제품의 생산량을 100으로 했을 때, 20X5년 A 제품의 지수는 90 미만이다.
③ 20X1년 C 제품 생산량의 전년 대비 증가량은 B 제품 생산량의 전년 대비 증가량의 2배 이상이다.
④ 20X1 ~ 20X5년 중 A 제품 생산량의 전년 대비 감소량이 가장 큰 해는 20X1년이다.
⑤ 20X3년 생산량의 전년 대비 감소율이 가장 큰 제품은 C이다.

정답과 해설 | ✔

| 정답 | ④

| 해설 | 표는 지수를 나타내고 있으므로 20X0년을 100으로 했을 때의 각 연도의 상대적인 크기를 나타내고 있다. 이 문제의 경우 지수를 통해 전년 대비 증가율을 도출해낼 수 있는지를 묻고 있다. 같은 연도의 품목 간 대소 비교는 할 수 없다는 점에 주의하여 문제를 푼다.

④ A 제품만의 비교라면 지수는 비를 나타내므로 실수가 어떤 값을 취하고 있든 그 비율은 달라지지 않는다. 따라서 대소 비교를 할 수 있다.

A 제품의 20X0년 생산량을 100개라 하면, 20X1 ~ 20X5년의 전년 대비 생산량 감소량은 다음과 같다.

- 20X1년 : 100.0−97.0=3.0(개)
- 20X2년 : 97.0−94.4=2.6(개)
- 20X3년 : 94.4−92.5=1.9(개)
- 20X4년 : 92.5−90.1=2.4(개)
- 20X5년 : 90.1−89.0=1.1(개)

따라서 20X1 ~ 20X5년 중 A 제품 생산량의 전년 대비 감소량이 가장 큰 해는 20X1년이다.

| 오답풀이 |

① 지수를 통해 전년 대비 증감률을 구하는 방법은 $\frac{(t+1)\text{년의 지수} - t\text{년의 지수}}{t\text{년의 지수}} \times 100$이다. 20X1 ~ 20X3년의 전년 대비 증감률을 묻고 있으므로 해당 연도를 검토한다.

- 20X1년 : $\frac{97.8-100.0}{100.0} \times 100 = -2.2(\%)$
- 20X2년 : $\frac{96.2-97.8}{97.8} \times 100 = -1.6(\%)$
- 20X3년 : $\frac{94.0-96.2}{96.2} \times 100 = -2.3(\%)$

따라서 20X3년이 가장 크다.

빠른풀이

20X2년보다 전년 대비 증감률이 큰 연도를 찾으면 된다.

전년 대비 20X2년의 증감률인 $\frac{-1.6}{97.8}$과 전년 대비 20X1년의 증감률인 $\frac{-2.2}{100}$를 비교해 보면 분모는 거의 같은 반면 분자가 20X2년에는 20X1년의 $\frac{2}{3}$ 정도이므로 증감률은 20X1년이 더 큰 것을 알 수 있다.

전년 대비 20X1년의 증감률인 $\frac{-2.2}{100}$와 전년 대비 20X3년의 증감률인 $\frac{-2.2}{96.2}$를 비교해 보면 분자는 같으므로 분모가 작은 20X3년의 증감률이 더 큰 것을 알 수 있다.

② 20X1년 A 제품의 생산량을 100으로 했을 때, 20X5년 지수를 구하는 방법은 다음과 같다.

20X1년의 지수 : 20X5년의 지수 = 100 : x

$x = \frac{\text{20X5년의 지수}}{\text{20X1년의 지수}} \times 100 = \frac{89.0}{97.0} \times 100 \fallingdotseq 91.8$

따라서 90 이상이다.

빠른풀이

나눗셈으로 문제를 푸는 것보다 곱셈으로 푸는 것이 쉽다. 20X1년의 97.0의 90%가 20X5년의 89.0을 넘는지 생각하면 된다.

$97.0 \times 0.9 = 87.3 < 89.0$

따라서 지수로 생각했을 때 90을 넘는 것을 알 수 있다.

③ 지수만으로 서로 다른 품목의 전년 대비 증가량과 같은 실수는 비교할 수 없다.

⑤ 20X3년 생산량의 전년 대비 감소율을 구하면 다음과 같다.

- A 제품 : $\frac{94.4-92.5}{94.4} \times 100 \fallingdotseq 2.0(\%)$
- B 제품 : $\frac{109.1-105.3}{109.1} \times 100 \fallingdotseq 3.5(\%)$
- C 제품 : $\frac{119.2-115.3}{119.2} \times 100 \fallingdotseq 3.3(\%)$
- D 제품 : $\frac{96.2-94.0}{96.2} \times 100 \fallingdotseq 2.3(\%)$

따라서 20X3년 생산량의 전년 대비 감소율이 가장 큰 제품은 B이다.

5 기여도 / 기여율

01 기여도와 기여율

1 기여도

특정 항목의 변화가 전체를 얼마나 변화시켰는지를 나타내는 값이다.

$$기여도(\%) = \frac{특정\ 항목의\ 증감}{기준시점\ 전체량} \times 100$$
$$= \frac{기준시점\ 특정\ 항목의\ 양}{기준시점\ 전체량} \times \frac{특정\ 항목의\ 증감}{기준시점\ 특정\ 항목의\ 양} \times 100$$
$$= 기준시점\ 특정\ 항목의\ 비율 \times 특정\ 항목의\ 증가율$$

2 기여율

전체의 증감에 대해 특정 항목이 전체를 증감시키는 데 얼마나 공헌했는지를 나타내는 값이다.

$$기여율(\%) = \frac{특정\ 항목의\ 증감}{전체의\ 증감} \times 100$$

기본예제

>>> 형제인 A, B, C의 작년 용돈은 각각 10만 원, 6만 원, 4만 원, 올해 용돈은 각각 12만 원, 12만 원, 6만 원이다. A, B, C의 용돈 합계 증가에 대한 기여도와 기여율을 구하면?

| 해설 |

- A의 기여도 : $\frac{12-10}{20} \times 100 = 10(\%)$ 또는 $\frac{10}{20} \times \frac{12-10}{10} \times 100 = 10(\%)$
- A의 기여율 : $\frac{12-10}{10} \times 100 = 20(\%)$
- B의 기여도 : $\frac{12-6}{20} \times 100 = 30(\%)$ 또는 $\frac{6}{20} \times \frac{12-6}{6} \times 100 = 30(\%)$
- B의 기여율 : $\frac{12-6}{10} \times 100 = 60(\%)$
- C의 기여도 : $\frac{6-4}{20} \times 100 = 10(\%)$ 또는 $\frac{4}{20} \times \frac{6-4}{4} \times 100 = 10(\%)$
- C의 기여율 : $\frac{6-4}{10} \times 100 = 20(\%)$

02 기여도와 기여율의 관계

$$기여도(\%)=\frac{특정\ 항목의\ 증감}{기준시점\ 전체량}\times 100$$
$$=\frac{전체의\ 증감}{기준시점\ 전체량}\times\frac{특정\ 항목의\ 증감}{전체의\ 증감}\times 100$$
$$=전체의\ 증가율\times\frac{기여율(\%)}{100}$$

기본예제

>>> **형제인 A, B, C의 작년 용돈은 각각 10만 원, 6만 원, 4만 원, 올해 용돈은 각각 12만 원, 12만 원, 6만 원이다. A, B, C의 용돈 합계 증가에 대한 기여율이 각각 20%, 60%, 20%라고 할 때 기여도를 구하면?**

| 해설 | 전체의 증가율은 $\frac{30-20}{20}\times 100=50(\%)$이다.

- A의 기여도 : 50×0.2=10(%)
- B의 기여도 : 50×0.6=30(%)
- C의 기여도 : 50×0.2=10(%)

➡ 기여도는 전체 증가율의 내역이라고 생각할 수 있다. 즉, A의 증가는 전체 증가율 50% 중 10%이고, B의 증가는 전체 증가율 50% 중 30%이며, C의 증가는 전체 증가율 50% 중 10%이다.

6 단위당 양

01 단위당 양이란?

1 자동차 천 대당 교통사고 발생건수, 단위면적당 인구수 등과 같이 정해진 단위량에 대한 상대치이다. 따라서 기준이 되는 단위량에 대응하는 실수(위의 예에서는 자동차 대수, 면적)가 주어져 있지 않으면 단위당 양에만 기초해서 실수 그 자체(위의 예에서는 교통사고 발생건수, 인구수)를 비교하는 것은 불가능하다.

$$X\text{당 } Y=\frac{Y}{X}$$

2 계산방법

1. X, Y를 바탕으로 X당 Y를 구하는 경우
   $(X\text{당 } Y)=\frac{Y}{X}$

2. X당 Y, X를 바탕으로 Y를 구하는 경우
   $Y=X\times(X\text{당 } Y)$

3. X당 Y, Y를 바탕으로 X를 구하는 경우
   $X=Y\div(X\text{당 } Y)$

기본예제

>>> A 회사의 매출액은 1억 6,000만 원이고 직원 수는 400명일 때, 직원 1인당 매출액과 매출액 1,000만 원당 직원 수를 구하면?

| 해설 | • 직원 1인당 매출액 $=\frac{\text{매출액}}{\text{직원 수}}$이므로 $\frac{160{,}000{,}000}{400}=400{,}000$(원)

• 1,000만 원당 직원 수 $=\frac{\text{직원 수}}{\text{매출액(1,000만 원)}}$이므로 $\frac{400}{\frac{160{,}000{,}000}{10{,}000{,}000}}=25$(명)

발전예제

>>> 다음은 A시의 $1km^2$당 중학교 수, 중학교 1개당 도서관 수, 중학교 1개당 서점 수를 나타낸 표이다. $1km^2$당 도서관 수와 서점 수를 바르게 나열한 것은?

$1km^2$당 중학교 수	중학교 1개당 도서관 수	중학교 1개당 서점 수
0.5개	0.6개	0.4개

	$1km^2$당 도서관 수	$1km^2$당 서점 수
①	0.03개	0.02개
②	0.03개	0.024개
③	0.3개	0.2개
④	0.3개	0.24개
⑤	1.2개	0.8개

정답과 해설 ✔

| 정답 | ③

| 해설 | $1km^2$당 중학교 수와 중학교 1개당 도서관 수를 이용해 $1km^2$당 도서관 수를 구할 수 있다.

$1km^2$당 중학교 수 $=\frac{\text{중학교 수(개)}}{\text{A시의 면적}(km^2)}$, 중학교 1개당 도서관 수 $=\frac{\text{도서관 수(개)}}{\text{중학교 수(개)}}$이므로 $1km^2$당 도서관 수 $=1km^2$당 중학교 수 $\times$ 중학교 1개당 도서관 수이다. 따라서 $1km^2$당 도서관 수는 $0.5\times0.6=0.3$(개)이다.

$1km^2$당 중학교 수와 중학교 1개당 서점 수를 이용해 $1km^2$당 서점 수를 구할 수 있다.

$1km^2$당 중학교 수 $=\frac{\text{중학교 수(개)}}{\text{A시의 면적}(km^2)}$, 중학교 1개당 서점 수 $=\frac{\text{서점 수(개)}}{\text{중학교 수(개)}}$이므로 $1km^2$당 서점 수 $=1km^2$당 중학교 수 $\times$ 1개당 서점 수이다. 따라서 $1km^2$당 서점 수는 $0.5\times0.4=0.2$(개)이다.

7 계산 테크닉

핵심 Check

1. 자료를 정확히 이해하고, 하나하나의 계산을 정확히 하면 문제는 풀 수 있지만 시간이 오래 걸린다. 가능하다면 계산을 하는 수고를 덜어 시간을 단축하는 것이 중요하다.
2. 선택지의 대부분이 '○○에 대한 △△의 비율은 전년 대비 증가하였다', '○○의 수치는 △△의 10% 이상이다'와 같은 것들이므로 정확한 수치를 구하지 않더라도 '전년보다 증가했는지', '10% 이상인지'만 알면 된다.

01 분수 ↔ 소수 ↔ 비율

분수	$\frac{1}{2}$	$\frac{1}{3}$	$\frac{1}{4}$	$\frac{1}{5}$	$\frac{1}{6}$	$\frac{1}{7}$	$\frac{1}{8}$	$\frac{1}{9}$
소수	0.5	$0.\dot{3}$	0.25	0.2	$0.1\dot{6}$	0.143	0.125	$0.\dot{1}$
비율	50%	33.3%	25%	20%	16.7%	14.3%	12.5%	11.1%

분수	$\frac{1}{10}$	$\frac{1}{11}$	$\frac{1}{12}$	$\frac{1}{13}$	$\frac{1}{14}$	$\frac{1}{15}$	$\frac{1}{16}$	$\frac{1}{17}$
소수	0.1	$0.\dot{0}\dot{9}$	$0.08\dot{3}$	0.077	0.071	$0.0\dot{6}$	0.0625	0.059
비율	10%	9.1%	8.3%	7.7%	7.1%	6.7%	6.25%	5.9%

분수	$\frac{1}{18}$	$\frac{1}{19}$	$\frac{1}{20}$	$\frac{1}{25}$	$\frac{1}{30}$	$\frac{1}{40}$	$\frac{1}{50}$	$\frac{1}{100}$
소수	$0.0\dot{5}$	0.053	0.05	0.04	$0.0\dot{3}$	0.025	0.02	0.01
비율	5.6%	5.3%	5%	4%	3.3%	2.5%	2%	1%

※ 무한소수의 경우 소수를 소수점 아래 넷째 자리에서 반올림

01 계산연습

>>> 다음 식을 계산하시오.

1

$$\frac{1}{2}+\frac{1}{5}+\frac{1}{16}$$

① 0.6625 ② 0.7625 ③ 0.8125
④ 0.825 ⑤ 1.325

2

$$\frac{1}{4}+\frac{1}{10}+\frac{1}{25}$$

① 0.39 ② 0.44 ③ 0.56
④ 0.6 ⑤ 0.75

3

$$\frac{1}{8}+\frac{1}{20}+\frac{1}{100}$$

① 1.56% ② 1.85% ③ 2.75%
④ 6.25% ⑤ 18.5%

| 정답 | **1** ② **2** ① **3** ⑤

| 해설 | **1** $\frac{1}{2}+\frac{1}{5}+\frac{1}{16}=0.5+0.2+0.0625=0.7625$

2 $\frac{1}{4}+\frac{1}{10}+\frac{1}{25}=0.25+0.1+0.04=0.39$

3 $\frac{1}{8}+\frac{1}{20}+\frac{1}{100}=12.5\%+5\%+1\%=18.5\%$

02 제곱수

- $11^2=121$
- $12^2=144$
- $13^2=169$
- $14^2=196$
- $15^2=225$
- $16^2=256$
- $17^2=289$
- $18^2=324$
- $19^2=361$
- $25^2=625$
- $35^2=1,225$

02 계산연습

>>> 다음 식을 계산하시오.

1 $12^2-11^2=$[ ]

2 $17^2+19^2=$[ ]

3 $25^2+35^2=$[ ]

4 $13^2+16^2-19^2=$[ ]

5 $(352-338)^2\div4=$[ ]

| 정답 | 1 23 2 650 3 1,850 4 64 5 49

| 해설 | 1 $12^2-11^2=144-121=23$

2 $17^2+19^2=289+361=650$

3 $25^2+35^2=625+1,225=1,850$

4 $13^2+16^2-19^2=169+256-361=64$

5 $(352-338)^2\div4=14^2\div4=196\div4=49$

03 거듭제곱

2의 거듭제곱

- $2^1=2$
- $2^2=4$
- $2^3=8$
- $2^4=16$
- $2^5=32$
- $2^6=64$
- $2^7=128$
- $2^8=256$
- $2^9=512$
- $2^{10}=1,024$

3의 거듭제곱

- $3^1=3$
- $3^2=9$
- $3^3=27$
- $3^4=81$
- $3^5=243$

5의 거듭제곱

- $5^1=5$
- $5^2=25$
- $5^3=125$
- $5^4=625$

03 계산연습

>>> 다음 식을 계산하시오.

1 $3^3+5^3=$[ ]

2 $2^{10}-3^5=$[ ]

3 $4\times8^3\div16=$[ ]

| 정답 | **1** 152 **2** 781 **3** 128

| 해설 | **1** $3^3+5^3=27+125=152$

2 $2^{10}-3^5=1,024-243=781$

3 $4\times8^3\div16=2^2\times2^9\div2^4=2^{2+9-4}=2^7=128$

04 곱셈 요령

1 (두 자리 수)×(두 자리 수)

1. 같은 자릿수끼리 곱한다.

```
    3 6
 ×  5 4
 ------
   1524
```

2. 대각선으로 각각 곱한다.

```
    3 6
 ×  5 4
 ------
   1524
    12
    30
```

※ 3×4가 실제로는 30×4이므로 120이다. 따라서 1을 백의 자리, 2를 십의 자리에 맞춰 적는다.

※ 5×6이 실제로는 50×6이므로 300이다. 따라서 3을 백의 자리, 0을 십의 자리에 맞춰 적는다.

3. 모두 더한다.

```
    3 6
 ×  5 4
 ------
   1524
    12
    30
 ------
   1944
```

2 십의 자리 숫자가 같고, 일의 자리 숫자의 합이 10인 두 수의 곱

두 수를 각각 $10m+a$, $10m+b$라 하면 $a+b=10$이므로

$(10m+a)(10m+b)=100m^2+10m(a+b)+ab=100m^2+100m+ab=100m(m+1)+ab$

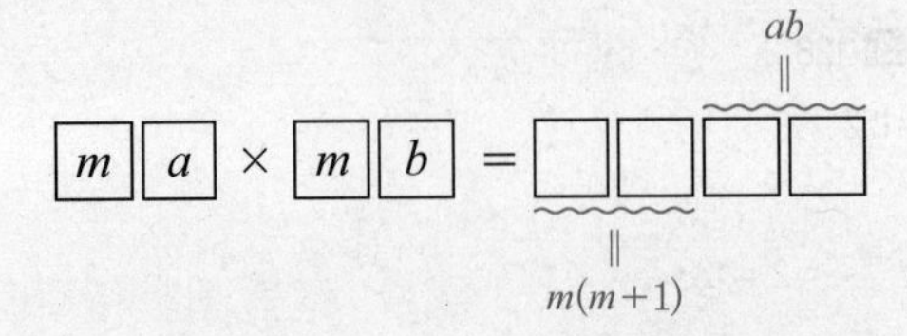

예1 23×27

2×3=6, 3×7=21이므로 621이다.

예2 39×31

3×4=12, 9×1=9이므로 1,209이다.

3 일의 자리 숫자가 같고, 십의 자리 숫자의 합이 10인 두 수의 곱

두 수를 각각 $10a+m$, $10b+m$이라 하면 $a+b=10$이므로
$(10a+m)(10b+m)=100ab+10m(a+b)+m^2=100ab+100m+m^2=100(ab+m)+m^2$

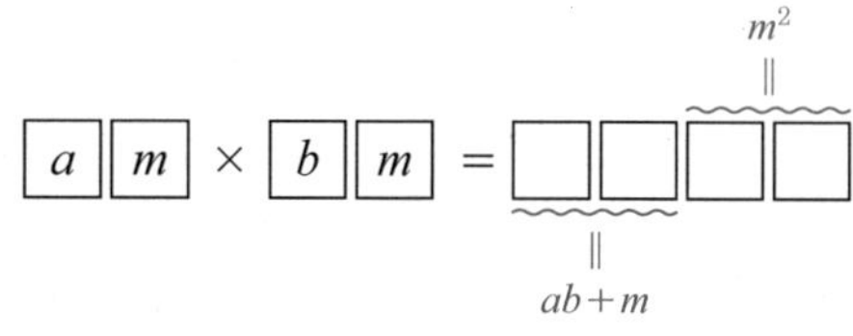

예1 32×72
3×7+2=23, 2^2=4이므로 2,304이다.

예2 93×13
9×1+3=12, 3^2=9이므로 1,209이다.

4 십의 자리 숫자가 같은 두 수의 곱

두 수를 각각 $10m+a$, $10m+b$라 하면
$(10m+a)(10m+b)=100m^2+10m(a+b)+ab=(10m+a+b)\times 10m+ab$

예1 32×37=(32+7)×30+2×7=1,184
예2 54×59=(54+9)×50+4×9=3,186

5 비슷한 두 수의 곱

106×93
(100)을 기준으로
106=100 [+6]
93=100 [−7]

6×(−7)=−42
106 [+6]
× 93 [−7]
106−7=99
99 −42
⇒ 99×(100)−42=9,858

34×47
(40)을 기준으로
34=40 [−6]
47=40 [+7]

(−6)×7=−42
34 [−6]
× 47 [+7]
34+7=41
41 −42
⇒ 41×(40)−42=1,598

04 계산연습

>>> 다음 식을 계산하시오.

1 $42\times48=$[ ]

2 $73\times33=$[ ]

3 $94\times98=$[ ]

4 $104\times99=$[ ]

| 정답 | **1** 2,016 **2** 2,409 **3** 9,212 **4** 10,296

| 해설 | **1** 십의 자리 숫자가 같고, 일의 자리 숫자의 합이 10인 두 수의 곱이다.

$4\times5=20$, $2\times8=16$이므로 2,016이다.

다음과 같이 해결하는 방법도 있다.

$42\times48=(50-8)\times(50-2)=2,500-400-100+16=2,016$

2 일의 자리 숫자가 같고, 십의 자리 숫자의 합이 10인 두 수의 곱이다.

$7\times3+3=24$, $3^2=9$이므로 2,409이다.

3 십의 자리 숫자가 같은 두 수의 곱이다.

$94\times98=(94+8)\times90+4\times8=102\times90+32=9,212$

4 (100)을 기준으로 104=100[+4], 99=100[−1] 이므로

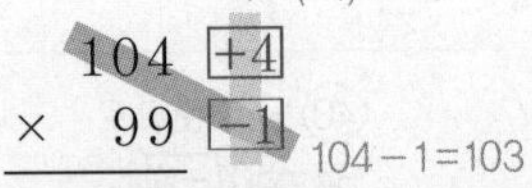

$\Rightarrow 103\times(100)-4=10,296$

05 대소 비교 요령

1 덧셈의 비교

1. 숫자 각각의 대소를 비교한다.

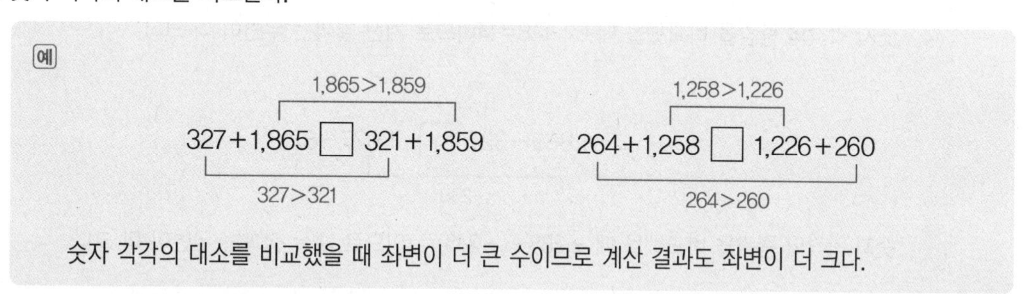

예
1,865>1,859
327+1,865 □ 321+1,859
327>321
1,258>1,226
264+1,258 □ 1,226+260
264>260
숫자 각각의 대소를 비교했을 때 좌변이 더 큰 수이므로 계산 결과도 좌변이 더 크다.

2. 숫자 각각의 증감을 비교한다.

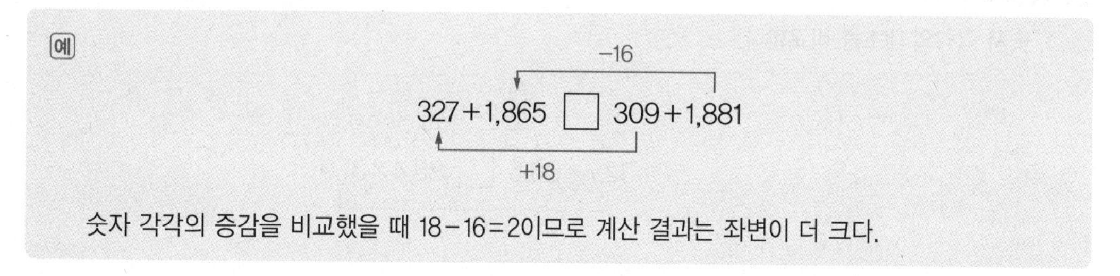

예
−16
327+1,865 □ 309+1,881
+18
숫자 각각의 증감을 비교했을 때 18−16=2이므로 계산 결과는 좌변이 더 크다.

2 뺄셈의 비교

1. 덧셈의 비교로 전환한다.

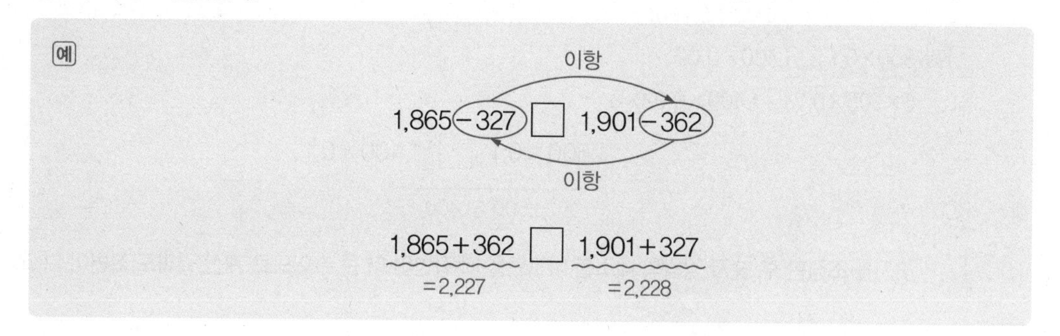

2. 빼어지는 수와 빼는 수의 증감을 파악한다.

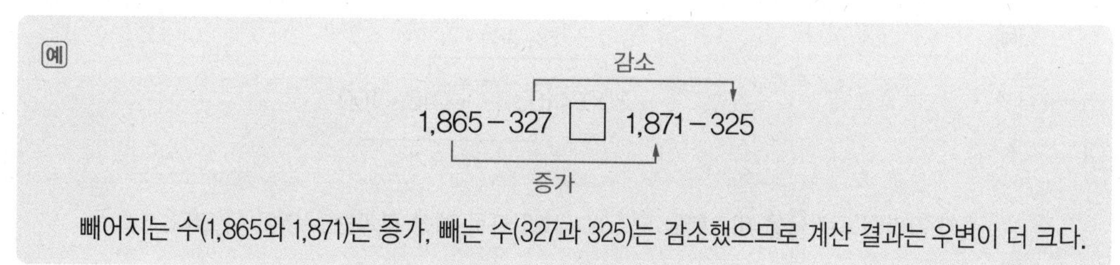

예
감소
1,865−327 □ 1,871−325
증가
빼어지는 수(1,865와 1,871)는 증가, 빼는 수(327과 325)는 감소했으므로 계산 결과는 우변이 더 크다.

3. 숫자 각각의 증감을 비교한다.

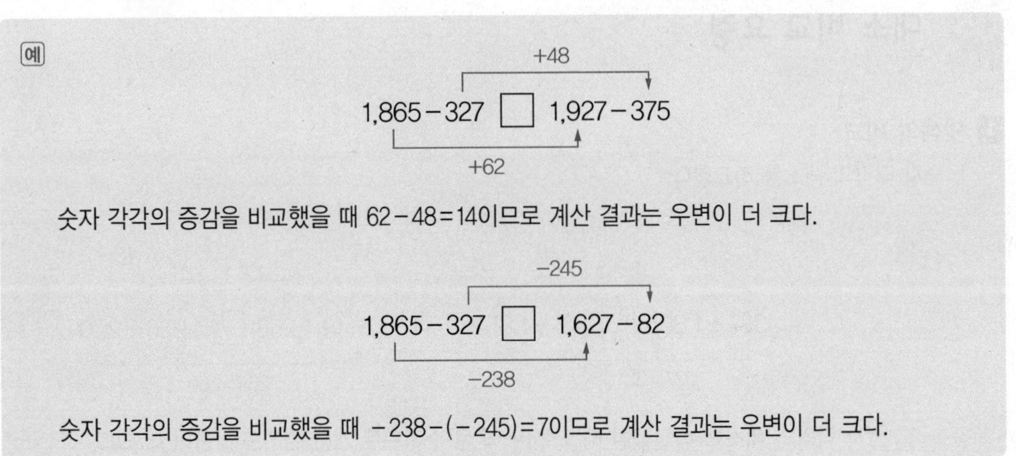

예
+48
1,865－327 □ 1,927－375
+62
숫자 각각의 증감을 비교했을 때 62－48＝14이므로 계산 결과는 우변이 더 크다.
−245
1,865－327 □ 1,627－82
−238
숫자 각각의 증감을 비교했을 때 －238－(－245)＝7이므로 계산 결과는 우변이 더 크다.

3 곱셈의 비교

1. 숫자 각각의 대소를 비교한다.

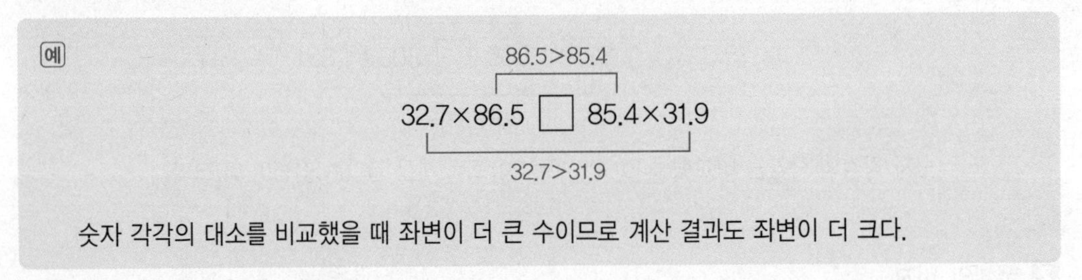

예
86.5>85.4
32.7×86.5 □ 85.4×31.9
32.7>31.9
숫자 각각의 대소를 비교했을 때 좌변이 더 큰 수이므로 계산 결과도 좌변이 더 크다.

2. 비교하기 쉽게 숫자를 조정한다.

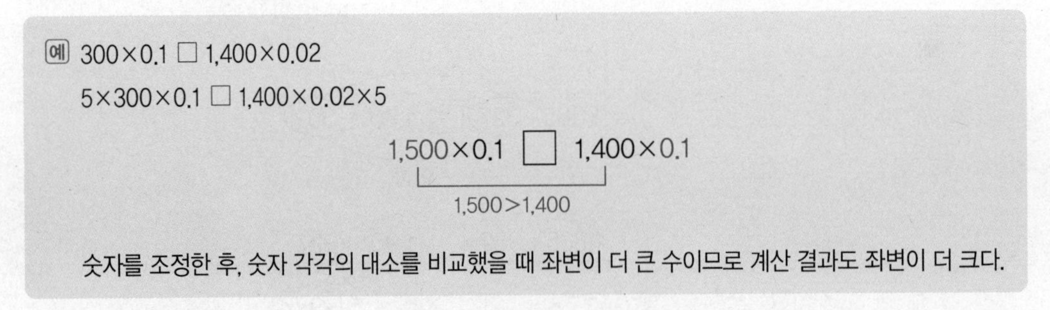

예 300×0.1 □ 1,400×0.02
5×300×0.1 □ 1,400×0.02×5
1,500×0.1 □ 1,400×0.1
1,500>1,400
숫자를 조정한 후, 숫자 각각의 대소를 비교했을 때 좌변이 더 큰 수이므로 계산 결과도 좌변이 더 크다.

3. 숫자 각각의 증가율을 비교한다.

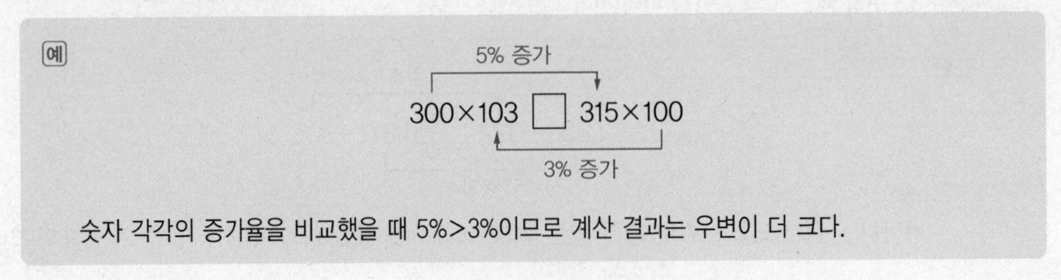

예
5% 증가
300×103 □ 315×100
3% 증가
숫자 각각의 증가율을 비교했을 때 5%>3%이므로 계산 결과는 우변이 더 크다.

4 분수의 비교

1. 곱셈을 사용한다.

예 $\frac{b}{a}$와 $\frac{d}{c}$의 비교(단, a, b, c, $d>0$)

$bc>ad$이면 $\frac{b}{a}>\frac{d}{c}$

2. 어림셈과 곱셈을 사용한다.

예 $\frac{47}{140}$과 $\frac{88}{265}$의 비교

$\frac{47}{140}$은 $\frac{1}{3}$보다 크고 $\frac{88}{265}$은 $\frac{1}{3}$보다 작으므로 $\frac{47}{140}>\frac{88}{265}$

3. 분모와 분자의 배율을 비교한다.

예

$\frac{2}{5}=\frac{4}{10}$ (분자 ×2, 분모 ×2) $\frac{2}{5}<\frac{6}{10}$ (분자 ×3, 분모 ×2) $\frac{2}{5}>\frac{3}{10}$ (분자 ×1.5, 분모 ×2)

$\frac{351}{127}$과 $\frac{3,429}{1,301}$의 비교

3,429는 351의 10배보다 작고 1,301은 127의 10배보다 크므로 $\frac{351}{127}>\frac{3,429}{1,301}$

4. 분모와 분자의 차이를 파악한다.

예 $\frac{b}{a}$와 $\frac{b+d}{a+c}$의 비교(단, a, b, c, $d>0$)

$\frac{b}{a}>\frac{d}{c}$이면 $\frac{b}{a}>\frac{b+d}{a+c}$ $\frac{b}{a}<\frac{d}{c}$이면 $\frac{b}{a}<\frac{b+d}{a+c}$

5. $a>0$, $b>0$일 때, 기존 분수보다 커지는 경우

- 분모 불변, 분자 증가 $\frac{B}{A}<\frac{B+a}{A}$
- 분모 감소, 분자 불변 $\frac{B}{A}<\frac{B}{A-a}$
- 분모 감소, 분자 증가 $\frac{B}{A}<\frac{B+a}{A-b}$
- 분모 증가율<분자 증가율
- 분모 감소율>분자 감소율

5 증가율, 감소율의 비교

예 13,221에서 14,489가 되었을 때, 그 증가율은 10%보다 (크다 / 작다).

증가율 공식에 따라 $\frac{14,489-13,221}{13,221}\times100 ≒ 9.6(\%)$로 계산할 수 있지만 과정이 복잡하다. 10% 초과인지, 미만인지만 파악하면 되므로 증가율을 10%라 가정하고 13,221+(13,221의 10%)를 계산한다. 13,221의 10%는 약 1,322이므로 13,221+1,322=14,543>14,489이다. 증가율이 10%일 때의 수치가 더 크므로 증가율은 10%보다 작다.

05 계산연습 _곱셈의 비교 [I]

>>> 다음 식의 대소를 비교하시오.

1. 1,000×20% □ 900×24%
2. 9,131×11.2% □ 9,124×10.8%
3. 921×20.1% □ 2,801×6.9%
4. 1,213×21.5% □ 1,081×25.8%

| 정답 | 1 < 2 > 3 < 4 <

| 해설 | 1 1,000에서 900은 1,000−900=100 감소한 것이므로 감소율은 10%이다. 20%에서 24%는 24−20=4(%p) 증가한 것이므로 증가율은 20%이다. 따라서 900×24%는 1,000×20%의 0.9×1.2=1.08(배)이므로 1,000×20%<900×24%이다.

(×1.2)
20% 증가
1,000×20% < 900×24%
10% 감소
(×0.9)

2 9,131>9,124이고 11.2%>10.8%이므로 9,131×11.2%>9,124×10.8%이다.

3 921×3=2,763이므로 2,801과 비슷해진다. 그러므로 921×20.1%는 921을 3배로 하여 2,763으로 하고, 2,801×6.9%는 6.9%를 3배로 하여 20.7%로 한다. 그러면 2,763×20.1%와 2,801×20.7%의 비교로 바뀌어 계산하기 쉬워진다. 총 수, 비율 모두 우변이 더 크므로 921×20.1%<2,801×6.9%이다.

4 1,213에서 1,081은 1,213−1,081=132 감소한 것이므로 감소율은 약 10%이다. 21.5%에서 25.8%는 25.8−21.5=4.3(%p) 증가한 것이므로 증가율은 20%이다. 총 수는 약 10% 감소했으나 비율이 20% 증가했으므로 결론적으로는 증가했다. 따라서 1,213×21.5%<1,081×25.8%이다.

05 계산연습 _곱셈의 비교 [Ⅱ]

>>> 다음은 어느 고등학교의 20X0 ~ 20X1년 학생 수와 남녀 구성비를 나타낸 표이다. 20X0년 대비 20X1년의 학생 수 증가율이 더 큰 성별은?

구분	남학생	여학생	합계
20X0년	55%	45%	300명
20X1년	57%	43%	400명

| 정답 | **남학생**

| 해설 | 남학생 수는 20X0년 300×55%에서 20X1년 400×57%가 되었고, 여학생 수는 20X0년 300×45%에서 20X1년 400×43%가 되었다. 남녀 모두 총 수는 300에서 400으로 증가하였으므로 증가율은 동일하다. 그러므로 비율의 증가율만 비교하면 되는데, 남학생은 55%에서 57%로 증가하였고 여학생은 45%에서 43%로 감소하였다. 따라서 계산하지 않고도 남학생 수의 증가율이 더 크다는 것을 알 수 있다.

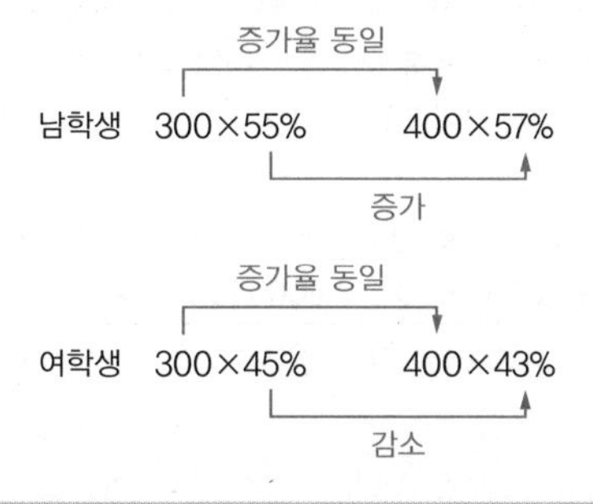

05 계산연습 _곱셈의 비교 [Ⅲ]

>>> 다음은 어느 공장의 제품 총 생산량에서 제품 A, B가 차지하는 비율을 나타낸 표이다. 20X0년 대비 20X1년에 제품 생산량이 더 많이 증가한 제품은?

구분	20X0년	20X1년
제품 A	5%	10%
제품 B	15%	20%
총 생산량	900개	1,000개

| 정답 | 제품 B

| 해설 | 제품 A의 생산량은 $1,000 \times 0.1 - 900 \times 0.05 = 55$(개), 제품 B의 생산량은 $1,000 \times 0.2 - 900 \times 0.15 = 65$(개) 증가하였으므로 제품 B의 생산량이 더 많이 증가하였다.

위와 같이 계산을 해도 되지만, 숫자가 까다로워지면 계산이 복잡해지므로 다음과 같은 풀이법도 학습해두는 것이 좋다. 만약 '제품 A의 증가량−제품 B의 증가량>0'이면 제품 A의 증가량이 더 많다는 것이고, '제품 A의 증가량−제품 B의 증가량<0'이면 제품 B의 증가량이 더 많다는 것이다. 그러므로 $(1,000 \times 0.1 - 900 \times 0.05) - (1,000 \times 0.2 - 900 \times 0.15)$를 계산해보면 된다.

$$\begin{array}{r} 1,000 \times 0.1 - 900 \times 0.05 \\ -\big)\ 1,000 \times 0.2 - 900 \times 0.15 \\ \hline 1,000 \times (-0.1) - 900 \times (-0.1) = -10 < 0 \end{array}$$

따라서 제품 B의 증가량이 더 많다.

05 계산연습 _분수의 비교

>>> 다음 식의 대소를 비교하시오.

1 $\frac{142}{1,011}$ □ $\frac{145}{1,009}$

2 $\frac{1,113}{1,220}$ □ $\frac{1,202}{1,307}$

3 $\frac{2,001}{2,118}$ □ $\frac{185}{194}$

4 $\frac{2,037}{2,052}$ □ $\frac{1,971}{1,982}$

5 $\frac{414}{1,014}$ □ $\frac{201}{511}$

| 정답 | **1** < **2** < **3** < **4** < **5** >

| 해설 | **1** 분모는 감소, 분자는 증가했으므로 $\frac{142}{1,011} < \frac{145}{1,009}$이다.

2 분모는 1,220에서 1,307로 87 증가, 분자는 1,113에서 1,202로 89 증가했다. 증가한 정도는 비슷한데 기존 숫자는 분자가 더 작으므로 증가율은 분자가 더 크다. 따라서 $\frac{1,113}{1,220} < \frac{1,202}{1,307}$이다.

3 이 문제는 분수의 분모에 대한 분자의 비율로 비교한다. $\frac{2,001}{2,118}$에서 2,118－2,001＝117이다. 2,118의 10%는 약 212, 5%는 약 106이므로 2,001은 2,118의 95%보다 작다. $\frac{185}{194}$에서 194－185＝9이다. 194의 10%는 19.4, 5%는 9.7이므로 185는 194의 95%보다 크다. 따라서 $\frac{2,001}{2,118} < \frac{185}{194}$이다.

4 두 분수의 분모와 분자가 거의 비슷할 경우 '1－분수'를 사용하여 비교한다. $\frac{2,037}{2,052} = 1 - \frac{15}{2,052}$, $\frac{1,971}{1,982} = 1 - \frac{11}{1,982}$이므로 $\frac{15}{2,052}$와 $\frac{11}{1,982}$을 비교한다. 분모와 분자가 거의 비슷할 경우, 1에서 뺀 수는 극단적으로 분자가 작아지기 때문에(분모가 분자보다 클 때) 분모와 분자의 증가율을 비교하기 쉬워진다. $\frac{11}{1,982}$과 $\frac{15}{2,052}$에서 분자는 4 증가하였으므로 증가율은 10% 이상이고, 분모는 70 증가하였으므로 증가율은 10% 미만이다. 따라서 $\frac{11}{1,982} < \frac{15}{2,052}$이다. $\frac{2,037}{2,052} = 1 - \frac{15}{2,052}$(큰 수)이고, $\frac{1,971}{1,982} = 1 - \frac{11}{1,982}$(작은 수)이므로 큰 수를 뺀 $\frac{2,037}{2,052}$이 더 작은 수가 된다. 따라서 $\frac{2,037}{2,052} < \frac{1,971}{1,982}$이다.

5 $\frac{201}{511}$의 분모, 분자에 각각 2를 곱하면 $\frac{402}{1,022}$가 되어 $\frac{414}{1,014}$와 닮은 숫자가 된다. $\frac{414}{1,014}$와 $\frac{402}{1,022}$를 비교하면 분모가 증가, 분자가 감소하였으므로 $\frac{414}{1,014} > \frac{402}{1,022}$이다. 따라서 $\frac{414}{1,014} > \frac{201}{511}$이다.

05 계산연습 _증가율, 감소율의 비교 [I]

>>> 빈칸에 '크다', '작다' 중 적절한 것을 넣으시오.

1 1,390×15%에서 1,600×18%가 되었을 때, 그 증가율은 30%보다 [   ].

2 1,520×8%에서 3,111×4.2%가 되었을 때, 그 증가율은 5%보다 [   ].

3 1,415×11.3%에서 2,241×13.2%가 되었을 때의 증가율은 1,415×31.4%에서 2,241×33.5%가 되었을 때의 증가율보다 [   ].

| 정답 | **1 크다 2 크다 3 크다**

| 해설 | 1 1,390에서 1,600은 1,600－1,390＝210 증가한 것이므로 증가율은 10% 이상이다. 15%에서 18%는 18－15＝3(%p) 증가한 것이므로 증가율은 20%이다. 따라서 1,600×18%는 1,390×15%의 1.1×1.2＝1.32(배) 이상이므로 증가율은 30%보다 크다.

2 제시된 그대로 비교를 해도 되지만, 총 수나 비율 중 하나를 비슷하게 조정한다면 비교가 더욱 쉬워진다. 1,520×2＝3,040이므로 3,111과 비슷해진다. 그러므로 1,520×8%는 1,520을 2배로 하여 3,040으로 하고, 3,111×4.2%는 4.2%를 2배로 하여 8.4%로 한다. 그러면 3,040×8%와 3,111×8.4%의 비교로 바뀌어 계산하기 쉬워진다. 8%에서 8.4%는 8.4－8.0＝0.4(%p) 증가한 것이므로 증가율은 5%이다. 총 수가 3,040에서 3,111로 증가했으므로 전체의 증가율은 5%보다 크다.

3 총 수의 증가율이 같으므로 비율의 증가율만 비교하면 된다. 11.3%에서 13.2%는 13.2－11.3＝1.9(%p) 증가한 것이므로 증가율은 10% 이상이다. 31.4%에서 33.5%는 33.5－31.4＝2.1(%p) 증가한 것이므로 증가율은 10% 미만이다. 따라서 1,415×11.3%에서 2,241×13.2%가 되었을 때의 증가율은 1,415×31.4%에서 2,241×33.5%가 되었을 때의 증가율보다 크다.

05 계산연습 _증가율, 감소율의 비교 [Ⅱ]

>>> 빈칸에 '크다', '작다' 중 적절한 것을 넣으시오.

1 1,191에서 1,340이 되었을 때, 그 증가율은 10%보다 [ ].

2 2,415에서 2,281이 되었을 때, 그 감소율은 10%보다 [ ].

3 873에서 4,436이 되었을 때, 그 증가율은 500%보다 [ ].

| 정답 | 1 크다 2 작다 3 작다

| 해설 | 1 1,191의 10%는 약 119이므로 1,191+119=1,310<1,340이다. 증가율이 10%일 때의 수치가 더 작으므로 증가율은 10%보다 크다.

2 감소율일 때도 문제를 해결하는 방식은 같다. 감소율이 10% 초과인지, 미만인지만 파악하면 되므로 감소율을 10%라 가정하고 2,415－(2,415의 10%)를 계산한다. 2,415의 10%는 약 242이므로 2,415－242=2,173<2,281이다. 감소율이 10%일 때의 수치가 더 작으므로 감소율은 10%보다 작다.

3 이 문제는 증가율 500%를 5배로 착각하지 않도록 조심해야 한다. 증가율이란 증가한 비율이기 때문에 증가율이 100%이면 원래 수의 2배, 증가율이 200%이면 원래 수의 3배이다. 따라서 증가율이 500%라는 것은 원래 수의 6배를 의미한다. 873의 6배는 4,500 이상이므로 증가율은 500%보다 작다.

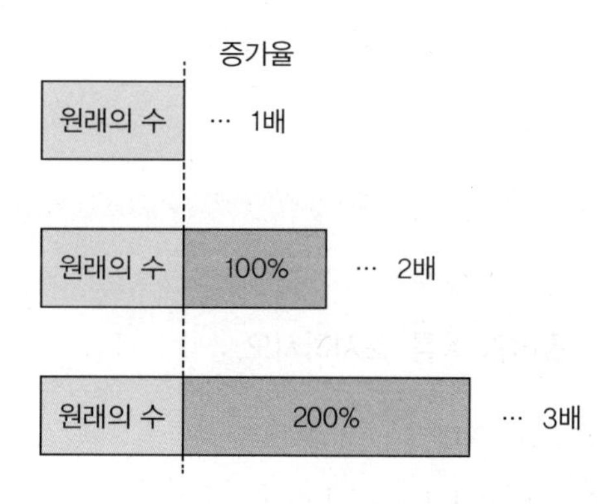

06 % 속산법

10%, 5%, 1%를 유효하게 조합하여 간단히 한다.

1 10%는 끝 수 1자릿수를 제한 수

2 1%는 끝 수 2자릿수를 제한 수

3 5%는 10%의 절반

예 12,987의 15%는 다음과 같이 구할 수 있다.

12,987은 약 13,000

13,000의 10%는 1,300

13,000의 5%는 10%의 절반이므로 650

∴ 1,300+650=1,950

➡ 12,987×0.15를 계산해도 되지만, 계산이 복잡하므로 근삿값을 이용한다.
만약 12,987의 근삿값을 10,000으로 설정한다면 계산 결과에 큰 차이가 발생한다. 절대적인 기준은 없지만 근삿값은 오차가 1% 이내가 되도록 정하는 것이 좋다.

06 계산연습

>>> 다음을 읽고 맞으면 ○, 틀리면 ×를 표시하시오.

1 27,001은 112,568의 24% 이상이다. [ ]

2 69,011은 72,640의 95% 이상이다. [ ]

| 정답 | 1 × 2 ○

| 해설 | 1 24%는 (20+4)%이다. 20%는 10%의 2배이므로 112,568의 20%는 11,256.8×2=22,513.6이고, 4%는 2%(2%는 20%의 $\frac{1}{10}$)의 2배이므로 112,568의 4%는 2,251.36×2=4,502.72이다.
따라서 112,568의 24%는 22,513.6+4,502.72=27,016.32이다.

2 95%는 (100−5)%이다. 5%는 10%의 절반이므로 72,640의 5%는 7,264÷2=3,632이다.
따라서 72,640의 95%는 72,640−3,632=69,008이다.

06 계산연습

>>> 빈칸에 적절한 답을 넣으시오.

1 학생 수가 50명인 어느 학급의 남학생 비율이 60%, 여학생 비율이 40%라면 남학생 수는 [ ] 명, 여학생 수는 [ ]명이다.

2 1,210의 18%는 1,100의 15%의 [ ]배이다.

| 정답 | **1** 30, 20 **2** 1.32

| 해설 | **1** 어떤 항목의 실수는 (총 수)×(비율)로 구할 수 있다. 따라서 남학생 수는 50×0.6=30(명), 여학생 수는 50×0.4=20(명)이다.

2

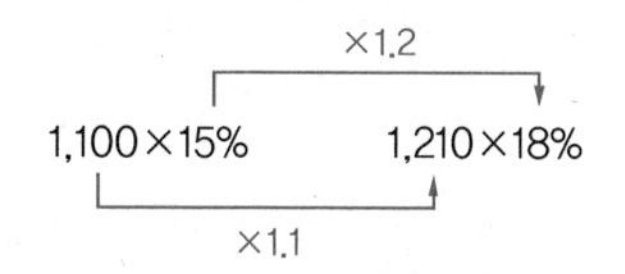

1,210은 1,100의 1.1배이고 18%는 15%의 1.2배이므로 1.1×1.2=1.32(배)이다.

'그래프와 차트의 종류' 구조보기

파트 2에서는 데이터의 종류, 각종 그래프의 개념과 특징 등의 이론을 통해 자료의 형태별 차이를 학습할 수 있다. 또한 이론적용 ○, ×로 학습한 이론을 점검하고 핵심예제를 통해 자료의 제시 방법에 따른 실전 문제를 풀어 보며 문제에 어떻게 접근하는지를 배울 수 있다.

파트 2

그래프와 차트의 종류

1. 데이터의 종류
2. 선그래프
3. 막대그래프
4. 원그래프
5. 띠그래프
6. 삼각도표
7. 레이더차트
   (방사형그래프, 거미줄그래프)
8. 물방울차트
9. 그림그래프
10. 산점도(상관도)
11. 로렌츠곡선

1 데이터의 종류

01 횡단면 데이터(Cross-section Data)

1 동일 시점에서의 여러 데이터(남자, 여자, 연령, 집단, 국가 등)를 나타낸 것으로, 한 시점의 인구에서 남녀가 차지하는 비율, 인구의 연령 계층, 사망 사고 원인의 비율 등을 측정하는 것을 횡단면 데이터라고 한다.

2 최댓값과 최솟값, 대소 비교, 순서 비교, 비중 계산, 변수 간의 관계 등이 출제된다.

[연령대별 기혼 여성의 분포]

(단위 : 천 명)

연령대	기혼 여성	기혼·비취업 여성		
			실업자	비경제활동인구
25 ~ 29세	570	306	11	295
30 ~ 34세	1,403	763	20	743
35 ~ 39세	1,818	862	23	839
40 ~ 44세	1,989	687	28	659
45 ~ 49세	2,010	673	25	648
50 ~ 54세	1,983	727	20	707
계	9,773	4,018	127	3,891

기본예제

>>> **다음은 ○○공사 전 직원의 구강건강에 대한 실태조사 자료이다. 이에 대한 설명으로 옳은 것을 〈보기〉에서 모두 고르면?**

[○○공사 전 직원의 구강건강실태]

구분		대상자(명)	구강건강실태(%)				
			매우 건강	건강	보통	건강하지 않음	매우 건강하지 않음
전체		19,597	6.87	34.60	42.46	14.75	1.32
성별	남성	10,154	6.99	35.47	40.97	15.33	1.23
	여성	9,443	6.74	33.65	44.08	14.11	1.41

연령별	20대	4,784	9.66	39.00	34.69	14.29	2.36
	30대	4,365	7.14	37.49	40.88	13.85	0.64
	40대	5,173	5.95	34.32	46.01	12.95	0.77
	50대 이상	5,275	4.84	28.09	47.93	17.67	1.46
근무지	A 지사	8,487	7.44	36.62	40.34	14.01	1.58
	B 지사	8,555	6.51	33.69	43.83	14.94	1.03
	본사	2,555	5.77	27.60	46.18	18.53	1.91

※ 구강건강실태(%)는 소수점 아래 셋째 자리에서 반올림한 값임.

보기

㉠ 연령대가 낮을수록 구강건강이 보통인 직원의 비율이 높다.
㉡ 구강건강이 매우 건강하지 않은 직원들 중 B 지사에서 근무하는 직원이 A 지사에서 근무하는 직원보다 더 많다.
㉢ 전체 직원 중 구강건강이 매우 건강한 직원은 1,300명 이상이다.
㉣ 구강건강이 매우 건강한 남성 직원이 구강건강이 매우 건강한 여성 직원보다 더 많다.

① ㉠, ㉡ ② ㉠, ㉣ ③ ㉡, ㉢
④ ㉡, ㉣ ⑤ ㉢, ㉣

| 해설 | ㉠ 구강건강이 보통인 직원의 비율은 20대가 34.69%, 30대가 40.88%, 40대가 46.01%, 50대 이상이 47.93%로, 연령대가 낮을수록 낮다.

㉡ 근무지별 구강건강이 매우 건강하지 않은 직원의 수는 다음과 같다.

- A 지사 : 8,487×0.0158≒134(명)
- B 지사 : 8,555×0.0103≒88(명)

따라서 B 지사에서 근무하는 직원이 A 지사에서 근무하는 직원보다 더 적다.

㉢ 전체 직원 중에서 구강건강이 매우 건강한 직원은 19,597×0.0687≒1,346(명)으로 1,300명 이상이다.

㉣ 구강건강이 매우 건강한 남성 직원은 10,154×0.0699≒710(명), 여성 직원은 9,443×0.0674≒636(명)으로 남성 직원이 더 많다.

따라서 자료에 대한 설명으로 옳은 것은 ㉢, ㉣이다.

02 시계열 데이터(Time-series Data)

1 동일 데이터를 여러 시점 간에서의 추이를 나타낸 것으로, 시간의 흐름과 함께 남녀비율의 추이나 인구의 연령 계층 내역의 변화, 사망 사고 원인 비율의 변화를 나타내는 것을 시계열 자료라고 한다.

2 일반적으로 시간별, 일별, 주별, 월별, 분기별, 연도별로 구분된다.

[연도별 도시 수, 도시인구, 도시화율]

(단위 : 개, 명, %)

조사연도	도시 수	도시인구	도시화율
1910	12	1,122,412	8.4
1915	7	456,430	2.8
1920	7	508,396	2.9
⋮	⋮	⋮	⋮
1985	136	29,634,297	66.2
1990	149	39,710,959	79.5
2000	138	38,784,556	84.0
2005	151	41,017,759	86.7
2010	156	42,564,502	87.6

기본예제

>>> 다음은 국내 종합건설업 국내건설공사 수주액에 관한 자료이다. 이에 대한 설명으로 옳지 않은 것은?

[연도별 수주액, 업체 수, 업체당 평균수주액]

(단위 : 억 원, 개사, 억 원)

구분	수주액	업체 수	업체당 평균수주액
20X0년	913,069	10,921	83.6
20X1년	1,074,664	10,972	97.9
20X2년	1,579,836	11,220	140.8
20X3년	1,648,757	11,579	142.4
20X4년	1,605,282	12,028	133.5
20X5년	1,545,277	12,651	122.1
20X6년	1,660,352	13,036	127.4

[연도별, 발주부문별 수주액]

(단위 : 억 원)

구분	공공	민간	합계
20X0년	361,702	551,367	913,069
20X1년	407,306	667,361	1,074,667
20X2년	447,329	1,132,507	1,579,836
20X3년	474,106	1,174,651	1,648,757
20X4년	472,037	1,133,246	1,605,283
20X5년	423,447	1,121,832	1,545,279
20X6년	480,692	1,179,661	1,660,353
20X7년 1 ~ 3월	101,083	262,242	363,324

① 수주에 참여한 종합건설업 업체 수는 20X0년 이후 지속적으로 증가하고 있다.

② 공공부문과 민간부문 모두 20X4년부터 20X5년까지 전년 대비 수주액이 감소했다.

③ 20X1년 공공부문과 민간부문의 수주액 비는 35 : 65이다.

④ 20X1 ~ 20X6년 중 공공부문 수주액의 전년 대비 증가율이 가장 큰 해는 20X6년이다.

⑤ 20X7년 1 ~ 3월의 월평균 수주액이 연말까지 동일하다면, 20X7년 수주액은 20X6년보다 적을 것이다.

| 해설 | ① 수주에 참여한 종합건설업 업체 수는 10,921 → 10,972 → 11,220 → 11,579 → 12,028 → 12,651 → 13,036개 사로 20X0년 이후 지속적으로 증가하고 있다.

② 공공부문은 474,106 → 472,037 → 423,447억 원, 민간부문은 1,174,651 → 1,133,246 → 1,121,832억 원으로 20X4년부터 2년 연속 전년 대비 수주액이 감소했다.

③ 20X1년 공공부문과 민간부문의 수주액 비는 407,306 : 667,361≒35 : 57이다.

④ 공공부문 수주액이 전년 대비 증가한 20X1년, 20X2년, 20X3년, 20X6년의 증가율을 계산하면 다음과 같다.

- 20X1년 : $\frac{407,306-361,702}{361,702} \times 100 \fallingdotseq 12.6(\%)$
- 20X2년 : $\frac{447,329-407,306}{407,306} \times 100 \fallingdotseq 9.8(\%)$
- 20X3년 : $\frac{474,106-447,329}{447,329} \times 100 \fallingdotseq 6.0(\%)$
- 20X6년 : $\frac{480,692-423,447}{423,447} \times 100 \fallingdotseq 13.5(\%)$

따라서 공공부문 수주액의 전년 대비 증가율이 가장 큰 해는 20X6년이다.

⑤ 20X7년 1 ~ 3월의 월평균 수주액이 연말까지 동일하다면, 20X7년 수주액은 363,324×4=1,453,296(억 원)이므로 20X6년보다 적다.

따라서 자료에 대한 설명으로 옳지 않은 것은 ③이다.

03 패널 데이터(Panel Data)

1 동일한 개체에 대하여 횡단면 데이터와 시계열 데이터를 결합한 데이터를 말하며, 시간에 따라 인구에서 남녀가 차지하는 비율, 인구의 연령 계층, 사망 사고 원인을 나타내는 것이 패널 데이터이다.

2 각 시점의 개체별 크기 비교, 각 개체의 연도별 증감 추세를 동시에 살펴보아야 한다.

(전년비, %)

구분	서비스업 생산					소매 판매				
	20X0년	20X1년	20X2년	20X3년	20X4년	20X0년	20X1년	20X2년	20X3년	20X4년
전국	1.6	1.5	2.3	2.8	3.0	2.5	0.7	2.0	3.9	4.1
서울	1.7	0.5	2.1	2.1	3.5	0.2	0.0	0.9	2.3	4.3
부산	1.1	1.4	2.4	2.8	2.6	0.4	2.2	0.9	3.8	1.5
대구	1.9	1.1	2.3	2.2	2.7	5.6	0.6	0.5	3.7	0.6
인천	1.9	1.7	2.7	2.4	4.4	2.2	0.9	2.6	2.7	4.7
광주	2.2	1.5	1.8	2.8	2.9	0.9	−0.9	−0.4	2.7	1.1
⋮	⋮	⋮	⋮	⋮	⋮	⋮	⋮	⋮	⋮	⋮
경북	1.2	0.7	2.2	2.9	2.0	0.6	−0.3	0.9	4.0	1.7
경남	1.7	2.1	2.2	3.0	2.4	−0.4	−0.6	0.8	4.5	0.6
제주	3.3	2.3	3.5	6.2	7.1	8.9	2.4	5.9	8.4	10.8

기본예제

>>> 다음은 P 회사 A ~ E 부서의 매출 내역에 관한 자료이다. 이에 대한 설명으로 옳은 것은?

[P 회사 A ~ E 부서의 매출 내역]

(단위 : 천 원)

구분	20X1년		
	1월	2월	3월
A 부서	67,922	64,951	65,516
B 부서	69,866	71,888	71,748
C 부서	71,882	70,217	68,501
D 부서	66,748	67,958	66,117
E 부서	67,429	68,657	71,967
매출합계	343,847	343,671	343,849

① D 부서가 매출합계에서 차지하는 비중은 매월 증가한다.
② C 부서와 D 부서의 매출 격차는 매월 줄어들고 있다.
③ 1월과 3월의 매출 차이가 가장 큰 부서는 E 부서이다.
④ 매출합계가 가장 높은 달은 1월이고 가장 낮은 달은 2월이다.
⑤ 1 ~ 3월의 부서별 매출합계가 가장 높은 부서는 C 부서이다.

| 해설 | ① D 부서가 매출합계에서 차지하는 비중은 다음과 같다.

- 1월 : $\frac{66,748}{343,847} \times 100 ≒ 19.4(\%)$
- 2월 : $\frac{67,958}{343,671} \times 100 ≒ 19.8(\%)$
- 3월 : $\frac{66,117}{343,849} \times 100 ≒ 19.2(\%)$

따라서 매월 증가하지 않는다.

② C 부서와 D 부서의 매출 격차는 다음과 같다.

- 1월 : 71,882－66,748＝5,134(천 원)
- 2월 : 70,217－67,958＝2,259(천 원)
- 3월 : 68,501－66,117＝2,384(천 원)

따라서 매월 줄어들고 있지 않다.

③ 1월과 3월의 매출 차이는 다음과 같다.

- A 부서 : 67,922－65,516＝2,406(천 원)
- B 부서 : 71,748－69,866＝1,882(천 원)
- C 부서 : 71,882－68,501＝3,381(천 원)
- D 부서 : 66,748－66,117＝631(천 원)
- E 부서 : 71,967－67,429＝4,538(천 원)

따라서 1월과 3월의 매출 차이가 가장 큰 부서는 E 부서이다.

④ 매출합계가 가장 높은 달은 3월이고 가장 낮은 달은 2월이다.

⑤ 1 ~ 3월의 부서별 매출합계는 다음과 같다.

- A 부서 : 67,922＋64,951＋65,516＝198,389(천 원)
- B 부서 : 69,866＋71,888＋71,748＝213,502(천 원)
- C 부서 : 71,882＋70,217＋68,501＝210,600(천 원)
- D 부서 : 66,748＋67,958＋66,117＝200,823(천 원)
- E 부서 : 67,429＋68,657＋71,967＝208,053(천 원)

따라서 B 부서가 가장 높다.

따라서 자료에 대한 설명으로 옳은 것은 ③이다.

2 선그래프

01 개념

1 수량을 선으로 이어 표현함으로써 값의 추이를 보는 그래프이다.

2 시간적 추이(시계열 변화)를 표시하는 데 적합하고, 경과 · 비교 · 분포를 비롯하여 상관관계 등을 나타낼 때 쓰인다.

02 종류

꺾은선그래프

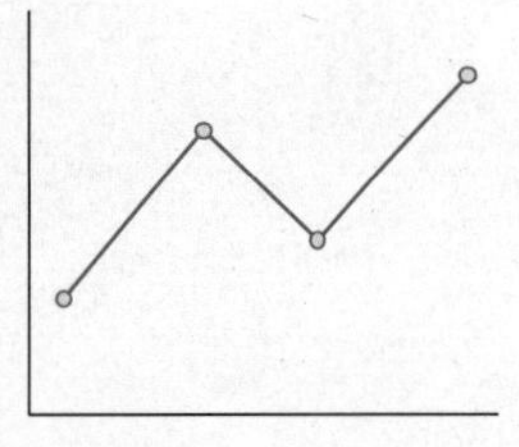

- 수량을 점으로 표시하고, 그 점들을 선분으로 이어 그린 그래프이다.
- 시간의 경과에 따라 수량이 변화할 때 사용하며 세로축에 수량을, 가로축에 시계열을 제시한다.

예 연도별 매출액 추이 등

계단그래프

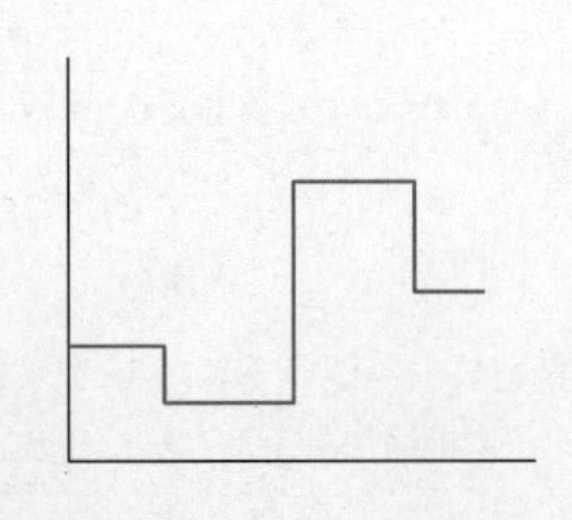

- 한쪽 수량의 어떤 범위의 값에 다른 수량의 같은 값이 대응할 때, 두 수량의 관계를 나타내는 그래프이다.
- 계속적인 값을 표시하거나 동일하던 값이 갑자기 다른 값으로 변하는 경우, 단계적으로 변화하는 데이터 값을 나타낸다.
- 공공요금, 금리 등과 같이 일정 기간 동안 값이 변화하지 않는 경우에 이용한다.

면적그래프

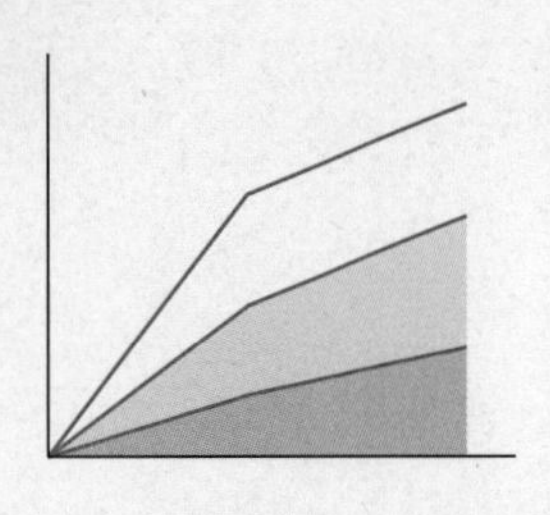

- 꺾은선그래프와 그래프 축 사이의 면적으로 자료를 나타내는 그래프이다.
- 두 개 이상의 자료를 비교할 때 유용하다.

이론적용 O, X 전년 대비 이익증가율 그래프 분석하기

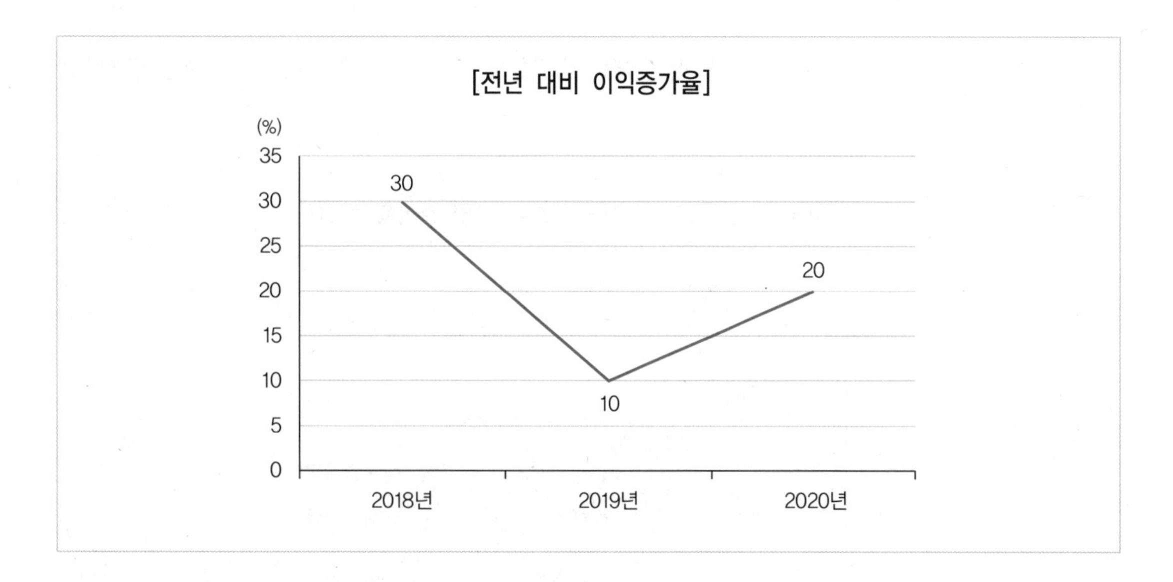

(1) 전년 대비 이익증가액이 가장 많은 해는 2020년이다. [○, ×]

(2) 2019년의 이익은 2017년보다 더 적다. [○, ×]

(3) 2018년의 전년 대비 이익증가액은 2019년의 전년 대비 이익증가액보다 더 많다. [○, ×]

이론적용 풀이

2017년의 이익에 임의의 수치를 대입해 보면 (1), (2), (3)의 내용들을 확인할 수 있다. 2017년의 이익액을 100으로 가정한 연도별 이익액은 다음과 같다.

구분	2017년	2018년	2019년	2020년
이익액	100	130	143	171.6
이익증가율	–	30%	10%	20%

(1) [×] 2018년의 전년 대비 이익증가액이 가장 많다.

(2) [×] 매년 증가하였으므로 이익은 2019년이 더 많다.

(3) [○] 2018년의 전년 대비 이익증가액은 2019년의 전년 대비 이익증가액보다 더 많은 것을 알 수 있다.

핵심예제

자료 설명 : 여러 개의 꺾은선그래프를 혼동하지 않고, 전년 대비 증가율의 양수, 음수로부터 수출액의 증감을 생각하는 것이 중요하다.

다음은 우리나라 주요 상품 수출액의 전년 대비 증가율을 나타낸 그래프이다. 이에 대한 설명으로 옳은 것은?

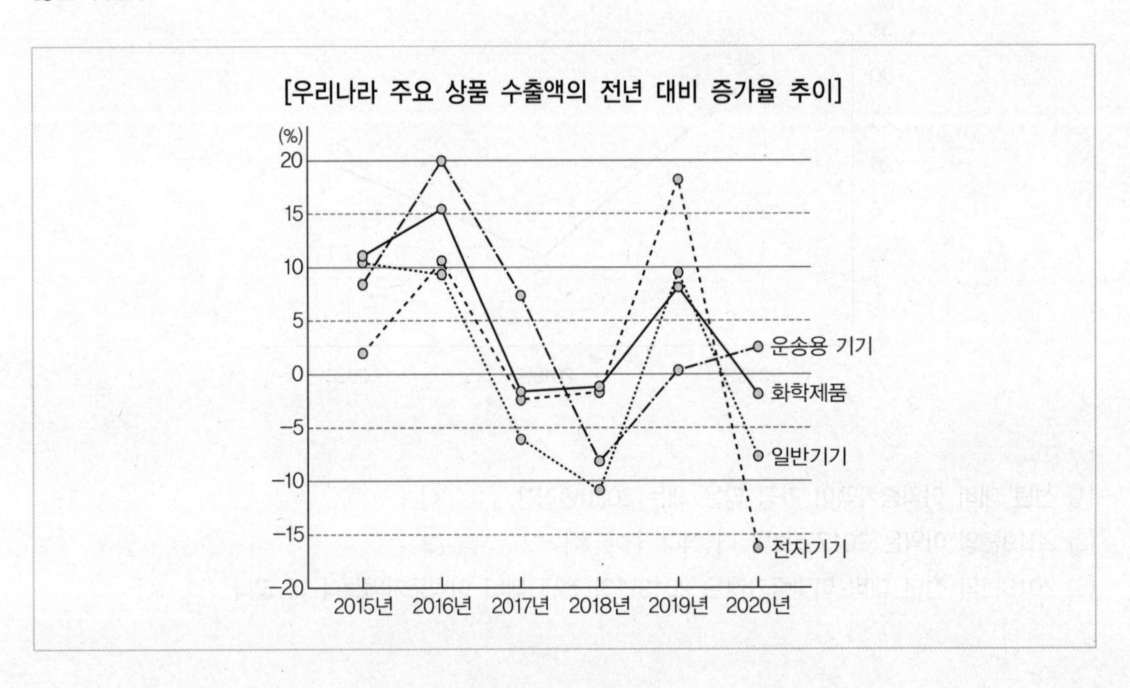

① 2015 ~ 2020년 중 운송용 기기의 수출액이 가장 많은 연도는 2016년이다.

② 제시된 상품들 중 2020년에 수출액이 가장 적은 상품은 전자기기이다.

③ 2015년 화학제품 수출액의 전년 대비 증가액은 운송용 기기 수출액의 전년 대비 증가액보다 크다.

④ 2017년의 일반기기 수출액은 2019년의 일반기기 수출액보다 많다.

⑤ 2014년 화학제품 수출액을 100이라 하면, 2016년의 화학제품 수출액 지수는 125 미만이다.

정답 ④

해설 일반기기 수출액의 전년 대비 증가율은 2018년에 약 −11%, 2019년에 약 10%이므로 2017년 일반기기 수출액의 값을 100으로 한다면, 2019년은 100×(1−0.11)×(1+0.1)=97.9이다. 따라서 2017년의 일반기기 수출액이 2019년의 일반기기 수출액보다 많은 것을 알 수 있다.

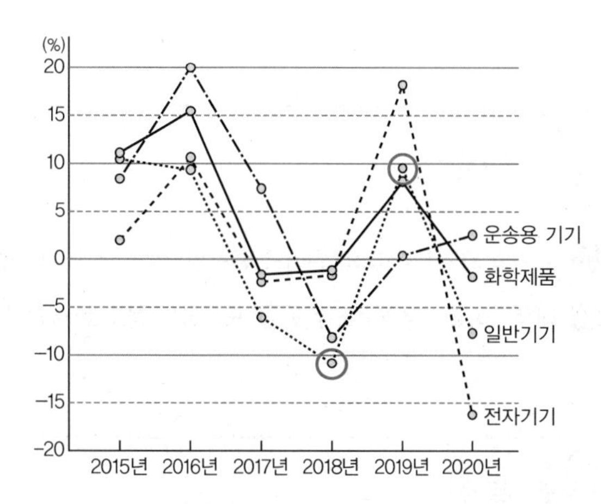

오답 풀이

① 전년 대비 증가율이 양수라면 전년보다 수출액이 많고, 음수라면 전년보다 수출액이 적다. 꺾은선그래프의 형태를 보면 2017년 운송용 기기 수출액의 전년 대비 증가율은 양수이므로 2016년보다 수출액이 증가했음을 알 수 있다.

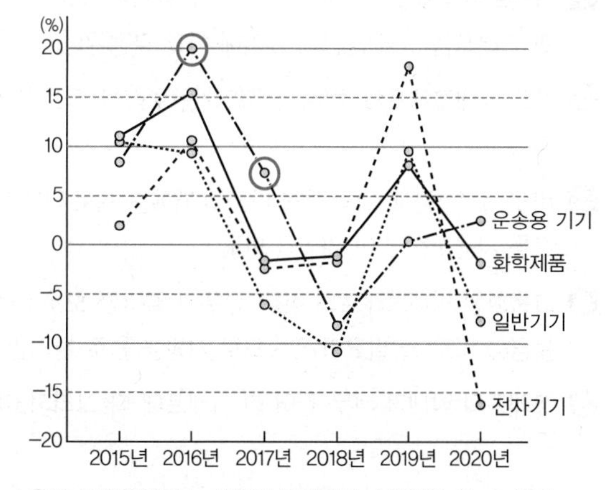

② 그래프에서 나타내고 있는 것은 주요 상품 각각의 전년 대비 수출액 증가율이므로, 상품의 구체적인 수출액은 알 수 없다.

③ 전년 대비 증가율만으로는 전년 대비 증가액을 알 수 없다.

⑤ 화학제품 수출액의 전년 대비 증가율은 2015년에 약 11%, 2016년에 약 15%이다. 만약 2014년의 수출액을 100이라 한다면, 2016년은 100×(1+0.11)×(1+0.15)=127.65이다. 따라서 125를 넘는다.

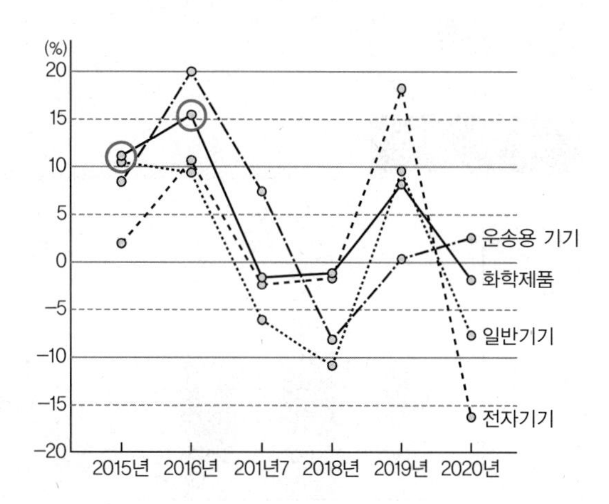

3 막대그래프

01 개념

1. 수치의 크기를 막대의 길이로 표현함으로써 값의 속성을 비교하는 그래프이다.
2. 내역 · 비교 · 경과 · 도수 등을 표시하는 용도로 쓰인다.

02 특징

1. 그래프의 막대를 세로로 할지 가로로 할지를 규정하는 정확한 기준은 마련되어 있지 않다. 따라서 출제자의 취향과 그래프를 그릴 공간의 크기에 따라 결정된다.
2. 세로 막대그래프의 경우, 세로축에는 수량을, 가로축에는 연, 월, 장소, 명칭 등의 항목을 기재하는 것이 일반적이다.
3. 비교, 도수, 경과, 내역 등을 나타낼 때에는 세로 막대그래프를 사용하며, 구성비를 나타낼 때에는 가로 막대그래프를 사용하는 것이 일반적이다.
4. 그룹화된 막대그래프의 경우, 단위가 같다면 보통 L자의 형태를 가진다. 만약 단위가 다르다면 좌우 세로축에 눈금을 따로 둘 필요가 있으므로 사방을 틀로 둘러싼 형태를 가진다.
5. 그래프의 막대가 너무 길어 한 그래프에 다 그리기 어려울 경우, 막대에 물결 표시를 넣어 줄여 그릴 수 있다.

03 종류

세로 막대그래프

- 막대 방향을 수직으로 놓은 그래프이다.
- 가로축에 시계열을 표시할 경우 꺾은선그래프와 동일한 효과를 가진다.

가로 막대그래프

- 막대 방향을 수평으로 놓은 그래프이다.
- 축을 가로축만 두기도 한다. 또한 가로축 위에 눈금을 두기도 한다.

다중 막대그래프

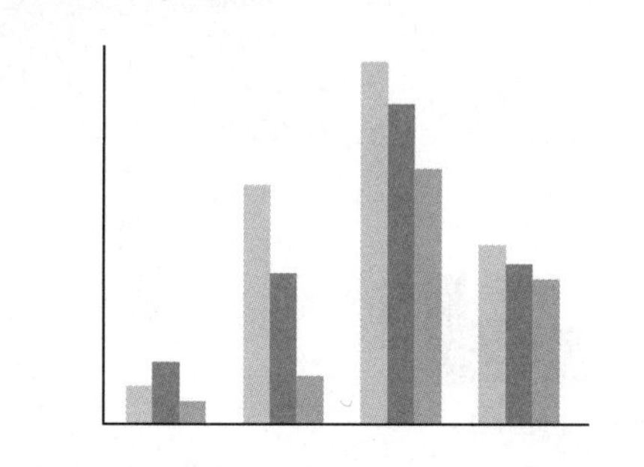

- 한 가지 자료 항목에 대한 정보만이 그래프에 나타나는 것이 아니라, 하나의 그래프 안에 두 개 이상의 정보가 동시에 표현되어 있는 그래프이다.

누적 막대그래프

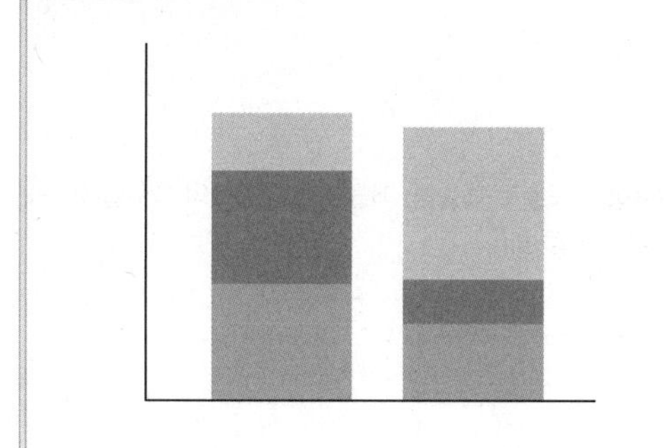

- 합계와 각 부분의 크기를 백분율로 나타내고 시간적 변화를 보고자 할 때, 합계와 각 부분의 크기를 실수로 나타내고 시간적 변화를 보고자 할 때 활용할 수 있는 그래프이다.

이론적용 O, X 기업 매출현황표를 변환한 그래프 판단하기

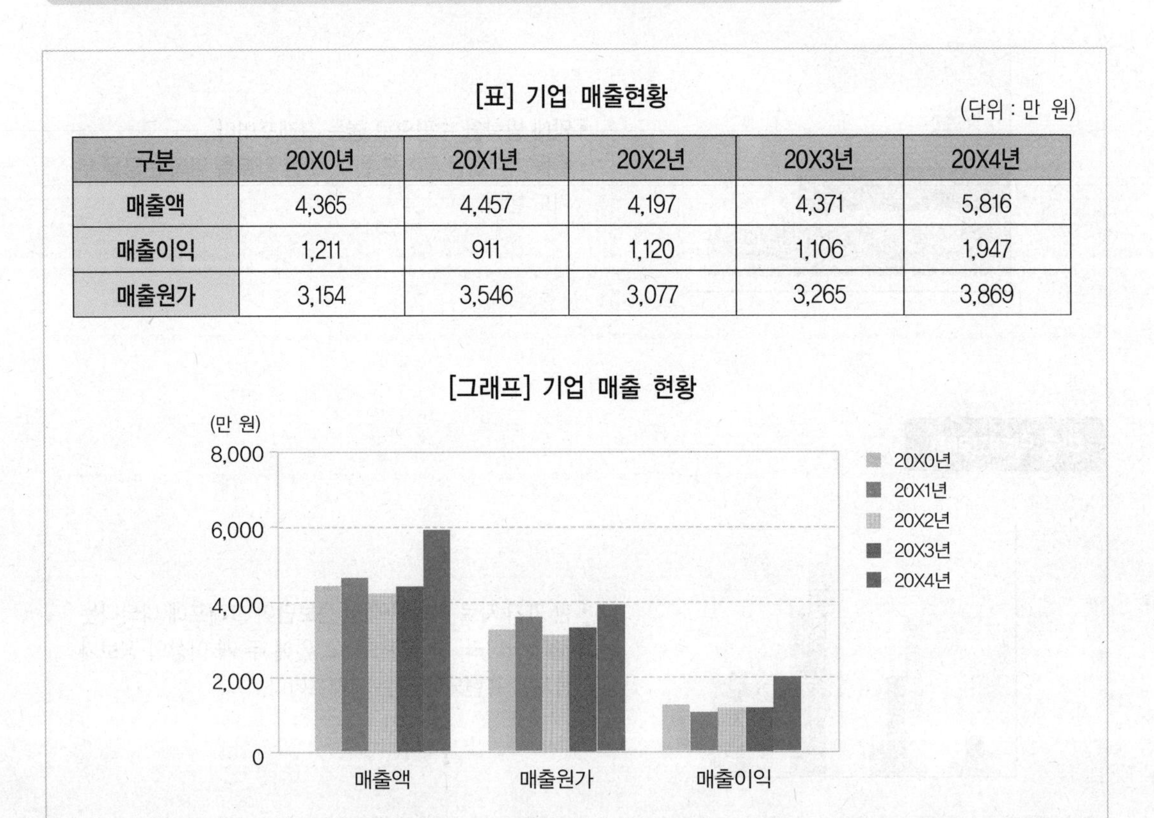

[표] 기업 매출현황

(단위 : 만 원)

구분	20X0년	20X1년	20X2년	20X3년	20X4년
매출액	4,365	4,457	4,197	4,371	5,816
매출이익	1,211	911	1,120	1,106	1,947
매출원가	3,154	3,546	3,077	3,265	3,869

>>> [그래프]처럼 구성하는 것보다는 세 항목을 연도별로 묶어서 가로축에 구성하는 것이 좋다. [ㅇ, ×]

이론적용 풀이

[ㅇ] 막대그래프 가로축에는 연, 월, 명칭 등의 항목 기재가 일반적이다. 가로축에 연도별로 매출액, 매출원가, 매출이익 항목을 한눈에 파악하도록 나타내고 매출 관련 지수를 색깔별로 구분지어 작성하는 것이 적절하다.

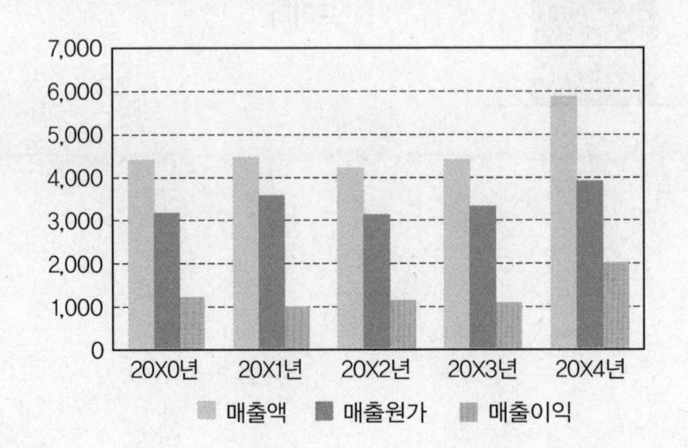

핵심예제 자료 설명 : 비율만 제시되어 있으므로 실제 수를 비교할 수 없다는 점에 유의해야 한다.

다음은 한 도시의 자동차 운전면허 보유율을 연령 계층별로 나타낸 그래프이다. 이에 대한 설명으로 옳은 것은?

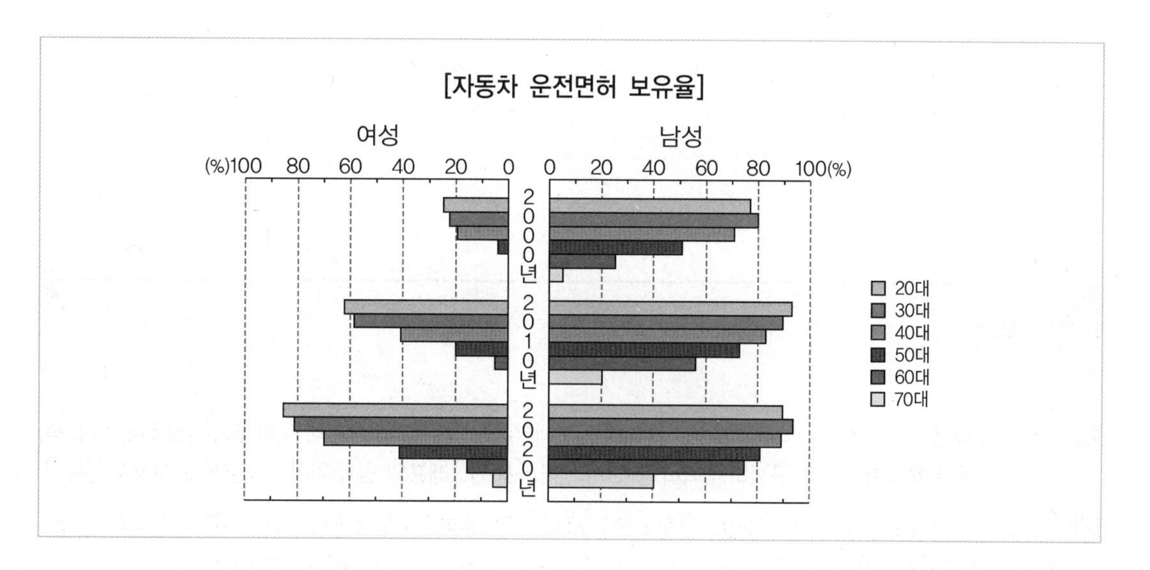

① 2000년의 20대 남녀 전체 자동차 운전면허 보유율은 약 50%대 중반 값을 가진다.

② 2010년의 20 ~ 30대 여성 자동차 운전면허 보유자 수를 다 합한 값은 전체 여성 자동차 운전면허 보유자 수의 반 이상을 차지한다.

③ 2020년과 2010년을 비교해 보면, 20 ~ 40대 남성 자동차 운전면허 보유자 증가 수의 합계보다 60 ~ 70대 남성 자동차 운전면허 보유자 증가 수의 합계가 더 크다.

④ 여성 자동차 운전면허 보유율의 경우, 20대의 보유율이 다른 연령 계층의 보유율보다 높은 값을 차지한다.

⑤ 모든 조사 기간을 통틀어 전 연령층에서 남성 자동차 운전면허 보유자 수는 여성 자동차 운전면허 보유자 수보다 많다.

정답 ④

해설 제시된 그래프를 통해 여성 자동차 운전면허 보유율의 경우, 20대 보유율이 다른 여성 연령층의 보유율보다 높은 것을 알 수 있다.

오답풀이

① 남녀의 인구수 또는 20대 남녀의 비율이 제시되지 않았기 때문에 남녀 전체의 자동차 운전면허 보유율은 알 수 없다.

② 각 연령 계층의 여성 인구수 또는 여성 전체에서 각 연령 계층이 차지하는 비율이 제시되지 않았기 때문에 알 수 없다.

③ 보유율만으로는 증가 수를 알 수 없으므로, 각 연령 계층끼리 비교하는 것도 연도별로 비교하는 것도 불가능하다.

⑤ 각 연령 계층의 남녀 인구수가 제시되지 않았기 때문에 알 수 없다.

4 원그래프

01 개념

■ 전체에서 각 항목이 차지하는 비율(구성비)을 볼 때 활용하는 그래프이다.

02 특징

1 내역이나 내용의 구성비를 나타내기 위해 사용하며, 원 내부에는 각각의 내역에 대한 비율이 기입되어 있다. 즉, 원의 형태를 사용하여 내역의 구성비를 나타낸 것이다. 따라서 원그래프의 원 주위에는 눈금을 표시하지 않는다.

2 원그래프에 사용되는 수치는 구성비에 한정되므로 사실상 원 내부나 외부에 단위(%)를 따로 기입하지 않아도 된다. 만약 원그래프에 따로 기입된 단위가 없을 경우, 단위는 원칙적으로 %임을 기억해야 한다.

03 종류

원그래프

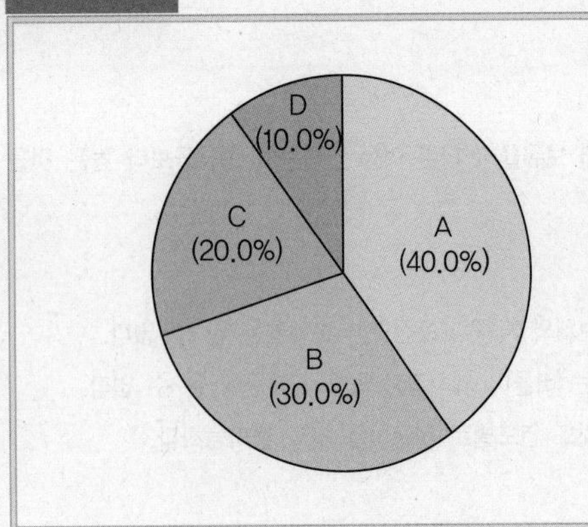

- 각 항목의 구성비에 따라 중심각이 정해지고 중심각 360°가 100%에 대응한다.

$$구성비(\%) = \frac{중심각}{360°} \times 100$$

- 원그래프를 정교하게 작성할 때 까다로운 것은 수치를 각도로 환산하여야 한다는 점이다.

반원그래프

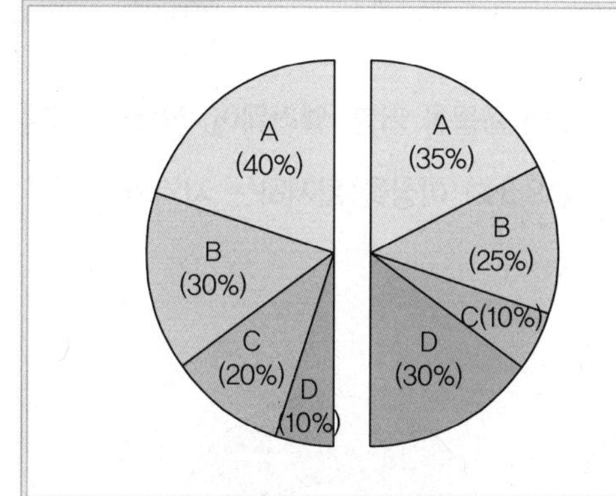

• 두 자료의 구성비를 비교할 때 활용할 수 있는 그래프이다.

이론적용 O, X 자료를 나타내기 적합한 그래프 종류 파악하기

다음 설문조사 결과 자료를 나타내기 가장 적합한 그래프에 ○표를 하시오.

소비자가 온라인 쇼핑몰에서 상품 구입 시 중요하게 고려하는 요소는 가격(30.0%)과 기능 · 성능(25.8%)이 가장 많았고 사용 후기 · 리뷰(18.6%), 디자인(11.6%)이 그 뒤를 이었다. 반면, 상품의 브랜드 · 제조사를 고려하는 비율은 4.2%로 매우 낮았다.

원그래프[ ] 막대그래프[ ]
선그래프[ ] 방사형그래프[ ]

이론적용 풀이

[원그래프] 원그래프는 전체에 대한 각 항목의 비율을 원의 내부에 부채꼴로 구분한 그래프로, 비율을 한눈에 나타낼 수 있다.

핵심예제 자료 설명 : 품종별 총 수확량은 제시되어 있지만 지역별 비율은 제시되어 있지 않으므로, 필요시 중심각의 비가 비율의 비와 같다는 점을 활용하여 대략적인 값을 구한다.

다음은 20X0년 국내의 포도 수확량에 관한 그래프이다. 포도의 품종을 거봉, 델라웨어, 피오네, 캠벨얼리, 기타 총 5개로 분류하고, 각 품종 전체 수확량의 $\frac{1}{12}$(약 8.3%) 이상을 차지하는 지역의 이름을 나타내었다. 이에 대한 설명으로 옳은 것은?

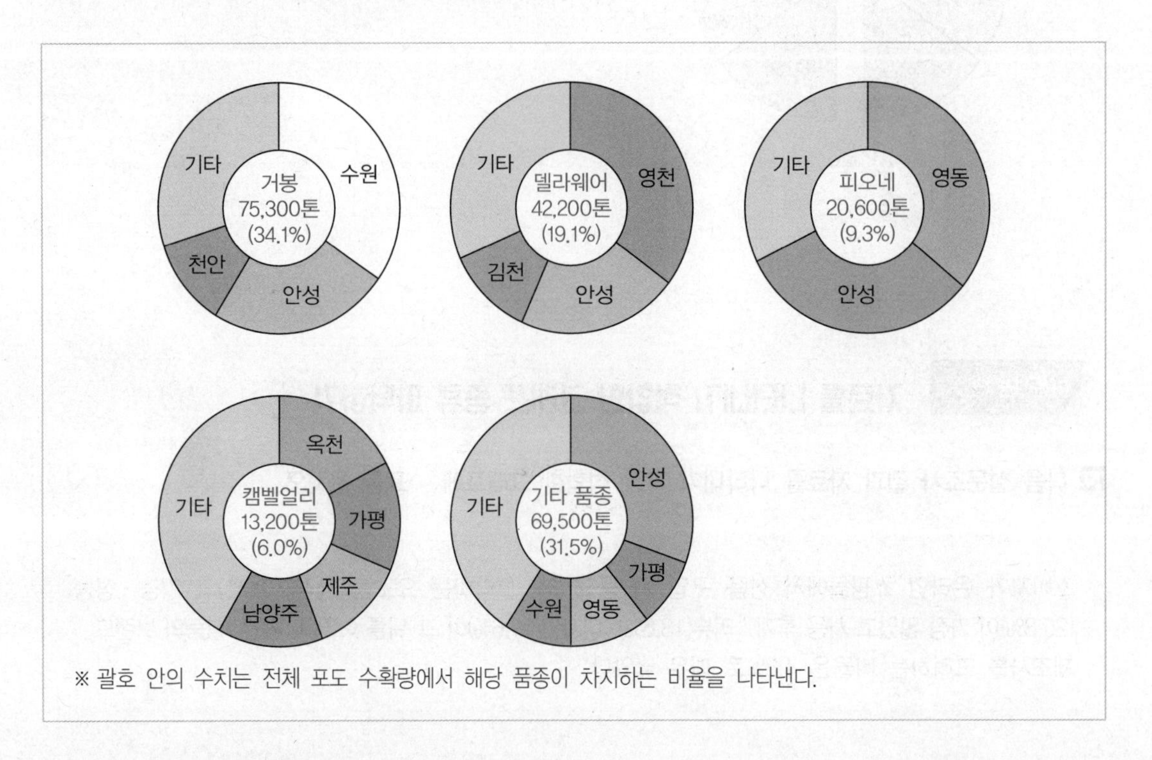

※ 괄호 안의 수치는 전체 포도 수확량에서 해당 품종이 차지하는 비율을 나타낸다.

① 전국 포도 수확량 중 가평시의 수확량이 차지하는 비율은 10%를 넘는다.

② 안성시에서 가장 수확량이 많은 품종은 델라웨어이다.

③ 수원시의 포도 수확량은 영동시의 포도 수확량보다 많다.

④ 영동시의 포도 수확량 중 $\frac{2}{3}$ 이상을 차지하는 품종은 피오네이다.

⑤ 포도 수확량이 7,500톤을 넘는 지역은 총 3곳이다.

정답 ③

해설 수원시의 포도 최소 수확량이 영동시의 포도 최대 수확량보다 많은지를 확인해 보면 된다.

• 거봉 : 수원시가 약 $\frac{1}{3}$을 차지하고 영동시가 최대 $\frac{1}{12}$을 차지하므로, 수원시가 최소 $75,300\times\left(\frac{1}{3}-\frac{1}{12}\right)=18,825$(톤) 더 많이 수확한다.

• 델라웨어 : 영동시가 최대 $\frac{1}{12}$을 차지하므로, 영동시가 최대 $42,200\times\frac{1}{12}≒3,517$(톤) 더 많이 수확한다.

• 피오네 : 영동시가 약 $\frac{1}{3}$을 차지하므로, 영동시가 최대 $20,600\times\frac{1}{3}≒6,867$(톤) 더 많이 수확한다.

• 캠벨얼리 : 영동시가 최대 $\frac{1}{12}$을 차지하므로, 영동시가 최대 $13,200\times\frac{1}{12}=1,100$(톤) 더 많이 수확한다.

• 기타 품종 : 수원시와 영동시의 비율이 비슷하다.

따라서 18,825>3,517+6,867+1,100이므로 수원시의 포도 수확량은 영동시의 포도 수확량보다 많다.

오답풀이

① 전국 포도 수확량 중 가평시의 구체적인 비율이 제시되어 있지 않으므로 10%를 초과하는지의 여부는 알 수 없다.

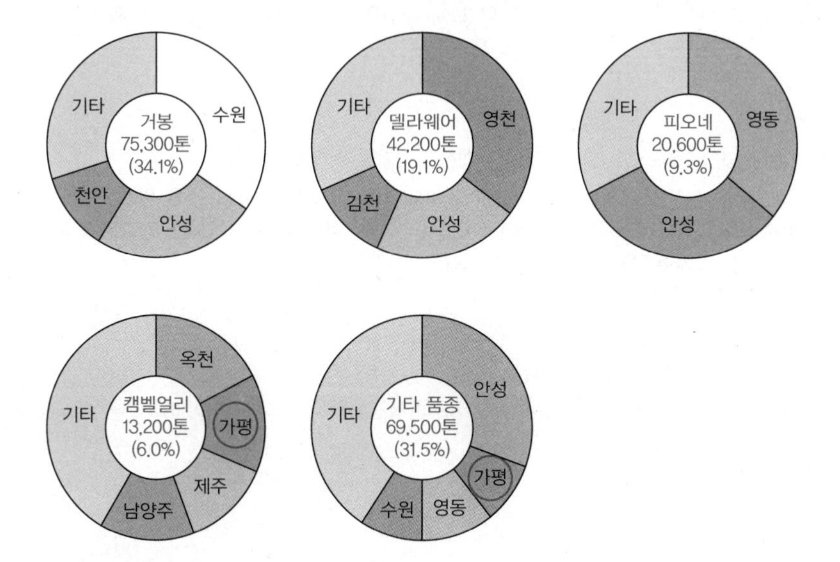

만약 비율을 대략적으로만 파악한다고 해도, 가평시의 포도 수확량이 제시되어 있는 것은 캠벨얼리(전체의 6.0%) 중 약 20% 미만, 기타 품종(전체의 31.5%) 중 약 10% 미만이므로 전체적인 포도 수확량을 계산해 보면 $6\times0.2+31.5\times0.1=4.35$(%)이다. 따라서 10%를 넘지 않는다.

② 거봉과 델라웨어에서 안성시가 차지하는 비율은 거의 같지만 거봉의 수확량은 75,300톤이고, 델라웨어의 수확량 42,200톤이므로 거봉의 수확량이 더 많음을 알 수 있다.

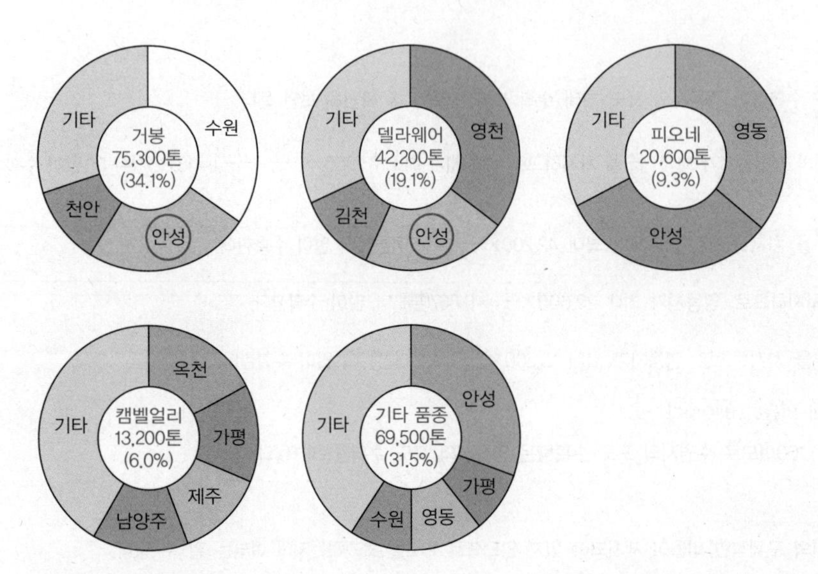

④ 영동시의 포도 수확량에서 파악할 수 있는 것은 피오네(20,600톤) 중 약 30%, 기타 품종(69,500톤) 중 약 10%를 수확하고 있다는 것이다.

- 피오네 : 20,600×0.3=6,180(톤)
- 기타 품종 : 69,500×0.1=6,950(톤)

따라서 피오네보다 기타 품종의 수확량이 더 많으므로 피오네가 50% 이상을 차지할 수 없다.

⑤ 먼저 거봉(75,300톤)의 전체 수확량 중 10% 이상을 수확하고 있다면 7,500톤보다 많이 수확하는 것이므로 수원, 안성, 천안의 포도 수확량이 7,500톤을 초과함을 알 수 있다. 그 다음으로 델라웨어를 약 17.8%(약 20%) 이상 수확하고 있다면 7,500톤보다 많이 수확하는 것이므로, 영천의 포도 수확량이 7,500톤을 초과함을 알 수 있다.

5 띠그래프

01 개념

- 띠의 면적을 각 항목의 구성비에 따라 구분한 그래프로, 여러 개의 자료에 대한 구성비를 비교할 때 활용할 수 있다.

02 종류

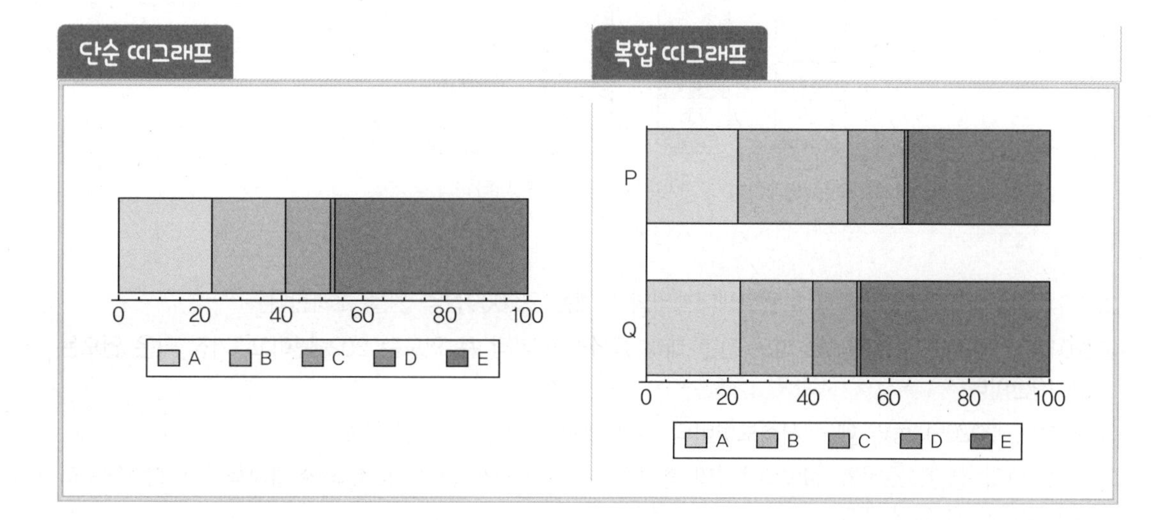

03 그리는 방법

1. 자료를 보고 각 항목의 구성비를 구한다.
2. 각 항목의 구성비의 크기만큼 선을 그어 띠를 나눈다.

핵심예제 자료 설명 : 실제 수치가 그래프 상에 나타나 있어 계산해야 할 것이 많기 때문에 효율적으로 오답을 먼저 소거해 가며 푸는 것이 중요하다.

다음은 한국의 사회 보장 관계비 구성비를 나타낸 그래프이다. 이에 대한 설명으로 옳은 것은?

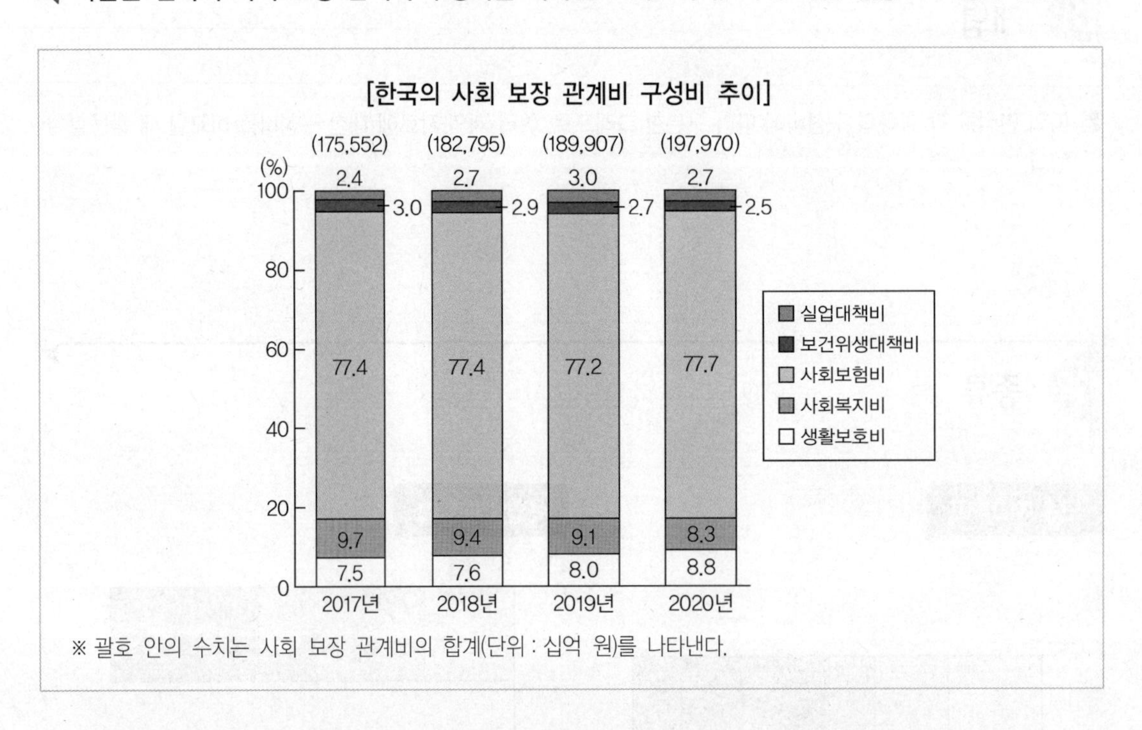

① 2017년부터 2020년까지의 보건위생대책비의 합계는 25,000십억 원을 초과한다.

② 2018 ~ 2020년 중 생활보호비의 전년 대비 증가액이 가장 큰 연도는 2020년이고, 가장 작은 연도는 2019년이다.

③ 2018 ~ 2020년 동안 매년 사회보험비의 전년 대비 증가율은 3%를 넘는다.

④ 2020년의 생활보호비와 실업대책비의 합계액은 2017년의 생활보호비와 실업대책비의 합계액보다 6,000십억 원 이상 많다.

⑤ 2020년의 사회복지비는 2017년 사회복지비의 90% 미만이다.

정답 ③

해설 모든 조사 연도의 사회보험비 금액과 전년 대비 증가율을 구하면 다음과 같다.

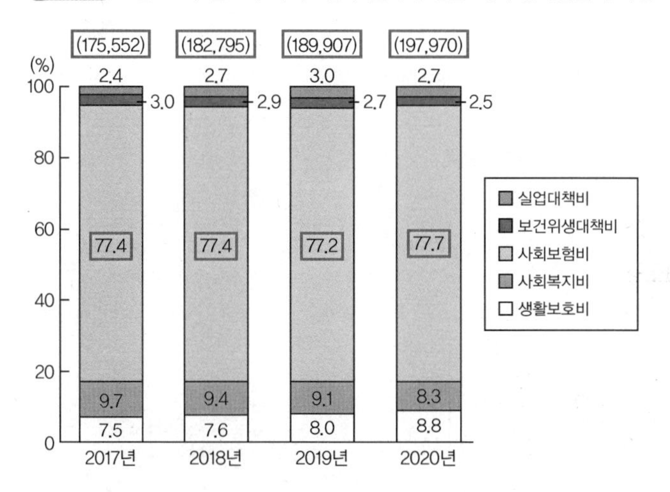

• 사회보험비 금액

2017년 : 175,552×0.774≒135,877(십억 원)

2018년 : 182,795×0.774≒141,483(십억 원)

2019년 : 189,907×0.772≒146,608(십억 원)

2020년 : 197,970×0.777≒153,823(십억 원)

• 사회보험비의 전년 대비 증가율

2018년 : $\frac{141,483-135,877}{135,877}\times 100 ≒ 4.1(\%)$

2019년 : $\frac{146,608-141,483}{141,483}\times 100 ≒ 3.6(\%)$

2020년 : $\frac{153,823-146,608}{146,608}\times 100 ≒ 4.9(\%)$

따라서 2018 ~ 2020년 동안 매년 사회보험비의 전년 대비 증가율은 3%를 넘는다.

오답 풀이

① '보건위생대책비=사회 보장 관계비의 합계×보건위생대책비의 비율'로 구할 수 있다. 각 연도의 보건위생대책비를 구하면 다음과 같다.

2017년 : 175,552×0.03=5,266.56(십억 원)

2018년 : 182,795×0.029=5,301.055(십억 원)

2019년 : 189,907×0.027=5,127.489(십억 원)

2020년 : 197,970×0.025=4,949.25(십억 원)

이를 모두 합하면 5,266.56+5,301.055+5,127.489+4,949.25=20,644.354(십억 원)이므로 25,000십억 원을 넘지 않는다.

② 모든 조사 연도의 생활보호비 금액과 전년 대비 증가액을 구하면 다음과 같다.

• 생활보호비 금액

2017년 : 175,552×0.075=13,166.4(십억 원)

2018년 : 182,795×0.076=13,892.42(십억 원)

2019년 : 189,907×0.080=15,192.56(십억 원)

2020년 : 197,970×0.088=17,421.36(십억 원)

• 생활보호비의 전년 대비 증가액

2018년 : 13,892.42－13,166.4＝726.02(십억 원)

2019년 : 15,192.56－13,892.42＝1,300.14(십억 원)

2020년 : 17,421.36－15,192.56＝2,228.8(십억 원)

따라서 전년 대비 증가액이 가장 큰 연도는 2020년, 가장 작은 연도는 2018년이다.

④ 2020년과 2017년의 생활보호비와 실업대책비의 금액을 구하면 다음과 같다.

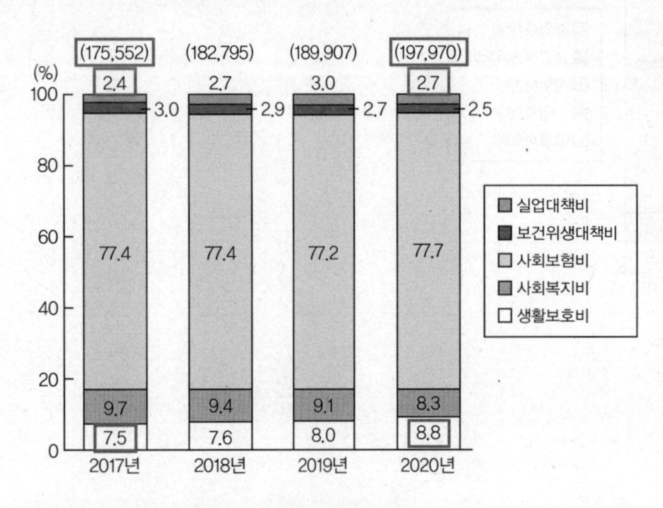

• 2017년의 생활보호비와 실업대책비의 합계액

175,552×(0.075＋0.024)＝17,379.648(십억 원)

• 2020년의 생활보호비와 실업대책비의 합계액

197,970×(0.088＋0.027)＝22,766.55(십억 원)

• 2017년 대비 2020년의 증가액

22,766.55－17,379.648＝5,386.902(십억 원)

따라서 6,000십억 원 미만이다.

빠른풀이

숫자를 간단하게 조정하여 계산한다.

• 2017년 : 175,000×0.1＝17,500(십억 원)

• 2020년 : 200,000×0.115＝23,000(십억 원)

따라서 증가액은 약 23,000－17,500＝5,500(십억 원)이다.

사회 보장 관계비의 2017년 수치를 원래의 값보다 작게 하고, 2020년 수치를 원래의 값보다 크게 했으므로 5,500십억 원은 실제 증가액보다 큰 값이다. 따라서 증가액이 6,000십억 원을 넘지 않는 것을 알 수 있다.

⑤ 2020년과 2017년의 사회복지비 금액을 구하면 다음과 같다.

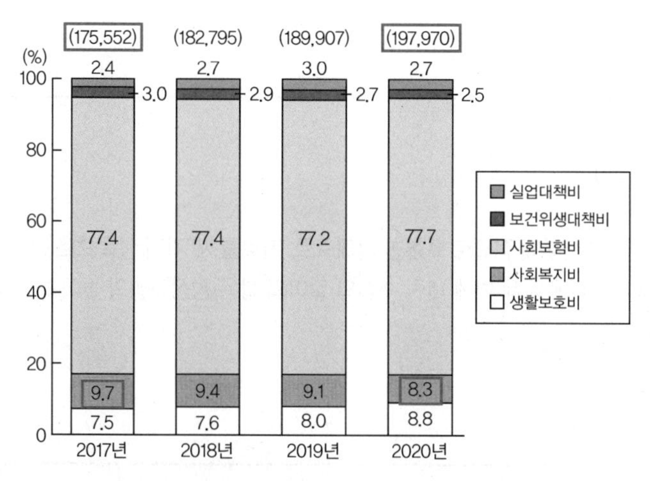

- 2017년의 사회복지비 금액
  175,552×0.097=17,028.544(십억 원)
- 2020년의 사회복지비 금액
  197,970×0.083=16,431.51(십억 원)

따라서 2020년의 사회복지비는 2017년 사회복지비의 $\frac{16,431.51}{17,028.544}\times 100 \fallingdotseq 96.5$(%)로 90% 이상이다.

빠른풀이

숫자를 간단하게 조정하여 계산한다.

2017년의 사회복지비 금액을 17,000십억 원, 2020년의 사회복지비 금액을 16,500십억 원으로 생각해 2017년 사회복지비 금액의 90%와 2020년 사회복지비 금액을 비교해 본다.

- 17,000×0.9=15,300<16,500

따라서 2020년의 사회복지비는 2017년 사회복지비의 90% 이상이다.

학습 TIP

만약 시험에서 이 문제를 풀어야 한다면 계산 과정이 가장 복잡한 선택지 ③ 대신, 비교적 간단한 계산으로 풀 수 있는 선택지 ①, ②, ④, ⑤를 먼저 검토해 오답을 모두 소거한 뒤 정답으로 ③을 선택하는 것이 적절하다. 만약 확실하게 검산하고 싶은 경우, 다른 문제를 모두 푼 다음 시간이 남았을 때 하는 것이 좋다.

6 삼각도표

01 개념

■ 전체에 대한 세 가지 항목의 구성비를 정삼각형 내부에 점으로 표현한 그래프로, 자료를 세 가지 항목으로 분류할 수 있을 경우에 사용한다. '정삼각형 내부의 한 점에서 세 변에 내린 수선의 길이의 합은 정삼각형의 높이와 같다'는 성질을 응용한 것이다.

02 해석 방법

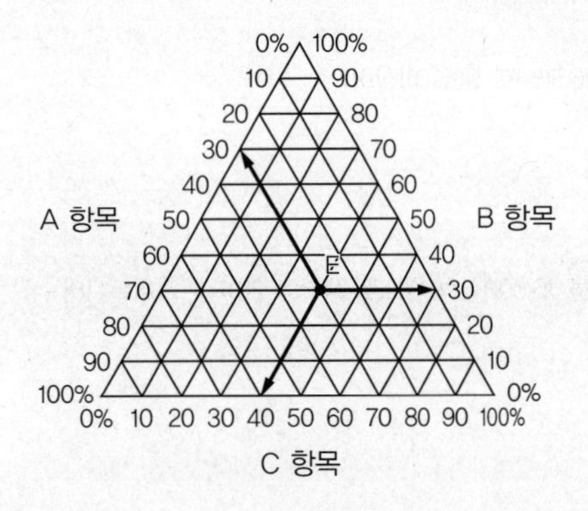

1. 삼각형의 각 변에 0%에서 100% 방향으로 화살표를 그린다.
2. 점 E로부터 A 항목의 화살표와 방향이 같은 직선을 긋고 밑변과 만나는 곳의 눈금을 읽는다(40%). 점 E로부터 B 항목의 화살표와 방향이 같은 직선을 긋고 좌측 변과 만나는 곳의 눈금을 읽는다(30%). 점 E로부터 C 항목의 화살표와 방향이 같은 직선을 긋고 우측 변과 만나는 곳의 눈금을 읽는다(30%).
3. 따라서 E 점은 A 항목이 30%, B 항목이 30%, C 항목이 40%인 점을 나타낸다. 3개 항목의 구성비를 모두 더하면 반드시 100%가 된다.

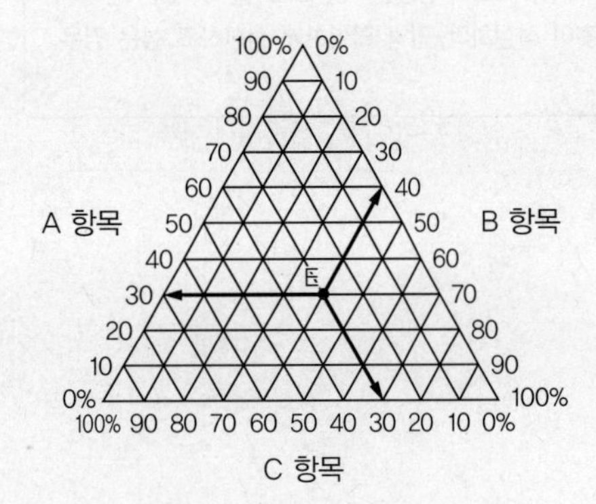

4. 왼쪽 그래프처럼 좌우가 반전된 경우도 있다. 이 경우, E 점은 A 항목이 30%, B 항목이 40%, C 항목이 30%인 점을 나타낸다.

핵심예제

자료 설명 : 삼각도표의 해석 방법을 숙지하여 수치를 정확하게 읽는 것이 중요하다. 또한, 화살표의 시작점이 2000년, 끝점이 2020년을 나타내는 것에 유의해야 한다.

다음은 한국, 미국, 독일, 영국, 프랑스 5개국의 총 에너지 소비의 부문별 구성비 변화를 2000년과 2020년에 비교한 것이다. 이에 대한 설명으로 옳은 것은?

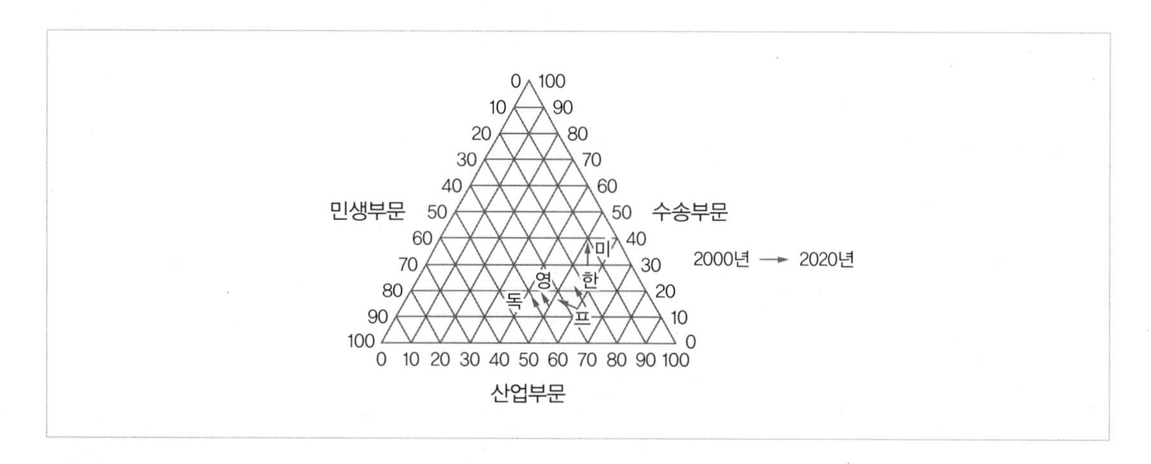

① 2020년 독일의 에너지 소비 중 민생부문의 구성비는 70%를 초과한다.

② 프랑스의 에너지 소비 중 산업부문의 구성비는 2000년보다 2020년에 더 높다.

③ 5개국 모두 에너지 소비 중 수송부문의 구성비는 2020년보다 2000년에 더 높다.

④ 2000년의 에너지 소비 중 수송부문 구성비가 가장 낮은 국가는 독일이다.

⑤ 영국의 에너지 소비 중 민생부문의 구성비는 2000년부터 2020년에 걸쳐서 조금씩 높아졌다.

정답 ④

해설 2000년의 에너지 소비 중 수송부문 구성비가 가장 낮다는 것은, 삼각도표에서 가장 아래쪽에 위치하고 있다는 것이다. 2000년에는 독일이 가장 아래쪽에 위치하고 있다.

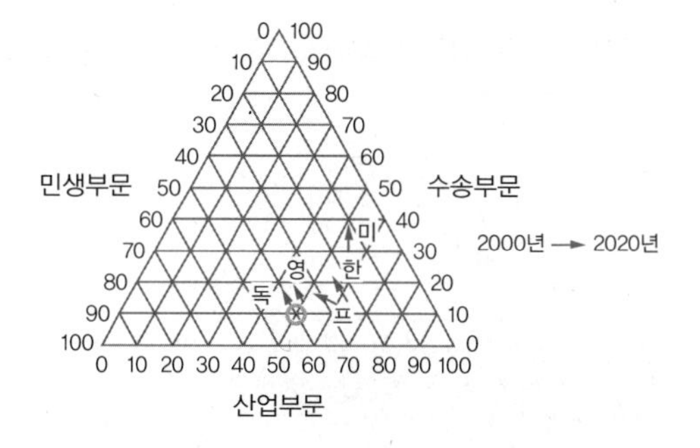

오답풀이

① 2020년 독일의 에너지 소비 중 민생부문의 구성비는 40%이다.

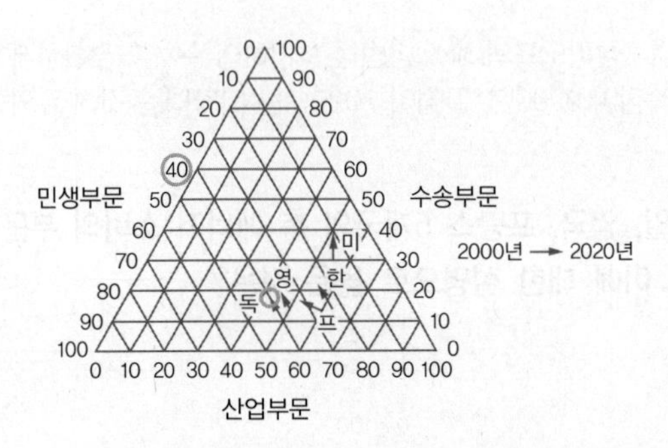

② 프랑스의 에너지 소비 중 산업부문의 구성비는 2000년에 약 60%이고, 2020년에 약 52%이다.

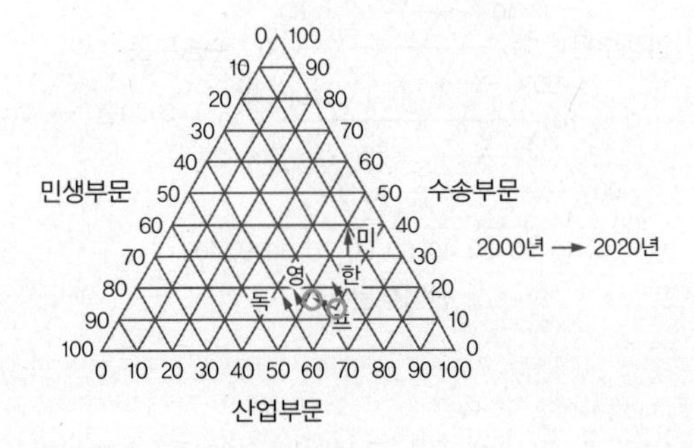

③ 에너지 소비 중 수송부문의 구성비가 2000년보다 2020년에 상승한 경우에는 화살표가 수평선보다 위를 가리키며, 2000년보다 2020년에 하락한 경우에는 화살표가 수평선보다 아래를 가리킨다. 그래프에 제시된 모든 나라는 화살표가 수평선보다 위를 가리키고 있으므로 2000년보다 2020년에 상승한 것을 알 수 있다.

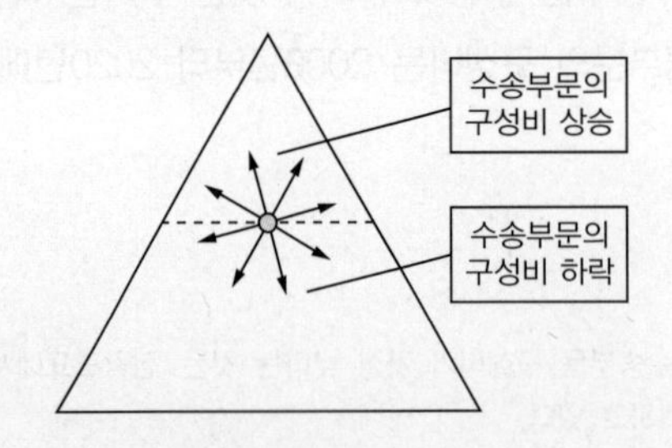

⑤ 영국의 에너지 소비 중 민생부문의 구성비는 2000년과 2020년이 거의 동일한 수준이다.

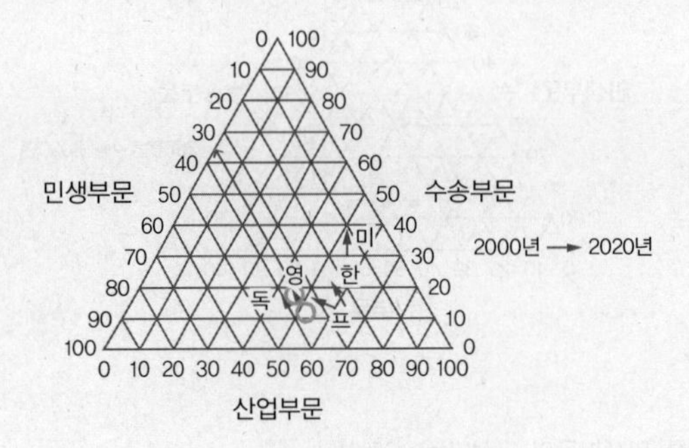

레이더차트(방사형그래프, 거미줄그래프)

핵심예제 자료 설명 : 분류 항목의 수만큼 레이더 형상으로 축을 뻗어 자료 값을 선으로 연결함으로써 값이나 비율의 차이를 비교하는 그래프이다. 주로 밸런스 등을 비교하는 경우에 사용된다.

다음 [그래프 1]은 2010년의 A ~ F 6개 상품 매출액을 각각 1로 하여 나타낸 것이며, [그래프 2]의 가 ~ 바는 A ~ F의 실제 매출액을 나타낸 것이다. [그래프 2]의 가 ~ 바 중에서 A, B, C에 해당하는 것을 골라 순서대로 나열한 것은?

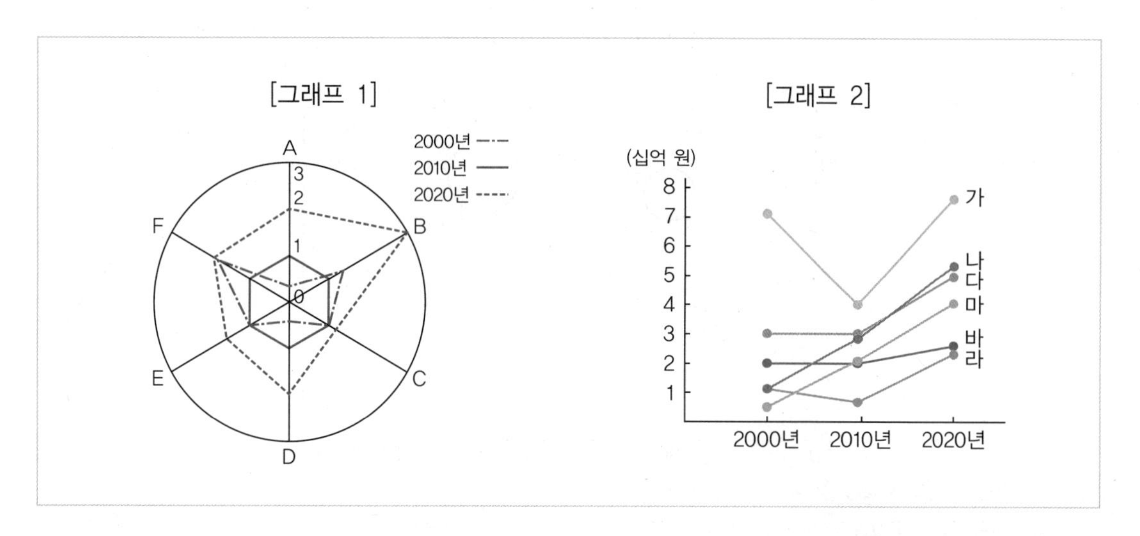

① 나－라－마　　② 나－라－바　　③ 다－마－바
④ 다－바－마　　⑤ 마－라－바

정답 ⑤

해설 [그래프 1]은 2010년의 매출액을 1로 해서 레이더차트로 나타낸 것으로 3개년 A, B, C의 수치를 해석하면 다음과 같다.

구분	A	B	C
2000년	0.3	1.4	1.0
2010년	1.0	1.0	1.0
2020년	2.0	3.0	1.3

2000년, 2010년, 2020년 A의 매출액 비는 0.3 : 1 : 2이므로 [그래프 2]에서 가장 근접한 것을 찾으면 '나'와 '마'이다. 그러나 '나'의 경우 2010년 매출액이 약 2.8십억 원인 반면, 2020년 매출액이 약 5.3십억 원이므로 2010년의 2배에 못 미친다. 따라서 A에 해당하는 것은 '마'이다.

2000년, 2010년, 2020년 B의 매출액 비는 1.4 : 1 : 3이므로 [그래프 2]에서 가장 근접한 것을 찾으면 '라'이다.

2000년, 2010년, 2020년 C의 매출액 비는 1 : 1 : 1.3이므로 [그래프 2]에서 가장 근접한 것을 찾으면 '바'이다.

8 물방울차트

핵심예제 자료 설명 : 가로축과 세로축의 상관관계를 보여 줌과 동시에 제3의 변수의 실제 크기를 물방울로 표현한 그래프로, 해석 시 혼동하지 않는 것이 중요하다.

다음은 국내 7개 시중은행의 경영통계(총자산, 당기순이익, 직원 수)를 나타낸 그래프이다. 이에 대한 설명으로 옳은 것을 〈보기〉에서 모두 고르면?

[국내 7개 시중은행의 경영통계]

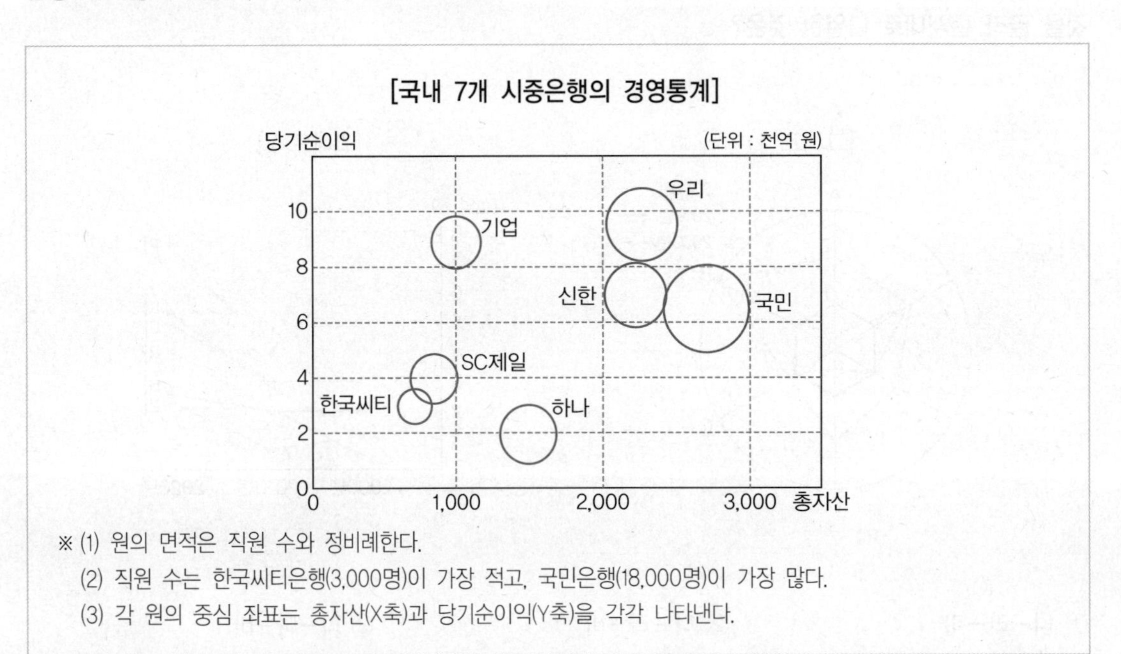

※ (1) 원의 면적은 직원 수와 정비례한다.
(2) 직원 수는 한국씨티은행(3,000명)이 가장 적고, 국민은행(18,000명)이 가장 많다.
(3) 각 원의 중심 좌표는 총자산(X축)과 당기순이익(Y축)을 각각 나타낸다.

보기

㉠ 직원 1인당 총자산은 한국씨티은행이 국민은행보다 많다.

㉡ 총자산순이익률$\left(=\frac{\text{당기순이익}}{\text{총자산}}\right)$이 가장 낮은 은행은 하나은행이고, 가장 높은 은행은 기업은행이다.

㉢ 직원 1인당 당기순이익은 신한은행이 기업은행보다 많다.

㉣ 당기순이익이 가장 많은 은행은 우리은행이고, 가장 적은 은행은 한국씨티은행이다.

① ㉠, ㉡ ② ㉠, ㉣ ③ ㉡, ㉢
④ ㉢, ㉣ ⑤ ㉠, ㉡, ㉣

정답 ①

해설 ㉠ 제시된 그래프와 각주 (2)를 통해 한국씨티은행과 국민은행의 대략적인 직원 1인당 총자산을 구하면 다음과 같다.

- 한국씨티은행 : $\frac{700}{3,000}$ ≒0.23(천억 원)
- 국민은행 : $\frac{2,700}{18,000}$ =0.15(천억 원)

따라서 직원 1인당 총자산은 한국씨티은행이 국민은행보다 많다.

㉡ 제시된 그래프와 각주 (3)을 통해 국내 7개 시중은행의 대략적인 총자산순이익률$\left(\frac{\text{당기순이익}}{\text{총자산}}\right)$을 구하면 다음과 같다.

- 하나은행 : $\frac{2}{1,500}$ ≒0.001
- 한국씨티은행 : $\frac{3}{700}$ ≒0.004
- SC제일은행 : $\frac{4}{850}$ ≒0.005
- 국민은행 : $\frac{6.5}{2,700}$ ≒0.002
- 신한은행 : $\frac{7}{2,200}$ ≒0.003
- 기업은행 : $\frac{9}{1,000}$ =0.009
- 우리은행 : $\frac{9.5}{2,300}$ =0.004

따라서 총자산순이익률이 가장 낮은 은행은 하나은행이고, 가장 높은 은행은 기업은행이다.

오답 풀이

㉢ 제시된 그래프와 각주 (1)을 통해 직원 수는 신한은행이 기업은행보다 많고, 당기순이익은 기업은행이 신한은행보다 더 많다는 것을 알 수 있다. 따라서 직원 1인당 당기순이익은 기업은행이 신한은행보다 많다.

㉣ 제시된 그래프를 보면 당기순이익이 가장 많은 은행은 약 9.5천억 원인 우리은행이고, 가장 적은 은행은 약 2천억 원인 하나은행이다.

9 그림그래프

핵심예제 자료 설명 : 그림을 이용하여 자료 값을 나타내는 그래프이다. 시각적으로 매우 이해하기 쉽지만, 특정한 규칙이나 패턴이 있는 것이 아니므로 해석할 때 주의해야 한다.

다음은 영국의 목초지 1m^{2}에서 1년간 나타나는 에너지의 흐름을 나타낸 그림그래프이다. 이에 대한 설명으로 적절한 것은?

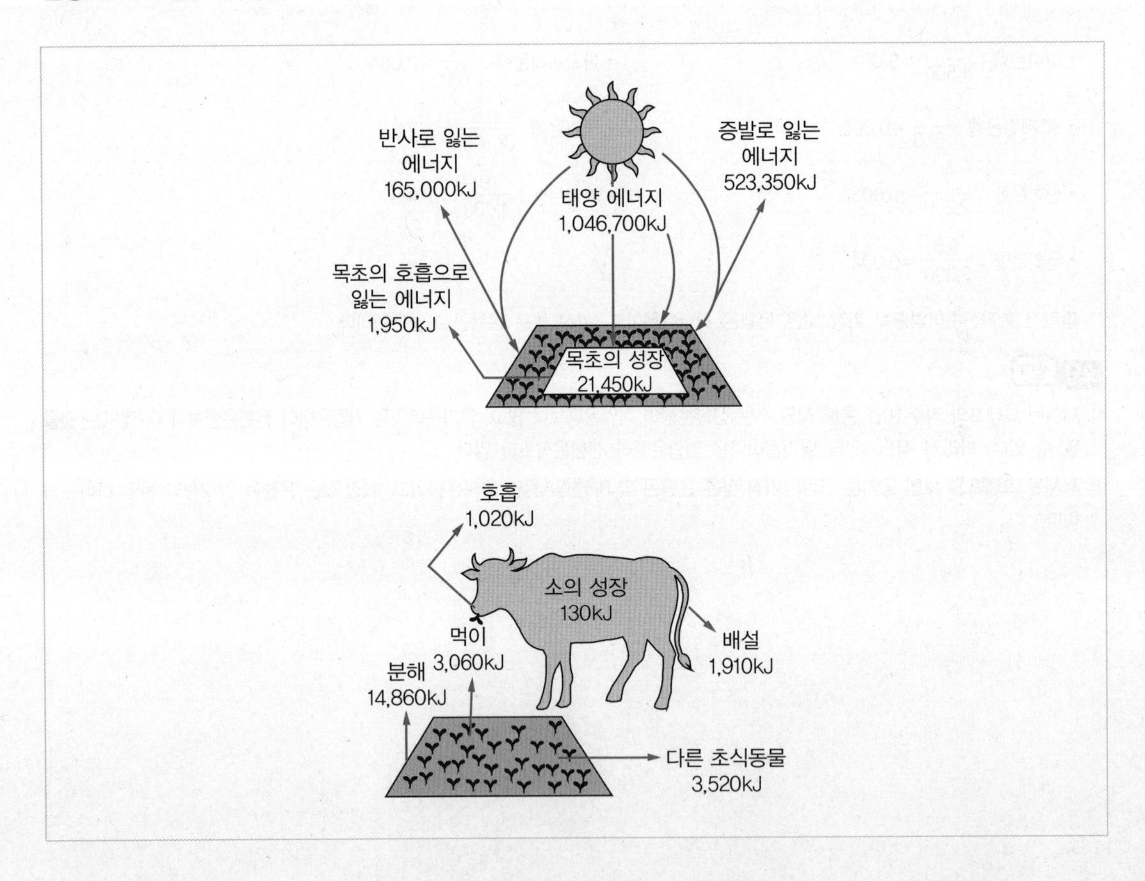

① 태양 에너지 중 인간이 소고기를 통해 이용할 수 있는 에너지의 비율은 1% 정도에 불과하다.
② 태양 에너지 중 70% 이상을 반사와 증발을 통해 잃으며, 남은 에너지는 모두 지열이 된다.
③ 목초가 성장하는 데 이용된 태양 에너지 중 10% 이상은 그 다음 해까지 목초에 저장된다.
④ 소가 목초로부터 얻은 에너지 중 성장하는 데에 이용하는 에너지의 비율은 5% 미만이다.
⑤ 이 목초지의 목초가 태양에서 얻은 에너지 중 10% 이상은 호흡에 이용된다.

정답 ④

해설 우선 그림그래프를 해석해 보면 목초지 $1m^2$당 태양 에너지는 1,046,700kJ인데, 그중 반사로 잃는 에너지는 165,000kJ, 목초의 호흡으로 잃는 에너지는 1,950kJ, 증발로 잃는 에너지는 523,350kJ, 목초의 성장에 사용되는 에너지는 21,450kJ이다. 또한 소의 먹이로 3,060kJ, 분해로 14,860kJ, 다른 초식동물이 섭취하는 것이 3,520kJ, 소가 먹은 것 중 호흡으로 사용되는 에너지가 1,020kJ, 소의 성장에 사용되는 에너지가 130kJ, 배설에 사용되는 에너지가 1,910kJ이다.

④ 소가 목초로부터 얻은 에너지 3,060kJ 중 성장에 이용되고 있는 것(130kJ)의 비율은 $\frac{130}{3,060}\times100 \fallingdotseq 4.25(\%)$이다. 이는 5% 미만이므로 적절한 설명이다.

빠른풀이

보다 빠른 계산을 위해 3,060을 3,000으로 생각하고 3,000의 5%와 130을 비교하면 다음과 같다.

$3,000\times0.05=150>130$

따라서 5%에 미치지 않는 것을 알 수 있다.

오답풀이

① 인간이 소고기를 통해 이용 가능한 에너지를 소의 성장으로 파악하면 태양 에너지 1,046,700kJ 중 130kJ이므로, 이는 1%에 미치지 못한다.

② 반사와 증발로 잃는 에너지는 $165,000+523,350=688,350$(kJ)이고 이것이 태양 에너지에서 차지하는 비율은 $\frac{688,350}{1,046,700}\times100 \fallingdotseq 66(\%)$이므로 70%에 미치지 않는다.

③ 목초가 성장하는 데 이용된 태양 에너지 중 어느 정도가 목초에 저장되어 있는가는 제시된 자료를 통해 알 수 없다.

⑤ 태양에서 얻은 에너지 1,046,700kJ 중 호흡에 이용하는 에너지(1,950kJ)의 비율은 $\frac{1,950}{1,046,700}\times100 \fallingdotseq 0.186(\%)$이다. 따라서 10%에 미치지 않는다.

빠른풀이

보다 빠른 계산을 위해 1,046,700을 1,040,000으로 생각하여 1,040,000의 10%와 1,950을 비교하면 다음과 같다.

$1,040,000\times0.1=104,000>1,950$

따라서 10%에 미치지 않는 것을 알 수 있다.

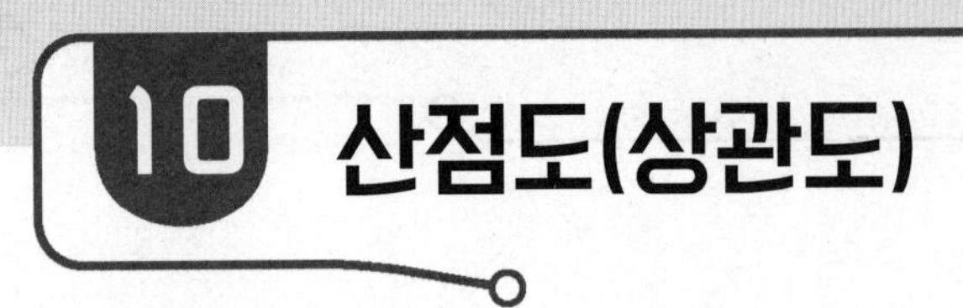

10 산점도(상관도)

핵심예제 자료 설명 : 산점도로부터 농업 종사자 1명당 곡물 생산량을 도출할 수 있어야 한다.

다음은 2020년 각 나라의 농업 종사자 수와 곡물 생산량의 관계를 나타낸 것이다. 이에 대한 설명으로 적절한 것은?

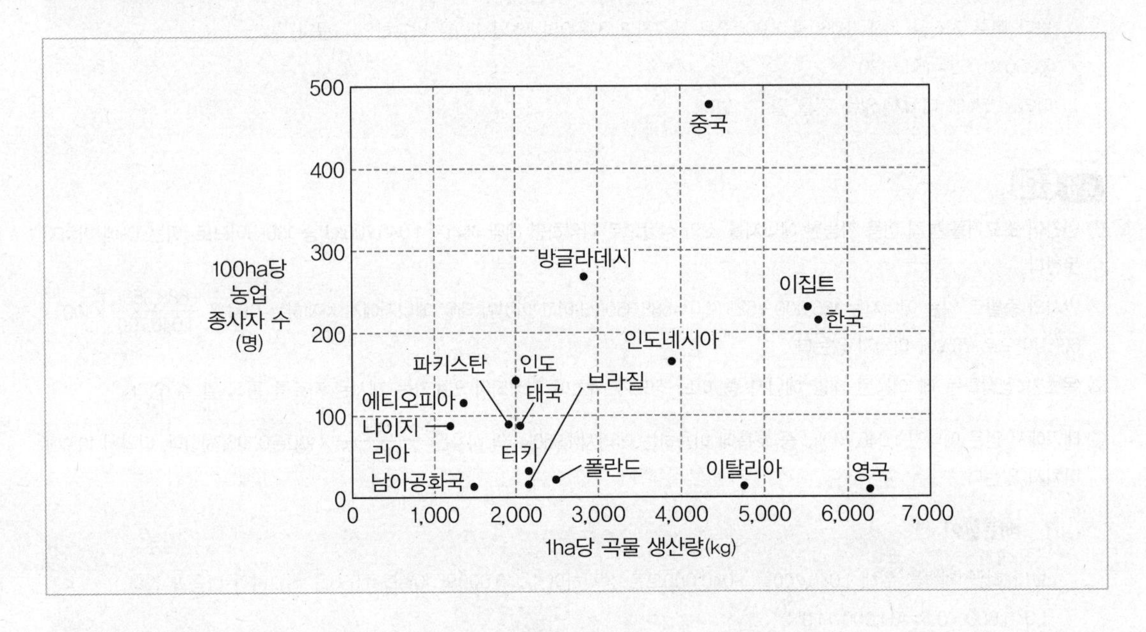

① 농업 종사자 1명당 곡물 생산량이 파키스탄보다 적은 나라는 8개국이다.

② 농업 종사자 1명당 곡물 생산량은 나이지리아가 가장 적다.

③ 중국의 농업 종사자 1명당 곡물 생산량은 에티오피아보다 많다.

④ 이집트의 농업 종사자 1명당 곡물 생산량은 태국의 약 2.8배이다.

⑤ 농업 종사자 1명당 곡물 생산량이 적은 순서대로 나열하면 터키는 11번째이다.

정답 ⑤

해설 농업 종사자 1명당 곡물 생산량은 $\frac{\text{곡물 생산량}}{\text{농업 종사자 수}}$으로 구할 수 있다.

제시된 그래프에 적용하면 세로축은 100ha당 농업 종사자 수이므로 가로축의 1ha당 곡물 생산량을 100ha로 맞추면 된다. 가로축의 값을 100배하여 농업 종사자 1명당 곡물 생산량(kg)은 $\frac{\text{1ha당 곡물 생산량}}{\text{100ha당 농업 종사자 수}}\times100$으로 구할 수 있다.

농업 종사자 1명당 곡물 생산량은 그래프를 바탕으로 계산해도 되지만, 계산 없이 풀 수 있는지의 여부에 대해서도 생각해 본다. 농업 종사자 1명당 곡물 생산량(kg)$=\frac{\text{1ha당 곡물 생산량}}{\text{100ha당 농업 종사자 수}}\times100$에서 $\frac{\text{1ha당 곡물 생산량}}{\text{100ha당 농업 종사자 수}}$은 이 그래프 상에 위치한 임의의 점과 원점을 연결한 직선의 기울기 $\frac{\text{100ha당 농업 종사자 수}}{\text{1ha당 곡물 생산량}}$의 역수이다. 따라서 직선의 기울기가 크면 농업 종사자 1명당 곡물 생산량은 작아지며, 직선의 기울기가 작으면 농업 종사자 1명당의 곡물 생산량은 커진다.

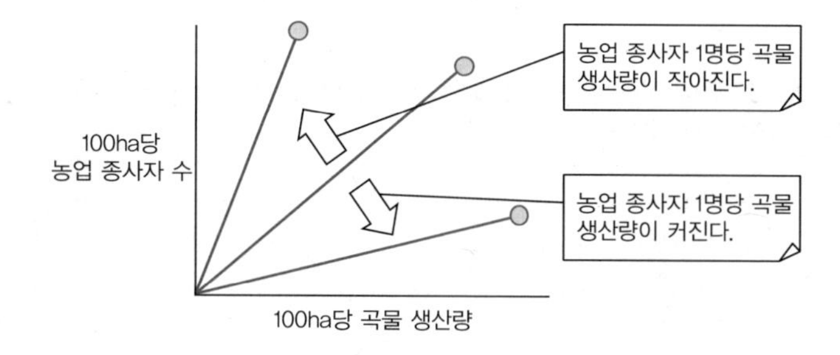

⑤는 농업 종사자 1명당 곡물 생산량이 터키보다 적은 나라, 즉 원점과 터키를 이은 직선보다 위쪽에 위치한 나라를 개수를 세야 한다.

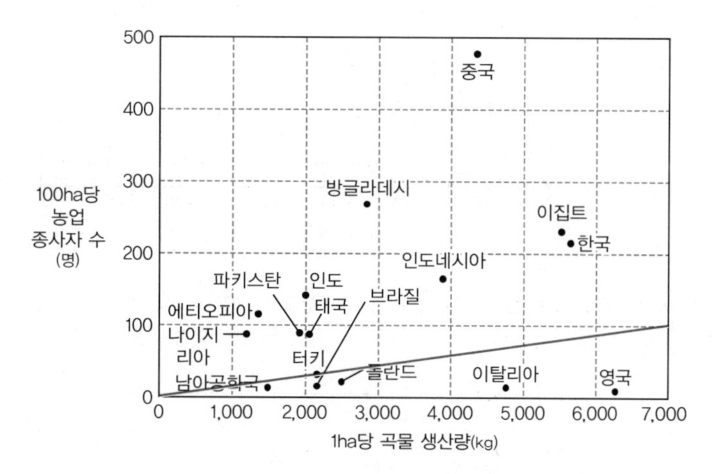

이는 중국, 이집트, 방글라데시, 한국, 인도네시아, 인도, 태국, 파키스탄, 에티오피아, 나이지리아 10개국이며, 터키는 11번째인 것을 알 수 있다.

오답 풀이

① 농업 종사자 1명당 곡물 생산량이 파키스탄보다 적은 나라를 찾기 위해서는 파키스탄과 원점을 연결하는 직선의 기울기보다 원점과 연결한 직선의 기울기가 큰 나라를 찾으면 된다. 따라서 나이지리아, 에티오피아, 인도, 방글라데시, 중국 5개국이다.

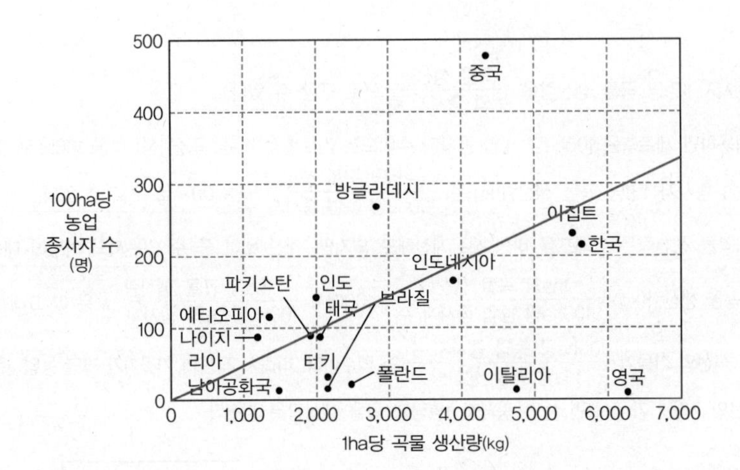

② 농업 종사자 1명당 곡물 생산량이 가장 적은 나라는 원점과 연결한 직선의 기울기가 가장 큰 나라이다. 따라서 농업 종사자 1명당 곡물 생산량이 가장 적은 나라는 중국이다.

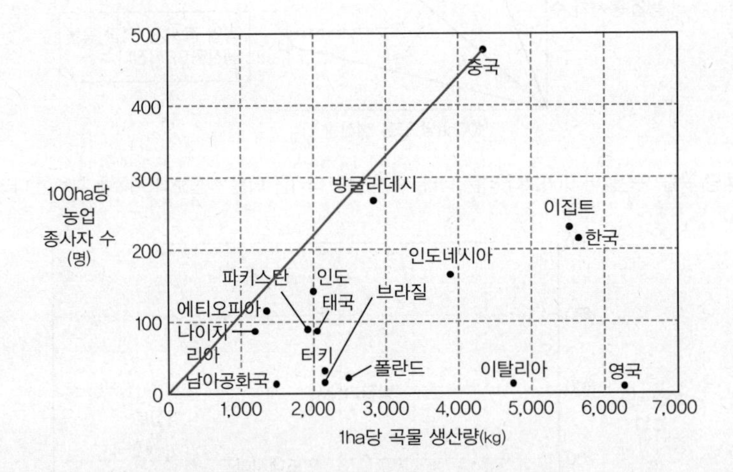

③ ②에서 중국의 농업 종사자 1명당 곡물 생산량이 가장 적은 것을 확인했으므로 에티오피아보다 적음을 알 수 있다. 그래프로 확인해 보면 원점과 연결한 기울기가 중국이 에티오피아보다 가파르므로, 농업 종사자 1명당 곡물 생산량은 중국이 더 적다.

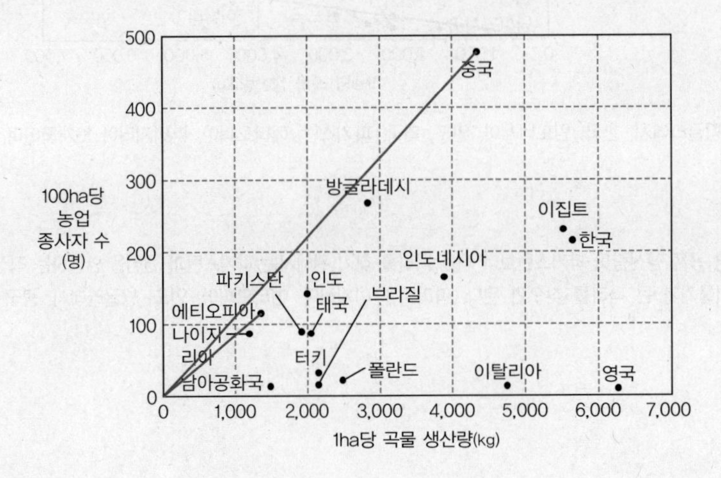

④ 이집트와 원점을 잇는 직선과 태국과 원점을 잇는 직선은 거의 겹쳐진다. 이는 $\frac{100\text{ha당 농업 종사자 수}}{1\text{ha당 곡물 생산량}}$가 거의 같다는 의미이므로, $\frac{1\text{ha당 곡물 생산량}}{100\text{ha당 농업 종사자 수}}\times 100$도 거의 같은 값이 된다. 따라서 두 나라의 농업 종사자 1명당 곡물 생산량은 거의 같다. 계산으로 비교해 보면 다음과 같다.

- 이집트의 농업 종사자 1명당 곡물 생산량 : $\frac{5,500}{230}\times 100 \fallingdotseq 2,391$(kg)
- 태국의 농업 종사자 1명당 곡물 생산량 : $\frac{2,050}{90}\times 100 \fallingdotseq 2,278$(kg)

따라서 거의 같다는 것을 알 수 있다.

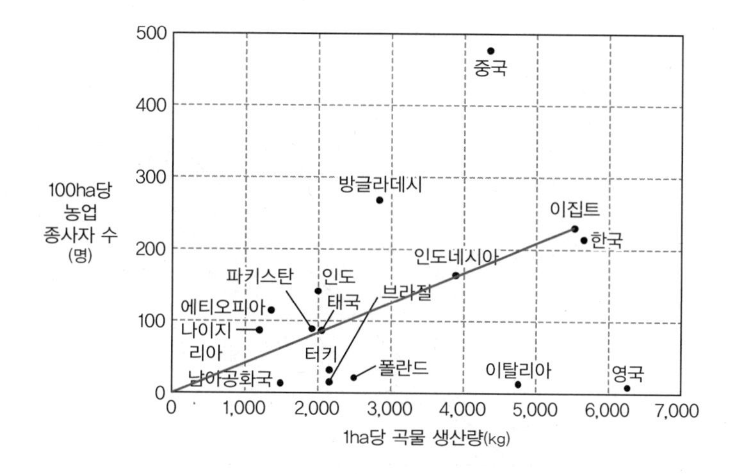

파트 2 그래프와 차트의 종류

11 로렌츠곡선

01 개념

- 가로축에 소득이 적은 순으로 소득인원수의 누적 백분율을 나타내고, 세로축에 소득금액의 누적 백분율을 나타냄으로써 얻어지는 곡선이다. 소득의 분포가 완전히 균등할 경우, 곡선은 대각선과 일치하며 이것을 균등분포선이라고 부른다.

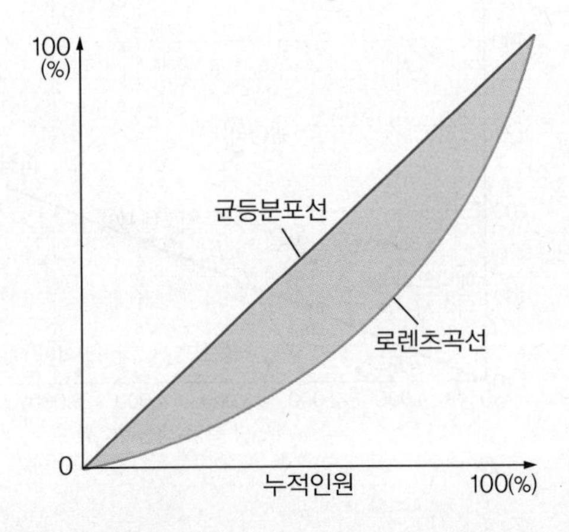

02 특징

1 모든 자료 값을 누적 백분율로 수정하고 있으므로 개별 항목의 상태나 절대량, 실제 수치를 판정할 수 없다.

2 소득이 적은 순으로 누적시키므로 다음과 같은 형태로는 나타나지 않는다.

1. 균등분포선보다 왼쪽 위에는 오지 않는다.

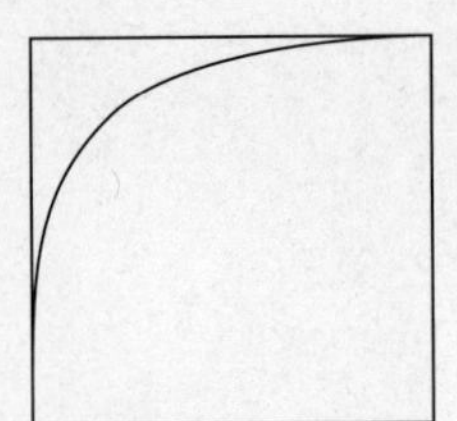

2. 오른쪽 아래로 내려가지 않는다.

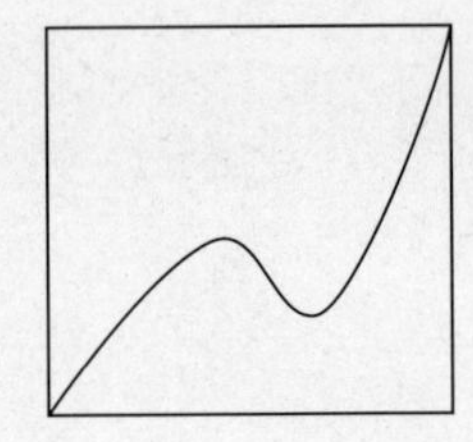

3. 기울기가 완만해지지 않는다.

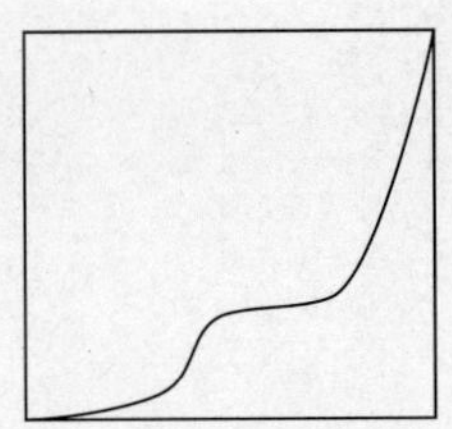

핵심예제

자료 설명 : 로렌츠곡선의 특성을 이용한 문제로, '전국에서 차지하는 인구 비율의 누적'을 '소득 누계', '전국에서 차지하는 면적 비율의 누적'을 '인구 누계'로 생각하면 로렌츠곡선이 된다.

다음은 한 나라에서 지역의 인구와 면적을 인구 밀도가 가장 낮은 지역부터 높은 지역 순으로 그린 것이다. 이에 대한 설명으로 옳은 것은? (단, 각 지역의 면적 및 이 나라의 총 면적은 2010년부터 2020년까지 변화가 없었다)

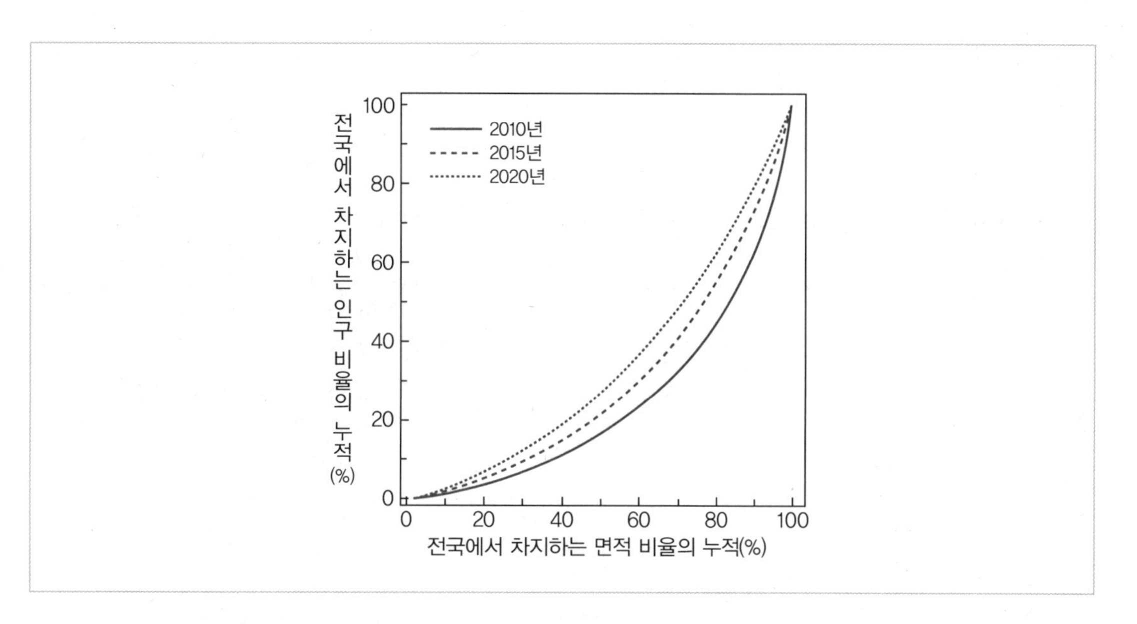

① 이 나라의 2020년 인구는 2010년에 비해 감소하였다.

② 이 나라의 2020년 인구는 2010년에 비해 증가하였다.

③ 2010년부터 2020년까지 이 나라에서는 인구 과밀 지역에서 인구 과소 지역으로의 인구 이동이 진행되었다.

④ 2010년에 전국 평균 인구 밀도를 기록했던 지역은 2020년 전국 평균보다 낮은 인구 밀도를 기록했다.

⑤ 2010년에 전국 평균 인구 밀도를 기록했던 지역은 2020년 전국 평균보다 높은 인구 밀도를 기록했다.

정답 ③

해설 2010년부터 2020년까지 로렌츠곡선이 왼쪽 위로 이동하고 있다. 이것은 인구 밀도의 격차가 감소한 것을 의미하므로, 인구 과밀 지역에서 인구 과소 지역으로의 인구 이동이 진행되었음을 알 수 있다.

오답풀이

①, ② 로렌츠곡선을 통해 정확한 인구수는 알 수 없다.

④, ⑤ 로렌츠곡선을 통해 개별 지역의 상태는 알 수 없다.

고시넷 공기업 NCS & 대기업 인적성 _수리능력 파랑이 자료해석

'자료해석 레벨 업 ' 구조보기

파트 3에서는 '레벨 1. 자료해석의 기본' ➡ '레벨 2. 자료해석과 계산의 결합' ➡ '레벨 3. 자료해석의 응용과 실제'의 단계적 학습을 통해 실력을 향상시킬 수 있다. 레벨 1에서는 복잡한 계산이 필요하지 않은 기초 문제들을 학습할 수 있고, 레벨 2에서는 복잡한 계산이 포함된 문제들을 학습할 수 있으며, 레벨 3에서는 고난도 문제를 통해 고득점을 위한 학습을 할 수 있다.

파트 3

자료해석 레벨 업

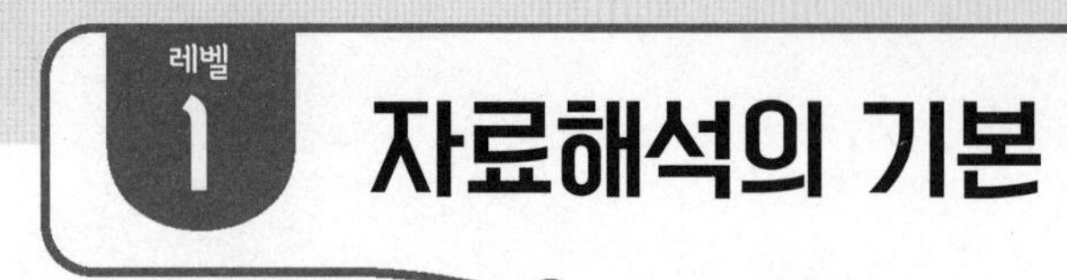

Level 레벨 1

01 다음은 20X1년 A 국과 B 국의 산업별 생산액 비율을 나타낸 그래프이다. 두 국가의 20X1년 농림 · 수산업 생산액이 같다고 할 때, 자료에 대한 설명으로 옳은 것은?

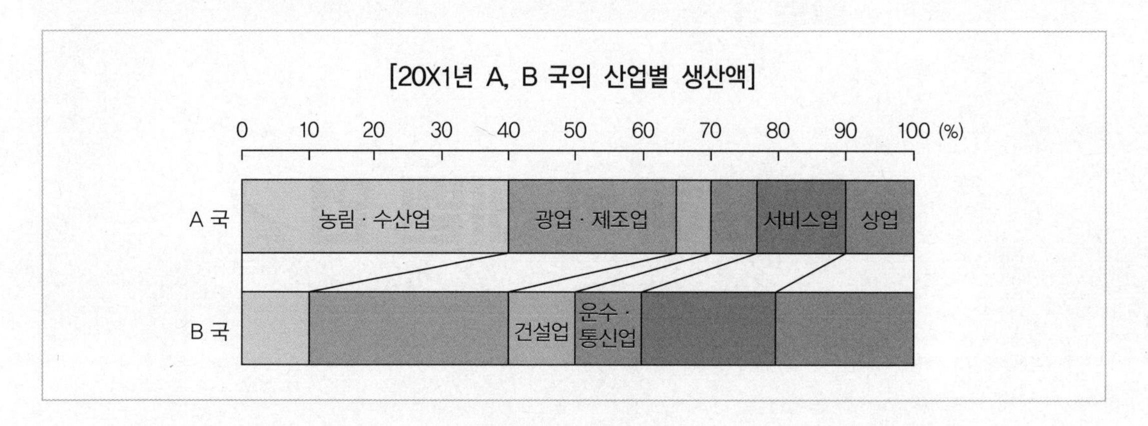

① 20X1년 B 국의 상업 생산액은 A 국의 12배이다.

② 20X1년 A 국의 광업 · 제조업 생산액은 B 국의 건설업 생산액의 약 50%이다.

③ 20X1년 B 국의 총 생산액이 50% 감소하고 비율은 동일하다면, B 국의 건설업 생산액은 A 국의 서비스업 생산액보다 많다.

④ 20X1년 A 국의 총 생산액이 100% 증가하고 비율은 동일하다면, 두 국가의 상업 생산액은 동일하다.

⑤ 20X1년 A, B 두 국가의 총 생산액을 합해 산업별 비율을 계산하면, 건설업의 생산액 비율은 20%이다.

해설 01

| 정답 | ③

| 해설 | A, B 국의 농림 · 수산업 생산액이 같다고 하였으므로 A 국 총 생산액의 40%와 B 국 총 생산액의 10%는 동일하다. 따라서 B 국의 구성비에 4를 곱하면 A 국과 생산액을 비교할 수 있다.

만약 B 국의 총 생산액이 50% 감소하면 B 국의 구성비에 $4\times\frac{1}{2}=2$를 곱하여 A 국과의 생산액을 비교해야 한다. B 국의 건설업 생산액은 10%이므로 $10\times2=20$, A 국의 서비스업 생산액은 약 13이므로 B 국의 건설업 생산액이 A 국의 서비스업 생산액보다 많다.

| 오답풀이 |

① 20X1년 상업 생산액을 비교하면 A 국은 10%이므로 10, B 국은 20%이므로 80이 된다. 따라서 B 국은 A 국의 8배이다.

② A 국의 광업 · 제조업은 25%로 25, B 국의 건설업은 10%로 40이 되어 $\frac{25}{40}\times100=62.5(\%)$이다.

④ A 국의 총 생산액이 100%, 즉 2배 증가해도 총 생산액은 B 국이 더 크며 상업의 구성비도 B 국이 크므로 상업 생산액 또한 B 국이 크다.

⑤ 건설업의 비율은 A 국이 5%이므로 전체 100의 5, B 국이 10%이므로 전체 400의 40이다. 따라서 두 국가의 총 생산액 대비 건설업의 비율은 $\frac{5+40}{100+400}\times100=9(\%)$이다.

보충 플러스 천칭 활용 방법

다음과 같이 천칭을 사용하면 두 국가의 총 생산액 대비 건설업 생산액의 비율이 9%라는 것을 알 수 있다.

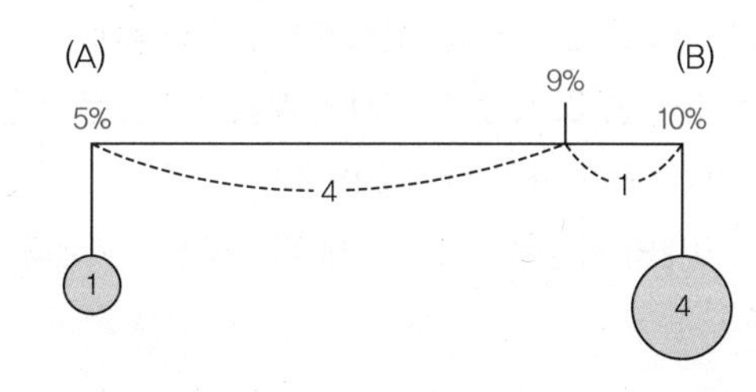

02 다음은 같은 연도, 같은 달의 A 회사에 대한 B 회사와 C 회사의 연령대별 자금 격차를 나타낸 것이다. 표에 대한 이해로 적절한 것은?

[A 회사에 대한 B 회사와 C 회사의 연령대별 자금 격차]

(A 회사의 자금 = 100.0)

구분	B 회사			C 회사		
	2010년	2015년	2020년	2010년	2015년	2020년
20 ~ 24세	100.7	96.8	97.9	104.9	101.2	101.7
25 ~ 29세	101.7	95.3	95.5	103.8	98.3	99.0
30 ~ 34세	93.9	90.3	91.3	96.3	89.7	90.9
35 ~ 39세	95.0	87.9	87.8	88.5	83.6	82.3
40 ~ 44세	88.7	85.6	85.0	78.5	77.1	76.8
45 ~ 49세	88.7	83.7	84.0	78.5	72.1	72.6
50 ~ 54세	79.0	81.6	82.1	68.2	69.1	68.2
55 ~ 59세	79.0	83.0	83.2	68.2	71.4	71.8

① C 회사의 20 ~ 24세와 55 ~ 59세 두 연령대 간 자금의 차이는 2020년이 2010년보다 작다.
② 2020년 C 회사의 연령대별 자금 중 B 회사의 자금보다 높은 연령대는 총 두 개이다.
③ 2020년 B 회사의 연령대별 자금 중 2015년 B 회사의 자금보다 높은 연령대는 총 여섯 개이다.
④ 2015년 C 회사의 자금은 연령대가 높아질수록 많아진다.
⑤ 2020년 A 회사에서 55 ~ 59세의 자금은 20 ~ 24세 자금의 약 1.4배다.

해설 02

| 정답 | ②

| 해설 | 2020년 B 회사와 C 회사의 자금을 비교해 보면 20 ~ 24세, 25 ~ 29세 두 연령대에서만 C 회사의 자금이 크다.

| 오답풀이 |

①, ③, ④, ⑤ 제시된 자료는 3개년도에서 A 회사의 자금을 100으로 하여 B, C 회사의 자금을 지수로 나타낸 것이므로, A 회사의 자금에 대해 동일한 시점, 동일한 연령대에 대해서만 B 회사와 C 회사의 자금을 비교할 수 있다.

학습 TIP

제시된 자료가 정확한 수치인지, 기준치에 대한 비교 지수인지를 먼저 확인한 뒤 도출 가능한 항목을 추려내야 한다.

03 다음은 A 시의 소음 발생 원인별 민원 비율을 나타낸 자료이다. 이에 대한 설명으로 옳은 것은?

[A 시의 소음 발생 원인별 민원]

(단위 : %)

구분	공사	건설	교통 · 운수	심야영업	그 외 영업	가정	기타
2017년 (140)	34.0	28.1	14.3	8.2	5.6	3.7	6.1
2018년 (125)	35.6	22.3	12.7	12.6	7.2	3.5	6.1
2019년 (98)	36.0	17.6	10.5	18.4	8.1	3.6	5.8
2020년 (100)	38.1	14.0	7.1	23.0	9.2	2.7	5.9

※ 괄호 안의 숫자는 2020년의 총 건수를 100으로 두었을 때의 비교 지수임.

① 조사기간 동안 공사로 인한 소음 발생 민원 건수는 지속적으로 증가하고 있다.
② 건설로 인한 소음 발생의 경우 2020년 민원 건수는 2017년 민원 건수의 약 35%이다.
③ 교통 · 운수로 인한 소음 발생의 민원 건수가 가장 적었던 연도는 2019년이다.
④ 2020년 심야영업으로 인한 소음 발생의 민원 건수는 2017년의 약 3배이다.
⑤ 2020년 민원 건수의 전년 대비 증가율이 가장 큰 것은 그 외 영업으로 인한 소음 발생이다.

파트 3 자료해석 레벨업 Lv.1

해설 03

| 정답 | ②

| 해설 | 2017년 건설로 인한 소음 발생의 민원 건수는 140×0.281≒39.3이고, 2020년은 100×0.14=14이다. 따라서 $\frac{14}{39.3}\times100$ ≒35.6(%)이다.

| 오답풀이 |

① 2017년 공사로 인한 소음 발생의 민원 건수는 140×0.34=47.6이고, 2018년은 125×0.356=44.5이다.

③ 교통 · 운수로 인한 소음 발생의 경우 2019년은 98의 10.5%로 10% 이상이므로 건수는 9.8 이상이며 2020년은 100의 7.1%로 7.1이므로 2020년의 건수가 더 적다.

④ 심야영업으로 인한 소음 발생의 경우 2020년은 23이고, 2017년은 140의 8.2%이므로 10 이상이 되어 3배일 수 없다.

⑤ 그 외 영업은 98×8.1% → 100×9.2%로 증가하여 증가율이 20% 이하지만, 심야영업은 98×18.4% → 100×23.0%로 증가하여 증가율이 20% 이상이다.

04 다음은 2014 ~ 2020년 △△시의 19세 이하 연령대별 도서관 이용자 수를 나타내는 그래프이다. 자료에 대한 설명으로 옳은 것은?

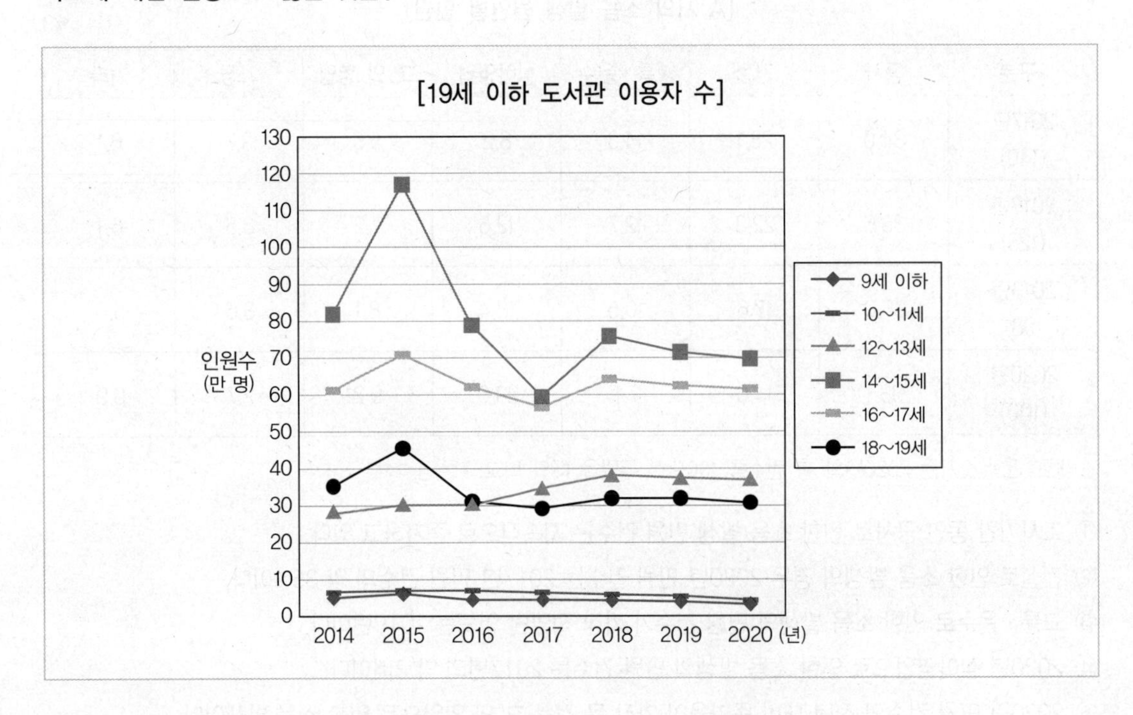

① △△시의 2020년 19세 이하의 도서관 이용자 수는 2015년 대비 증가하였다.

② 2014 ~ 2020년 중 19세 이하 도서관 이용자 수가 가장 적은 해는 2020년이다.

③ 2014 ~ 2020년 동안의 연령대별 도서관 이용자 수를 보면 매년 15세의 도서관 이용자 수가 가장 많다.

④ △△시의 2021년 19세 이하 도서관 이용자 수는 전년보다 감소할 것이다.

⑤ 2014 ~ 2020년 중 19세 이하의 도서관 이용자 수가 가장 많았던 해의 이용자 수는 220만 명 이상이었다.

해설 04

| 정답 | ⑤

| 해설 | 제시된 그래프에서 △△시의 19세 이하 도서관 이용자 수가 가장 많은 해는 2015년이다. 그래프에 구체적인 수치가 제시되어 있지 않으므로 각 연령대별 대략적인 수치를 합산하면 118+70+45+30+5+6=274(만 명)이므로, 2015년의 19세 이하 도서관 이용자 수는 약 274만 명임을 알 수 있다. 모든 연령대별 이용자 수를 합산하지 않더라도, 2015년에 이용자 수가 많은 14 ~ 15세, 16 ~ 17세, 18 ~ 19세 세 연령대의 대략적인 이용자 수의 합계만으로도 118+70+45=233, 즉 약 233만 명이므로 전체의 수는 반드시 220만 명 이상이다.

| 오답풀이 |

① 2020년과 2015년을 비교하면, 2020년에 12 ~ 13세 연령대의 도서관 이용자 수가 2015년보다 약 8만 명 증가하였으나 다른 연령층은 모두 2015년 대비 2020년에 감소하였다. 그중 가장 큰 폭의 감소를 보이는 14 ~ 15세에서만 대략 118만 명에서 70만 명으로 40만 명 이상 감소하고 있으므로 2020년 19세 이하 도서관 이용자 수는 5년 전보다 감소하였다.

② 2020년이 대략 3+4+31+38+61+70=207(만 명), 2017년이 대략 4+6+29+35+57+60=191(만 명)으로 다른 연도에 비해 전반적으로 적은 이용자 수를 보이고 있다. 모든 연령대별 이용자 수를 합산하지 않더라도 두 연도의 14 ~ 15세 이용자 수에서 2020년이 2017년보다 약 10만 명 많으므로 이용자 수가 가장 적은 해는 2017년이다.

③ 제시된 그래프에서 조사기간 동안 매년 이용자 수가 가장 많은 연령대는 14 ~ 15세이지만, 14세인지 15세인지는 이 그래프만으로 판단할 수 없다.

④ 조사기간 동안 나타나는 규칙적인 추이가 없으므로 이 그래프만으로 2021년의 이용자 수 동향을 판단할 수 없다.

학습 TIP

- 전체의 대소를 비교하기 위해 모든 수치를 합산하기보다는 필요한 수치만을 계산한다.
- 그래프의 축에 나타나 있는 항목을 정확하게 파악한다.

05 다음 그래프에 대한 이해로 옳은 것은?

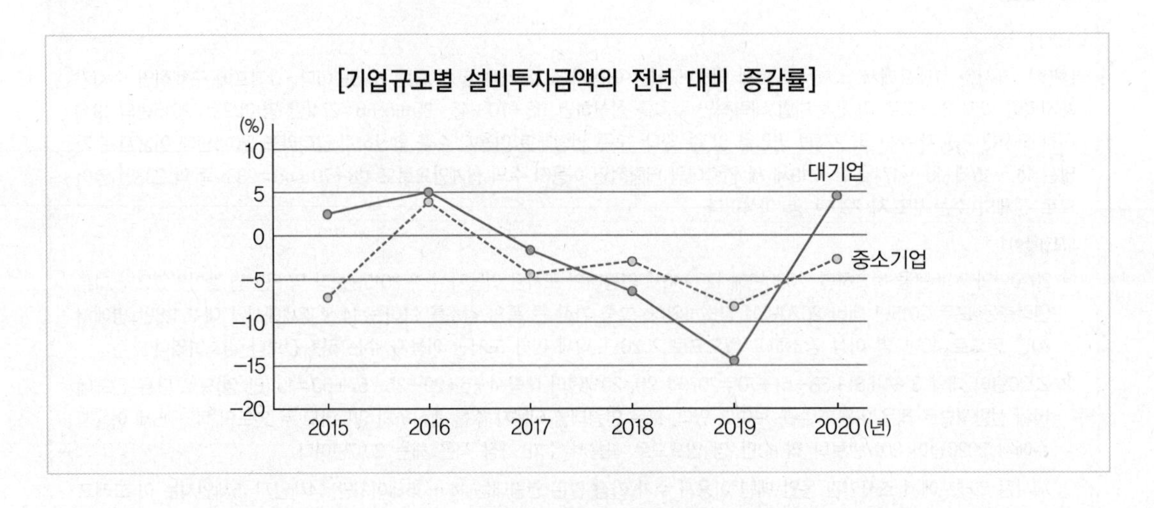

① 조사 기간 중 중소기업의 설비투자금액이 가장 적었던 해는 2019년이다.
② 2015년도 대기업 설비투자금액을 100으로 할 때, 2017년의 지수는 100 이하이다.
③ 2017 ~ 2019년 동안 중소기업 및 대기업 설비투자금액은 매년 전년 대비 적다.
④ 대기업의 설비투자금액이 전년 대비 증가한 해는 중소기업의 설비투자금액도 전년 대비 증가하였다.
⑤ 대기업 설비투자금액의 전년 대비 증가액은 2020년이 2016년보다 크다.

해설 05

| 정답 | ③

| 해설 | 2017 ~ 2019년 대기업과 중소기업의 설비투자금액 증감률은 모두 음수이므로 해당 기간 동안 중소기업 및 대기업의 설비투자금액은 전년 대비 적다.

| 오답풀이 |

① 2020년 중소기업의 전년 대비 증감률이 음수이므로 2019년도보다 2020년도의 설비투자금액이 더 적다.
② 2016년 대기업의 설비투자금액은 전년 대비 약 5% 증가하여 105, 2017년은 전년 대비 약 2% 감소하므로 100 이상이다.
④ 2015년과 2020년의 경우 대기업 설비투자금액은 전년 대비 증가하였지만 중소기업 설비투자금액은 전년 대비 감소하였다.
⑤ 2015년 대기업의 설비투자금액을 100으로 할 때 2016년도의 전년 대비 증가율은 5%로 105가 되지만 2017 ~ 2019년은 전년 대비 감소하고 있으므로 2019년도의 설비투자금액은 100보다 작아진다. 따라서 2020년에는 100보다 작은 수의 5%만큼이 증가하므로 2020년의 증가액이 2016년도의 증가액보다 작다.

06 다음은 K 대학 취업 세미나에서 조사한 ○○학과 1 ~ 5기 졸업생의 취업 현황이다. 이에 대한 해석으로 옳은 것은? (단, 제시된 진로 이외의 경우나 미취업자는 없다고 가정하며 대학원에 진학한 것은 취업률에 포함되지 않는다)

[1 ~ 5기 졸업생의 취업 현황]

(단위 : 명, %)

구분	기업 A	기업 B	기업 C	기업 D	대학원	취업률
1기생(2015년도 졸업)	2	2	4	5	(　)	100
2기생(2016년도 졸업)	1	2	1	(　)	3	78.6
3기생(2017년도 졸업)	3	(　)	2	2	4	75.0
4기생(2018년도 졸업)	5	7	(　)	3	6	76.0
5기생(2019년도 졸업)	5	7	5	(　)	8	70.4

① ○○학과의 졸업생 수는 2015 ~ 2019년 동안 항상 일정하다.

② 2기생 중에서는 대학원에 진학한 사람이 가장 많다.

③ 4기생 중 기업 C에 취업한 사람은 3명이다.

④ 대학원 진학률이 가장 낮은 졸업생은 3기생이다.

⑤ 5기생은 모두 27명이다.

해설 06

| 정답 | ⑤

| 해설 | 제시된 진로 이외의 경우나 미취업자는 없고 대학원에 진학한 것은 취업률에 포함되지 않는다고 하였으므로, ○○학과 졸업생 100% 중 취업률을 제외한 나머지 비율은 모두 대학원 진학률임을 알 수 있다.

5기생의 대학원 진학률은 100－70.4＝29.6(%)이고 5기생 중 대학원에 진학한 사람이 8명이므로 이를 이용해 5기생 전체의 인원수를 도출할 수 있다. 5기생의 전체 인원수를 N명이라고 할 때 $\frac{8}{N}=0.296$이므로 $N=\frac{8}{0.296}≒27$(명)이다.

| 오답풀이 |

① 대학원에 진학한 사람이 없는 1기생은 13명, 2기생은 $\frac{3}{0.214}≒14$(명)이다.

② 2기생 중 기업 D에 취업한 사람은 14－1－2－1－3＝7(명)으로 대학원에 진학한 사람보다 더 많다.

③ 4기생 전체 인원수는 $\frac{6}{0.24}=25$(명)이므로, 기업 C에 취업한 사람은 25－5－7－3－6＝4(명)이다.

④ 대학원 진학은 취업률에 포함되지 않으므로 취업률이 100%인 1기생의 대학원 진학률이 0%로 가장 낮다.

07 다음은 A ~ D사의 제품 출하금액에 대한 그래프이다. 이에 대한 설명으로 적절한 것은?

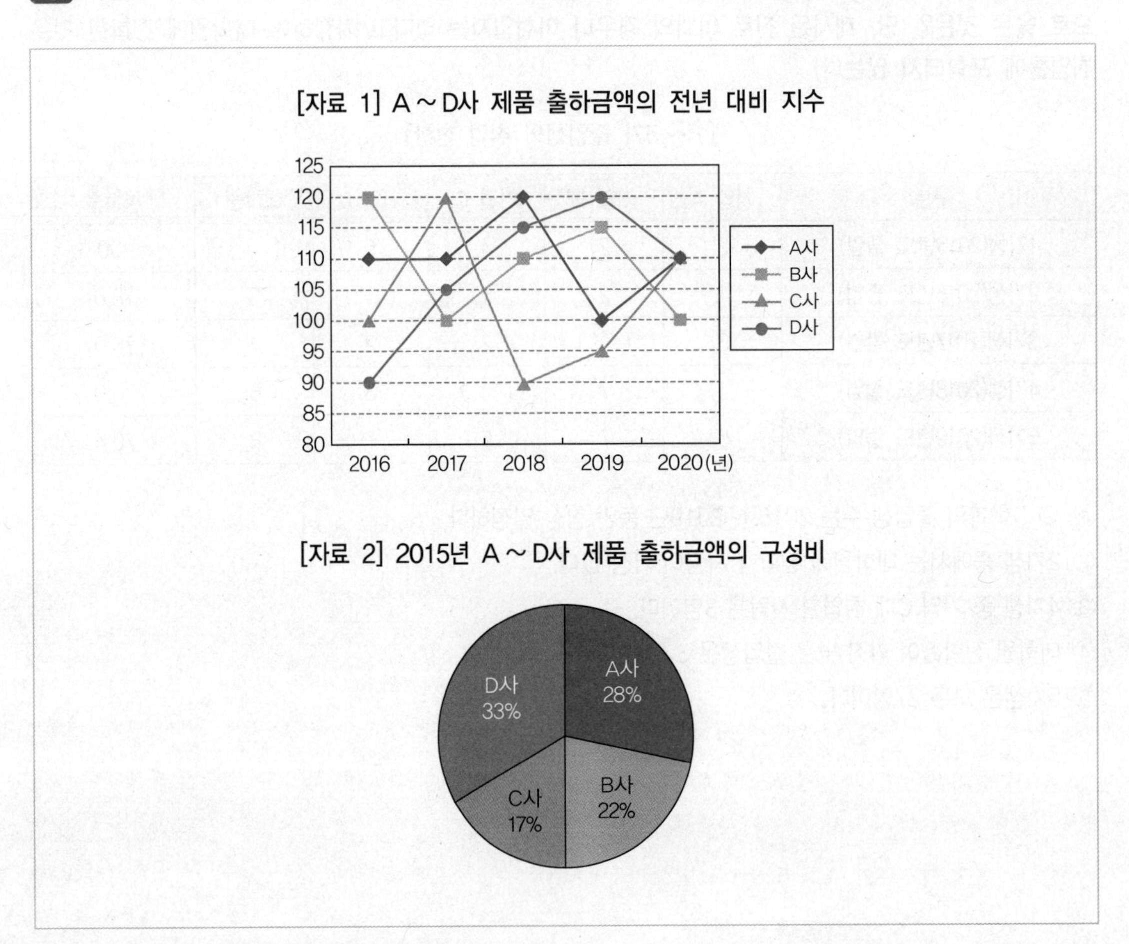

① 2016년 A사의 제품 출하금액은 D사보다 높다.

② 2018년 제품 출하금액의 전년 대비 증가율은 A사, B사, D사가 모두 같다.

③ A ~ D사 제품 출하금액에서 B사 제품 출하금액이 차지하는 비율은 2016년과 2017년이 같다.

④ 2015 ~ 2020년 중 C사의 제품 출하금액이 가장 적었던 해는 2018년이다.

⑤ 2019년 D사의 제품 출하금액은 C사의 약 1.3배이다.

| 정답 | ①

| 해설 | 2015년 A ~ D사의 제품 출하금액 전체를 100이라 하면 2016년 A사 제품 출하금액의 전년 대비 지수는 110이므로 2016년의 출하금액은 전년도의 출하금액인 28의 1.1배인 30.8이고, 2016년 D사 제품 출하금액의 전년 대비 지수는 90이므로 2016년의 출하금액은 전년도의 출하금액인 33의 0.9배인 29.7이다. 따라서 2016년의 제품 출하금액은 A사가 D사보다 더 높다.

| 오답풀이 |

② [자료 1]에서 나타낸 것은 전년 대비 지수이므로, 전년 대비 증가율이 같으면 지수도 동일해진다. 2018년 A사, B사, D사의 제품 출하금액 전년 대비 지수는 각각 120, 110, 115이므로 전년 대비 증가율이 모두 다르다.

> **이것만은 꼭**
>
> 그래프는 모두 10씩 올라가고 있지만, 이는 '전년에 대한 지수 값이 10 늘어났다'는 뜻으로, 출하금액이 10% 늘었다는 뜻이 아니다.

③ 2017년의 B사 제품 출하금액은 전년 대비 지수가 100이므로 2016년과 같지만, A, C, D사의 전년 대비 지수가 모두 100보다 높아 총 출하금액은 증가했다. 따라서 출하금액에 변화가 없는 B사의 출하금액 구성비는 감소한다.

④ 2019년 C사의 전년 대비 지수는 95로 이는 제품 출하금액이 2018년보다 감소하였음을 의미한다.

⑤ 2015년 제품 출하금액의 구성비에서 D사(33%)가 C사(17%)의 약 2배이므로, D사의 제품 출하금액이 C사의 1.3배가 되기 위해서는 C사의 제품 출하금액 증가율이 D사보다 높아야 한다. C사와 D사의 제품 출하금액 증가율을 비교하기 위해 2016 ~ 2019년 동안의 전년 대비 출하금액 증가율을 모두 더하여 2015년 대비 제품 출하금액의 증가율을 어림잡아 확인하면 다음과 같다.

- C사 : $0+20-10-5=5(\%)$
- D사 : $-10+5+15+20=30(\%)$

D사의 제품 출하금액 증가율이 C사보다 더 높으므로, D사의 제품 출하금액은 C사의 1.3배를 웃돌게 된다.

정확한 값을 구하기 위해 2015년 A ~ D사의 제품 출하금액 전체를 100이라 하고, [자료 1]의 제품 출하금액의 전년 대비 지수를 참고하여 C사와 D사의 2019년 제품 출하금액을 구하면 다음과 같다.

- C사 : $17\times1\times1.2\times0.9\times0.95=17\times1.026\fallingdotseq17.4$
- D사 : $33\times0.9\times1.05\times1.15\times1.2=33\times1.3041\fallingdotseq43.0$

따라서 D사의 제품 출하금액은 C사의 $\frac{43}{17.4}\fallingdotseq2.47$(배)이다.

08 다음 자료에 대한 이해로 옳은 것은?

[해양오염 총 발생 건수 및 원인별 구성비]

(단위 : 건, %)

구분			20X5년	20X6년	20X7년	20X8년	20X9년
총 발생 건수			713	697	589	610	486
원인별 구성비	계		100.0	100.0	100.0	100.0	100.0
	기름		56.8	55.7	57.6	50.3	67.3
	기름 외		35.6	40.6	38.0	44.6	25.1
		유해액체 물질	12.6	6.6	3.4	4.9	1.6
		폐기물	20.2	30.3	30.7	37.1	21.2
		기타	2.8	3.7	3.9	2.6	2.3
	적조		7.6	3.7	4.4	5.1	7.6

① 20X5 ~ 20X9년 중 기름으로 인한 해양오염 발생 건수가 가장 많은 연도는 20X9년이다.

② 폐기물로 인한 해양오염 발생 건수의 전년 대비 증가율은 20X6년이 20X8년보다 크다.

③ 20X7년 유해액체 물질로 인한 해양오염 발생 건수의 전년 대비 감소율은 50% 미만이다.

④ 20X8년 기름으로 인한 해양오염 발생 건수는 적조로 인한 해양오염 발생 건수의 10배 이상이다.

⑤ 적조로 인한 해양오염 발생 건수를 지수로 나타낼 때, 20X5년을 100으로 하면 20X9년의 지수는 70 이상이다.

해설 08

| 정답 | ②

| 해설 | 연도별 폐기물로 인한 해양오염의 발생 건수와 그 증가율을 계산하면 다음과 같다.

- 20X5년 : 713×0.202≒700×0.2=140(건)
- 20X6년 : 697×0.303≒700×0.3=210(건)

20X6년의 해양오염 발생 건수는 전년 대비 약 210－140=70(건) 증가했으므로 증가율은 약 50%이다.

- 20X7년 : 589×0.307≒600×0.3=180(건)
- 20X8년 : 610×0.371≒600×0.4=240(건)

20X8년의 해양오염 발생 건수는 전년 대비 약 240－180=60(건) 증가했으므로 그 증가율은 약 33%이다.

따라서 폐기물로 인한 해양오염 발생 건수의 전년 대비 증가율은 20X6년이 20X8년보다 크다.

보충 플러스 계산으로 구하는 방법

폐기물로 인한 해양오염 발생 건수의 전년 대비 증가량
- 20X6년 : 697×0.303－713×0.202≒211.2－144.0=67.2(건)
- 20X8년 : 610×0.371－589×0.307≒226.3－180.8=45.5(건)

| 오답풀이 |

① 20X5년 기름으로 인한 해양오염 발생 건수는 713건의 56.8%로, 713×0.568≒700×0.5=350(건) 이상이다. 20X9년은 486건의 67.3%로 올림하여 계산해도 486×0.673≒500X0.7=350(건) 이하이므로 옳지 않다.

③ 20X6 ~ 20X7년 유해액체 물질로 인한 해양오염 발생 건수는 다음과 같다.
- 20X6년 : 697×0.066≒46(건)
- 20X7년 : 589×0.034≒20(건)

따라서 20X7년 유해액체 물질로 인한 해양오염 발생 건수의 전년 대비 감소율은 $\frac{46-20}{46}$×100≒56.5(%)로 50% 이상이다.

④ 20X8년 적조는 5.1%, 기름은 50.3%로 10배 미만이다.

⑤ 20X5년과 20X9년 적조의 구성비는 같으므로 총 발생 건수로 판단한다. 20X5년 713건의 70%는 713×0.7≒700×0.7=490(건) 이상이고 20X9년은 486건이므로 지수는 70 미만이다.

09 다음은 1월부터 새로 생산 · 판매한 A 상품의 월별 생산 개수와 판매 개수이다. A 상품의 재고 누적 수를 4월부터 나타낸 그래프로 옳은 것은? (단, '재고 개수=생산 개수−판매 개수'이다)

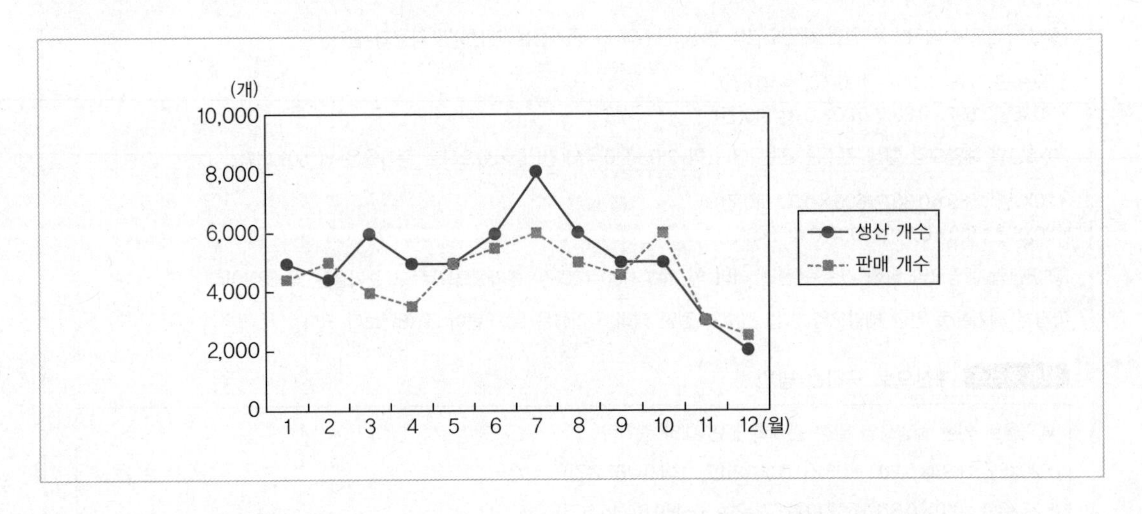

①

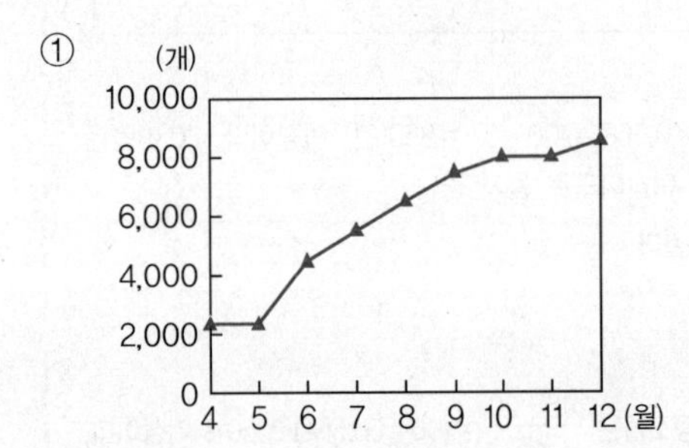

②

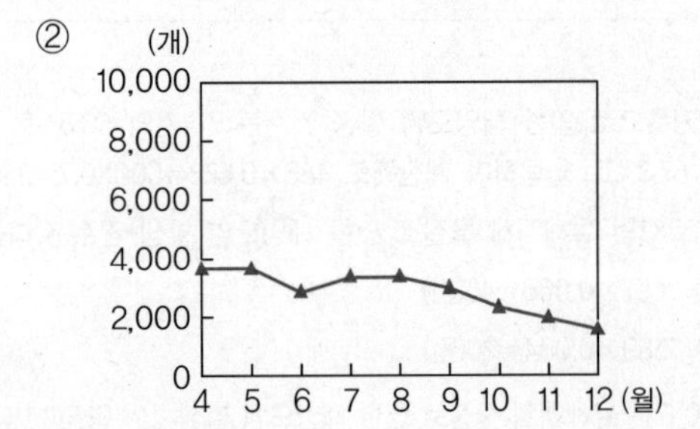

③

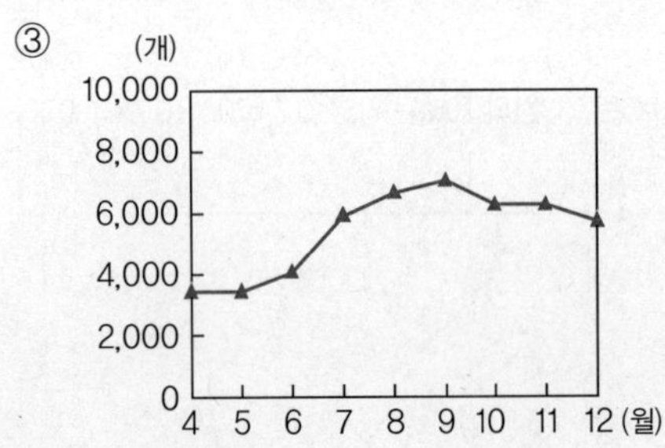

④

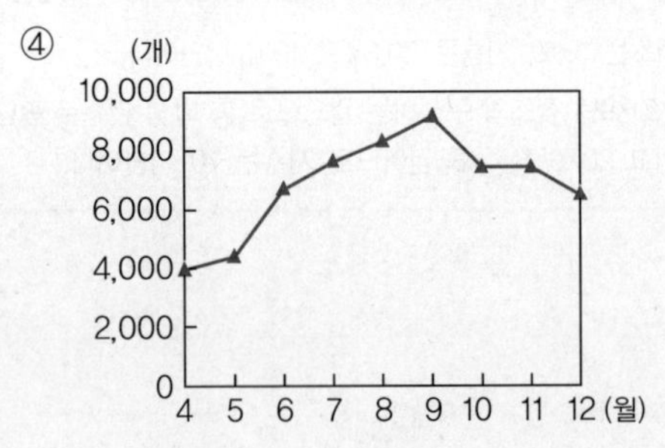

⑤

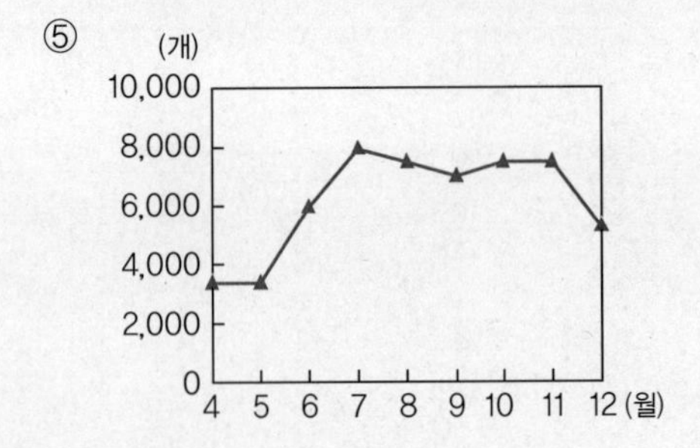

해설 09

| 정답 | ③

| 해설 | 재고 개수는 생산 개수와 판매 개수의 차이만큼 증가하거나 감소한다. 재고는 누적된다는 것에 유의하여 적절하지 않은 그래프를 제외해 나간다.

1. 5월은 생산 개수와 판매 개수가 동일하므로 전월 대비 재고 누적 수의 변동이 없어야 한다. 따라서 5월에 재고 누적 수가 전월 대비 증가한 ④를 제외한다.
2. 생산 개수와 판매 개수의 차이가 가장 큰 7월을 확인한다. 7월은 생산 개수가 판매 개수보다 약 2,000개 더 많으므로 재고 누적 수는 전월보다 약 2,000개가 증가해야 한다. 따라서 ①, ②를 제외한다.
3. 남은 ③, ⑤를 보면 6월의 전월 대비 재고 누적 수의 증가량이 크게 다르므로 5 ~ 6월의 수치 변화를 확인한다. 6월의 생산 개수와 판매 개수의 차이는 약 500개 이하인데 ⑤는 6월에 전월 대비 1,000개 이상 증가했으므로 적절하지 않다. 또한 8, 9월을 확인해 봐도 생산 개수가 판매 개수보다 많지만 ⑤는 8, 9월에 재고 누적 수가 감소하고 있으므로 제외한다.
4. 마지막으로 ③의 그래프를 검토한다. 5월은 생산 개수와 판매 개수가 같아 전월 대비 재고 변화가 없으므로 재고 누적 수의 변동이 없으며, 6월은 전월 대비 미세하게 증가하고 7월은 약 2,000개가 증가하는 것을 확인할 수 있다. 8, 9월의 경우 재고 누적 수가 미세하게 증가하고 10월의 경우 판매 개수가 생산 개수보다 많으므로 누적 수가 감소하는 양상을 보인다. 11월은 생산 개수와 판매 개수가 동일하므로 변동이 없으며 12월은 판매 개수가 더 많으므로 누적 수가 감소하는 양상을 보인다.

따라서 4 ~ 12월 재고 누적 수를 나타낸 그래프로 옳은 것은 ③이다.

10 다음은 A 국가의 조직별 전년 대비 연구비 증가율을 나타낸 그래프이다. 이에 대한 설명으로 옳은 것은?

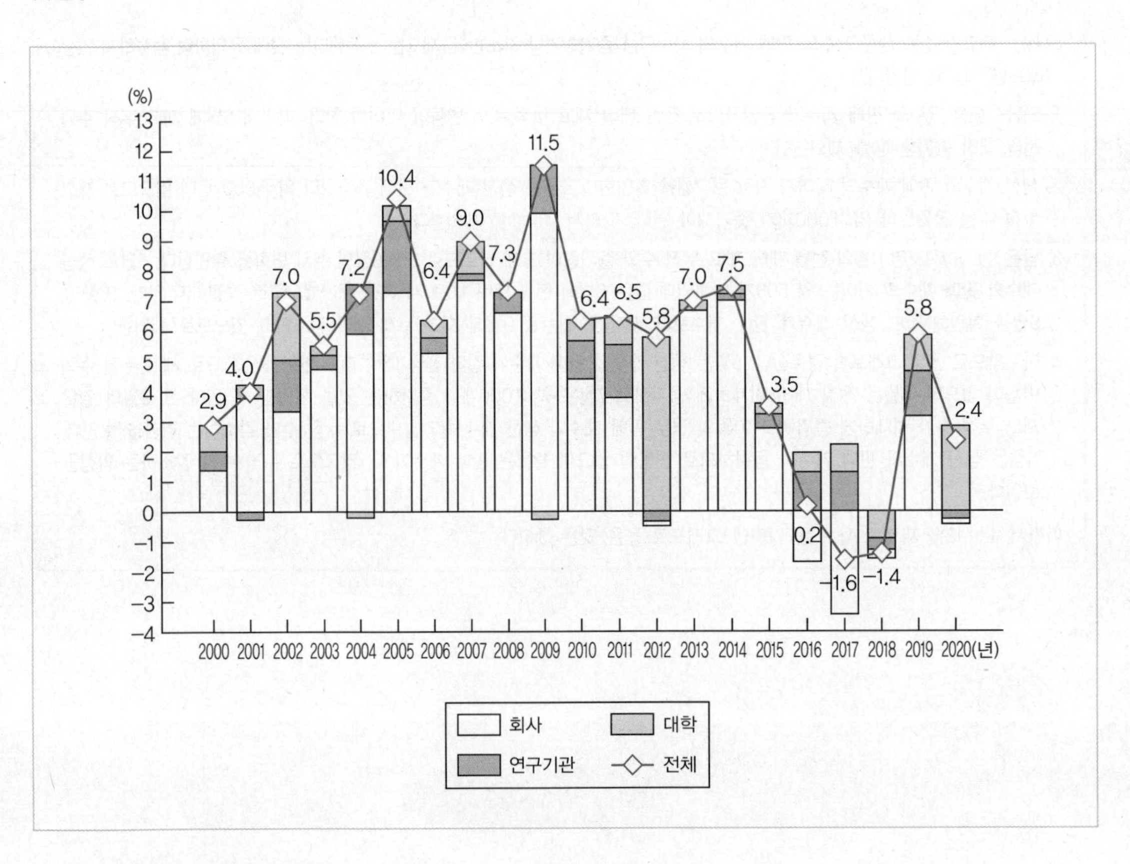

① 2002년과 2013년의 전년 대비 연구비 증가율이 같으므로 그 증가액도 동일하다.

② 2006년과 2010년의 총 연구비는 각각 전년보다 적다.

③ 2000 ~ 2015년 동안 전년 대비 연구비 증가율은 대학이 회사보다 항상 낮지만, 2016년과 2017년 대학의 전년 대비 연구비 증가율은 회사보다 높다.

④ 2000 ~ 2015년 동안 회사의 연구비는 지속적으로 늘어나지만, 연구기관과 대학의 연구비 합계보다는 적다.

⑤ 2000 ~ 2020년 중 나라 전체의 연구비가 전년보다 적은 해는 2개지만 회사, 연구기관, 대학 모두 연구비가 전년보다 적은 해는 1개이다.

해설 10

| 정답 | ⑤

| 해설 | 2000 ~ 2020년 중 나라 전체 연구비의 전년 대비 증가율이 음수인 연도는 2017년, 2018년으로 2개지만 회사, 연구기관, 대학의 증가율이 모두 음수인 연도는 2018년 1개뿐이다.

| 오답풀이 |

① 2002년과 2013년의 전년 대비 증가율은 똑같이 7%지만, 그 사이의 전년 대비 증가율이 모두 양수이므로, 2001년보다 2012년의 연구비가 더 많다고 추론할 수 있다. 따라서 2002년과 2013년의 전년 대비 증가액은 서로 같지 않다.

② 2006년과 2010년의 전년 대비 증가율은 양수이므로 총 연구비는 전년보다 많다.

③ 2012년, 2016년, 2017년은 대학의 전년 대비 증가율이 양수이지만, 회사의 전년 대비 증가율은 음수이므로 대학의 증가율이 더 높다.

④ 제시된 그래프는 조직별 전년 대비 연구비 증가율만 제시하므로 연구비에 대해서는 판단할 수 없다.

학습 TIP

선택지의 문장이 길고 그래프가 복잡하여 어려운 문제 같아 보이지만, 증가율 자료라는 것만 파악하면 선택지 대부분을 쉽게 제외할 수 있다.

자료해석과 계산의 결합

Level 레벨 2

01 다음 자료에 대한 설명으로 옳은 것은?

[2016 ~ 2020년 방재 관련 예산액(국비) 구성비]

(단위 : %)

구분	2016년	2017년	2018년	2019년	2020년
과학기술 연구	1.2	1.2	1.1	1.7	1.8
재해 예방	24.5	28.2	22.3	25.0	24.4
국토 보전	51.3	49.4	52.8	52.6	57.2
재해 복구	23.0	21.2	23.8	20.7	16.6
총 예산액(억 원)	42,069	40,753	55,074	45,628	41,503

① 조사기간 중 과학기술 연구 예산액이 가장 많은 해는 2020년, 가장 적은 해는 2018년이다.
② 조사기간 동안 국토 보전 예산액은 항상 재해 예방 예산액의 2배 이상이다.
③ 2017 ~ 2020년 중 재해 예방 예산액이 전년 대비 증가한 해는 2017년뿐이다.
④ 2018년 예산액 중 전년 대비 증가율이 가장 큰 것은 재해 복구이며, 국토 보전이 그 다음으로 크다.
⑤ 2020년 재해 복구 예산액은 2018년 재해 복구 예산액의 절반 이하이다.

해설 01

| 정답 | ④

| 해설 | 2018년 예산액의 전년 대비 증가율은 다음과 같이 비율을 이용해 비교할 수 있다.

$$\underset{\text{(재해 복구)}}{\frac{55,074\times23.8}{40,753\times21.2}} > \underset{\text{(국토 보전)}}{\frac{55,074\times52.8}{40,753\times49.4}}$$

2017년의 재해 복구 예산액 구성비는 21.2%, 2018년의 재해 복구 예산액 구성비는 23.8%로 그 차이가 2.6%p이므로 2018년의 전년 대비 재해 복구 예산액 구성비 증가율은 10% 이상이다. 반면 2017년의 국토 보전 예산액 구성비는 49.4%, 2018년의 국토 보전 예산액 구성비는 52.8%로 그 차이가 3.4%p이므로 2018년의 전년 대비 국토 보전 예산액 구성비 증가율은 10% 이하이다. 따라서 2018년 재해 복구 예산의 전년 대비 증가율은 국토 보전보다 크다. 또한 과학기술 연구와 재해 예방 예산액은 구성비가 감소하고 있으므로 2018년 예산액의 전년 대비 증가율은 재해 복구가 가장 크며 국토 보전은 그 다음으로 크다.

| 오답풀이 |

① 과학기술 연구의 구성비는 2018년이 가장 작지만 총 예산액은 2017년이 가장 적다. 따라서 2017년과 2018년의 예산액을 다음과 같이 비교할 수 있다.

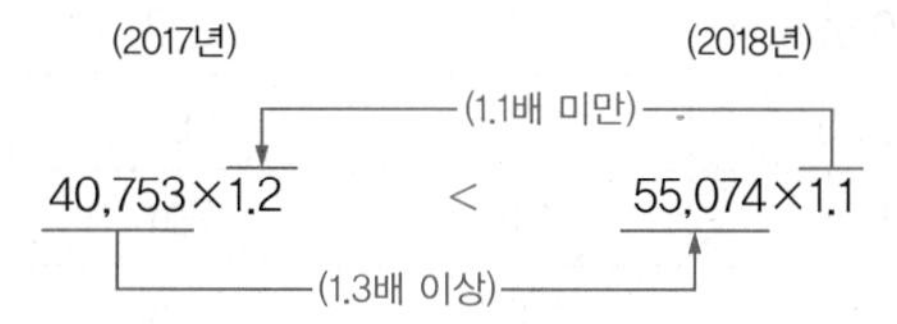

따라서 2017년의 과학기술 연구 예산액이 가장 적다.

② 2017년 국토 보전 예산액 구성비는 49.4%로 재해 예방 예산액 구성비인 28.2%의 2배보다 작다.

③ 2018년 총 예산액이 전년 대비 증가했으므로 2017년과의 재해 예방 예산액을 다음과 같이 비교할 수 있다.

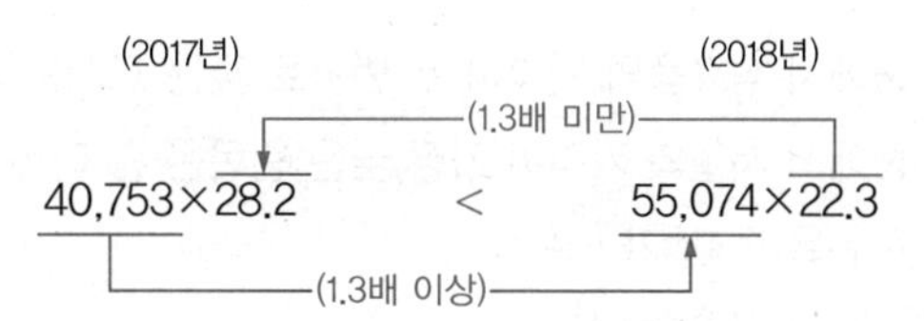

따라서 2018년 재해 예방 예산액은 전년 대비 증가했다.

⑤ 2020년의 재해 복구 예산액이 2018년에 대해 절반 이하인지 확인하기 위해 2020년 예산액에 2를 곱한 후 비교한다.

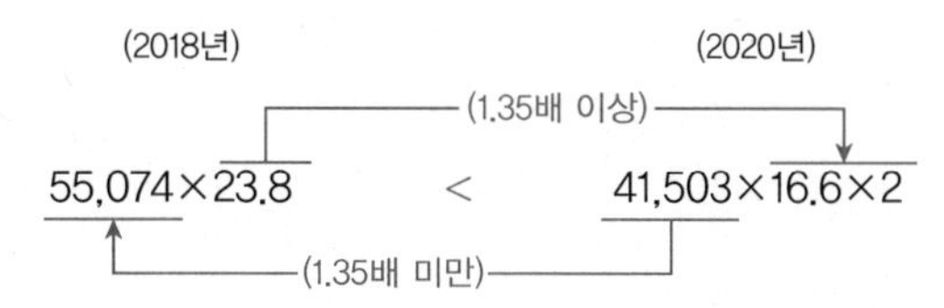

따라서 2020년 재해 복구 예산액은 2018년 재해 복구 예산액의 절반 이상이다.

02 다음은 서울과 해외 주요 도시 간 항목별 가격을 비교한 표이다. 이에 대한 설명으로 적절한 것은?

[서울과 해외 도시 간 항목별 가격 비교]

구분	뉴욕	런던	파리	베를린	제네바
식료품	1.49	1.53	1.96	2.24	1.30
내구재	1.37	0.82	1.07	1.05	0.91
의류 · 신발	1.39	1.48	1.70	1.46	1.05
그 외 상품	1.21	0.99	1.28	1.43	0.92
에너지	1.57	1.46	1.43	1.31	1.05
상하수도	1.77	0.83	0.79	0.42	0.91
운수	1.22	0.99	1.40	1.30	1.07
통신	1.02	1.25	1.28	1.19	1.18
보건 의료	0.81	1.55	2.12	4.95	0.39
교육	0.55	0.59	1.53	1.31	0.57
집세	1.56	1.15	1.91	1.52	1.80
일반 서비스	0.89	0.89	1.15	1.42	0.88
총합계	1.20	1.12	1.53	1.62	1.07

※ 수치는 각 도시의 가격에 대해 서울의 가격을 배수로 나타낸 것임.

① 서울을 포함한 6개 도시 중에서 식료품의 가격이 두 번째로 높은 도시는 파리이다.
② 서울을 포함한 6개 도시 중에서 서울의 가격이 가장 낮은 항목은 총 다섯 개이다.
③ 베를린의 상하수도 가격은 뉴욕의 4배가 넘는다.
④ 런던의 보건 의료 가격은 제네바의 약 4배이다.
⑤ 뉴욕의 에너지 가격은 상하수도 가격보다 높다.

해설 02

| 정답 | ③

| 해설 | 서울의 상하수도 가격을 1이라고 할 때, 베를린의 상하수도 가격은 $\frac{1}{0.42}$, 뉴욕의 상하수도 가격은 $\frac{1}{1.77}$이 된다. 따라서 베를린의 상하수도 가격은 뉴욕의 $\frac{1}{0.42} \div \frac{1}{1.77} = \frac{1.77}{0.42} \fallingdotseq 4.2$(배)이다.

| 오답풀이 |

① 제시된 표의 수치는 각 항목별로 각 도시의 가격 대비 서울의 가격을 배수로 나타낸 것, 즉 서울의 물가는 각 도시 물가의 몇 배인가를 나타낸 것이다. 뉴욕, 런던, 파리, 베를린, 제네바 5개 도시 모두 1을 넘으므로, 해외 5개 도시의 식료품 가격보다 서울의 식료품 가격이 더 높다는 것을 알 수 있다. 따라서 서울을 포함한 6개 도시 중에서 식료품의 가격이 가장 높은 도시는 서울이며, 그 다음으로 높은 도시는 배수가 가장 낮은 제네바이다.

② 서울의 가격이 가장 낮다는 것은 나머지 5개 도시의 표의 수치가 모두 1을 넘지 못함을 의미한다. 12개의 항목 중 5개 도시의 표의 수치가 모두 1 미만인 항목은 없으므로, 서울의 가격이 가장 낮은 항목은 없다.

④ 서울의 보건 의료 가격을 1이라고 할 때, 런던의 보건 의료 가격은 $\frac{1}{1.55}$, 제네바의 보건 의료 가격은 $\frac{1}{0.39}$이 된다. 따라서 런던의 보건 의료 가격은 제네바의 $\frac{1}{1.55} \div \frac{1}{0.39} = \frac{0.39}{1.55} \fallingdotseq 0.25$(배)이다.

⑤ 제시된 표로는 같은 항목의 다른 도시 간 가격을 비교할 수 있지만, 다른 항목의 도시 간 가격 또는 같은 도시의 항목 간 가격을 비교할 수는 없다. 따라서 뉴욕의 에너지 가격과 상하수도 가격은 비교할 수 없다.

03 다음 자료에 대한 설명으로 옳은 것은?

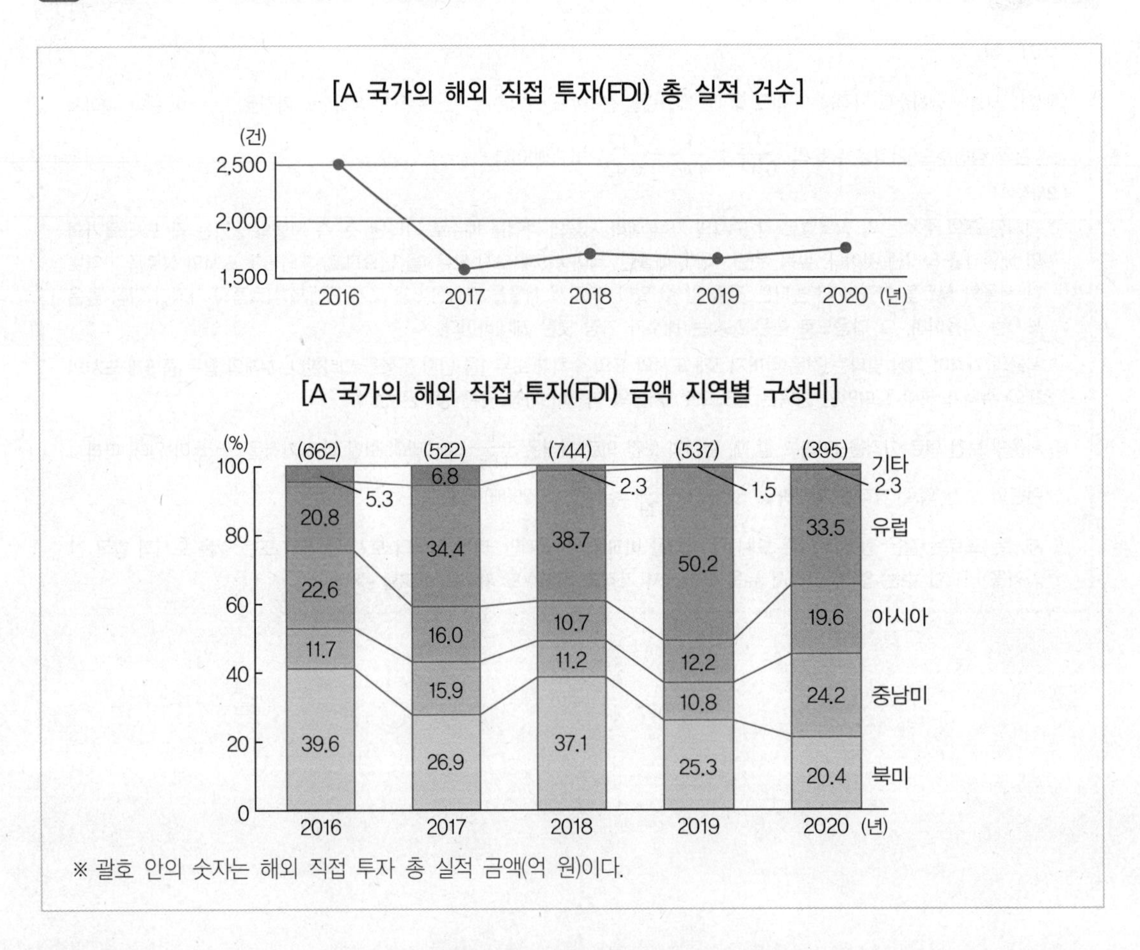

※ 괄호 안의 숫자는 해외 직접 투자 총 실적 금액(억 원)이다.

① 2016 ~ 2019년 동안 매년 아시아 지역의 해외 직접 투자 실적 금액은 중남미 지역과 기타 지역의 합보다 높다.

② 2017 ~ 2020년 동안 매년 중남미의 해외 직접 투자 실적 금액은 전년 대비 증가했다.

③ 2016년에 대한 2020년 해외 직접 투자 총 실적 건수의 비율은 2016년에 대한 2020년 해외 직접 투자 총 실적 금액의 비율보다 낮다.

④ 2016 ~ 2020년 중 해외 직접 투자 실적 1건당 금액이 가장 높았던 해는 2018년이며, 가장 낮았던 해는 2020년이다.

⑤ 북미의 2018년 대비 2020년 해외 직접 투자 실적 금액의 감소 금액은 유럽의 2배 이상이다.

해설 03

| 정답 | ④

| 해설 | 해외 직접 투자 실적 1건당 금액은 총 실적 금액을 총 실적 건수로 나눈 값인데, 2017 ~ 2020년의 연간 총 실적 건수는 1,500 ~ 1,800건 정도로 그 폭이 30% 이내로 변동되었다. 그러나 총 실적 금액은 2018년이 744억 원으로 가장 높으며, 나머지 연도들과 30% 이상 차이가 난다는 것을 알 수 있다. 따라서 해외 직접 투자 실적 1건당 금액은 2018년이 가장 높다. 마찬가지로 4개 연도 중 2020년의 총 실적 금액이 가장 낮으므로 해외 직접 투자 실적 1건당 금액은 2020년이 가장 낮다.

빠른풀이

2016년은 ③의 해설을 통해 총 실적 금액은 2016년 : 2020년≒10 : 6이고, 총 실적 건수는 10 : 7임을 알 수 있다. 따라서 실적 1건당 금액은 금액÷건수로 $\frac{10}{10} > \frac{6}{7}$이므로 2020년이 더 낮다.

| 오답풀이 |

① 각 연도별 금액이므로 구성비의 크기 차이로 바로 확인할 수 있는데, 2018년의 구성비는 아시아보다 중남미가 크므로 적절하지 않다.

② 2018년 대비 2019년에 총 실적 금액과 중남미의 구성비가 감소하였으므로, 2019년 중남미의 해외 직접 투자 실적 금액은 전년 대비 감소했다.

③ 2016년에 대한 2020년 해외 직접 투자 총 실적 건수의 비율은 2016년에 약 2,500건, 2020년에 약 1,750건으로 약 70%이다. 그에 비해 해외 직접 투자 총 실적 금액의 비율은 2016년에 662억 원, 2020년에 395억 원으로 약 60%이다. 따라서 실적 건수의 비율이 더 높다.

⑤ 2018년의 해외 직접 투자 총 실적 금액은 744억 원이며, 북미와 유럽의 구성비는 모두 37 ~ 39%이다. 따라서 북미와 유럽의 실적 금액을 어림산하면 700×0.4이므로 약 280억 원이다. 그에 비해 2020년의 해외 직접 투자 총 실적 금액은 395억 원이며, 유럽의 구성비는 약 $\frac{1}{3}$이므로 약 130억 원이다. 한편 북미는 구성비가 약 $\frac{1}{5}$이므로 약 80억 원이다. 북미에서 200억 원 정도 줄었지만, 이는 유럽의 감소 금액인 약 150억 원의 2배에는 미치지 않는다.

보충 플러스 감소 금액을 계산으로 구하는 방법

- 2018년 유럽 : 744×0.387≒287.9(억 원)
- 2020년 유럽 : 395×0.335≒132.3(억 원) (약 155.6억 원 감소)
- 2018년 북미 : 744×0.371≒276.0(억 원)
- 2020년 북미 : 395×0.204≒80.6(억 원) (약 195.4억 원 감소)

04 다음 자료에 대한 설명으로 옳은 것은?

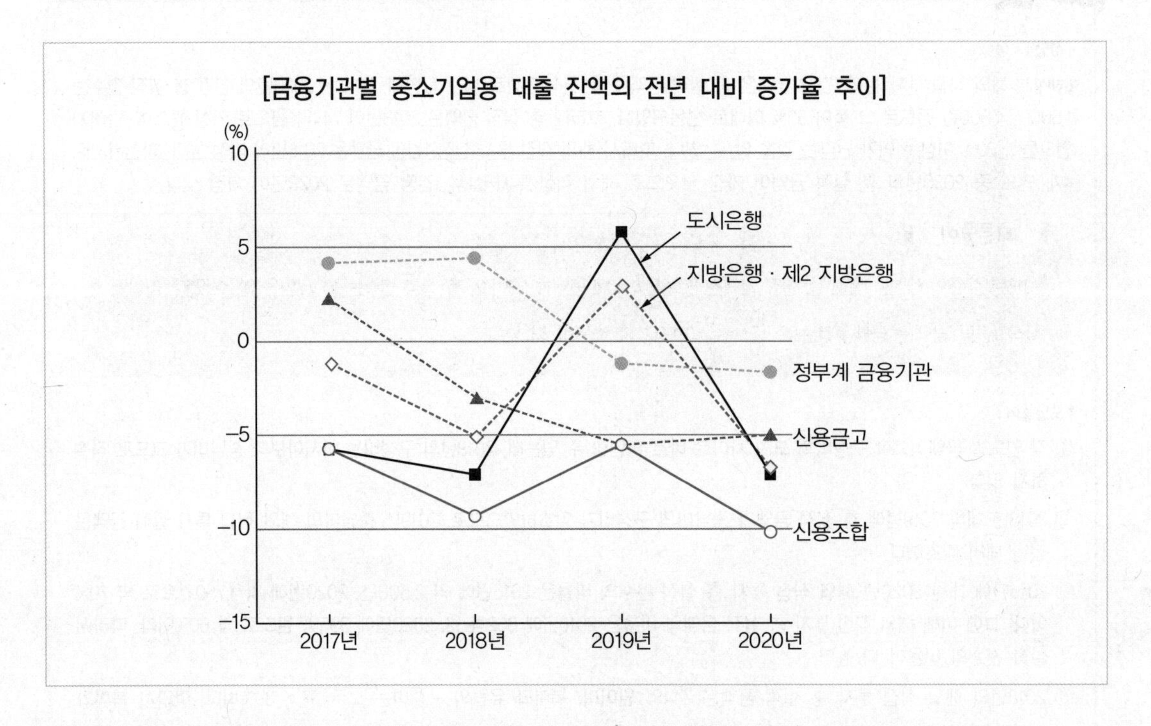

① 2017년 대비 2019년의 중소기업용 대출 잔액 비율이 가장 큰 기관은 도시은행이며, 지방은행 · 제2 지방은행이 그 다음으로 크다.

② 2017년 대비 2018년 지방은행 · 제2 지방은행의 중소기업용 대출 잔액 비율보다 2017년 대비 2018년 도시은행의 중소기업용 대출 잔액 비율이 더 작다.

③ 2017 ~ 2020년 중 신용금고의 중소기업용 대출 잔액이 가장 많았던 해는 2017년이며, 가장 적었던 해는 2019년이다.

④ 2017년 신용조합의 중소기업용 대출 잔액의 지수를 100이라고 하면, 2020년의 지수는 70보다 낮다.

⑤ 도시은행, 지방은행 · 제2 지방은행, 신용조합의 2019년 중소기업용 대출 잔액은 전년 대비 증가하였다.

해설 04

| 정답 | ②

| 해설 | 2017년 대비 2018년 중소기업용 대출 잔액의 증가율을 보면 도시은행의 증가율이 지방은행 · 제2 지방은행의 증가율보다 작으므로, 2017년 대비 2018년 지방은행 · 제2 지방은행의 중소기업용 대출 잔액 비율보다 2017년 대비 2018년 도시은행의 중소기업용 대출 잔액 비율이 더 작다는 것을 알 수 있다.

| 오답풀이 |

① 도시은행은 2018년에 약 7% 정도 감소, 2019년에 약 6% 정도 증가하고 있으므로 2019년은 2017년에 비해 감소하였음을 알 수 있다. 정부계 금융기관은 2018년에 약 4.5% 정도 증가, 2019년에 약 1.5% 정도 감소하고 있으므로 2019년은 2017년에 비해 증가하였음을 알 수 있다. 따라서 2017년 대비 2019년의 중소기업용 대출 잔액 비율이 가장 큰 기관은 도시은행이 아니다.

③ 2020년 신용금고의 전년 대비 증가율이 음수이므로 2019년보다 적다는 것을 알 수 있다.

④ 2017년 신용조합의 중소기업용 대출 잔액의 지수를 100이라고 하면, 2020년의 지수는 $100 \times 0.905 \times 0.945 \times 0.9 \fallingdotseq 77.0$이므로 70보다 낮지 않다.

⑤ 2019년 신용조합의 전년 대비 증가율이 음수이므로, 전년 대비 감소하였음을 알 수 있다.

05 [그림]은 2016 ~ 2020년 형법 범죄의 검거 건수 및 검거 인원을, [표 Ⅰ, Ⅱ]는 같은 기간의 검거 건수 및 검거 인원의 죄목별 비율을 나타낸 것이다. 이에 대한 설명으로 적절한 것은?

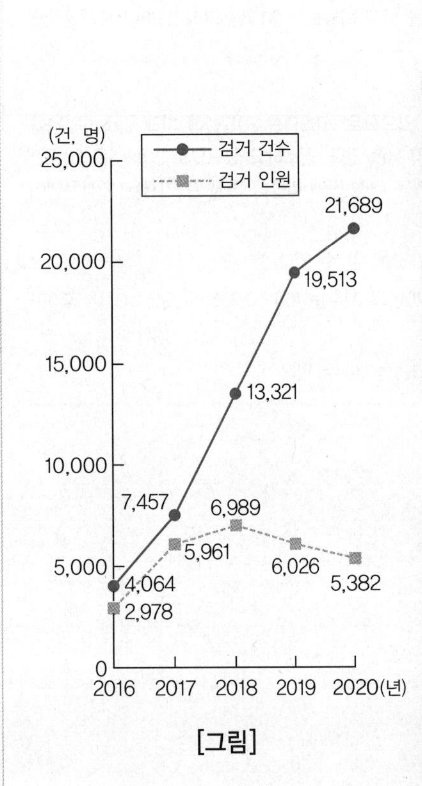

[그림]

[표 Ⅰ] 검거 건수의 죄목별 비율(%)

구분	2016년	2017년	2018년	2019년	2020년
합계	100.0	100.0	100.0	100.0	100.0
흉악범	1.9	2.2	1.7	0.8	1.0
폭력범	3.4	2.6	1.6	1.4	1.3
절도범	66.9	57.3	76.0	81.7	88.0
지능범	5.9	9.7	2.9	7.8	3.4
기타	21.9	28.2	17.8	8.3	6.3

[표 Ⅱ] 검거 인원의 죄목별 비율(%)

구분	2016년	2017년	2018년	2019년	2020년
합계	100.0	100.0	100.0	100.0	100.0
흉악범	3.7	3.1	3.3	3.5	4.7
폭력범	5.3	3.6	3.5	4.6	5.7
절도범	55.6	49.4	56.3	56.4	57.5
지능범	4.7	7.4	3.1	8.3	5.9
기타	30.7	36.5	33.8	27.2	26.2

① 2019년 지능범의 검거 인원 1명당 검거 건수는 2건 미만이다.

② 2016 ~ 2020년 중 절도범의 검거 건수가 가장 많은 해는 2019년이다.

③ 2016 ~ 2020년 동안 폭력범의 검거 인원은 매년 250명 미만이다.

④ 2016 ~ 2020년 동안 흉악범의 검거 건수, 검거 인원은 모두 지속적으로 증가하고 있다.

⑤ 2017 ~ 2020년 중 검거 건수 및 검거 인원의 전년 대비 증가율은 2017년이 모두 가장 높다.

해설 05

| 정답 | ⑤

| 해설 | 2017년 검거 건수의 전년 대비 증가율은 $\frac{7,457-4,064}{4,064}\times100 ≒ 83.5(\%)$로 80% 이상 증가하였다. 검거 건수의 전년 대비 증가율이 높은 2018년의 경우 2017년 7,457건, 2018년 13,321건으로 그 차가 5,864건인데, 이는 7,457의 80%인 약 5,966건에는 미치지 않으므로 2017년이 가장 높다는 것을 알 수 있다.

보충 플러스 계산으로 구하는 방법

- 2016년 → 2017년 : 7,457÷4,064≒1.83(배)
- 2017년 → 2018년 : 13,321÷7,457≒1.79(배)

검거 인원에 대해서는 2016년이 2,978명, 2017년이 5,961명으로 2017년이 2016년의 약 2배이므로 2017년이 가장 높다는 것을 알 수 있다.

| 오답풀이 |

① 2019년의 지능범 검거 건수는 (19,513×0.078)건이고 지능범 검거 인원은 (6,026×0.083)명이다. 19,513÷6,026을 계산하면 3 이상이고 0.078÷0.083을 계산하면 0.9 이상이므로, 지능범의 검거 인원 1명당 검거 건수는 3×0.9=2.7(건) 이상이다.

② 검거 건수의 합계와 절도범의 구성비 모두 2019년이 2020년보다 작으므로, 절도범의 검거 검수가 가장 많은 해는 2020년이다.

③ 2020년 폭력범의 검거 인원은 5,382×0.057≒307(명)이므로 250명보다 많다.

④ 2018년의 검거 건수는 13,321건, 2019년의 검거 건수는 19,513건으로 2배에는 못 미치지만, 흉악범 검거 건수의 구성비는 2018년이 1.7%, 2019년이 0.8%로 절반 이하이다. 따라서 2019년 흉악범의 검거 건수는 전년에 비해 감소하였다.

06 다음은 ○○시의 거주용 착공 건축물의 바닥 면적 구성비를 구조별로 나타낸 표이다. 이를 이해한 내용으로 적절한 것은?

[거주용 착공 건축물의 바닥 면적 구성비]

(단위 : %)

구분	2015년	2016년	2017년	2018년	2019년	2020년
목조	26.0	29.5	30.6	32.3	31.3	30.9
철골 철근 콘크리트 구조	16.2	13.6	14.1	12.9	14.3	18.7
철근 콘크리트 구조	32.8	29.6	27.9	29.9	35.5	33.1
철골 구조	25.0	27.1	27.2	24.7	18.8	17.3
기타	0.1	0.2	0.2	0.1	0.1	0.1
합계	100	100	100	100	100	100
	(15,857)	(12,088)	(11,762)	(11,555)	(13,210)	(12,264)

※ 괄호 안의 수치는 거주용 착공 건축물의 바닥 면적 합계(단위 : 천 m^2)를 나타낸다.

① 2015 ~ 2020년 동안의 '철근 콘크리트 구조' 바닥 면적은 모두 3,600천 m^2 이상이다.

② 2016년에 '기타'를 제외하고 바닥 면적이 전년 대비 증가한 항목은 '목조'와 '철골 구조'이다.

③ 2018 ~ 2020년 동안 매년 '목조'와 '철골 구조'의 바닥 면적이 전년 대비 각각 감소하였다.

④ 2019년 '철골 철근 콘크리트 구조' 바닥 면적의 전년 대비 증가량은 2019년 합계의 전년 대비 증가량의 30% 이상이다.

⑤ 2020년에 '기타'를 제외한 모든 항목의 바닥 면적은 2015년 대비 각각 감소하였다.

해설 06

| 정답 | ⑤

| 해설 | 2020년의 합계는 12,264천 m^2, 2015년의 합계는 15,857천 m^2로 약 3,600천 m^2, 즉 20% 이상 감소했다. 2020년 구성비가 2015년 대비 20% 이상 증가하는 항목이 있다면 결과적으로 증가할 수도 있으나 이에 해당하는 항목이 없으므로 모두 감소하였음을 알 수 있다.

| 오답풀이 |

① 합계와 '철근 콘크리트 구조'의 구성비가 모두 낮은 해인 2017년과 2018년의 '철근 콘크리트 구조' 바닥 면적을 구하면 다음과 같다.

- 2017년 : 11,762×0.279≒3,282(천 m^2)
- 2018년 : 11,555×0.299≒3,455(천 m^2)

따라서 모두 3,600천 m^2 이상인 것은 아니다.

② 2016년 합계는 전년 대비 약 3,800천 m^2 감소하였다. 이는 2015년의 15,857천 m^2에 비해 20% 이상 감소한 수치이다. 따라서 바닥 면적이 증가하기 위해서는 구성비에서 감소한 20% 이상만큼 증가해야 한다. 2016년 '목조'와 '철골 구조'의 바닥 면적을 전년도와 비교하면 다음과 같다.

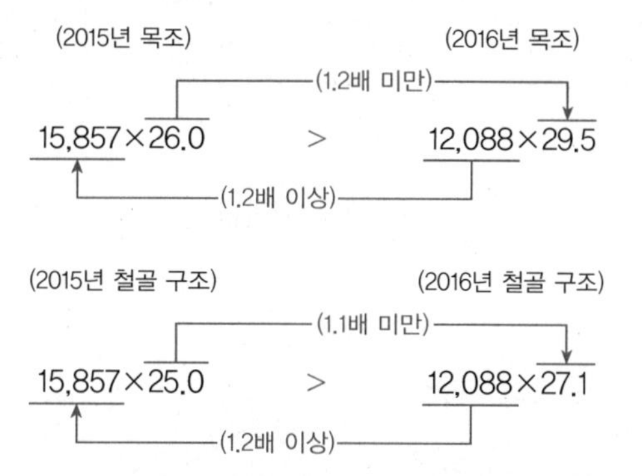

따라서 2016년 '목조'와 '철골 구조'의 바닥 면적은 전년 대비 감소하였음을 알 수 있다.

③ '목조'와 '철골 구조' 모두 2020년에 합계와 구성비가 전년 대비 감소하고 있으며 2019년에는 전년 대비 구성비는 감소하지만 합계는 증가하고 있다. 따라서 구성비 감소율이 낮은 '목조'를 통해 살펴보면 다음과 같다.

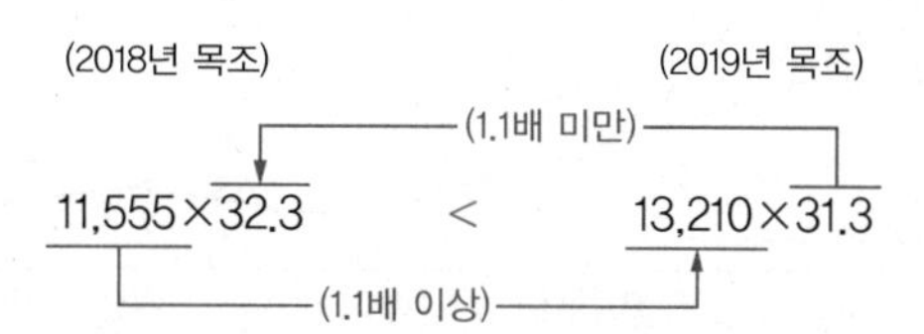

따라서 2019년이 크다는 것을 알 수 있으므로 2019년 '목조'의 바닥 면적은 감소가 아니라 증가하였다.

④ 2019년 합계의 전년 대비 증가량은 13,210−11,555=1,655(천 m^2)이고, '철골 철근 콘크리트 구조'의 전년 대비 증가량은 13,210×0.143−11,555×0.129≒1,889−1,491=398(천 m^2)이다. 따라서 398÷1,655≒0.24이므로, 30%에 미치지 못한다.

07 다음은 과거 하계 올림픽에서 6개국의 메달 획득 수 및 획득률 추이를 나타낸 것이다. 이를 통해 알 수 있는 내용으로 적절한 것은?

[메달 획득 수]

(단위 : 개)

구분	시드니 올림픽 (2000)	아테네 올림픽 (2004)	베이징 올림픽 (2008)	런던 올림픽 (2012)	리우데자네이루 올림픽 (2016)
미국	90(36)	94(34)	94(36)	108(37)	101(44)
독일	50(10)	129(50)	142(48)	82(33)	65(20)
러시아	96(30)	125(47)	132(55)	112(45)	63(26)
중국	–	–	28(5)	54(16)	50(16)
한국	3(0)	6(1)	33(12)	29(12)	27(7)
일본	29(16)	25(9)	14(4)	22(3)	14(3)

※ 괄호 안의 숫자는 획득한 금메달 수를 나타냄.

[메달 획득률]

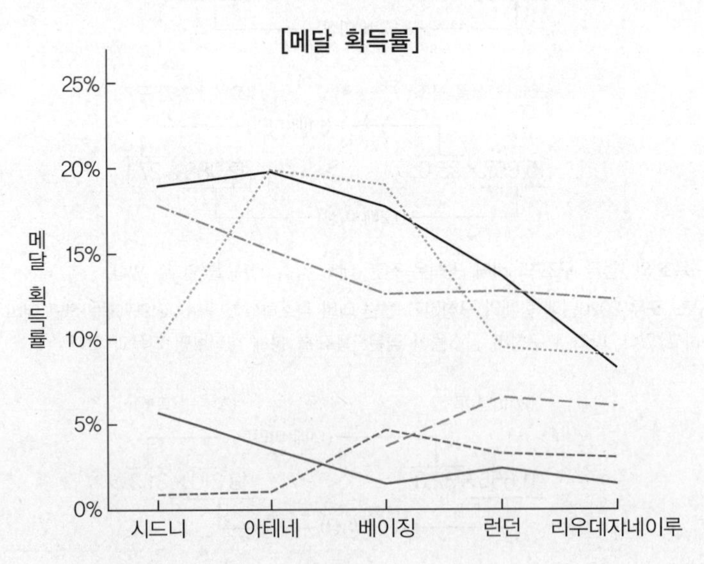

※ 메달 획득률(%) = $\frac{\text{해당 국가의 메달 획득 수}}{\text{모든 경기 종목의 메달 수 합계}} \times 100$

① 리우데자네이루 올림픽의 전 종목 메달 수의 합계는 시드니 올림픽의 2배 이상이다.

② 6개국의 전 종목 메달 수의 합계가 각 올림픽의 총 메달 수의 50% 이상이었던 때는 베이징 올림픽뿐이다.

③ 시드니 올림픽에서 우리나라를 제외한 5개국 중 메달 획득 수에서 금메달의 비율이 가장 높았던 국가는 미국이다.

④ 제시된 다섯 개의 올림픽 중 독일의 메달 획득률이 가장 높았던 올림픽은 아테네 올림픽이다.

⑤ 제시된 다섯 개의 올림픽 중 6개국 외 국가의 메달 획득 수가 가장 많았던 올림픽은 런던 올림픽이다.

해설 07

| 정답 | ④

| 해설 | 메달 획득률은 메달 획득 수에 비례하므로 각 국가의 올림픽별 메달 획득 수로 그래프에 나타난 국가를 추론하면 다음과 같다.

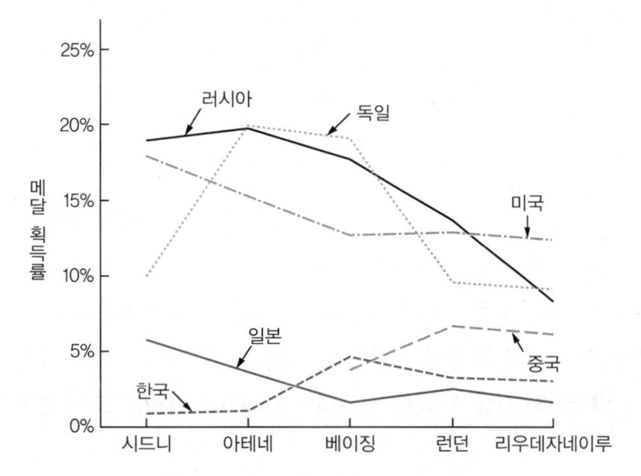

따라서 독일의 메달 획득률이 가장 높았던 올림픽은 아테네 올림픽이었던 것을 알 수 있다.

| 오답풀이 |

① 전 종목 메달 수의 합계는 각국의 메달 획득 수를 메달 획득률로 나누어 산출할 수 있다. 시드니 올림픽과 리우데자네이루 올림픽에서 메달 획득률이 비슷한 독일의 두 올림픽 메달 획득률은 약 10%이다. 독일은 시드니 올림픽에서 획득한 메달이 50개, 리우데자네이루 올림픽에서 획득한 메달이 65개이므로, 0.1로 나누면 합계는 약 500개와 약 650개가 된다. 리우데자네이루 올림픽에서 독일이 획득한 메달은 10%보다 적기 때문에 전 종목 메달 수는 650개보다 조금 많지만, 시드니 올림픽의 2배 이상은 되지 않는다.

② 먼저 베이징 올림픽에서 메달 획득률이 높은 상위 3개국의 합계만으로도 50% 정도가 되는 것을 알 수 있다. 상위 3개국인 러시아, 독일, 미국의 메달 획득률이 베이징 올림픽과 비슷한 아테네 올림픽 역시 메달 획득률이 50% 이상이라는 것을 확인할 수 있다.

③ 시드니 올림픽에서 미국의 금메달 비율은 $\frac{36}{90}=0.4$, 일본의 금메달 비율은 $\frac{16}{29}\fallingdotseq0.55$로 일본이 미국보다 높다.

⑤ 그래프를 보면 6개국 모두의 메달 획득률은 런던 올림픽보다 리우데자네이루 올림픽에서 하락했으므로 그 합계도 리우데자네이루 올림픽이 낮다. ①과 같은 방법으로 메달 합계를 고려하면 한국의 메달 획득 수와 메달 획득률이 거의 변화가 없음을 통해 두 올림픽의 총 메달 개수가 비슷함을 알 수 있다. 이는 리우데자네이루 올림픽에서의 6개국 이외 국가의 메달 획득 수가 런던 올림픽보다 많다는 뜻이 된다.

08 다음은 2011년, 2020년의 목적별 박물관과 동 · 식물원 시설 수 및 이용자 수를 나타낸 자료이다. 이를 통해 알 수 있는 내용으로 적절한 것은?

(단위 : 개, 천 명)

구분	2011년		2020년	
	시설 수	이용자 수	시설 수	이용자 수
총계	799	130,322	1,045	113,223
종합 박물관	96	6,578	126	10,023
과학 박물관	81	12,563	105	12,806
역사 박물관	258	18,583	355	17,849
미술 박물관	252	32,127	353	25,034
야외 박물관	11	3,575	13	3,087
동물원	35	28,480	28	16,756
식물원	21	4,883	16	3,279
동 · 식물원	7	8,653	10	6,218
수족관	38	14,880	39	18,171

① 2020년의 이용자 수가 2011년 대비 가장 많이 감소한 시설은 미술 박물관이다.

② 2011년과 비교했을 때 2020년의 시설 1개당 평균 이용자 수는 모든 시설에서 감소하였다.

③ 2011년 대비 2020년의 시설 수 증가율이 가장 높은 시설은 미술 박물관이다.

④ 시설 1개당 평균 이용자 수가 가장 많은 시설은 2011년과 2020년 모두 동 · 식물원이다.

⑤ 역사 박물관과 미술 박물관의 시설 수 합이 총계에서 차지하는 비율은 2011년과 2020년 모두에서 70%를 넘는다.

해설 08

| 정답 | ④

| 해설 | 2011년과 2020년의 시설 1개당 평균 이용자 수를 구하면 다음과 같다.

(단위 : 천 명)

구분	2011년	2020년
종합 박물관	$\frac{6,578}{96}≒69$	$\frac{10,023}{126}≒80$
과학 박물관	$\frac{12,563}{81}≒155$	$\frac{12,806}{105}≒122$
역사 박물관	$\frac{18,583}{258}≒72$	$\frac{17,849}{355}≒50$
미술 박물관	$\frac{32,127}{252}≒127$	$\frac{25,034}{353}≒71$
야외 박물관	$\frac{3,575}{11}=325$	$\frac{3,087}{13}≒237$
동물원	$\frac{28,480}{35}≒814$	$\frac{16,756}{28}≒598$
식물원	$\frac{4,883}{21}≒233$	$\frac{3,279}{16}≒205$
동 · 식물원	$\frac{8,653}{7}≒1,236$	$\frac{6,218}{10}≒622$
수족관	$\frac{14,880}{38}≒392$	$\frac{18,171}{39}≒466$

따라서 2011년의 시설 1개당 평균 이용자 수는 동 · 식물원이 1,236천 명으로 가장 많고, 2020년의 시설 1개당 평균 이용자 수도 동 · 식물원이 622천 명으로 가장 많다.

| 오답풀이 |

① 미술 박물관은 32,127천 명에서 25,034천 명으로 7,093천 명 감소했지만, 동물원은 28,480천 명에서 16,756천 명으로 10,000천 명 이상 감소했다.

② 2020년에 수족관의 시설 수는 1개 늘어났지만 이용자 수는 큰 폭으로 증가하였다. 따라서 수족관의 시설 1개당 평균 이용자 수는 2011년이 2020년보다 적다.

③ 미술 박물관의 시설 수는 252개에서 353개로 101개 증가하였으므로 $\frac{101}{252}\times100≒40(\%)$가 증가한 것이다. 그에 비해 동 · 식물원은 7개에서 10개로 3개 증가하였으므로 $\frac{3}{7}\times100≒43(\%)$ 증가한 것이다. 따라서 동 · 식물원의 증가율이 더 높다.

⑤ 2011년의 모든 시설 수는 799개이므로, 이 값의 70%는 대략 800×0.7=560, 즉 약 550 ~ 560개이다. 2011년의 역사 박물관과 미술 박물관은 모두 250개 이상이지만, 그 합은 전체의 70%를 넘지 못한다.

09 다음 자료에 대한 설명으로 적절한 것은?

[자본금액별 기업 수]

(단위 : 개)

구분	2018년	2019년	2020년
계	1,561,300	1,674,465	1,617,535
500만 원 미만	821,170	607,001	603,141
500만 원 이상 ~ 1,000만 원 미만	352,074	223,481	205,671
1,000만 원 이상 ~ 3,000만 원 미만	279,600	714,972	672,975
3,000만 원 이상 ~ 1억 원 미만	83,897	100,381	105,590
1억 원 이상 ~ 10억 원 미만	20,126	22,891	23,947
10억 원 이상 ~ 50억 원 미만	2,860	3,767	4,045
50억 원 이상	1,573	1,972	2,166

① 자본금이 1,000만 원 미만인 기업 수의 전년 대비 감소율은 2019년이 2020년보다 작다.

② 자본금이 1,000만 원 이상 ~ 3,000만 원 미만인 기업 수가 2018년 대비 2019년에 큰 폭으로 증가했는데 이는 자본금 1,000만 원 이상의 기업이 성장했기 때문이다.

③ 자본금 1억 원 이상인 기업이 전체 기업에서 차지하는 비율은 2020년에 처음으로 2.0%보다 크다.

④ 2018 ~ 2020년 동안 매년 한 기업당 자본금액은 전년 대비 증가하고 있다.

⑤ 2018 ~ 2020년 중 자본금이 1,000만 원 미만인 기업의 수는 2020년이 가장 적지만 2020년에는 전체 기업의 과반을 차지하고 있다.

해설 09

| 정답 | ⑤

| 해설 | 자본금이 500만 원 미만인 기업 수와 500만 원 이상 ~ 1,000만 원 미만인 기업 수가 모두 2020년에 가장 적기 때문에 자본금이 1,000만 원 미만인 기업 수는 2020년에 가장 적다.

2020년에 자본금이 1,000만 원 미만인 기업 수는 603,141+205,671=808,812(개)이며 808,812×2=1,617,624(개)이므로 과반을 차지한다.

| 오답풀이 |

① 연도별 자본금이 1,000만 원 미만인 기업 수를 구하면 다음과 같다.

- 2018년 : 821,170+352,074=1,173,244(개)
- 2019년 : 607,001+223,481=830,482(개)
- 2020년 : 603,141+205,671=808,812(개)

따라서 자본금이 1,000만 원 미만인 기업 수의 전년 대비 감소율은 2019년이 $\frac{1,173,244-830,482}{1,173,244}\times 100 \fallingdotseq 29.2(\%)$, 2020년이 $\frac{830,482-808,812}{830,482}\times 100 \fallingdotseq 2.61(\%)$로 2019년이 2020년보다 크다.

② 2018년 대비 2019년에 자본금이 1,000만 원 미만인 기업 수가 대폭 감소하고, 1,000만 원 이상 ~ 3,000만 원 미만인 기업 수가 급증하고 있다. 자본금 1,000만 원 미만의 기업이 성장해서 1,000만 원 이상 ~ 3,000만 원 미만의 기업이 될 수도 있지만 1,000만 원 미만의 기업의 도산 또는 1,000만 원 이상 ~ 3,000만 원 미만의 기업의 신규 개시의 가능성도 있어 제시된 자료만으로 판단할 수 없다.

③ 2020년 전체 기업 수 1,617,535개의 2%는 1,617,535×0.02≒1,600,000×0.02=32,000(개) 이상이다. 그러나 1억 원 이상에 해당하는 기업인 '1억 원 이상 ~ 10억 원 미만', '10억 원 이상 ~ 50억 원 미만', '50억 원 이상'의 기업 수를 모두 합쳐도 23,947+4,045+2,166=30,158(개)이므로 2%가 안 된다.

④ 제시된 자료로 한 기업당 자본금액은 판단할 수 없다.

10 다음은 20X5 ~ 20X9년 동안의 국내 도서 출판 점수 및 발행 부수를 나타낸 자료이다. 이에 대한 설명으로 옳은 것은?

[분야별 출판 점수 비율]

(단위 : %)

구분	총괄 기술	철학 · 종교	문학 · 언어학	사회 · 지리 · 역사	과학	예술
20X5년	5	9	39	16	24	7
20X6년	5	13	52	12	12	6
20X7년	2	12	49	15	15	7
20X8년	8	10	35	14	17	16
20X9년	5	9	31	17	20	18

[분야별 발행 부수 비율]

(단위 : %)

구분	총괄 기술	철학 · 종교	문학 · 언어학	사회 · 지리 · 역사	과학	예술
20X5년	2	7	25	24	28	14
20X6년	18	14	35	7	22	4
20X7년	5	10	47	18	15	5
20X8년	24	8	22	19	20	7
20X9년	3	6	34	24	23	10

[연도별 발행 부수와 출판 점수]

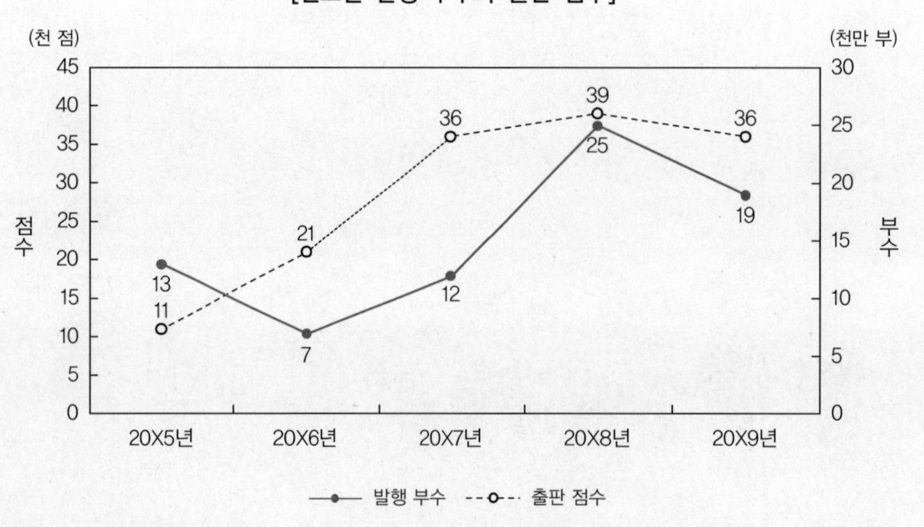

① 총괄 기술 분야의 출판 점수는 20X8년이 20X5년의 6배를 넘는다.

② 철학 · 종교 분야는 20X5 ~ 20X9년 동안 매년 출판 점수 1점당 평균 발행 부수가 1만 부 미만이다.

③ 20X8년 문학 · 언어학 분야의 발행 부수는 20X7년보다 많다.

④ 20X6년 과학 분야의 출판 점수 1점당 평균 발행 부수는 같은 해 사회 · 지리 · 역사 분야의 출판 점수 1점당 평균 발행 부수의 2배 이하이다.

⑤ 20X5 ~ 20X9년 동안 매년 출판 점수 1점당 평균 발행 부수가 가장 적은 분야는 예술 분야이다.

해설 10

| 정답 | ②

| 해설 | 출판 점수 1점당 평균 발행 부수는 '발행 부수÷출판 점수'로 계산한다. {발행 부수(천만 부)×비율(%)}÷{출판 점수(천 점)×비율(%)}<1이면 해당 분야의 출판 점수 1점당 평균 발행 부수가 1만 부 미만임을 알 수 있다. 이에 따라 20X5 ~ 20X9년의 철학 · 종교 분야의 출판 점수 1점당 평균 발행 부수를 계산하면 다음과 같다.

- 20X5년 : $(13\times7)\div(11\times9)<1$
- 20X6년 : $(7\times14)\div(21\times13)<1$
- 20X7년 : $(12\times10)\div(36\times12)<1$
- 20X8년 : $(25\times8)\div(39\times10)<1$
- 20X9년 : $(19\times6)\div(36\times9)<1$

따라서 매년 철학 · 종교 분야의 출판 점수 1점당 평균 발행 부수는 1만 부 미만이다.

| 오답풀이 |

① 총괄 기술 분야의 출판 점수는 20X5년이 (11,000×0.05)점, 20X8년이 (39,000×0.08)점이다. 자릿수와 소수점의 위치가 같으므로 $11\times5=55$의 6배인 $55\times6=330$과 $39\times8≒40\times8=320$을 비교하면 20X8년은 20X5년의 6배 이하임을 알 수 있다.

③ 문학 · 언어학 분야의 발행 부수는 20X7년이 (12×0.47)천만 부, 20X8년이 (25×0.22)천만 부이므로 다음과 같이 비교할 수 있다.

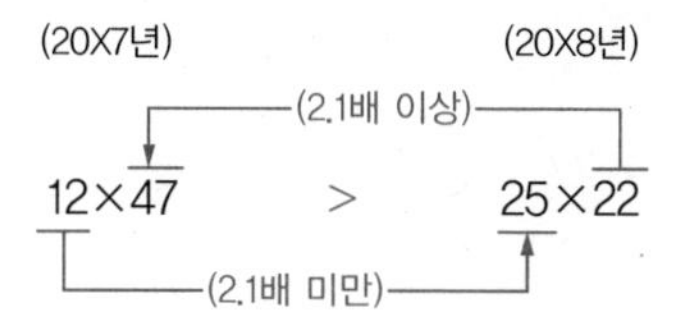

④ 20X6년 과학 분야와 사회 · 지리 · 역사 분야는 출판 점수의 구성비가 12%로 같으므로 출판 점수가 같다. 발행 부수의 구성비는 각각 7%, 22%로 과학 분야가 3배 이상 높으므로 출판 점수 1점당 평균 발행 부수도 3배 이상이다.

⑤ 20X5년 총괄 기술 분야의 출판 점수 1점당 평균 발행 부수는 $(13\times0.02)\div(11\times0.05)=0.47$(만 부), 예술 분야의 출판 점수 1점당 평균 발행 부수는 $(13\times0.14)\div(11\times0.07)=2.36$(만 부)이다. 따라서 매년 예술 분야의 출판 점수 1점당 평균 발행 부수가 가장 적은 것은 아니다.

11 다음은 한국을 포함한 10개국의 농업 현황을 나타낸 자료이다. 이에 대한 설명으로 옳은 것은? (단, 곡물 생산량=경작지 1ha당 수확량×곡물 경작지 면적으로 계산한다)

[국가별 농업 현황]

구분	농업 취업 인구 (천 명)	취업 인구 중 비율(%)	경작지 면적 (천 ha)	국토 면적 중 비율(%)	곡물 생산량 (천 t)	경작지 1ha당 수확량(kg)
한국	2,915	4.3	4,949	13.1	12,281	5,998
일본	2,484	10.6	1,924	19.4	7,699	6,553
중국	511,205	67.5	135,365	14.1	457,038	4,882
영국	538	1.8	6,425	26.2	22,045	7,025
프랑스	937	3.5	19,483	35.3	64,761	7,248
독일	1,066	2.6	12,060	33.8	44,333	6,679
미국	3,040	2.2	179,000	19.1	336,028	5,735
캐나다	405	2.4	45,700	4.6	53,776	3,083
브라질	13,421	17.3	65,300	7.6	47,635	2,731
오스트레일리아	443	4.7	53,100	6.9	31,117	1,945

① 한국의 총 인구는 10개국 중 4번째로 많다.
② 10개국 중 국토 면적이 가장 넓은 국가는 중국이다.
③ 캐나다의 전체 취업 인구는 오스트레일리아 전체 취업 인구의 2배 이상이다.
④ 10개국 중 곡물 경작지 면적이 2번째로 넓은 국가는 미국이다.
⑤ 농업 취업 인구 1명당 경작지 면적은 캐나다가 한국의 약 50배이다.

해설 11

| 정답 | ④

| 해설 | '곡물 경작지 면적=곡물 생산량÷경작지 1ha당 수확량'으로 구할 수 있다. 중국의 곡물 생산량(천 t)은 경작지 1ha당 수확량(kg)의 약 90배이고, 미국의 곡물 생산량(천 t)은 경작지 1ha당 수확량(kg)의 약 60배이며, 나머지 국가는 모두 20배 미만이므로 10개국 중 곡물 경작지 면적이 2번째로 넓은 국가는 미국이다.

| 오답풀이 |

① 제시된 자료를 통해서 총 인구는 확인할 수 없다.

② '국토 면적=경작지 면적÷국토 면적 중 비율×100'으로 구할 수 있다. 따라서 경작지 면적이 넓을수록, 국토 면적 중 비율이 적을수록 국토 면적이 넓다. 중국과 캐나다를 비교해 보면 다음과 같다.

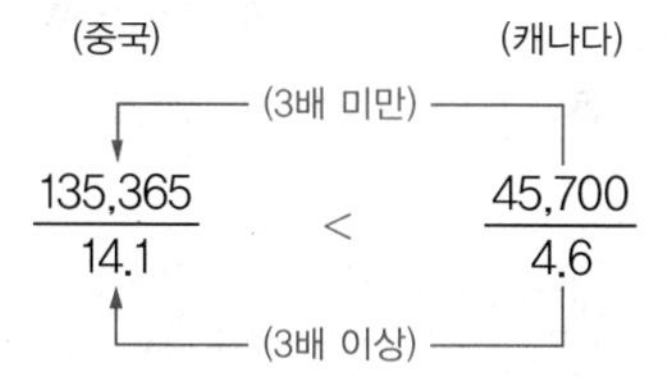

따라서 캐나다의 국토 면적이 더 넓다는 것을 알 수 있다.

③ '전체 취업 인구=농업 취업 인구÷취업 인구 중 비율×100'으로 구할 수 있다. 캐나다에 $\frac{1}{2}$을 곱하여 비교하면 다음과 같다.

(캐나다) (오스트레일리아)

$$\frac{405}{2.4\times2} < \frac{443}{4.7}$$

오스트레일리아가 캐나다보다 분자는 더 크고 분모는 더 작으므로, 오스트레일리아의 취업 인구가 캐나다의 취업 인구의 절반보다 많음을 알 수 있다.

⑤ '농업 취업 인구 1명당 경작지 면적=경작지 면적÷농업 취업 인구'로 구할 수 있다. 캐나다와 한국의 농업 취업 인구 1명당 경작지 면적을 구하면 다음과 같다.

- 한국 : 4,949÷2,915≒1.7(ha)
- 캐나다 : 45,700÷405≒113(ha)

따라서 캐나다가 한국의 $\frac{113}{1.7}$≒66.5(배)이다.

12 '인간의 지능을 언어를 매개로 하는 언어성 지능과 언어를 매개로 하지 않는 동작성 지능, 이 두 종류로 나눠서 생각해 봤을 때 각 지능의 작용은 대뇌 반구의 좌우 중 한쪽과 밀접한 관련이 있다'라는 가설이 있다. 이 가설을 검증하기 위해서 대뇌 반구 중 한쪽의 기능이 현저히 저하되고 있는 뇌 손상 환자들에게 지능 검사를 시행했다. 다음은 왼쪽 또는 오른쪽 대뇌 반구가 손상된 환자들의 언어성 지능 검사와 동작성 지능 검사의 결과를 나타낸 자료이다. 이를 토대로 추측할 수 있는 내용으로 적절한 것은?

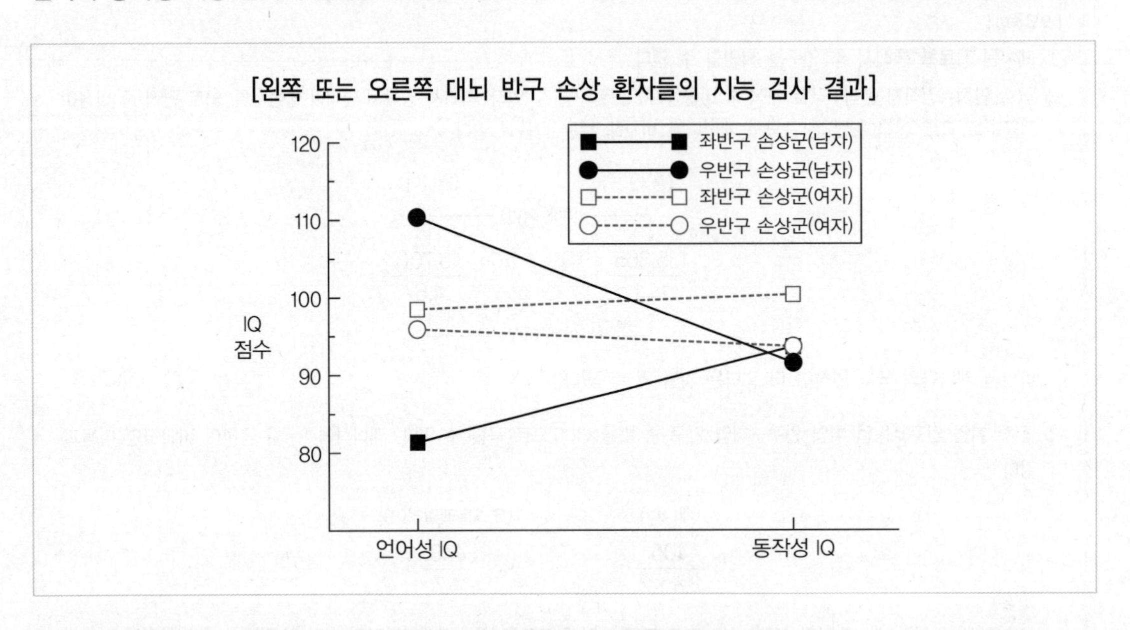

① 남자 그룹에서는 좌반구 기능과 언어성 지능 간에 관련성이 거의 없다.
② 남자 그룹에서는 언어성 지능과 동작성 지능 모두 우반구보다 좌반구와 밀접한 관련이 있다.
③ 여자 그룹에서는 동작성 지능보다 언어성 지능이 반구 손상에 따른 능력 저하가 낮다.
④ 여자 그룹에서는 좌우 중 어느 쪽 반구가 손상되더라도 전체적으로 지능 저하는 보이지 않는다.
⑤ 여자 그룹보다 남자 그룹이 언어성 지능과 좌우 반구 기능과의 1 : 1 관련성이 높다.

해설 12

| 정답 | ⑤

| 해설 | 남자 그룹은 언어성 지능과 좌우 반구 손상 간의 관련성이 드러나지만 여자 그룹에서는 거의 보이지 않는다. 남자 그룹과 여자 그룹을 비교하면 상대적으로 남자 그룹 쪽이 관련성이 더 높다고 볼 수 있다.

| 오답풀이 |

① 남자 그룹에서 좌반구가 손상된 사람들이 우반구가 손상된 사람들보다 언어성 지능이 낮다.

② 동작성 지능에 관해서는 좌반구가 손상된 남자 그룹과 우반구가 손상된 남자 그룹이 거의 차이가 없다.

③, ④ 손상이 없는 사람들의 자료가 없어 '반구 손상에 따른 능력 저하'나 '능력의 저하가 보이지 않는 것'에 대해 확인할 수 없다.

13 다음 표는 어느 제품의 전월 대비, 전년 동월 대비 매출액 비율을 나타낸 것이다. 이에 대한 설명으로 적절한 것은?

구분	전월 대비(%)	전년 동월 대비(%)
4월	97	105
5월	100	102
6월	102	105
7월	98	102
8월	97	98
9월	97	97

① 올해 8월과 9월의 매출액은 같다.

② 전년 5월 매출액은 전년 4월 매출액보다 적다.

③ 올해 3월과 4월 매출액의 합계는 8월과 9월 매출액의 합계보다 적다.

④ 전년 7월 매출액은 전년 6월 매출액보다 적다.

⑤ 올해 4 ~ 9월 중 매출액이 가장 적은 달은 9월이다.

해설 13

| 정답 | ⑤

| 해설 | 올해 3월 매출액을 100이라고 하면 4 ~ 9월의 매출액은 다음과 같이 구할 수 있다.

- 4월 : 100×0.97=97
- 5월 : 97×1=97
- 6월 : 97×1.02≒98.9
- 7월 : 98.9×0.98≒96.9
- 8월 : 96.9×0.97≒94.0
- 9월 : 94.0×0.97≒91.2

따라서 올해 4 ~ 9월 중 매출액이 가장 적은 달은 9월이다.

| 오답풀이 |

① 올해 9월 매출액은 8월 매출액의 97%이므로 같지 않다.

② 올해 4월과 5월의 매출액은 같지만, 전년 동월 대비를 살펴보면 4월의 증가율이 더 높다. 전년 동월 대비 증가율이 더 높은데 매출액이 같다는 것은 전년도의 매출액이 더 적었다는 것을 의미하므로, 전년 4월 매출액보다 5월 매출액이 더 많았음을 알 수 있다.

③ ⑤의 해설을 참고하면, 올해 3월과 4월 매출액의 합계는 100+97=197이고 8월과 9월 매출액의 합계는 94+91.2=185.2이다. 따라서 3월과 4월 매출액의 합계가 더 많다.

④ 전년 6월 매출액을 100이라고 하면 올해 6월 매출액은 105이다. 이 매출액에서 2%를 감소시킨 것이 올해 7월 매출액인데, 105의 2%는 대략 2이므로, 103 이하가 되는 것을 알 수 있다. 한편 100×1.02=102이므로 전년 7월 매출액은 100보다 약간 크다. 따라서 전년 6월 매출액보다 전년 7월 매출액이 더 많음을 알 수 있다.

14 다음은 대외 직접 투자 추이를 나타낸 표이다. 이에 대한 설명으로 옳은 것은?

[대외 직접 투자 추이]

(단위 : 억 달러)

구분	20X4년	20X5년	20X6년	20X7년	20X8년	20X9년
한국	13,834	18,089	22,508	23,442	26,059	24,625
영국	26,811	34,149	44,464	53,157	63,499	106,734
독일	15,263	17,258	39,100	50,773	41,211	87,693
프랑스	20,605	24,438	15,824	30,362	35,484	40,796
네덜란드	12,026	17,676	20,129	31,518	28,943	39,812

① 20X4년 대비 20X6년 대외 직접 투자 증가액이 가장 큰 국가는 독일이며, 두 번째로 큰 국가는 한국이다.

② 20X4 ~ 20X9년 동안 대외 직접 투자의 누계가 가장 적은 국가는 한국이며, 그 금액은 영국의 $\frac{1}{3}$ 이하이다.

③ 20X5 ~ 20X9년 동안 5개국의 대외 직접 투자 합계 중 한국이 차지하는 비율은 매년 전년 대비 증가한다.

④ 20X5 ~ 20X9년 중 프랑스의 대외 직접 투자의 전년 대비 증가율이 가장 큰 연도는 20X7년이며, 그 다음으로 큰 연도는 20X9년이다.

⑤ 20X9년 영국의 대외 직접 투자의 전년 대비 증가율은 60% 이상이지만, 이는 20X9년 네덜란드의 전년 대비 증가율의 2배보다 작다.

해설 14

| 정답 | ⑤

| 해설 | 영국과 네덜란드의 20X8년 대비 20X9년 대외 직접 투자의 증가율은 다음과 같이 구할 수 있다.

- 20X9년 영국의 대외 직접 투자의 전년 대비 증가액 : 106,734－63,499＝43,235(억 달러)
- 20X9년 네덜란드의 대외 직접 투자의 전년 대비 증가액 : 39,812－28,943＝10,869(억 달러)

네덜란드의 증가율에 2를 곱하여 비교해 보면 다음과 같다.

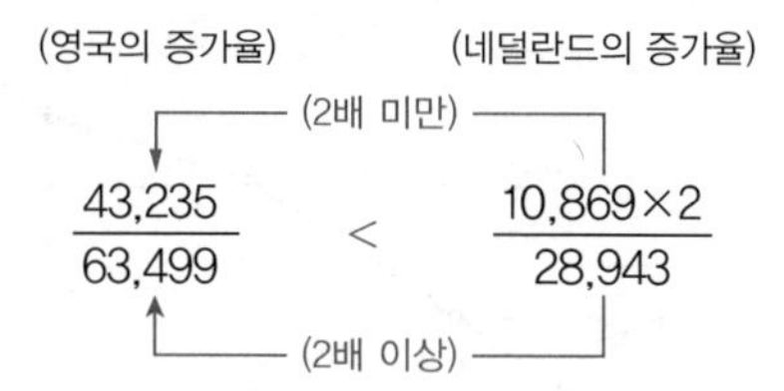

따라서 적절한 설명이다.

| 오답풀이 |

① 20X4년 대비 20X6년의 증가액은 독일이 20,000억 달러 이상으로 가장 크다. 한국의 증가액은 10,000억 달러 미만인 반면 영국은 10,000억 달러 이상이므로 두 번째로 큰 국가는 한국이 아니다.

② 영국, 독일, 프랑스는 대외 직접 투자의 누계를 어림잡아 계산해보아도 한국보다 많다는 것을 알 수 있으므로 네덜란드만 계산을 통해 비교해 본다.

- 한국 : 13,834＋18,089＋22,508＋23,442＋26,059＋24,625＝128,557(억 달러)
- 네덜란드 : 12,026＋17,676＋20,129＋31,518＋28,943＋39,812＝150,104(억 달러)

따라서 20X4 ~ 20X9년 동안 대외 직접 투자의 누계가 가장 적은 국가는 한국이다.

영국의 대외 직접 투자 누계는 26,811＋34,149＋44,464＋53,157＋63,499＋106,734＝328,814(억 달러)이므로, 한국은 영국의 $\frac{1}{3}$ 이상이다.

③ 20X9년에 한국의 대외 직접 투자 금액은 전년 대비 약 1,500억 달러 감소했는데, 나머지 4개국은 모두 최소 5,000억 달러 이상씩 증가하였으므로 5개국의 합계 역시 증가하게 되어 한국의 비율은 전년 대비 감소한다.

④ 20X7년에 프랑스의 대외 직접 투자 금액은 전년 대비 약 2배 증가하였으므로 증가율이 가장 큰 연도는 20X7년이다. 20X9년에는 35,484 → 40,796억 달러로 약 5,300억 달러 증가하였으므로 증가율은 약 15%이다. 반면 20X5년은 20,605 → 24,438억 달러로 약 4,000억 달러 증가하였으므로 증가율이 약 20%이다. 따라서 20X5년의 증가율이 더 크다.

15 다음은 202X년 A 제품의 월별 판매 대수를 기준으로 B ~ E 제품의 월별 판매 대수를 백분율로 나타낸 것이다. 판매 단가는 B, C, D, E 제품 순으로 A 제품보다 5%, 10%, 15%, 20%씩 저렴하다고 할 때, 이에 대한 설명으로 옳은 것은? (단, 매출액은 판매 대수×판매 단가로 구한다)

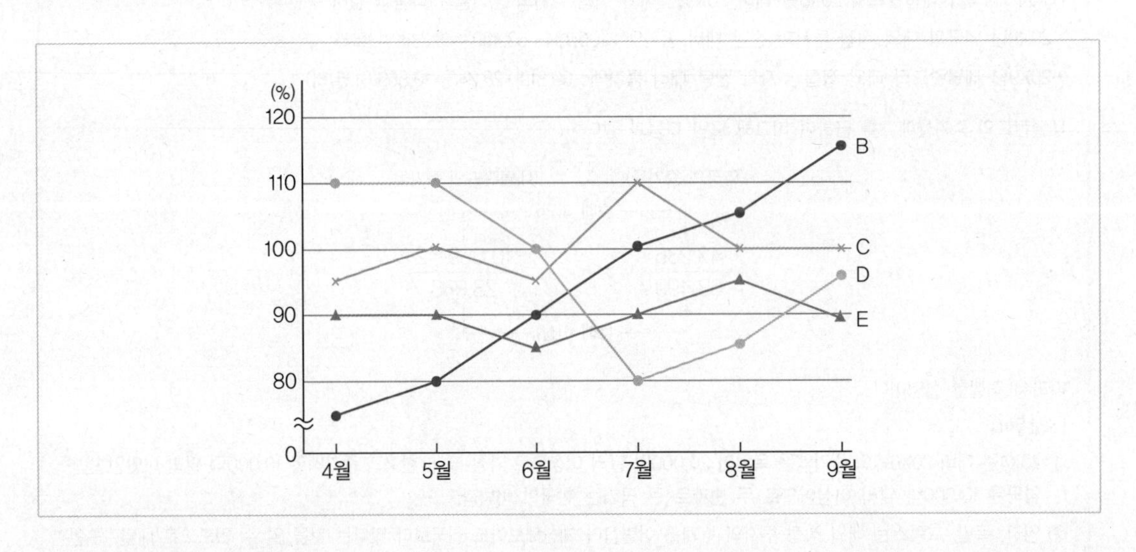

① 6월 대비 7월의 판매 대수는 D 제품이 감소했지만 B, C, E 제품은 모두 증가했으므로 A ~ E 제품의 총 판매 대수는 증가했다.

② C, D, E 제품 중 4 ~ 9월의 총 매출액은 C 제품이 가장 많고, E 제품이 가장 적다.

③ B 제품의 판매 대수는 5월 이후 지속적으로 증가하며, 9월에는 판매 대수와 매출액 모두 A 제품을 넘는다.

④ B 제품의 5월 판매 대수는 A ~ E 제품 총 판매 대수의 약 $\frac{1}{6}$로 가장 적지만, 매출액은 E 제품보다 많다.

⑤ A 제품과 C 제품의 4 ~ 9월 총 판매 대수는 동일하지만 총 매출액은 C 제품이 A 제품보다 적다.

해설 15

| 정답 | ④

| 해설 | A 제품의 판매 대수를 100이라고 할 때 5월의 A ~ E 제품 총 판매 대수는 A+B+C+D+E=100+80+100+110+90=480이고 B 제품은 전체의 $\frac{1}{6}$로 가장 적다. 그러나 매출액은 B 제품이 95×80=7,600, E 제품이 80×90=7,200으로 B 제품이 E 제품보다 많다.

| 오답풀이 |

①, ③, ⑤ 제시된 자료를 통해 파악할 수 없다.

② A 제품의 판매 단가를 100으로 설정하면 B ~ E 제품은 각각 95, 90, 85, 80이 된다. C 제품과 D 제품을 비교하면, 7월 이후로는 단가도 판매 대수도 C 제품이 D 제품보다 크므로 3개월의 매출액은 C 제품이 많다. 그러나 4월은 C 제품이 90×95=8,550, D 제품이 85×110=9,350이므로 D 제품의 매출액이 더 많다. 따라서 총 매출액은 비교할 수 없다.

16 다음 자료를 통해 알 수 있는 것을 〈보기〉에서 모두 고르면?

[A 마을의 남성 고령자 인구 비율]

구분	20X6년	20X7년	20X8년	20X9년
전체 인구 중 남성 고령자 인구 비율(%)	12.5	14.6	16.3	18.4
전체 고령자 인구 중 남성 고령자 인구 비율(%)	45.3	44.9	49.6	47.1
전체 인구 지수	100	106	118	123

보기

가. 20X7년과 20X8년의 전체 고령자 인구 대소 관계
나. 20X9년의 남녀 인구 비율
다. 20X6년의 전체 인구에 대한 여성 고령자 인구 비율
라. 20X6년의 여성 고령자 인구에 대한 20X7년 여성 고령자 인구의 비율
마. 20X8년의 남성 고령자 인구와 20X9년의 남성 고령자 인구의 차이

① 가, 나 ② 가, 다, 라 ③ 나, 라
④ 다, 마 ⑤ 다, 라, 마

해설 16

| 정답 | ②

| 해설 | 가. 20X7년 남성 고령자 인구는 전체 인구의 14.6%이고 고령자 인구의 44.9%이므로, 전체 인구 중 고령자 인구의 비율은 14.6÷44.9≒0.325이다. 20X6년 전체 인구를 100이라 하면 20X7년은 106이므로, 고령자 인구는 106×0.325≒34.5이다. 마찬가지로 20X8년은 118×(16.3÷49.6)≒38.8이므로 20X8년이 20X7년보다 많다.

다. 20X6년 고령자 인구의 남녀 비율은 45.3 : 54.7이므로, 전체 인구에 대한 여성 고령자 인구 비율은 12.5÷45.3×54.7≒15.1(%)이다.

라. 20X6년의 전체 인구에 대한 여성 고령자 인구 비율은 다.의 결과를 통해 15.1%임을 알 수 있으므로 20X6년 전체 인구를 100이라 하면 여성 고령자 인구는 15.1이다. 20X7년의 전체 인구는 106이고 전체 인구에 대한 여성 고령자 인구 비율은 14.6÷44.9×55.1≒17.9(%)이므로, 여성 고령자 인구는 106×0.179≒19.0이다. 따라서 20X6년의 여성 고령자 인구에 대한 20X7년 여성 고령자 인구의 비율은 $\frac{19.0}{15.1}$≒1.26이다.

| 오답풀이 |

나. 고령자의 남녀 비율은 알 수 있지만, 고령자 이외의 남녀 비율은 확인할 수 없다.

마. 실제 인구수가 자료에 나타나 있지 않으므로 확인할 수 없다.

17 다음은 20X4 ~ 20X9년 동안 국내 아시아 국가로의 수출 현황을 나타낸 자료이다. 이에 대한 설명으로 옳은 것은?

[국내의 아시아 수출 현황]

구분	아시아 수출 금액 (백만 달러)	국가 구성(%)				국내 총 수출 금액 중 아시아 수출 비율(%)
		일본	대만	홍콩	싱가포르	
20X4년	39,456	33.5	28.8	22.5	15.2	17.2
20X5년	49,813	31.0	28.8	23.5	16.7	18.8
20X6년	52,747	31.4	29.2	21.9	17.5	19.2
20X7년	56,667	30.8	27.2	23.1	18.9	19.7
20X8년	66,850	30.0	27.3	24.4	18.3	21.3
20X9년	72,638	24.5	29.1	28.5	17.9	21.4

① 20X9년 홍콩 수출 금액은 20X4년 홍콩 수출 금액의 약 3배이다.

② 대만 수출 금액은 20X4년 이후 거의 변화가 없다.

③ 20X4년 이후 아시아 수출 금액의 전년 대비 증가율은 국내 총 수출 금액의 전년 대비 증가율보다 항상 크다.

④ 20X7년 국내 총 수출 금액에서 싱가포르로의 수출 금액이 차지하는 비율은 약 5%이다.

⑤ 20X5년 이후 수출 금액이 전년보다 감소한 적이 있는 국가는 일본뿐이다.

해설 17

| 정답 | ③

| 해설 | 아시아 수출 금액의 전년 대비 증가율이 국내 총 수출 금액의 전년 대비 증가율보다 크다면, 국내 총 수출 금액에 대한 아시아 수출 금액의 비율이 상승한다. '국내 총 수출 금액 중 아시아 수출 비율'을 보면 계속 상승하고 있음을 알 수 있다.

'a의 증가율이 b의 증가율보다 크다면 b에 대한 a의 비율은 상승한다'는 것을 통해 확인할 수 있는 문제는 많지만, 이 문제는 그 반대이다. 따라서 'b에 대한 a의 비율이 상승한다면 a의 증가율이 b의 증가율보다 더 크다'를 확인해 보도록 한다.

| 오답풀이 |

① 홍콩 수출 금액은 아시아 수출 금액에 홍콩의 구성비를 곱하여 구한다. 20X4년에 3을 곱하여 비교하면 다음과 같다.

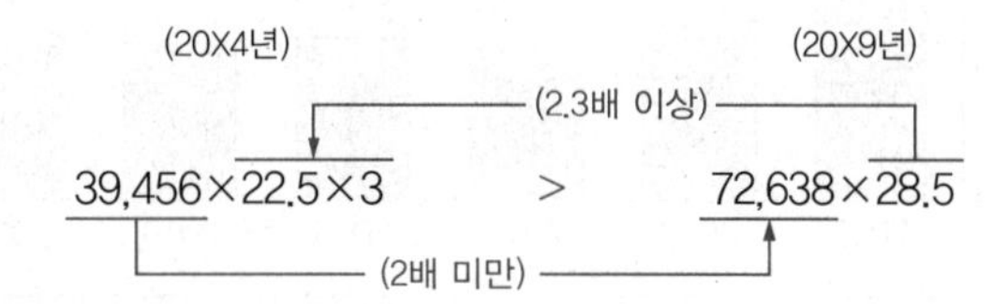

따라서 20X9년 홍콩 수출 금액은 20X4년 홍콩 수출 금액의 3배가 아니다.

② 20X4년 이후 대만의 구성비는 거의 변화가 없지만, 아시아 수출 금액은 증가하고 있으므로 대만 수출 금액도 증가하고 있다.

④ 20X7년 국내 총 수출 금액에서 아시아 수출 금액이 차지하는 비율은 19.7%로, 20% 이하이다. 그중 싱가포르가 차지하는 비율은 18.9%로, 20% 이하이다. 따라서 국내 총 수출 금액의 0.2×0.2=0.04, 즉 4% 이하이다.

⑤ 20X9년 일본 수출 금액은 66,850×30.0% → 72,638×24.5%로 전년보다 감소하였다.
일본 외에 20X5년 이후 수출 금액이 전년보다 감소한 적이 있는 국가가 있는지 살펴본다. 아시아 수출 금액은 매년 상승하고 있으므로 구성비가 크게 감소한 20X6년 홍콩 수출 금액을 전년과 비교하면 다음과 같다.

(20X5년)	(20X6년)
49,813×23.5	52,747×21.9

49,813과 52,747은 3,000 이하의 차이가 나므로 1.1배 미만이다. 23.5와 21.9도 마찬가지이므로 계산을 하여 비교해야 한다.

- 20X5년 : 49,813×0.235≒11,706(백만 달러)
- 20X6년 : 52,747×0.219≒11,552(백만 달러)

따라서 홍콩도 감소했음을 알 수 있다.

학습 TIP

⑤와 같은 선택지가 앞쪽에 위치한다 해도 ③이 비교적 확인하기 쉬우므로 ⑤는 잠시 보류해 두고 쉬운 것부터 풀이하는 것이 좋다.

18 다음은 국내의 이륜차 생산량에 관한 자료이다. 이에 대한 설명으로 적절한 것은?

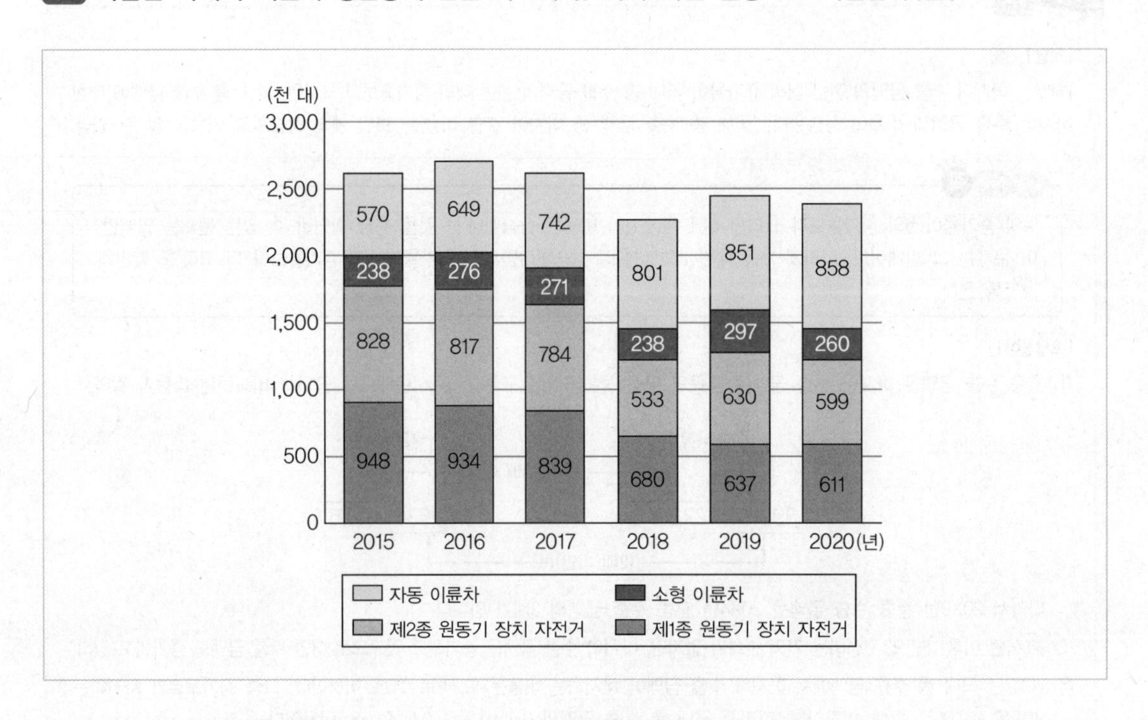

① 2016 ~ 2020년 동안 제1종 원동기 장치 자전거의 생산량에 대한 제2종 원동기 장치 자전거의 생산량 비율은 항상 0.8을 초과한다.

② 2016 ~ 2020년 동안 이륜차 생산량의 합계가 전년 대비 감소한 해에서는 자동 이륜차 및 소형 이륜차의 생산량 합계가 전년 대비 증가하였다.

③ 2016 ~ 2020년 동안 소형 이륜차 생산량의 비율은 매해 $\frac{1}{10}$ 이상을 기록하였다.

④ 2016년 대비 2018년 이륜차 생산량의 비율을 살펴보면, 제1종 원동기 장치 자전거의 비율이 가장 작다.

⑤ 2020년 전체 이륜차 생산량에서 자동 이륜차 생산량이 차지하는 비율은 2015년의 두 배 이상이다.

해설 18

| 정답 | ③

| 해설 | 이륜차 생산량의 합계는 막대그래프의 높이를 통해 대략적으로 파악할 수 있지만, 네 종류를 모두 합산하여 비교하는 것이 보다 정확하다. 2019년과 2020년의 경우, 이륜차 생산량의 합이 2,500천 대 미만이지만 소형 이륜차는 250천 대 이상이므로 $\frac{1}{10}$을 초과함을 바로 알 수 있다. 그러나 2016 ~ 2018년은 합계가 소형 이륜차의 10배 정도 높이를 나타내므로 합계를 구체적으로 산출해야만 한다.

- 2016년 : 934+817+276+649=2,676(천 대) < 276(천 대)×10
- 2017년 : 839+784+271+742=2,636(천 대) < 271(천 대)×10
- 2018년 : 680+533+238+801=2,252(천 대) < 238(천 대)×10

따라서 2016 ~ 2020년 동안 매년 소형 이륜차의 생산량은 전체 이륜차 생산량의 $\frac{1}{10}$ 이상이다.

| 오답풀이 |

① 제1종보다 제2종의 대수가 비교적 적어 보이는 해에서 예외를 찾아본다. 2018년을 보면 제1종은 680천 대, 제2종은 533천 대로 그 차이는 147천 대이지만, 680의 20% 이상이다. 따라서 이 해의 비율은 0.8 미만이다.

② 예외를 찾기 위해 2020년의 막대그래프 높이를 보면 전체 생산량이 전년 대비 확실히 감소하였음을 알 수 있다. 2020년 자동 이륜차의 생산량은 전년 대비 7천 대 증가했지만, 소형 이륜차는 37천 대 감소했으므로, 그 합계가 감소했다.

④ 감소율이 커 보이는 항목은 제1종 원동기 장치 자전거와 제2종 원동기 장치 자전거이다. 그 둘의 비율은 모두 70% 정도로 어느 쪽이 더 작은지 바로 구분하는 것이 어렵다. 2년간 감소량은 제1종이 934−680=254(천 대), 제2종이 817−533=284(천 대)이다. 따라서 다음과 같이 비교한다.

$$\underset{(\text{제1종})}{\frac{254}{934}} < \underset{(\text{제2종})}{\frac{284}{817}}$$

제2종의 분자가 더 크고 분모는 더 작다. 따라서 제1종보다 제2종의 비율이 더 작음을 알 수 있다.

⑤ 2015년에 대한 2020년의 자동 이륜차 생산량은 570천 대에서 858천 대로 약 1.5배 정도 상승하였다. 하지만 2020년의 합계가 더 적으므로 전체에 대한 비율은 상승하겠지만, 2배까지 상승할 수 있을지에 대해서는 네 종류의 합계를 계산해야 한다.

- 2015년 : 948+828+238+570=2,584(천 대)
- 2020년 : 611+599+260+858=2,328(천 대)

2015년의 분자에 2를 곱해서 비교하면 다음과 같다.

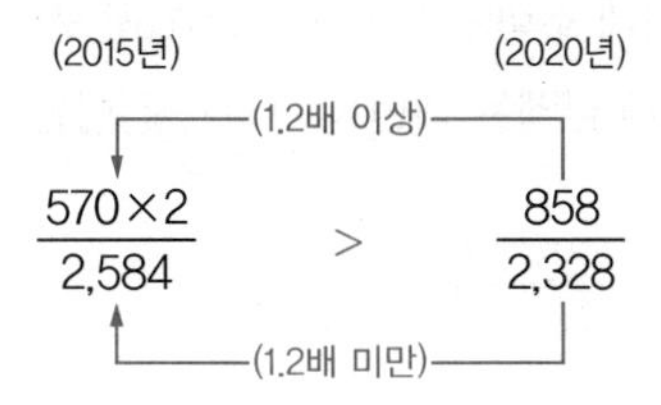

따라서 2020년 자동 이륜차 생산량이 차지하는 비율은 2015년의 2배 미만이다.

19 다음 표는 2010년, 2015년, 2020년 근로자 세대의 수입과 지출을 나타낸 것이다. 이에 대한 설명으로 적절한 것은?

(단위 : 천 원)

구분			2010년	2015년	2020년
실제 수입금			521,757	570,818	574,676
실제 지출금			412,813	438,307	436,943
	가계 소비지출		331,595	349,664	346,177
	내역	식재료비	79,993	78,947	78,059
		주거비	16,475	23,412	22,614
		전기 및 수도세	16,797	19,551	20,680
		가구 및 가정용품 비용	13,103	13,040	12,110
		의류 및 신발 비용	23,902	21,085	18,876
		보건 의료비	8,670	9,334	10,884
		교통 통신비	33,499	38,524	40,610
		교육비	16,827	18,468	17,813
		교양 오락비	31,761	33,220	35,284
		교제비	28,630	30,819	28,303
		기타	61,938	63,264	60,944

※ 가처분 소득은 실제 수입금에서 비소비지출을 뺀 값이다.

※ 비소비지출은 실제 지출금에서 가계 소비지출을 뺀 값이다.

① 가계 소비지출 내역 중 2010년과 비교하여 2020년에 증가율이 가장 높은 것은 보건 의료비다.

② 조사 대상인 3개 연도에서 가계 소비지출을 차지하는 비율이 10%를 초과하는 항목은 식재료비, 교통 통신비, 교양 오락비이다.

③ 2020년의 가처분 소득은 2010년의 가처분 소득보다 적다.

④ 2020년의 가처분 소득에 대한 가계 소비지출 비율은 2015년보다 낮다.

⑤ 실제 수입금에서 실제 지출금을 뺀 금액은 매년 증가하는 경향을 보이므로, 저축 금액도 증가하고 있음을 알 수 있다.

해설 19

| 정답 | ④

| 해설 | 2015년의 비소비지출은 90,000천 원보다 적은 데 반해 2020년의 비소비지출은 90,000천 원을 초과하며, 두 값의 차이는 2,000 ~ 3,000천 원 정도이다. 하지만 2020년의 실제 수입금이 2015년보다 약 4,000천 원 더 많으므로 가처분 소득은 2020년이 2015년보다 많음을 알 수 있다. 그에 비해 가계 소비지출은 2015년이 2020년보다 많으므로, 가처분 소득에 대한 가계 소비지출 비율은 2015년이 2020년보다 높다.

이를 구체적으로 계산하면 다음과 같다.

- 2015년 가처분 소득 : 570,818−(438,307−349,664)=482,175(천 원)
- 2020년 가처분 소득 : 574,676−(436,943−346,177)=483,910(천 원)
- 2015년의 가처분 소득에 대한 가계 소비지출의 비율 : $\frac{349,664}{482,175}\times100 ≒ 72.5(\%)$
- 2020년의 가처분 소득에 대한 가계 소비지출의 비율 : $\frac{346,177}{483,910}\times100 ≒ 71.5(\%)$

| 오답풀이 |

① 보건 의료비는 8,670천 원에서 10,884천 원으로 약 2,200천 원 증가하여 2010년에 비해 20% 이상 30% 미만으로 증가하였다. 반면, 주거비는 16,475천 원에서 22,614천 원으로 약 6,000천 원 증가하여 2010년에 비해 30% 이상 증가했다. 따라서 증가율이 가장 높은 항목은 보건 의료비가 아니다.

② 2010년과 2015년의 교양 오락비는 가계 소비지출의 10%에 미치지 못한다.

③ 비소비지출은 실제 지출금에서 가계 소비지출을 뺀 값으로, 2010년과 2020년 모두 80,000 ~ 90,000천 원으로 큰 차이가 없다. 하지만 실제 수입금은 2020년에 50,000천 원 이상 증가하므로 가처분 소득은 2020년이 2010년보다 많다.

⑤ 매년 증가하는 경향을 보이는지의 여부와 실제 수입금과 실제 지출금의 차이 그리고 저축 금액의 관계는 제시된 자료를 통해서는 알 수 없다.

20 다음은 A시 전체와 A시 내에 있는 B구의 취업 인구 추이와 산업별 취업 인구의 구성비를 나타낸 것이다. 이에 대한 설명으로 적절한 것은?

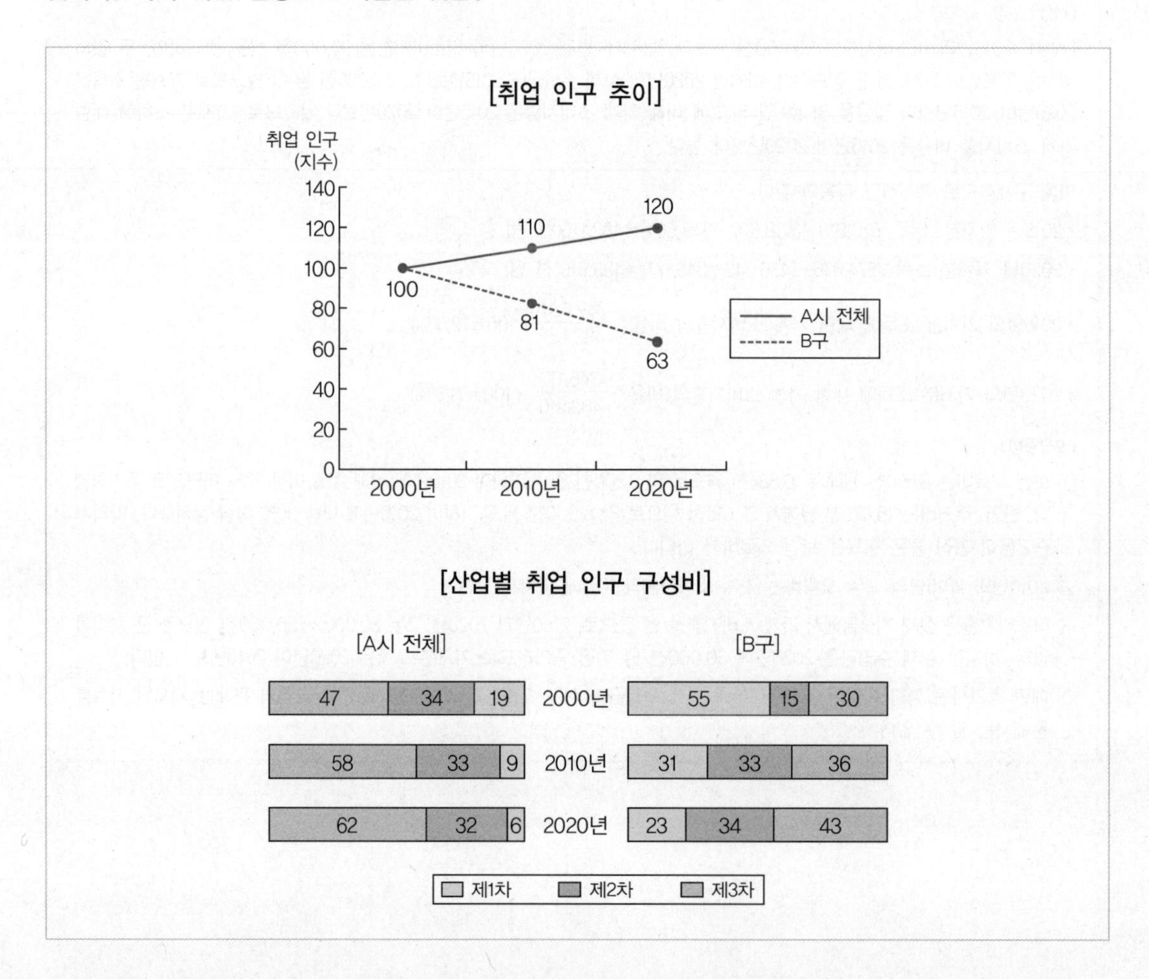

① 2000년과 2010년의 제1차 산업의 취업 인구를 비교하면, A시 전체의 감소율이 B구의 감소율보다 크다.

② 2020년 A시 전체의 제3차 산업 취업 인구는 2000년보다 증가했지만, 제1차, 제2차 산업 취업 인구는 모두 2000년보다 감소하였다.

③ A시 내에 있는 B구 이외 지역의 제3차 산업 취업 인구는 2010년은 2000년보다, 2020년은 2010년보다 모두 증가하였다.

④ 2010년 A시의 전체 취업 인구를 200만 명이라고 한다면, 2020년까지 약 20만 명이 다른 시에서 유입되었다고 볼 수 있다.

⑤ 2000년에 A시 전체에서 B구의 취업 인구가 차지하는 비율이 4%라면, 2020년에는 2% 미만이 된다.

해설 20

| 정답 | ③

| 해설 | A시 전체의 취업 인구와 제3차 산업의 구성비가 증가하고 있으므로 제3차 산업 취업 인구는 2000년부터 2020년까지 점차 증가한다는 것을 알 수 있다. B구의 제3차 산업 취업 인구는 거의 변화가 없거나 감소하고 있으므로 A시 전체의 제3차 산업 취업 인구가 증가하는 데 영향을 주는 것은 B구 이외의 지역임을 추론할 수 있다. 따라서 B구 이외의 지역에서 증가하고 있음을 알 수 있다.

| 오답풀이 |

① 2000년 A시 전체 모든 산업의 취업 인구를 100으로 할 때, 제1차 산업의 취업 인구는 19가 된다. 2010년의 취업 인구는 110×0.09=9.9이므로, 감소율이 50% 미만임을 알 수 있다. 마찬가지로 B구의 2000년 모든 산업의 취업 인구를 100으로 할 때, 제1차 산업의 취업 인구는 55가 되지만, 2010년의 취업 인구는 81×0.31=25.11로 50% 이상 감소하였음을 알 수 있다. 따라서 B구의 감소율이 더 크다.

② 구성비의 감소가 작은 제2차 산업에 주목하면 2000년과 2020년 중에서는 2020년이 더 크다는 것을 알 수 있다.

$$\underset{(2000\text{년})}{100\times34} < \underset{(2020\text{년})}{120\times32}$$

④ A시의 취업 인구가 2010년부터 2020년까지 110에서 120으로 약 10% 정도가 증가했으므로, 200만 명에서 20만 명 정도가 증가했음을 알 수 있다. 하지만 취업 인구의 구성원 변화는 다른 시들 간의 이동뿐만이 아니라 시 내에서의 변화(취직, 은퇴, 사망 등) 등의 변수를 고려해야 하므로 다른 시에서 유입된 사람이 몇 명인지는 알 수 없다.

⑤ 2000년 A시 전체의 취업 인구를 100으로 설정하면, B구의 취업 인구는 4, 2020년 A시 전체의 취업 인구는 120, B구의 취업 인구는 4×0.63=2.52가 된다. 따라서 $\frac{2.52}{120}\times100=2.1(\%)$이므로 2%를 넘는다는 것을 알 수 있다.

21 다음은 백화점의 상품별 매출액의 구성비 추이를 나타낸다. 이에 대한 설명으로 적절한 것은?

[백화점의 상품별 매출액의 구성비 추이]

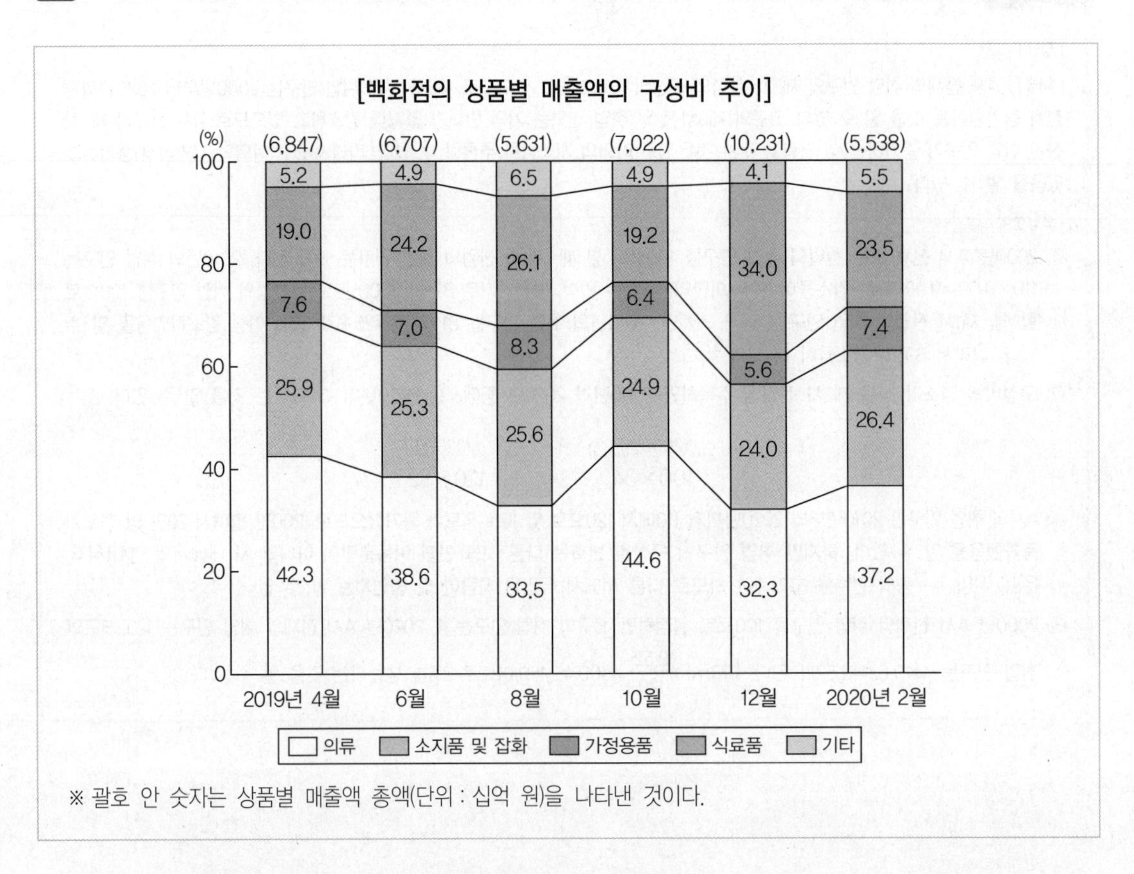

※ 괄호 안 숫자는 상품별 매출액 총액(단위 : 십억 원)을 나타낸 것이다.

① 조사기간 중 식료품의 매출액이 가장 큰 시기는 2019년 12월이며, 그 다음으로 큰 시기는 2019년 6월이다.

② 조사기간 동안 상품별 매출액에서 식료품과 의류의 매출액이 차지하는 비율은 매달 60%를 초과한다.

③ 2019년 6월부터 2020년 2월 사이에 가정용품의 매출액이 2개월 전보다 감소한 시기는 소지품 및 잡화의 매출액도 2개월 전보다 감소한다.

④ 2019년 10월은 2019년 8월에 비해 의류의 매출액이 1,500십억 원 넘게 증가하였다.

⑤ 2019년 12월 대비 2020년 2월의 소지품 및 잡화의 비율은 상품별 매출액 총액의 비율보다 낮다.

해설 21

| 정답 | ①

| 해설 | 매출액 총액과 식료품의 구성비는 모두 2019년 12월에 가장 크므로, 식료품 매출액이 12월에 가장 크다는 설명은 적절하다. 그 다음으로 큰 시기를 확인하기 위해, 식료품 구성비는 6월보다 낮지만 총액이 큰 4월과 10월, 반대로 구성비는 높지만 총액이 작은 8월을 비교해 본다. 단, 4월보다 10월의 총액이 더 큰 것은 확실하므로, 8월과 10월을 비교해 보면 다음과 같다.

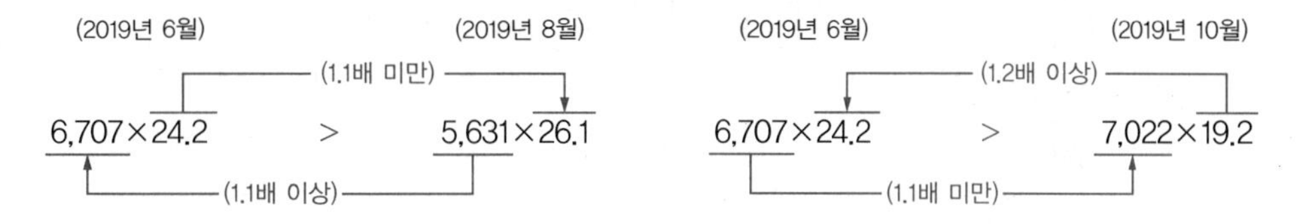

따라서 두 번째로 큰 시기는 2019년 6월이다.

| 오답풀이 |

② 2019년 8월의 식료품과 의류의 구성비를 더하면 26.1+33.5=59.6(%)로 60% 미만이다.

③ 2019년 6월, 8월과 2020년 2월에는 소지품 및 잡화의 매출액이 감소하고 있으며, 2019년 12월의 가정용품 매출액은 감소하고 있지 않으므로 10월을 검토한다.

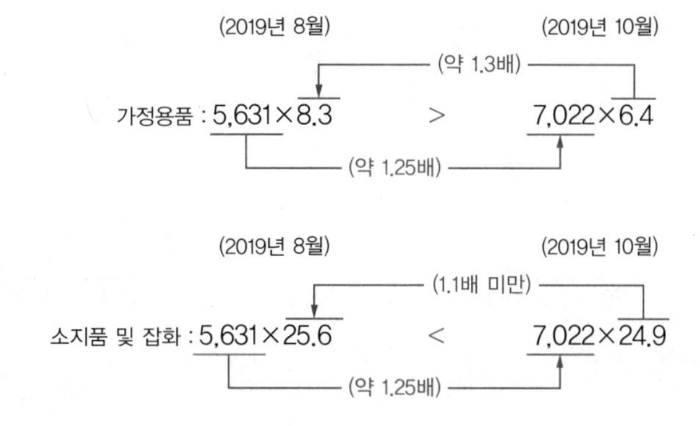

따라서 적절하지 않은 설명이다.

④ 2019년 8월의 의류 매출액은 5,631십억 원의 33.5%, 즉 $\frac{1}{3}$ 이상이므로 1,800십억 원보다 크다. 만약 이 금액에서 1,500십억 원 더 증가한다면 3,300십억 원에 달하게 된다. 2019년 10월 매출액을 계산해 보면 7,022×0.446이므로, 어림산으로 7,000×0.45=3,150(십억 원)으로 계산할 수 있다. 0.446의 올림 비율이 더 높으므로 3,300십억 원에 달한다고 볼 수는 없다.

⑤ 총액의 비율은 총액만 해당하지만, 소지품 및 잡화의 비율은 '총액×소지품 및 잡화 구성비'의 비율이므로, 2019년 12월의 구성비가 2020년 2월의 구성비보다 작은 경우, 소지품 및 잡화의 비율이 더 높다.

(총액의 비율) (소지품 및 잡화의 비율)

$$\frac{5,538}{10,231} < \frac{5,538 \times 26.4}{10,231 \times 24.0}$$

파트 3 자료해석 레벨업 Lv.2

22 다음 그래프는 중국, 미국, 칠레산 수산물 수입량의 전년 대비 증가율 추이를 나타내고 있다. 이에 대한 설명으로 적절한 것은?

[국내의 중국, 미국, 칠레산 수산물 수입량의 전년 대비 증가율 추이]

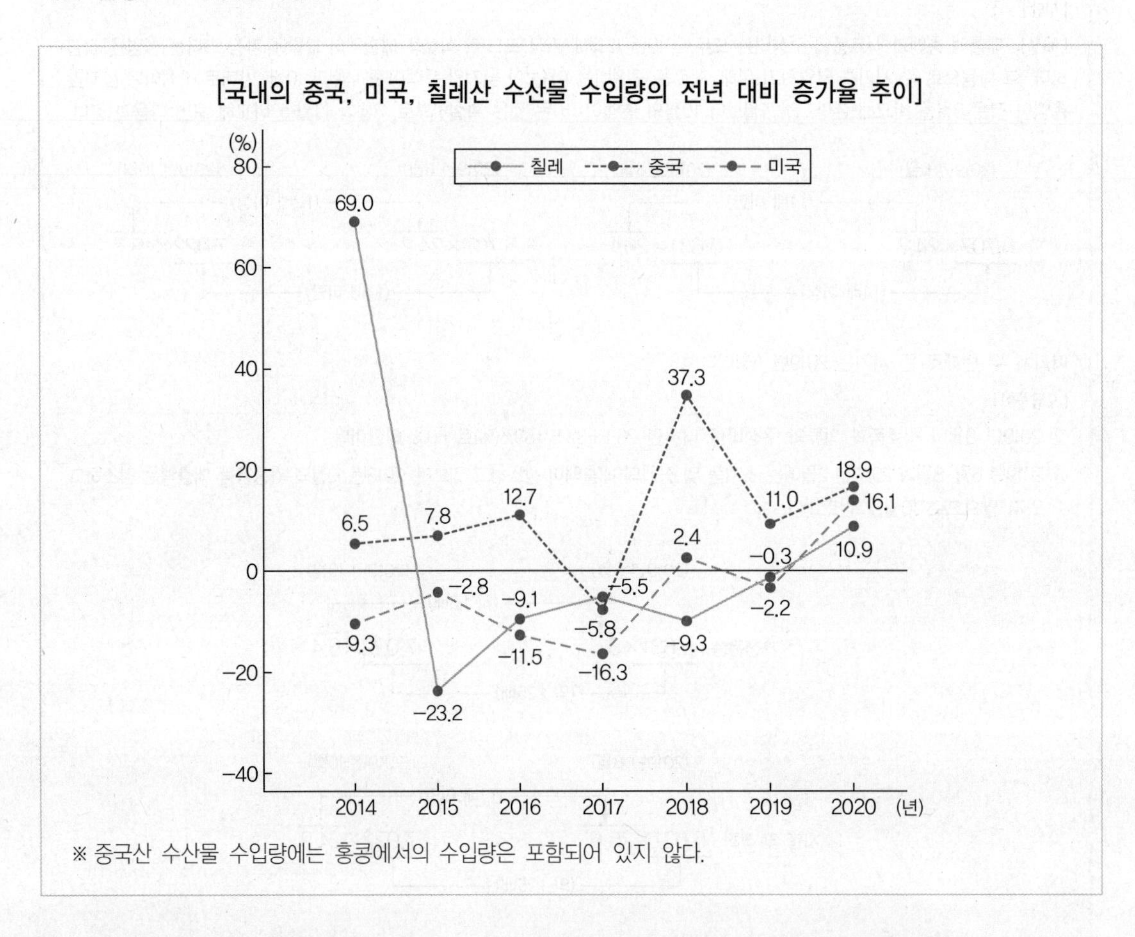

※ 중국산 수산물 수입량에는 홍콩에서의 수입량은 포함되어 있지 않다.

① 2018년 미국산 수산물 수입량의 전년 대비 증가량은 2020년의 전년 대비 증가량보다 많다.

② 그래프에서 중국산 수산물 수입량이 가장 많았던 시기는 2018년이다.

③ 2015년 중국산 수산물 수입량을 100이라고 하면 2018년의 중국산 수산물 수입량은 150을 초과한다.

④ 2015년 대비 2018년의 미국산 수산물 수입량 감소율은 같은 기간 동안의 칠레산 수산물 수입량 감소율보다 크다.

⑤ 2015년 중국산 수산물 수입량은 칠레산 수산물 수입량보다 많다.

해설 22

|정답| ④

|해설| 2015년 미국과 칠레의 수산물 수입량을 각각 100이라고 하면 2018년 각 국가의 수산물 수입량은 다음과 같다.

- 미국 : 100×0.885×0.837×1.024≒75.9
- 칠레 : 100×0.909×0.945×0.907≒77.9

따라서 미국이 더 크게 줄어들었음을 알 수 있다.

|오답풀이|

① 2017년의 미국산 수산물 수입량을 100이라고 하면 2018년의 전년 대비 증가량이 2.4이므로, 미국산 수산물 수입량은 102.4가 된다. 다음 해인 2019년에는 2.2%가 감소하므로 수입량은 약 100이 될 것이다. 마지막으로 2020년의 증가율은 16.1%이므로, 증가량이 2018년보다 많다는 것을 알 수 있다.

② 2019년의 중국산 수산물 수입량 증가율은 양수이므로 2018년보다 많음을 알 수 있다.

③ 2016년, 2017년, 2018년의 중국산 수산물 수입량 증가율을 단순히 덧셈하면 12.7−5.8+37.3=44.2(%)이므로, 약간의 오차를 고려해도 150에 미치지 못함을 알 수 있다(정확한 계산을 위해 2015년 중국산 수산물 수입량을 100이라고 하면 2018년 중국산 수산물 수입량은 100×1.127×0.942×1.373≒145.8이다).

⑤ 2013년, 2014년 등의 중국과 칠레의 수입 수량을 제시하고 있지 않아 이를 비교하는 것은 불가능하다.

학습 TIP

증가율을 더한 결과를 확인해 보면 선택지 ④가 정답임을 빠르게 알 수 있지만, 구체적인 값은 아니므로 선택지 ③을 직접 계산해 보는 것도 좋다.

23 다음 표는 2018 ~ 2020년 동안의 노인 의료비, 국민 의료비, 노인 의료비 수급 대상자 1인당 노인 의료비를 나타낸 것이다. 이에 대한 설명으로 적절한 것은? (단, 증가율(%)은 전년 대비 증가율을 나타낸 것이다)

구분	노인 의료비		국민 의료비		노인 의료비 수급 대상자 1인당 노인 의료비 (십만 원)
	비용(십억 원)	증가율(%)	비용(십억 원)	증가율(%)	
2018년	89,152	9.3	269,577	4.5	75
2019년	97,232	9.1	285,210	5.8	78
2020년	102,786	5.7	290,651	1.9	79

① 2017년 국민 의료비는 노인 의료비의 4배를 초과한다.
② 2019년 노인 의료비 수급 대상자 수는 2018년보다 150만 명 이상 증가했다.
③ 2017년 국민 전체에서 노인 의료비 수급 대상자가 차지하는 비율은 20%를 넘는다.
④ 2018년과 비교했을 때 2020년의 노인 의료비 증가율은 10%를 넘는다.
⑤ 2017년 대비 2020년에 국민 의료비는 총 40조 원 이상 증가하였다.

해설 23

| 정답 | ④

| 해설 | 전년 대비 증가율이 주어져 있으므로 2019년과 2020년의 증가율을 더하면 9.1+5.7>10이 된다. 따라서 오차를 감안하더라도 노인 의료비 증가율은 10%를 넘는다는 것을 알 수 있다.

| 오답풀이 |

① 2017년의 노인 의료비는 이듬해 9.3% 증가하여 89,152십억 원이 되었으므로 적어도 80,000십억 원 이상이라는 것을 알 수 있다. 국민 의료비가 노인 의료비의 4배가 되기 위해서는 적어도 320,000십억 원 이상이 되어야 하는데, 2017년의 국민 의료비는 2018년의 269,577십억 원보다 적으므로 이에 미치지 않는다는 것을 알 수 있다.

② 2018년의 노인 의료비를 반올림하면 90,000십억 원이 되고, 이를 1인당 의료비로 나눈 대상자 수는 90,000÷75=1,200(만 명)이 된다. 단, 90,000십억 원에 대해 89,152십억 원은 약 850십억 원 정도 모자라므로, 1,200만 명보다 약 10만 명 정도가 부족함을 알 수 있다.

여기서 수급 대상자 수가 150만 명 이상 증가한다면 1,300만 명 이상이 되는데, 이때의 총 노인 의료비는 78×1,300=101,400(십억 원)이다. 하지만 실제로 2019년의 노인 의료비는 이에 미치지 못하였으므로 150만 명 이상 증가하지 않았다.

위 내용을 어림산 없이 계산하면 다음과 같다.

- 2018년 : 89,152÷75≒1,188.7(만 명)
- 2019년 : 97,232÷78≒1,246.6(만 명)
- 증가한 수급 대상자 수 : 1,246.6−1,188.7=57.9(만 명)

③ 노인 의료비와 달리 1인당 국민 의료비 등과 같은 내용이 제시되어 있지 않아 국민 전체 수는 이 자료를 통해 알 수 없다.

⑤ 2017년 국민 의료비에서 40조 원이 증가한다고 가정하면 2017년의 국민 의료비는 290,651−40,000=250,651(십억 원)이 되지만, 250,651십억 원의 4.5%는 12,000십억 원보다 작으므로, 이 정도의 증가로는 2018년의 금액에 미치지 못한다. 이는 2017년의 국민 의료비가 더 높았음을 의미하므로, 40조 원 이상 증가하지 않았다.

학습 TIP

어림산 없이 2017년 국민 의료비와 실제 상승폭을 계산하면 다음과 같다.

- 2017년 국민 의료비 : 269,577÷1.045≒257,968(십억 원)
- 상승폭 : 290,651−257,968=32,683(십억 원)

24 다음 표는 20X9년도 이직자들이 어느 직업에서 어느 직업으로 이직했는지를 비율로 나타낸 것이다. 이에 대한 설명으로 적절한 것은?

이직 후 직업 \ 이직 전 직업	모든 이직 노동자	전문·기술직 종사자	관리직 종사자	사무직 종사자	판매직 종사자	서비스직 종사자	보안 직업 종사자	운수·통신 종사자	기능공	기타 관리직 종사자
전문·기술직 종사자	13.1	74.5	5.5	2.7	3.6	3.9	2.6	2.2	2.5	6.8
관리직 종사자	3.0	1.4	53.0	1.2	1.7	1.2	2.1	0.3	0.4	1.4
사무직 종사자	15.6	3.7	13.8	68.7	13.2	10.7	4.7	5.2	2.2	10.5
판매직 종사자	13.0	4.8	2.6	9.5	47.7	13.0	5.3	3.9	4.3	7.9
서비스직 종사자	15.1	4.4	5.1	7.4	13.8	49.0	6.8	4.2	7.2	8.3
보안 직업 종사자	0.9	1.0	0.9	0.4	0.5	0.4	42.1	1.5	0.6	0.6
운수·통신 종사자	8.5	2.0	2.6	1.8	5.0	5.8	2.6	67.1	4.5	6.7
기능공	26.0	7.4	7.1	5.6	11.6	12.3	17.9	11.9	76.5	26.7
기타 관리직 종사자	4.8	0.8	9.4	2.7	2.9	3.7	15.9	3.7	1.8	31.1
계	100.0	100.0	100.0	100.0	100.0	100.0	100.0	100.0	100.0	100.0

※ A 직업에서 B 직업으로 이직했을 때의 노동 이동 성향 값 $= \frac{\text{A 직업에서 B 직업으로 이직한 노동자 수}}{\text{A 직업에서 이직한 노동자 수 합계}} \div \frac{\text{B 직업으로 이직한 노동자 수 합계}}{\text{이직 노동자 수 합계}}$

① 전문·기술직 종사자에서 판매직 종사자로 이직한 사람은 보안 직업 종사자에서 사무직 종사자로 이직한 사람보다 많다.

② 전문·기술직 종사자에서 관리직 종사자로의 노동 이동 성향 값은 전문·기술직 종사자에서 사무직 종사자로의 노동 이동 성향 값의 약 2배다.

③ 판매직 종사자에서 판매직 종사자로 이직한 사람은 판매직 종사자로 이직한 사람의 약 50%를 차지한다.

④ 서비스직 종사자에서 서비스직 종사자로의 노동 이동 성향 값은 사무직 종사자에서 사무직 종사자로의 노동 이동 성향 값보다 높다.

⑤ 기능공에 종사하는 사람들 중 약 26%는 이직해 온 사람으로, 그중 약 12%는 운수·통신 종사자에서 이직해 왔다.

해설 24

| 정답 | ②

| 해설 | 노동 이동 성향을 정의하는 식을 살펴보면, 분모는 모든 이직 노동자 중 해당 직업으로 이직한 사람의 비율이므로, 관리직 종사자로 이직한 3.0%가 이에 해당한다. 그리고 분자는 전문 · 기술직 종사자에서 이직한 사람 중 관리직 종사자로 이직한 사람의 비율이므로 1.4%가 된다. 따라서 전문 · 기술직 종사자에서 관리직 종사자로의 노동 이동 성향 값은 $\frac{1.4}{3.0}$가 된다. 전문 · 기술직 종사자에서 사무직 종사자로의 노동 이동 성향 값은 분모가 사무직으로 이직한 15.6%, 분자가 전문 · 기술직에서 사무직으로 이동한 3.7%이므로, $\frac{3.7}{15.6}$이 된다. 둘의 비교를 위해 $\frac{3.7}{15.6}$에 2를 곱하면 다음과 같다.

(전문 · 기술직 → 관리직) $\frac{1.4}{3.0}$ —(약 5.2배)→ (전문 · 기술직 → 사무직)×2 $\frac{3.7\times2}{15.6}$

따라서 거의 같다고 볼 수 있다.

| 오답풀이 |

① '이직 전 직업'을 기준으로 이직한 직업의 구성비만 제시되어 있으므로 인원 수 차이는 알 수 없다.

③ 판매직 종사자에서 판매직 종사자로 이직한 비율은 47.7%이지만, 제시된 자료에는 판매직 종사자로 이직한 사람들의 이직 전 직업의 구성비는 나와 있지 않다.

④ 서비스직에서 서비스직으로의 노동 이동 성향 값을 구하면 $\frac{49.0}{15.1}$이며, 사무직에서 사무직으로의 노동 이동 성향 값은 $\frac{68.7}{15.6}$이므로, 사무직에서 사무직으로의 노동 이동 성향 값이 더 크다.

(서비스직 → 서비스직) $\frac{49.0}{15.1}$ < (사무직 → 사무직) $\frac{68.7}{15.6}$ (분모는 비슷하나, 분자가 더 크다)

⑤ 기능공으로 이직한 사람들의 이직 전 직업의 구성비는 제시되어 있지 않으므로, 기능공 중 이직한 사람의 비율은 알 수 없다.

학습 TIP

'노동 이동 성향'이라는 개념은 차근차근 생각해 보면 복잡하거나 어려운 것이 아니므로, '노동 이동 성향'에 대해 질문하는 선택지부터 살펴보는 것이 좋다.

레벨 3 자료해석의 응용과 실제

Level 레벨 3

01 다음 그래프에 대한 설명으로 옳은 것은?

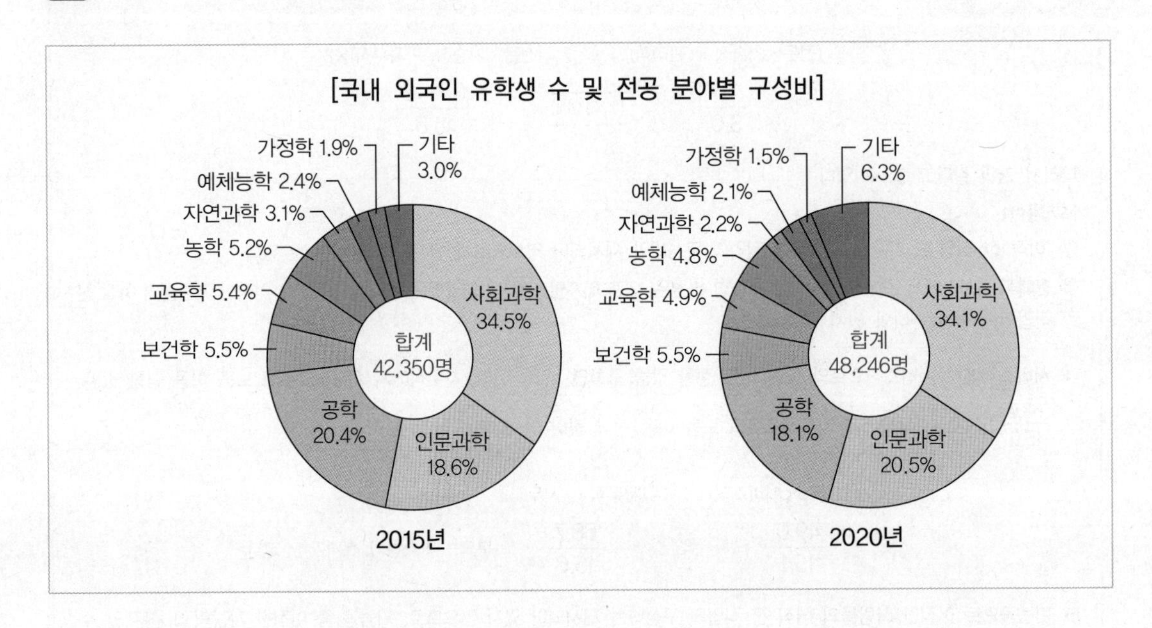

① 2015년 대비 2020년의 자연과학 분야 외국인 유학생 수의 감소율은 25%보다 크다.

② 2015년의 가정학 분야 외국인 유학생 수를 100으로 설정했을 때, 2020년의 지수는 95보다 크다.

③ 2015년 대비 2020년의 사회과학 분야 외국인 유학생 수의 증가율은 보건학 분야 외국인 유학생 수의 증가율보다 작다.

④ 2020년의 교육학 분야 외국인 유학생 수는 2015년의 공학 분야 외국인 유학생 수의 $\frac{1}{4}$보다 적다.

⑤ 2015년 대비 2020년의 인문과학 분야 외국인 유학생 수의 증가량은 농학 분야 외국인 유학생 수의 증가량의 15배보다 적다.

해설 01

| 정답 | ③

| 해설 | 합계의 증가율은 같으므로 구성비의 비교만으로 확인이 가능하다. 2015년과 2020년 모두에서 보건학 분야의 구성비는 5.5%로 동일하지만, 사회과학 분야의 구성비는 0.4%p 감소한다. 따라서 사회과학 분야의 증가율보다 보건학 분야의 증가율이 더 크다.

| 오답풀이 |

① 2015년 대비 2020년의 자연과학 분야 외국인 유학생 수의 구성비는 $\frac{2}{3}$ 정도로 떨어졌지만, 합계가 증가했으므로 감소율을 가늠하기는 어렵다. 대략적인 수치를 통해 계산해 보면 2015년은 43,000×0.03으로 약 1,300이 되며, 2020년은 50,000×0.02로 약 1,000이 되는데 이것으로는 명확히 알 수 없으므로 다른 선택지를 먼저 확인한다.

- 2015년 자연과학 분야 : 42,350×0.031≒1,312.9(명)
- 2020년 자연과학 분야 : 48,246×0.022≒1,061.4(명)

1,061.4÷1,312.9≒0.81로 감소율은 약 19%이다.

② 가정학 분야는 구성비가 2015년 1.9%에서 2020년 1.5%로 20% 이상 감소했지만 합계는 2015년 42,350명에서 2020년 48,246명으로 10% 이상 증가했다. 따라서 가정학 분야 외국인 유학생 수는 약 10% 감소했으므로, 2020년의 지수는 95보다 작을 수도 있다. 이것으로는 명확히 알 수 없으므로 다른 선택지를 먼저 확인한다.

- 2015년 가정학 분야 : 42,350×0.019≒804.7(명)
- 2020년 가정학 분야 : 48,246×0.015≒723.7(명)

723.7÷804.7≒0.899로 지수는 약 89.9이다.

④ 2020년의 교육학 분야에 4를 곱하여 비교하면 다음과 같다.

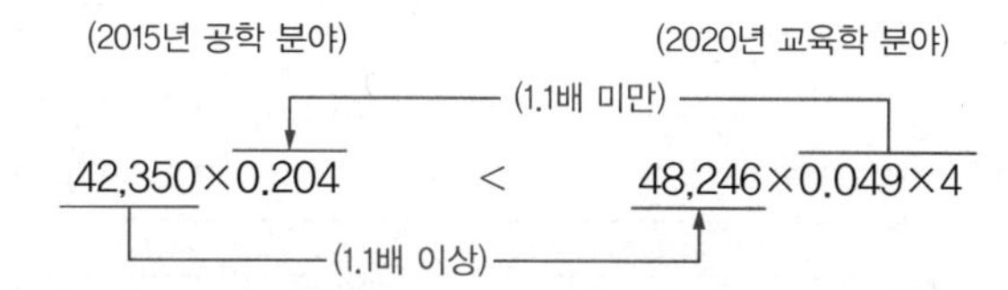

따라서 2020년의 교육학 분야 외국인 유학생 수는 2015년의 공학 분야 외국인 유학생 수의 $\frac{1}{4}$보다 많다.

⑤ 2015년의 합계를 100으로 설정하면, 인문과학 분야는 18.6, 농학 분야는 5.2가 된다. 2020년의 국내 외국인 유학생 수 합계는 2015년의 48,246÷42,350≒1.14(배)이므로 합계를 114로 설정하면, 인문과학 분야는 114×0.205=23.37, 농학 분야는 114×0.048≒5.47이 된다. 따라서 증가량은 인문과학 분야가 23.37−18.6=4.77, 농학 분야가 5.47−5.2=0.27이 되어 15배 이상이 된다.

02 다음 그래프에 대한 설명으로 옳은 것은?

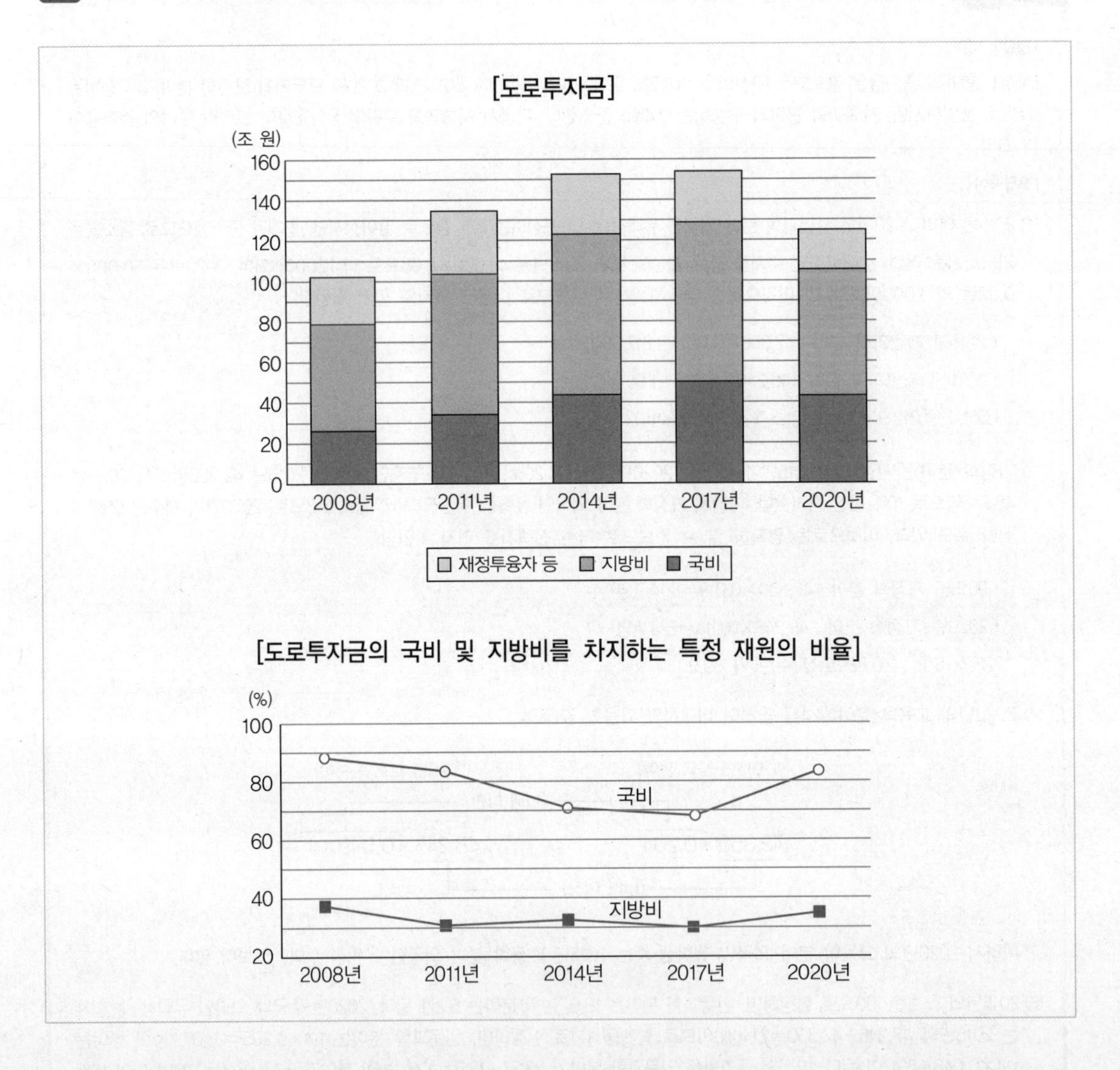

① 도로투자금의 국비 대비 지방비의 비율은 2020년이 2008년보다 높다.

② '도로투자금의 국비에서 특정 재원의 금액' 대비 '도로투자금의 지방비에서 특정 재원의 금액'의 비율은 2014년이 2011년보다 높다.

③ 2017년 도로투자금의 국비 및 지방비의 특정 재원 금액의 합계는 2014년보다 적다.

④ 2011년, 2014년, 2017년 3개 연도 각각의 3년 전 대비 도로투자금의 국비 증가액은 각각의 3년 전 대비 도로투자금의 지방비 증가액보다 적다.

⑤ 2011년, 2014년, 2017년 3개 연도 각각의 도로투자금 내 재정투융자 등의 비율은 각각의 3년 전 대비 높다.

해설 02

| 정답 | ②

| 해설 | 2011년 국비는 약 35조 원, 지방비는 약 103－35＝68(조 원)이므로 지방비는 국비의 약 2배이다. 2014년 국비는 약 43조 원, 지방비는 약 122－43＝79(조 원)으로 2014년의 지방비도 국비의 약 2배이므로, 이 2개 연도의 국비와 지방비의 비율은 거의 같다고 볼 수 있다.

비교해야 할 것은 해당 금액에 '특정 재원의 비율'을 곱한 금액이다. 이를 식으로 나타내면 다음과 같다.

$$\frac{\text{지방비에서의 특정 재원 금액}}{\text{국비에서의 특정 재원 금액}} = \overset{(2011\text{년})}{\frac{68(\text{조 원})\times31(\%)}{35(\text{조 원})\times83(\%)}} < \overset{(2014\text{년})}{\frac{79(\text{조 원})\times32(\%)}{43(\text{조 원})\times71(\%)}}$$

따라서 2014년이 더 높다.

| 오답풀이 |

① 2008년 국비는 약 27조 원, 지방비는 약 79－27＝52(조 원)이므로 지방비는 국비의 약 2배이다. 그에 비해 2020년 국비는 약 42조 원, 지방비는 약 106－42＝64(조 원)으로 지방비는 국비의 약 1.5배이다. 따라서 2008년의 국비 대비 지방비 비율이 더 높다.

③, ④ 2014→2017년에 국비는 43조 원→50조 원이므로 10% 이상 증가하지만, 지방비는 똑같이 약 79조 원이므로 변화가 없다. 한편 특정 재원의 비율은 국비는 71%→69%, 지방비는 32%→30%로 모두 조금씩 하락하고 있다.

- 2014년 국비 및 지방비의 특정 재원 금액 합계 : 43×0.71＋79×0.32＝55.81(조 원)
- 2017년 국비 및 지방비의 특정 재원 금액 합계 : 50×0.69＋79×0.3＝58.2(조 원)

따라서 2017년 도로투자금의 국비 및 지방비의 특정 재원 금액의 합계는 2014년보다 많다.

그리고 2017년 국비 및 지방비의 3년 전 대비 증가액은 다음과 같다.

- 국비 : 50－43＝7(조 원)
- 지방비 : 79－79＝0(조 원)

따라서 2017년의 3년 전 대비 국비의 증가액은 지방비의 증가액보다 많다.

⑤ 2014→2017년에서 도로투자금의 합계는 약간 증가했지만, 재정투융자 등의 금액은 약간 감소하였으므로 그 비율은 3년 전보다 낮아졌다.

학습 TIP

그래프에 정확한 수치가 제시되어 있지 않으므로 대략적인 값을 유추해 계산한다.

03 다음 [표]는 A 국의 각 업종별 기업 수, [그림]은 종업원 규모와 자본금 규모의 관계를 나타낸 것이다. 다음 중 종업원 규모 및 자본금 규모에서 대기업 기준을 충족하지 못하는 중소기업 수가 가장 많은 업종(가), 종업원 규모에서는 대기업 기준을 충족하지 못하지만 자본금 규모에서는 대기업 기준을 충족하는 중소기업 수가 가장 많은 업종(나)을 바르게 나열한 것은? (단, 종업원 수 301명 이상, 자본금 10억 원 이상이라는 기준을 모두 충족하는 기업을 대기업, 그 외의 기업을 중소기업이라고 한다)

[표] 각 업종별 기업 수

(단위 : 개)

구분	중소기업 수	대기업 수
제조업	329,841	2,763
도매업	201,273	4,826
소매업	312,280	6,335
요식업	78,008	1,239
서비스업	245,686	10,996

[그림] 종업원 규모와 자본금 규모의 관계

(%)
14.0
12.0
10.0
8.0
6.0
4.0
2.0
0.0

구분	중소기업 중 종업원 규모는 중소기업에 해당하지만 자본금 규모는 대기업에 해당하는 회사의 비율	중소기업 중 자본금 규모는 중소기업에 해당하지만 종업원 규모는 대기업에 해당하는 회사의 비율
제조업	1.1%	0.4%
도매업	6.7%	0.7%
소매업	6.9%	1.4%
요식업	5.6%	2.0%
서비스업	11.5%	3.0%

	(가)	(나)
①	제조업	서비스업
②	도매업	소매업
③	소매업	제조업
④	요식업	도매업
⑤	서비스업	요식업

해설 03

| 정답 | ①

| 해설 | 종업원 규모와 자본금 규모 기준을 모두 충족하는 기업만을 '대기업'이라고 부르므로 '충족함'을 ○, '충족하지 못함'을 ×라고 하면 '중소기업'을 다음의 세 종류로 분류할 수 있다.

i) 종업원 규모 → ×, 자본금 규모 → ○
ii) 종업원 규모 → ○, 자본금 규모 → ×
iii) 종업원 규모 → ×, 자본금 규모 → ×

각 업종의 중소기업에서 i)의 비율은 [그림]의 좌측 그래프 수치이며, ii)의 비율은 [그림]의 우측 그래프 수치이므로, iii)의 비율은 이들을 제외한 비율이라는 사실을 알 수 있다.

따라서 (가)는 iii)이 가장 많은 업종이므로, [표]의 중소기업 수에 iii)의 구성비(100에서 [그림]의 구성비의 합계를 뺀 값)를 곱한 값이 가장 큰 업종을 찾으면 된다. iii)의 구성비는 제조업이 100−(1.1+0.4)=98.5(%)로 가장 높으며, 중소기업 수도 제조업이 가장 많으므로 (가)는 제조업이 된다.

또한 (나)는 i)이 가장 많은 업종이므로, [표]의 중소기업 수에 i)의 구성비([그림]의 좌측 그래프 수치)를 곱한 값이 가장 큰 업종을 찾으면 된다. i)의 구성비는 서비스업이 11.5%로 가장 높으며, 중소기업 수는 제조업과 소매업이 많은 편이지만, i)의 구성비와 곱하면 서비스업이 가장 많으므로 (나)는 서비스업이 된다.

각 업종별로 중소기업의 분류에 따른 중소기업의 수를 모두 구하면 다음과 같다. 다만 실제 문제 풀이는 가장 큰 수만을 구하면 되므로 다음과 같이 모든 수를 다 구할 필요가 없고, 위와 같이 선택지의 정오만 확인할 수 있는 수적 추리만으로도 충분히 문제를 해결할 수 있다.

(단위 : 개)

업종	제조업	도매업	소매업	요식업	서비스업
종업원 규모 X 자본금 규모 O	3,628.3	13,485.3	21,547.3	4,368.4	28,253.9
종업원 규모 O 자본금 규모 X	1,319.4	1,408.9	4,371.9	1,560.2	7,370.6
종업원 규모 X 자본금 규모 X	324,893	186,379	286,361	72,079.4	210,062
합계	329,841	201,273	312,280	78,008	245,686

04 다음 표를 통해 알 수 있는 내용으로 옳은 것은?

[표 1] 20X6 ~ 20X9년 수송 기관별 국내 여객 수송 인원

(단위 : 백만 명)

구분	KTX	지하철	자동차	국내 해운	국내 항공	합계
20X6년	8,982	13,648	61,272	149	78	84,129
	101.1	99.5	102.2	98.7	104.0	101.7
20X7년	8,997	13,596	61,543	148	82	84,366
	100.2	99.6	100.4	99.3	105.1	100.3
20X8년	8,859	13,386	62,200	145	86	84,676
	98.5	98.5	101.1	98.0	104.9	100.4
20X9년	8,764	13,249	61,839	127	88	84,067
	98.9	99.0	99.4	87.6	102.3	99.3

※ 각 연도 하단의 수치는 전년도 대비(%)를 나타낸 것이다.

[표 2] 20X5 ~ 20X9년 자동차 여객 수송 인원의 구성 비율

(단위 : %)

구분	승용차	화물차	경차	택시	기타	합계	
20X5년	56.7	5.3	20.2	4.7	13.1	100.0	59,935
20X6년	57.2	5.1	20.8	4.5	12.4	100.0	61,272
20X7년	57.0	5.0	21.5	4.4	12.1	100.0	61,543
20X8년	57.7	4.7	21.6	4.2	11.8	100.0	62,200
20X9년	58.1	4.4	22.0	4.1	11.4	100.0	61,839

※ 각 연도별 합계의 우측 칸은 자동차 여객 수송 인원(단위 : 백만 명)을 나타낸 것이다.

① 20X5 ~ 20X9년 KTX의 전체 여객 수송 인원은 20X9년 수송 기관 전체 여객 수송 인원의 절반에 미치지 못한다.

② 20X5 ~ 20X9년 중 전체 여객 수송 인원에서 지하철이 차지하는 비율이 $\frac{1}{6}$ 미만인 해는 20X9년뿐이다.

③ 20X5년 국내 항공의 여객 수송 인원을 100이라고 하면 110을 처음으로 넘는 해는 20X7년이다.

④ 20X6 ~ 20X9년 승용차의 여객 수송 인원은 매년 전년 대비 증가한다.

⑤ 20X5 ~ 20X9년 중 택시의 여객 수송 인원이 28억 명을 넘은 해는 없다.

해설 04

| 정답 | ④

| 해설 | 20X6년과 20X8년은 자동차의 여객 수송 인원과 승용차의 구성 비율이 전년과 대비할 때 모두 증가하고 있지만 20X7년과 20X9년은 명확하지가 않다. 어림셈만으로는 분명하게 알 수 없으므로 정확하게 계산해 보면 다음과 같다.

- 20X6년 : 61,272×0.572≒35,048(백만 명)
- 20X7년 : 61,543×0.57≒35,080(백만 명)
- 20X8년 : 62,200×0.577≒35,889(백만 명)
- 20X9년 : 61,839×0.581≒35,928(백만 명)

따라서 승용차의 여객 수송 인원은 매년 전년 대비 증가한다.

| 오답풀이 |

① 20X9년 전체 국내 여객 수송 인원은 8,406.7×10=84,067(백만 명)으로 그 절반은 8,406.7×5=42,033.5(백만 명)이다. KTX의 여객 수송 인원은 20X5년을 포함하여 5년간 모두 8,406.7백만 명을 웃돌고 있으므로 절반 이상이다. 20X5년 KTX의 수송 인원은 20X6년의 전년 대비 수치를 통해 구할 수 있다.

- 20X5년 : 8,982÷1.011≒8,884.3(백만 명)

② 전체 여객 수송 인원이 모두 84,000백만 명을 초과하였고 84,000÷6=14,000(백만 명)이므로 모든 연도에서 지하철이 차지하는 비율은 $\frac{1}{6}$에 미치지 못한다.

③ 20X5년 국내 항공의 여객 수송 인원을 100이라고 하면 20X6년은 104.0이다. 20X7년은 이로부터 5.1%가 상승한 것인데, 104.0×1.051≒109.3이 되어 110을 넘지 않는다.

⑤ 60,000×0.045=2,700(백만 명)이므로 28억 명에 달하는 연도도 있다고 볼 수 있다. 택시의 구성 비율이 높은 20X5년과 20X6년을 계산해 보면 다음과 같다.

- 20X5년 : 59,935×0.047≒2,817(백만 명)
- 20X6년 : 61,272×0.045≒2,757(백만 명)

따라서 20X5년에 택시의 여객 수송 인원이 28억 명을 넘었음을 알 수 있다.

05 다음 [그림 1]은 2020년 상반기 국가와 지방 공공 단체의 공공 공사 착공 건수에 대한 전년 동월 대비 증가율을, [그림 2]는 2020년 해당 월까지 누적된 착공 건수의 전년 동월 대비 증가율을 나타낸 것이다. 이에 대한 설명으로 적절한 것은?

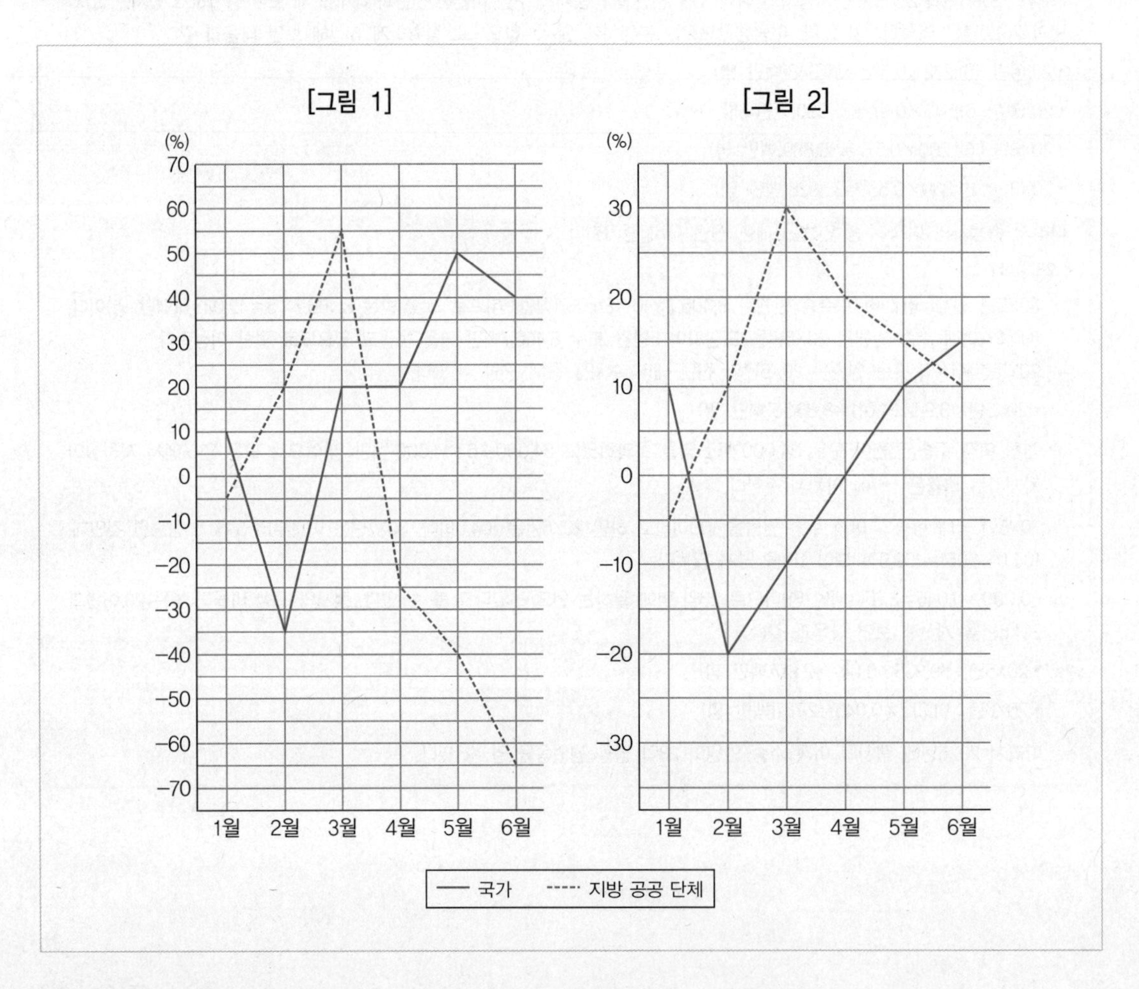

① 국가의 2019년 2월의 착공 건수는 2019년 1월의 착공 건수의 약 2배이다.

② 국가의 2019년 3월의 착공 건수는 2019년 1월의 착공 건수보다 적다.

③ 2020년 상반기 중 지방 공공 단체의 착공 건수가 가장 많은 달은 2월이다.

④ 2020년 상반기 중 지방 공공 단체의 착공 건수가 가장 적은 달은 5월이다.

⑤ 2020년 6월까지 착공된 누적 건수는 지방 공공 단체가 국가보다 많다.

해설 05

|정답| ①

|해설| 2020년을 '올해', 2019년을 '전년'으로 한다.

먼저 [그림 1]에서 국가의 공공 공사 착공 건수가 전년 1월보다 올해 1월에 10% 증가하였고, 2월에는 35% 감소하였지만, [그림 2]를 통해 2월까지의 누계는 20% 감소했다는 것을 알 수 있다. 이와 같은 관계를 천칭도로 그리면 다음과 같다.

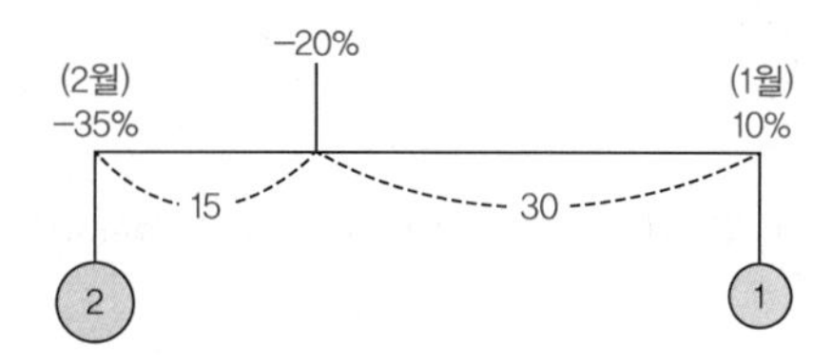

따라서 전년 1월과 2월의 비는 1 : 2이므로, ①은 적절한 설명이다.

|오답풀이|

② ①에 이어 전년 대비 증가율이 −20%인 2월까지의 누계에 전년 대비 증가율이 20%인 3월을 더해서 3월까지의 총 증가율이 −10%인 누계가 되도록 천칭도를 그리면 다음과 같다.

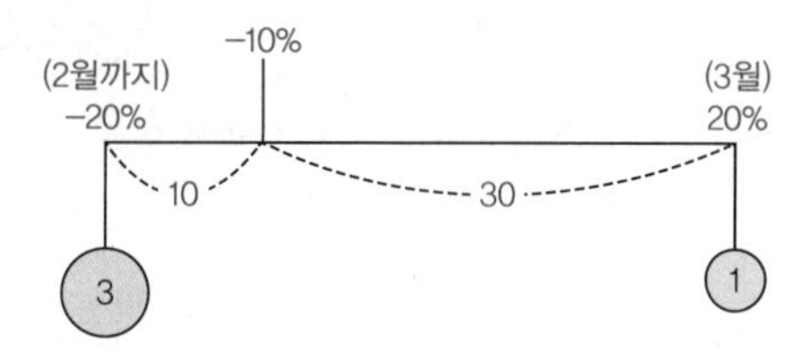

즉 '2월까지의 누계 : 3월'에 대한 비는 3 : 1이 된다. 전년 1월을 1, 2월을 2라고 하면 누계는 3이 되므로 3월 역시 1이 되어 1월과 값이 거의 같다고 볼 수 있다. 따라서 적절한 설명이 아니다.

③, ④ 두 자료 모두 기준을 전년에 두고 있으므로, 올해의 값과 비교하기 위해서는 전년의 값을 파악해야 한다. 앞선 방법과 마찬가지로 지방 공공 단체의 전년도 착공 건수의 비율을 알아본다. 먼저, 1월과 2월로 2월까지의 누계를 알 수 있도록 천칭도를 그리면 다음과 같다.

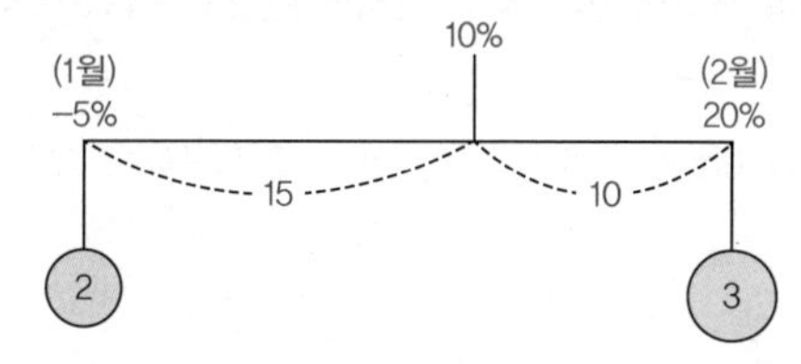

전년도 1월과 2월의 비는 2 : 3이 된다. 이어서 2월까지의 누계에 3월을 더한 천칭도를 그리면 다음과 같다.

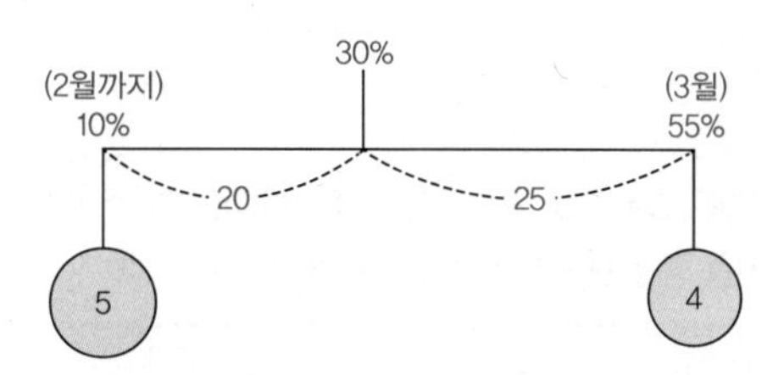

'2월까지의 누계 : 3월'에 대한 비는 5 : 4가 되므로, 1월은 2, 2월은 3이라 하면 3월은 4가 됨을 알 수 있다. 이어서 3월까지의 누계에 4월을 더한 천칭도를 그리면 다음과 같다.

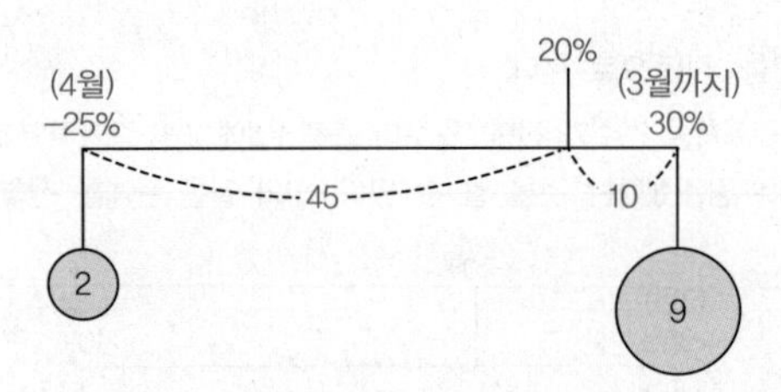

'3월까지의 누계 : 4월'에 대한 비는 9 : 2가 되므로, 4월은 2가 된다. 이어서 4월까지의 누계에 5월을 더한 천칭도를 그리면 다음과 같다.

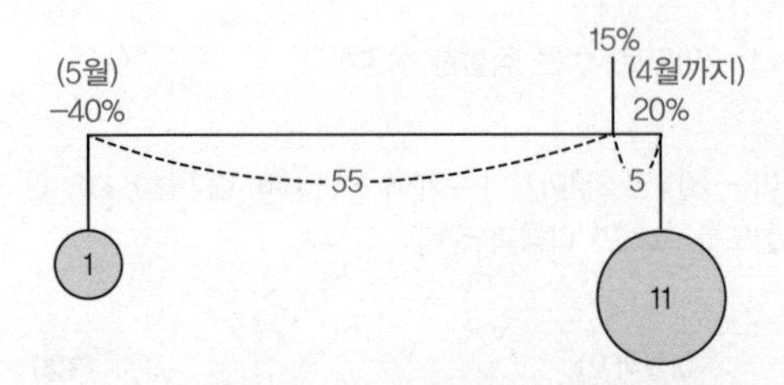

'4월까지의 누계 : 5월'에 대한 비는 11 : 1이 되므로, 5월은 1이 된다. 마지막으로 5월까지의 누계에 6월을 더한 천칭도를 그리면 다음과 같다.

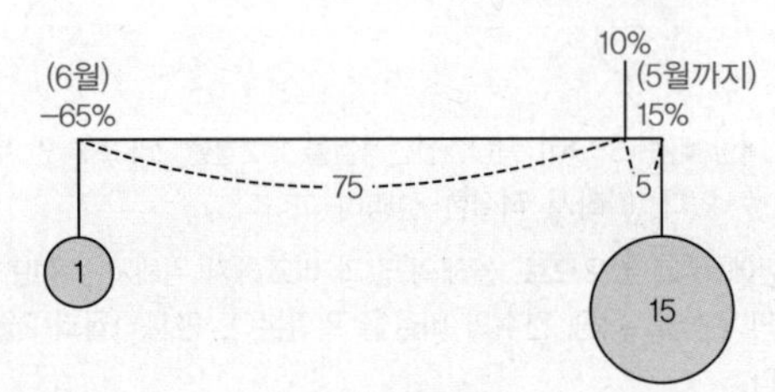

'5월까지의 누계 : 6월'에 대한 비는 15 : 1이 된다. 1월부터 5월까지는 2+3+4+2+1=12가 되므로, 12 : 6월=15 : 1, 즉 6월=0.8이 된다.

이와 같은 수치를 기준으로 [그림 1]을 통해 올해 수치를 산출하면 다음과 같다.

- 1월 : 2×0.95=1.9
- 2월 : 3×1.2=3.6
- 3월 : 4×1.55=6.2
- 4월 : 2×0.75=1.5
- 5월 : 1×0.6=0.6
- 6월 : 0.8×0.35=0.28

따라서 올해 착공 건수가 가장 많은 달은 3월, 가장 적은 달은 6월임을 알 수 있다.

⑤ 제시된 자료를 통해서 국가와 지방 공공 단체의 착공 건수는 비교할 수 없다.

06 다음 표는 어느 산업의 종업원 규모별 사업장 수와 종업원 수의 구성비를 나타낸 것이다. 이 산업의 전체 사업장 수가 1,000개라고 할 때, 다음 중 이 산업의 전체 종업원 수로 가능한 인원은?

종업원 규모	사업장 수(%)	종업원 수(%)
총 합계	100	100
1명 이상 ~ 4명 이하	70	20
5명 이상 ~ 9명 이하	15	15
10명 이상 ~ 14명 이하	5	10
15명 이상 ~ 19명 이하	5	15
20명 이상	5	40

① 2,500명　② 4,000명　③ 5,500명
④ 7,000명　⑤ 8,500명

해설 06

| 정답 | ③

| 해설 | 전체 사업장 수가 1,000개이므로 구성비 뒤에 0을 1개 더 붙이면 사업장 수가 된다. 이에 따라 1명 이상 ~ 4명 이하 규모의 사업장이 700개가 되므로 종업원 수는 최소 700명, 최대 4×700=2,800(명)이 된다. 또한 이 종업원 수가 전체의 20%에 해당한다는 것은 전체 종업원 수가 최소 700÷0.2=3,500(명), 최대 2,800÷0.2=14,000(명)임을 의미하므로, 이 범위를 충족하지 못하는 ①은 정답이 될 수 없다.

같은 방법으로 다른 규모에 대해서도 검토하면 선택지를 추려 나갈 수 있다.

10명 이상 ~ 14명 이하 규모의 사업장부터 검토하면, 사업장 수는 50개이므로 종업원 수는 최소 10×50=500(명)에서 최대 14×50=700(명)이 된다. 이것이 전체의 10%에 해당한다는 것은 전체 종업원 수가 5,000 ~ 7,000명이 된다는 뜻이므로 정답은 ③, ④ 중 하나이다.

남은 3개 규모의 사업장을 순차적으로 검토하면 다음과 같다.

- 5명 이상 ~ 9명 이하 규모의 사업장 : 5×150÷0.15 ~ 9×150÷0.15, 5,000 ~ 9,000명
- 15명 이상 ~ 19명 이하 규모의 사업장 : 15×50÷0.15 ~ 19×50÷0.15, 5,000 ~ 6,333명
- 20명 이상 규모의 사업장 : 20×50÷0.4=2,500(명) 이상

따라서 15명 이상 ~ 19명 이하 규모의 사업장을 통해 전체 종업원 수가 5,000 ~ 6,333명 사이임을 알 수 있으므로 답은 ③이다.

07 다음 자료에 대한 설명으로 옳은 것은?

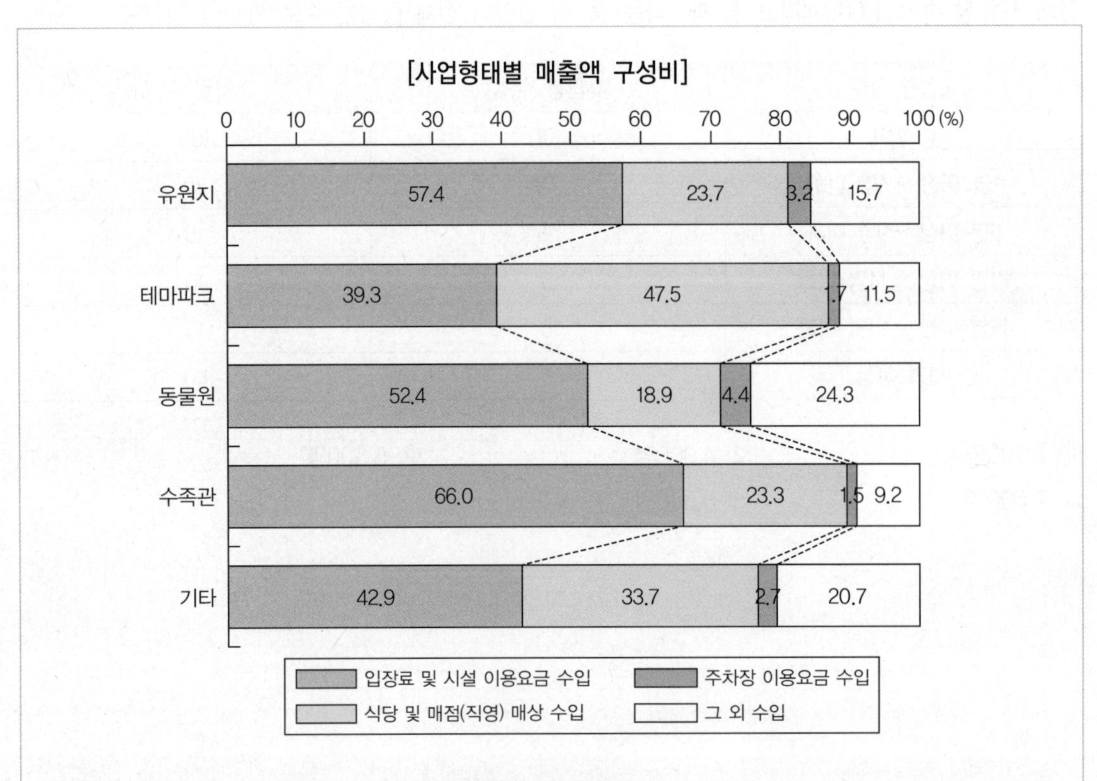

[사업형태별 현황]

구분	연간 매출액 비율(%)	사업장 수 (개)	취업자 수 (명)	남성(%)	여성(%)
유원지	22.0	117	9,809	54.6	45.4
테마파크	68.8	46	36,794	34.3	65.7
외국의 건물 및 문화	11.9	17	4,372		
한국의 문화 및 역사	1.1	9	435		
미래 · 하이테크 · SF 등	5.7	3	11,965	–	–
판타지	33.0	4	11,755		
문화 · 예술 등	17.1	13	8,267		
동물원	3.6	27	1,743	57.9	42.1
수족관	2.1	10	774	47.0	53.0
기타	3.5	46	2,601	51.5	48.5

① 테마파크의 주차장 이용요금 수입은 동물원의 입장료 및 시설 이용요금 수입보다 많다.

② 테마파크에서 취업자 1명당 연간 매출액이 가장 낮은 곳은 한국의 문화 및 역사를 다룬 곳이다.

③ 제시된 사업형태 전체를 살펴보면 여성 취업자 수가 남성 취업자 수보다 많다.

④ 제시된 사업형태 전체의 식당 및 매점(직영) 매상 수입은 입장료 및 시설 이용요금 수입보다 많다.

⑤ 제시된 사업형태 중 사업장 1개당 취업자 수가 가장 적은 사업형태는 수족관이다.

해설 07

| 정답 | ③

| 해설 | 테마파크 취업자 36,794명 중 약 $\frac{2}{3}$가 여성이므로 약 24,000명이 되며, 이는 남성과 10,000명 이상의 차이를 보인다. 남성 취업자가 더 많은 곳은 유원지, 동물원, 기타이며, 이곳의 취업자 수의 합계는 약 15,000명이지만 남녀의 구성비는 모두 근소한 차이를 보이고 있으므로 그 차이는 10,000명 이하이다. 따라서 여성 취업자 수가 남성 취업자 수보다 더 많다.

| 오답풀이 |

① 연간 매출액 비율은 테마파크가 68.8%, 동물원이 3.6%이다. 각각의 '주차장 이용요금 수입'과 '입장료 및 시설 이용요금 수입'을 비교하면 다음과 같다.

(테마파크) (동물원)

(2배 이상)

$68.8 \times 1.7 < 3.6 \times 52.4$

(2배 미만)

② 취업자 1명당 연간 매출액은 '연간 매출액 비율÷취업자 수'로 비교할 수 있다. 연간 매출액 비율이 낮고 취업자 수가 많은 '미래 · 하이테크 · SF 등'과 비교하면 다음과 같다.

(한국의 문화 및 역사) (미래 · 하이테크 · SF 등)

(10배 이하)

$\frac{1.1}{435} > \frac{5.7}{11,965}$

(10배 이상)

④ 식당 및 매점(직영) 매상 수입이 입장료 및 시설 이용요금 수입보다 많은 곳은 테마파크뿐이다. 테마파크에서의 구성비의 차이는 47.5－39.3＝8.2(%p)인데, 입장료 및 시설 이용요금 수입이 더 많은 유원지에서 양측의 구성비의 차이는 57.4－23.7＝33.7(%p)이다. 각 사업의 매출액 비율을 곱한 금액을 비교하면 다음과 같다.

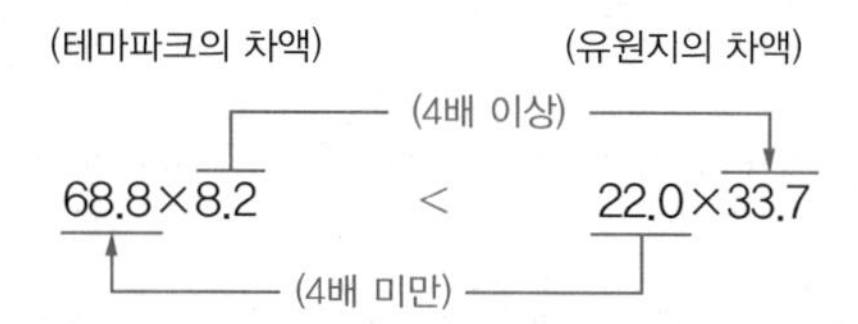

즉, 식당 및 매점(직영) 매상 수입과 입장료 및 시설 이용요금 수입의 차이는 테마파크보다 유원지가 크며 다른 사업형태에서도 입장료 및 시설 이용요금 수입이 더 많으므로 입장료 및 시설 이용요금 수입은 식당 및 매점(직영) 매상 수입보다 많다.

⑤ 수족관의 사업장 1개당 취업자 수는 774÷10＝77.4(명)이지만, 동물원은 1,743÷27≒64.6(명)으로 수족관보다 적다.

08 다음은 2010년과 2020년 서울특별시 · 인천광역시 교통권의 1일 여객 수송 인원의 교통기관별 비율을 나타낸 것이다. 이에 대한 설명으로 옳은 것은?

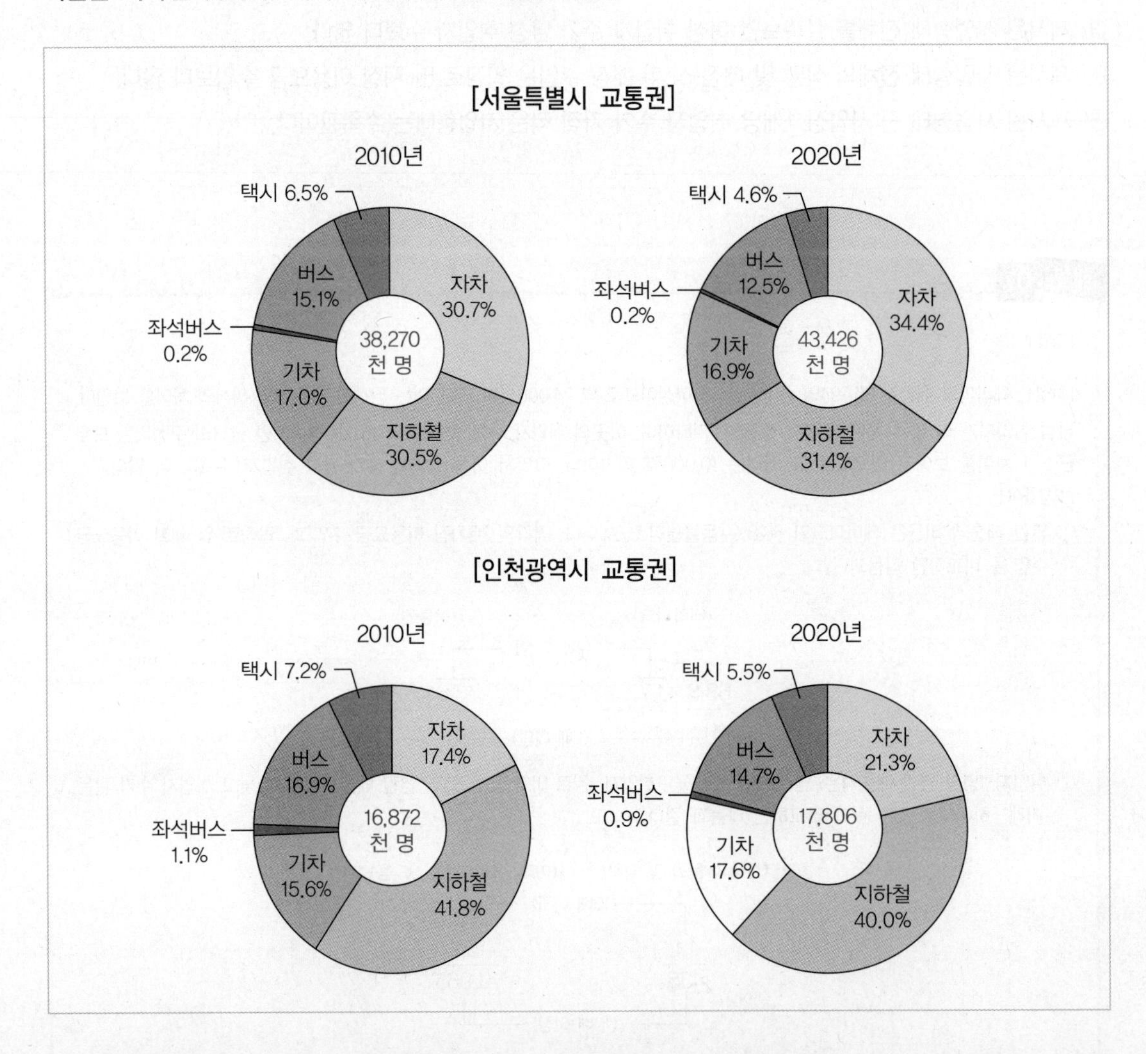

① 서울특별시와 인천광역시 교통권의 2010년 교통기관별 1일 여객 수송 인원을 각각 지수 100으로 설정하면, 2020년에 지수가 가장 큰 것은 인천광역시 교통권의 자차 항목이다.

② 2020년 서울특별시 교통기관의 1일 여객 수송 인원이 2010년에 비해 증가한 항목은 자차, 지하철, 좌석버스뿐이다.

③ 2020년 인천광역시 교통기관의 1일 여객 수송 인원이 2010년에 비해 감소한 항목은 지하철, 버스, 택시, 좌석버스뿐이다.

④ 2020년 서울특별시 교통권과 인천광역시 교통권의 이용자 1명당 자차, 지하철, 기차의 평균 이용 횟수는 동일하다.

⑤ 2020년 1일 여객 수송 인원이 2010년에 비해 가장 크게 감소한 항목은 서울특별시 교통권의 버스이다.

해설 08

| 정답 | ①

| 해설 | 2010년과 2020년의 서울특별시 교통권과 인천광역시 교통권의 구성비를 비교해 보면 서울특별시, 인천광역시 모두 자차의 구성비 증가율이 가장 크므로 다음과 같이 계산한다.

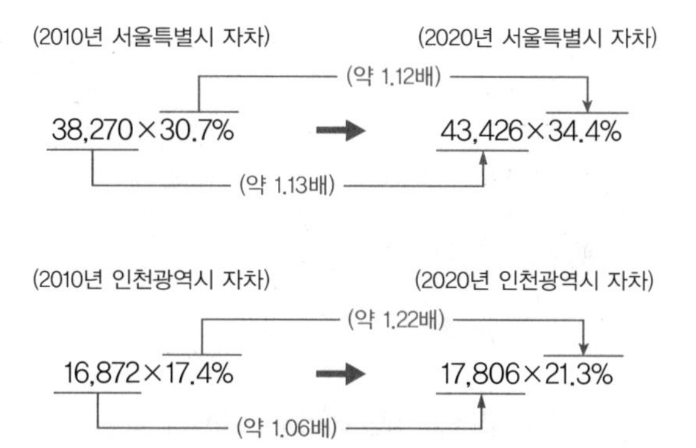

서울특별시 자차는 각각 약 13%, 약 12%만큼 증가했고 인천광역시 자차는 각각 약 6%, 약 22%만큼 증가했으므로, 인천광역시 교통권 자차 항목의 지수가 가장 크다.

| 오답풀이 |

② 2020년 서울특별시 교통권의 1일 여객 수송 인원이 2010년 대비 증가했으므로 구성비가 2010년과 동일하거나 큰 자차, 지하철, 좌석버스는 1일 여객 수송 인원이 증가했다. 구성비가 감소한 기차, 버스, 택시 중 구성비 감소율이 작은 기차를 다음과 같이 계산해 보면 기차의 1일 여객 수송 인원은 증가했음을 알 수 있다.

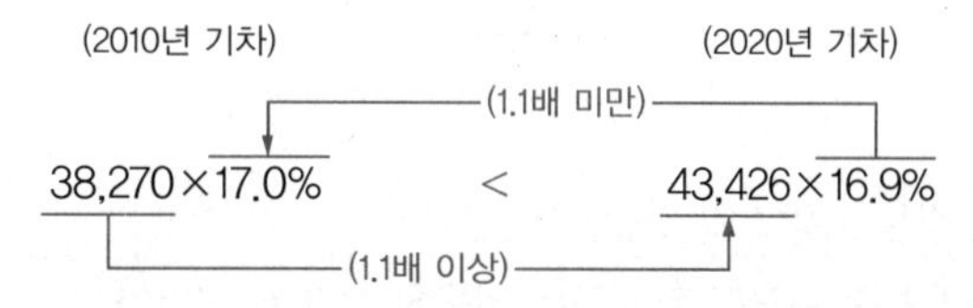

③ ②와 마찬가지로 1일 여객 수송 인원이 증가했으므로 구성비가 감소한 항목 중 구성비 감소율이 작은 지하철을 다음과 같이 계산해 보면 지하철의 1일 여객 수송 인원은 증가했음을 알 수 있다.

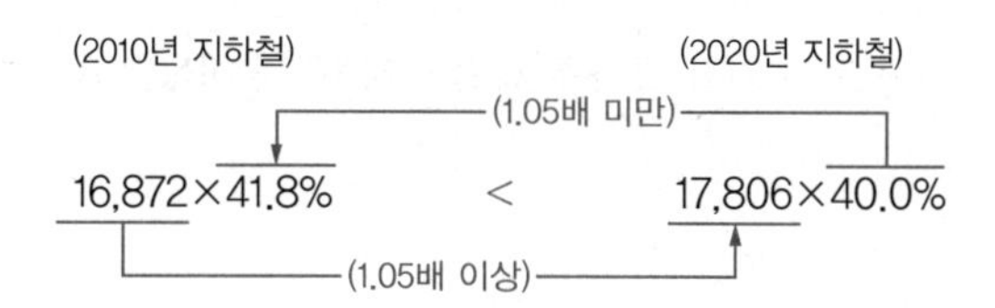

④ 제시된 자료를 통해 1인당 이용 횟수는 알 수 없다.

⑤ 같은 서울특별시 교통권에서 구성비가 감소한 택시와 비교하면 다음과 같다.

- 버스 : 38,270×0.151－43,426×0.125≒5,779－5,428＝351(천 명)
- 택시 : 38,270×0.065－43,426×0.046≒2,488－1,998＝490(천 명)

09 다음은 1차 에너지 소비에 대한 자료이다. 이에 대한 설명으로 옳은 것은?

[전 세계 1차 에너지 소비량의 연료별 비율(%)]

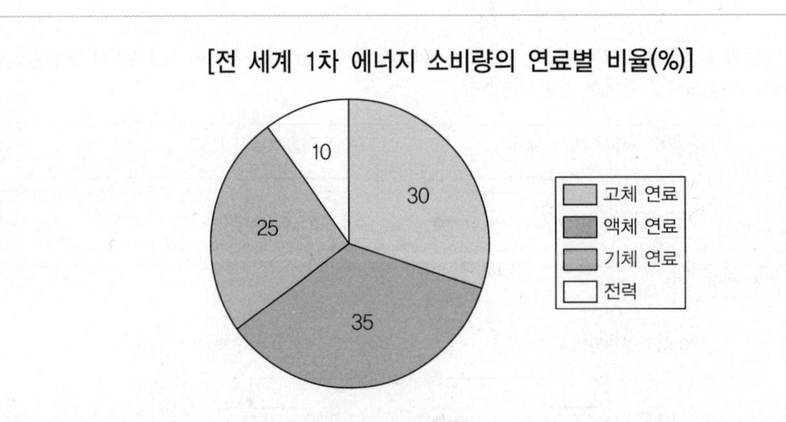

[국가별 1차 에너지 소비율]

(단위 : %)

구분	프랑스	영국	일본	독일	미국	중국	기타
고체 연료	0.7	1.8	3.6	3.7	23.9	27.7	38.6
액체 연료	2.5	2.6	7.4	4.1	26.5	4.6	52.3
기체 연료	1.7	3.9	2.9	3.8	27.2	0.9	59.6
전력	12.0	3.1	10.3	5.1	25.6	2.2	41.7

① 중국의 1차 에너지 소비량은 프랑스의 6배를 넘는다.

② 전 세계 1차 에너지 소비량 중 중국이 차지하는 비율은 10%를 넘는다.

③ 일본의 전력 소비량은 영국의 액체 연료 소비량보다 적다.

④ 미국의 국민 1인당 1차 에너지 소비량은 독일의 5배를 넘는다.

⑤ 국가별 1차 에너지 소비량 합에서 기타 국가를 제외한 6개국의 비율은 60%를 넘는다.

해설 09

| 정답 | ②

| 해설 | 그래프의 구성비를 30 : 35 : 25 : 10=6 : 7 : 5 : 2로 두면 전 세계 1차 에너지 소비량을 (100÷5)×100=2,000이라고 할 수 있다. 중국은 이중 6×27.7+7×4.6+5×0.9+2×2.2=207.3을 차지하므로 전 세계 1차 에너지 소비량의 10%를 넘는다.

| 오답풀이 |

① 그래프의 구성비에 표의 구성비를 곱하여 그 수치를 비교한다. 그래프의 구성비를 30 : 35 : 25 : 10=6 : 7 : 5 : 2로 바꾸어 계산하면 다음과 같다.

- 중국 : 207.3
- 프랑스 : 6×0.7+7×2.5+5×1.7+2×12.0=54.2

54.2×6=325.2 > 207.3이므로 6배를 넘지 않는다.

③ 전 세계 1차 에너지 소비량에서 전력과 액체 연료의 구성비는 10 : 35=2 : 7이므로 다음과 같이 비교할 수 있다.

(일본의 전력)		(영국의 액체 연료)
2×10.3=20.6	>	7×2.6=18.2

④ 문제에 각 국가의 인구는 제시되어 있지 않으므로 국민 1인당 1차 에너지 소비량은 확인할 수 없다.

⑤ [국가별 1차 에너지 소비율]에서 '기타'의 구성비가 40% 이하인 것은 고체 연료뿐이며, 38.6%로 작은 차이이다. 한편 전 세계 1차 에너지 소비량에서의 구성비가 고체 연료보다 큰 액체 연료가 40%를 크게 웃돌고 있으므로, '기타'의 비율이 40%보다 작지 않다는 것을 알 수 있다. 즉, 6개국의 비율은 60%를 넘지 않는다.

10 다음은 2020년의 주요 업종별 CO_2 배출량의 증가율을 나타낸 것이다. 〈보기〉의 (가), (나), (다)에 해당하는 업종 수로 옳은 것은?

[2020년 주요 업종별 CO2 배출량 증가율]

(단위 : %)

구분	2010년 대비	2019년 대비
전력	9.1	1.5
가스	−27.0	−5.6
석유	27.3	−2.3
철강	−1.7	2.8
화학	8.7	−0.2
제지	7.6	3.1
자동차	−17.7	−2.5
맥주	−5.6	−5.5
전체	1.2	1.1

보기

- 2010년, 2019년, 2020년 중 CO_2 배출량이 2010년에 가장 적고 2020년에 가장 많은 업종은 (가)이다.
- 2010년, 2019년, 2020년 중 CO_2 배출량이 2019년에 가장 많은 업종은 (나)이다.
- 업종 전체에서 차지하는 CO_2 배출량 비율이 2010년보다 2019년에 높은 업종은 (다)이다.

	(가)	(나)	(다)
①	1개	2개	3개
②	1개	2개	4개
③	1개	3개	3개
④	2개	2개	4개
⑤	2개	3개	4개

해설 10

| 정답 | ④

| 해설 | 제시된 자료는 2010년과 2019년 대비 2020년에 대한 자료이므로, 2020년을 기준으로 대소 관계를 검토한다. 예를 들면 B에 대한 A의 증가율이 양수(+)일 때는 A>B, 음수(−)일 때는 A<B가 된다. 이를 정리하면 [표 1]과 같다.

[표 1]

구분	2010년 대비	2019년 대비	대소 관계
1)	+	−	2019년>2020년>2010년
2)	−	+	2010년>2020년>2019년

B에 대한 A의 증가율이 양수일 때 그 증가율이 높으면 높을수록 A보다 B의 값이 낮아지므로, 2010년 대비 2020년의 증가율과 2019년 대비 2020년의 증가율이 모두 양수일 때는 대소 관계가 [표 2]와 같다.

[표 2]

구분	2010년 대비		2019년 대비	대소 관계
3)	증가율	>	증가율	2020년>2019년>2010년
4)	증가율	<	증가율	2020년>2010년>2019년

B에 대한 A의 증가율이 음수일 때 그 감소율이 높으면 높을수록 A보다 B의 값이 커지므로, 2010년 대비 2020년의 증가율과 2019년 대비 2020년의 증가율이 모두 음수일 때는 대소 관계가 [표 3]과 같다.

[표 3]

구분	2010년 대비		2019년 대비	대소 관계
5)	감소율	>	감소율	2010년>2019년>2020년
6)	감소율	<	감소율	2019년>2010년>2020년

(가) 2010년이 가장 적고 2020년이 가장 많은 경우는 3)에 해당하며 여기에 해당하는 업종은 전력과 제지 2개이다.

(나) 2019년이 가장 많은 경우는 1)이나 6)에 해당하며 여기에 해당하는 업종은 석유와 화학 2개이다.

(다) 업종 전체에서 차지하는 비율은 '전체 증가율<해당 업종의 증가율'일 때 커진다. 먼저 전체 증가율을 살펴보면, 2020년은 2010년 대비 1.2% 증가, 2019년 대비 1.1% 증가했다. 즉 2019년이 2010년보다 근소하게 높다. 2010 → 2019년에서 증가율이 양수, 즉 2010년<2019년인 것은 앞선 (가), (나)에 해당하는 전력, 석유, 화학, 제지 4개 업종으로, 이들의 2010년 대비 증가율은 모두 전체 증가율보다 높음을 수치를 통해 판단할 수 있다.

11 소비자물가지수는 전국의 소비자가 구입하는 각종 상품과 서비스 가격을 조사하고, 이에 대한 분석 결과에 따라 물가의 변동을 시간 순으로 파악한 것이다. 다음 표는 소비자물가지수의 동향에 관한 자료이다. 이에 대한 설명으로 옳은 것을 〈보기〉에서 모두 고르면?

구분	(A) 2019년 3월 지수	(B) 2019년 4월 지수	(C) $\frac{B-A}{A}\times100$	(D) $C\times\frac{E}{10,000}$	(E) 가계를 차지하는 중요도
총 합계	102.4	102.6	0.20	0.20	10,000
식료	103.0	102.9	−0.10	−0.03	2,850
주거	103.7	103.5	−0.19	−0.04	1,981
전기 및 수도	102.7	102.8	0.10	0.01	590
가구 및 가사용품	95.8	95.8	0.00	0.00	411
의류 및 신발	102.3	106.0	3.62	0.25	679
보건 의료	113.1	112.8	−0.27	−0.01	329
교통 통신	98.0	97.9	−0.10	−0.01	1,216
교육	105.3	107.0	1.61	0.07	455
교양 오락	100.8	100.7	−0.10	−0.01	1,090
여러 잡비	102.6	102.7	0.10	0.00	398

※ (A), (B)는 기준 시점(2016년)에서 각 항목 물가의 연간 평균을 100으로 하여 산출한 것이다. (E)는 기준 시점에서 각 항목의 중요도를 나타낸 것으로, 가계 소비 구조를 말하며 2019년에 적용한다.

※ (C), (D)의 수치는 소수점 아래 셋째 자리에서 반올림한 것이다.

보기

가. (C)는 2019년 3월 지수 대비 4월 지수의 상승률을 나타낸 것이다.

나. (D)는 2019년 3월부터 4월에 걸쳐서 종합 지수의 상승에 영향을 준 정도(기여도)를 나타낸 것이다.

다. 가구 및 가사용품의 지수는 2019년 3월과 4월 모두 95.8이지만, 총 합계가 102.4에서 102.6으로 상승하므로 실제 가격은 하락한다.

라. 2019년 3월 의류 및 신발의 구체적인 소비 지출 금액을 알 수 있다면, 2019년 4월 교육의 소비 지출 금액도 산출할 수 있다.

마. 기준 시점과 2019년 3월 지수를 비교할 때, 종합 지수 상승에 가장 크게 기여하는 것은 보건 의료이다.

① 가, 나, 다　② 가, 나, 라　③ 가, 다, 마

④ 나, 라, 마　⑤ 다, 라, 마

해설 11

| 정답 | ②

| 해설 | 가. (C)는 표에 제시되어 있는 식을 통해 알 수 있듯이 (A)→(B) 상승률이므로 옳다.

나. 3월→4월의 상승률에 총 합계에 대한 각 항목의 구성비를 곱한 것이므로 이는 '기여도'를 의미한다.

라. (E)는 2019년에 적용되므로 2019년 3월의 의류 및 신발 소비 지출 금액에 의류 및 신발의 중요도에 대한 교육의 중요도의 비율인 $\frac{455}{679}$를 곱해서 3월의 교육 소비 지출 금액을 구한다. 여기에 교육의 3월에 대한 4월의 지수 비율인 $\frac{107.0}{105.3}$을 곱해서 4월 지출 금액도 산출할 수 있다.

| 오답풀이 |

다. 2016년의 지수를 100으로 설정했으므로 2019년 3월과 4월의 지수가 같으면 같은 가격이라는 것을 의미한다. 총 합계가 상승했는데 가격이 같다면 상대적인 가격은 하락했다고 볼 수 있지만, 실제 가격은 동일하다.

마. 기여도는 상승률과 구성비를 곱한 것이다. 2019년 3월의 보건 의료는 2016년보다 13.1% 상승했지만 중요도는 낮은 편이다. 이를 중요도가 높은 식료와 비교하면 상승률은 보건 의료의 $\frac{1}{5}$ 이상이지만, 중요도는 보건 의료의 8배 이상이므로 기여도는 식료가 더 높다.

학습 TIP

이런 유형의 문제는 어려운 내용은 건너뛰고 쉬운 내용부터 살펴본 후 선택지를 추려 나가는 것이 좋다. (C)와 (D)는 '가.'와 '나.'에 설명이 있으므로 이것부터 생각해 본다.

12 다음은 202X년 국내 서비스업 현황 자료이다. 이에 대한 설명으로 옳은 것은?

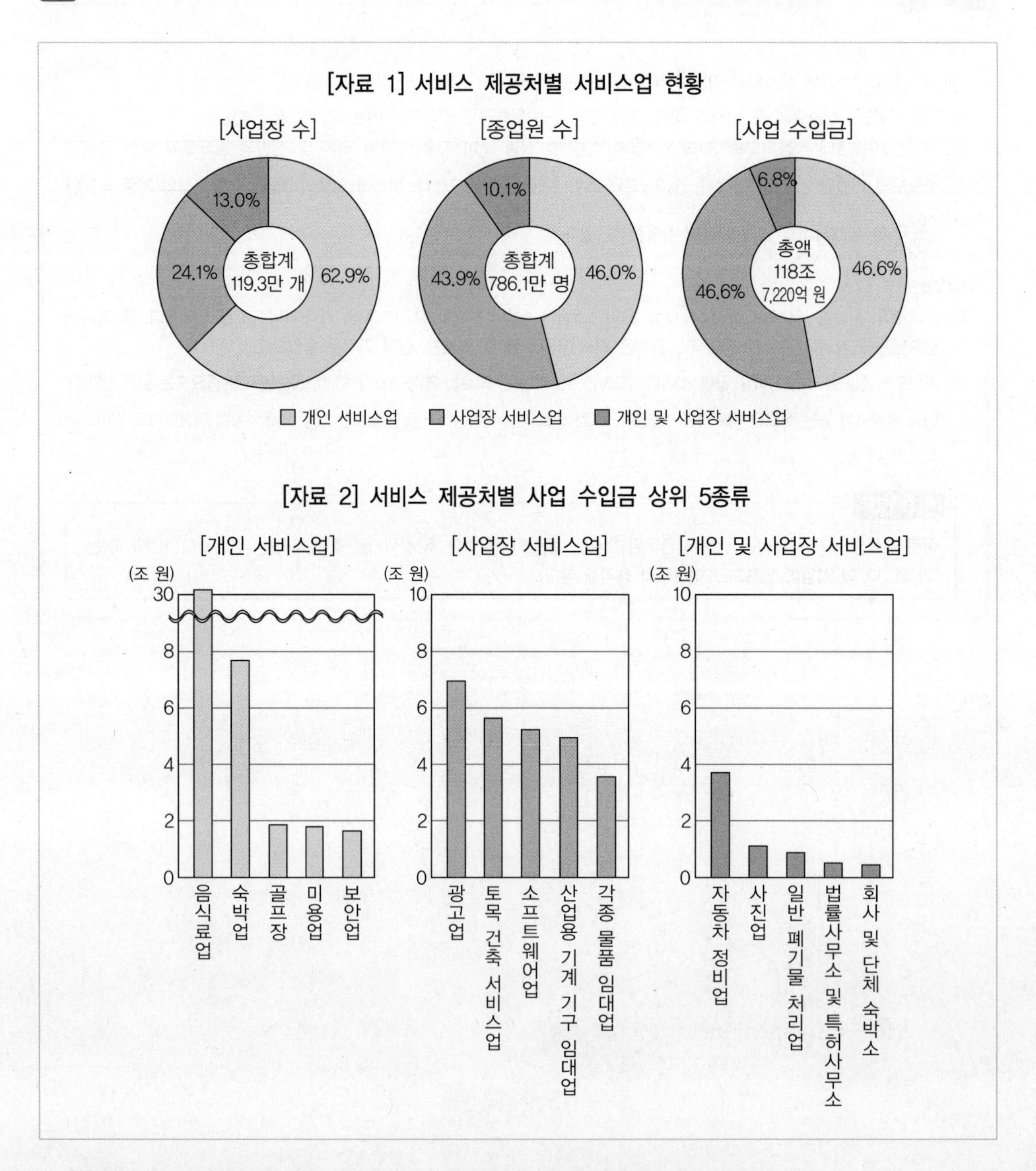

① 숙박업의 사업 수입금은 개인 및 사업장 서비스업의 전체 사업 수입금보다 많다.

② 사업장 서비스업에서 광고업이 차지하는 사업 수입금 비율은 개인 서비스업에서 골프장이 차지하는 사업 수입금 비율의 6배 이상이다.

③ 음식료업의 종업원 한 명당 사업 수입금은 700만 원 이상이다.

④ 사업장 한 곳당 사업 수입금은 광고업이 음식료업보다 많다.

⑤ 사업장 한 곳당 사업 수입금은 개인 및 사업장 서비스업이 개인 서비스업보다 많다.

해설 12

| 정답 | ③

| 해설 | 음식료업의 사업 수입금은 30조 원 이상이다. 이를 음식료업의 종업원 수로 나눈 값이 700만 원 이상인지 확인해야 하는데, 종업원 수는 [자료 1]에 제시된 서비스 제공처별 종업원 수만 알 수 있다.

개인 서비스업의 종업원은 (786.1×0.46)만 명이므로, 800×0.5=400(만 명) 이하이다. 30조 원을 400만 명으로 나눠 봐도 750만 원이다. 음식료업의 종업원 수는 개인 서비스업 종업원의 일부이므로 400만 명보다는 적으며 한 명당 사업 수입금은 750만 원보다 더 크다는 것을 알 수 있다.

| 오답풀이 |

① [자료 2]에서 숙박업의 사업 수입금은 8조 원 이하이다. 한편 [자료 1]에서 개인 및 사업장 서비스업의 사업 수입금은 118조 7,220억 원의 6.8%가 되므로 118×0.068≒8.02(조 원)으로 8조 원 이상이다.

학습 TIP

- 100조 원의 6.8%는 6.8조 원이므로, 1.2배보다 약간 모자라더라도 8조 원이 된다.
- 1,187,220×0.068≒80,731(억 원)

② [자료 1]에서 사업장 서비스업과 개인 서비스업의 사업 수입금은 구성비가 46.6%로 동일하므로 그 금액 역시 같다. 따라서 광고업 사업 수입금이 골프장 사업 수입금의 6배 이상인지를 확인하면 된다. [자료 2]에서 광고업은 약 7조 원, 골프장은 약 2조 원이므로 광고업 사업 수입금이 골프장 사업 수입금의 6배 이하이다.

④ 서비스 제공처별 전체 사업장 수만 제시되어 있을 뿐, 광고업 및 음식료업 등 업종별 사업장 수에 관한 자료는 없으므로 광고업과 음식료업의 사업장 한 곳당 사업 수입금은 알 수 없다.

⑤ 서비스 제공처별 사업장 한 곳당 사업 수입금은 [자료 1]의 $\frac{\text{사업 수입금}}{\text{사업장 수}}$을 통해 확인할 수 있다.

$$\underset{\text{(개인 및 사업장 서비스업)}}{\frac{6.8}{13.0}} < \underset{\text{(개인 서비스업)}}{\frac{46.6}{62.9}}$$

개인 및 사업장 서비스업의 값은 약 $\frac{1}{2}$이고, 개인 서비스업의 값은 $\frac{1}{2}$보다 훨씬 크므로, 개인 서비스업의 사업장 한 곳당 사업 수입금이 더 많다.

13 다음은 ○○시의 남녀 각 12,000명을 대상으로 조사한 202X년 봉사활동 참가 현황이다. 이에 대한 설명으로 적절한 것은?

[봉사활동 참가자의 연령별 비율]

(단위 : %)

구분	남성	여성
10세 이상 ~ 20세 미만	2.2	4.4
20세 이상 ~ 30세 미만	2.3	5.5
30세 이상 ~ 40세 미만	20.1	25.5
40세 이상 ~ 50세 미만	15.0	33.6
50세 이상 ~ 60세 미만	8.7	15.8
60세 이상 ~ 70세 미만	45.2	13.2
70세 이상	6.5	2.0

[봉사활동 불참자 비율]

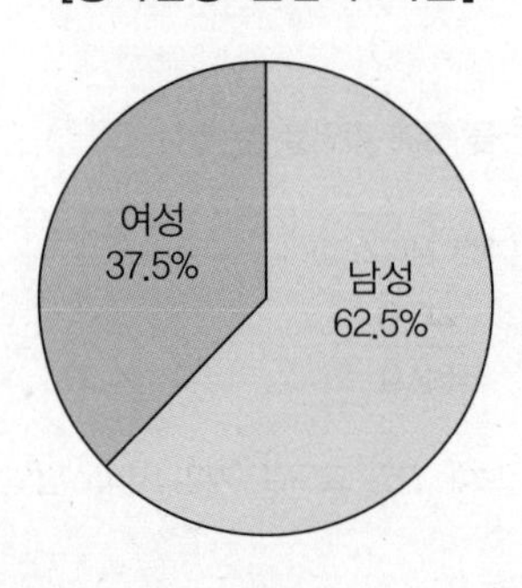

[봉사활동 참가 여부 및 의향]

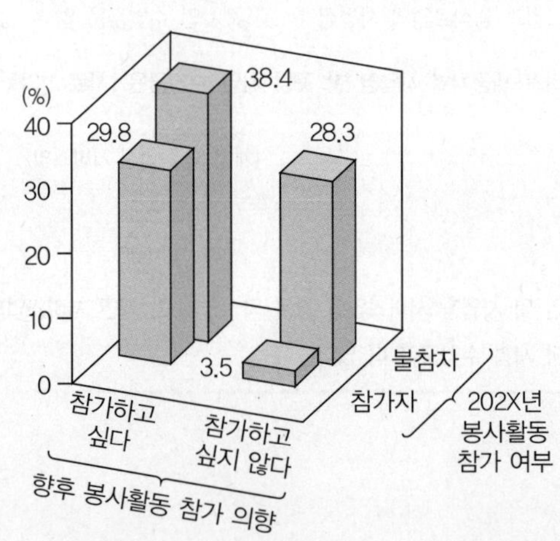

① 연령별 봉사활동 참가자 중 10세 이상 ~ 20세 미만 남녀 비율은 약 1 : 3이다.

② 연령별 봉사활동 참가자 중 30세 이상 ~ 40세 미만 여성 참가자 수는 1,000명에 달하지 못한다.

③ 연령별 봉사활동 참가자 중 남녀 합계 참가자 수가 가장 많은 연령대는 40세 이상 ~ 50세 미만이다.

④ 전체 남성 중 봉사활동 불참자는 참가자의 약 6배이다.

⑤ 남성 봉사활동 불참자 중 향후에 참가 의향이 있는 사람은 50%를 넘는다.

해설 13

| 정답 | ③

| 해설 | [봉사활동 참가 여부 및 의향]을 통해 봉사활동 참가자와 불참자의 비율을 구하면 (29.8+3.5) : (38.4+28.3)=33.3 : 66.7≒1 : 2이다.

[봉사활동 불참자 비율]을 통해 봉사활동 불참자의 남녀 비율을 구하면 62.5 : 37.5=5 : 3이다. 구성비에 따라 남성 불참자를 5, 여성 불참자를 3이라고 할 때 불참자의 합계는 8이 되며, 참가자는 불참자의 $\frac{1}{2}$이므로 4가 되어 전체 인원은 12가 된다.

조사에 참여한 남녀 수가 같으므로 남녀는 각각 6이 되고, 남성 참가자는 6−5=1, 여성 참가자는 6−3=3이 된다. 이를 정리하면 다음과 같다.

구분	남성	여성	계
참가자	1	3	4
불참자	5	3	8
합계	6	6	12

봉사활동 참가자의 남녀 구성비(1 : 3)대로 여성 참가자 비율에 3을 곱하여 비교해 보면, 40세 이상 ~ 50세 미만은 15.0+33.6×3=115.8로 100을 넘지만 다른 연령층에서는 100을 넘지 못한다. 따라서 남녀 합계 참가자 수가 가장 많은 연령대는 40세 이상 ~ 50세 미만이다.

| 오답풀이 |

① 봉사활동 참가자의 남녀 비율은 약 1 : 3이므로, 10세 이상 ~ 20세 미만 남녀 비율은 약 (1×2.2) : (3×4.4)=1 : 6이다.

② 남녀 총 인원은 24,000명이므로 위에서 정리한 표에 각각 2,000을 곱하면 실제 수치를 얻을 수 있다. 여성 봉사활동 참가자는 3×2,000=6,000(명)이므로, 30세 이상 ~ 40세 미만 여성 참가자 수는 6,000×0.255=1,530(명)이다.

④ 위에서 정리한 표에 각각 2,000을 곱하면, 남성 참가자 수는 2,000명이고 불참자의 수는 10,000명이다. 따라서 봉사활동 불참자는 참가자의 5배이다.

⑤ [봉사활동 참가 여부 및 의향]을 보면 봉사활동 불참자 중 향후 참가하고 싶은 사람의 비율은 $\frac{38.4}{66.7}$×100≒57.6(%)이다. 불참자 중 여성의 구성비가 37.5%이므로 만약 여성 불참자 전원이 향후 봉사활동에 참가하고 싶다고 응답한 경우, 57.6−37.5=20.1(%)는 남성이 되므로 이는 전체 남성 불참자 중 최소 $\frac{20.1}{62.5}$×100=32.16(%)가 향후 봉사활동에 참가 의향이 있음을 의미한다. 따라서 남성 불참자 중 향후에 참가 의향이 있는 사람의 비율은 50% 미만일 수 있다.

14 ○○회사는 부장부터 사원까지 5개의 직급이 있다. 승진을 하기 위한 요건은 근무 성적과 연령 및 승진 대상 직급의 한 단계 아래 직급에 재직했던 연수 세 가지로, 그 구체적인 내용은 [표]와 같다. [그림]은 2010년 4월 1일 직급별, 연령별 재직 현황이며, 〈조건〉은 2020년 4월 1일까지 직원의 입사 및 퇴사 현황이다. 2020년 4월 1일의 재직 상황을 나타낸 그래프로 옳은 것은?

[표]

구분	사원	계장	과장	차장	부장
연령	요건 없음.	26세 이상	35세 이상	45세 이상	45세 이상
아래 직급에 재직했던 연수	요건 없음.	일반 사원으로 4년 이상 재직	계장으로 4년 이상 재직	과장으로 4년 이상 재직	차장으로 4년 이상 재직

[그림]

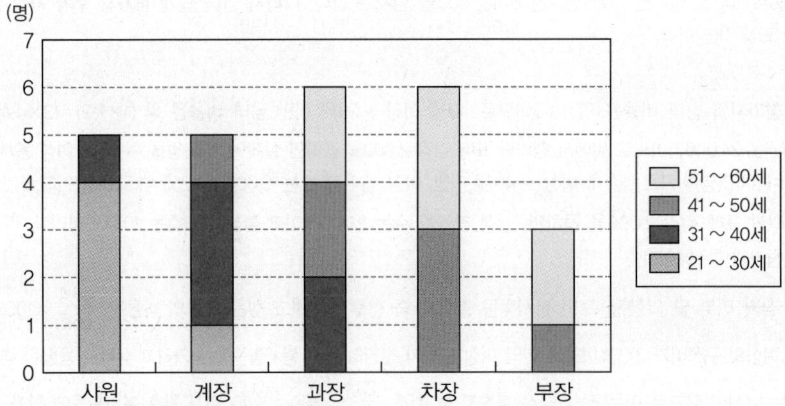

조건

- 퇴사한 직원은 모두 60세가 되는 해의 3월 1일에 퇴사했다.
- 직원이 퇴사한 날의 다음 날에는 퇴사한 인원수와 같은 인원수의 22세 신입사원이 입사했다.
- 상위 직급에 승진한 직원 중 그보다 낮은 직급으로 내려간 직원은 없었다.
- 위 내용 이외의 입사 또는 퇴사는 없었다.

①

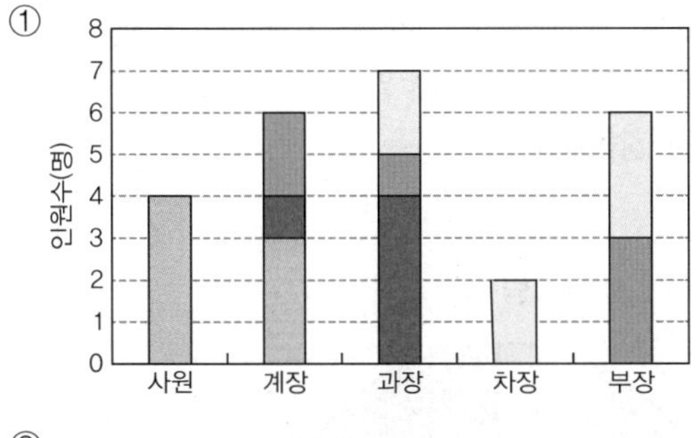

②

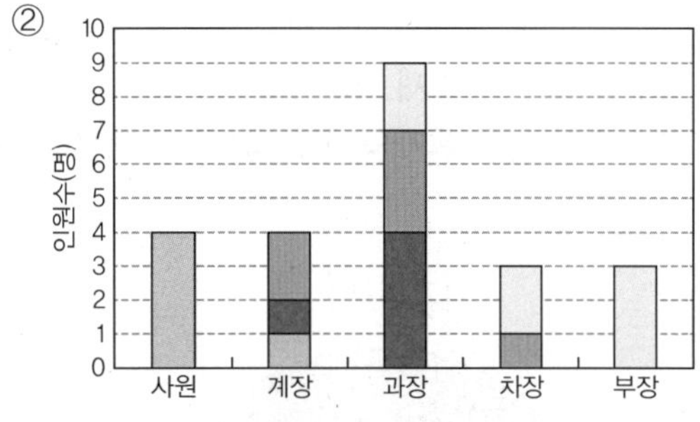

③

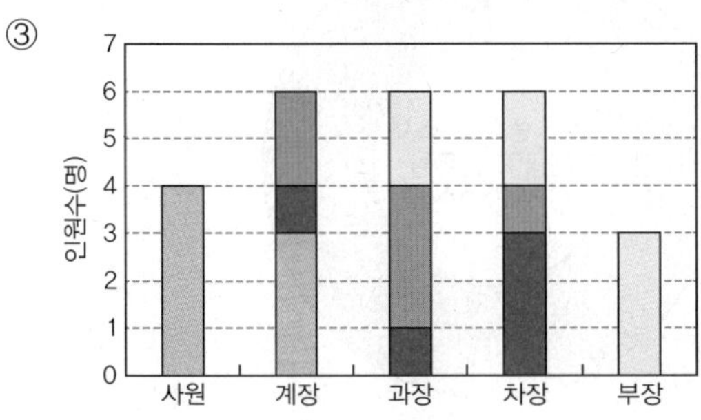

④

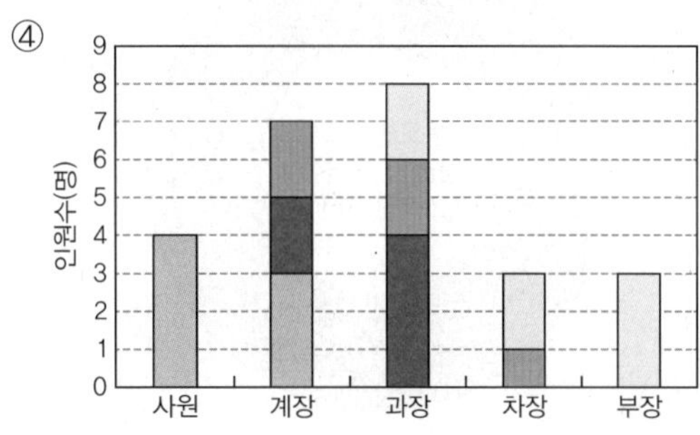

⑤

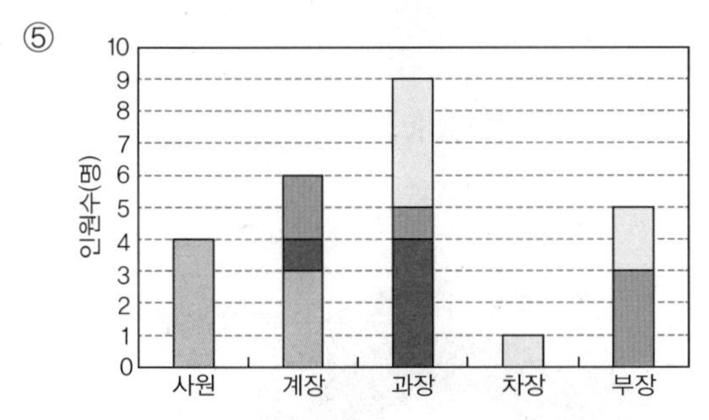

해설 14

|정답| ①

|해설| [그림]의 상황을 토대로 10년 후의 상황이 일어나야 한다. 선택지를 소거하는 방식으로 답을 추려 나간다.

먼저 〈조건〉에 따르면 퇴사한 인원수와 같은 인원수의 신입사원이 입사하므로 10년간 총 직원 수에는 변화가 없다. [그림]에서 2010년의 직원 수는 총 25명인데, ②는 총 23명이므로 ②는 옳지 않다.

승진 요건도 충족되어야 하는데, ③에는 차장에 31 ~ 40세 직원이 포함되어 있으므로 ③도 옳지 않다.

다음으로 2010년부터 10년간의 변화에 대해 살펴보도록 한다. [그림]을 보면 2010년에 51 ~ 60세 직원은 과장 2명, 차장 3명, 부장 2명으로 총 7명이며, 2020년에는 7명 모두 퇴사한 상태다. 이는 10년간 신입사원도 7명이 입사했다는 뜻인데, 2011년 4월에 입사한 22세 신입사원이라면 2020년에는 31세가 되므로 31 ~ 40세에 속하는 직원도 있을 수 있다.

2020년에 51 ~ 60세가 될 2010년 41 ~ 50세 직원은 계장 1명, 과장 2명, 차장 3명, 부장 1명으로 총 7명이다. 이들 중 4명이 차장 이상인데, ⑤는 차장 이상의 51 ~ 60세 직원이 3명만 있으므로 정답이 될 수 없다.

다음으로 2010년 31 ~ 40세 직원은 사원 1명, 계장 3명, 과장 2명으로 총 6명이다. 2020년에는 이들이 모두 41 ~ 50세가 되는데, ④는 41 ~ 50세가 5명만 있으므로 ④도 제외된다.

따라서 정답은 인원 수와 승진 요건, 그리고 〈조건〉의 내용까지를 모두 충족하는 ①이다.

15 [그림 Ⅰ~Ⅳ]는 각각 통나무의 용도별 공급량의 점유율, 목재 종류별 공급량의 점유율, 제재용 공급량의 점유율, 합판용 소재 공급량의 점유율을 나타낸 것이다. 이 자료를 통해 알 수 있는 것은? (단, 자료에서 제시되지 않은 목재의 종류 및 출처 등은 고려하지 않는다)

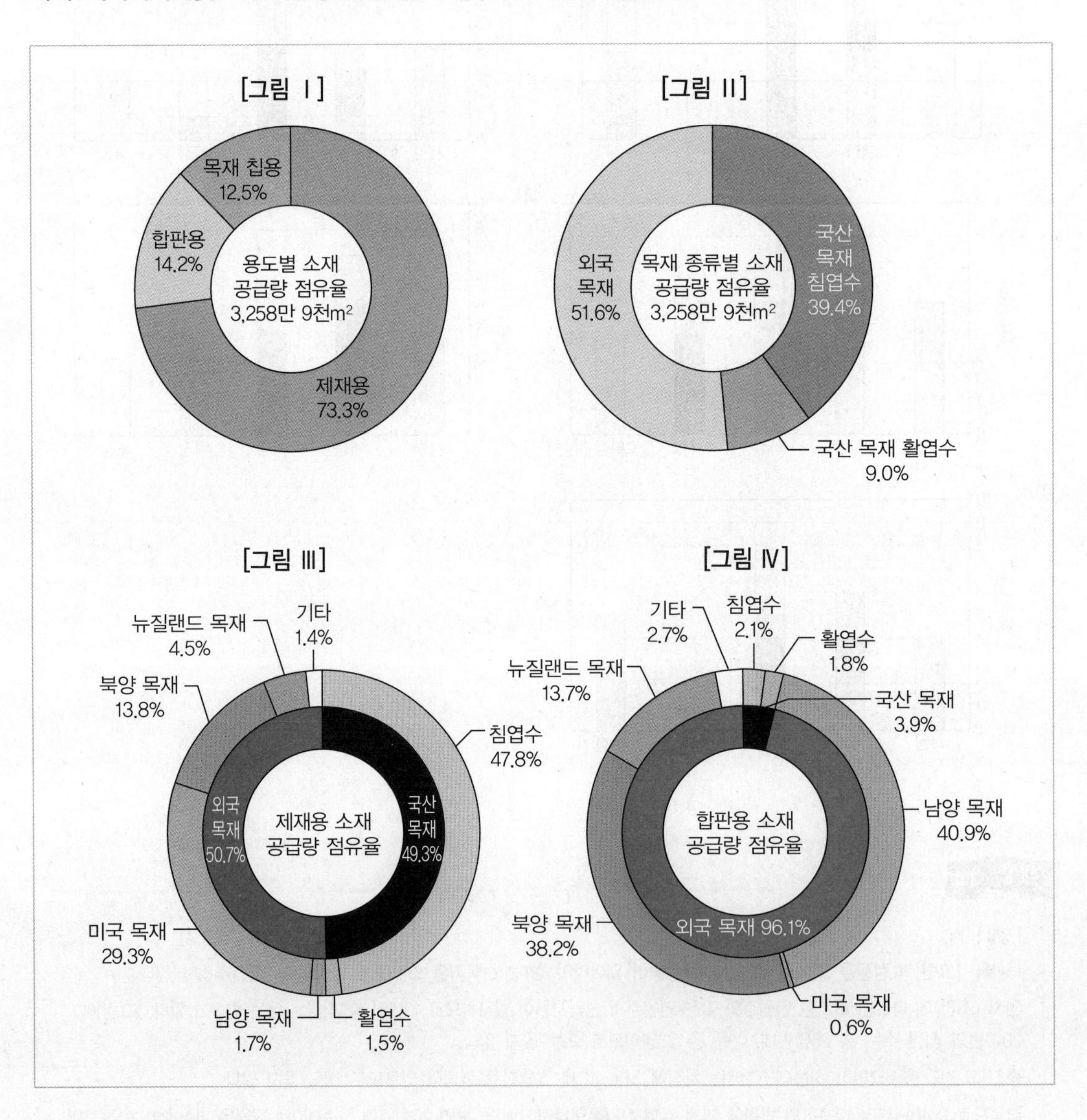

① 목재 칩용 통나무 중 국산 목재 침엽수의 공급량은 국산 목재 활엽수의 공급량을 초과한다.

② 목재 칩용 통나무에서 국산 목재가 차지하는 비율은 70% 미만이다.

③ 북양 목재의 공급량은 제재용이 가장 많으며, 그 다음으로 합판용, 목재 칩용 순서로 많다.

④ 제재용으로 공급된 외국 목재의 90% 이상이 침엽수이다.

⑤ 외국 목재 중 공급량이 가장 많은 것은 남양 목재이다.

해설 15

| 정답 | ③

| 해설 | 북양 목재의 제재용과 합판용의 공급량은 다음과 같이 비교할 수 있다.

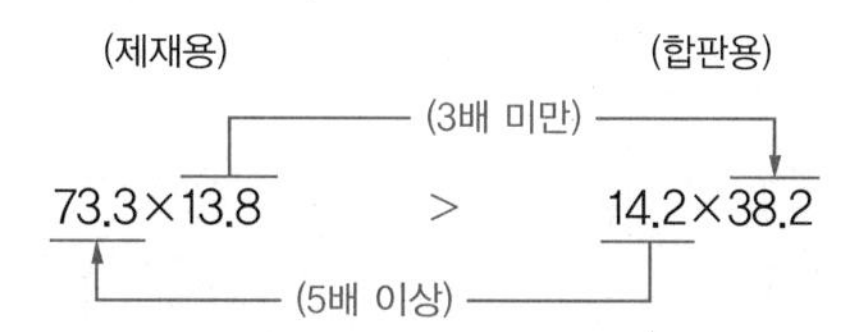

또한 전체 공급량을 100이라고 하면 합판용 공급량은 14.2×0.382≒5.4이지만 목재 칩용은 선택지 ②의 결과를 살펴보면 남양 목재를 포함한 외국 목재 전체의 합이 1에 미치지 못하므로 북양 목재의 공급량은 합판용이 목재 칩용보다 많다.

목재 칩용에 쓰이는 북양 목재 공급량은 불분명하지만, 최대라고 해도 1에 미치지 않는다는 것을 알 수 있다.

| 오답풀이 |

①, ② 목재 칩용 소재의 종류는 주어진 자료만으로 판단하기 어렵다. 하지만 다른 두 용도(제재용, 합판용)에 관해서는 [그림 Ⅲ, Ⅳ]에 관련 자료가 주어져 있으므로 이 두 자료와 [그림 Ⅱ]를 활용하여 구할 수 있다. 전체를 100이라고 하면 침엽수와 활엽수 공급량은 [그림 Ⅱ]에서 각각 39.4, 9.0이며, 이 값에서 제재용과 합판용([그림 Ⅰ]에 [그림 Ⅲ, Ⅳ]의 구성비를 곱한 것)을 뺀 것이 목재 칩용 공급량이다.

목재 칩용 국산 침엽수와 활엽수의 전체 공급량은 다음과 같다.

- 침엽수 : 39.4−(73.3×0.478+14.2×0.021)≒4.1
- 활엽수 : 9.0−(73.3×0.015+14.2×0.018)≒7.6

따라서 침엽수는 약 4.1, 활엽수는 약 7.6이 되므로, 선택지 ①은 정답이 될 수 없다. 또 그 합계는 약 11.7이 되므로, 목재 칩용 공급량 12.5의 90% 이상을 국산 목재가 차지한다는 것을 알 수 있어 ②도 정답이 될 수 없다.

④ 외국 목재의 침엽수와 활엽수 내역은 자료만으로 정확히 알 수 없다.

⑤ [그림 Ⅲ, Ⅳ]의 각 용도별 외국 목재의 공급량을 비교하면 합판용의 공급량은 남양 목재가 상대적으로 조금 더 많지만 제재용 공급량은 미국 목재와 북양 목재가 상당량 많다. [그림 Ⅰ]의 전체에 대한 용도별 점유율을 고려하면, 미국 목재와 북양 목재가 남양 목재보다 많다.

'실전연습' 구조보기

파트 4에서는 실제 기출문제를 통해 실전연습을 할 수 있다. 실제 공기업 · 대기업 필기시험에서 출제된 자료해석 문제를 기초, 실력, 심화로 구분하였으며 이를 통해 기본적인 문제부터 고득점을 위한 문제까지 학습할 수 있다.

파트 4

실전연습

기초

▶ 정답과 해설 2쪽

도표이해

01. 다음은 2019년 유럽 주요 국가의 보건부문 통계 자료이다. 이에 대한 설명으로 옳은 것을 〈보기〉에서 모두 고르면?

구분	기대수명(세)	조사망률(명)	인구 만 명당 의사 수(명)
독일	81.7	11.0	38.0
영국	79.3	10.0	27.0
이탈리아	81.3	10.0	37.0
프랑스	81.0	9.0	36.0
그리스	78.2	12.0	25.0

※ 조사망률 : 인구 천 명당 사망자 수

보기

ㄱ. 유럽에서 기대수명이 가장 낮은 국가는 그리스이다.
ㄴ. 인구 만 명당 의사 수가 많을수록 조사망률은 낮다.
ㄷ. 2019년 프랑스의 인구가 6,500만 명이라면 사망자는 약 585,000명이다.

① ㄱ ② ㄷ ③ ㄱ, ㄴ
④ ㄴ, ㄷ ⑤ ㄱ, ㄴ, ㄷ

02. 다음은 인접장소에 위치하고 규모가 비슷하여 서로 경쟁 관계에 있는 K 백화점과 J 백화점의 한 해 매출액과 인건비를 비교한 자료이다. 이에 대한 설명으로 옳은 것은?

(단위 : 명, 백만 원)

구분	종사자 수	매출액	매출원가	인건비
K 백화점	245	343,410	181,656	26,705
J 백화점	256	312,650	153,740	28,160

* 매출 총이익=매출액－매출원가
* 직원 1인당 평균 인건비=인건비÷종사자 수

① J 백화점은 K 백화점보다 매출액과 매출원가가 모두 높다.
② J 백화점의 매출 총이익이 K 백화점의 매출 총이익보다 많다.
③ J 백화점의 직원 1인당 평균 인건비는 K 백화점보다 적다.
④ K 백화점은 J 백화점보다 인건비 대비 매출액이 높은 편이다.
⑤ J 백화점이 직원을 30명 줄이고 인건비를 3,000백만 원 낮추면 직원 1인당 평균 인건비는 K 백화점보다 적어진다.

03. 다음 자료에 대한 해석으로 올바른 것은?

H사는 미국에서 생산된 원재료의 가격을 해당 시기의 원/달러 환율로 환산하여 한국에서의 원재료 가격을 결정한다. 시기별로 결정된 원재료의 가격은 다음과 같다.

구분	원재료 가격	
	달러화	원화
Y년	2달러	2,000원
(Y+1)년	2달러	2,400원
(Y+2)년	3달러	2,400원

① Y년의 원/달러 환율은 2,000원이다.
② 달러화 대비 원화의 가치는 Y년보다 (Y+1)년에 더 높다.
③ 미국 시장에서 한국산 제품의 가격 경쟁력은 Y년보다 (Y+1)년에 더 낮다.
④ 미국인의 한국 여행 경비 부담은 (Y+1)년보다 (Y+2)년에 더 작다.
⑤ 한국 기업의 달러화 표시 외채 상환 부담은 (Y+1)년보다 (Y+2)년에 더 작다.

파트 4 실전연습

04. 다음은 2015 ~ 2019년의 아르바이트 동향에 관한 자료이다. 이에 대한 설명으로 옳은 것은?

[아르바이트 동향 자료]

(단위 : 원, 시간)

구분	2015년	2016년	2017년	2018년	2019년
월 평균 소득	642,000	671,000	668,000	726,000	723,000
평균 시급	6,210	6,950	7,100	6,900	9,100
주간 평균 근로시간	24.5	24	22	21	19.5

① 5년 동안 월 평균 소득은 꾸준히 증가하였다.
② 2019년 평균 시급은 2015년의 1.4배 이상이다.
③ 2017년 월 평균 근로시간은 100시간을 초과한다.
④ 5년 동안 월 평균 소득이 증가하면 평균 시급도 증가하는 양상을 보이고 있다.
⑤ 5년 동안 평균 시급은 꾸준히 증가하고 주간 평균 근로시간은 그 반대의 양상을 보이고 있다.

05. 주 52시간 근로제 적용 후 ○○공단 직원들의 근로시간이 다음과 같이 파악되었다. 직원 전체의 노동시간의 합이 36,000시간일 때, 옳은 설명을 〈보기〉에서 모두 고르면?

[직원 근로시간 분포]

노동시간(시간)	40 ~ 44	45 ~ 49	50 ~ 54	55 ~ 60	합계
근로자 수(명)	50	250	250	150	700

보기

㉠ 근로자당 평균 노동시간은 50시간 이상이다.
㉡ 적어도 100명 이상의 근로자가 58시간 이상 일을 한다.
㉢ 절반 이상의 근로자들이 50시간 이상 일한다.
㉣ 50시간 미만 일하는 근로자의 비율은 전체의 50%를 넘는다.

① ㉠ ② ㉠, ㉢ ③ ㉠, ㉣
④ ㉡, ㉣ ⑤ ㉠, ㉢, ㉣

06. 다음 경지규모별 농가 비중 추이에 관한 그래프를 해석한 내용 중 올바르지 않은 것은?

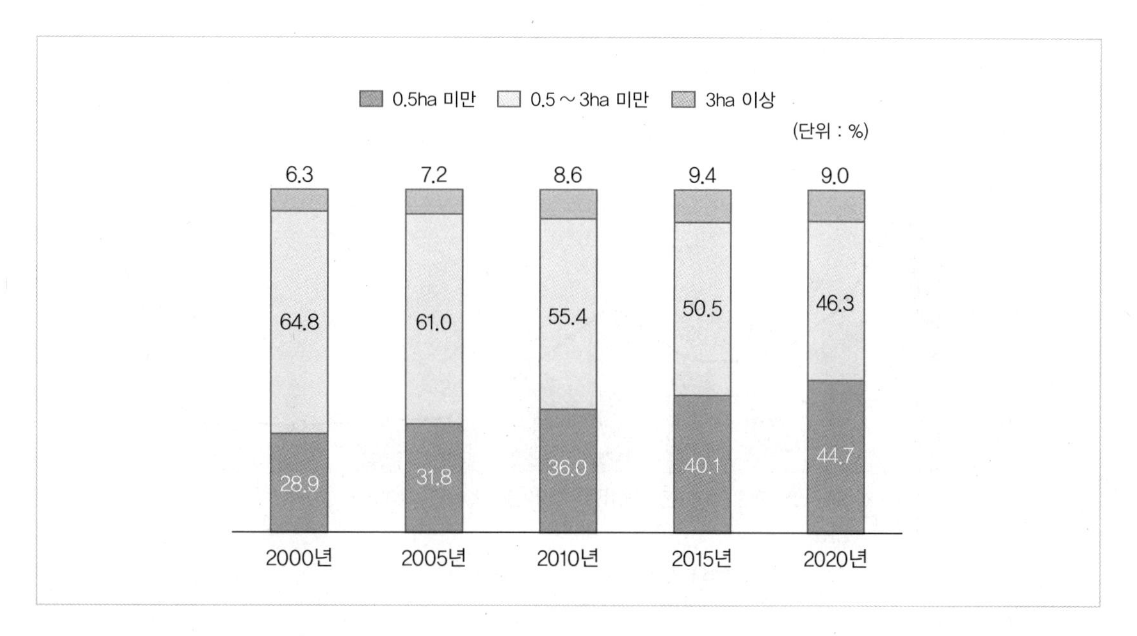

① 조사기간 동안 3ha 이상 농가의 비중은 계속 증가하였다.

② 조사기간 동안 0.5 ~ 3ha 미만 농가의 비중이 계속 감소하고 있다.

③ 조사기간 동안 0.5 ~ 3ha 미만 농가의 비중이 항상 가장 크다.

④ 조사기간 동안 0.5ha 미만 농가의 비중이 꾸준히 증가하였다.

⑤ 2000년 대비 2020년에 경지규모별 농가비중의 증감률이 가장 큰 농가는 0.5ha 미만 농가이다.

07. 이산가족 상봉 인원에 대한 다음 자료를 올바르게 해석한 내용을 〈보기〉에서 모두 고른 것은?

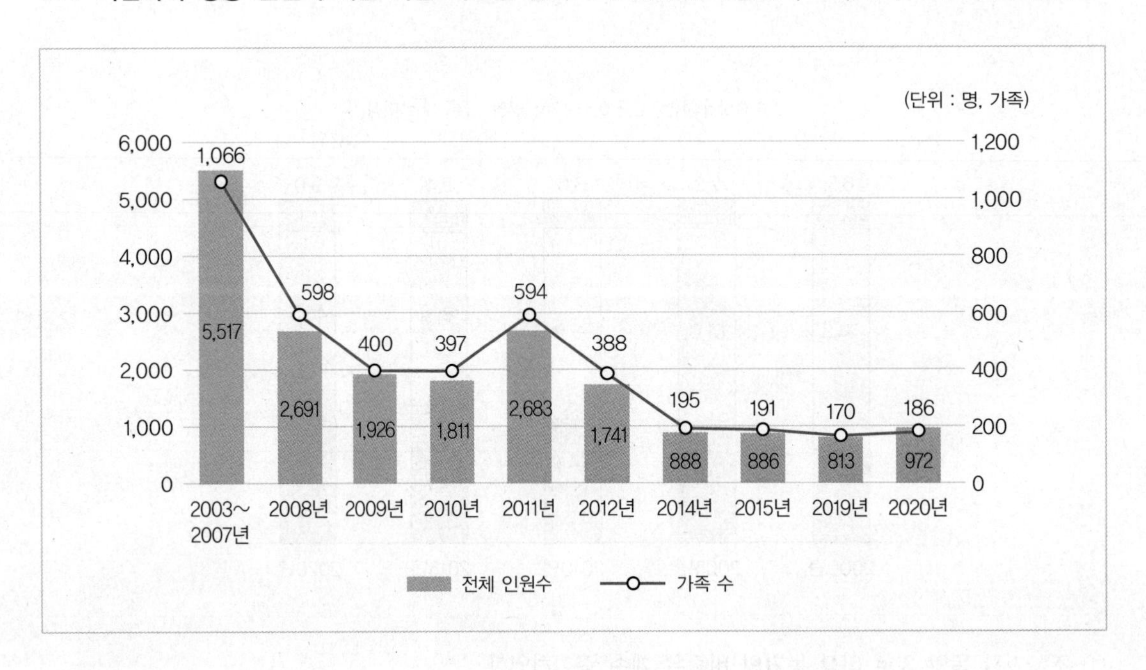

보기

(가) 해마다 전체 인원수는 조금씩 감소하고 있다.
(나) 2011년 이후 전체 인원수와 가족 수는 모두 감소하고 있다.
(다) 2007년 이후 가족 수는 2008년이 가장 많다.

① (가)　② (다)　③ (가), (나)
④ (나), (다)　⑤ (가), (나), (다)

08. 경영 관련 자료를 분석하기 위해 사원들이 소집되었다. 다음 경영 관련 자료를 본 팀원들의 의견으로 적절하지 않은 것은?

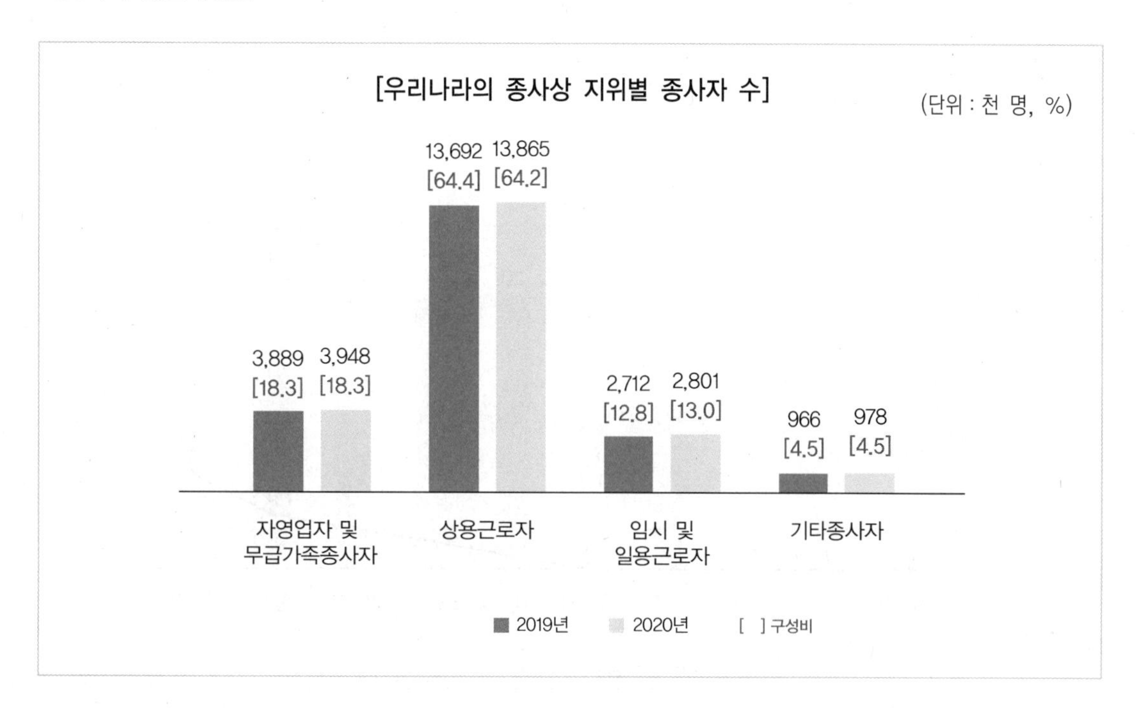

① "우리나라는 상용근로자 수가 가장 많군."

② "2020년에 1년 전보다 종사자 수가 가장 많이 증가한 지위는 상용근로자네."

③ "종사자 수가 증가했다고 해서 그 비중도 증가한 것은 아니로군."

④ "2020년에 1년 전보다 종사자 수가 감소한 지위는 기타종사자뿐이구나."

⑤ "2020년에는 전년보다 전체 종사자 수가 증가했네."

09. 다음은 우리나라의 코로나19 바이러스 확진자 추이이다. 이에 대한 설명으로 옳지 않은 것은? (단, 완치자는 바로 퇴원했다고 가정한다)

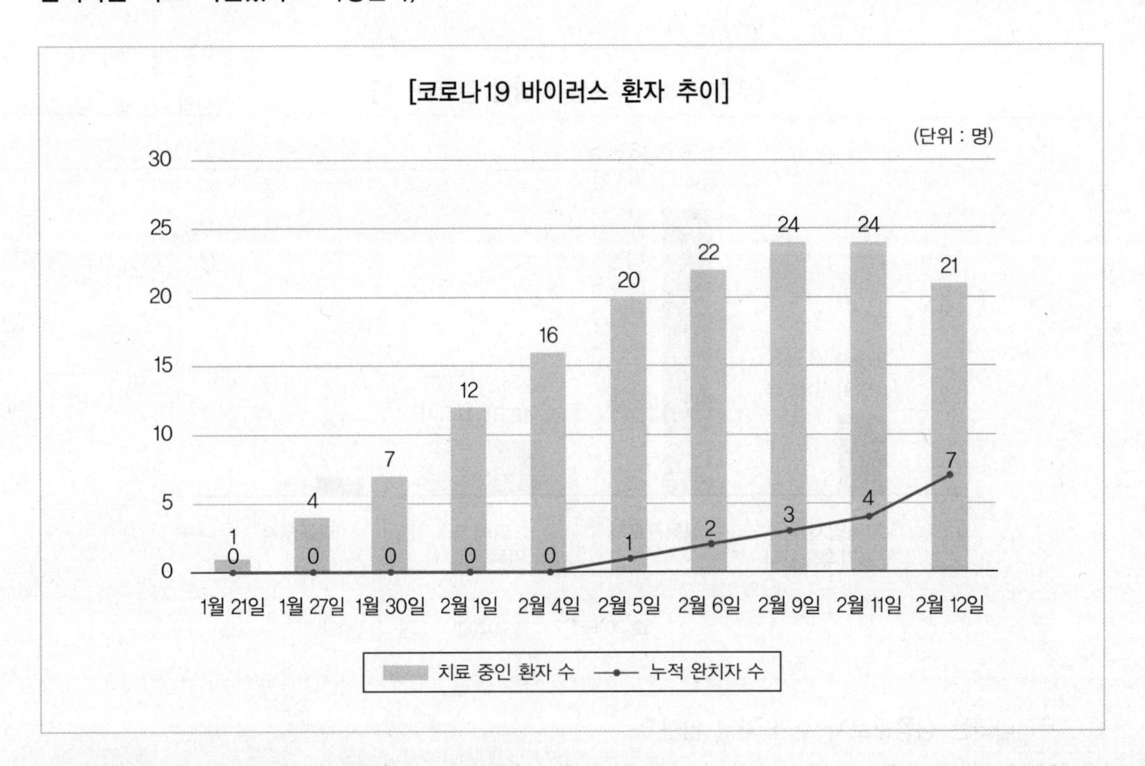

① 2월 12일까지 총 28명의 환자가 발생했다.

② 2월 9일과 2월 11일 사이에는 추가로 확진자가 발생하지 않았다.

③ 확진 판정을 받고 치료 중인 환자는 2월 12일 기준 21명이다.

④ 그래프의 추세로 보면 누적 완치자는 점차 증가하고 있다.

⑤ 2월 11일까지 누적 확진자는 28명이며 다음날은 추가로 확진자가 발생하지 않았다.

10. 다음 ○○공사 사원 60명의 출 · 퇴근 방식에 관한 조사 자료를 통해 알 수 있는 내용으로 옳은 것은? (단, 주어진 자료의 내용만을 고려하며, 대중교통 수단은 한 가지만 이용하는 것으로 가정한다)

[자료 1] 출 · 퇴근 시 이용한 교통수단 조사 결과

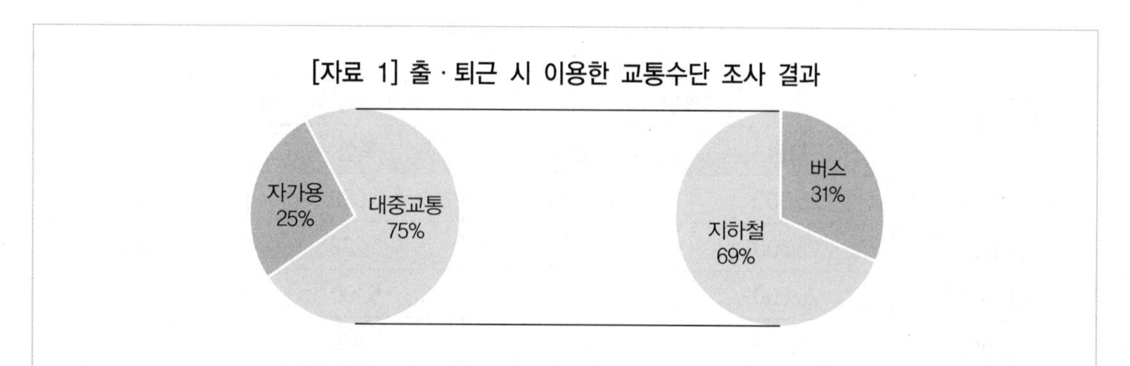

[자료 2] 전체 사원의 출 · 퇴근 시 환승 횟수 조사 결과

환승 횟수	없음	1번	2번	3번
비율	42%	27%	23%	8%

* 모든 계산은 소수점 아래 첫째 자리에서 반올림한 값이다.
* 자가용 이용자는 환승 횟수 '없음'으로 응답하였다.

① 자가용을 이용하는 사원은 25명이다.

② 버스를 이용하는 사원은 13명이다.

③ 환승 횟수가 3번 이상인 사원은 4명이다.

④ 대중교통을 이용하는 사원 중 한 번도 환승을 하지 않는 사원은 15명이다.

⑤ 대중교통을 이용하는 사원 중 환승 횟수가 한 번 이상인 사원은 전체 사원의 58%이다.

11. 영업 관련 자료를 분석하기 위해 팀원들은 회의를 진행하고 있다. 다음 영업 관련 자료를 본 팀원들의 해석으로 올바르지 않은 것은?

[남북한 광물 생산 현황]

(단위 : 천 톤)

구분	석탄		철광석	
	북한	남한	북한	남한
2013년	25,000	2,080	5,093	513
2014년	25,500	2,084	5,232	542
2015년	25,800	2,094	5,190	593
2016년	26,600	1,815	5,486	663
2017년	27,090	1,748	5,471	693
2018년	27,490	1,764	5,906	445
2019년	31,060	1,726	5,249	440
2020년	21,660	1,485	5,741	311

① "조사기간 동안 북한은 매년 남한보다 10배 이상 많은 석탄을 생산했네."
② "남한은 최근 들어 철광석 생산량이 줄어들고 있구나."
③ "조사기간 동안 북한은 석탄 생산량이 매년 증가했는데 남한은 매년 감소했군."
④ "조사기간 동안 북한은 철광석보다 석탄 생산량이 월등히 많군."
⑤ "조사기간 동안 북한은 철광석 생산량이 매년 증감을 반복하는 추이군."

12. ○○기업 인사팀에서는 부서별로 직원들의 정신적 및 신체적 스트레스 지수를 조사하여 다음 표와 같은 결과를 얻었다. 이를 이해한 내용으로 적절하지 않은 것은?

[부서별 정신적 · 신체적 스트레스 지수]

(단위 : 명, 점)

항목	부서	인원	평균점수
정신적 스트레스	생산	100	1.83
	영업	200	1.79
	지원	100	1.79
신체적 스트레스	생산	100	1.95
	영업	200	1.89
	지원	100	2.05

* 점수가 높을수록 정신적 · 신체적 스트레스가 높은 것으로 간주한다.

① 영업이나 지원 부서에 비해 생산 부서의 정신적 스트레스가 높은 편이다.

② 세 부서 모두 정신적 스트레스보다 신체적 스트레스가 더 높은 경향을 보인다.

③ 신체적 스트레스가 가장 높은 부서는 지원 부서이며, 그 다음으로는 생산, 영업 순이다.

④ 정신적 스트레스 지수 평균점수와 신체적 스트레스 지수 평균점수의 차이가 가장 큰 부서는 지원부서이다.

⑤ 전 부서원(생산, 영업, 지원)의 정신적 스트레스 지수 평균점수와 전 부서원의 신체적 스트레스 지수 평균점수의 차이는 0.16 이상이다.

13. 다음은 워라밸(일과 삶의 균형)에 대한 조사 자료이다. 이에 대한 설명으로 옳은 것을 〈보기〉에서 모두 고르면?

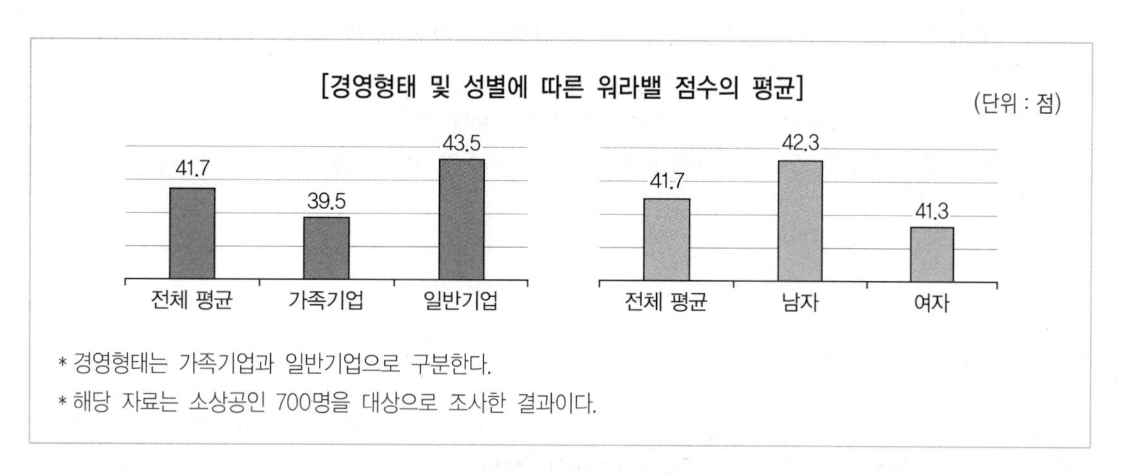

보기

㉠ 조사대상 중 남자는 420명이다.
㉡ 조사대상 중 여자는 60%를 차지한다.
㉢ 조사대상 중 일반기업을 경영하는 사람은 455명이다.
㉣ 조사대상 중 가족기업을 경영하는 사람은 315명이다.

① ㉠, ㉢ ② ㉠, ㉣ ③ ㉡, ㉢
④ ㉡, ㉣ ⑤ ㉢, ㉣

14. 다음은 청년들의 주택 점유형태를 나타내는 자료이다. 자료에 대한 설명으로 옳지 않은 것은?

[청년(20 ~ 39세)의 연령계층별 점유형태 비율]

(단위 : %)

구분	자가	임차			무상	계
		전세	보증부월세	순수월세		
20 ~ 24세	5.1	11.9	62.7	15.4	4.9	100
25 ~ 29세	13.6	24.7	47.7	6.5	7.5	100
30 ~ 34세	31.9	30.5	28.4	3.2	6.0	100
35 ~ 39세	45.0	24.6	22.5	2.7	5.2	100

① 20 ~ 24세 청년의 약 78.1%가 월세 형태로 거주하고 있으며 자가 비율은 5.1%이다.

② 20 ~ 24세 청년을 제외한 청년의 연령계층별 무상 거주 비율은 순수월세 비율보다 항상 높다.

③ 20 ~ 39세 전체 청년의 자가 거주 비중은 약 31.1%이나 이 중 20대 청년의 자가 거주 비중은 약 9.4%로 매우 낮은 수준이다.

④ 청년 내 연령계층이 높아질수록 자가 비율이 높아지고 월세 비중은 낮아지는 것으로 나타났다.

⑤ 25 ~ 29세 청년의 경우, 20 ~ 24세에 비해서는 자가 거주의 비중이 높고 전체의 78.9%가 임차이며, 전체의 54.2%가 월세로 거주한다.

15. 다음 표에 대한 설명으로 옳은 것을 〈보기〉에서 모두 고르면?

[A, B, C 기업 사원의 근무조건 만족도 평가]

(단위 : 명)

구분	불만	어느 쪽도 아니다	만족	계
A사	29	36	47	112
B사	73	11	58	142
C사	71	41	24	136
계	173	88	129	390

보기

㉠ 이 설문조사 전체에서 현재의 근무조건에 대해 불만을 나타낸 사람은 과반수가 되지 않는다.
㉡ '불만' 응답율이 가장 높은 기업은 C사이다.
㉢ '어느 쪽도 아니다'라고 회답한 사람이 가장 적은 B사는 근무조건이 가장 좋은 기업이다.
㉣ '만족'이라고 답변한 사람이 가장 많은 B사가 근무조건이 가장 좋은 회사이다.

① ㉠, ㉡　　② ㉠, ㉢　　③ ㉡, ㉢
④ ㉡, ㉣　　⑤ ㉢, ㉣

16. 다음 자료에 대한 설명으로 옳지 않은 것은?

[○○기업 지원자의 인턴 및 해외연수 경험과 합격여부]

(단위 : 명, %)

인턴 경험	해외연수 경험	합격여부		합격률
		합격	불합격	
있음	있음	53	414	11.3
	없음	11	37	22.9
없음	있음	0	16	0.0
	없음	4	139	2.8

* 합격률(%) $= \frac{\text{합격자 수}}{\text{합격자 수}+\text{불합격자 수}} \times 100$
* 합격률은 소수점 아래 둘째 자리에서 반올림한 값이다.

① 인턴 경험과 해외연수 경험이 있는 지원자의 합격률은 11.3%이다.
② 인턴 경험과 해외연수 경험이 없는 지원자의 합격률은 2.8%이다.
③ 해외연수 경험이 있는 지원자가 해외연수 경험이 없는 지원자보다 합격률이 높다.
④ 인턴 경험과 해외연수 경험이 모두 없는 지원자와 인턴 경험만 있는 지원자 간 합격률 차이는 20%p보다 작다.
⑤ 인턴 경험이 없는 지원자 중 해외연수 경험이 있는 사람의 합격률과 없는 사람의 합격률 차이는 5%p 이내이다.

17. 다음 그래프를 보고 추측하여 말한 내용이 적절하지 않은 사람은?

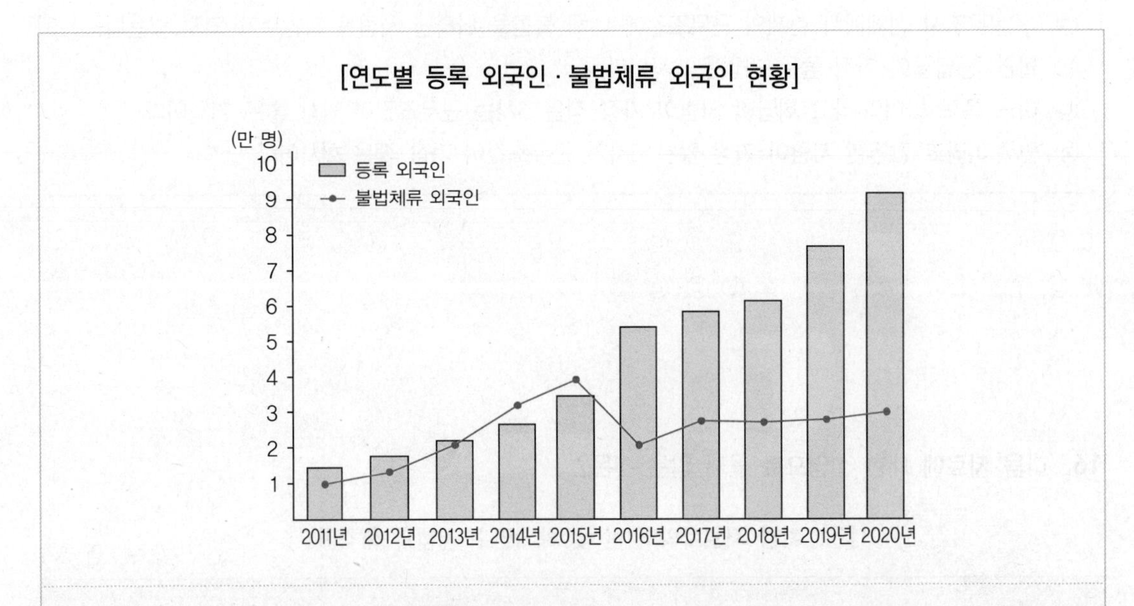

- 미애 : 등록 외국인 수는 매년 증가하고 있지만 변수가 발생하면 증가폭이 줄어들 수도 있어.
- 철이 : 불법체류 외국인의 수는 2015년에 최고치를 기록하면서 처음으로 등록 외국인 숫자보다 많아졌어.
- 혜수 : 2016년에 등록 외국인 수가 급격히 증가한 이유는 불법체류 외국인이 등록 외국인이 되었기 때문은 아닐까?
- 예진 : 2017년 이후 불법체류 외국인의 숫자는 비교적 안정적으로 유지되고 있어.

① 미애 ② 철이 ③ 혜수
④ 예진 ⑤ 철이, 혜수

18. 다음은 A 대학교 학생들을 장학금을 받는 학생과 장학금을 받지 못하는 학생으로 나누고 이들이 해당 학년 동안 참가한 1인당 평균 교내 특별활동 수를 조사한 자료이다. 이에 대한 설명 중 옳지 않은 것을 〈보기〉에서 모두 고르면?

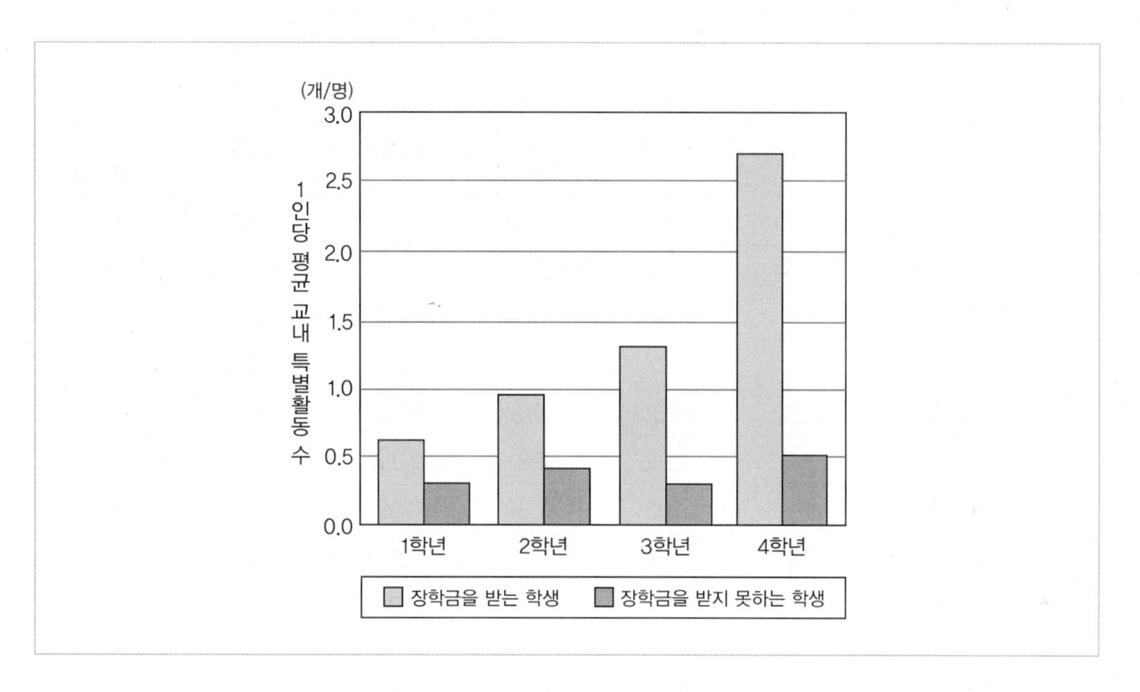

보기

㉠ 학년이 높아질수록 장학금을 받는 학생 수는 늘어났다.

㉡ 장학금을 받는 4학년생이 참가한 1인당 평균 교내 특별활동 수는 장학금을 받지 못하는 4학년생이 참가한 1인당 평균 교내 특별활동 수의 5배 이하이다.

㉢ 장학금을 받는 학생과 받지 못하는 학생 간의 1인당 평균 교내 특별활동 수의 차이는 4학년이 가장 크다.

㉣ 전체 2학년생이 참가한 1인당 평균 교내 특별활동 수에 비해 전체 3학년생이 참가한 1인당 평균 교내 특별활동 수가 많다.

① ㉠, ㉣　② ㉡, ㉢　③ ㉠, ㉡, ㉣
④ ㉠, ㉢, ㉣　⑤ ㉡, ㉢, ㉣

19. 수출입 관련 자료를 분석하기 위해 영업부에서 회의를 진행하고 있다. 다음 수출입 관련 자료를 본 사원들의 해석으로 올바르지 않은 것은?

[교역 국가 수별 · 기업규모별 수출입 기업 수]

(단위 : 개, %)

구분		수출			수입		
		2018년	2020년	구성비	2018년	2020년	구성비
전체		90,761	93,922	100.0	169,044	178,104	100.0
10개국 미만		83,734	86,440	92.0	162,262	170,530	95.7
	대기업	446	450	(0.5)	577	544	(0.3)
	중견기업	1,036	977	(1.1)	1,335	1,240	(0.7)
	중소기업	82,252	85,013	(98.3)	160,350	168,746	(99.0)
20개국 이상		2,432	2,616	2.8	1,318	1,545	0.9
	대기업	191	203	(7.8)	309	333	(21.6)
	중견기업	334	322	(12.3)	313	309	(20.0)
	중소기업	1,907	2,091	(79.9)	696	903	(58.4)

① "우리나라 수출입 기업은 교역 국가 수가 10개 미만인 기업과 20개 이상인 기업으로 나뉘는군."

② "우리나라엔 교역 국가 수 10개 미만인 기업이 가장 많군."

③ "중소기업은 두 가지 교역 국가 수 구분 기준에서 모두 가장 많은 기업 수를 보이네."

④ "2020년 수입에서 20개국 이상 교역 국가 수를 가진 대기업이 21.6%라는 것은 우리나라 전체 기업 수에 대한 비중이 아니군."

⑤ "2020년의 2년 전 대비 기업 수의 증감률도 계산할 수 있겠다."

20. 다음 자료에 대한 설명으로 적절하지 않은 것은?

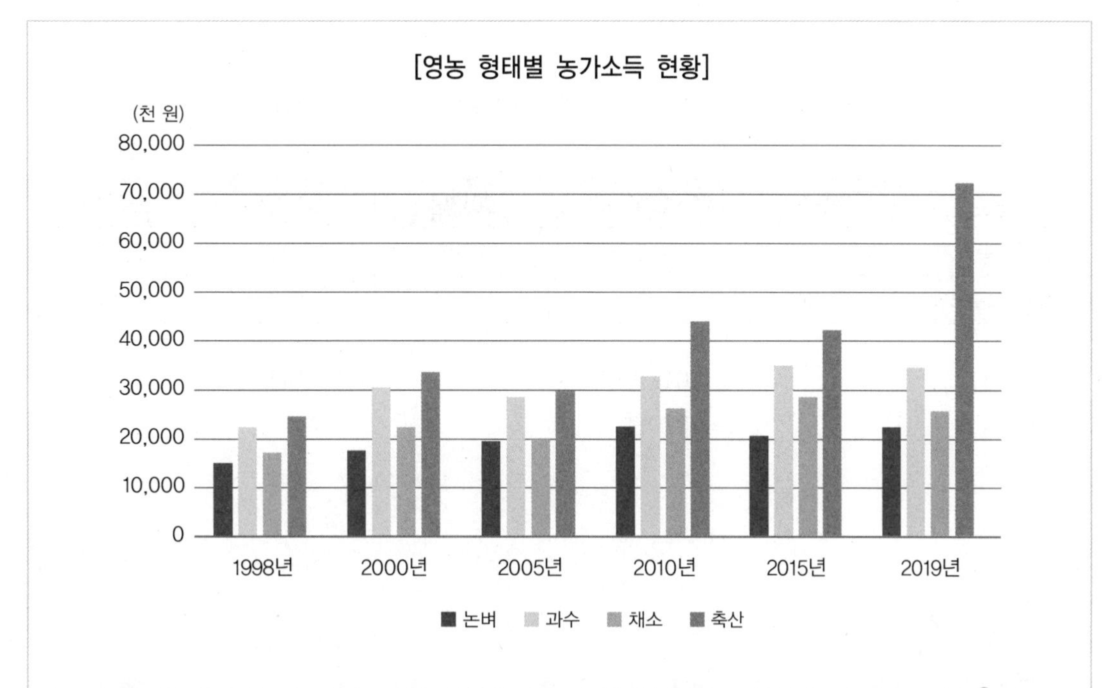

구분	1998년	2000년	2005년	2010년	2015년	2019년
논벼	15,074	17,702	19,598	22,648	20,628	22,500
과수	22,508	30,506	28,609	32,810	34,991	34,662
채소	17,305	22,411	19,950	26,314	28,625	25,718
축산	24,628	33,683	29,816	44,061	42,179	72,338

① 조사 시점마다 논벼농가는 과수, 채소, 축산농가에 비해 항상 소득이 낮았다.

② 조사 시점마다 채소농가는 과수농가보다 항상 소득이 낮았다.

③ 농가소득의 변화값이 가장 큰 영농 형태는 축산농가이다.

④ 논벼, 과수, 채소, 축산농가의 소득을 모두 합한 값이 두 번째로 큰 해는 2010년이다.

⑤ 논벼, 과수, 채소, 축산농가의 소득을 모두 합한 값이 가장 작은 해는 1998년이다.

파트 4 실전연습

02 단순계산

1. 기초

01. 다음 자료를 참고할 때, 해외 직구 1건당 평균 직구금액이 가장 큰 시기는?

(단위 : 건, 천만 원)

구분	2016년	2017년	2018년	2019년	2020년
해외 직구 수	1,116	1,553	1,586	1,740	2,359
해외 직구금액	10.4	15.4	15.2	16.3	21.1

① 2016년 ② 2017년 ③ 2018년
④ 2019년 ⑤ 2020년

02. R 항만공사에서는 해당 지역 항구에 위치한 갑, 을, 병, 정 네 곳의 부두에 대한 제반 시설물 보완작업을 진행하고 있다. 각 시설의 보완작업 현황이 다음과 같을 때 보완 예정에 포함되지 않은 시설의 개수가 가장 많은 부두부터 순서대로 바르게 나열한 것은?

(단위 : 개소)

구분	보완 예정 항만시설				보완율
	계류 시설	수역 시설	외곽 시설	계	
갑 부두	40	160	110	310	75%
을 부두	0	120	130	250	80%
병 부두	20	100	100	220	55%
정 부두	25	60	110	195	40%

※ 보완율(%) = $\frac{\text{보완 예정 항만시설의 개수}}{\text{전체 항만시설의 개수}}$

① 정-병-갑-을 ② 병-정-갑-을 ③ 정-병-을-갑
④ 을-병-갑-정 ⑤ 병-갑-정-을

03. 다음은 어떤 분야의 무역수지를 나타낸 표이다. 2020년의 수출액은 전년 대비 7% 상승했고, 수입액은 전년 대비 10% 상승했다고 할 때, 2020년보다 무역수지가 더 큰 해는 몇 개인가? (단, 소수점 아래 첫째 자리에서 반올림한다)

(단위 : 억 불)

구분	2013년	2014년	2015년	2016년	2017년	2018년	2019년
수출	1,835	1,710	2,290	2,560	2,534	2,630	2,759
수입	1,488	1,197	1,512	1,686	1,625	1,655	1,682
무역수지	347	513	778	874	909	975	1,077

① 0개　② 1개　③ 2개
④ 3개　⑤ 4개

04. 다음은 한 회사의 제품 광고 반응 비율과 구매율을 나타낸 표이다. 제품을 구매한 곳이 가장 많은 지역은?

구분	광고 수신 회사	광고 반응 비율	구매율
서울	1,600개	30%	60%
부산	2,600개	60%	50%
인천	3,300개	70%	30%
대구	1,800개	30%	70%
대전	2,400개	20%	80%

※ 구매율(%) $= \frac{\text{구매한 대상}}{\text{광고에 반응한 회사}} \times 100$

※ 광고 반응 비율(%) $= \frac{\text{광고에 반응한 회사}}{\text{광고 수신 회사}} \times 100$

① 서울　② 부산　③ 인천
④ 대구　⑤ 대전

05. 다음은 A 씨의 자녀 a, b, c의 한 달 사교육비를 나타낸 자료이다. c의 사교육비가 전체 사교육비에서 차지하는 비중은 2017년 대비 2020년에 어떻게 변동되었는가?

(단위 : 만 원)

구분	계	a	b	c
2017년	73.2	23.2	27.0	23.0
2018년	74.2	23.1	27.5	23.6
2019년	77.8	24.1	27.5	26.2
2020년	82.8	25.3	29.1	28.4

① 약 3% 증가하였다.
② 약 3% 감소하였다.
③ 2.9%p 감소하였다.
④ 2.9%p 증가하였다.
⑤ 0.3%p 감소하였다.

06. 다음은 우리나라 가구의 연도별 · 유형별 평균 부채 보유액을 나타낸 자료이다. 다음 중 2019년 대비 2020년의 증가율이 10%를 넘는 항목은?

(단위 : 만 원)

구분		부채	금융부채				
				담보대출	신용대출	신용카드 관련 대출	기타
평균	2019년	7,099	5,041	4,070	678	57	236
	2020년	7,531	5,447	4,332	768	58	289

① 부채(전체)
② 금융부채(전체)
③ 담보대출
④ 신용대출
⑤ 신용카드 관련 대출

07. 다음 그래프는 제조사별 국내 자동차 판매 실적에 대한 2018, 2019년의 점유율을 나타낸 것이다. 2018년의 총 판매량은 140만 대이고, 2019년의 총 판매량은 145만 대라고 할 때, 2018년 대비 2019년에 판매 점유율이 감소한 제조사들은 2018년 대비 2019년에 총 판매량이 몇 대나 감소하였는가?

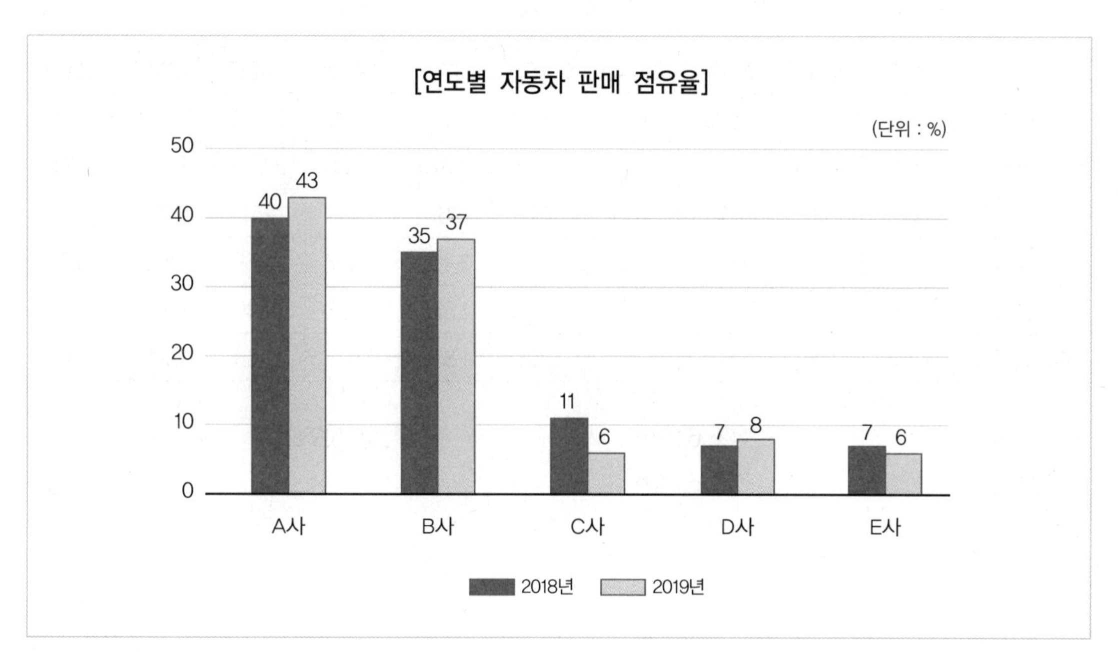

① 7.0만 대　② 7.4만 대　③ 7.8만 대

④ 8.2만 대　⑤ 8.6만 대

08. 다음 자료를 참고할 때, 2011년도와 2020년도의 전체 암 수검자 중 위암 수검자 비율의 차이는 몇 %p인가? (단, 소수점 아래 둘째 자리에서 반올림한다)

[연도별 국가 암 조기검진사업 수검자 수]

(단위 : 천 명)

구분	2011년	2012년	2013년	2014년	2015년	2016년	2017년	2018년	2019년	2020년
전체	5,749	6,492	7,118	8,617	8,902	9,525	9,122	8,878	9,868	10,703
위암	2,085	2,347	2,511	3,033	3,044	3,079	2,995	2,844	3,074	3,255
간암	141	147	152	206	241	267	247	251	208	216
대장암	984	1,210	1,552	1,764	2,165	2,465	2,367	2,359	2,579	2,885
유방암	1,295	1,427	1,499	1,820	1,746	1,822	1,692	1,636	1,822	1,939
자궁경부암	1,244	1,361	1,404	1,794	1,706	1,892	1,821	1,788	2,185	2,408

① 6.4%p ② 6.2%p ③ 5.9%p
④ 5.5%p ⑤ 5.2%p

09. 다음 자료에서 2019년 65세 이상 인구가 100만 명이라면 생산 가능 인구는 약 몇 명인가? (단, 천의 자리에서 반올림한다)

[부양 인구비]

구분	2015년	2016년	2017년	2018년	2019년
총 부양비(%)	39.1	36.8	36.3	36.2	37.1
유소년부양비(%)	26.6	22	18.8	18.2	18.5
노년부양비(%)	12.5	14.8	17.5	18	18.6

※ 생산 가능 인구 : 15 ~ 64세 인구
노년부양비(%)=(65세 이상 인구÷생산 가능 인구)×100
유소년부양비(%)=(15세 미만 인구÷생산 가능 인구)×100
총부양인구비(%)={(15세 미만 인구+65세 이상 인구)÷생산 가능 인구}×100=유소년부양비+노년부양비

① 536만 명 ② 538만 명 ③ 540만 명
④ 542만 명 ⑤ 544만 명

10. 다음은 H사의 2018년과 2019년 3월 승용차 판매량을 정리한 것이다. 전년 동월 대비 전체 승용차 판매량의 증감률은 얼마인가?

[H사 승용차 판매량]

(단위 : 대)

구분	2018년 3월	2019년 3월
SUV	10,757	7,738
소형상용차	10,991	10,636
대형상용차	2,532	2,264

① −11% ② −12% ③ −13%
④ −14% ⑤ −15%

11. 다음 자료를 참고할 때, 2010년 대비 2020년 연안 습지 면적이 5% 이상 감소한 지역은 몇 개인가?

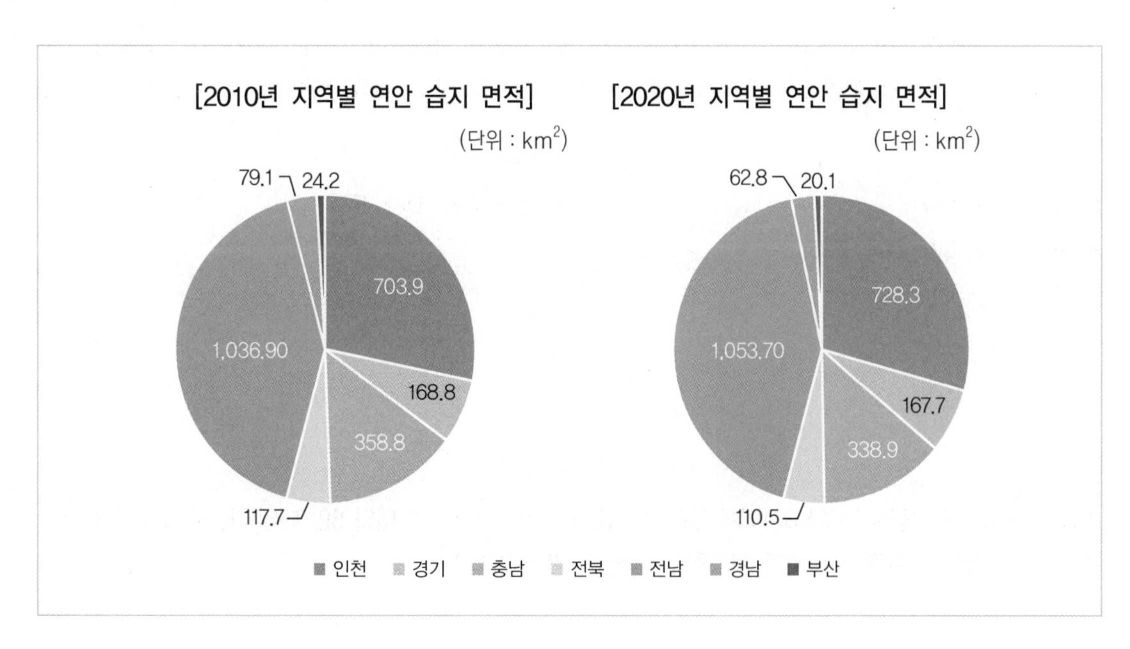

① 2개 ② 3개 ③ 4개
④ 5개 ⑤ 6개

파트 4 실전연습

[12 ~ 13] 다음은 20X6년 2월 동안 각 회사별로 생산된 자동차 중 친환경 자동차의 비율을 나타낸 자료이다. 이어지는 질문에 답하시오.

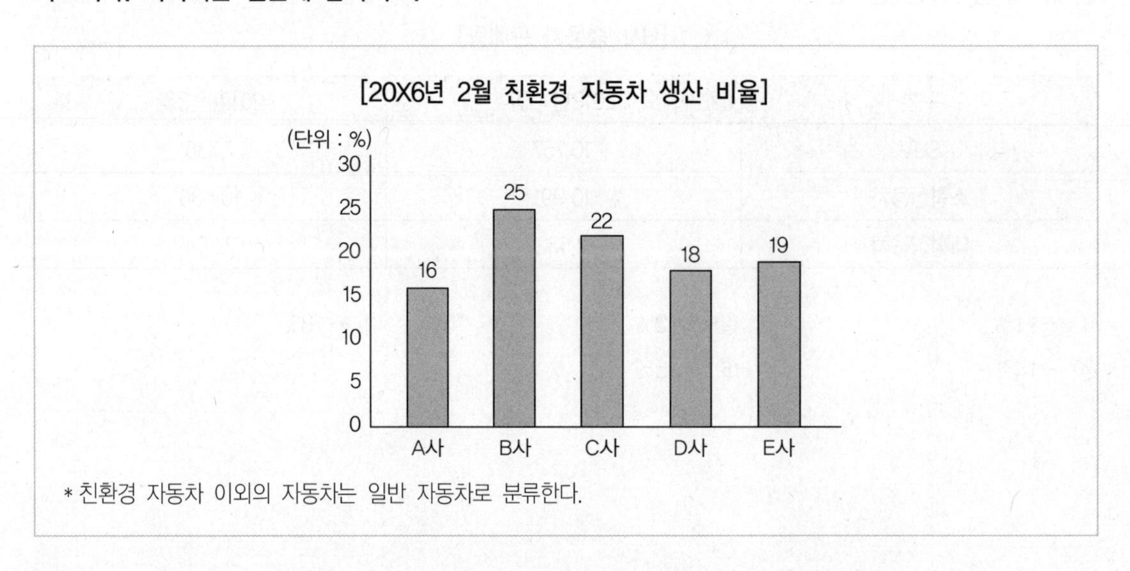

12. 일반 자동차 생산 비율 대비 친환경 자동차의 생산 비율이 25% 이상일 때 친환경 기업 코드가 부여된다. 다음 중 친환경 기업 코드를 부여받을 수 있는 회사를 모두 고른 것은?

① A사, B사
② B사, C사
③ B사, C사, E사
④ B사, C사, D사, E사
⑤ A사, B사, C사, D사, E사

13. 20X6년 2월 동안 A사와 B사에서 생산된 자동차 수가 각각 10만 대와 8만 대일 때, 두 회사가 생산한 총 차량 수에서 친환경 자동차가 차지하는 비율은 몇 %인가?

① 20%
② 21%
③ 22%
④ 23%
⑤ 24%

[14 ~ 15] 다음은 우리나라의 연도별 화재 발생 현황에 관한 자료이다. 이어지는 질문에 답하시오.

[연도별 화재 발생 현황]

(단위 : 건, 명, 백만 원)

구분		2013년	2014년	2015년	2016년	2017년	2018년	2019년
발생 건수		32,340	31,778	47,882	49,631	47,318	41,863	43,875
인명피해	소계	2,342	2,180	2,459	2,716	2,441	(가)	1,862
	사망	505	446	424	468	(나)	304	263
	부상	1,837	1,734	2,035	2,248	2,032	1,588	1,599
재산피해		171,374	150,792	248,432	383,141	251,853	266,776	256,548

14. (가)와 (나)에 들어갈 숫자를 더한 값은?

① 1,712 ② 1,977 ③ 2,145
④ 2,301 ⑤ 2,571

15. 화재 발생 건수가 가장 많은 해의 재산피해 금액은?

① 150,792백만 원 ② 248,432백만 원
③ 383,141백만 원 ④ 251,853백만 원
⑤ 266,776백만 원

[16 ~ 17] 다음은 2018년 7월과 2019년 7월 우리나라의 고용동향을 나타낸 자료이다. 이어지는 질문에 답하시오.

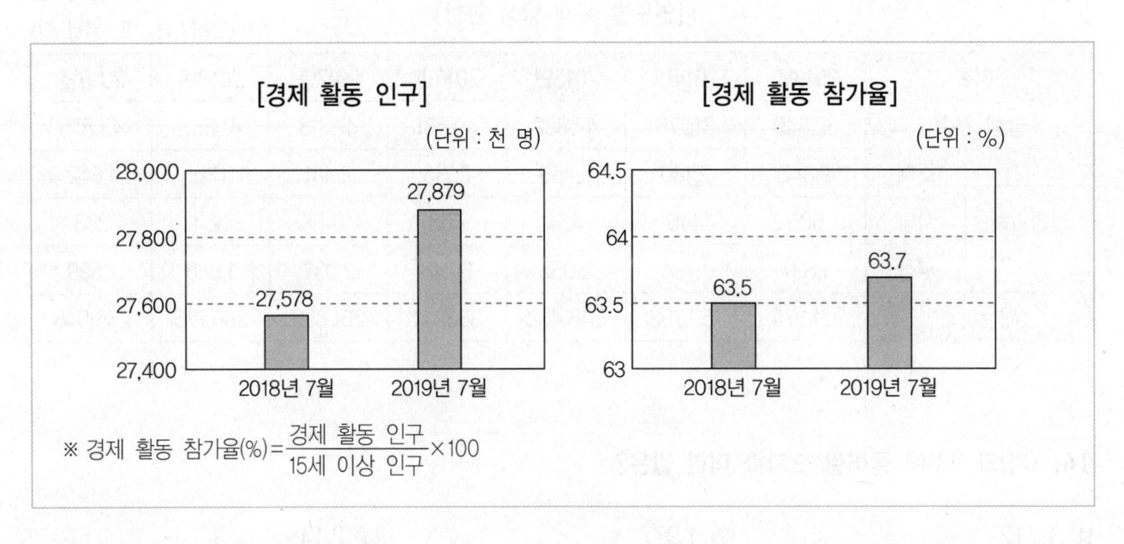

※ 경제 활동 참가율(%) $= \frac{\text{경제 활동 인구}}{\text{15세 이상 인구}} \times 100$

16. 2019년 7월의 경제 활동 인구는 전년 동월 대비 약 몇 % 증가하였는가? (단, 소수점 아래 둘째 자리에서 반올림한다)

① 약 1.4%
② 약 1.3%
③ 약 1.2%
④ 약 1.1%
⑤ 약 0.9%

17. 2019년 7월 우리나라의 15세 이상 인구는 약 몇 명인가?

① 약 3,100만 명
② 약 3,800만 명
③ 약 4,200만 명
④ 약 4,400만 명
⑤ 약 4,900만 명

[18 ~ 20] 다음은 S 극장 주말 방문 고객을 연령대별로 조사한 자료이다. 이어지는 질문에 답하시오.

구분	10 ~ 19세	20 ~ 29세	30 ~ 39세	40 ~ 49세	50세 이상	총 인원수
금요일	8%	22%	21%	36%	13%	2,500명
토요일	2%	14%	21%	40%	23%	1,500명
일요일	19%	50%	20%	10%	1%	2,000명

18. 금요일에 방문한 고객 중 40대는 몇 명인가?

① 450명 ② 600명 ③ 750명
④ 900명 ⑤ 1,050명

19. 일요일에 방문한 30세 미만 고객 수는 토요일에 방문한 30세 미만 고객 수의 몇 배인가?

① 3.43배 ② 4.72배 ③ 5.75배
④ 6.18배 ⑤ 7.25배

20. 금요일에 방문 비율이 가장 낮은 연령대의 인원, 토요일에 방문 비율이 세 번째로 낮은 연령대의 인원, 일요일에 방문 비율이 가장 낮은 연령대의 인원을 모두 합하면 총 몇 명인가?

① 525명 ② 535명 ③ 545명
④ 555명 ⑤ 565명

2 실력

▶ 정답과 해설 10쪽

01 도표이해

2. 실력

01. 다음 자료에 대한 설명으로 옳지 않은 것은?

[K 제품에 대한 국가별 물동량 현황]

(단위 : 천 톤)

출발지 \ 도착지	태국	필리핀	인도	인도네시아
태국	0	25	33	30
필리핀	12	0	9	22
인도	23	15	0	10
인도네시아	16	24	6	0

① 출발지에서의 국가별 이동 물량은 '태국－인도－인도네시아－필리핀' 순으로 많다.

② 인도네시아에서 출발하는 K 제품이 모든 국가별로 절반씩 감소해도 도착지의 국가별 물량 순위는 바뀌지 않는다.

③ K 제품의 출발 물량과 도착 물량이 같은 국가가 있다.

④ 출발 물량이 전체 출발 물량의 40% 이상을 차지하고 있는 국가는 없다.

⑤ 필리핀으로 도착하는 K 제품 물량의 75%와 같은 물량이 인도로 도착한다.

02. 다음은 2020년 5월 박스오피스 상위 10위에 관한 자료이다. 이에 대한 설명으로 옳지 않은 것은?

집계기간 : 2020년 5월 1일 ~ 5월 31일						
순위	영화 제목	배급사	개봉일	등급	스크린 수(관)	관객 수(명)
1	신세계	CJ	4. 23.	15세	1,977	4,808,821
2	위대한 쇼맨	롯데	4. 9.	12세	1,203	2,684,545
3	날씨의 아이	메리	4. 9.	15세	1,041	1,890,041
4	킬러의 보디가드	A사	5. 13.	전체	1,453	1,747,568
5	패왕별희	B사	5. 1.	12세	1,265	1,545,428
6	비커밍제인	CJ	5. 1.	12세	936	697,964
7	오퍼나지	CJ	5. 1.	15세	1,081	491,532
8	동감	A사	5. 17.	15세	837	464,015
9	이별의 아침에	NEW	5. 10.	전체	763	408,088
10	언더워터	롯데	4. 1.	12세	1,016	393,524

① 2020년 5월 박스오피스 상위 10개 영화 중 CJ가 배급한 영화가 가장 많다.

② 2020년 5월 박스오피스 상위 10개 영화 중 2020년 5월 6일에 甲(12세)와 乙(13세)이 함께 볼 수 있었던 영화는 총 4편이다.

③ 관객 수는 스크린 수와 상영기간에 비례하지 않는다.

④ 2020년 5월 '신세계'의 관객 수는 '언더워터'의 관객 수보다 10배 이상 많다.

⑤ 스크린당 관객 수는 '오퍼나지'가 '동감'보다 많다.

[03 ~ 04] 다음 자료를 보고 이어지는 질문에 답하시오.

2020년도의 자료에 의하면 주요 신문사 98개의 총 매출액은 2조 3,576억 원이다. 같은 연도 K 방송사의 사업 수입이 6,693억 원이므로 신문 업계의 총 매출액은 K 방송사 연간수신료의 약 3.5배에 지나지 않는다. 제조업계 최상위에 위치하는 P 자동차는 단독 매출액이 8조 9,367억 원이고 신문 업계의 매출액은 약 그 $\frac{1}{4}$이므로 산업 전체 기준으로는 규모가 크다고 볼 수 없다.

신문사 수입의 두 기둥은 판매 수입과 광고 수입이다. 2020년 신문 업계의 총 매출액 중 판매가 53.6%, 광고가 32.0%이며 나머지는 사업이나 출판 활동 등의 수입이다. 광고 수입의 비율이 늘어나 한때는 판매수입과 어깨를 나란히 하였으나, 90년대 중반부터 광고 수입이 차지하는 비율은 크게 떨어졌다.

03. 다음 중 자료의 내용과 일치하는 것을 모두 고르면?

㉠ 2020년도 주요 신문사 98개의 판매 수입보다 광고 수입이 높다.
㉡ 2020년도 주요 신문사의 판매수입은 K 방송사의 사업 수입보다 높다.
㉢ 2020년도의 신문사 수는 100개보다 적다.

① ㉠　② ㉡　③ ㉢
④ ㉠, ㉢　⑤ ㉡, ㉢

04. 다음 중 자료의 내용과 일치하는 것을 모두 고르면?

㉠ 주요 신문사의 총 매출액과 K 방송사 사업 수입의 합은 P 자동차의 단독 매출액보다 적다.
㉡ 주요 신문사의 광고 수입은 K 방송사 사업 수입의 약 3.5배이다.
㉢ 신문사의 판매 수입과 광고 수입이 같았던 시기가 있었다.

① ㉡　② ㉢　③ ㉠, ㉡
④ ㉠, ㉢　⑤ ㉡, ㉢

05. 다음은 어느 지역 주요 5개 공공기관의 2020년도 직원채용에 관한 자료이다. 이에 대한 설명으로 옳지 않은 것은?

(단위 : 명)

구분	신입직		경력직	
	사무직	기술직	사무직	기술직
A 기관	92	80	45	70
B 기관	77	124	131	166
C 기관	236	360	26	107
D 기관	302	529	89	73
E 기관	168	91	69	84

※ 채용전형은 신입직과 경력직으로 구분되고, 각각은 사무직과 기술직으로 구성된다.

① B 기관 전체 채용인원은 E 기관 전체 채용인원보다 86명 많다.
② 각 기관별 전체 채용인원에서 사무직 채용인원의 비중은 E 기관이 가장 높다.
③ 5개 공공기관의 전체 채용인원에서 C 기관 채용인원의 비중은 약 25%이다.
④ D 기관 전체 채용인원에서 경력직 채용인원의 비중은 16%를 초과하지 않는다.
⑤ 각 기관별 전체 채용인원에서 신입직 채용인원의 비중이 50% 미만인 공공기관은 B 기관뿐이다.

06. 다음은 2013 ~ 2020년 국내총생산(명목 GDP)와 경제성장률(실질 GDP 성장률)을 나타낸 자료이다. 〈보기〉의 ㉠ ~ ㉣ 중 이를 분석한 내용으로 옳은 것을 모두 고르면? (단, 소수점 아래 첫째 자리에서 반올림한다)

(단위 : 십억 원, 전년동기비 %)

구분	2013년	2014년	2015년	2016년	2017년	2018년	2019년	2020년
국내총생산 (명목GDP)	826,893	865,241	908,744	975,013	(　　)	1,065,037	1,173,275	1,237,128
경제성장률 (실질GDP 성장률)	4.6	4.0	5.2	5.1	2.3	0.3	6.3	3.6

보기

㉠ 2013 ~ 2020년까지의 국내 경제성장률은 증감을 반복하고 있다.
㉡ 전년 대비 경제성장률이 가장 크게 증가한 해는 2019년이다.
㉢ 2020년의 국내총생산은 2013년과 비교하여 약 50% 증가했다.
㉣ 2017년의 국내총생산이 전년 대비 약 5.3% 증가했다면 2017년에 처음으로 국내총생산이 100조 원을 넘어서게 된다.

① ㉠, ㉡　② ㉠, ㉡, ㉢　③ ㉠, ㉡, ㉣
④ ㉠, ㉢, ㉣　⑤ ㉠, ㉡, ㉢, ㉣

07. 다음은 2010년, 2020년 주요 도시의 인구 및 주택 수에 대한 자료이다. 이에 대한 설명으로 적절하지 않은 것은?

(단위 : 천 명, 천 호, 호)

구분	2010년			2020년		
	인구	주택 수	천 명당 주택 수	인구	주택 수	천 명당 주택 수
서울	( )	1,973.2	199.4	( )	3,399.8	347.1
부산	( )	830.2	226.7	( )	1,243.1	364
대구	2,481	545	219.7	2,446	886.8	362.6
인천	2,475	632.1	255.4	2,663	936.7	351.7
광주	1,353	338.1	249.9	1,476	528.1	357.8
대전	1,368	333.5	243.8	1,502	536.1	356.9
울산	1,014	239	235.7	1,083	387.2	357.5

※ 천 명당 주택 수 $= \frac{\text{주택 수}}{\text{인구}} \times 1,000$

① 인구 천 명당 주택 수가 가장 많은 지역은 2010년에는 인천, 2020년에는 부산이다.

② 2010년의 인구수 상위 3개 도시는 2020년에 들어서 모두 인구가 감소하였다.

③ 2010년의 주택 1호당 평균 인구수는 모든 수요 도시에서 4명 이상이다.

④ 10년 사이 주택 수가 가장 적게 증가한 지역은 울산이다.

⑤ 10년 사이 인구 천 명당 주택 수가 가장 크게 증가한 지역은 서울로 약 74%가 증가하였다.

08. 다음은 2020년 읍면동 행정구역별 고령자 가구에 관한 자료이다. 이에 대한 설명으로 옳지 않은 것은?

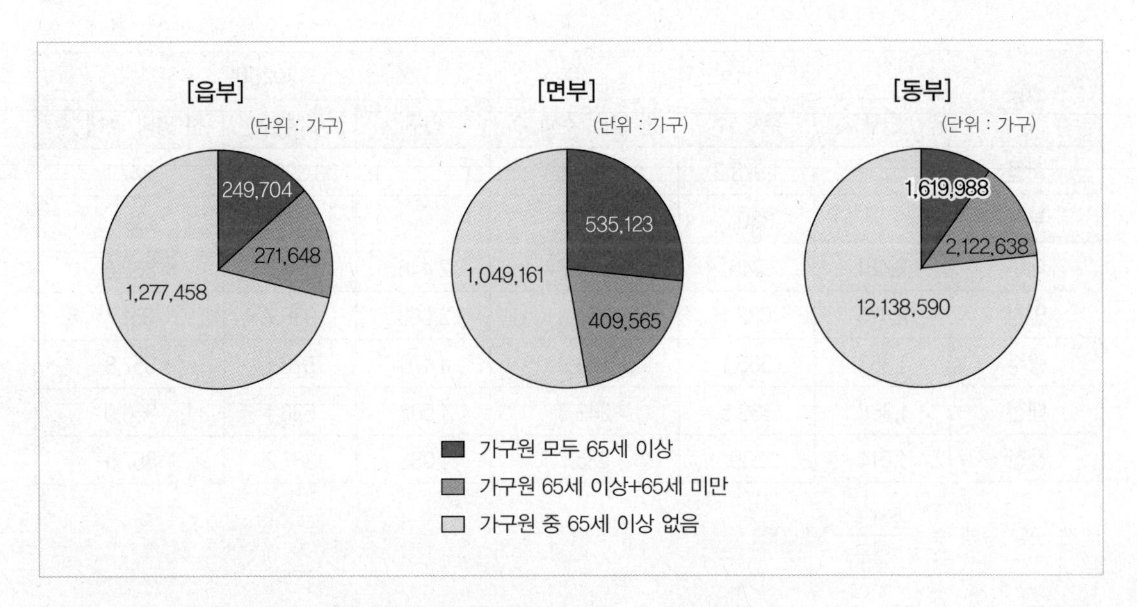

① 동부에서 가구원이 모두 65세 이상인 가구의 비율은 15% 미만이다.

② 65세 이상 고령자를 포함한 가구의 비율은 면부, 읍부, 동부 순으로 높다.

③ 가구원 모두 65세 미만인 가구 중 동부에 속한 가구의 비율은 80%를 초과한다.

④ 전체 가구 수는 면부보다 읍부가 더 많으나, 65세 이상 고령자를 포함한 가구 수는 그 반대이다.

⑤ 65세 미만 가구원과 65세 이상 가구원을 모두 포함한 가구가 읍부에 속할 확률은 10% 미만이다.

09. 다음 중 자료에 대한 설명으로 옳지 않은 것은?

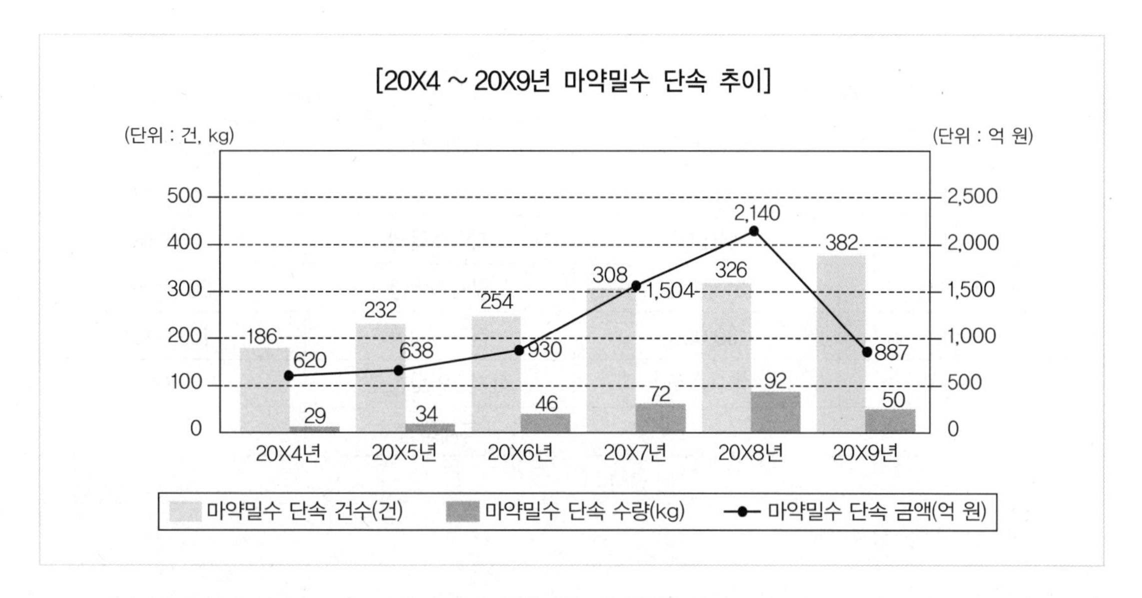

① 20X5년 마약밀수 단속 건수는 전년 대비 46건 증가하였다.

② 20X7년 마약밀수 단속 수량은 전년 대비 55% 이상 증가하였다.

③ 20X8년 마약밀수 단속 금액은 20X4년 대비 300% 이상 증가하였다.

④ 20X9년에 마약밀수 단속 건당 평균 130g 이상의 마약을 적발하였다.

⑤ 마약밀수 단속 건수는 증가하는 추세이다.

파트 4 실전연습

10. 다음은 A 씨의 보수 지급 명세서이다. 이에 대한 설명으로 옳은 것을 〈보기〉에서 모두 고르면?

[보수 지급 명세서]

보수		공제	
보수항목	보수액(원)	공제항목	공제액(원)
기본급	2,530,000	소득세	160,000
직무급	150,000	지방소득세	16,000
시간 외 수당	510,000	일반기여금	284,000
급식비	130,000	건강보험료	103,000
직급보조비	250,000	장기요양보험료	7,000
보수총액	(　　)	공제총액	(　　)
실수령액 : (　　)			

※ 실수령액 = 보수총액 − 공제총액

보기

㉠ 일반기여금이 15% 증가하면 공제총액은 60만 원 이상이 된다.
㉡ 실수령액은 기본급의 1.3배 이상이다.
㉢ 건강보험료는 장기요양보험료의 15배 이하이다.
㉣ 공제총액에서 일반기여금이 차지하는 비중은 보수총액에서 직급보조비가 차지하는 비중의 6배 이상이다.

① ㉠, ㉡, ㉢　　② ㉠, ㉡, ㉣　　③ ㉠, ㉢, ㉣
④ ㉡, ㉢, ㉣　　⑤ ㉠, ㉡, ㉢, ㉣

11. 다음은 인구 천 명당 주택 수에 관한 자료이다. 이에 대한 설명으로 적절하지 않은 것은?

[20X0년, 20X5년의 인구 천 명당 주택 수]

(단위 : 천 명, 천 호, 호/천 명)

구분	20X0년			20X5년		
	인구수	주택 수	인구 천 명당 주택 수	인구수	주택 수	인구 천 명당 주택 수
전국 계	48,580	17,672.1	363.8	51,069	19,559	383.0
수도권	23,836	8,173.2	342.9	25,274	9,017	356.8
서울	9,794	3,399.8	347.1	9,904	3,633	366.8
부산	3,415	1,243.1	364.0	3,449	1,370	397.2
대구	2,446	886.8	362.6	2,466	943	382.4
인천	2,663	936.7	351.7	2,890	1,055	365.1
광주	1,476	528.1	357.8	1,503	587	390.6
대전	1,502	536.1	356.9	1,538	595	386.9
울산	1,083	387.2	357.5	1,167	453	388.2

※ 수도권은 서울, 인천, 경기를 말함.

※ 전국 인구에는 표에 제시되어 있지 않은 기타 지역 인구수도 포함됨.

※ 인구 천 명당 주택 수는 소수점 아래 둘째 자리에서 반올림함.

① 20X5년에 인구 천 명당 주택 수가 가장 많은 곳은 부산이다.

② 20X5년 수도권의 주택 수는 20X0년 대비 10% 이상 증가했다.

③ 울산의 20X0년 대비 20X5년 인구 증가율은 주택 증가율보다 높다.

④ 전국적으로 20X0년 대비 20X5년에 인구수와 주택 수 모두 증가했다.

⑤ 20X0년 경기의 인구는 11,379천 명이다.

12. 다음은 20XX년도 학교급별 인원에 대한 자료이다. 이에 대한 설명으로 옳은 것은?

[조사항목에 따른 학교급별 해당 비율]

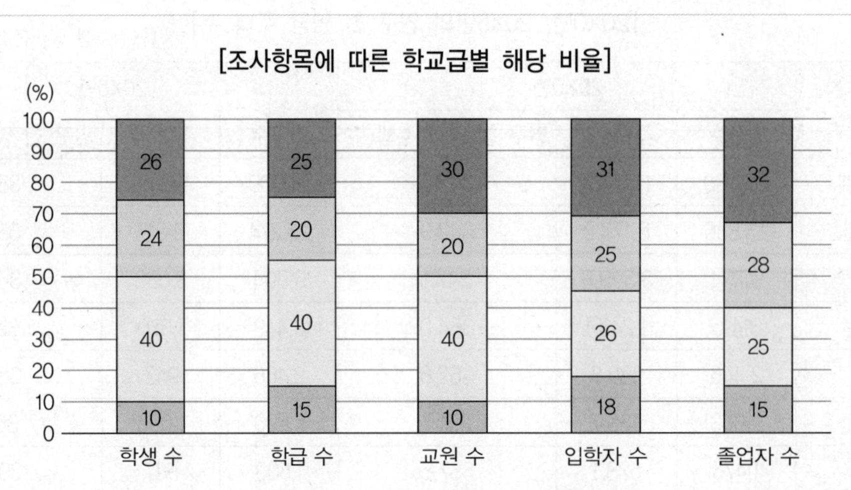

[조사항목별 유치원 · 초등학교 · 중학교 · 고등학교 합계 현황]

(단위 : 만 명, 만 개)

구분	학생 수	학급 수	교원 수	입학자 수	졸업자 수
합계	6,600	250	460	1,730	1,830

① 초등학교 한 학급당 학생 수는 25명이다.

② 교원 1명당 학생 수는 고등학교가 가장 많다.

③ 모든 조사항목에서 초등학교의 비율이 가장 높다.

④ 중학교 졸업자 수는 중학교 입학자 수보다 많다.

⑤ 전체 고등학교 학생 중에서 고등학교 졸업자의 비율은 30% 이하이다.

13. 다음은 지난 1개월간 패밀리레스토랑 방문 경험이 있는 20 ~ 35세 113명을 대상으로 연령대별 방문 횟수와 직업을 조사한 자료이다. 이에 대한 설명으로 옳은 것은?

[연령대별 패밀리레스토랑 방문 횟수]

(단위 : 명)

방문 횟수 \ 연령대	20 ~ 25세	26 ~ 30세	31 ~ 35세	계
1회	19	12	3	34
2 ~ 3회	27	32	4	63
4 ~ 5회	6	5	2	13
6회 이상	1	2	0	3
계	53	51	9	113

[응답자의 직업 조사결과]

(단위 : 명)

직업	학생	회사원	공무원	전문직	자영업	가정주부	계
응답자	49	43	2	7	9	3	113

※ 복수응답과 무응답은 없음.

① 전체 응답자 중 20 ~ 25세 응답자가 차지하는 비율은 50% 이상이다.

② 26 ~ 30세 응답자 중 4회 이상 방문한 응답자 비율은 15% 미만이다.

③ 31 ~ 35세 응답자의 1인당 평균 방문횟수는 2회 미만이다.

④ 전체 응답자 중 직업이 학생 또는 공무원인 응답자 비율은 50% 이상이다.

⑤ 전체 응답자 중 20 ~ 25세인 전문직 응답자 비율은 5% 미만이다.

14. 다음은 '갑'국의 철도차량용품에 대한 무역 실적을 나타낸 자료이다. 이에 대한 설명으로 옳지 않은 것은?

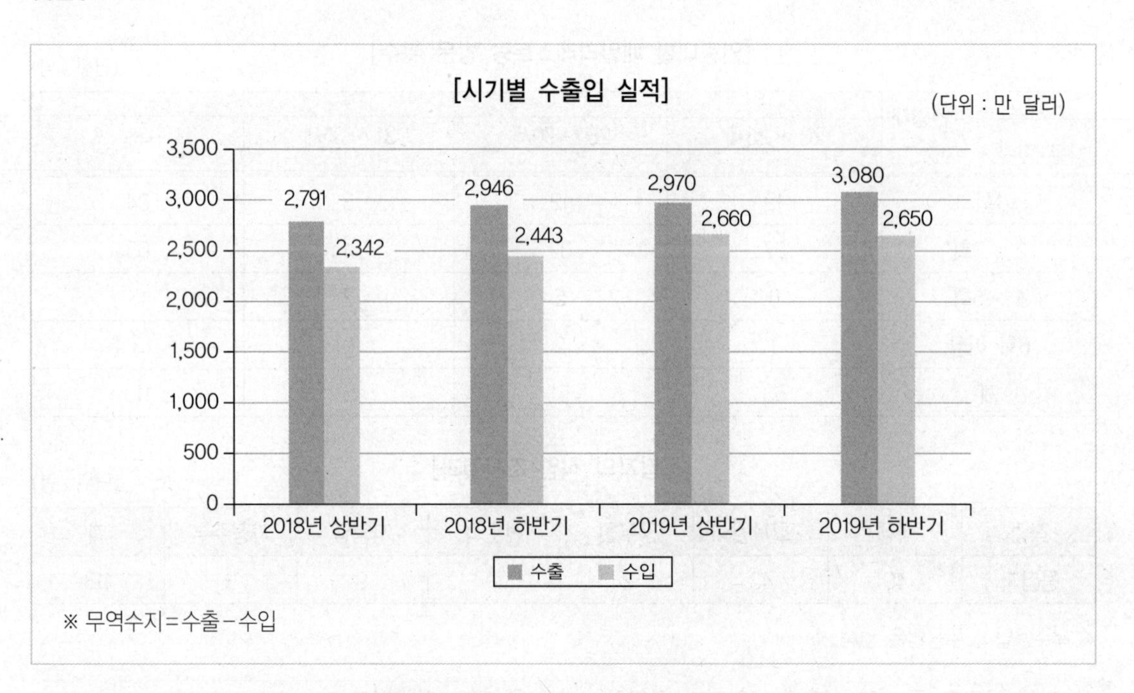

※ 무역수지=수출−수입

① 매 시기 무역수지는 증감을 반복하고 있다.

② 전기 대비 수출 증감률은 모두 양수(+)이다.

③ 전년 동기 대비 수입 증감률은 2019년 하반기가 상반기보다 작다.

④ 전기 대비 수입 증감률은 계속 커지고 있다.

⑤ 2019년의 전년 동기 대비 무역수지 증감률은 모두 음수(−)이다.

15. 다음은 국내 자동차 주행거리 및 등록대수, 평균유가를 그래프로 나타낸 자료이다. 이에 대한 설명으로 옳지 않은 것은?

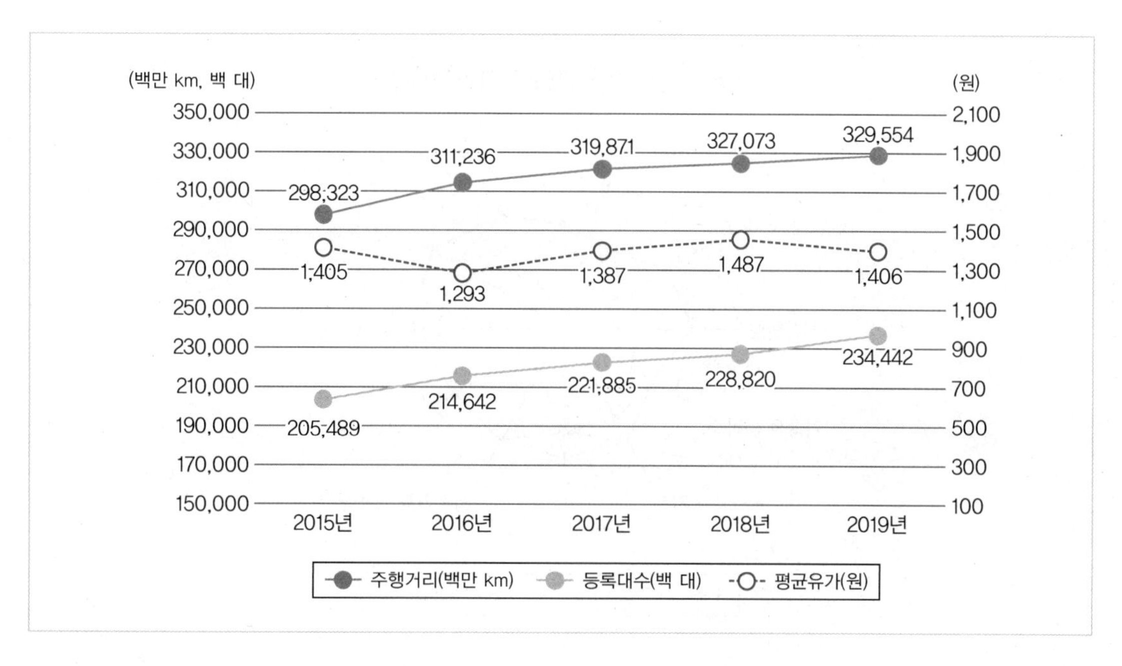

① 2015년부터 2019년까지 자동차 등록대수는 지속적으로 증가하였다.

② 2016년부터 2019년까지 전년 대비 평균유가 증감폭은 지속적으로 줄어드는 추세이다.

③ 2019년 자동차 주행거리는 약 3,296억 km로 전년 대비 약 0.8% 증가하였다.

④ 2019년 자동차 등록대수는 약 23,444천 대로 전년 대비 약 2.5% 증가하였다.

⑤ 2019년 자동차 1대당 하루 평균 주행거리는 약 38.5km이다.

16. 다음은 A 기업의 기업경쟁력 평가에 관한 자료이다. 이에 대한 설명으로 옳은 것을 〈보기〉에서 모두 고르면?

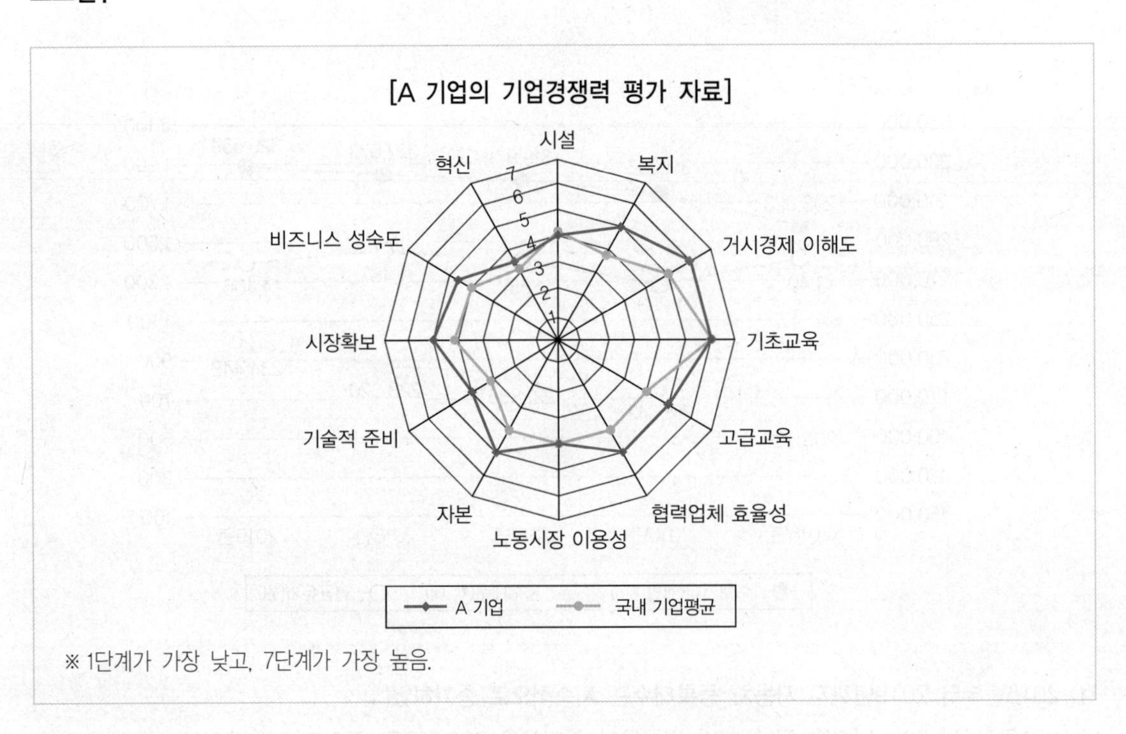

※ 1단계가 가장 낮고, 7단계가 가장 높음.

보기

㉠ A 기업과 국내 기업평균 간의 기업경쟁력 차이는 복지 부문보다 노동시장 이용성 부문에서 더 작게 나타난다.

㉡ 시장확보 부문에서 국내 기업평균 경쟁력 수준은 A 기업보다 높다.

㉢ A 기업의 12개 부문 중 기업경쟁력이 가장 낮게 평가된 분야는 혁신이다.

㉣ A 기업은 12개 부문 각각 국내 평균보다 높은 기업경쟁력을 보이고 있다.

① ㉠, ㉡ ② ㉠, ㉢ ③ ㉡, ㉢

④ ㉡, ㉣ ⑤ ㉢, ㉣

17. 다음 〈정보〉를 참고할 때, [각 국가의 연간 강수량 및 여름철 강수량]의 B, D에 해당하는 국가를 바르게 연결한 것은?

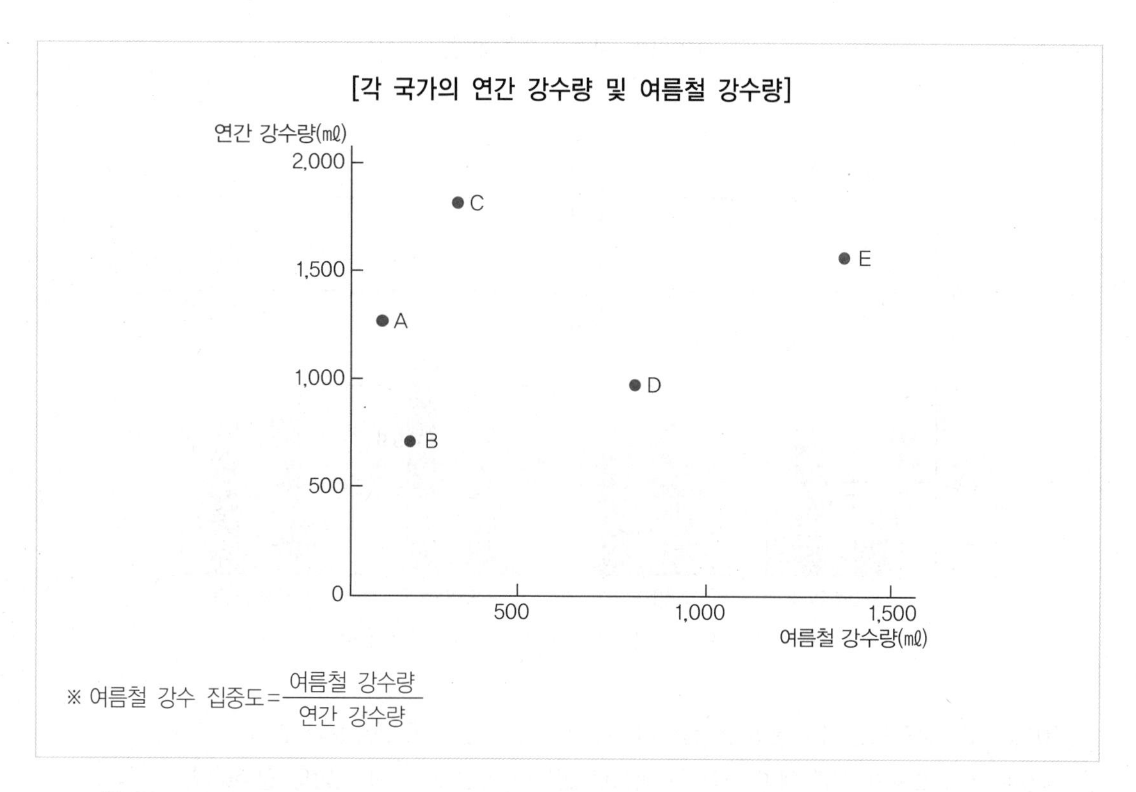

정보

- 여름철 강수 집중도는 ㉣, ㉤ 국가가 ㉮, ㉯ 국가보다 2배 이상 높다.
- ㉯ 국가는 ㉮ 국가보다 연간 강수량이 적다.
- ㉣ 국가는 ㉤ 국가보다 연간 강수량이 많다.
- ㉯ 국가는 ㉰ 국가에 비해서 연간 강수량은 많지만 여름철 강수량은 적다.

	B	D
①	㉮	㉰
②	㉰	㉤
③	㉰	㉣
④	㉯	㉤
⑤	㉮	㉯

18. 다음 자료에 대한 설명으로 옳지 않은 것은?

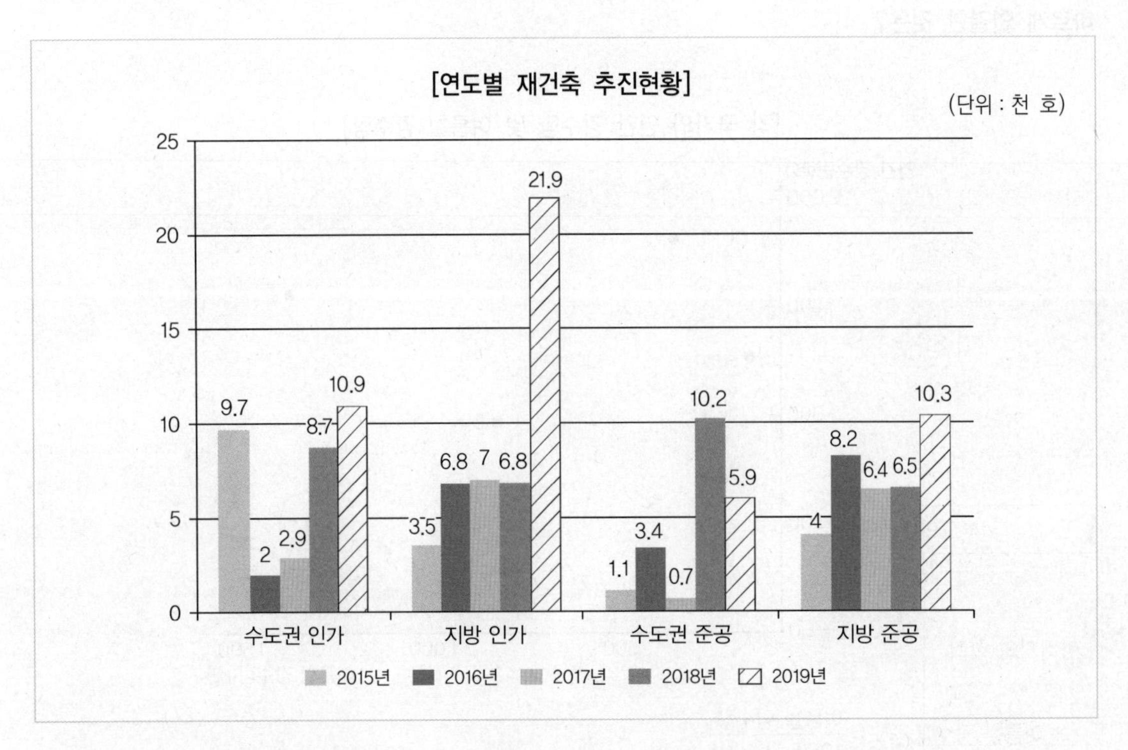

① 2015 ~ 2019년 동안 수도권의 연평균 재건축 인가 호수는 준공 호수보다 많다.

② 재건축 인가 호수가 전년 대비 가장 큰 폭으로 변동한 것은 2019년 지방의 경우이다.

③ 수도권이 지방보다 더 많은 재건축 인가/준공 호수를 보인 해는 각각 2개씩이다.

④ 2019년 지방의 재건축 준공 호수는 전년 대비 50% 이상 증가하였다.

⑤ 지방의 재건축 준공 호수와 연도별 증감 추이가 동일한 항목은 없다.

19. 다음은 학생들의 학교 성적과 부모의 학력에 따른 주당 사교육 참여시간에 대한 자료이다. 이에 대한 설명 중 옳은 것은?

[학교 성적에 따른 주당 사교육 참여시간]

(단위 : 시간)

학교 성적	평균	초등학교	중학교	고등학교
상위 10% 이내	7.3	8.2	8.9	4.3
상위 11 ~ 30%	6.9	8.0	8.0	4.2
상위 31 ~ 60%	6.3	7.3	7.3	4.0
상위 61 ~ 80%	5.5	6.4	5.8	3.7
하위 20% 이내	4.3	5.3	3.7	3.4

[부모의 학력에 따른 주당 사교육 참여시간]

(단위 : 시간)

부모의 학력		평균	초등학교	중학교	고등학교
아버지의 학력	중졸 이하	2.9	4.0	3.2	2.1
	고졸	5.4	6.6	5.8	3.2
	대졸	7.0	7.7	7.7	4.9
	대학원 졸	7.2	7.6	8.3	5.7
어머니의 학력	중졸 이하	3.1	4.3	3.8	2.0
	고졸	5.5	6.8	6.0	3.5
	대졸	7.1	7.5	7.9	5.2
	대학원 졸	7.4	7.5	8.6	5.9

① 학생들의 학교 성적과 주당 사교육 참여 시간의 평균은 비례하지 않는다.

② 중학교 성적 상위 10% 이내 학생들의 사교육 참여 시간은 상위 61 ~ 80%와 하위 20% 이내 학생들의 사교육 참여시간을 합친 것보다 많다.

③ 학교 성적으로 나눈 그룹에서 초등학교와 중학교 사교육 참여 시간이 같은 그룹은 두 개이다.

④ 아버지의 학력이 높을수록 아이의 초등학교 사교육 참여 시간은 늘어난다.

⑤ 어머니의 학력이 대학원 졸업 이상일 때 아이의 사교육 참여 시간은 초등학교부터 고등학교까지 계속 늘어난다.

20. 다음은 1988년과 2019년 주요 도시 A ~ G 시의 인구 이동을 나타낸 그래프이다. 이에 대한 설명으로 옳은 것은?

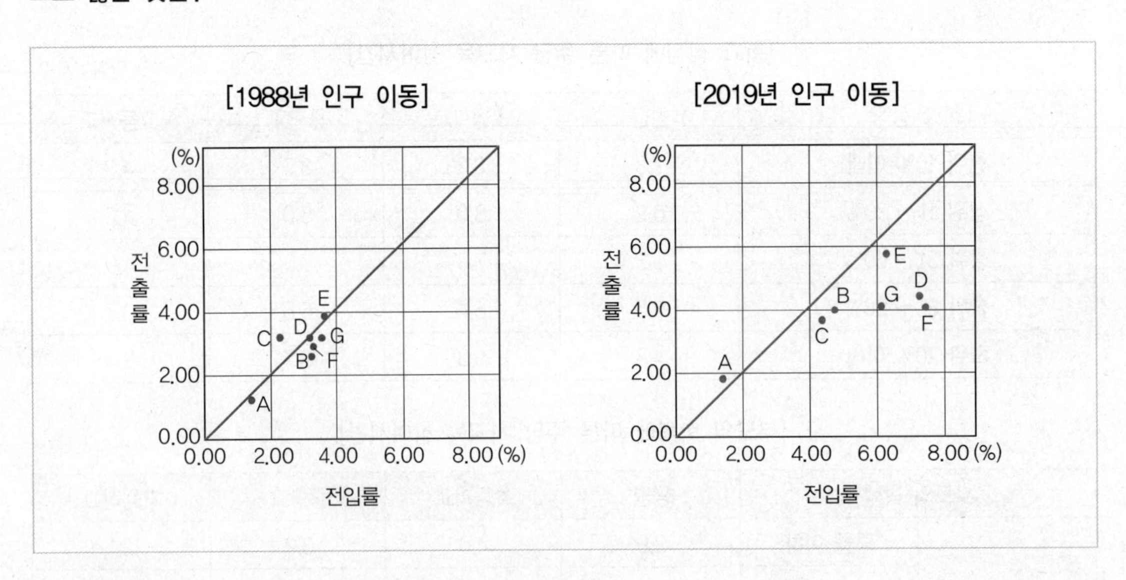

① 1988년 A ~ G 시의 총인구는 전년보다 증가하고 있다.

② 1988년 B 시의 전출자 수는 D 시의 전출자 수보다 적다.

③ 1988년과 비교하여 2019년에 인구가 감소한 도시는 C 시뿐이다.

④ 1988년 F 시 인구의 전년 대비 증가율은 2019년의 전년 대비 증가율보다 작다.

⑤ 1988년 G 시 전입자 수는 2019년 G 시 전입자 수의 약 1.5배이다.

21. 다음은 청소년 인구 추이에 관한 그래프이다. 자료에 대한 이해로 적절하지 않은 것은?

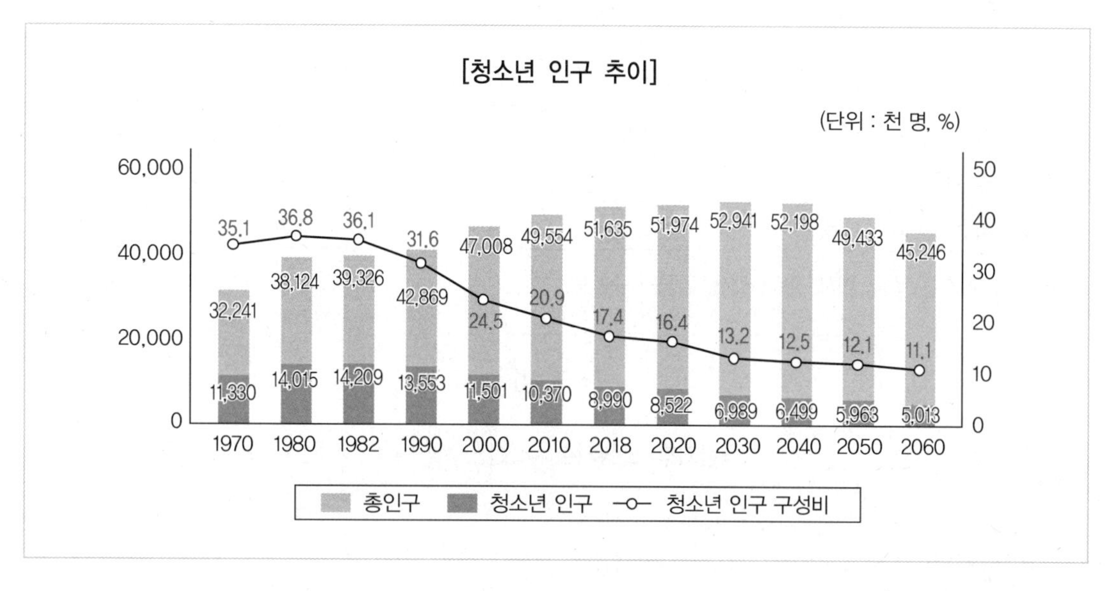

① 1980년부터 총인구 대비 청소년 인구의 비율은 점점 감소하였으며, 앞으로도 계속 감소할 것으로 전망된다.

② 1990년에는 10년 전 대비 청소년 인구가 3% 이상 감소하였다.

③ 2020년에는 10년 전 대비 총인구가 5% 이상 증가하였다.

④ 10년 전 대비 청소년 인구의 감소율은 2000년이 2010년보다 더 크다.

⑤ 청소년 인구수가 가장 많았던 해는 1982년이다.

22. 다음은 [2020년 유형별 극한기후 발생일수와 발생지수]에 관한 자료이다. 자료와 [산정식]에 따라 2020년 유형별 극한기후 발생지수를 산출할 때 이에 대한 설명으로 옳은 것은?

[2020년 유형별 극한기후 발생일수와 발생지수]

유형	폭염	한파	호우	대설	강풍
발생일수(일)	16	5	3	0	1
발생지수	5.00	( )	( )	1.00	( )

※ 극한기후 유형은 폭염, 한파, 호우, 대설, 강풍만 존재함.

[산정식]

$$\text{극한기후 발생지수} = 4 \times \left(\frac{A-B}{C-B}\right) + 1$$

※ A=당해 연도 해당 유형 극한기후 발생일수
B=당해 연도 폭염, 한파, 호우, 대설, 강풍의 발생일수 중 최솟값
C=당해 연도 폭염, 한파, 호우, 대설, 강풍의 발생일수 중 최댓값

① 발생지수는 정수로 계산된다.

② 2020년 호우의 발생지수는 2 이상이다.

③ 발생지수의 최댓값은 5, 최솟값은 0이다.

④ 유형별 극한기후 발생일수의 중앙값에 해당하는 극한기후의 발생지수는 3이다.

⑤ 발생지수 산정식의 A 대신 2020년 유형별 극한기후 발생일수의 평균을 넣어 계산한 값은 2020년 유형별 극한기후 발생지수의 평균값과 일치한다.

23. 다음은 2019년 공항철도 여객 수송실적을 나타낸 자료이다. 이에 대한 해석으로 옳지 않은 것은?

[공항철도 월별 여객 수송실적(2019년)]

(단위 : 천 명)

구분	승차인원	유입인원	수송인원
1월	2,843	2,979	5,822
2월	(A)	2,817	5,520
3월	3,029	3,302	6,331
4월	3,009	3,228	6,237
5월	3,150	3,383	6,533
6월	3,102	3,259	6,361
7월	3,164	3,267	6,431
8월	3,103	(B)	6,720
9월	2,853	3,480	6,333
10월	3,048	3,827	6,875
11월	2,923	3,794	6,717
12월	3,010	3,900	(C)

※ 유입인원 : 다른 철도를 이용하다가 공항철도로 환승하여 최종 종착지에 내린 승객의 수

※ 수송인원=승차인원+유입인원

※ 1 ~ 3월은 1분기, 4 ~ 6월은 2분기, 7 ~ 9월은 3분기, 10 ~ 12월은 4분기이다.

① 2019년 공항철도의 수송인원은 매 분기마다 증가하고 있다.

② 2019년 2분기 공항철도 총 유입인원은 1천만 명보다 적다.

③ 9월의 공항철도 유입인원은 8월에 비해 1만 5천 명보다는 적게 감소하였다.

④ 유입인원이 가장 많았던 달과 수송인원이 가장 많았던 달은 일치한다.

⑤ 승차인원이 가장 많았던 달의 승차인원은 가장 적었던 달보다 40만 명 이상 더 많았다.

파트 4 실전연습

24. 다음은 S사 연구기관의 직종별 인력 현황이다. 이에 대한 설명으로 옳지 않은 것은?

구분		2015년	2016년	2017년	2018년	2019년
정원(명)	연구 인력	80	80	85	90	95
	지원 인력	15	15	18	20	25
	계	95	95	103	110	120
현원(명)	연구 인력	79	79	77	75	72
	지원 인력	12	14	17	21	25
	계	91	93	94	96	97
박사학위 소지자(명)	연구 인력	52	53	51	52	55
	지원 인력	3	3	3	3	3
	계	55	56	54	55	58
평균 연령(세)	연구 인력	42.1	43.1	41.2	42.2	39.8
	지원 인력	43.8	45.1	46.1	47.1	45.5
평균 연봉 지급액(만 원)	연구 인력	4,705	5,120	4,998	5,212	5,430
	지원 인력	4,954	5,045	4,725	4,615	4,540

※ 충원율(%) $= \frac{\text{현원}}{\text{정원}} \times 100$

① 지원 인력의 충원율이 100%를 넘는 해가 있다.

② 연구 인력과 지원 인력의 평균 연령 차이는 전년 대비 계속해서 커지고 있다.

③ 지원 인력 내 박사학위 소지자의 비율은 매년 줄어들고 있다.

④ 2016년 이후로 지원 인력의 평균 연봉 지급액이 연구 인력을 앞지른 해는 없다.

⑤ 2015년 대비 2019년의 총 정원 증가율은 26%를 초과한다.

25. 다음은 청소년의 일평균 스마트폰 이용 현황 및 이용 시간에 관한 조사 자료이다. 이에 대한 설명으로 옳지 않은 것은?

[표 1] 청소년(12 ~ 19세)의 일평균 스마트폰 이용 현황

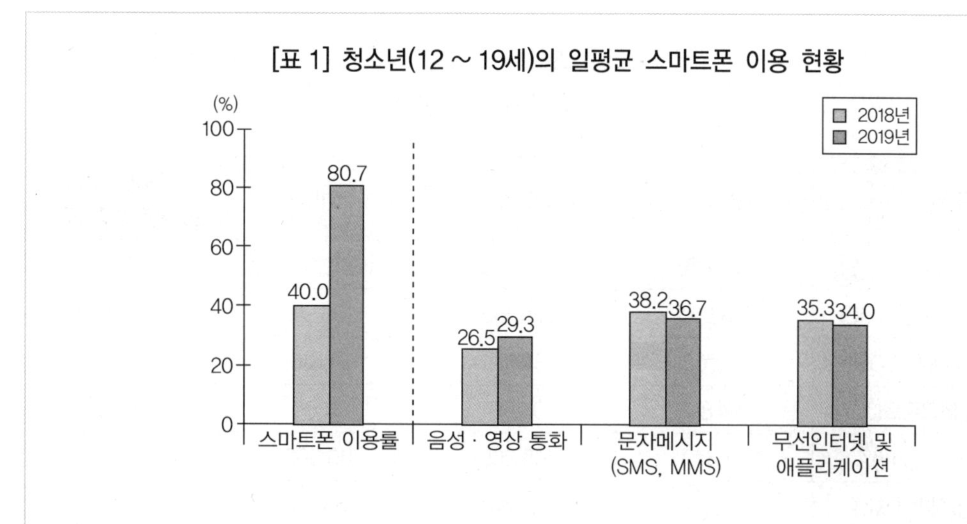

[표 2] 청소년(12 ~ 19세)의 스마트폰 이용 시간

(단위 : 시간, %)

구분	일평균 이용 시간	시간별 이용률				
		계	1시간 미만	1시간 이상 ~ 2시간 미만	2시간 이상 ~ 3시간 미만	3시간 이상
2018년	2.7	100.0	16.0	24.3	18.0	41.7
2019년	2.6	100.0	7.7	28.9	27.0	36.4

① 청소년들은 스마트폰으로 음성 · 영상 통화보다 문자메시지를 더 많이 사용한다.

② 2019년 청소년의 스마트폰 일평균 이용 시간은 전년과 비슷한 수준이다.

③ 청소년의 스마트폰 일평균 이용 시간은 시간별 이용률에서 가장 많은 비중을 차지하는 이용 시간보다 많으며, 전년에 비해 2019년 평균 문자메시지 이용 시간은 10분 이상 감소했다.

④ 2019년 청소년의 스마트폰 이용률은 전년에 비해 40%p 이상 증가하였다.

⑤ 2018년과 2019년, 3시간 이상 스마트폰을 사용한다고 답한 청소년들의 정확한 수는 알 수 없다.

02 도표응용계산

2. 실력

01. 다음은 에너지 및 원자력 발전 산업의 실태 조사 결과이다. 다음 중 (가)와 (나)에 들어갈 숫자로 바르게 짝지어진 것은? (단, 소수점 아래 둘째 자리에서 반올림한다)

구분	2017년	2018년	2019년	2018년 대비 2019년 증감률(%)
1차 에너지공급(천 TOE)	287,479	293,778	302,065	2.8
최종에너지소비(천 TOE)	218,608	225,160	233,901	3.9
원자력에너지(천 TOE)	34,765	34,181	31,615	−7.5
에너지 해외의존도(%)	94.80	94.60	94.00	−0.6
총 발전설비(MW)	97,649	105,866	116,908	(가)
총 발전량(백만 kwh)	522,351	540,441	553,530	2.4
상업운전 원전기수(기)	24	25	24	−4.0
원전 이용률(%)	85.3	79.7	(나)	−10.7

	(가)	(나)
①	11.4	71.2
②	10.4	71.2
③	10.4	68.8
④	11.5	68.8
⑤	10.5	71.2

02. 다음 중 각 기업이 A 씨에게 제시한 연봉을 원화로 환산했을 때 A 씨의 20X1 ~ 20X3년 연봉의 총 액수를 바르게 나열한 것은?

[각국의 기업이 A 씨에게 제시한 20X1 ~ 20X3년 연봉]

구분	미국 기업	중국 기업	일본 기업
연봉	4만 달러	30만 위안	280만 엔

[20X1 ~ 20X3년 예상 환율]

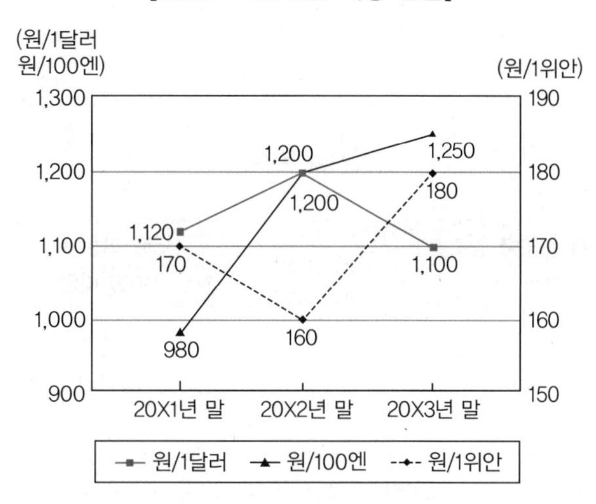

※ 각국의 기업은 제시한 연봉을 해당국 통화로 매년 말 연 1회 지급함.

※ 해당 연도 원화환산 연봉은 각국의 기업이 제시한 연봉에 해당 연말 예상 환율을 곱하여 계산함.

	미국 기업	중국 기업	일본 기업
①	11,580만 원	13,600만 원	9,340만 원
②	12,650만 원	14,500만 원	9,540만 원
③	13,680만 원	15,300만 원	9,604만 원
④	14,720만 원	16,700만 원	9,840만 원
⑤	14,850만 원	16,800만 원	9,870만 원

03. 다음 [표]는 탄소포인트제 가입자 A ~ D의 에너지 사용량 감축률 현황을 나타낸 자료이다. 아래의 [지급 방식]에 따라 가입자 A ~ D가 탄소포인트를 지급받을 때 가장 많이 지급받는 가입자와 가장 적게 지급받는 가입자를 바르게 나열한 것은?

[표] 가입자 A ~ D의 에너지 사용량 감축률 현황

(단위 : %)

에너지 사용유형 \ 가입자	A	B	C	D
전기	-6.7	9	8.3	6.3
수도	11	-2.5	5.7	9.1
가스	14.6	17.1	9.1	4.9

[지급 방식]

• 탄소포인트 지급 기준

(단위 : 포인트)

에너지 사용유형 \ 에너지 사용량 감축률	5% 미만	5% 이상 ~ 10% 미만	10% 이상
전기	0	5,000	10,000
수도	0	1,250	2,500
가스	0	2,500	5,000

※ 아래의 두 가지 조건을 만족할 경우 지급받는 탄소포인트의 10%를 추가로 받는다.
1) 모든 유형의 에너지 사용량 감축률의 합이 20%p를 넘는 경우
2) 모든 유형의 에너지 사용량 감축률이 음수를 기록하지 않은 경우

• 가입자가 지급받는 탄소포인트
=전기 탄소포인트+수도 탄소포인트+가스 탄소포인트
예 가입자 D가 지급받는 탄소포인트 : (5,000+1,250+0)×1.1=6,875(포인트)

	가장 많이 지급받는 가입자	가장 적게 지급받는 가입자
①	B	A
②	B	C
③	B	D
④	C	A
⑤	C	D

04. 다음 자료에 대한 보고서를 작성하려고 한다. ㉠에 들어갈 수치로 옳은 것은? (단, 소수점 아래 둘째 자리에서 반올림한다)

[자료 1] 노후 준비여부

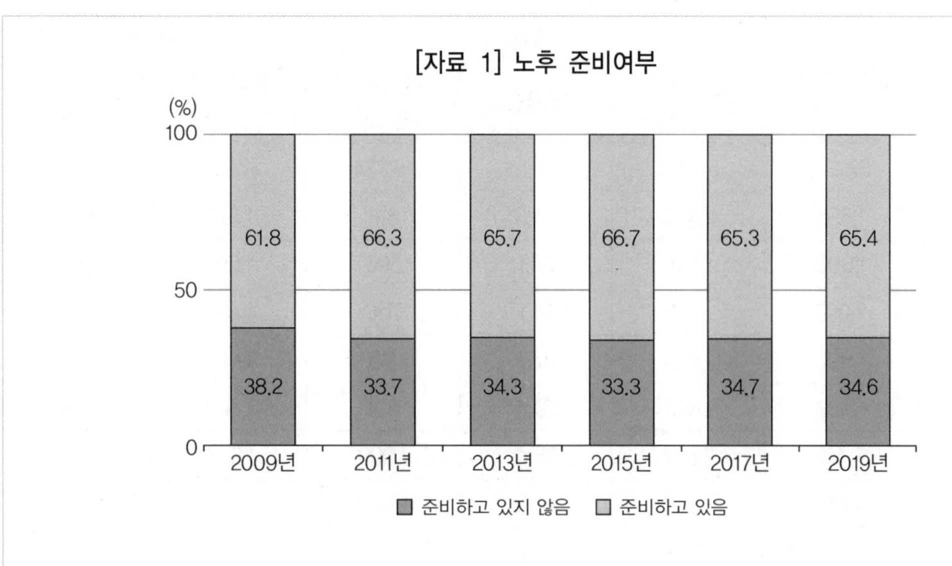

[자료 2] 2019년 노후 준비 방법

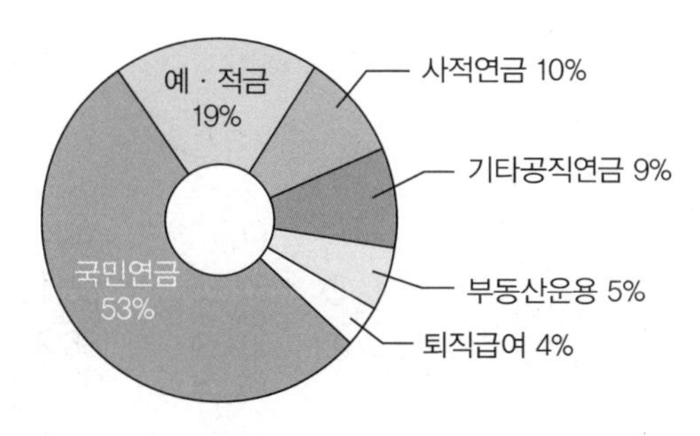

2019년 조사에서 노후를 준비하고 있다고 대답한 사람의 비중은 2009년보다 3.6%p 증가했다. 2019년 노후를 준비하는 사람들에게 노후 준비 방법에 대해 조사한 결과 국민연금으로 노후 준비를 하는 인원이 가장 많았으며, 이는 전체 조사대상자 중 약 ___㉠___ 에 해당한다.

① 6.3% ② 9.8% ③ 22.9%

④ 34.7% ⑤ 53.5%

파트 4 실전연습

05. 다음은 2019년 8개 지역의 상 · 하수도 보급 현황에 대한 자료이다. (가)와 (나)에 들어갈 수로 알맞은 것은? (단, 필요시 소수점 아래 둘째 자리에서 반올림한다)

구분 / 지역	총인구(천 명)	상수도			하수도	
		급수인구(천 명)	보급률(%)	1일 급수량(천 m^3)	처리인구(천 명)	보급률(%)
전국	52,127	51,325	98.5	16,734	47,672	91.5
강원	1,556	1,470	94.5	631	1,322	85.0
충북	1,600	1,554	97.1	596	1,301	81.3
충남	2,097	(가)	91.1	706	1,496	71.3
전북	1,896	1,853	97.7	713	1,579	83.3
전남	1,932	1,805	93.4	591	1,402	72.6
경북	2,743	2,687	98.0	1,099	1,934	70.5
경남	3,403	3,380	99.3	1,068	2,958	(나)
제주	605	605	100	226	541	89.4

※ 상수도 보급률(%) $= \frac{\text{상수도 급수인구}}{\text{총인구}} \times 100$

※ 하수도 보급률(%) $= \frac{\text{하수도 처리인구}}{\text{총인구}} \times 100$

	(가)	(나)
①	1,795.3	84.5
②	1,876.5	86.1
③	1,894.1	87.2
④	1,910.4	86.9
⑤	2,010.8	85.4

[06 ~ 07] 다음은 리조트 A ~ E의 1박 기준 일반요금 및 회원할인율에 관한 정보이다. 이어지는 질문에 답하시오.

[비수기 및 성수기 일반요금(1박 기준)]

(단위 : 천 원)

구분 \ 리조트	A	B	C	D	E
비수기 일반요금	300	250	200	150	100
성수기 일반요금	500	350	300	250	200

[비수기 및 성수기 회원할인율(1박 기준)]

(단위 : %)

구분	회원유형 \ 리조트	A	B	C	D	E
비수기 회원할인율	기명	50	45	40	30	20
	무기명	35	40	25	20	15
성수기 회원할인율	기명	35	30	30	25	15
	무기명	30	25	20	15	10

* 회원할인율(%) = $\frac{\text{일반요금} - \text{회원요금}}{\text{일반요금}} \times 100$

06. 리조트 1박 기준, 성수기 기명 회원요금과 성수기 무기명 회원요금 차이가 가장 큰 리조트는 어디인가?

① A ② B ③ C
④ D ⑤ E

07. 리조트 1박 기준, 리조트 B의 회원요금 중 가장 높은 값과 가장 낮은 값의 차이는 얼마인가?

① 100,000원 ② 110,000원 ③ 115,000원
④ 120,000원 ⑤ 125,000원

파트 4 실전연습

[08 ~ 09] 다음은 최근 우리나라의 유학생 현황에 대한 자료이다. 이어지는 질문에 답하시오.

(단위 : 명, 백만 달러)

구분		2013년	2014년	2015년	2016년	2017년	2018년	2019년
우리나라의 해외 유학생 수	초등학생	8,794	7,477	6,061	5,154	4,455	4,271	3,796
	중학생	5,870	5,468	4,977	4,377	3,729	3,226	2,700
	고등학생	4,077	3,570	3,302	2,843	2,723	2,432	2,247
	대학생	251,887	262,465	239,213	227,126	219,543	214,696	223,908
	학위과정	152,852	164,169	154,178	144,087	140,560	158,415	133,178
국내 외국인 유학생 수	대학생	83,842	89,537	86,878	85,923	84,891	91,332	104,262
	학위과정	60,000	63,653	60,589	56,715	53,636	55,739	63,104
유학 및 연수 수지	국내수입액	37.4	128.3	71.8	104	123.9	122.6	122.7
	해외지출액	4,488	4,389.5	4,150.4	4,306.9	3,722.1	3,741.9	3,518.5

08. 2019년 우리나라 대학생의 해외 유학생 수는 전년 대비 얼마나 증가했는가?

① 약 3%　② 약 4%　③ 약 5%
④ 약 6%　⑤ 약 7%

09. 우리나라의 유학 및 연수 수지가 가장 심한 적자를 기록한 해는 언제인가?

① 2013년　② 2014년　③ 2015년
④ 2016년　⑤ 2017년

[10 ~ 11] 다음은 보험회사의 자산현황 추이를 나타낸 그래프이다. 이어지는 질문에 답하시오.

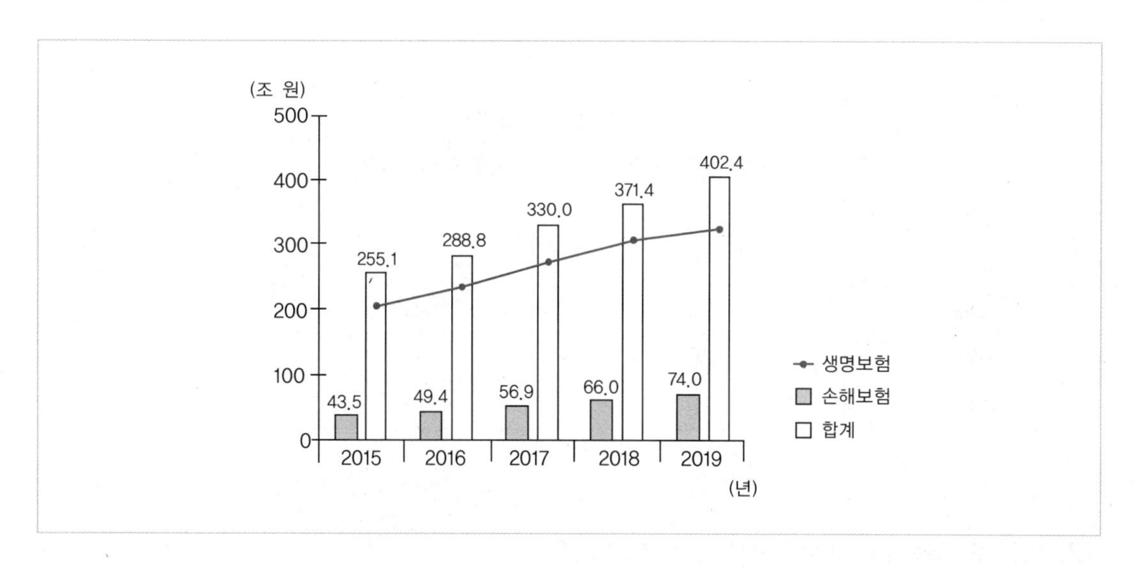

10. 2019년의 손해보험 자산은 2018년 손해보험 자산에 비해 몇 % 증가했는가? (단, 소수점 아래 첫째 자리에서 반올림한다)

① 약 9%　② 약 10%　③ 약 11%
④ 약 12%　⑤ 약 13%

11. 2018년의 생명보험 자산은 2016년 생명보험 자산의 몇 배인가? (단, 소수점 아래 셋째 자리에서 반올림한다)

① 약 0.95배　② 약 1.19배　③ 약 1.23배
④ 약 1.28배　⑤ 약 1.33배

[12 ~ 14] 다음은 직장인 1,000명을 대상으로 저축 여부를 설문조사한 결과이다. 이어지는 질문에 답하시오.

(단위 : 명)

연령	저축을 하고 있는가?		계
	저축을 하고 있다.	저축을 하지 않는다.	
20대	178	72	250
30대	175	25	200
40대	201	99	300
50대	136	64	200
60대	21	29	50

12. 다음 중 저축자의 비율이 가장 높은 연령대는?

① 20대　② 30대　③ 40대
④ 50대　⑤ 60대

13. 위의 자료에 대한 설명으로 옳지 않은 것은?

① 60대의 50% 이상이 저축을 하지 않는다.
② 전체 조사자 중 저축자의 수는 700명 이상이다.
③ 저축을 하지 않는 50대의 수는 저축을 하지 않는 30대 수의 2배 이상이다.
④ 30대부터 연령대가 높아질수록 저축자의 비율이 계속 낮아지고 있다.
⑤ 20 ~ 30대 저축자의 비율이 40 ~ 50대 저축자의 비율보다 높다.

14. 전체 저축자 중 50대의 비율은 몇 %인가? (단, 소수점 아래 둘째 자리에서 반올림한다)

① 13.6%　② 14.3%　③ 17.2%
④ 19.1%　⑤ 21.2%

[15 ~ 16] 다음은 OECD 국가별 고용률 비교 자료이다. 이어지는 질문에 답하시오.

[국가별 청년 고용률 비교(2000 ~ 2019년)]

(단위 : %)

구분	25 ~ 29세					30 ~ 34세				
	2000년	2005년	2010년	2005년	2019년	2000년	2005년	2010년	2015년	2019년
한국	86.3	88.2	74.7	70.0	69.3	95.4	91.2	89.8	87.5	90.0
프랑스	82.4	83.5	83.2	81.9	77.9	89.0	88.5	89.1	88.0	83.5
독일	79.2	81.1	74.2	78.7	80.6	88.4	89.3	84.8	87.1	88.5
이탈리아	71.1	69.4	72.7	66.8	58.6	86.5	86.3	86.6	82.6	76.3
일본	92.8	90.3	87.6	86.5	87.8	95.6	93.7	92.1	91.2	91.7
영국	83.0	87.6	86.4	83.4	84.9	86.2	89.7	89.0	86.6	89.4
미국	87.1	88.9	85.8	78.0	82.0	89.2	91.5	89.0	82.1	85.9
OECD	84.4	85.2	83.1	79.5	80.5	89.3	90.4	88.9	86.0	87.0

15. 25 ~ 29세와 30 ~ 34세에서 2000 ~ 2019년의 고용률 변동 추이가 한국과 같은 나라를 순서대로 바르게 나열한 것은?

① 독일, 일본 ② 프랑스, 영국 ③ 프랑스, 일본
④ 미국, 이탈리아 ⑤ 미국, 영국

16. 다음 중 30 ~ 34세에서 2015년 대비 2019년의 고용률 증가율이 가장 큰 나라는? (단, 소수점 아래 둘째 자리에서 반올림한다)

① 한국 ② 독일 ③ 영국
④ 미국 ⑤ 일본

[17 ~ 18] 다음 자료를 보고 이어지는 질문에 답하시오.

[2019년 주택형태별 에너지 소비 현황]

(단위 : 천 TOE)

구분	연탄	석유	도시가스	전력	열에너지	기타	합계
단독주택	411.8	2,051.8	2,662.1	2,118.0	–	110.3	7,354
아파트	–	111.4	5,609.3	2,551.5	1,852.9	–	10,125.1
연립주택	1.4	33.0	1,024.6	371.7	4.3	–	1,435
다세대주택	–	19.7	1,192.6	432.6	–	–	1,644.9
상가주택	–	10.2	115.8	77.6	15.0	2.4	221
총합	413.2	2,226.1	10,604.4	5,551.4	1,872.2	112.7	20,780

* 전력 : 전기에너지와 심야전력에너지 포함
* 기타 : 장작 등 임산 연료

17. 위의 자료에 대한 해석으로 적절한 것은?

① 단독주택에서 소비한 전력 에너지량은 단독주택 전체 에너지 소비량의 30% 이상을 차지한다.
② 모든 주택형태에서 가장 많이 소비한 에너지 유형은 도시가스 에너지이다.
③ 아파트는 다른 주택형태에 비해 가구당 에너지 소비량이 많다.
④ 모든 주택형태에서 공통적으로 소비되는 에너지 유형은 4가지이다.
⑤ 단독주택은 모든 유형의 에너지를 소비한다.

18. 아파트 전체 에너지 소비량 중 도시가스 에너지 소비량이 차지하는 비율은? (단, 소수점 아래 둘째 자리에서 반올림한다)

① 25.2% ② 36.2% ③ 52.4%
④ 55.4% ⑤ 71.4%

[19 ~ 20] 다음은 2015 ~ 2019년 동안의 근로소득세, 법인세 실효세율 추이를 비교한 표이다. 이어지는 질문에 답하시오.

[근로소득세, 법인세 실효세율 추이 비교]

(단위 : %)

구분	2015년	2016년	2017년	2018년	2019년
근로소득세	10.59	10.77	11.00	11.14	11.30
법인세	19.59	16.56	16.65	16.80	15.99

19. 법인세 실효세율이 가장 낮았던 해의 전년 대비 근로소득세 실효세율의 증감률은? (단, 소수점 아래 셋째 자리에서 반올림한다)

① 0.54%　② 1.44%　③ 1.70%
④ 2.14%　⑤ 4.82%

20. 다음 중 자료에 대한 설명으로 옳지 않은 것은?

① 근로소득세 실효세율의 전년 대비 증감폭이 가장 작은 해는 2018년이다.
② 2016년 대비 2018년 법인세 실효세율의 증가율은 약 1.45%이다.
③ 2019년 법인세 실효세율은 근로소득세 실효세율의 약 1.42배이다.
④ 근로소득세 실효세율은 2015년부터 2019년까지 매년 증가하는 추세를 보인다.
⑤ 2017년 대비 2018년 실효세율의 증감률은 법인세가 근로소득세보다 높다.

[21 ~ 22] 다음은 A 지역 청년통장사업 참여인원에 관한 자료이다. 이어지는 질문에 답하시오.

[청년통장사업에 참여한 근로자의 고용형태별, 직종별, 근무연수별 인원]

• 고용형태

(단위 : 명)

전체	정규직	비정규직
6,500	4,591	1,909

• 직종

(단위 : 명)

전체	제조업	서비스업	숙박 및 음식점업	운수업	도소매업	건설업	기타
6,500	1,280	2,847	247	58	390	240	1,438

• 근무연수

(단위 : 명)

전체	6개월 미만	6개월 이상 1년 미만	1년 이상 2년 미만	2년 이상
6,500	1,669	1,204	1,583	2,044

[청년통장 사업별 참여인원 중 유지인원 현황]

(단위 : 명)

사업명	참여인원	유지인원	중도해지인원
청년통장 I	500	476	24
청년통장 II	1,000	984	16
청년통장 III	5,000	4,984	16
전체	6,500	6,444	56

21. 청년통장사업에 참여한 근로자 중 정규직 근로자의 비율은? (단, 소수점 아래 첫째 자리에서 반올림한다)

① 71%　② 77%　③ 81%
④ 84%　⑤ 88%

22. 청년통장사업에 참여한 정규직 근로자 중 근무연수가 2년 이상인 근로자의 비율은 최소 몇 %인가? (단, 소수점 아래 둘째 자리에서 반올림한다)

① 1.5%　② 2.9%　③ 3.7%
④ 4.1%　⑤ 5.0%

[23 ~ 24] 다음은 농축산물 도매물가에 대한 자료이다. 이어지는 질문에 답하시오.

[농축산물 도매물가]

(2020년 5월 3일 기준, 단위 : 원)

구분	단위	오늘	전주 대비	전년 대비
쌀	20kg	44,520	0	12,720
감자	20kg	75,605	−5,470	33,759
배추	포기	1,756	−295	309
무	개	2,648	114	1,096
양파	kg	927	−16	−37
시금치	4kg	8,771	−249	457
당근	kg	1,886	108	585
오이	100개	23,509	−1,968	7,594
애호박	20개	12,074	−3,385	5,572
파프리카	5kg	24,089	−2,571	11,058
토마토	10kg	9,916	−1,928	2,095
딸기	2kg	13,921	−1,106	900
사과(부사)	10kg	22,890	−1,797	−4,424
배(신고)	15kg	24,588	1,141	−10,942
소고기(한우)	지육/kg(평균)	17,711	453	2,020
돼지고기(탕박)	지육/kg(평균)	4,988	173	−229
닭고기(산지)	육계/kg(평균)	1,523	52	−805
계란(산지)	특란/10개	932	−2	−1,165

23. 위의 자료에 대한 해석으로 옳지 않은 것은?

① 작년 쌀 40kg의 가격은 63,600원이었다.
② 오늘 소고기는 kg당 가격이 닭고기보다 10배 이상 더 비싸다.
③ 오늘 애호박은 개당 가격이 지난주에 비해 약 170원 저렴하다.
④ 지난주에 비해 배추의 가격은 하락하였고 무의 가격은 상승하였다.
⑤ 지난주 당근은 kg당 가격이 양파보다 2배 이상 더 비쌌다.

24. A 씨는 일주일 전 잼과 청을 만들기 위해 딸기 6kg을 구입하였다. 만약 같은 중량의 딸기를 오늘 구입하였다면 A 씨가 지불한 금액은 어떻게 달라지는가?

① 1,106원 덜 지불 ② 1,106원 더 지불 ③ 2,212원 덜 지불
④ 3,318원 덜 지불 ⑤ 3,318원 더 지불

[25 ~ 26] 다음은 서울교통공사 지하철 운임 관련 자료이다. 이어지는 질문에 답하시오.

[지하철 이용 시 운임안내표]

종류	교통카드	1회권
일반	[기본운임] 10km 이내 : 1,250원 [추가운임] • 10 ~ 50km 이내 : 5km마다 100원 추가 • 50km 초과 : 8km마다 100원 추가 • 수도권 내외를 연속하여 이용 시 수도권 내 운임을 먼저 적용한 후 수도권 외(평택 ~ 신창, 가평 ~ 춘천) 구간은 4km마다 100원씩 추가	교통카드운임에 100원 추가
청소년	[기본운임] (　　　)원 일반 교통카드운임에서 350원을 제하고 20% 할인	일반 1회권 적용
어린이	[기본운임] (　　　)원 일반 교통카드운임에서 350원을 제하고 50% 할인	교통카드운임과 동일
우대	[무임적용] • 노인(만 65세 이상), 장애인(중증장애인은 동반 1인 포함), 유공자(상이 및 장해등급 1급 동반 포함) 및 별도 지정자 • 유아 : 만 6세 미만(보호자 1명당 3명까지), 4명부터 추가 1명당 어린이 요금 부과	
정기권	[서울전용] 55,000원(1,250원×44회) [거리비례용] 1 ~ 14단계(55,000 ~ 102,900원) • 단계별 운임 산출기준 : 종별 교통카드 기본운임×44회×15% 할인 • 충전일로부터 60회/30일 이내 사용(횟수 또는 만기일 중 선도래 시 사용 종료)	
단체권	• 도시철도구간 내 사용가능 • 공항철도, 신분당선, 용인, 의정부, 우이신설경전철 사용불가	

* 조조할인제 : 영업시작 ~ 당일 06 : 30까지 선 · 후불 교통카드 사용 승차 시 기본운임의 20% 할인(단, 다른 교통수단 이용 후 환승하는 경우 제외)
* 지하철 운임은 수도권 전철 전 구간을 일원화하여 거리비례제로 책정한다(최단거리 기준).

[이용거리별 운임]

(단위 : 원)

이용거리	선 · 후불 교통카드			1회용 교통카드	
	어른	청소년	어린이	어른(청소년 포함)	어린이
10km까지	1,250			1,350	
15km까지	1,350	800	500	1,450	500
20km까지	1,450	880	550	1,550	550
25km까지	1,550	960	600	1,650	600
30km까지	1,650	1,040	650	1,750	650
35km까지	1,750	1,120	700	1,850	700
40km까지	1,850	1,200	750	1,950	750

* 이용거리별 운임표 : 이용거리, 선 · 후불 교통카드, 1회용 교통카드, 연령별 정보 제공

25. 청소년과 어린이의 기본운임의 합은 얼마인가?

① 1,000원 ② 1,150원 ③ 1,170원
④ 1,190원 ⑤ 1,210원

26. 천호동에 사는 성인인 K 씨는 25km 떨어진 친구의 집을 방문하기 위해 아침 6시에 천호역에서 후불 교통카드를 사용하여 5호선을 탔다. 친구와 즐거운 시간을 보내고 오후 4시에 천호동으로 다시 돌아온 K 씨가 지하철 교통비로 사용한 금액은 얼마인가?

① 3,000원 ② 2,950원 ③ 2,900원
④ 2,800원 ⑤ 2,850원

03 도표작성

2. 실력

01. 다음 자료를 참고하여 작성한 그래프로 옳은 것은?

[S 시의 통근시간별 통근 인구와 평균 통근시간]

(단위 : 천 명, 분)

구분	2017년	2018년	2019년	2020년
30분 미만	548	515	562	547
30분 이상 60분 미만	462	441	488	616
60분 이상	109	183	181	241
평균 통근시간	29.6	32.1	31.1	33.7

① [연도별 통근시간 30분 미만 인구]

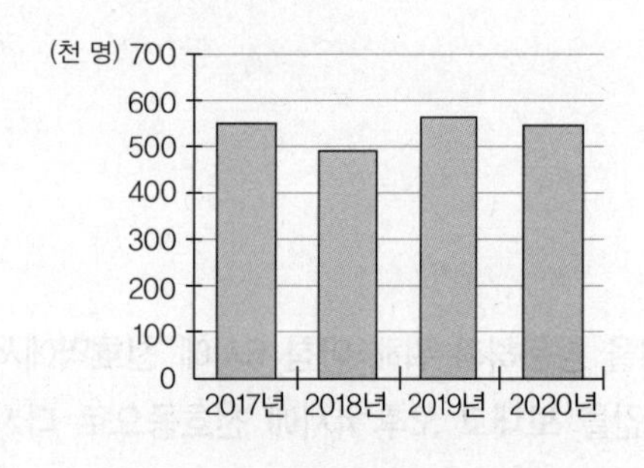

② [연도별 통근시간 60분 이상 인구]

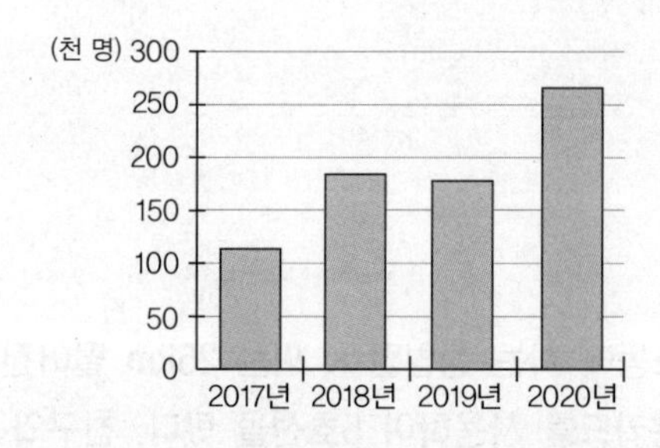

③ [연도별 평균 통근시간]

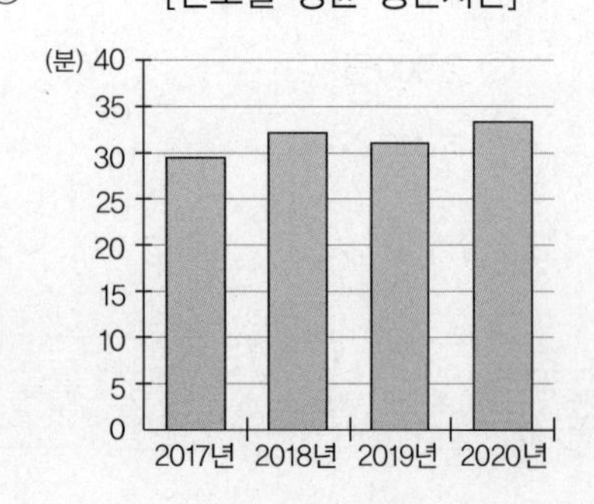

④ [전년 대비 평균 통근시간의 증감]

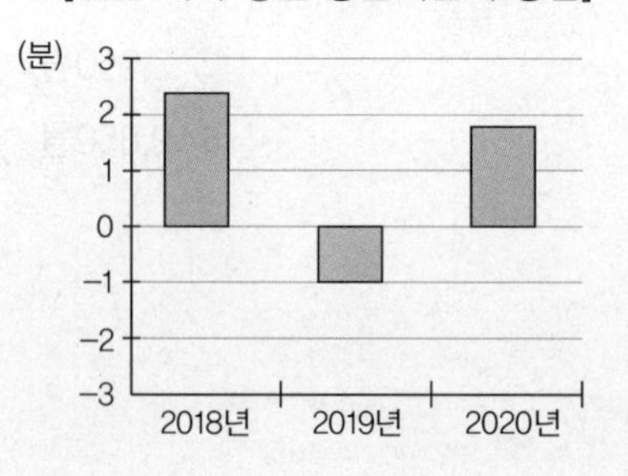

⑤ [2019년 통근시간별 인구]

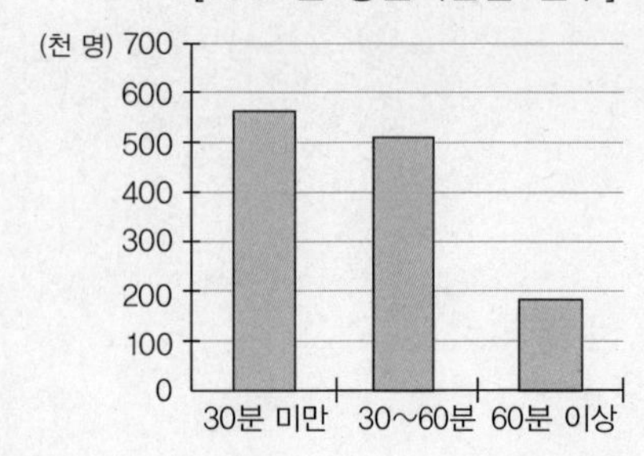

02. △△은행에 근무하는 정 사원은 상사로부터 다음 자료를 정리하라는 지시를 받았다. 20X7 ~ 20X8년 신용카드와 체크카드의 발급 수와 20X8년 이용 건수를 옳게 정리한 것은?

한국은행이 최근 발표한 '20X8년도 지급결제보고서'에 따르면 20X8년 한 해 동안의 신용카드 발급은 9천232만 장으로 전년도(1억 202만 장)보다 970만 장(−9.5%) 감소하였다. 이는 휴면카드 자동해지와 지난해 초 발생한 KB국민 · NH농협 · 롯데카드 3사의 고객정보 유출 사고의 영향이 크다고 한국은행 측은 설명하였다.

신용카드 발급 장수는 신용카드 불법 모집 근절 대책 시행과 휴면카드 정리 · 자동 해지 제도 도입으로 20X5년 1억 2천214만 장을 정점으로 3년 연속 감소하는 추세를 보여 왔다. 반면에 체크카드 발급은 20X7년 1억 340만 장에서 20X8년 1억 875만 장으로 535만 장(5.2%) 늘어 증가세를 지속했다. 체크카드 발급 장수는 20X7년 처음으로 신용카드(138만 장)를 추월한 이후 지난해 격차를 1천643만 장으로 늘렸다. 체크카드 이용 건수와 금액은 20X8년 1천205만 건, 3천억 원으로 전년 대비 증가율이 각각 27.7%, 18.3%로 높았다. 신용카드 20X8년 이용 건수는 2천427만 건, 이용 금액은 1조 6천억 원으로 전년 대비 각각 8.6%, 2.0%의 증가율에 그쳤다.

한국은행 측은 세제 혜택 확대와 카드사의 영업 강화로 인해 체크카드의 고른 증가세가 이어지고 있다고 분석하였다.

①

구분	20X7년 발급 수	20X8년 발급 수
체크카드	103,400,000장	108,750,000장
신용카드	102,020,000장	92,320,000장

②

구분	20X7년 발급 수	20X8년 발급 수	전년 대비
체크카드	103,400,000장	108,750,000장	▲ 5.2%
신용카드	102,020,000장	92,320,000장	▼ 9.5%

③

구분	20X7년 발급 수	20X8년 발급 수	20X8년 이용 금액
체크카드	103,400,000장	108,750,000장	300,000,000,000원
신용카드	102,020,000장	92,320,000장	1,600,000,000,000원

④

구분	20X7년 발급 수	20X8년 발급 수	20X8년 이용 건수
체크카드	103,400,000장	108,750,000장	12,050,000건
신용카드	102,020,000장	92,320,000장	24,270,000건

⑤

구분	20X8년 발급 수	20X9년 발급 예상 수
체크카드	108,750,000장	121,750,000장
신용카드	92,320,000장	141,750,000장

[03 ~ 04] A 사원은 팀장으로부터 표를 그래프로 바꿔 작성할 것을 지시받았다. A 사원이 작성해야 할 그래프로 가장 옳은 것을 고르시오.

03.

[65세 이상 인구 의료 진료비 현황]

구분	2015년	2016년	2017년	2018년	2019년	2020년
65세 이상 인구 (천 명)	5,468	5,740	6,005	6,223	6,445	6,806
65세 이상 진료비 (억 원)	164,494	180,852	199,687	222,361	252,692	283,247

①

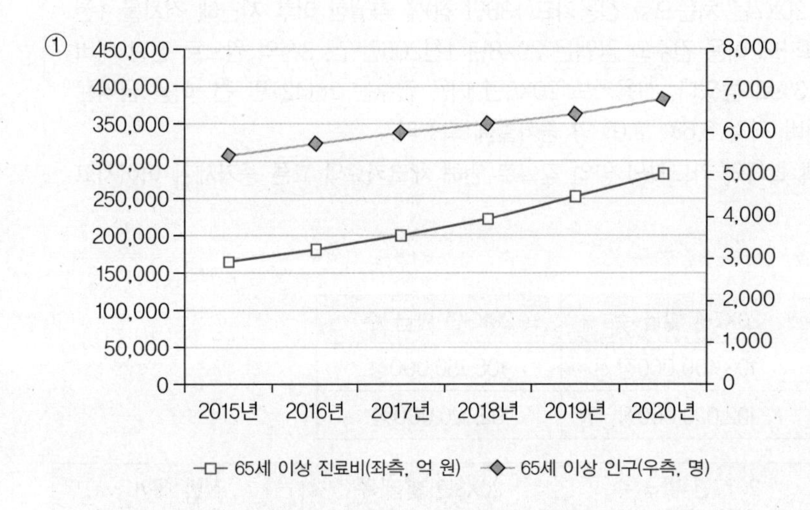

②

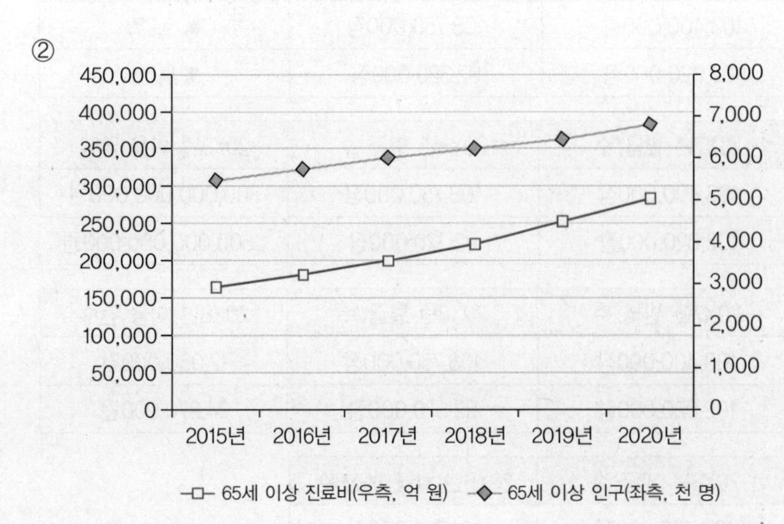

③

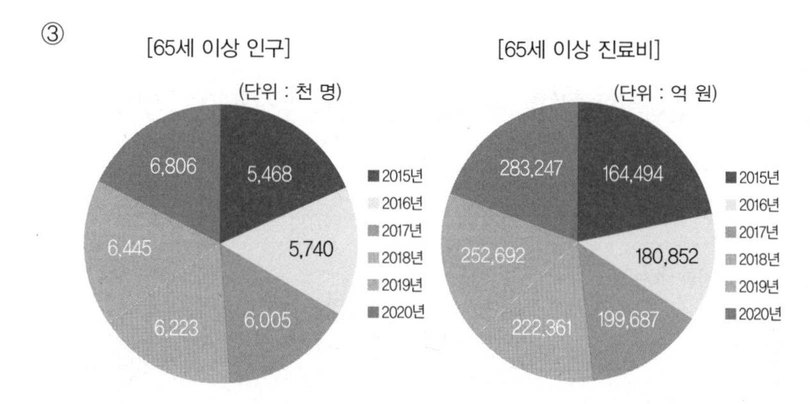
[65세 이상 인구]
(단위 : 천 명)
5,468
5,740
6,005
6,223
6,445
6,806
2015년
2016년
2017년
2018년
2019년
2020년
[65세 이상 진료비]
(단위 : 억 원)
164,494
180,852
199,687
222,361
252,692
283,247
2015년
2016년
2017년
2018년
2019년
2020년

④

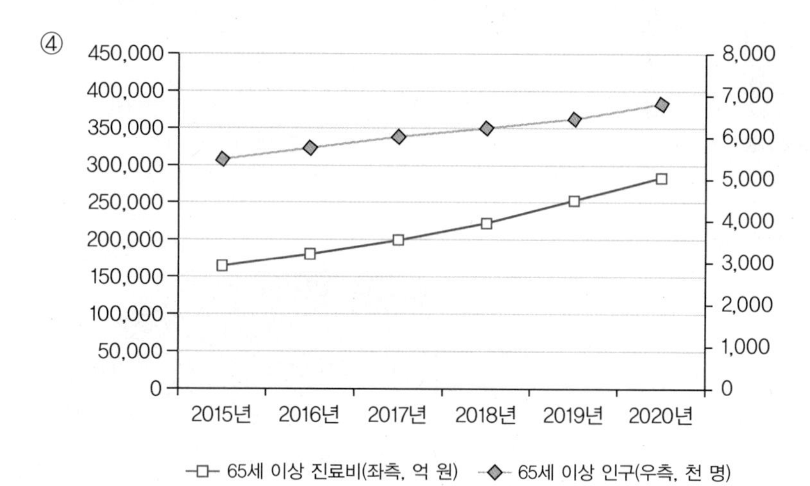
450,000
400,000
350,000
300,000
250,000
200,000
150,000
100,000
50,000
0
8,000
7,000
6,000
5,000
4,000
3,000
2,000
1,000
0
2015년
2016년
2017년
2018년
2019년
2020년
65세 이상 진료비(좌측, 억 원)
65세 이상 인구(우측, 천 명)

⑤

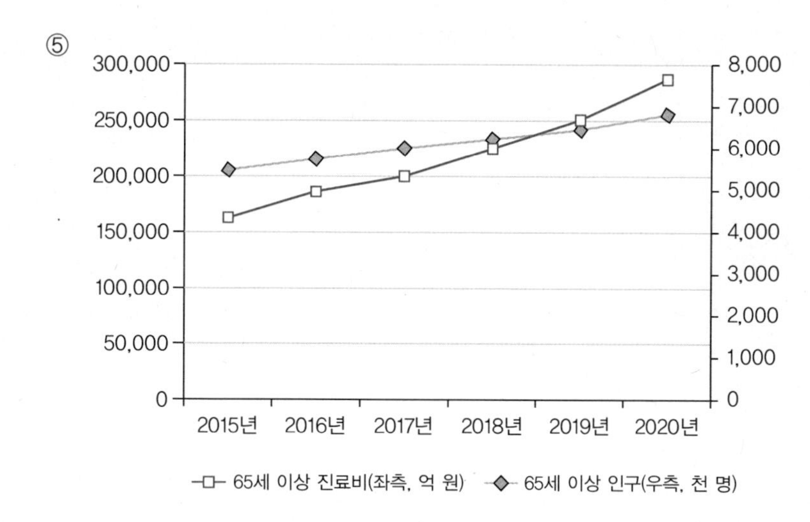
300,000
250,000
200,000
150,000
100,000
50,000
0
8,000
7,000
6,000
5,000
4,000
3,000
2,000
1,000
0
2015년
2016년
2017년
2018년
2019년
2020년
65세 이상 진료비(좌측, 억 원)
65세 이상 인구(우측, 천 명)

04.

[제품별, 계절별 판매액 비교]

(단위 : 백만 원)

구분	봄	여름	가을	겨울
A 제품	65	80	72	52
B 제품	38	24	27	42

①

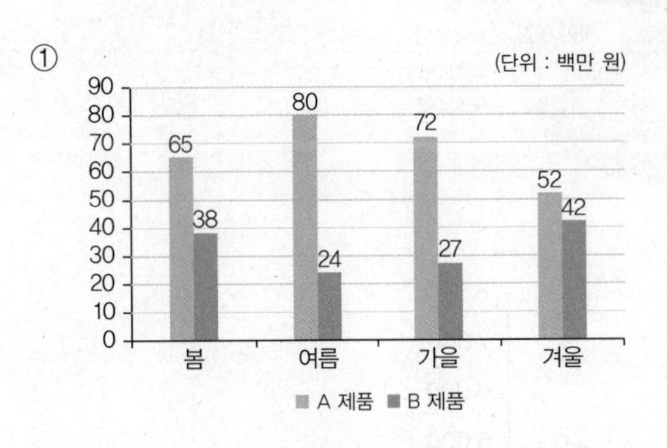

②

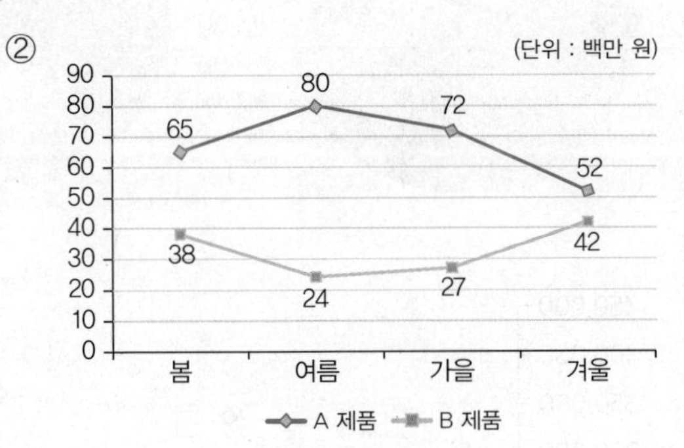

③

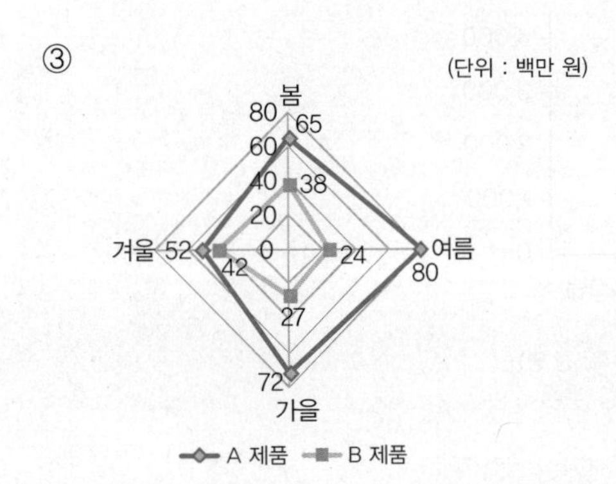

④

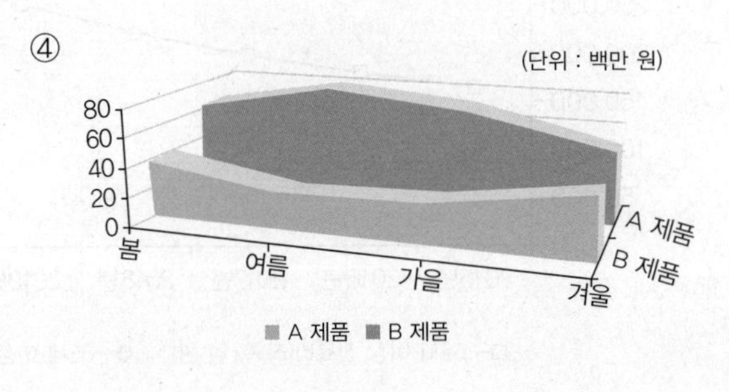

⑤

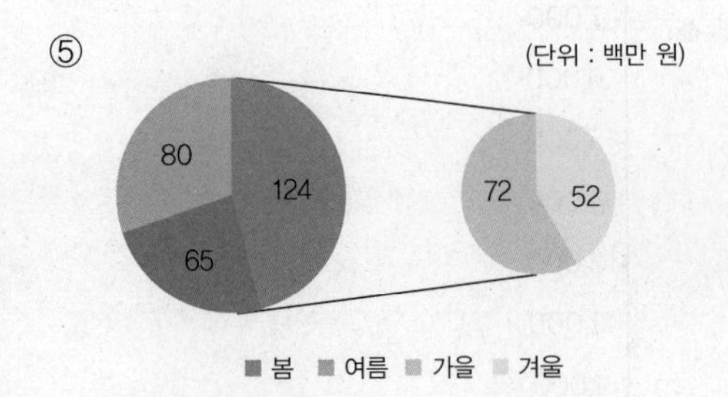

05. 다음은 A ~ F 항목에 해당하는 지하철 이용 만족도를 갑, 을, 병, 정, 무, 기 6명을 통해 조사한 자료이다. 지하철 이용에 대한 만족도를 한눈에 알아보기 쉽게 시각화한 그래프로 가장 적절한 것은?

[지하철 이용 만족도]

[단위 : 점(5점 만점)]

구분	갑	을	병	정	무	기	평균
A	5	4	3	4	5	4	4.17
B	5	3	4	3	3	5	3.83
C	3	5	4	5	5	4	4.33
D	3	4	4	3	5	3	3.67
E	5	3	4	5	5	5	4.50
F	5	5	3	4	3	5	4.17

①

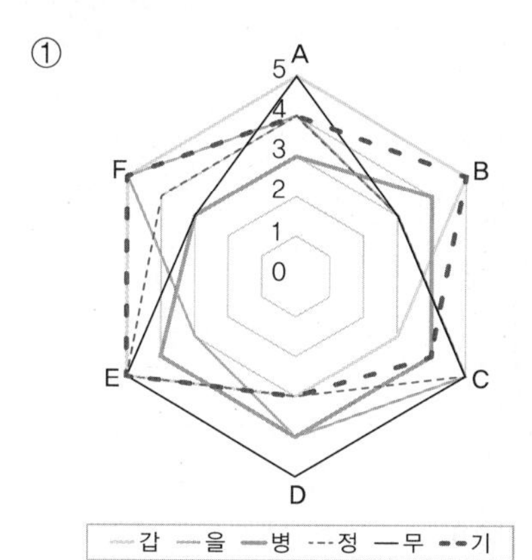

②

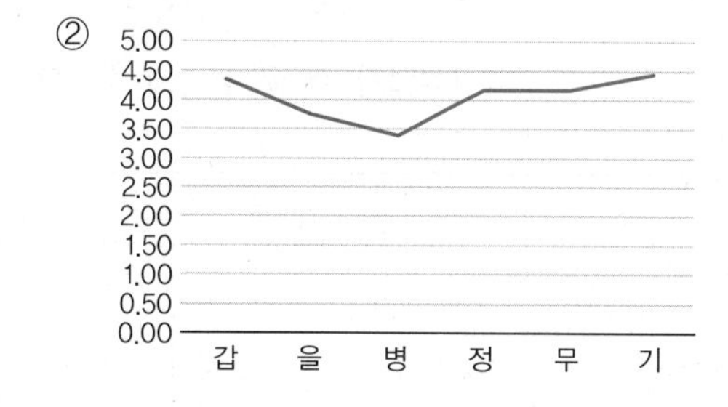

③

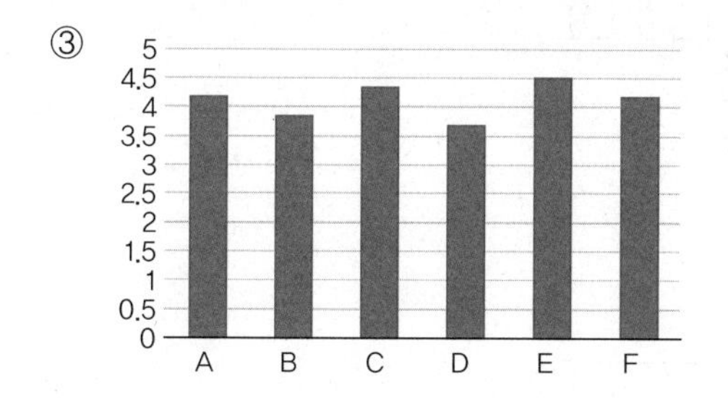

④

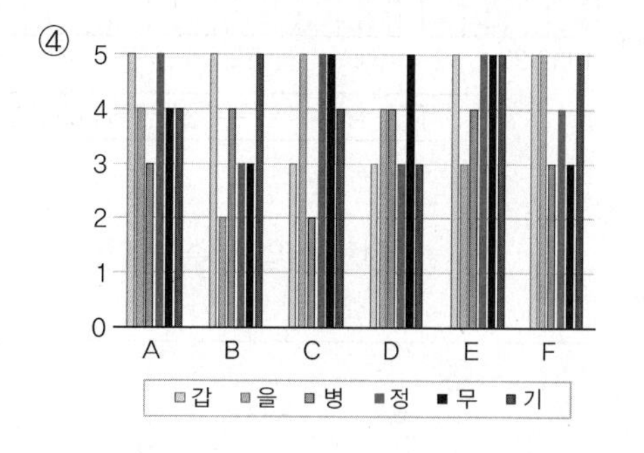

⑤

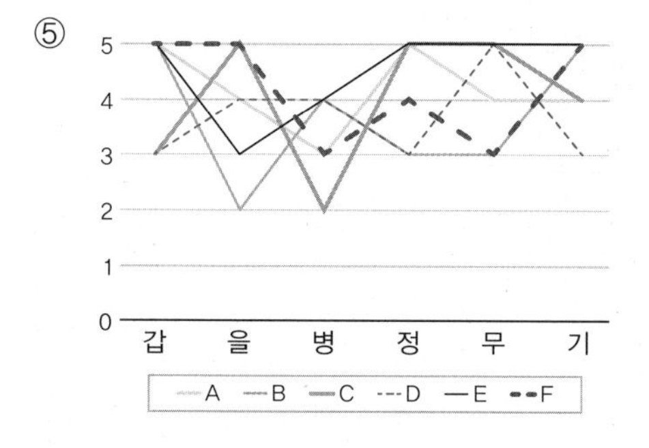

파트 4 실전연습

06. 다음 고용동향에 대한 통계 결과 내용과 일치하지 않는 자료는?

통계청의 발표 결과에 따르면, 2020년 12월 취업자 수는 24,962천 명으로 전월 대비 56만 8천 명 줄어들었다. 이에 따라 2020년 5월 이후 전년 동월 대비 취업자 증감률이 계속 증가하고 있었으나, 12월을 기준으로 0.1%p가량 최초로 하락하였다.

또한, 실업자 수와 실업률은 전월 대비 증가하였다. 2020년 12월 실업자 수는 77만 4천 명, 실업률은 3.0%를 기록하면서 전월 대비 각각 7만 4천 명, 0.3%p 증가하였으며, 전년 동월 대비 3만 7천 명, 0.1%p 증가한 수치이다. 이는 전년 12월과 비교했을 때 50대 이상 실업자의 수는 크게 감소한 반면, 40대 이하의 실업자 수가 전부 증가하였기 때문으로 보인다.

반면, 2020년 12월 OECD 비교기준에 의한 15 ~ 64세 고용률은 64.6%로 전년 동월 대비 0.9%p 상승하였다. 이로써 2020년 우리나라의 15 ~ 64세 고용률은 8월과 12월에 일시적으로 감소한 것을 제외하면 지속적으로 증가해 왔으나 미국, 일본, 호주 등 주요 국가의 고용률에는 계속해서 못 미치고 있다.

① [취업자 수 및 취업자 증감률]

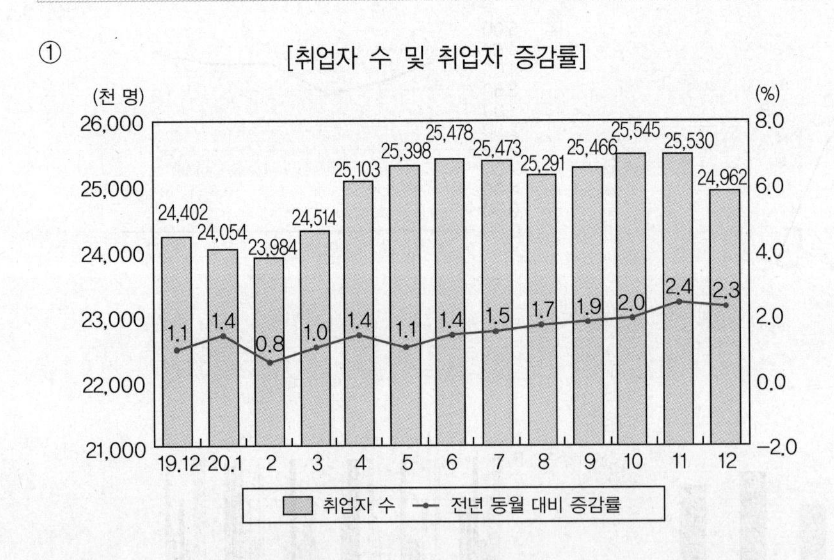

② [전체 실업자 수 추이]

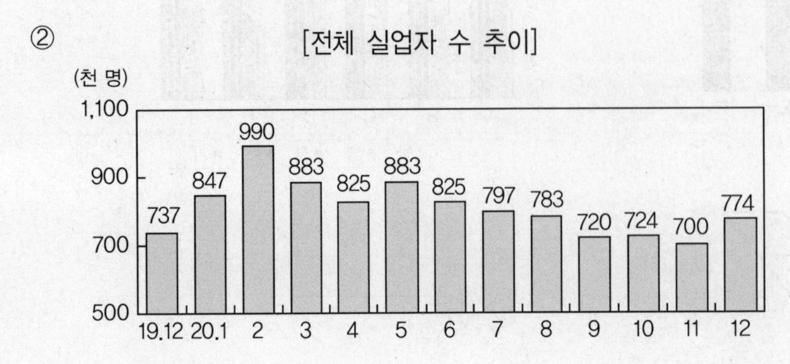

③

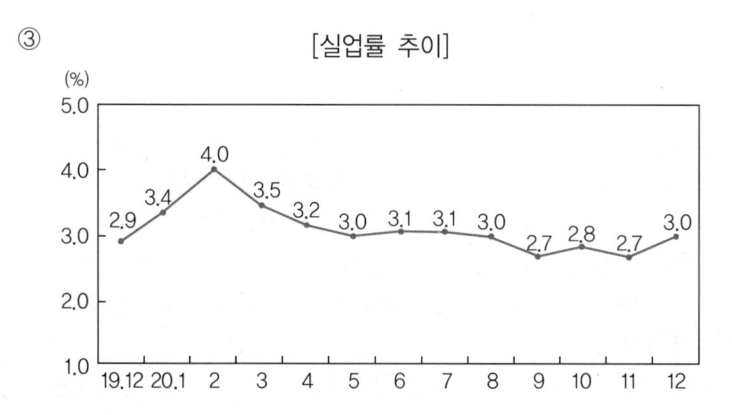

④ [연령계층별 실업자 수]

(단위 : 천 명)

구분	2019. 12.	2020. 11.	2020. 12.
15 ~ 19세	30	16	44
20 ~ 24세	124	108	132
25 ~ 29세	150	185	179
30 ~ 39세	160	154	158
40 ~ 49세	117	108	119
50 ~ 59세	100	87	87
60세 이상	55	42	54

⑤ [주요 국가의 15 ~ 64세 고용률(OECD 기준)]

(단위 : %)

구분	2019년 12월	2020년 4월	5월	6월	7월	8월	9월	10월	11월	12월
한국	63.7	64.4	65.0	65.1	65.2	64.6	65.0	65.2	65.3	64.6
미국	67.3	67.3	67.5	67.8	68.0	67.6	67.6	67.4	67.6	67.5
일본	70.5	71.6	71.8	71.9	71.7	71.7	72.1	72.2	72.5	-
호주	73.0	72.4	72.3	72.2	72.1	71.3	72.3	71.9	71.7	-

07. 다음 글의 내용과 일치하지 않는 그래프는?

> 통계청이 발표한 '2020 가계금융 · 복지조사'에 따르면 2020년 3월 기준 가구주가 은퇴하지 않은 가구는 전체 가구의 86%로 전년에 비해 1.1%p 증가했다. 이들 가구주의 예상 은퇴 연령은 66세이며, 가구주와 배우자의 월평균 적정생활비는 247만 원, 최소생활비는 168만 원으로 응답됐다. 이는 전년 조사 때보다 적정생활비는 18만 원, 최소생활비는 10만 원 늘어난 금액이다. 노후를 위한 준비상황을 보면 '잘 된 가구'는 9%인 반면, '잘 되지 않은 가구' 34.3%, '전혀 준비 안 된 가구' 20.8%로 준비되지 않은 가구 비율이 전년 대비 0.8% 증가했다.
>
> 한편, 가구주가 은퇴한 가구의 실제 은퇴 연령은 61세로 예상 은퇴 연령보다 5년 빨랐다. 은퇴한 가구의 가구주와 배우자의 생활비 충당 정도는 '여유 있는 가구'가 8.2%인 반면, '부족한 가구'는 40.1%, '매우 부족한 가구'는 21.8%로 실제 은퇴한 가구의 60% 이상이 생활고를 겪고 있는 것으로 나타났다. 이들 은퇴한 가구의 생활비 마련 방법은 '기초노령연금 등 기타' 34.6%, '가족, 친지 등의 용돈' 31.7%, '공적연금' 23.5%, '기존의 개인 저축액' 10.2% 순이었다.

① [가구주의 은퇴 연령]

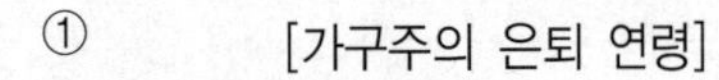

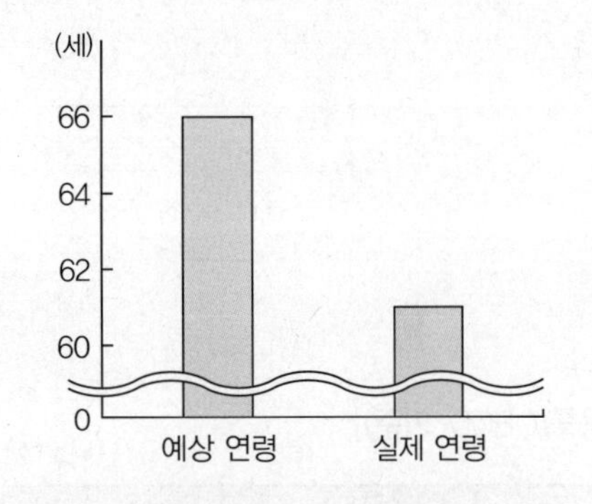

② [가구주와 배우자의 생활비]

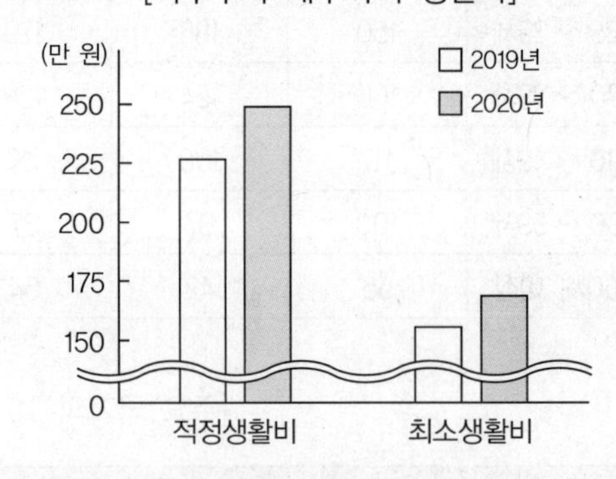

③ [노후를 위한 준비상황]

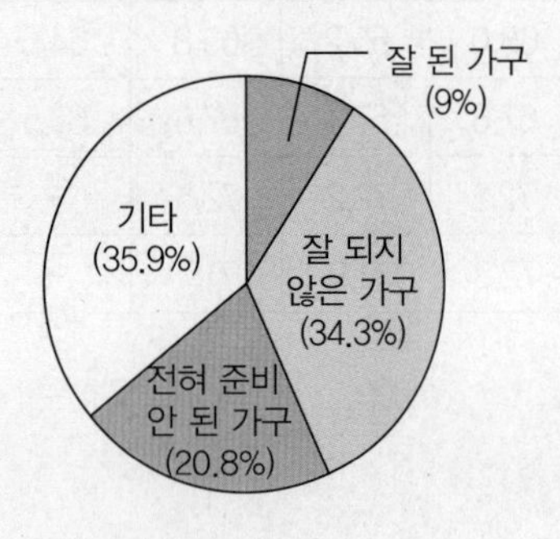

④ [은퇴한 가구의 생활비 마련 방법]

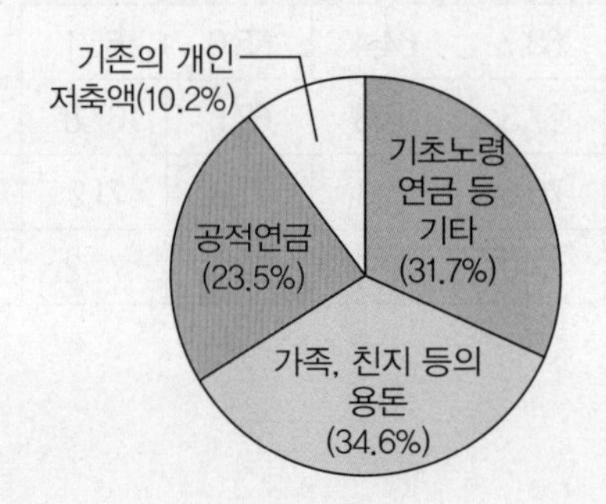

⑤ [은퇴한 가구의 가구주와 배우자의 생활비 충당 정도]

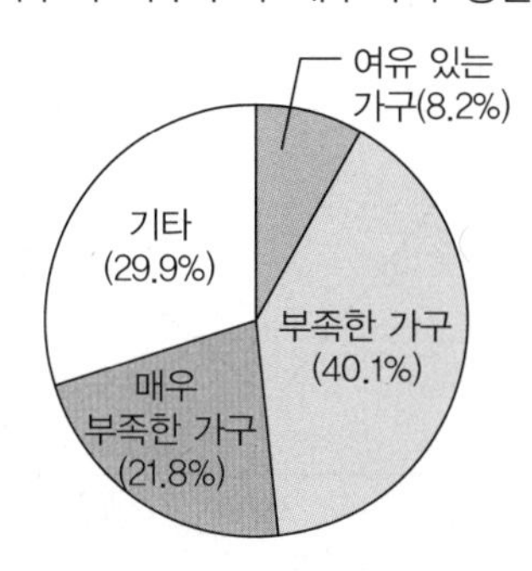

08. 다음은 S시의 거래 주체별 아파트 거래량을 나타낸 표이다. 이 자료를 참고하여 그래프를 작성하였을 때 옳지 않은 것은?

[거래 주체별 아파트 거래량(2 ~ 4월)]

(단위 : 호)

구분	판매자 \ 구매자	개인	법인	기타
2월	개인	9,152	68	78
	법인	627	12	6
	기타	106	0	36
3월	개인	14,557	52	49
	법인	536	3	9
	기타	463	2	18
4월	개인	15,178	56	37
	법인	585	9	6
	기타	232	2	2

①

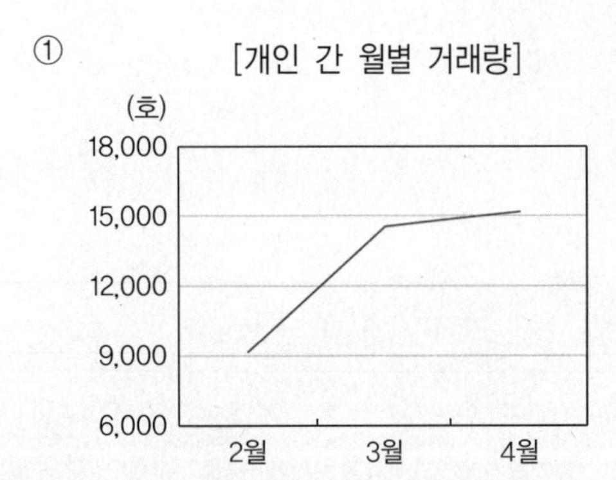
[개인 간 월별 거래량]
(호)
18,000
15,000
12,000
9,000
6,000
2월
3월
4월

②

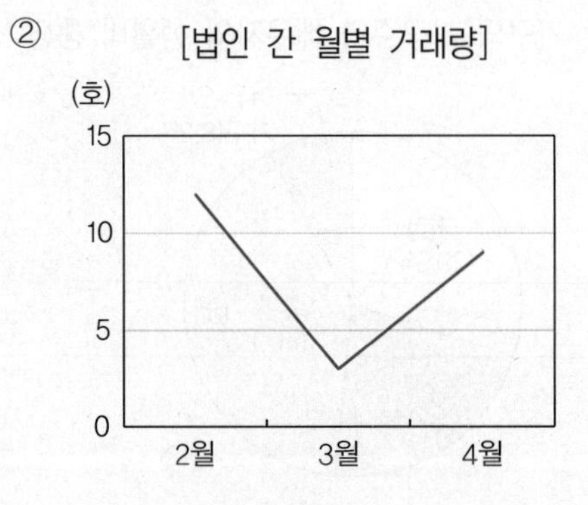
[법인 간 월별 거래량]
(호)
15
10
5
0
2월
3월
4월

③

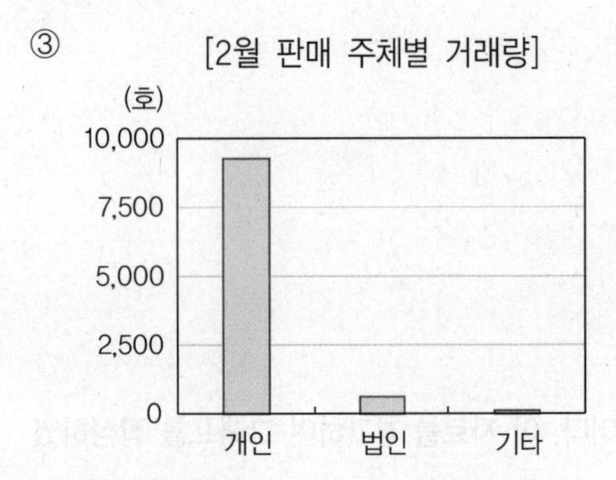
[2월 판매 주체별 거래량]
(호)
10,000
7,500
5,000
2,500
0
개인
법인
기타

④

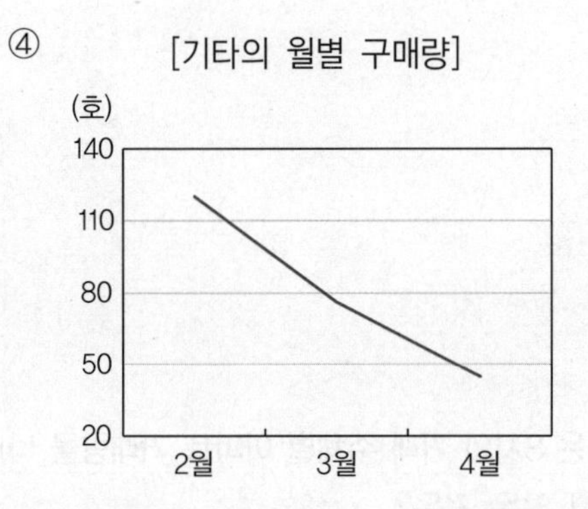
[기타의 월별 구매량]
(호)
140
110
80
50
20
2월
3월
4월

⑤

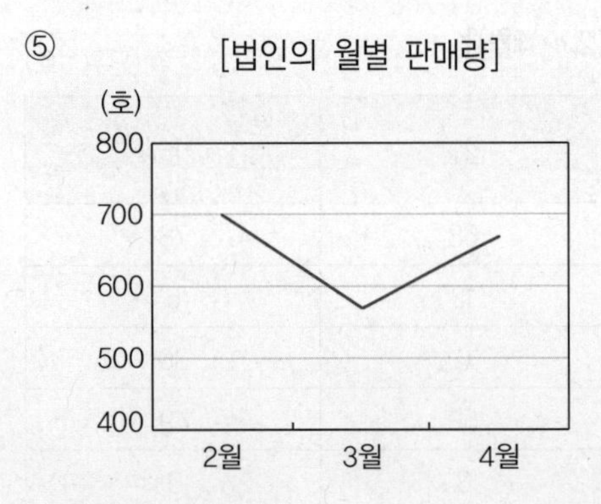
[법인의 월별 판매량]
(호)
800
700
600
500
400
2월
3월
4월

09. 다음 금융감독원 회계감리 결과(위반 또는 종결) 현황에 대한 표의 내용과 일치하지 않는 것은?

(단위 : 건)

구분		표본감리	협의감리	위탁감리	합계
2015년	감리	204	28	13	245
	위반	16	26	12	54
2016년	감리	222	30	16	268
	위반	43	26	16	85
2017년	감리	99	20	18	137
	위반	29	19	18	66
2018년	감리	79	33	15	127
	위반	19	32	15	66
2019년	감리	49	16	33	98
	위반	10	14	28	52

① [2015년 회계감리 결과 위반 비율]

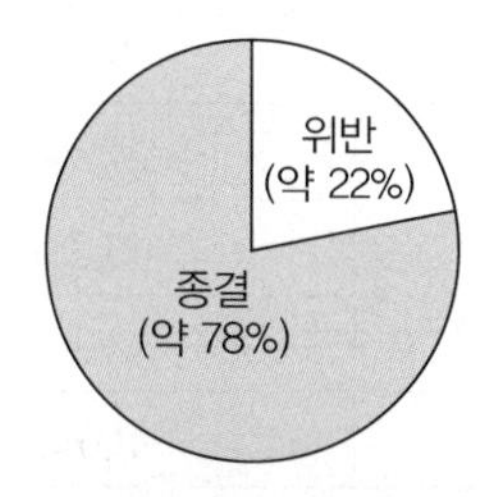

② [2016년 표본감리 결과 위반 비율]

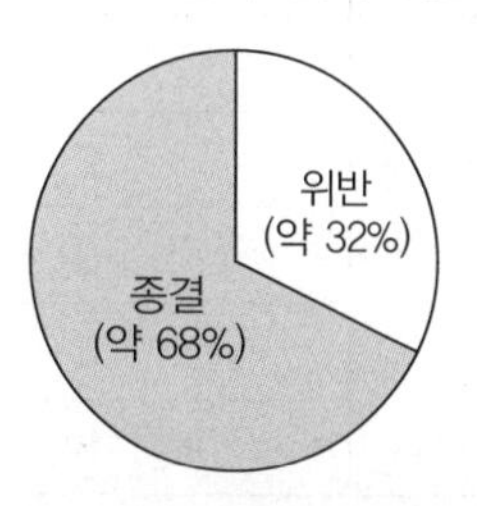

③ [2017년 회계감리 종류별 비율]

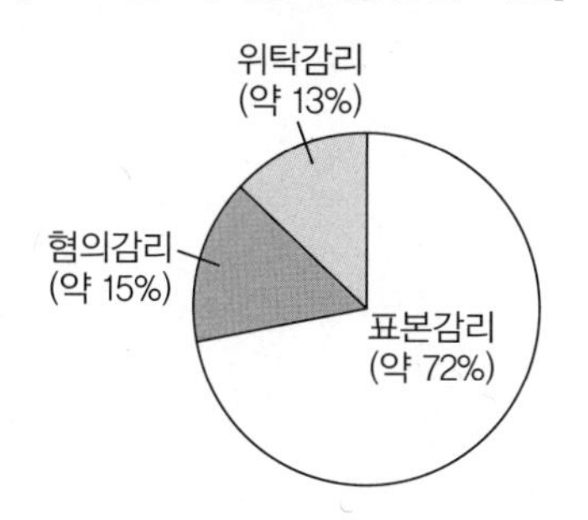

④ [2018년 회계감리 종류별 비율]

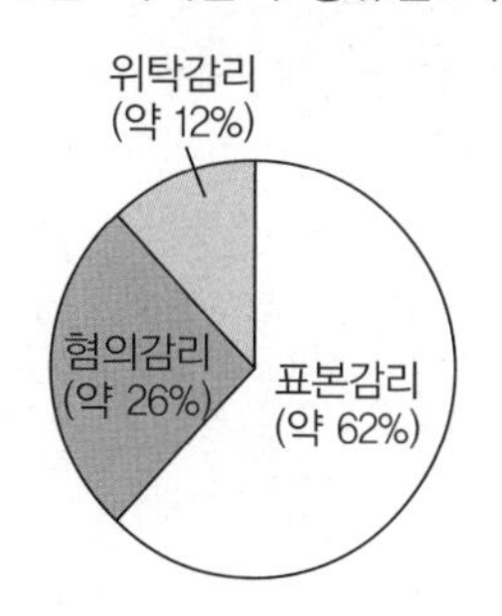

⑤ [2019년 회계감리 종류별 위반 비율]

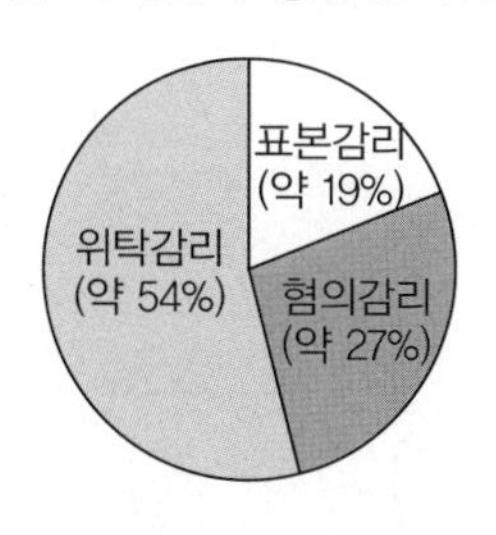

파트 4 실전연습

10. 다음은 ○○년도 우리나라의 시 · 군 중 경지 면적, 논 면적, 밭 면적 상위 5개 시 · 군에 대한 자료이다. 이를 그래프로 표현한 것으로 옳지 않은 것은?

[경지 면적, 논 면적, 밭 면적 상위 5개 시 · 군]

(단위 : ha)

구분	순위	시 · 군	면적
경지 면적	1	해남군	35,369
	2	제주시	31,585
	3	서귀포시	31,271
	4	김제시	28,501
	5	서산시	27,285
논 면적	1	김제시	23,415
	2	해남군	23,042
	3	서산시	21,730
	4	당진시	21,726
	5	익산시	19,067
밭 면적	1	제주시	31,577
	2	서귀포시	31,246
	3	안동시	13,231
	4	해남군	12,327
	5	상주시	11,047

※ 경지 면적=논 면적+밭 면적
순위는 면적이 큰 시 · 군부터 순서대로 부여함.

① [경지 면적 상위 5개 순위 시 · 군 면적]

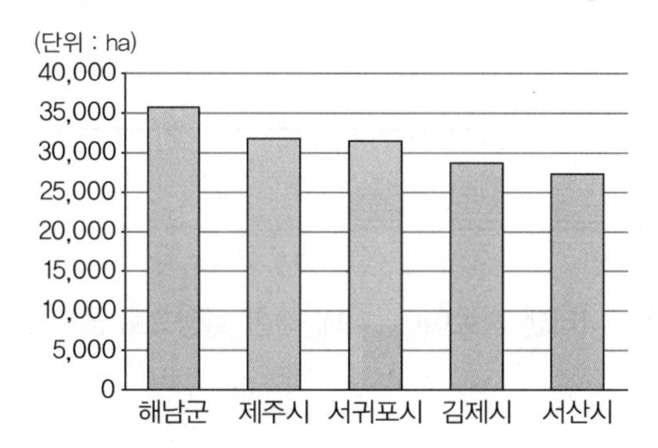

② [논 면적 상위 5개 순위 시 · 군 면적]

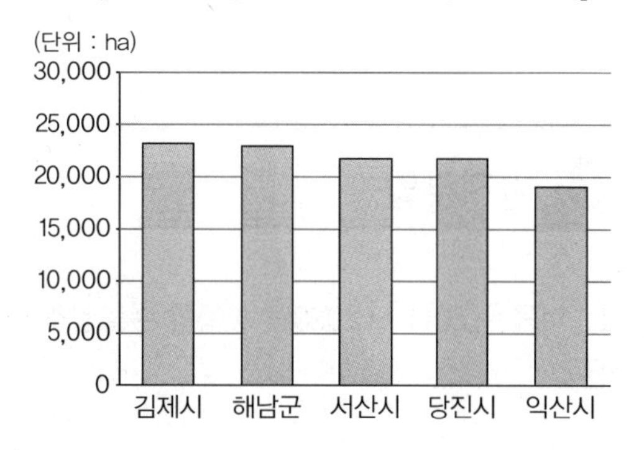

③ [밭 면적 상위 5개 순위 시 · 군 면적]

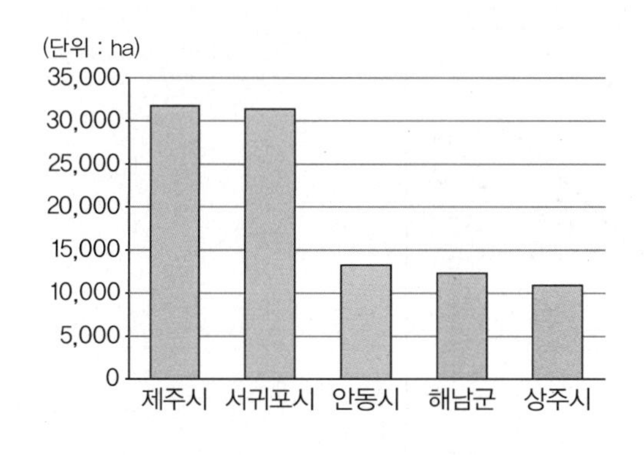

④ [제주시와 서귀포시의 논 면적]

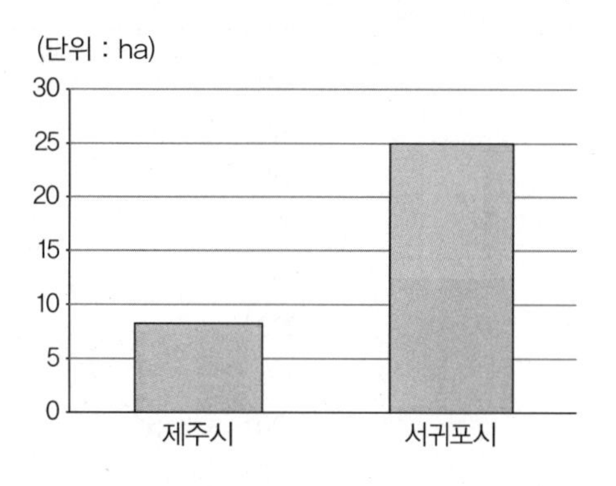

⑤ [김제시와 서산시의 밭 면적]

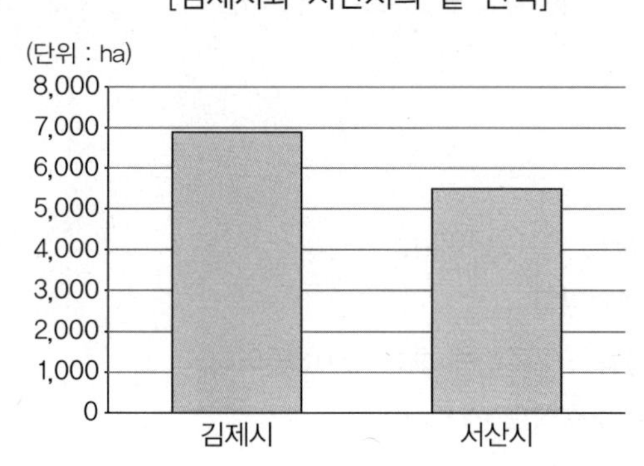

3 심화

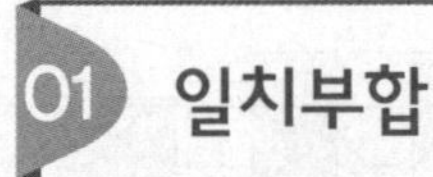

▶ 정답과 해설 23쪽

01 일치부합

01. 다음은 2011 ~ 2020년 A국의 수출입액 현황을 나타낸 자료이다. 이에 대한 설명으로 옳지 않은 것은?

[A국의 수출입액 현황(2011 ~ 2020년)]

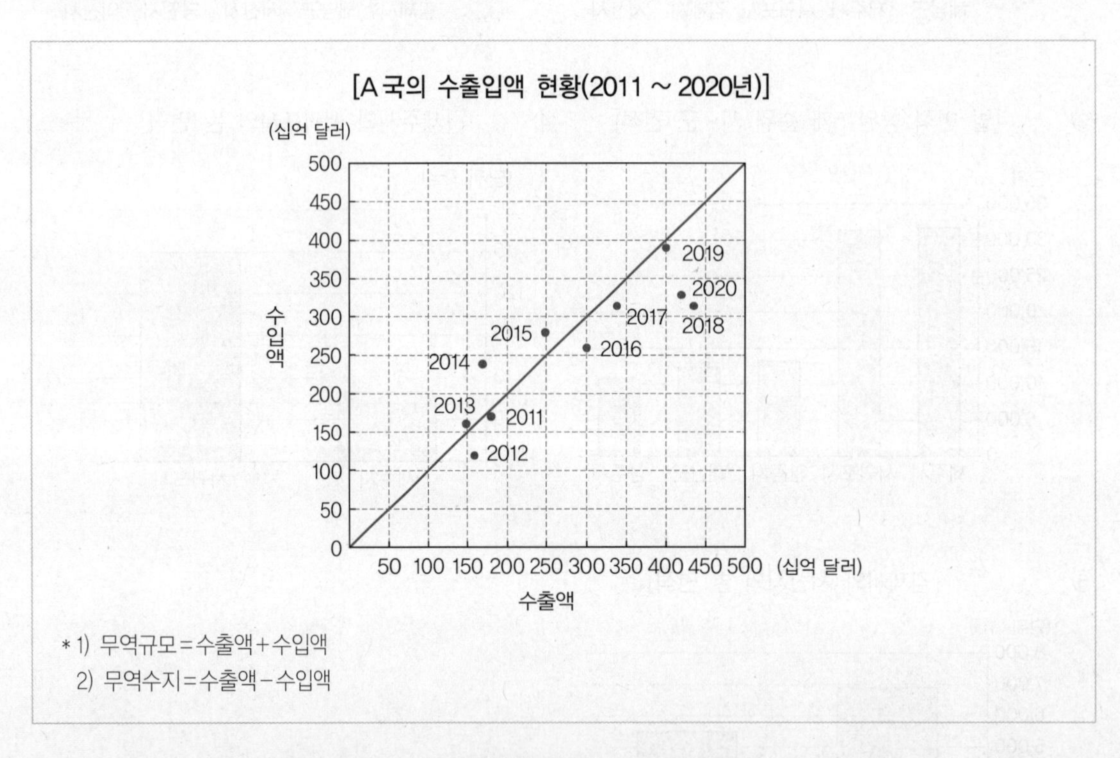

* 1) 무역규모 = 수출액 + 수입액
2) 무역수지 = 수출액 − 수입액

① 무역규모가 가장 큰 해는 2019년이고, 가장 작은 해는 2012년이다.
② 수출액 대비 수입액의 비율이 가장 높은 해는 2014년이다.
③ 무역수지 적자폭이 가장 큰 해는 2014년이며, 흑자폭이 가장 큰 해는 2018년이다.
④ 2012년 이후 전년 대비 무역규모가 감소한 해에는 수출액도 감소하였다.
⑤ 수출액이 가장 큰 해는 2018년이고, 수입액이 가장 큰 해는 2019년이다.

02. 다음은 2019년 원/달러 환율 추이에 대한 자료이다. 이에 대한 설명으로 옳지 않은 것은? (단, 한국의 입장을 기준으로 판단한다)

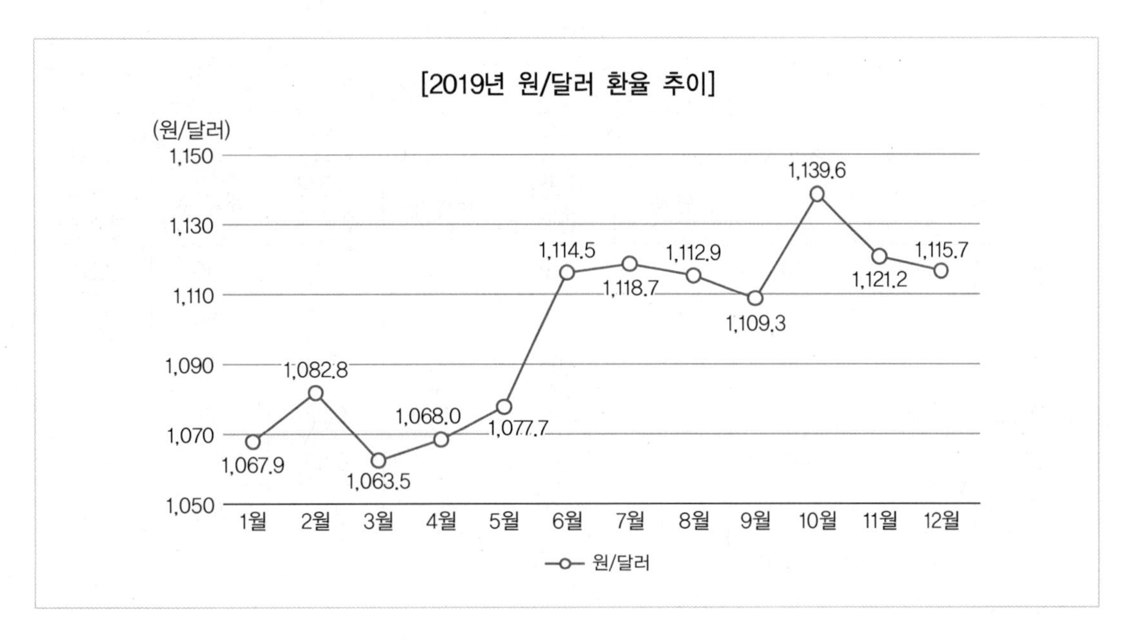

① 물품 수입업자가 동일한 양의 제품을 수입했을 때, 2019년 10월보다 같은 해 3월에 상대적으로 환율에서 이득을 보았을 것이다.

② 김 과장이 2월과 3월에 각 50만 원씩 환전했다면 3월에 5달러 이상 더 받았다.

③ 이 부장이 한국에서 10월에 미국 유학 중인 아들에게 5만 달러를 송금했다면 이는 원화로 5,500만 원보다 적은 금액이다.

④ A 중소기업이 9월에 30억 원짜리 계약을 체결했다면 이는 약 270만 달러에 해당하는 금액이다.

⑤ 2019년 1년 중 원/달러 환율이 가장 높았던 때는 10월이고, 전월 대비 변동이 가장 크게 나타났던 때는 6월이다.

파트 4 실전연습

03. 다음은 A ~ E 마을 주민의 재산상황 자료이다. 이에 대한 설명으로 옳은 것을 〈보기〉에서 모두 고르면?

[A ~ E 마을 주민의 재산상황]

(단위 : 가구, 명, ha, 마리)

마을	가구 수	주민 수	재산 유형					
			경지		젖소		돼지	
			면적	가구당 면적	개체 수	가구당 개체 수	개체 수	가구당 개체 수
A	244	1,243	( )	6.61	90	0.37	410	1.68
B	130	572	1,183	9.10	20	0.15	185	1.42
C	58	248	( )	1.95	20	0.34	108	1.86
D	23	111	( )	2.61	12	0.52	46	2.00
E	16	60	( )	2.75	8	0.50	20	1.25
전체	471	2,234	( )	6.40	150	0.32	769	1.63

※ 소수점 아래 셋째 자리에서 반올림한 값임.

※ 경지면적=가구 수×가구당 면적

보기

㉠ B 마을의 경지면적은 D 마을과 E 마을 경지면적의 합보다 크다.

㉡ 가구당 주민 수가 가장 많은 마을은 가구당 돼지 수도 가장 많다.

㉢ A 마을의 젖소 수가 80% 감소한다면, A ~ E 마을 전체 젖소 수는 A ~ E 마을 전체 돼지 수의 10% 이하가 된다.

㉣ 젖소 1마리당 경지면적과 돼지 1마리당 경지면적은 모두 D 마을이 E 마을보다 좁다.

① ㉠, ㉡　② ㉠, ㉢　③ ㉠, ㉣

④ ㉡, ㉢　⑤ ㉢, ㉣

04. 다음은 프로야구 선수 K의 타격기록이다. 이에 대한 설명으로 옳지 않은 것을 〈보기〉에서 모두 고르면?

구분	소속 구단	타율	출전 경기 수	타수	안타 수	홈런 수	타점	4사구 수	장타율
2009년	A	0.328	126	442	145	30	98	110	0.627
2010년	A	0.342	126	456	156	27	89	92	0.590
2011년	B	0.323	131	496	160	21	105	87	0.567
2012년	C	0.313	117	432	135	15	92	78	0.495
2013년	C	0.355	124	439	156	14	92	81	0.510
2014년	A	0.276	132	391	108	14	50	44	0.453
2015년	A	0.329	133	490	161	33	92	55	0.614
2016년	A	0.315	132	479	151	28	103	102	0.553
2017년	A	0.261	124	394	103	13	50	67	0.404
2018년	A	0.303	126	413	125	13	81	112	0.477
2019년	A	0.337	123	442	149	22	72	98	0.563

보기

㉠ 2012 ~ 2019년 중 K 선수의 안타 수가 가장 많은 해에 4사구 수는 가장 적었다.

㉡ 2009 ~ 2019년 중 K 선수의 타율이 0.310 이하인 해는 4번 있었다.

㉢ K 선수가 C 구단에 소속된 기간 동안 기록한 평균 타점은 나머지 기간 동안 기록한 평균 타점보다 높았다.

㉣ 2009 ~ 2015년 중 K 선수는 출전경기 수가 가장 많은 해에 가장 많은 홈런 수와 가장 높은 타점을 기록했다.

① ㉠, ㉡　② ㉢, ㉣　③ ㉠, ㉡, ㉣

④ ㉠, ㉢, ㉣　⑤ ㉡, ㉢, ㉣

05. 다음 자료에 대한 설명으로 옳지 않은 것은?

[2019년 A ~ D 국가의 항목별 웰빙지수]

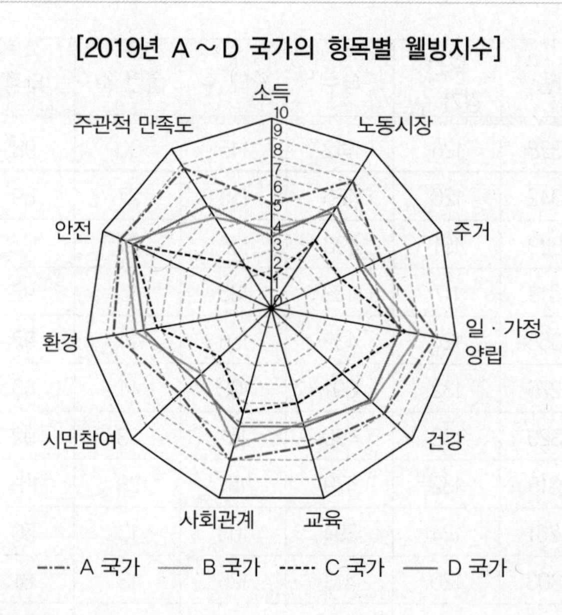

※ 1) 웰빙지수는 각 항목별로 0 ~ 10으로 표시되고 숫자가 클수록 지수가 높으며, 그래프의 0 ~ 10 사이 간격은 균등함.

2) $\text{종합웰빙지수} = \dfrac{\text{각 항목 웰빙지수의 합}}{\text{전체 항목 수}}$

① A 국가의 종합웰빙지수는 7 이상이다.

② B 국가와 D 국가의 종합웰빙지수 차이는 1 미만이다.

③ D 국가의 웰빙지수가 B 국가보다 높은 항목의 수는 전체 항목 수의 50% 미만이다

④ A 국가와 C 국가의 웰빙지수 차이가 가장 작은 항목과 B 국가와 D 국가의 웰빙지수 차이가 가장 작은 항목은 동일하다.

⑤ A 국가와 C 국가의 웰빙지수 차이가 가장 큰 항목은 주관적 만족도이다.

06. 다음은 연도별 에너지 소비현황 자료이다. 이에 대한 설명으로 옳은 것을 〈보기〉에서 모두 고르면?

(단위 : 천 톤, %)

구분	20X1년		20X2년		20X3년		20X4년		20X5년	
	공급량	비율	공급량	비율	공급량	비율	공급량	비율	공급량	비율
석탄	33,544	16.3	31,964	15.4	32,679	15.5	35,412	16.6	34,921	15.9
석유	101,976	49.5	101,710	48.9	101,809	48.4	102,957	48.1	107,322	49.0
LNG	801	0.4	717	0.3	467	0.2	354	0.2	850	0.4
도시가스	22,871	11.1	24,728	11.9	24,878	11.8	23,041	10.8	21,678	9.9
전력	39,136	19.0	40,127	19.3	40,837	19.4	41,073	19.2	41,594	19.0
열에너지	1,702	0.8	1,751	0.8	1,695	0.8	1,567	0.7	1,550	0.7
신재생	5,834	2.8	7,124	3.4	7,883	3.7	9,466	4.4	11,096	5.1
합계	205,864	100	208,121	100	210,248	100	213,870	100	219,011	100

* 공급량=1인 공급량×표준사용량

* 표준사용량 $= \frac{\text{에너지 평균 사용량}}{\text{에너지 사용량 총합}}$

[표준사용량 산출기준]

(단위 : 톤)

구분	에너지 평균 사용량	에너지 사용량 총합
석탄	2,250	4,500
석유	1,340	4,020
LNG	850	
도시가스	1,520	
전력	885	3,450
열에너지	1,020	2,040
신재생	1,180	3,540

※ 표준사용량 산출기준은 모든 해에 대하여 동일하다.

보기

㉠ 신재생 에너지의 공급량은 20X1년 이후 점차 줄어들고 있다.
㉡ 20X5년 도시가스의 1인 공급량이 3,000톤이라면 표준사용량은 7,226톤이다.
㉢ 20X1년 열에너지의 1인 공급량은 3,404,000톤이다.
㉣ 20X5년 LNG의 1인 공급량이 1,400톤이라면 에너지 사용량 총합은 2,800톤이다.

① ㉠, ㉡　② ㉠, ㉣　③ ㉡, ㉢
④ ㉡, ㉣　⑤ ㉢, ㉣

07. 다음은 음료류 섭취량에 관한 자료이다. 이에 대한 설명으로 적절한 것은? (단, 1.127^{10}=3.3으로 계산한다)

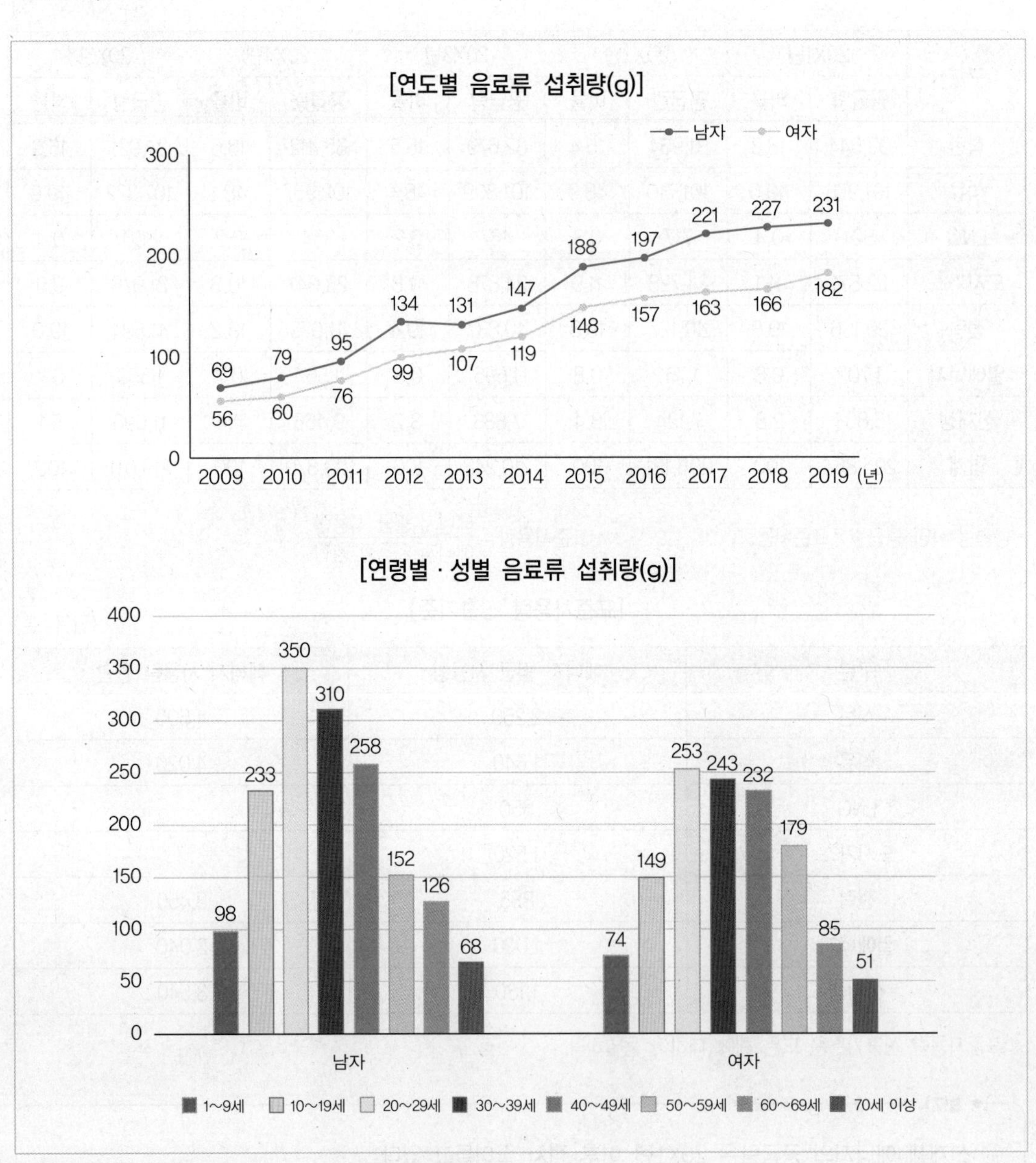

① 음료류에 대한 소비자 선택의 폭이 넓어졌다.

② 모든 음료에서 남자가 여자보다 구매력이 높다.

③ 음료류 섭취량은 연평균 약 12.7%씩 성장하였다.

④ 스포츠 활동은 음료류의 섭취량을 늘린다.

⑤ 음료수 시장에서 가장 높은 소비 성장률을 기대할 수 있는 연령대는 10 ~ 19세이다.

08. 다음은 6가지 운동종목별 남자 및 여자 국가대표선수의 평균 연령과 평균 신장에 대한 자료이다. 이에 대한 설명으로 적절하지 않은 것을 〈보기〉에서 모두 고르면?

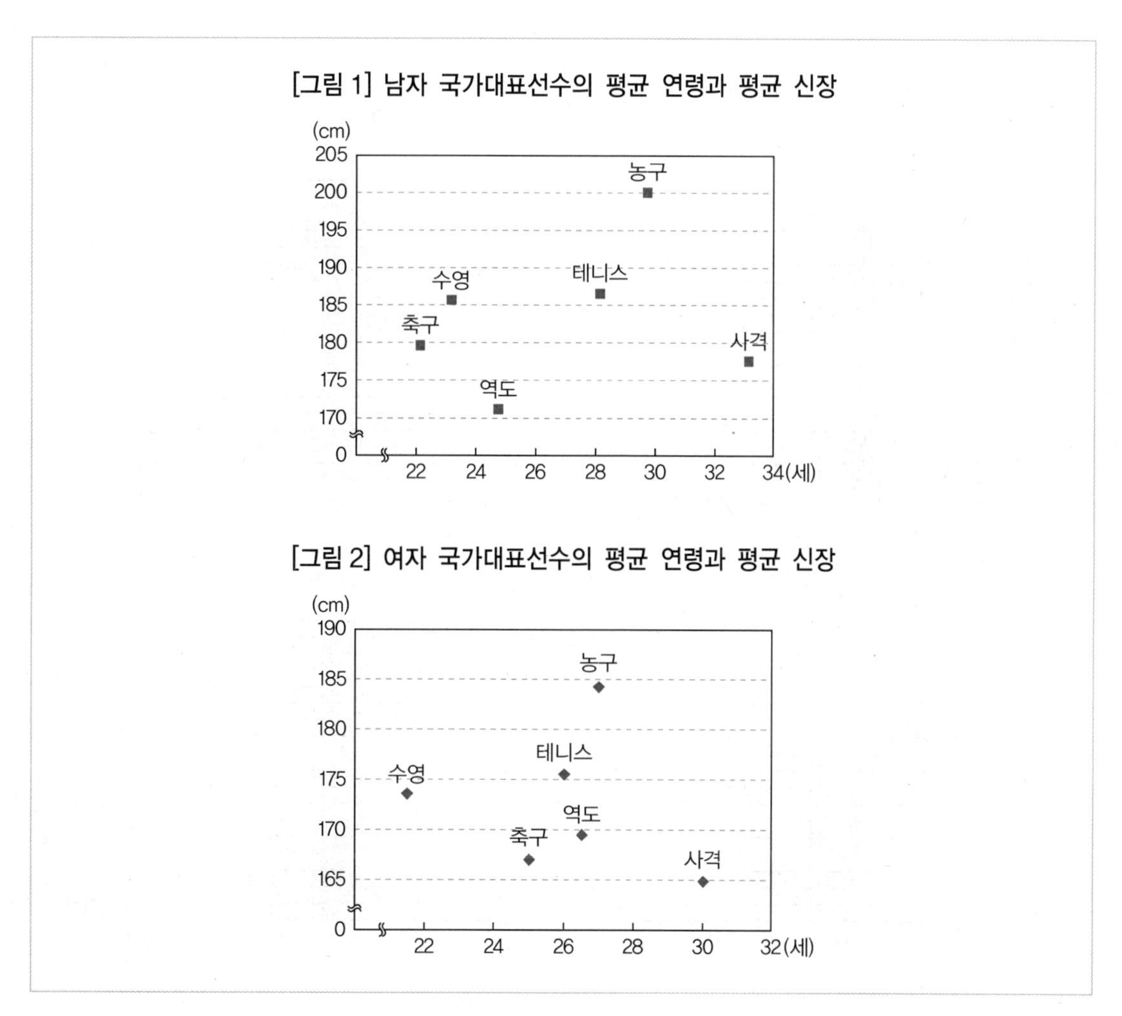

보기

㉠ 국가대표선수의 평균 연령이 높은 순서대로 나열하면 남자와 여자의 종목 순서는 동일하다.

㉡ 남자 국가대표선수의 평균 신장이 높은 순서대로 나열했을 때의 상위 종목 세 가지는 여자 국가대표선수의 평균 신장이 높은 순서대로 나열했을 때의 상위 종목 세 가지와 같다.

㉢ 축구를 제외하면 각 종목의 남자 국가대표선수의 평균 연령은 해당 종목 여자 국가대표선수의 평균 연령보다 높다.

㉣ 각 종목의 남자 국가대표선수의 평균 신장은 해당 종목 여자 국가대표선수의 평균 신장보다 10cm 이상 크다.

① ㉠, ㉡ ② ㉠, ㉢ ③ ㉠, ㉡, ㉣
④ ㉠, ㉢, ㉣ ⑤ ㉡, ㉢, ㉣

09. 다음은 우리나라 A도 전체의 남자, 여자의 인구수와 A도 내에 있는 2개의 도심지와 2개의 농가지역의 인구수에 관한 자료이다. 이에 대한 설명으로 적절한 것은?

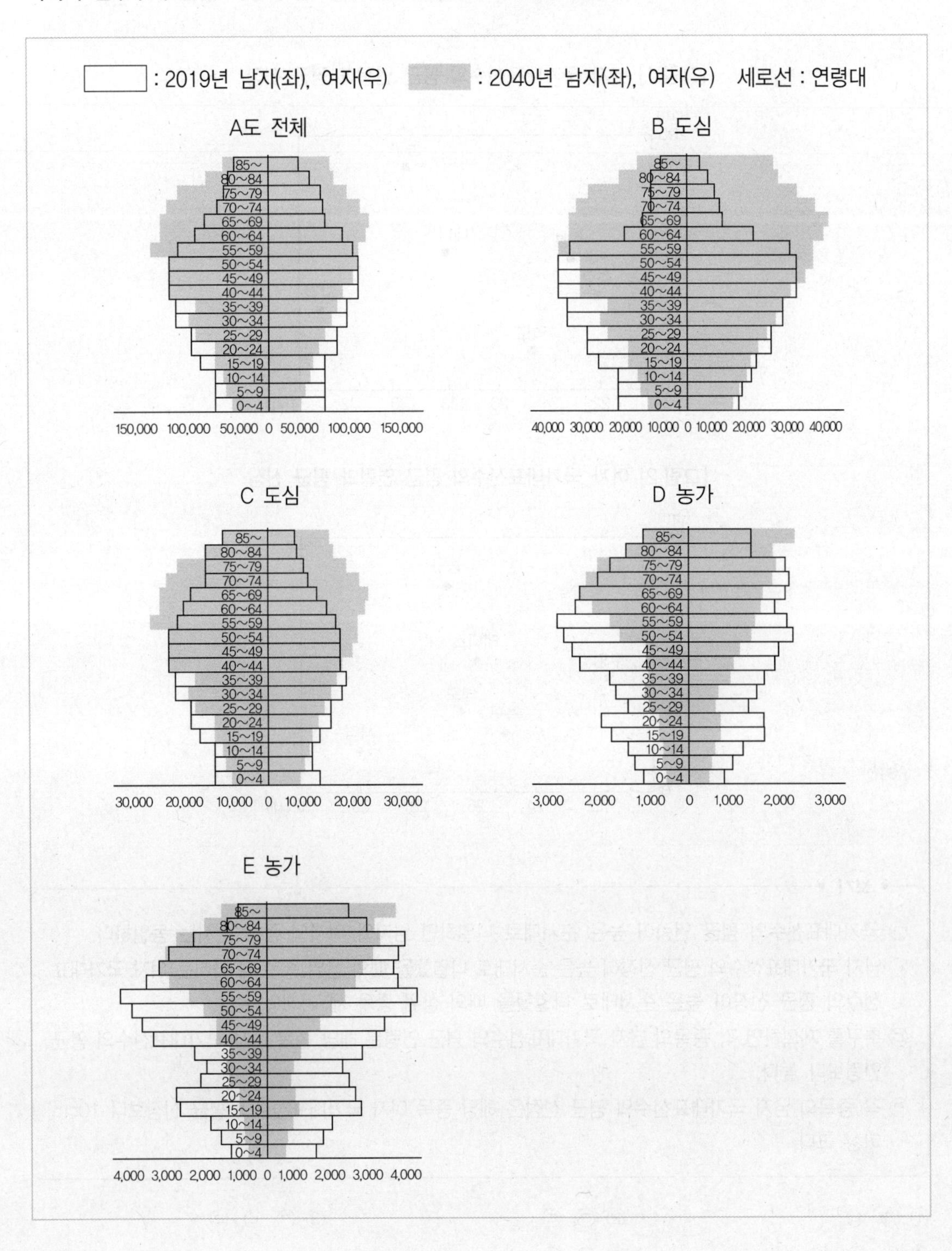

① 도심지로의 인구 유입은 대부분은 농가로부터 발생한 것이다.
② 농가 지역의 가구당 수입은 지속적으로 감소하고 있다.
③ A도의 전체 인구는 감소할 것이다.
④ 인구 이동의 주요 원인은 자녀의 교육이다.
⑤ A도 내의 평균 연령은 점차 높아질 것이다.

10. 다음은 보훈 보상금 지급 현황에 관한 자료이다. 이에 대한 설명으로 옳지 않은 것은? (단, 소수점 아래 셋째 자리에서 반올림한다)

[보훈 보상금 지급 현황]

(단위 : 천 명, 억 원)

구분		2016년	2017년	2018년	2019년	2020년
계	인원	522	524	527	526	502
	금액	32,747	34,370	35,610	36,672	37,306
독립유공자	인원	6	6	6	6	6
	금액	776	799	863	896	910
국가유공자	인원	227	228	237	246	237
	금액	25,212	26,085	26,967	27,570	27,948
고엽제 후유의증 환자	인원	37	37	37	37	37
	금액	2,209	2,309	2,430	2,512	2,590
참전유공자	인원	252	253	247	237	222
	금액	4,550	5,177	5,350	5,694	5,858

① 2016년 대비 2020년에 전체 대상자 인원이 감소한 것은 참전유공자의 인원이 감소한 것에 기인한다.
② 2016년 고엽제후유의증 환자의 1인당 보상금액은 참전유공자의 1인당 보상금액의 3배 이상이다.
③ 2018년 보훈 대상자는 전년 대비 약 3천 명 증가하였고, 보상금액은 약 1,240억 원 증가하였다.
④ 2019년 국가유공자의 1인당 보상금액은 전년 대비 20만 원 이상 감소하였다.
⑤ 2020년 고엽제후유의증 환자의 보상금액은 전년 대비 78억 원 증가하였다.

11. 다음은 ○○경제연구소가 보고한 취업자와 비취업자의 시간 활용 현황을 나타낸 표이다. 이에 대한 설명으로 옳은 것은?

(단위 : 시간)

구분	항목	전체	남	여
취업자	개인유지	10 : 58	10 : 20	10 : 16
	일	11 : 00	11 : 01	11 : 00
	학습	6 : 56	7 : 16	6 : 36
	가정관리	1 : 30	2 : 04	2 : 23
	가족 및 가구원 돌보기	1 : 26	1 : 00	1 : 24
	참여 및 봉사활동	2 : 03	1 : 52	2 : 09
	교제 및 여가 활동	2 : 58	2 : 07	1 : 47
	이동	1 : 58	2 : 07	1 : 47
	기타	0 : 23	0 : 23	0 : 34
비취업자	개인유지	10 : 35	10 : 48	10 : 30
	일	1 : 54	1 : 57	1 : 52
	학습	5 : 17	5 : 40	4 : 51
	가정관리	3 : 11	1 : 28	3 : 43
	가족 및 가구원 돌보기	2 : 31	1 : 33	2 : 37
	참여 및 봉사활동	2 : 22	3 : 21	1 : 58
	여가 활동	7 : 15	8 : 34	6 : 40
	이동	1 : 36	1 : 44	1 : 32
	기타	0 : 26	0 : 26	0 : 26

① 취업자와 비취업자 모두 가장 많은 시간을 할애하는 항목은 개인유지 시간이다.

② 시간 분배를 보면 취업자들은 일에 가장 집중된 반면, 비취업자들은 여가 활동과 학습을 비슷한 분포로 할애하고 있다.

③ 취업 여부에 관계없이 성별에 따라 가정관리에 할애하는 시간은 3배 이상 차이가 나고 있다.

④ 비취업자는 개인유지, 여가 활동, 학습, 가정관리 순으로 많은 시간을 할애하고 있다.

⑤ 항목별 시간 분포가 성별에 따라 크게 다른 양상을 띠고 있다.

12. 다음 자료에 대한 설명으로 옳지 않은 것을 〈보기〉에서 모두 고르면?

[그림 1] 2019년 A ~ E 품목별 매출액, 시장점유율, 이익률

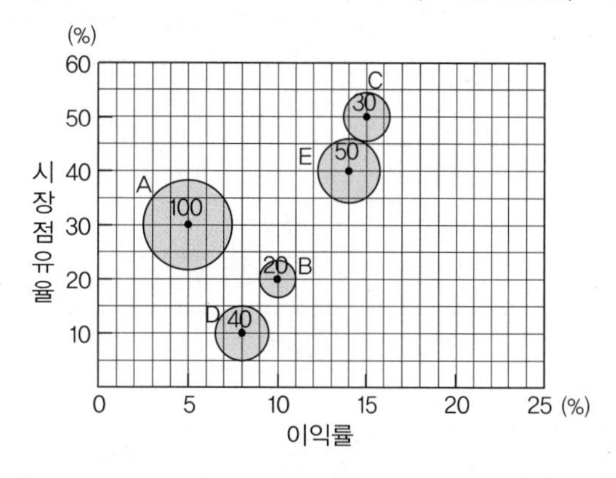

[그림 2] 2020년 A ~ E 품목별 매출액, 시장점유율, 이익률

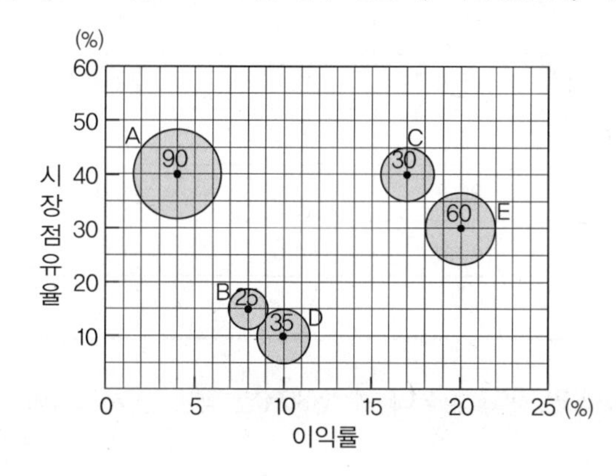

※ 1) 각 원의 중심좌표는 시장점유율과 이익률을, 원의 내부값은 매출액(억 원)을 나타내며, 원의 면적은 매출액에 비례한다.

2) 시장점유율(%) = $\frac{\text{매출액}}{\text{시장규모}} \times 100$　　3) 이익률(%) = $\frac{\text{이익}}{\text{매출액}} \times 100$

보기

㉠ 2019년 대비 2020년에 시장점유율과 이익률이 모두 줄어든 것은 B 품목뿐이다.
㉡ 2020년에 전년 대비 E 품목의 시장규모는 늘고 이익은 줄었다.
㉢ 2020년의 이익은 D 품목이 A 품목보다 적다.
㉣ 2020년에 매출액이 가장 큰 품목의 시장규모는 2019년보다 크다.

① ㉠, ㉡　　② ㉡, ㉢　　③ ㉡, ㉣
④ ㉢, ㉣　　⑤ ㉠, ㉡ ,㉢

13. 다음은 월평균 사교육비의 계층별 특성 분포에 대한 통계 자료이다. 이 자료에 대한 설명으로 옳은 것을 〈보기〉에서 모두 고르면?

(단위 : %)

특성별		사교육 받지 않음	10만 원 미만	10 ~ 30만 원 미만	30 ~ 50만 원 미만	50만 원 이상
대도시		29.5	7.5	24.9	19.7	18.4
대도시 이외		32.9	8.3	28.0	19.4	11.4
초등학교		18.9	12.7	37.8	20.3	10.3
중학교		30.8	5.1	22.0	24.6	17.5
고등학교		50.5	3.6	14.6	13.8	17.5
학교 성적	상위 10% 이내	21.6	6.6	28.0	22.3	21.5
	11 ~ 30%	23.3	6.6	28.5	23.4	18.2
	31 ~ 60%	28.4	7.8	27.2	21.3	15.3
	61 ~ 80%	35.5	8.3	26.7	17.4	12.1
	하위 20% 이내	45.4	10.0	23.6	13.5	7.5
부모님 평균 연령	20 ~ 30대	21.6	12.2	38.3	20.0	7.9
	40대	30.7	7.1	24.9	20.8	16.5
	50대 이상	45.9	4.6	17.6	15.2	16.7

보기

㉠ 조사자 수가 3,100명이라면, 학교 성적이 11 ~ 30%인 학생 중 사교육비로 50만 원 이상 지출하는 인원은 약 113명이다.

㉡ 대도시 이외의 지역에서는 대도시에 비해 사교육을 아예 받지 않거나 30만 원 미만의 비용만 지출하는 비율이 더 많고, 대도시 지역에서는 30만 원 이상을 지출하는 인원이 $\frac{1}{3}$ 이상을 차지한다.

㉢ 상급학교로 진학할수록, 부모님의 평균 연령대가 높아질수록 사교육을 받는 비율이 높아지고, 이들 모두에게서 사교육을 받지 않는 경우를 제외하고 가장 많은 지출 범위는 10 ~ 30만 원 미만이다.

㉣ 학교 성적이 상위 10% 이내인 학생이 사교육비로 10만 원 이상을 지출하는 비율이 성적 11 ~ 30%인 학생들에 비해 더 높다.

㉤ 학교 성적이 하위권으로 내려갈수록 사교육을 받지 않는 비율이 높고, 사교육 여부에 관계없이 이들 모두 10 ~ 30만 원 미만의 비용을 지출하는 경우가 가장 많다.

① ㉠, ㉡, ㉢　② ㉠, ㉡, ㉣　③ ㉠, ㉢, ㉤
④ ㉡, ㉢, ㉣　⑤ ㉡, ㉢, ㉤

14. 다음 자료를 보고 〈보기〉에서 올바른 것을 모두 고르면? (단, 전 국가의 석유 수출량 합과 석유 수입량의 합은 같다고 가정한다)

[세계 석유 생산, 수출, 수입 비중 현황]

(단위 : %)

순위	국가명	생산	국가명	수출	국가명	수입
1	사우디아라비아	13.2	사우디아라비아	18.7	미국	17.6
2	미국	13.1	러시아	11.7	중국	15.7
3	러시아	12.3	UAE	6.6	인도	9.7
4	캐나다	5.1	이라크	6.6	일본	8.4
5	중국	5.0	나이지리아	5.9	한국	6.4
6	이라크	4.0	캐나다	5.5	독일	4.5
7	이란	3.9	쿠웨이트	5.3	스페인	3.1
8	UAE	3.7	베네수엘라	4.8	이탈리아	3.0
9	쿠웨이트	3.7	앙골라	4.3	프랑스	2.8
10	베네수엘라	3.3	카자흐스탄	3.4	네덜란드	2.8
그 외 국가		32.7	그 외 국가	27.2	그 외 국가	26.0
계		100	계	100	계	100

보기

가. 사우디아라비아와 미국은 모두 석유 생산국이나 사우디아라비아는 자국 수요 이상을 생산하고 미국은 자국 수요보다 부족한 양을 생산한다.

나. 세 가지 지표 모두 상위 2개국의 비중이 '그 외 국가'의 비중보다 크다.

다. 전체 비중에서 상위 5개국에 대한 의존도는 생산, 수출, 수입 순으로 높다.

라. 모든 국가의 석유 수출 기준이 국제 유가(WTI)를 따른다고 할 때, 석유 최대 생산국의 수출액은 두 번째로 많이 생산하는 국가의 수출액 대비 약 1.6배이다.

① 가 ② 가, 나 ③ 가, 라

④ 나, 다 ⑤ 가, 다, 라

15. 다음은 연도별 서울시 주요 문화유적지 관람객 수에 대한 자료이다. [보고서]의 내용을 근거로 A ~ D에 해당하는 문화유적지를 바르게 나열한 것은?

[표 1] 관람료별 문화유적지 관람객 수 추이

(단위 : 천 명)

문화유적지	관람료 \ 연도	2016년	2017년	2018년	2019년	2020년
A	유료	673	739	1,001	1,120	1,287
	무료	161	139	171	293	358
B	유료	779	851	716	749	615
	무료	688	459	381	434	368
C	유료	370	442	322	275	305
	무료	618	344	168	148	111
D	유료	1,704	2,029	2,657	2,837	3,309
	무료	848	988	1,161	992	1,212

※ 유료(무료) 관람객 수=외국인 유료(무료) 관람객 수+내국인 유료(무료) 관람객 수

[표 2] 외국인 유료 관람객 수 추이

(단위 : 천 명)

문화유적지 \ 연도	2016년	2017년	2018년	2019년	2020년
A	299	352	327	443	587
B	80	99	105	147	167
C	209	291	220	203	216
D	773	1,191	1,103	1,284	1,423

[보고서]

최근 문화유적지를 찾는 관람객이 늘어나면서 문화재청에서는 서울시 4개 주요 문화유적지(경복궁, 덕수궁, 종묘, 창덕궁)를 찾는 관람객 수를 매년 집계하고 있다. 그 결과, 2016년 대비 2020년 4개 주요 문화유적지의 전체 관람객 수는 약 30% 증가하였다.

이 중 경복궁과 창덕궁의 유료 관람객 수는 매년 무료 관람객 수의 2배 이상이었다. 유료 관람객을 내국인과 외국인으로 나누어 분석해 보면, 창덕궁의 내국인 유료 관람객 수는 매년 증가하였다.

이런 추세와 달리, 덕수궁과 종묘의 유료 관람객 수와 무료 관람객 수는 각각 2016년보다 2020년에 감소한 것으로 나타났다. 특히 종묘는 전체 관람객 수가 매년 감소하여 국내외 홍보가 필요한 것으로 분석되었다.

	A	B	C	D
①	창덕궁	덕수궁	종묘	경복궁
②	창덕궁	종묘	덕수궁	경복궁
③	경복궁	덕수궁	종묘	창덕궁
④	경복궁	종묘	덕수궁	창덕궁
⑤	경복궁	창덕궁	종묘	덕수궁

16. 다음은 S 과수원에서 일 년 동안 생산할 수 있는 사과와 배의 생산가능곡선이다. 이에 대한 설명으로 옳지 않은 것은?

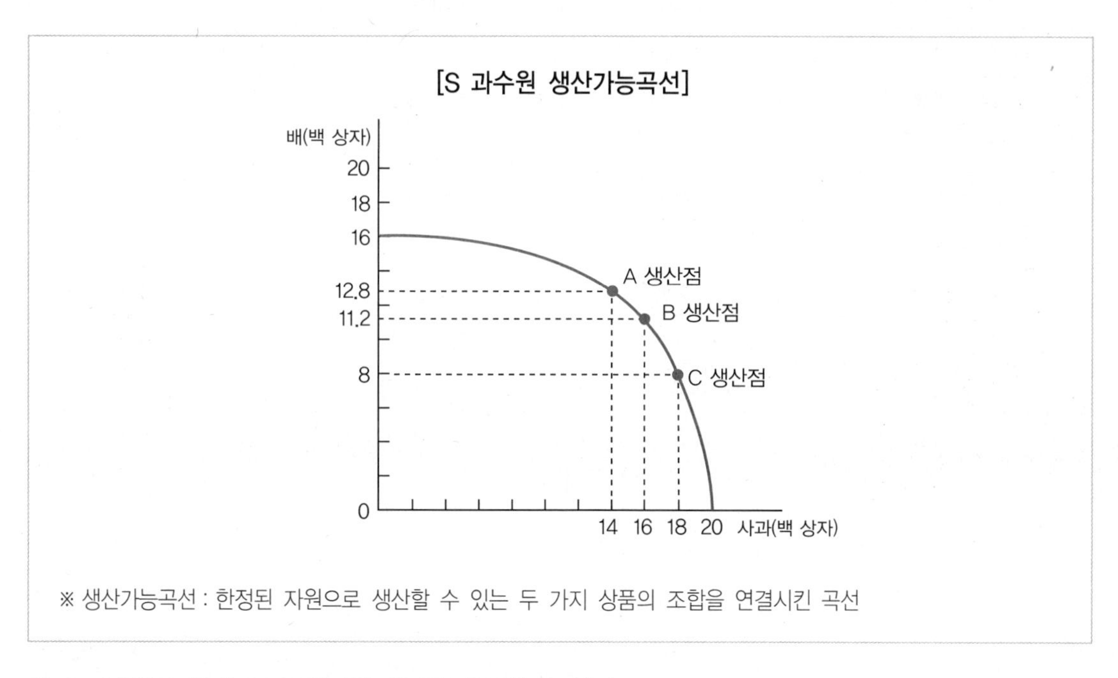

※ 생산가능곡선 : 한정된 자원으로 생산할 수 있는 두 가지 상품의 조합을 연결시킨 곡선

① S 과수원은 최대 2,000상자의 사과를 생산할 수 있다.
② 생산점을 A에서 C로 옮길 경우 배의 생산량은 480상자 늘어난다.
③ 생산점을 B에서 A로 옮길 경우 사과의 생산량은 200상자 줄어든다.
④ A ~ C 생산점 중 사과와 배의 총 생산량이 가장 많은 생산점은 B 생산점이다.
⑤ A ~ C 생산점 중 C 생산점에서 가장 많은 사과를 생산할 수 있다.

17. 다음은 코로나 19와 관련된 통계 자료이다. 이에 대한 설명으로 옳지 않은 것을 〈보기〉에서 모두 고르면?

[국내 누적 검사 현황]

(단위 : 명)

검사완료						검사 중	합계
확진환자수				결과 음성	소계		
격리 중	격리해제	사망	소계				
1,324	10,930	281	12,535	1,175,817	1,188,352	20,245	1,208,597

[국내 확진자 연령별 현황]

(단위 : 명(%), %)

구분	확진자	사망자	치명률
0 ~ 9세	182(1.45)	0(0.00)	-
10 ~ 19세	693(5.53)	0(0.00)	-
20 ~ 29세	3,309(26.40)	0(0.00)	-
30 ~ 39세	1,444(11.52)	2(0.71)	0.14
40 ~ 49세	1,644(13.12)	3(1.07)	0.18
50 ~ 59세	2,254(17.98)	15(5.34)	0.67
60 ~ 69세	1,622(12.94)	41(14.59)	2.53
70 ~ 79세	836(6.67)	81(28.83)	9.69
80세 이상	551(4.40)	139(49.47)	25.23

※ 치명률(%) = $\frac{\text{사망자 수}}{\text{확진자 수}} \times 100$

[국외 주요 발생 국가 현황]

(단위 : 명, %)

구분	확진자		사망자		치명률
	인원	발생률	인원	발생률	
미국	2,342,739	711.9	121,157	36.8	5.2
브라질	1,145,906	539.5	52,645	24.8	4.6
러시아	599,705	416.8	8,359	5.8	1.4
인도	440,215	32.2	14,011	1.0	3.2
영국	306,210	457	42,927	64.1	14.0
페루	260,810	792.7	8,404	25.5	3.2
칠레	250,767	1,338.9	4,505	24.1	1.8
스페인	246,752	531.8	28,325	61.0	11.5
이탈리아	238,833	403.4	34,675	58.6	14.5
이란	209,970	253.6	9,863	11.9	4.7

※ 발생률 단위 : 인구 10만 명당 명

보기

(가) 국내에서 코로나 19에 확진되어 격리 중인 사람은 1,324명으로 누적확진자 수는 12,535명이다. 또한, 코로나 19 검사 결과 음성으로 나온 사람은 1,175,817명, 검사 진행 중인 사람은 20,245명으로 총 1,208,597명이 검사를 받았다.

(나) 국내 확진자 연령별 현황을 보면 20대가 3,309명(26.40%)으로 가장 많고, 그 다음은 50대, 40대, 60대의 순으로 많다. 그러나 사망자는 20대가 0 ~ 9세, 10 ~ 19세와 함께 0명으로 가장 적고, 연령대가 높아질수록 치명률이 높아지는 특징을 보인다.

(다) 국외 주요 발생 국가 현황을 보면 제시된 10개 국가 중 사망자가 5만 명을 넘는 국가는 2개 국가로, 제시된 국가 중 이 두 국가의 치명률이 가장 높다.

(라) 국외 주요 발생 국가 현황에 제시된 10개 국가의 확진자 발생률을 높은 순서대로 나열하면 칠레 – 페루 – 미국 – 브라질 – 스페인 – 러시아 – 이탈리아 – 이란 – 영국 – 인도 순이다.

① (가), (나)　② (가), (라)　③ (나), (다)

④ (나), (라)　⑤ (다), (라)

18. 다음은 자동차 냉매제의 저감량 평가 방법에 관한 자료이다. 이에 대한 설명으로 옳지 않은 것은?

[저감량 평가 방법]

• 10인승 이하의 승용 및 승합자동차

(1) Leakage Credit의 계산

$$M \cdot C \times \left\{ 1 - \left(\frac{L \cdot S}{16.6} \right) \times \left(\frac{GWP}{1,430} \right) \right\} - H \cdot L \cdot D$$

(2) 참고

1) M · C : HFO−134a의 경우 7.0, 저온난화지수냉매의 경우 7.9

2) L · S : M · C가 8.3 미만인 경우 8.3(단, 전기 압축기 방식은 4.1로 한다)

3) GWP : 냉매의 지구온난화지수

4) L · T : 냉매 용량이 733g 이하인 경우 11.0으로 하고, 냉매 용량이 733g 초과인 경우 냉매 용량의 2%로 한다.

5) H · L · D : $1.1 \times \left(\frac{L \cdot S - L \cdot T}{3.3} \right)$

단, 냉매의 지구온난화지수가 150보다 크거나, 계산값이 0보다 작은 경우 0으로 한다.

• 11인승 이상의 승합 및 화물자동차

(1) Leakage Credit의 계산

$$M \cdot C \times \left\{ 1 - \left(\frac{L \cdot S}{20.7} \right) \times \left(\frac{GWP}{1,430} \right) \right\} - H \cdot L \cdot D$$

(2) 참고

1) M · C : HFO−134a의 경우 8.6, 저온난화지수냉매의 경우 9.9

2) L · S : M · C가 10.4 미만인 경우 10.4(단, 전기 압축기 방식은 5.2로 한다)

3) GWP : 냉매의 지구온난화지수

4) L · T : 냉매 용량이 733g 이하인 경우 11.0으로 하고, 냉매 용량이 733g 초과인 경우 냉매 용량의 2%로 한다.

5) H · L · D : $1.3 \times \left(\frac{L \cdot S - L \cdot T}{3.3} \right)$

단, 냉매의 지구온난화지수가 150보다 크거나, 계산값이 0보다 작은 경우 0으로 한다.

구분	A 차	B 차	C 차	D 차
차량 구분	5인승	11인승	10인승	8인승
냉매의 종류	HFO-134a	저온난화지수냉매	저온난화지수냉매	HFO-134a
냉매 용량	600g	750g	650g	800g
전기 압축기	있음	없음	있음	없음
max credit(M · C)				
leak score(L · S)				
GWP			166	715
leak threshold(L · T)				
hileak dis(H · L · D)				

① B 차와 C 차의 M · C와 L · S는 다르다.
② A 차와 C 차의 H · L · D는 같다.
③ L · T가 가장 큰 것은 D 차이다.
④ D 차의 Leakage Credit은 5보다 크다.
⑤ A 차의 GWP는 150보다 크다.

[19 ~ 20] 다음 자료를 보고 이어지는 질문에 답하시오.

[세계 1차 에너지공급원별 현황]

(단위 : 백만 TOE)

구분	2005년	2010년	2015년	2019년
석유	3,662	4,006	4,142	4,290
석탄	2,313	2,990	3,653	3,914
천연가스	2,071	2,360	2,736	2,901
원자력	676	722	719	661
신재생 등	1,315	1,455	1,702	1,933
합계	10,037	11,533	12,952	13,699

[세계 1차 에너지공급 권역별 현황]

(단위 : 백만 TOE)

구분	2005년	2010년	2015년	2019년
유럽(OECD)	1,748	1,849	1,820	1,675
(가)	2,273	2,319	2,215	2,216
(나)	1,149	1,830	2,629	3,066
(다)	1,038	1,237	1,526	1,741
(라)	354	468	623	721
그 외 국가	3,475	3,830	4,139	4,280
전 세계	10,037	11,533	12,952	13,699

19. 〈보기〉의 조건을 토대로 위 표의 (가) ~ (라)에 해당하는 지역명을 순서대로 올바르게 나열한 것은?

보기

- (가) ~ (라)의 지역은 중국, 중국 외 아시아, 중동, 미국이다.
- 2015년 대비 2019년의 에너지공급량 증가율이 가장 큰 지역은 중국이다.
- 2005년 대비 2019년의 에너지공급량 증가율은 중동이 중국 외 아시아보다 더 크다.
- 2015년 대비 2019년의 에너지공급량 증가율은 '그 외 국가'가 미국보다 크다.

① 중국 – 미국 – 중국 외 아시아 – 중동
② 미국 – 중국 – 중국 외 아시아 – 중동
③ 미국 – 중국 – 중동 – 중국 외 아시아
④ 미국 – 중국 외 아시아 – 중국 – 중동
⑤ 중동 – 중국 – 중국 외 아시아 – 미국

20. 다음 중 자료에 대한 설명으로 옳은 것은?

① 매 시기 석유의 전체 공급량은 중국과 중국 외 아시아에서 공급하는 1차 에너지공급량보다 더 많다.
② 매 시기 중동에서 공급하는 1차 에너지의 양은 원자력의 공급량보다 더 적다.
③ 2005년 대비 2019년에 1차 에너지공급량이 가장 큰 증가율을 보인 에너지원은 '신재생 등'이다.
④ 조사기간 동안 유럽과 미국을 제외한 전 지역에서 1차 에너지공급량의 시기별 증감 추이는 동일하다.
⑤ 전 세계 1차 에너지공급량에서 차지하는 지역별 공급 비중이 매 시기 증가한 지역은 2곳이다.

02 비율 계산

3. 심화

01. 다음은 올해 전공 분야별 연구원 현황에 관한 자료이다. 〈조건〉을 모두 만족하는 전공 분야 X는 무엇인가?

[올해 전공 분야별 연구원 현황]

(단위 : 명)

구분	박사	석사	학사	기타
총계	103,582	137,996	214,752	26,466
이학	17,976	22,587	24,296	2,877
공학	45,445	91,783	166,088	19,636
농학	4,795	3,453	1,965	210
의 · 약 · 보건학	14,123	8,112	4,882	794
인문학	8,017	4,846	11,684	2,029
사회과학	13,226	7,215	5,837	920

조건

- 어떤 사람이 박사 학위를 가진 연구원일 때, 그 사람의 전공 분야가 X일 확률은 8%보다 크다.
- X 분야에서 석박사 학위를 갖지 않은 연구원의 비율은 35% 이상이다.
- X 분야의 석사와 학사 연구원 수의 차이는 3,000명보다 적다.

① 이학 ② 공학 ③ 의 · 약 · 보건학
④ 인문학 ⑤ 사회과학

02. 다음은 국내에 취항하는 총 12개 항공사의 여객 및 화물 운항 실적을 나타낸 자료이다. 각 항공사 간 취항 노선의 중복과 공동운항이 없다고 할 때, 이를 분석한 내용으로 옳지 않은 것을 〈보기〉에서 모두 고르면? (단, 소수점 아래 둘째 자리에서 반올림한다)

구분	항공사	취항 노선 수(개)	운항 횟수(회)	여객 운항 횟수(회)	화물 운항 횟수(회)
국내 항공사	A	137	780	657	123
	B	88	555	501	54
	국내 항공사 전체	225	1,335	1,158	177
외국 항공사	C	5	17	13	4
	D	3	5	0	5
	E	4	7	7	0
	F	4	18	14	4
	G	12	14	0	14
	H	13	31	0	31
	I	12	28	0	28
	J	9	76	75	1
	K	10	88	82	6
	L	17	111	102	9
	외국 항공사 전체	89	395	293	102

※ 운항 횟수=여객 운항 횟수+화물 운항 횟수

※ 여객 지수 $=\frac{\text{여객 운항 횟수}}{\text{운항 횟수}}=1-$화물 지수

보기

㉠ 국내 A 항공사보다 여객 지수가 높은 외국 항공사는 4곳이다.
㉡ 외국 항공사 중에서 화물 지수가 1인 항공사는 4곳이다.
㉢ 외국 항공사 전체의 취항 노선 수 중 L 항공사가 취항하는 노선의 비중은 20%가 넘는다.
㉣ 각 항공사의 운항 횟수 중 화물 운항 횟수가 차지하는 비율은 A 항공사가 B 항공사보다 약 7.2%p 더 높다.

① ㉠, ㉢　② ㉡, ㉢　③ ㉡, ㉣
④ ㉢, ㉣　⑤ ㉠, ㉡, ㉢

파트 4 실전연습

03. 다음은 A ~ F 6개국의 사회 보험 비용을 '의료', '연금', '기타 복지'의 3개로 분류하여 사회 보험 비용 전체에서 차지하는 항목별 비율을 삼각도표로 나타낸 것이다. 이에 대한 설명으로 옳은 것은?

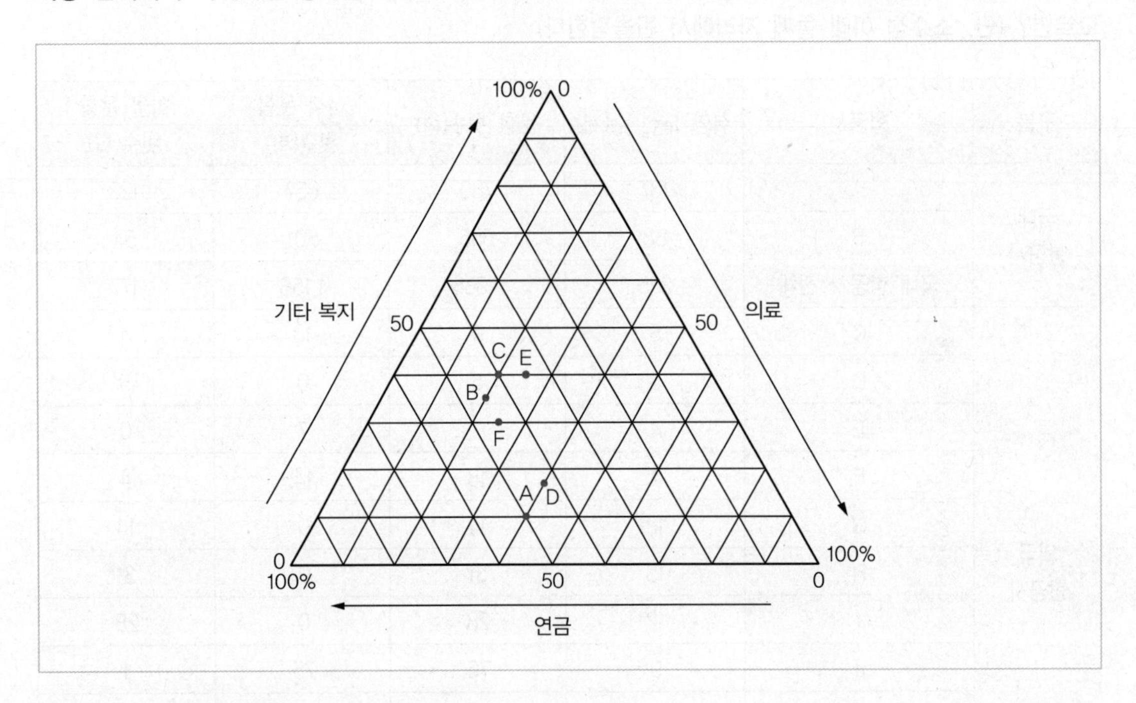

① '기타 복지'가 차지하는 비율이 20% 이하인 나라는 없다.

② C 국의 의료보험비는 F 국의 의료보험비보다 적다.

③ 국민 소득 대비 사회 보험 비용은 모든 나라에서 급증하고 있다.

④ B 국에서는 '연금'이 차지하는 비율이 가장 높다.

⑤ 모든 나라에서 '의료'가 차지하는 비율이 '연금'이 차지하는 비율을 넘고 있다.

04. 다음 A 국의 에너지소비에 대한 자료이다. 이에 대한 설명으로 옳은 것은? (단, 원유는 모두 수입한다)

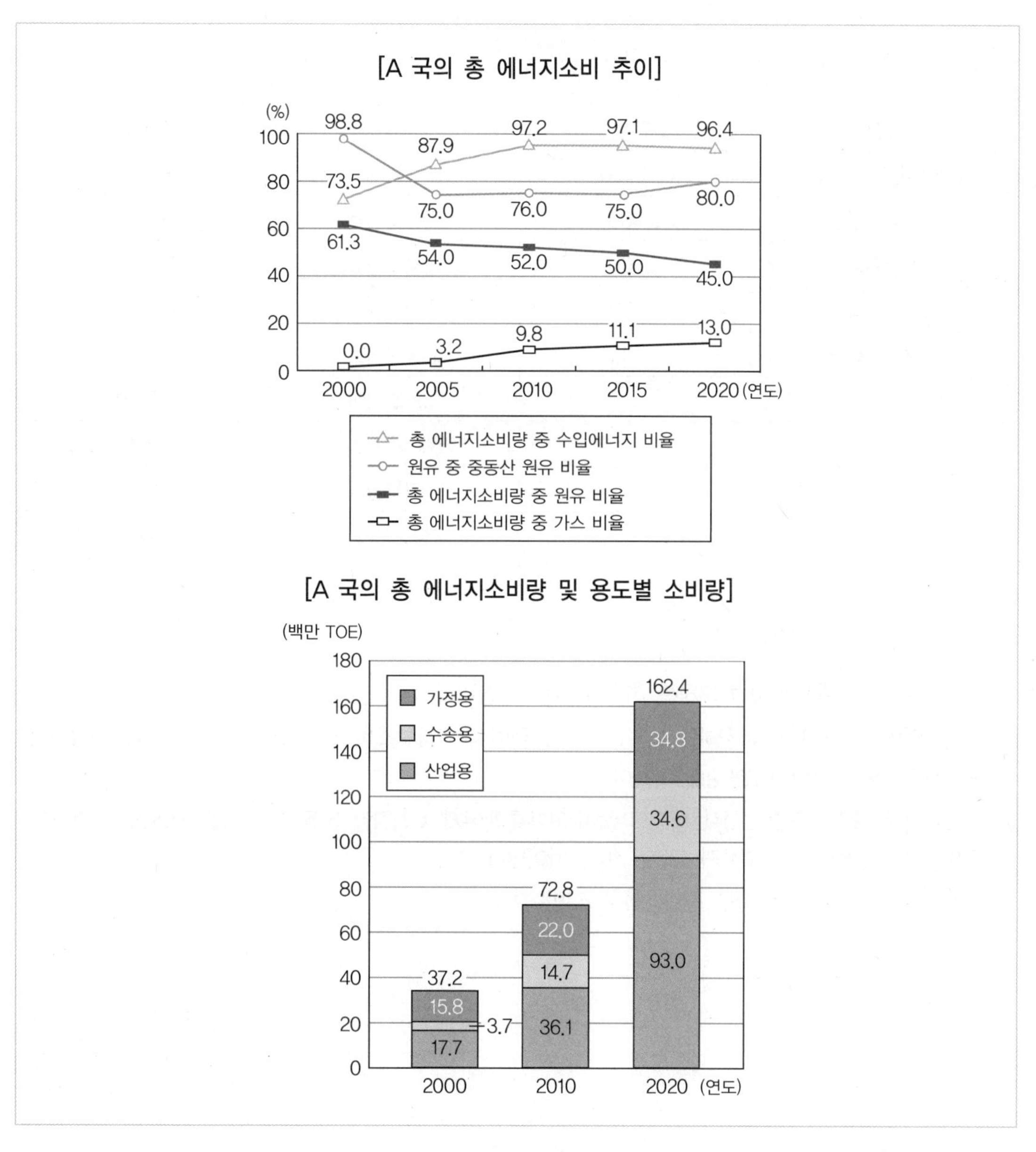

① 2000년에서 2010년 사이에 산업용 에너지소비량은 증가하였으나 총 에너지소비량 중 산업용 에너지소비량의 비율은 감소하였다.

② 2010년 총 에너지소비량 중 중동산 원유의 비율은 5년 전보다 증가하였다.

③ 2005년에서 2010년 사이 수입에너지 중 원유 비율은 5%p 이상 감소하였다.

④ 2020년 가정용 에너지소비량은 가스 소비량의 2배 이상이다.

⑤ 2000년부터 2020년까지 수송용 에너지소비량은 10년마다 3배 이상 증가하였다.

파트 4 실전연습

05. 다음은 일학습지원국 B 과장의 급여 지급명세서이다. 이에 대한 설명으로 옳지 않은 것은?

(단위 : 원)

실수령액 : (　　)			
소득내역		공제내역	
보수항목	보수액	공제항목	공제금액
기본급여(연봉월액)	2,408,400	소득세	160,000
직책수당(직무급)	200,000	지방소득세	16,000
시간외수당	220,000	건강보험료	156,420
중식보조비	100,000	국민연금료	148,360
직급보조비	210,000	고용보험료	19,003
		노동조합비	52,531
		카페 이용요금	4,600
		기부금	1,000
		상조회비	5,000
소득총액		공제총액	

※ 실수령액 = 소득총액 − 공제총액

① 기본급여가 소득총액에서 차지하는 비율은 70% 이상이다.

② 공제총액에서 소득세가 차지하는 비율은 소득총액에서 직급보조비가 차지하는 비율의 4배 이상이다.

③ 건강보험료는 고용보험료의 8배 이상이다.

④ 건강보험료, 국민연금료, 고용보험료의 합이 공제총액에서 차지하는 비율은 소득세, 지방소득세의 합이 공제총액에서 차지하는 비율과 25%p 이상 차이난다.

⑤ 건강보험료가 25% 증가하면 공제총액은 65만 원 이상이 된다.

06. 다음은 희소금속 부존량이 많은 8개 국가의 부존량이 세계 전체 부존량에서 차지하는 비율을 나타낸 자료이다. 이에 대한 설명으로 옳은 것은?

[희소금속 부존량이 많은 8개 국가의 부존량 비율]

(단위 : %)

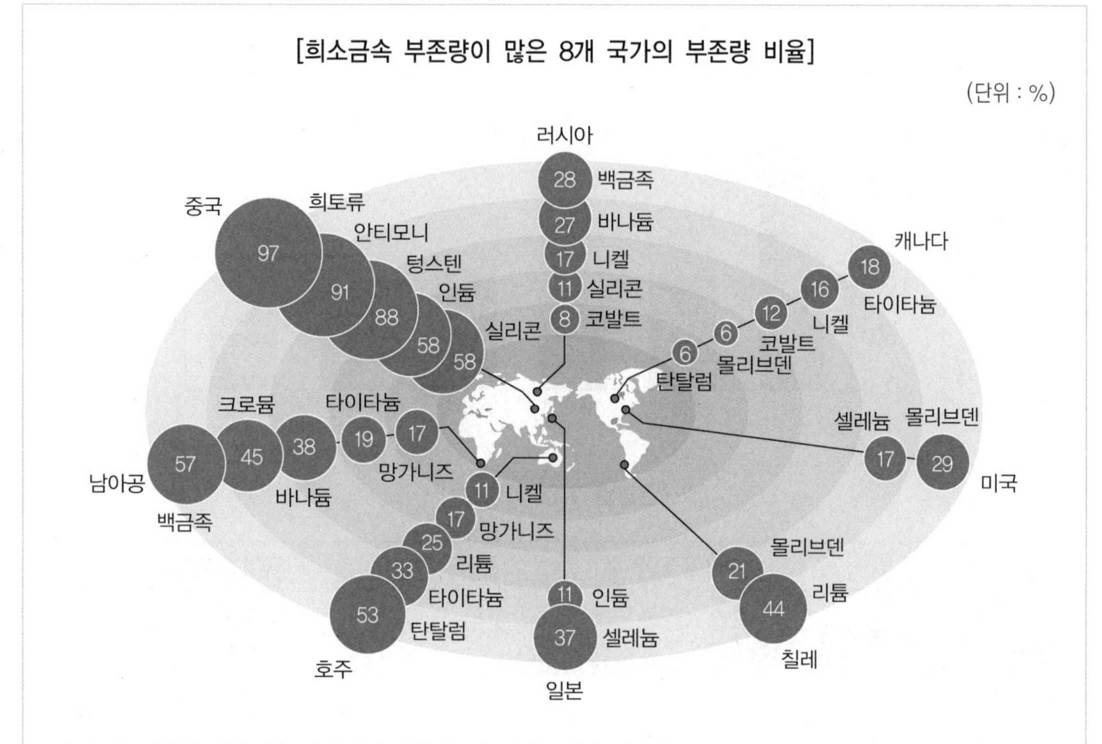

* 부존량 : 거래에 의해 받은 것이 아니라 원래부터 가지고 있던 재화의 양 또는 천연적으로 파묻혀 있는 자연자원의 양을 말한다.
* 희소금속의 총 부존량은 모든 금속이 각각 다르다.
* 제시된 8개 국가를 제외한 다른 국가에서는 각 희소금속을 제시된 국가보다 적게 보유한다.

① 남아공의 백금족 부존량은 러시아의 백금족 부존량의 2.5배이다.
② 희소금속 부존량의 과반을 보유하고 있는 국가는 6개국이다.
③ 제시된 국가 중에서 타이타늄을 부존자원으로 보유한 국가는 2개 국가이다.
④ 니켈은 제시된 국가 이외에도 6개 이상의 국가에서 부존자원으로 보유하고 있다.
⑤ 칠레의 리튬 부존량은 일본의 인듐 부존량의 4배이다.

07. 다음 중 제시된 자료에 대한 설명으로 옳지 않은 것은?

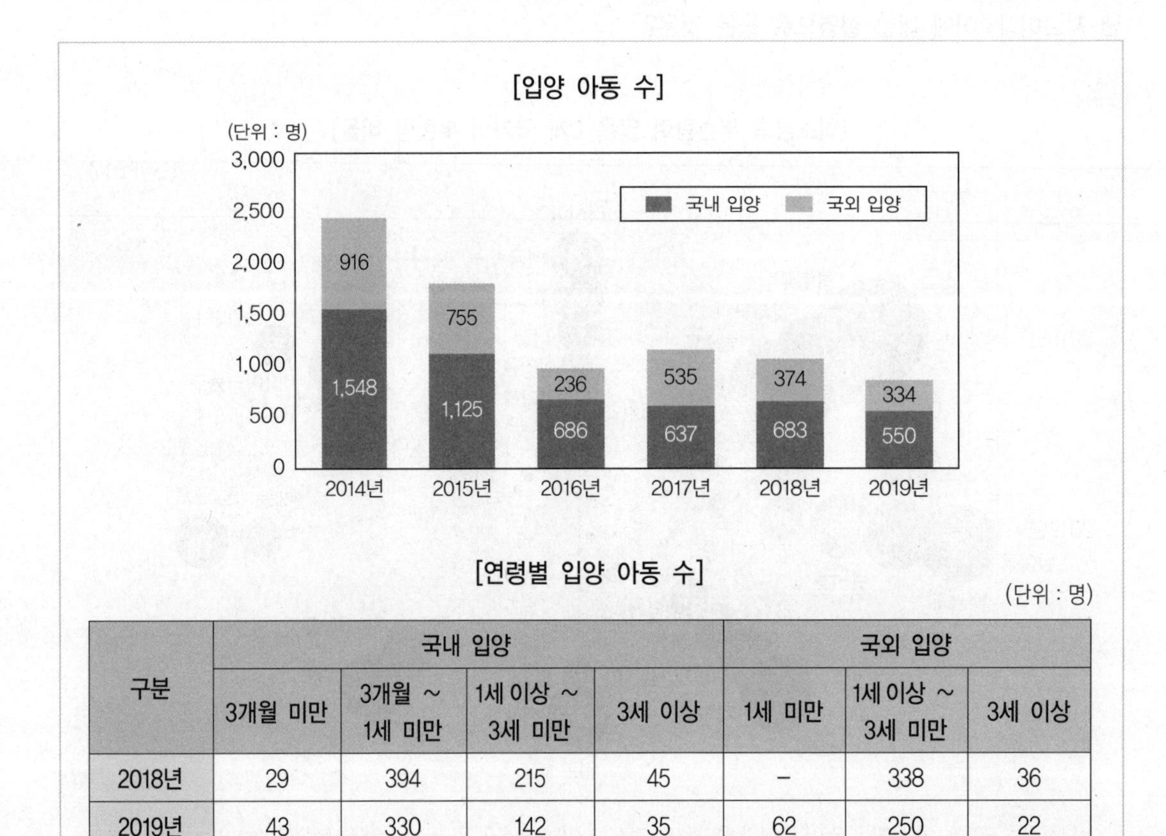

[연령별 입양 아동 수]

(단위 : 명)

구분	국내 입양				국외 입양		
	3개월 미만	3개월 ~ 1세 미만	1세 이상 ~ 3세 미만	3세 이상	1세 미만	1세 이상 ~ 3세 미만	3세 이상
2018년	29	394	215	45	–	338	36
2019년	43	330	142	35	62	250	22
2020년	4	281	150	30	–	382	16

① 전년 대비 국내 입양 아동 수가 가장 많이 감소한 해는 2016년이다.

② 국내 입양과 국외 입양의 비율의 차이가 가장 작은 해는 2020년이다.

③ 2020년 국내 입양 아동 중 1세 이상 아동의 입양 비율은 2019년 국내 입양 아동 중 1세 이상 아동의 입양 비율보다 6%p 이상 증가하였다.

④ 2018 ~ 2020년 전체 입양 아동 중 3세 미만 아동의 입양 비율은 매년 1%p 이상 감소하고 있다.

⑤ 2018년 이후 국내 입양 아동 수는 매년 점점 감소하고 있다.

08. 다음은 2018 ~ 2020년 국가전문자격시험 A ~ D의 합격자와 불합격자를 성별로 정리한 표이다. 〈조건〉을 근거로 2018년 전체 수험자가 많은 순서대로 나열한 것은?

[시험 A ~ D의 수험 결과]

(단위 : 명)

구분		합격자			불합격자		
연도	시험	여성	남성	소계	여성	남성	소계
2018년	A	743	1,560	2,303	6,530	15,824	22,354
	B	1,483	1,472	2,955	3,944	12,811	16,755
	C	900	1,650	2,550	3,947	7,194	11,141
	D	31	57	88	407	1,226	1,633
2019년	A	1,017	2,439	3,456	5,957	14,110	20,067
	B	1,532	1,307	2,839	2,726	11,280	14,006
	C	1,059	2,158	3,217	3,905	6,338	10,243
	D	41	165	206	370	1,103	1,473
2020년	A	966	2,459	3,425	6,962	17,279	24,241
	B	1,500	1,176	2,676	4,334	8,996	13,330
	C	1,701	2,891	4,592	11,848	15,000	26,848
	D	32	593	625	1,048	2,085	3,133

조건

- 전체 수험자는 합격자와 불합격자의 합이다.
- 2019년과 2020년 공인노무사 시험의 합격자는 전년 대비 매년 증가하였다.
- 2019년 여성 수험자가 가장 많은 시험은 사회복지사 1급이다.
- 2020년 세무사 시험의 불합격자 수 대비 합격자 수의 비율은 20% 이상이다.
- 2018년에 비해 2019년에 남성 수험자가 감소했고 여성 수험자가 증가한 시험은 주택관리사보 시험이다.

① 사회복지사 1급－세무사－주택관리사보－공인노무사
② 사회복지사 1급－주택관리사보－세무사－공인노무사
③ 공인노무사－사회복지사 1급－주택관리사보－세무사
④ 공인노무사－주택관리사보－사회복지사 1급－세무사
⑤ 주택관리사보－사회복지사 1급－세무사－공인노무사

[09 ~ 10] 다음 자료를 읽고 이어지는 질문에 답하시오.

[자료 1] 고등교육기관 졸업자 전체 취업률 추이

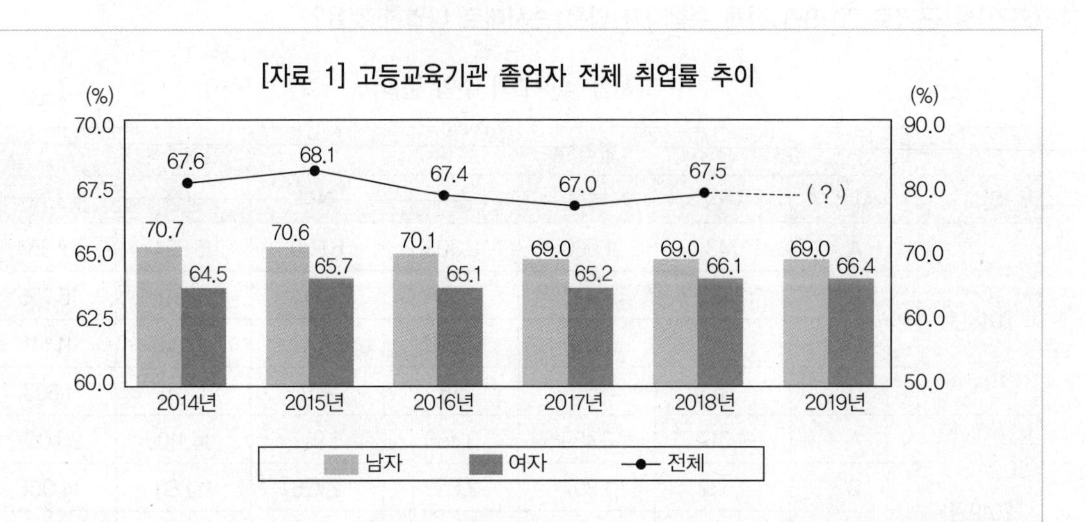

[자료 2] 2019년 고등교육기관 졸업자 진학 현황

(단위 : 개교, 명, %)

구분		학교 수	졸업자	진학자	진학률	진학현황	
						국내진학자	국외진학자
전체		566	580,695	36,838	6.3	35,959	879
성별	남자	–	285,443	19,415	( )	19,066	349
	여자	–	295,252	17,423	( )	16,893	530

[자료 3] 2019년 고등교육기관 졸업자 취업통계조사 결과 현황

(단위 : 명)

구분	취업 대상자	취업자	취업현황					
			A	B	C	D	E	F
전체	516,620	349,584	318,438	2,333	617	3,125	4,791	20,280

* 조사기준일 : 2019년 12월 31일
* 취업대상자(명)=졸업자−(진학자+입대자+취업불가능자+외국인 유학생+제외인정자)
* 진학률(%)$=\frac{\text{진학자}}{\text{졸업자}}\times 100$, 취업률(%)$=\frac{\text{취업자}}{\text{취업대상자}}\times 100$
* 취업현황 : 조사기준 당시 A ~ F에 해당하는 자

A) 건강보험 직장가입자, B) 해외취업자, C) 농림어업종사자, D) 개인창작활동종사자, E) 1인 창업 · 사업자, F) 프리랜서

09. 다음 중 위 자료에 대한 해석으로 옳은 것은?

① 2014년 이후 남자와 여자의 취업률 차이가 지속적으로 줄어들고 있다.
② 2014년부터 2018년까지의 기간 중 2015년에 취업자 수가 가장 많다.
③ 2019년 고등교육기관을 졸업한 취업자 중 프리랜서의 비율은 6% 미만이다.
④ 2019년 고등교육기관 졸업자 진학 현황을 보면 남자보다 여자의 진학률이 더 높다.
⑤ 2019년 고등교육기관 졸업자의 취업률은 70% 이상이다.

10. 다음 중 위 자료에 대한 설명으로 옳지 않은 것은?

① 2019년 고등교육기관 졸업자 중 취업대상자의 비율은 약 89%이다.
② 2019년 고등교육기관 졸업자 중 국내진학자는 남자와 여자 모두 국외진학자의 30배 이상이다.
③ 2019년 고등교육기관을 졸업한 취업자 중 농림어업종사자 비율이 가장 낮으며 0.2% 미만을 차지한다.
④ 2019년 고등교육기관을 졸업한 취업자 중 건강보험 직장가입자 비율이 가장 높으며 90% 이상을 차지한다.
⑤ 2019년 고등교육기관을 졸업한 취업자 중 해외취업자, 개인창작활동종사자, 1인 창업 · 사업자 비율은 각각 0.6 ~ 1.2%의 범위에 있다.

[11 ~ 12] 다음은 여성의 사회 참여에 대한 인식 자료이다. 이어지는 질문에 답하시오.

[2020년 국가별 여성의 사회 참여에 대한 인식]

(단위 : %)

구분	전업주부가 되는 것은 소득이 있는 직장을 갖는 것만큼 값지다.					
	강하게 동의	동의	반대	강하게 반대	무응답	모름
미국	24.0	50.5	20.2	4.0	1.3	-
㉠	13.8	51.7	6.9	0.6	-	27.0
㉡	11.2	48.8	24.2	2.5	3.2	10.1
㉢	21.8	30.6	31.3	11.7	0.1	4.6
한국	8.9	38.2	38.9	12.0	1.9	0.1
㉣	12.4	31.9	34.8	10.3	2.8	7.8
네덜란드	7.7	32.6	29.4	7.5	0.2	22.6
스웨덴	8.5	26.8	37.0	11.4	2.3	14.0

[우리나라의 연도별 여성의 사회 참여에 대한 인식]

(단위 : %)

구분	전업주부가 되는 것은 소득이 있는 직장을 갖는 것만큼 값지다.					
	강하게 동의	동의	반대	강하게 반대	무응답	모름
2001년	40.9	45.4	10.2	1.1	-	2.4
2010년	46.5	40.2	12.7	0.6	-	-
2020년	8.9	38.2	38.9	12.0	1.9	0.1

11. 〈보기〉의 조건을 참고로 위 표의 빈칸 ㉠ ~ ㉣에 들어갈 국가명을 순서대로 올바르게 나열한 것은?

보기

가. 독일과 스페인은 '동의'라고 답한 응답자의 비율이 한국보다 적다.

나. 독일과 스페인의 '모름'이라고 답한 응답자 비율이 합은 일본의 '모름'이라고 답한 응답자 비율의 절반 이하이다.

다. 스페인은 독일보다 여성의 유급노동을 더 중시한다.

① 중국 – 일본 – 독일 – 스페인

② 일본 – 중국 – 스페인 – 독일

③ 일본 – 독일 – 중국 – 스페인

④ 스페인 – 중국 – 독일 – 일본

⑤ 일본 – 중국 – 독일 – 스페인

12. A 씨는 다음과 같이 여성의 사회 참여 인식 지수를 정의하여 위의 조사 결과에 적용해 보려고 한다. 아래의 로그표를 참고하여 2001년과 2010년 우리나라의 여성의 사회 참여 인식 지수 값의 차이와, 2020년 8개국 중 여성의 사회 참여 인식 지수가 음수인 국가의 수를 순서대로 나열한 것은? (단, 분수 계산은 소수점 아래 둘째 자리에서 반올림한다)

$$\text{여성의 사회 참여 인식 지수} = \log\frac{\text{동의 이상을 선택한 비율}}{\text{반대 이하를 선택한 비율}}$$

※ 무응답, 모름 항목은 고려하지 않음.

	0.0	0.1	0.2	0.3	0.4
1	0.00000	0.04139	0.07918	0.11394	0.14613
2	0.30103	0.32222	0.34242	0.36173	0.38021
3	0.47712	0.49136	0.50515	0.51851	0.53148
4	0.60206	0.61278	0.62325	0.63347	0.64345
5	0.69897	0.70757	0.71600	0.72428	0.73239
6	0.77815	0.78533	0.79239	0.79934	0.80618
7	0.84510	0.85126	0.85733	0.86332	0.86923
8	0.90309	0.90849	0.91381	0.91908	0.92428
9	0.95424	0.95904	0.96379	0.96848	0.97313

	0.5	0.6	0.7	0.8	0.9
1	0.17609	0.20412	0.23045	0.25527	0.27875
2	0.39794	0.41497	0.43136	0.44716	0.46240
3	0.54407	0.55630	0.56820	0.57978	0.59106
4	0.65321	0.66276	0.67210	0.68124	0.69020
5	0.74036	0.74819	0.75587	0.76343	0.77085
6	0.81291	0.81954	0.82607	0.83251	0.83885
7	0.87506	0.88081	0.88649	0.89209	0.89763
8	0.92942	0.93450	0.93952	0.94448	0.94939
9	0.97772	0.98227	0.98677	0.99123	0.99564

① 0.0679, 2개 ② 0.0679, 3개 ③ 0.0679, 4개
④ 0.080, 2개 ⑤ 0.080, 3개

파트 4 실전연습

[13 ~ 14] 다음은 2019년 10월의 시도별 고용률 전월비와 고용률, 경기도의 월별 고용률 현황을 나타낸 것이다. 이어지는 질문에 답하시오.

[시도별 고용률 전월비와 고용률 현황(2019년 10월)]

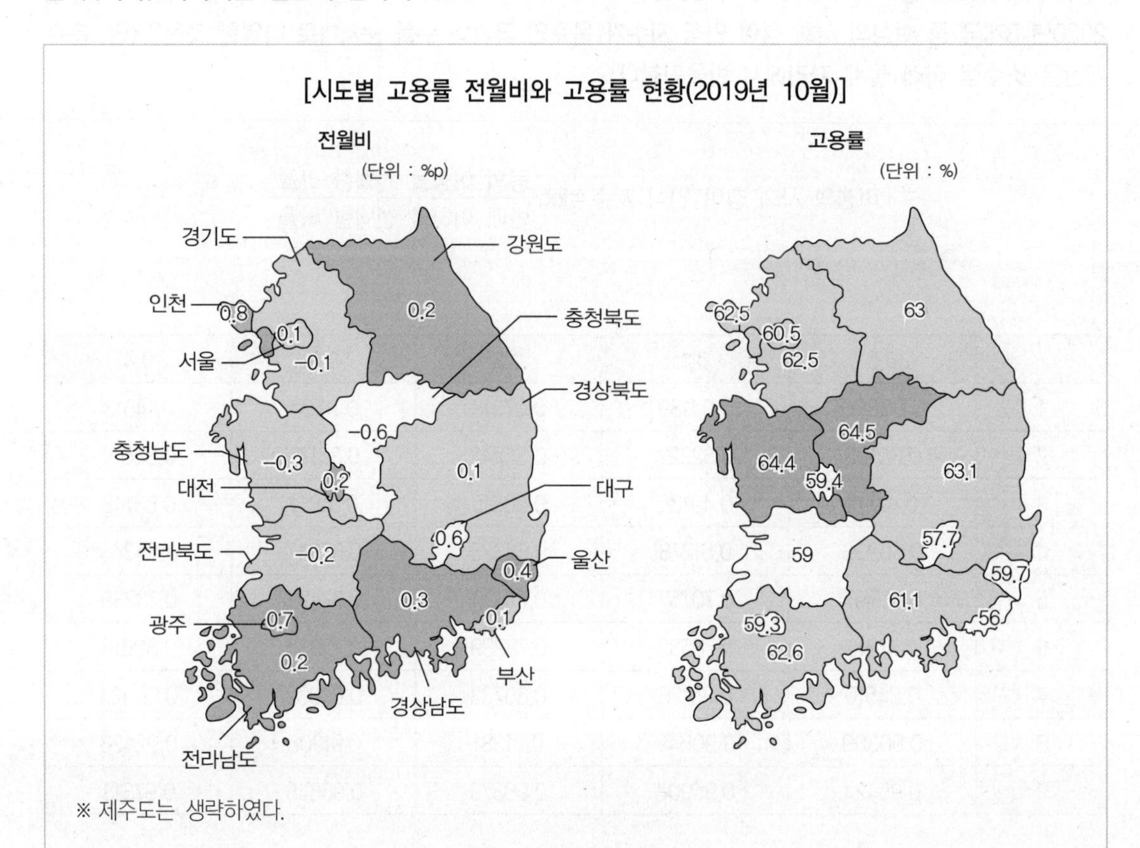

※ 제주도는 생략하였다.

[경기도 고용률 현황]

(단위 : %)

연월	경기도 고용률	연월	경기도 고용률	연월	경기도 고용률	연월	경기도 고용률
2019. 10.	62.5	2019. 5.	62.3	2018. 12.	61.2	2018. 7.	62.4
2019. 9.	62.6	2019. 4.	62	2018. 11.	61.9	2018. 6.	62.3
2019. 8.	62.3	2019. 3.	61.5	2018. 10.	61.8	2018. 5.	61.9
2019. 7.	62.8	2019. 2.	60.4	2018. 9.	62	2018. 4.	61.3
2019. 6.	62.1	2019. 1.	60.4	2018. 8.	62.2		

13. 다음 〈보기〉의 내용 중 옳은 것의 개수는?

보기

가. 경상북도의 2019년 10월 고용률은 전월 대비 0.1% 증가하였다.

나. 그림에 제시된 전국 시 · 도 중 전월 대비 2019년 10월의 고용률이 감소한 시 · 도의 수가 차지하는 비중은 약 33.3%이다.

다. 그림에 제시된 지역 중 2019년 9월에 고용률이 60% 미만이었다가 2019년 10월에 60% 이상으로 증가한 곳은 없다.

라. 경기도의 2019년 1월 대비 2019년 10월의 고용률 변동분은 서울, 인천, 대전, 광주, 대구, 부산의 전월 대비 2019년 10월의 고용률 변동분의 합보다 작다.

① 0개 ② 1개 ③ 2개
④ 3개 ⑤ 4개

14. 각 시도별 전년 동월 대비 2019년 10월의 고용률 변화가 다음 표와 같을 때, ⓐ+ⓑ+ⓒ의 값은?

[전년동월비 고용률]

(단위 : %p)

서울	−0.1	강원도	2.8
부산광역시	0	충청북도	1.5
대구광역시	−1.6	충청남도	0.6
인천광역시	0.8	전라북도	−2.1
광주광역시	1.1	전라남도	−0.6
대전광역시	−1.3	경상북도	−0.1
울산광역시	0	경상남도	0.2
경기도	0.7		

- 2019년 9월 대비 2019년 10월 고용률의 증감분이 가장 작은 곳은 총 (ⓐ)곳이다.
- 2018년 10월 고용률이 63% 이상이었던 곳은 총 (ⓑ)곳이다.
- 표에 제시된 지역 중 2019년 10월 고용률이 5번째로 낮았던 지역의 2018년 10월의 고용률보다 2018년 10월의 고용률이 낮은 지역은 총 (ⓒ)곳이다.

① 14 ② 13 ③ 12
④ 11 ⑤ 10

[15 ~ 16] 다음 자료를 보고 이어지는 질문에 답하시오.

[2019년 한국 철도 무임승차 대상별 인원]

(단위 : 천 명)

구분	합계	노인	장애인	국가유공자	기타
합계	453,713	367,005	80,963	5,427	318
서울교통공사	258,250	208,466	46,405	3,379	–
METRO 9	12,440	9,746	2,529	165	–
DX LINE	1,350	1,103	228	19	–
부산교통공사	93,419	77,631	14,854	934	–
대구도시철도공사	43,796	36,211	7,180	405	–
인천교통공사	18,500	14,109	4,208	183	–
광주광역시 도시철도공사	6,202	5,092	1,017	93	–
대전광역시 도시철도공사	9,212	7,081	1,725	104	302
부산-김해 경전철	1,072	–	1,000	72	–
의정부 경전철	4,585	3,556	984	39	6
용인 경전철	2,552	2,001	523	20	8
우이 신설경전철	2,335	2,009	310	14	2

[2019년 한국 철도 무임승차 대상별 무임비용]

(단위 : 백만 원)

구분	합계	노인	장애인	국가유공자	기타
합계	607,777	491,168	108,753	7,455	401
서울교통공사	351,671	283,059	64,000	4,612	–
METRO 9	15,563	12,182	3,161	220	–
DX LINE	1,691	1,379	285	27	–
부산교통공사	124,862	103,710	19,843	1,309	–
대구도시철도공사	54,755	45,264	8,975	516	–
인천교통공사	24,382	19,047	5,081	254	–
광주광역시 도시철도공사	8,287	6,936	1,207	144	–
대전광역시 도시철도공사	11,991	9,176	2,286	151	378
부산-김해 경전철	1,525	–	1,411	114	–
의정부 경전철	6,193	4,801	1,328	56	8
용인 경전철	3,701	2,901	758	30	12
우이 신설경전철	3,156	2,713	418	22	3

15. 다음 중 철도 회사 전체의 무임승차자 1인당 무임비용이 가장 큰 대상과 전체 무임인원 대비 국가유공자 무임인원의 비율이 가장 큰 철도 회사(단, 부산－김해 경전철 제외)를 바르게 짝지은 것은?

① 노인, 서울교통공사
② 장애인, DX LINE
③ 국가유공자, 광주광역시 도시철도공사
④ 장애인, 서울교통공사
⑤ 국가유공자, DX LINE

16. 다음은 2019년 각 철도 회사의 영업손실액에 관한 자료이다. 영업손실액이 무임비용보다 큰 회사는 다음 해에 노인 대상 무임비용을 10%, 장애인 대상 무임비용을 5% 감축해야 할 때, 2020년 철도 회사 전체의 무임비용의 예상 감소액은 얼마인가? (단, 무임비용 감축 대상 항목을 제외하고는 매년 2019년과 동일한 비용이 발생한다고 가정한다)

(단위 : 억 원)

구분	영업손실액
서울교통공사	5,219
METRO 9	–
DX LINE	–
부산교통공사	1,148
대구도시철도공사	2,346
인천교통공사	1,537
광주광역시 도시철도공사	70
대전광역시 도시철도공사	28
부산－김해 경전철	171
의정부 경전철	–
용인 경전철	–
우이 신설경전철	102

① 약 390억 원
② 약 420억 원
③ 약 450억 원
④ 약 480억 원
⑤ 약 510억 원

[17 ~ 18] 다음 자료를 보고 이어지는 질문에 답하시오.

[자료 1] 연령별 인구

(단위 : 천 명, %)

구분		1970년	1980년	1990년	2000년	2010년	2020년
인구수	0 ~ 14세	13,709	12,951	10,974	9,911	7,979	6,751
	15 ~ 64세	17,540	23,717	29,701	33,702	36,209	37,620
	65세 이상	991	1,456	2,195	3,395	5,366	7,076
구성비	0 ~ 14세	42.5	34	25.6	21.1	16.1	
	15 ~ 64세	54.4	62.2	69.3		73.1	
	65세 이상	3.1	3.8	5.1		10.8	

[자료 2] 인구 정보 관련 용어

구분	내용	계산
유소년 인구	0 ~ 14세 인구	-
생산 가능 인구	15 ~ 64세 인구	-
고령 인구	65세 이상 인구	-
노령화 지수	유소년 인구(0 ~ 14세)에 대한 고령 인구(65세 이상)의 비	$\frac{\text{고령 인구}}{\text{유소년 인구}} \times 100$
유소년 부양비	생산 가능 인구(15 ~ 64세)에 대한 유소년 인구(0 ~ 14세)의 비	$\frac{\text{유소년 인구}}{\text{생산 가능 인구}} \times 100$
노년 부양비	생산 가능 인구(15 ~ 64세)에 대한 고령 인구(65세 이상)의 비	$\frac{\text{고령 인구}}{\text{생산 가능 인구}} \times 100$
총 부양비	유소년 부양비와 노년 부양비의 합	$\frac{\text{유소년 인구}+\text{고령 인구}}{\text{생산 가능 인구}} \times 100$

17. 다음 중 위의 자료에 관한 설명으로 틀린 것은?

① 노령화 지수는 1970년 이후 지속적으로 증가하고 있다.
② 10년 전 대비 유소년 인구의 감소 비율이 가장 큰 해는 1990년이다.
③ 2000년 생산 가능 인구는 동일 연도 고령 인구의 9배 이상을 차지한다.
④ 2010년까지 생산 가능 인구는 점차 증가하나 그 증가율은 점차 감소하고 있다.
⑤ 2020년 전체 인구수 대비 고령 인구의 비율은 13% 이상으로 조사 기간 중 가장 높다.

18. 다음은 위의 자료를 바탕으로 작성한 보고서 내용의 일부이다. ㉠과 ㉡에 해당하는 수치를 바르게 짝지은 것은? (단, 모든 계산은 소수점 아래 첫째 자리에서 반올림한다)

> 총 부양비는 생산 가능 인구에 대한 유소년 인구와 고령 인구 합의 백분비로 인구의 연령구조를 나타내는 지표이다. (중략) 2020년 노년 부양비는 ___㉠___이고, 2020년 총 부양비는 ___㉡___를 나타냈다.

	㉠	㉡
①	13%	19%
②	18%	35%
③	18%	37%
④	19%	35%
⑤	19%	37%

[19 ~ 20] 다음은 2020년 농촌형 · 도농복합형 · 도시형 지역의 인구비교 자료이다. 이어지는 질문에 답하시오.

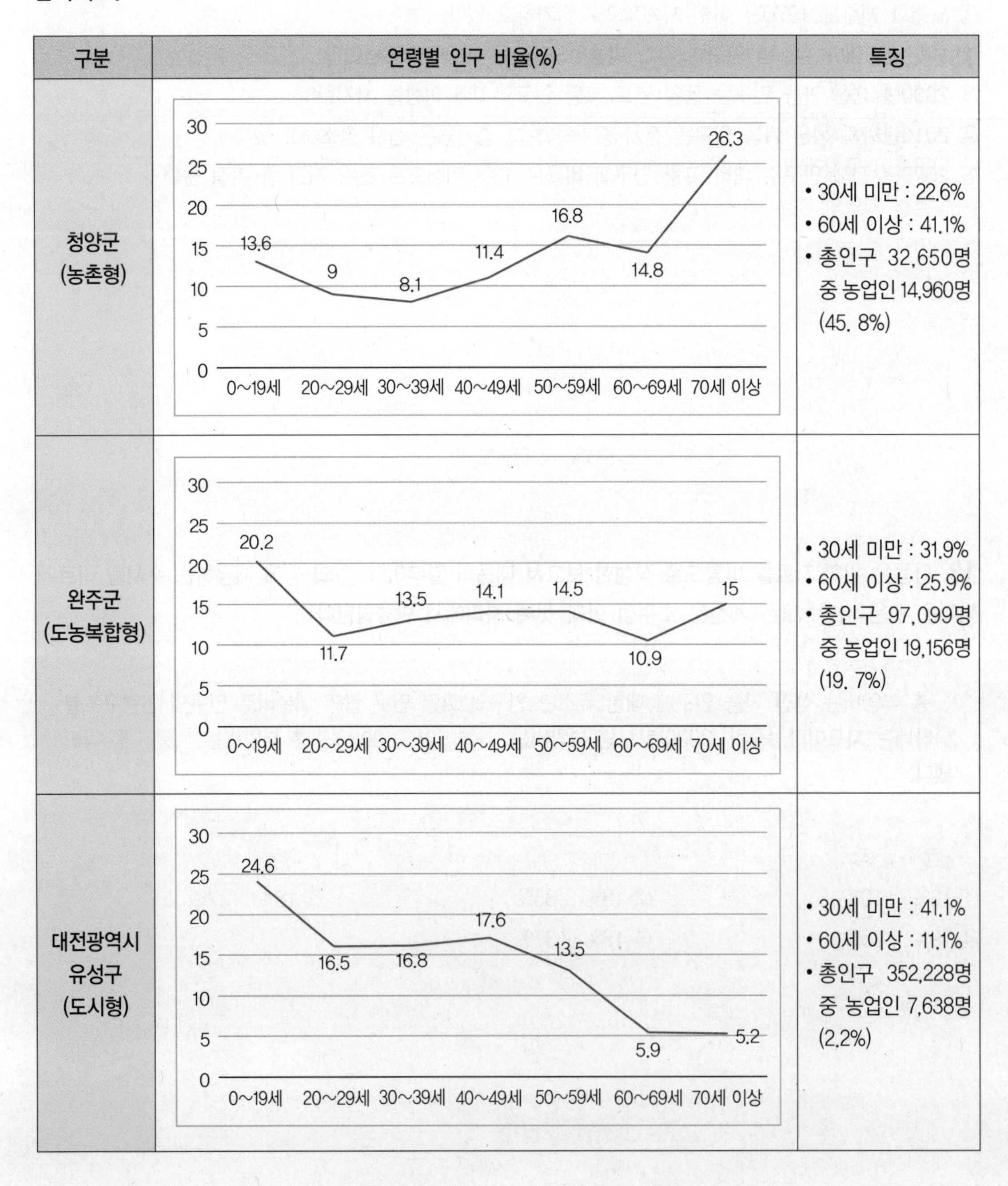

구분	연령별 인구 비율(%)	특징
청양군 (농촌형)	0~19세 13.6, 20~29세 9, 30~39세 8.1, 40~49세 11.4, 50~59세 16.8, 60~69세 14.8, 70세 이상 26.3	• 30세 미만 : 22.6% • 60세 이상 : 41.1% • 총인구 32,650명 중 농업인 14,960명 (45. 8%)
완주군 (도농복합형)	0~19세 20.2, 20~29세 11.7, 30~39세 13.5, 40~49세 14.1, 50~59세 14.5, 60~69세 10.9, 70세 이상 15	• 30세 미만 : 31.9% • 60세 이상 : 25.9% • 총인구 97,099명 중 농업인 19,156명 (19. 7%)
대전광역시 유성구 (도시형)	0~19세 24.6, 20~29세 16.5, 30~39세 16.8, 40~49세 17.6, 50~59세 13.5, 60~69세 5.9, 70세 이상 5.2	• 30세 미만 : 41.1% • 60세 이상 : 11.1% • 총인구 352,228명 중 농업인 7,638명 (2.2%)

19. 다음 중 위의 자료를 바르게 이해하지 못한 것은?

① 해당 자료에서 농촌형 지역과 도시형 지역의 30세 미만 인구의 비율은 약 18.5%p 차이가 난다.

② 연령별 인구 비율을 나타내는 그래프는 농촌형은 우상향, 도농복합형은 완만한 W형, 도시형은 우하향 형태이다.

③ 농촌형은 60세 이상 인구 비율이 다른 지역에 비해 높은 반면 도농복합형이나 도시형은 20 ~ 50대의 인구층이 두껍게 나타났다.

④ 농촌형 지역의 60세 이상 인구 비율은 도시형 지역의 60세 이상 인구 비율의 3배 이상이다.

⑤ 총인구 중 농가인구의 비율이 45.8%인 청양군과 같은 농촌형 지역의 농가인구 비율은 대부분 40%를 넘는다.

20. 다음 중 인구수가 가장 적은 구간은?

① 완주군의 50 ~ 59세

② 청양군의 70세 이상

③ 대전광역시 유성구의 60 ~ 69세

④ 대전광역시 유성구의 70세 이상

⑤ 완주군의 0 ~ 19세

파트 4 실전연습

03 증감률 계산

3. 심화

01. AA 기업의 비철금속 수입업무를 담당하는 박 사원은 지난 5개월간 국제가격 동향과 환율변동 추이를 살펴보고 있다. 다음 중 박 사원이 잘못 파악한 내용은? (단, 모든 계산은 소수점 아래 첫째 자리에서 반올림한다)

[비철금속 국제가격 동향]

(단위 : $/t)

구분	2020년 4월	2020년 5월	2020년 6월	2020년 7월	2020년 8월
알루미늄	2,246	2,291	2,240	2,099	2,046
전기 동	6,839	6,822	6,955	6,248	6,040
납	2,357	2,364	2,441	2,213	2,065
아연	3,191	3,058	3,092	2,659	2,511
주석	21,340	20,900	20,663	19,700	19,278
니켈	13,935	14,356	15,111	13,772	13,433

[달러 환율변동 추이]

(단위 : 원)

구분	2020년 4월	2020년 5월	2020년 6월	2020년 7월	2020년 8월
1$	1,069	1,077	1,096	1,124	1,121

① 2020년 6월 기준 니켈의 1t당 가격은 전월보다 5% 이상 상승하였다.

② 조사기간 동안 같은 무게의 납과 전기 동을 수입할 경우, 전기 동의 수입가격은 납의 약 3배이다.

③ 2020년 5월 알루미늄 1t당 수입가격은 2020년 4월과 비교해 6만 원 이상 차이가 난다.

④ 2020년 5, 7월 중에 주석 50t을 수입했다면, 5월에 수입할 때 비용절감 효과를 얻었을 것이다.

⑤ 2020년 7, 8월 두 달간 아연을 30t씩 수입했다면 총 수입액은 155,100달러이다.

02. 다음은 최근 5년간 국가기술자격 취득자 및 국가기술자격 기술사 등급 취득자 통계 추이를 나타내고 있다. 이에 대한 설명으로 옳지 않은 것은?

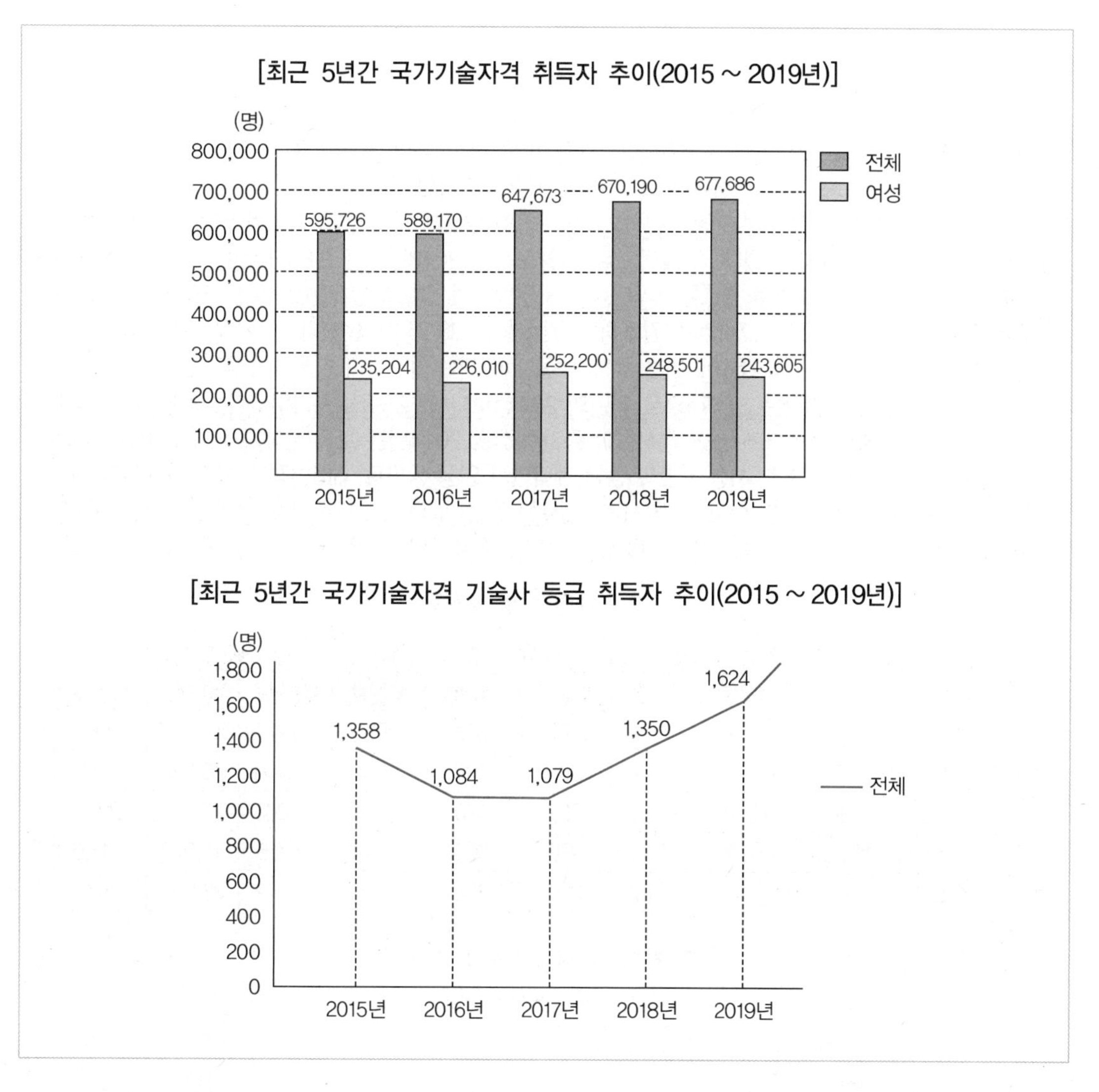

① 5년간 전체 국가기술자격 취득자 수는 2016년에 소폭 감소한 이후 점차적으로 증가하고 있다.

② 여성 국가기술자격 취득자 수는 2017년 이후 2년 연속 감소 추세에 있다.

③ 최근 5년간 국가기술자격 기술사 등급 취득자의 경우 2017 ~ 2018년 증가율과 2018 ~ 2019년의 증가율이 동일하다.

④ 최근 5년간 국가기술자격 취득자 수의 경우 2017 ~ 2019년 사이 남성 취득자 수의 증가율이 전체 취득자 수의 증가율보다 더 높다.

⑤ 최근 5년간 국가기술자격 기술사 등급 취득자 수는 2015년 이후 감소하다 2018년에 거의 2015년 수준으로 회복하였다.

03. 다음은 통계청에서 실시한 2019년 보리 생산량 조사 결과이다. 다음 자료를 바탕으로 쓴 [보고서]의 내용으로 적절하지 않은 것은?

[보고서]

2019년 보리 생산량은 전년 대비 1,915톤 증가하였다. ㉠ 2018년에는 107,812톤이었지만, 2019년에는 109,727톤으로 약 1.8% 증가하였다. 잦은 비로 파종 적정 시기를 놓쳐 재배면적은 감소하였으나, 등숙기에 일조량 등의 기상여건 호조로 생산량이 증가한 것이다.

㉡ 보리 재배면적은 2만 9,096ha로 전년의 3만 6,631ha보다 약 20.6% 감소하였다. 보리 파종기에 잦은 강우로 파종 적기를 놓쳤다. 구체적으로 ㉢ 겉보리는 2018년에는 8,806ha였는데, 2019년에는 8,523ha로 283ha가 감소하여 감소율이 약 3.2%에 달했으며, 쌀보리는 2018년에는 18,592ha였는데, 2019년에는 12,418ha로 6,174ha가 감소하여 감소율이 33.2%에 달했다. 마지막으로 맥주보리는 2018년에는 9,233ha였는데, 2019년에는 8,155ha로 1,078ha 감소하여 감소율이 약 11.7%에 달했다.

㉣ 보리의 10a당 생산량은 377kg으로 전년의 294kg보다 약 28.2% 증가하였다. 재배면적은 감소하였으나 10a당 생산량이 크게 늘어 생산량이 증가하였다. 2014년은 보리 수매제 폐지로 재배면적과 생산량이 가장 낮았으나 이후 시장가격 및 농협 계약단가 인상 등으로 재배면적은 증가 추세이며 생산량은 기상여건에 따라 차이를 보였다. ㉤ 시·도별로는 전남이 4만 2,313톤으로 전체 생산량의 38.6%를 차지하고 있으며, 이어 전북 3만 7,082톤(33.8%), 경남 1만 5,028톤(13.7%) 순으로 나타났다.

[보리 재배면적 및 생산량]

구분	재배면적(ha, %)			10a당 생산량(kg, %)			생산량(톤, %)		
	2018년	2019년	증감률	2018년	2019년	증감률	2018년	2019년	증감률
보리	36,631	29,096	−20.6	294	377	28.2	107,812	109,727	1.8
겉·쌀보리	27,398	20,941	−23.6	296	386	30.4	81,040	80,888	−0.2
겉보리	8,806	8,523	−3.2	332	420	26.5	29,265	35,817	22.4
쌀보리	18,592	12,418	−33.2	278	363	30.6	51,775	45,070	−13.0
맥주보리	9,233	8,155	−11.7	290	354	22.1	26,772	28,839	7.7

[연도별 보리 재배면적 및 생산량]

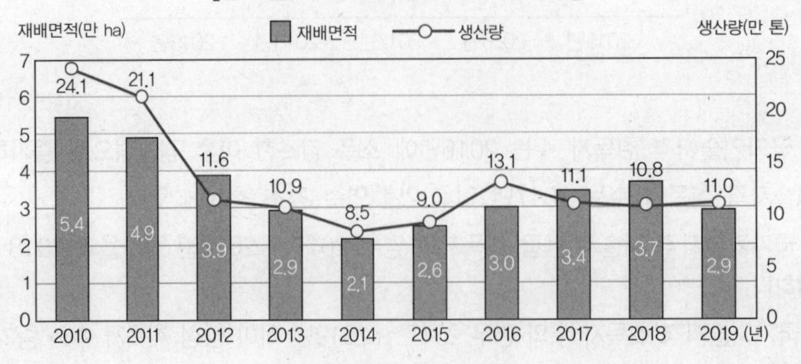

※ 생산량은 조곡 기준 ※ 단위 : 1ha=10,000m², 10a=1,000m², 1톤=1,000kg

① ㉠ ② ㉡ ③ ㉢
④ ㉣ ⑤ ㉤

04. 다음은 K 그룹의 채용에 지원서를 접수한 지원자 수와 비율에 대한 자료이다. 이에 대한 설명으로 옳지 않은 것은? (단, 필요한 경우 소수점 아래 둘째 자리에서 반올림한다)

[표 1] K 그룹의 국내 및 해외 지원자 수

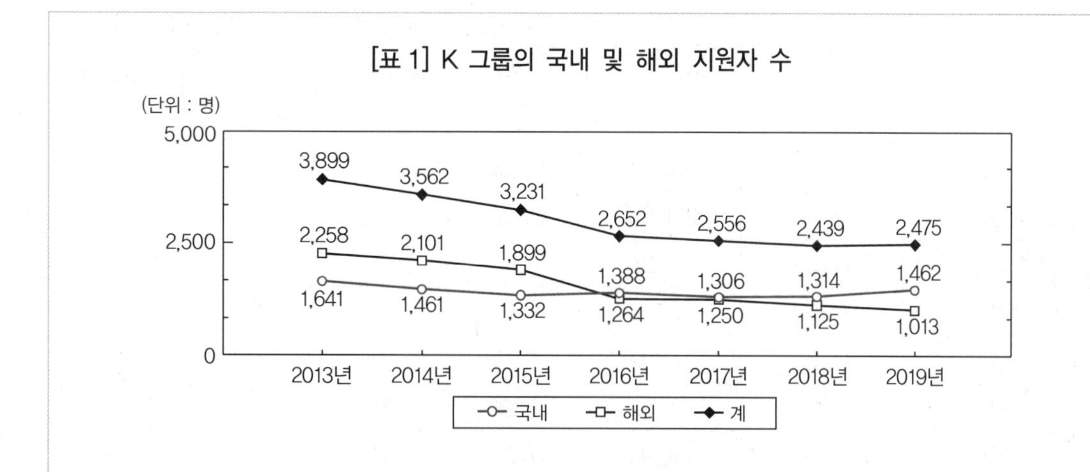

[표 2] K 그룹의 국내 및 해외 지원자 비율

(단위 : %)

구분	2013년	2014년	2015년	2016년	2017년	2018년	2019년
국내	42.1	41.0	41.2	52.3	51.1	53.9	(A)
해외	57.9	59.0	58.8	47.7	48.9	46.1	(B)
합계	100.0	100.0	100.0	100.0	100.0	100.0	100.0

① 전체 지원자 중 해외 지원자의 수는 전반적으로 감소하는 추세이다.

② 2019년 전체 지원자 대비 국내 지원자의 비율은 약 59.1%에 해당한다.

③ 2013년 대비 2019년 전체 지원자 수는 1,424명 감소하였다.

④ 2015년 대비 2016년 전체 지원자 수는 약 25% 감소하였다.

⑤ (A)는 (B)보다 약 18.2%p 높다.

[05 ~ 06] 다음은 ○○은행의 운영 실적에 관한 자료이다. 이어지는 질문에 답하시오.

(단위 : 백만 원)

구분	2020년 실적	2021년 계획	2021년 6월 말 실적		전년 동월 실적	
			금액	달성률(%)	금액	성장률(%)
신용	446,001	494,152	469,249	95	435,359	㉠
예금	238,573	264,240	247,296	94	236,973	4
상호금융대출	199,142	221,484	213,781	97	190,406	12
정책자금대출	8,286	8,428	8,172	97	7,980	㉡
경제	87,156	89,373	48,903	55	46,833	4
판매	17,734	17,099	12,328	72	13,812	−11
구매	13,413	13,482	7,350	55	6,876	㉢
마트	51,697	54,193	26,706	49	23,722	13
이용	3,678	3,999	2,151	54	1,987	8
기타	634	600	368	61	436	㉣
보험	11,084	11,210	5,856	(?)	5,978	−2

※ 달성률과 성장률은 소수점 아래 첫째 자리에서 반올림한다.

※ $(\text{성장률})=\frac{(\text{금년 실적})-(\text{전년 동기 실적})}{(\text{전년 동기 실적})}\times 100$

05. 위의 도표에 관한 설명 중 옳지 않은 것을 모두 고르면?

ⓐ 2021년 신용사업은 달성률이 모두 90% 이상이다.
ⓑ 경제사업 중 2021년 6월 말 실적이 높은 상위 세 개 항목을 순서대로 나열하면 판매, 마트, 구매 순이다.
ⓒ 2021년 계획은 항상 2020년 실적보다 높게 설정되었다.
ⓓ (?)에 들어갈 수는 520이다.

① ⓐ, ⓑ
② ⓐ, ⓒ
③ ⓑ, ⓒ
④ ⓑ, ⓓ
⑤ ⓒ, ⓓ

06. 위의 도표에 제시된 ㉠, ㉡, ㉢, ㉣을 수가 큰 순서대로 나열한 것은?

① ㉠, ㉡, ㉢, ㉣
② ㉠, ㉢, ㉡, ㉣
③ ㉢, ㉠, ㉡, ㉣
④ ㉢, ㉠, ㉣, ㉡
⑤ ㉣, ㉡, ㉢, ㉠

[07 ~ 08] 다음은 연도별 및 지역별 전기차 등록 추이에 대한 그래프이다. 이어지는 질문에 답하시오.

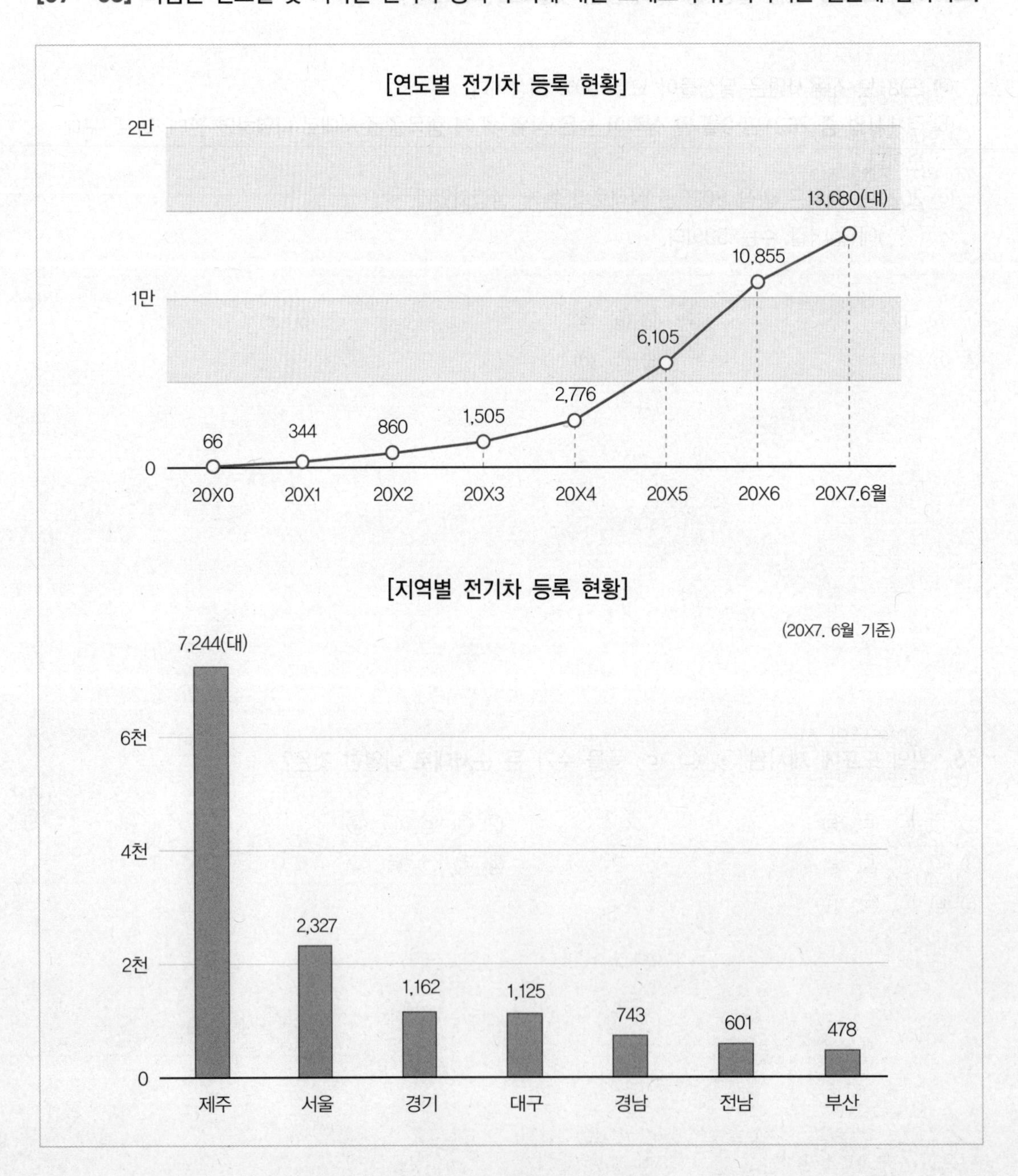

07. 현재가 20X7년 6월이라고 가정했을 때, 다음 중 옳지 않은 것은?

① 경기와 대구의 전기차 등록 수의 합은 서울의 전기차 등록 수보다 적다.
② 대구의 전기차 등록 수는 부산의 전기차 등록 수의 3배보다 적다.
③ 현재 전체 전기차 등록 수 대비 제주의 전기차 등록 수의 비는 50% 이하이다.
④ 현재 전체 전기차 등록 수 대비 대구, 경남, 부산의 전기차 등록 수의 비는 15%보다 높다.
⑤ 전기차 등록 수가 1,000대가 안 되는 지역의 전기차 등록 수 평균은 600대보다 높다.

08. 20X5년의 전년 대비 전기차 등록 증가율과 20X3년의 전년 대비 전기차 등록 증가율의 차이는? (단, 모든 계산은 소수점 아래 첫째 자리에서 반올림한다)

① 25%p
② 30%p
③ 35%p
④ 40%p
⑤ 45%p

[09 ~ 10] 다음 자료를 보고 이어지는 질문에 답하시오.

[구직급여 신청 동향]

구분	1월		2월		3월	
	2019년	2020년	2019년	2020년	2019년	2020년
신청자 (명)	171,051	174,079	80,425	107,472	125,006	155,792
지급액 (억 원)	6,256	7,336	6,129	7,819	6,397	8,982

※ 구직급여 : 근로 의사와 능력을 가지고 있으나, 취업하지 못한 고용보험 피보험자가 재취업활동을 하는 기간에 지급받는 급여

[산업별 구직급여 신청자 수]

(단위 : 명)

구분	2019년 1분기	2020년 1분기
농림어업	1,967	1,636
제조업	59,107	64,510
도소매업	33,748	39,744
운수업	11,274	15,768
숙박음식업	19,092	29,090
예술스포츠업	5,446	7,037

09. 구직급여 신청 동향에 관한 설명 중 옳지 않은 것은?

① 2020년은 전년 동월 대비 구직급여 신청자 수가 세 달 모두 증가하였다.
② 2020년 3월 구직급여 신청자 수의 전년 동월 대비 증가율은 24.6%이다.
③ 2020년 1월부터 3월까지의 월별 구직급여 지급액은 모두 7천억 원 이상이다.
④ 2020년 3월 구직급여 지급액의 전년 동월 대비 증가율은 30.4%이다.
⑤ 2020년 1분기는 2019년 1분기보다 취업하지 못한 인구가 증가했음을 추론할 수 있다

10. 다음 중 제시된 자료에 대한 설명으로 옳은 것은?

① 2020년 1분기 농림어업의 구직급여 신청자 수는 전년도 1분기 대비 331명 증가했다.
② 2019년 1분기 대비 2020년 1분기 구직급여 신청자 수가 가장 큰 폭으로 증가한 산업은 숙박음식업이다.
③ 2020년 1분기 도소매업 구직급여 신청자 수는 전년도 1분기 대비 약 6% 증가했다.
④ 2020년 1분기 운수업 구직급여 신청자 수는 전년도 1분기 대비 약 4% 증가했다.
⑤ 2020년 1분기 예술스포츠업 구직급여 신청자 수는 전년도 1분기 대비 약 10% 증가했다.

[11 ~ 12] 다음 자료를 보고 이어지는 질문에 답하시오.

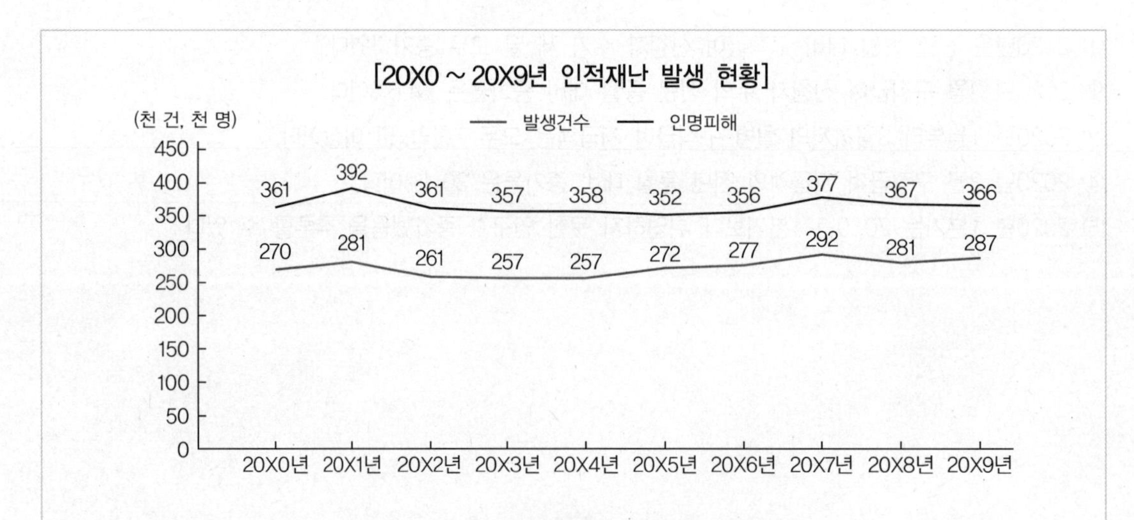

[20X9년 주요 유형별 인적재난 피해 현황]

(단위 : 건, 명)

구분	발생건수	인명피해	사망
도로교통	221,711	346,620	5,229
화재	43,875	1,862	263
등산	4,243	3,802	90
물놀이, 익사 등	2,393	1,322	489
해양	1,750	219	38
추락	2,699	2,383	189
농기계	918	925	90
자전거	4,188	3,865	36
전기(감전)	581	581	46
열차	277	275	124
전체	286,851	365,947	6,709

11. 다음 중 인적재난 발생 현황 자료에 대한 설명으로 옳지 않은 것은?

① 인적재난 발생건수는 20X0년 약 27만 건에서 20X1년 약 28만 건으로 증가하였다.
② 인적재난 발생건수는 20X3년에서 20X4년까지 최저 수준을 기록하였다.
③ 인적재난 인명피해는 20X0년 이후 10년 동안 꾸준히 35만 명 이상을 기록하였다.
④ 20X7년 인적재난 발생건수는 전년 대비 약 7% 증가하였다.
⑤ 20X7년 인적재난 인명피해는 전년 대비 약 5.9% 증가하였다.

12. 20X9년 전체 인적재난 중 도로교통의 발생 비율과 인명피해 비율은? (단, 소수점 아래 둘째 자리에서 반올림한다)

	발생 비율	인명피해 비율
①	70.3%	92.7%
②	70.3%	94.7%
③	73.3%	94.7%
④	77.3%	94.7%
⑤	77.3%	95.7%

[13 ~ 14] 다음 자료를 보고 이어지는 질문에 답하시오.

[근로장려금 신청 및 지급 현황]

(단위 : 천 가구, 억 원)

구분	신청		지급	
	가구	금액	가구	금액
2017년	1,658	14,195	1,281	10,565
2018년	1,738	13,204	1,439	10,573
2019년	1,883	14,175	1,570	11,416

※ 근로장려금 : 열심히 일하지만 소득이 적어 생활이 어려운 자영업자 또는 근로자의 사업 또는 근로를 장려하고 소득과 자녀양육비를 지원하는 제도

[근로유형별 근로장려금 지급 현황]

(단위 : 천 가구, 억 원)

구분		전체	상용	일용	상용+일용*	기타 사업소득
2017년	가구	1,281	398	360	95	428
	금액	10,565	3,441	2,472	918	3,734
2018년	가구	1,439	403	434	110	492
	금액	10,573	3,216	2,520	926	3,911
2019년	가구	1,570	390	509	114	557
	금액	11,416	3,248	2,795	962	4,411

※ 상용+일용은 상용근로와 일용근로를 겸하는 근로유형을 의미한다.

13. 근로장려금 신청 및 지급 현황 추이에 관한 설명 중 옳은 것은? (단, 모든 계산은 소수점 아래 첫째 자리에서 반올림한다)

① 근로장려금 신청 가구가 많아질수록 이에 따른 신청금액도 함께 증가한다.
② 2019년 근로장려금 신청 가구 중 약 13%는 근로장려금 지원혜택을 받지 못했다.
③ 조사 기간 중 2017년을 제외하고 근로장려금 신청 가구는 매년 약 8%씩 증가하고 있다.
④ 2018년 근로장려금 신청 가구 중 근로장려금을 지급받은 가구는 당해 신청가구의 약 83%이다.
⑤ 조사 기간 동안 지급 가구당 근로장려금 지급액이 가장 많았던 해는 2018년이다.

14. 다음 중 제시된 자료를 잘못 이해한 것은?

① 2018년 근로장려금을 지원받은 기타 사업소득 가구는 전년 대비 약 15% 증가하였다.
② 조사 기간 동안 근로장려금을 받는 일용근로 가구의 전년 대비 증가량을 비교하면 2018년보다 2019년의 증가량이 더 많다.
③ 2019년 상용근로 가구의 근로장려금이 당해 전체 지급액에서 차지하는 비율은 30% 이상이다.
④ 2019년에는 근로장려금을 지급받는 일용근로 가구가 50만 가구를 상회하였다.
⑤ 조사 기간 중 2018년부터 상용근로와 일용근로를 겸함에도 불구하고 근로장려금을 받는 가구의 수는 매년 증가하고 있다.

[15 ~ 16] 다음 자료를 보고 이어지는 질문에 답하시오.

[자료 1] 지방 적정섭취 인구분율

(단위 : %)

구분	2010년			2015년			2020년		
	AMDR 미만	AMDR 이내	AMDR 초과	AMDR 미만	AMDR 이내	AMDR 초과	AMDR 미만	AMDR 이내	AMDR 초과
전체	30.6	47.0	22.4	(B)	44.0	20.4	(C)	43.6	27.7
남자	27.1	(A)	24.6	30.3	47.2	22.5	25.7	(D)	29.9
여자	34.1	45.7	20.2	40.8	40.8	18.4	31.7	42.8	(E)

[자료 2] 연령별 지방 적정섭취 인구분율

(단위 : %)

구분	2010년			2015년			2020년		
	AMDR 미만	AMDR 이내	AMDR 초과	AMDR 미만	AMDR 이내	AMDR 초과	AMDR 미만	AMDR 이내	AMDR 초과
1 ~ 2세	27.8	56.2	16.0	46.1	47.4	6.5	37.0	54.9	8.1
3 ~ 5세	13.8	65.6	20.6	17.8	69.2	13.0	13.7	78.6	7.7
6 ~ 11세	13.6	68.6	17.8	19.2	70.3	10.5	9.8	67.1	23.1
12 ~ 18세	11.4	68.6	20.0	11.6	66.4	22.0	10.2	63.4	26.4
19 ~ 29세	19.4	43.0	37.6	16.6	42.0	41.4	13.3	34.1	52.6
30 ~ 49세	29.2	45.4	25.4	31.0	45.3	23.7	20.5	44.0	35.5
50 ~ 64세	51.1	35.3	13.6	54.9	32.9	12.2	42.1	40.4	17.5
65세 이상	66.7	27.1	6.2	77.5	18.8	3.7	65.1	28.3	6.6

※ AMDR(Acceptable Macronutrient Distribution Range) : 에너지책정비율

※ 지표의 의의 및 활용

- 에너지 필요추정량 초과섭취 인구분율은 에너지 섭취량이 성별, 연령별 필요추정량보다 높은 사람의 분율을 의미하며 에너지 필요추정량이란 적정 체격과 활동량을 가진 건강한 사람이 에너지 평형을 유지하는 데 필요한 에너지 양
- 지방 적정섭취 인구분율은 지방으로부터 섭취하는 에너지량이 전체 섭취 에너지량 대비 적정 범위 내에 속하는 경우를 뜻하며 지방 섭취가 적정섭취범위 미만 또는 이상인 경우 만성질환 발병 위험이 상대적으로 높은 경향
- 에너지 필요추정량 초과섭취 인구분율은 해당 지표 자체로는 낮을수록 양호하나 초과섭취 인구분율이 낮은 경우 상대적으로 부족 위험이 있는지에 대해서도 관찰이 필요
- 지방 적정섭취 인구분율은 적정 범위 이내 인구 비율이 높을수록 양호하며 미만 또는 초과 인구 비율을 함께 제시하고 있으므로 영양 문제가 어느 방향으로 치우쳐 있는지도 함께 점검하는 것이 필요

15. 다음 중 성별에 따른 지방 적정섭취(AMDR) 인구분율과 관련된 설명으로 옳은 것은?

① 2010년 지방 AMDR 이내 여성 인구분율은 남성에 비해 3.6%p 작다.
② 2020년 지방 AMDR 이내 남성 인구분율은 5년 전에 비해 증가하였다.
③ 2020년 지방 AMDR 초과 여성 인구는 5년 전에 비해 약 39% 증가하였다.
④ 2015년 전체 인구가 1,800만 명이라고 가정하면, AMDR 미만 인구는 600만 명 이상이다.
⑤ 조사기간 동안 지방 AMDR 미만인 여성 인구분율은 항상 동일 조건의 남성 인구분율에 비해 더 적다.

16. 다음 중 연령별 지방 적정섭취 인구분율 추이에 관한 해석으로 옳지 않은 것은?

① 2020년 지방 AMDR 이내에 속하는 인구분율이 가장 높은 연령대는 3 ~ 5세이다.
② 2020년의 AMDR 미만의 인구분율은 3세 미만을 제외한 모든 연령대에서 10년 전보다 감소하였다.
③ 조사기간 중 30 ~ 49세, 50 ~ 64세 두 연령대의 AMDR 초과 인구분율은 동일한 증감 패턴을 보인다.
④ AMDR를 초과하는 인구분율과 비만발생률이 비례한다고 가정할 때, 비만발생 가능성이 가장 높은 연령대는 30 ~ 40대이다.
⑤ 조사기간 동안 65세 이상의 AMDR 미만 인구분율은 항상 60% 이상으로 해당 연령대 인구의 과반수가 적정 수준의 지방을 섭취하지 않음을 알 수 있다.

[17 ~ 18] 다음 자료를 보고 이어지는 질문에 답하시오.

[자료 1] 한국 고령자 경제활동 동향

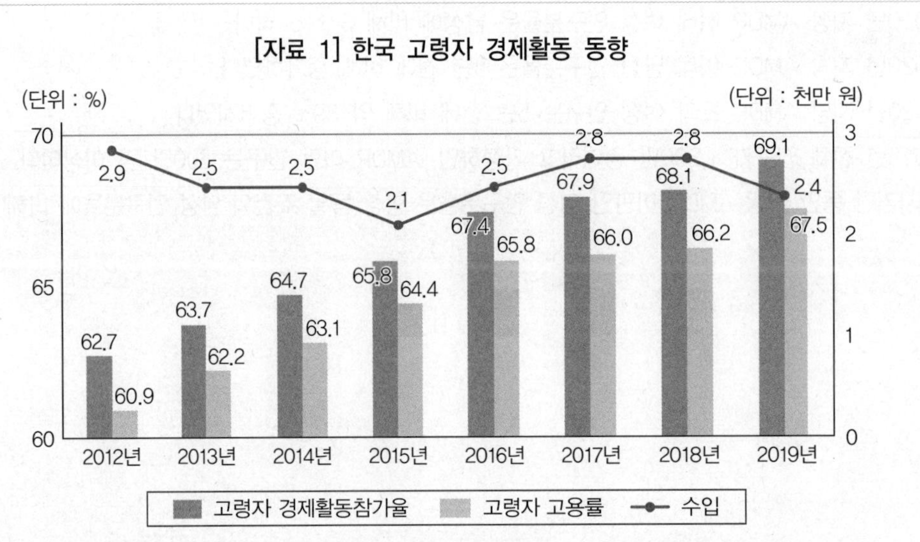

* 고령자는 55 ~ 64세를 의미함.

[자료 2] 한국 생산가능인구 및 고령생산가능인구 비율

(단위 : 천 명, %)

구분	2012년	2013년	2014년	2015년	2016년	2017년	2018년	2019년
생산가능인구 (15 ~ 64세)	40,825	41,387	41,857	42,304	42,795	43,239	43,606	43,931
고령생산가능 인구 비율	12.3	12.9	13.4	14.0	14.6	15.4	16.3	16.8

* 고령생산가능인구 비율은 15세 이상 생산가능인구 중 고령생산가능인구(55 ~ 64세)가 차지하는 비율을 의미함.

[자료 3] 2018년 고령자 경제활동 동향 국제비교

(단위 : %)

구분	미국	영국	독일	일본	프랑스	스웨덴	OECD 평균
고령자 경제활동참가율	64.1	66.0	71.3	73.6	53.7	79.8	62.1
고령자 고용률	61.8	63.6	68.6	71.4	49.9	75.6	58.4
고령자 실업률	3.6	3.6	3.9	2.9	7.1	5.3	5.7

* 경제활동참가율 = 경제활동인구 ÷ 생산가능인구 × 100
* 고용률 = 취업자 ÷ 생산가능인구 × 100
* 취업률 = 취업자 ÷ 경제활동인구 × 100
* 실업률 = 실업자 ÷ 경제활동인구 × 100
* 경제활동인구 = 취업자 + 구직활동을 한 실업자
* 취업자는 수입목적으로 주당 1시간 이상 일한 자 또는 주당 18시간 이상 일한 무급가족종사자를 의미함.

17. 다음은 위 자료를 바탕으로 작성한 보고서 내용의 일부이다. ㉠~㉤ 중 자료의 내용과 일치하는 것은?

> 한국 고령자의 경제활동참가율은 매년 지속적으로 증가하고 있다. ㉠ 고령자 고용률과 수입도 지속적으로 증가하고 있으며, 특히 ㉡ 2019년 고령자 고용률은 전년보다 1.0%p 증가한 것으로 나타났다. ㉢ 고령자 실업률은 2015년부터 2017년까지 증가하는 모습을 보였으나, 2018년 이후로 다시 감소하는 모습을 보였다. 2018년 고령자 경제활동 동향을 나라별로 살펴보면, ㉣ 미국, 영국, 독일, 일본, 프랑스, 스웨덴 중 OECD 평균보다 고령자 고용률이 낮은 나라는 프랑스와 미국이며, 프랑스는 고령자 실업률도 OECD 평균보다 높다. ㉤ 반면, 2018년 고령자 고용률이 가장 높은 나라는 스웨덴으로, 두 번째로 고령자 고용률이 높은 일본에 비해 4.9%p 더 높다.

① ㉠　② ㉡　③ ㉢
④ ㉣　⑤ ㉤

18. 위 자료를 바탕으로 ㉠, ㉡에 들어갈 숫자를 바르게 짝지은 것은? (단, 소수점 아래 첫째 자리에서 반올림한다)

> 2019년 한국의 고령생산가능인구는 ___㉠___ 천 명으로, 전년 대비 ___㉡___ % 증가했다.

	㉠	㉡
①	7,380	4
②	7,380	5
③	8,786	3
④	8,786	4
⑤	8,786	5

[19 ~ 20] 다음 자료를 보고 이어지는 질문에 답하시오.

[자료 1] 한국 자동차 산업 동향(생산 기준)

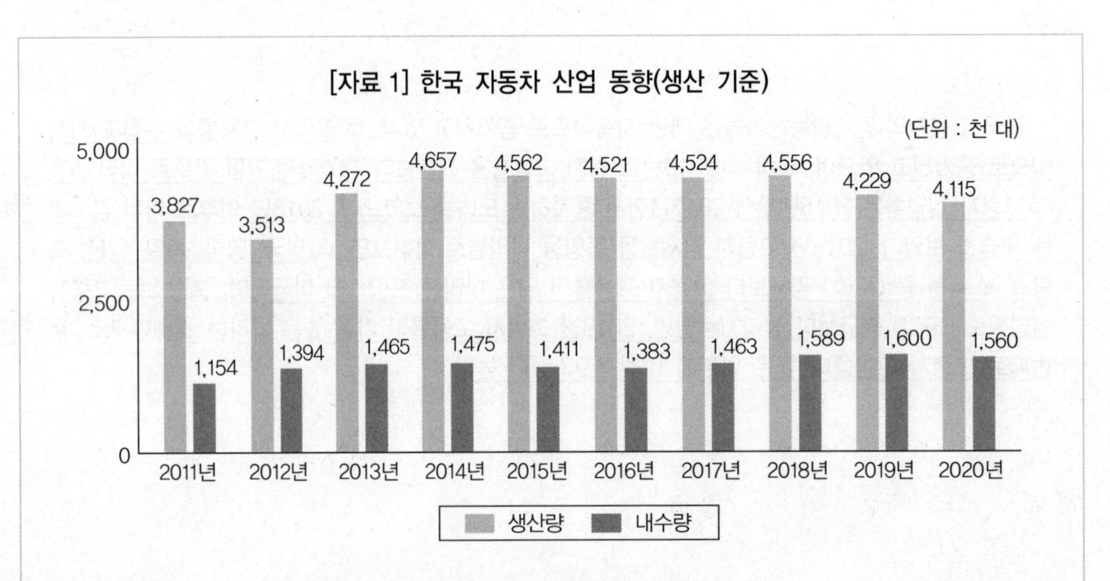

[자료 2] 한국 자동차 산업 동향(수출입 기준)

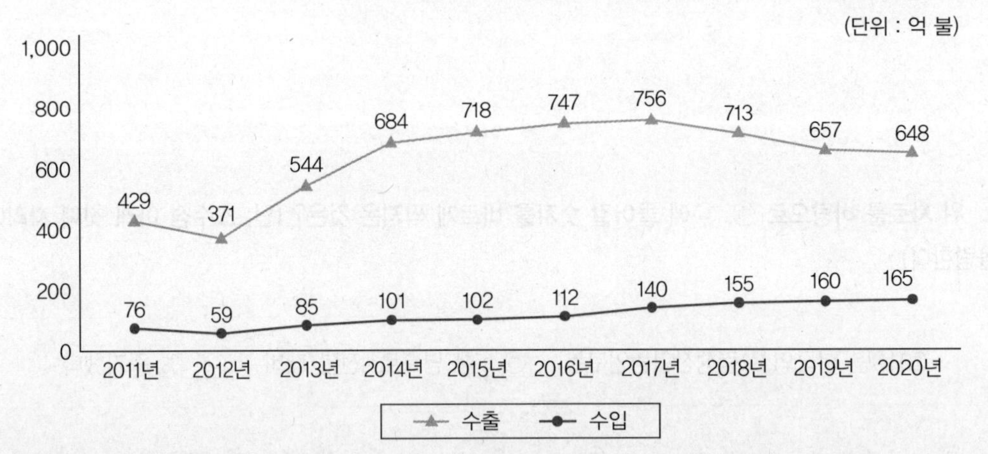

* 생산/내수는 국내 완성차 업계의 실적 집계이며, 수출/수입은 통관 기준 금액임(완성차, 부품 포함).
* 무역수지 = 수출 − 수입

[자료 3] 2020년 자동차 생산량 국제 비교

(단위 : 천 대)

구분	한국	중국	미국	일본	독일	인도	멕시코	세계 총 생산
생산량	4,115	29,015	11,182	9,684	6,051	4,780	4,068	98,909

19. 다음 중 위 자료에 대한 설명으로 옳은 것을 모두 고르면?

> ㉠ 2020년 한국은 세계 총 자동차 생산량의 약 4%를 차지하고 있다.
> ㉡ 자동차 내수량이 가장 많았던 해에는 자동차 내수량이 전년 대비 10,000대 이상 증가했다.
> ㉢ 한국 자동차 산업의 무역수지는 모든 해에서 흑자를 기록하였으며, 무역수지가 가장 큰 해는 2016년이다.

① ㉠　　② ㉠, ㉡　　③ ㉠, ㉢
④ ㉡, ㉢　　⑤ ㉠, ㉡, ㉢

20. 2020년 한국의 자동차 생산량의 전년 대비 감소율과 일본의 전년 대비 증가율이 동일하다고 할 때, 일본의 2019년 자동차 생산량은 몇 대인가? (단, 모든 계산은 소수점 아래 첫째 자리에서 반올림한다)

① 약 9,078천 대　　② 약 9,150천 대　　③ 약 9,277천 대
④ 약 9,402천 대　　⑤ 약 9,504천 대

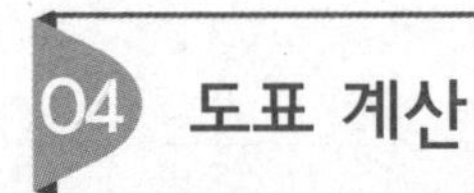

04 도표 계산

3. 심화

01. 다음은 주요 5개 도시의 미세먼지 및 초미세먼지 농도에 대한 자료이다. 이 중에서 통합미세먼지 지수가 '보통' 단계인 도시는 몇 곳인가?

[주요 5개 도시 미세먼지 및 초미세먼지 농도]

(단위 : $\mu g/m^3$)

구분	서울	부산	광주	인천	대전
미세먼지	86	77	43	63	52
초미세먼지	40	22	27	23	38

단계	좋음	보통	나쁨	매우 나쁨
통합미세먼지 지수	0 이상 ~ 90 미만	90 이상 ~ 120 미만	120 이상 ~ 160 미만	160 이상

[계산식]

- 통합미세먼지 지수＝미세먼지 지수＋초미세먼지 지수
- 미세먼지 지수
  - 미세먼지 농도가 70 이하인 경우 : 0.9×미세먼지 농도
  - 미세먼지 농도가 70 초과인 경우 : 1.0×(미세먼지 농도－70)＋63
- 초미세먼지 지수
  - 초미세먼지 농도가 30 미만인 경우 : 2.0×초미세먼지 농도
  - 초미세먼지 농도가 30 이상인 경우 : 3.0×(초미세먼지 농도－30)＋60

① 1곳　② 2곳　③ 3곳
④ 4곳　⑤ 5곳

02. 다음은 엔진 종류별 행정 체적과 연소실 체적에 관한 자료이다. 압축비가 가장 큰 엔진과 가장 작은 엔진을 순서대로 바르게 나열한 것은?

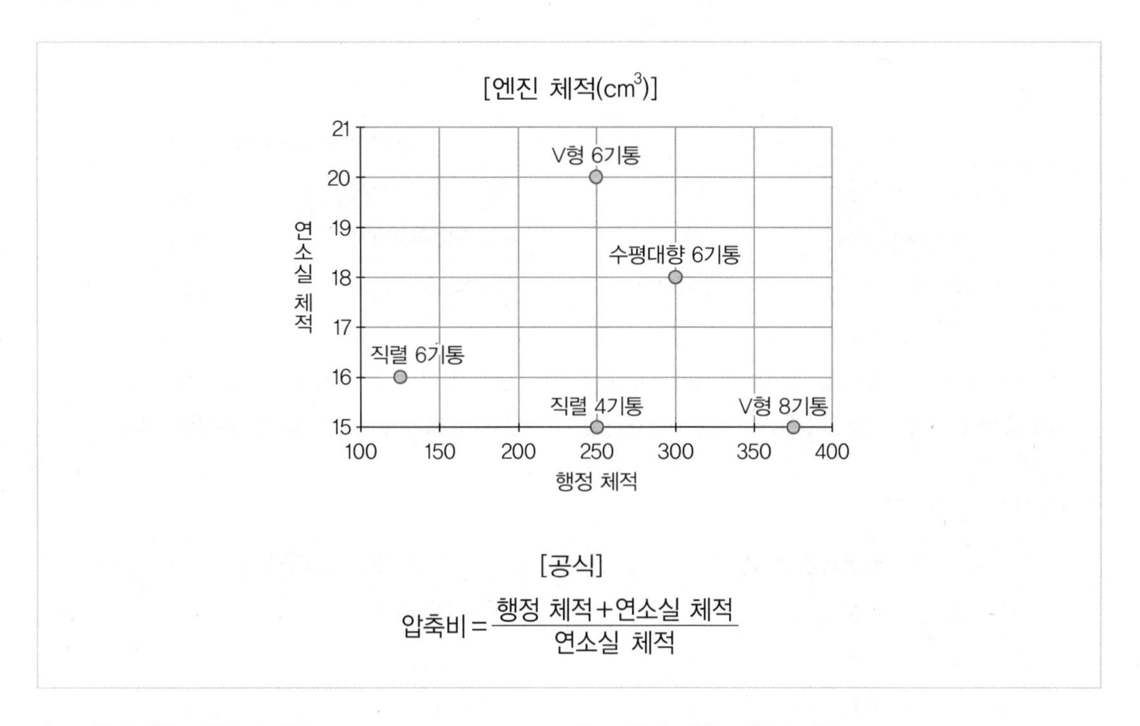

① V형 8기통, 직렬 6기통

② V형 8기통, V형 6기통

③ V형 8기통, 수평대향 6기통

④ 직렬 4기통, V형 6기통

⑤ 직렬 4기통, 직렬 6기통

03. 다음 자료를 참고할 때, A와 B의 전기요금은 각각 얼마인가? (단, 필수사용량 보장공제는 최대한도로 적용한다)

• 주택용 전력(저압)

기본요금(원/호)		전력량 요금(원/kWh)	
200kWh 이하 사용	900	처음 200kWh까지	90
201 ~ 400kWh 사용	1,800	다음 200kWh까지	180
400kWh 초과 사용	7,200	400kWh 초과	279

1) 주거용 고객, 계약전력 3kWh 이하의 고객
2) 필수사용량 보장공제 : 200kWh 이하 사용 시 월 4,000원 한도 감액(감액 후 최저요금 1,000원)
3) 슈퍼유저요금 : 동 · 하계(7 ~ 8월, 12 ~ 2월) 1,000kWh 초과 전력량 요금은 720원/kWh 적용

• 주택용 전력(고압)

기본요금(원/호)		전력량 요금(원/kWh)	
200kWh 이하 사용	720	처음 200kWh까지	72
201 ~ 400kWh 사용	1,260	다음 200kWh까지	153
400kWh 초과 사용	6,300	400kWh 초과	216

1) 주택용 전력(저압)에 해당되지 않는 주택용 전력 고객
2) 필수사용량 보장공제 : 200kWh 이하 사용 시 월 2,500원 한도 감액(감액 후 최저요금 1,000원)
3) 슈퍼유저요금 : 동 · 하계(7 ~ 8월, 12 ~ 2월) 1,000kWh 초과 전력량 요금은 576원/kWh 적용

• 주택용 전력(저압) 사용자인 A의 12월 전력사용량 : 1,300kWh
• 주택용 전력(고압) 사용자인 B의 7월 전력사용량 : 180kWh

	A	B
①	444,400원	11,100원
②	444,600원	11,100원
③	444,600원	11,180원
④	444,700원	11,100원
⑤	444,700원	11,180원

04. K 회사는 정부의 환경개선 정책에 적극 협조하기 위하여 자동차의 공회전 발생률을 줄이고 공회전 시 연료소모량이 적도록 차량을 운행하는 직원에게 탄소포인트를 제공하기로 하였다. 다음 표는 동일 차량을 운전하는 직원 A ~ E를 대상으로 시범 시행한 결과이다. [산출공식]과 [자료]를 바탕으로 직원 A ~ E가 받을 수 있는 탄소포인트의 총합이 큰 순서대로 바르게 나열된 것은?

[산출공식]

• 공회전 발생률(%) = $\frac{\text{총 공회전 시간(분)}}{\text{주행시간(분)}} \times 100$ • 공회전 시 연료소모량(cc) = 총 공회전 시간(분) × ω

※ 1) 산출공식은 A ~ E 운전자에게 각각 동일하게 적용되며, A ~ E 운전자에 대한 다른 조건은 모두 동일하다.

2) ω는 어떤 차량의 공회전 1분당 연료소모량$\left(\frac{\text{cc}}{\text{분}}\right)$으로 A ~ E 운전자의 경우 ω=20이다.

[자료]

차량 시범 시행 결과		
직원	주행시간(분)	총 공회전시간(분)
A	200	20
B	30	15
C	50	10
D	25	5
E	50	25

공회전 발생률에 대한 구간별 탄소포인트					
공회전 발생률(%)	20 미만	20 이상 ~ 40 미만	40 이상 ~ 60 미만	60 이상 ~ 80 미만	80 이상
탄소포인트(p)	100	80	50	20	10

공회전 시 연료소모량에 대한 구간별 탄소포인트					
공회전 시 연료소모량(cc)	100 미만	100 이상 ~ 200 미만	200 이상 ~ 300 미만	300 이상 ~ 400 미만	400 이상
탄소포인트(p)	100	75	50	25	0

* [자료] 이외의 다른 조건은 고려하지 않는다.

① D > C > A > B > E ② D > C > A > E > B ③ D > A > C > B > E

④ A > D > B > E > C ⑤ A > C > D > B > E

파트 4 실전연습

05. 총무팀에서 직원별로 소득세를 산출하여 연말정산을 준비 중이다. 다음 표는 예산팀 직원 A와 B의 연소득에 대한 자료이고, 개인별 소득세 산출액은 [소득세 결정기준]에 따라 계산한다. 이를 근거로 할 때, 직원 A와 B의 소득세 산출액의 차이는 얼마인가?

[개인별 연소득 현황]

(단위 : 만 원)

직원	근로소득	금융소득
A	15,000	5,000
B	0	25,000

※ 1) 근로소득과 금융소득 이외의 소득은 존재하지 않음.
2) 모든 소득은 과세 대상이고, 어떤 종류의 공제, 감면도 존재하지 않음.

[소득세 결정기준]

- 5천만 원 이하의 금융소득에 대해서는 15%의 금융소득세를 부과함.
- 과세표준은 금융소득 중 5천만 원을 초과하는 부분과 근로소득의 합이고 [과세표준에 따른 근로소득 세율]에 따라 근로소득세를 부과함.
- 소득세 산출액은 금융소득세와 근로소득세의 합임.

[과세표준에 따른 근로소득세율]

(단위 : %)

과세표준	세율
1,000만 원 이하분	5
1,000만 원 초과 ~ 5,000만 원 이하분	10
5,000만 원 초과 ~ 1억 원 이하분	15
1억 원 초과 ~ 2억 원 이하분	20
2억 원 초과분	25

예 과세표준이 2,500만 원인 사람의 근로소득세는 $1,000 \times 0.05 + (2,500 - 1,000) \times 0.1 = 200$(만 원)

① 750만 원
② 1,000만 원
③ 1,250만 원
④ 1,500만 원
⑤ 1,750만 원

06. 다음은 ○○공사의 임원 승진시험 결과에 대한 자료이다. 정답을 맞히면 문제당 1점을 득점하고, 답을 기입하지 않은 문제는 0점으로 처리하며, 답을 기입하였지만 정답을 맞히지 못하면 문제당 1점을 감점하는 방식으로 점수를 계산한다. 승진시험은 총 50문항이라 할 때, A ~ E 중 답을 가장 많이 기입하지 않은 사람은? (단, 정확도는 소수점 아래 둘째 자리에서 반올림한다)

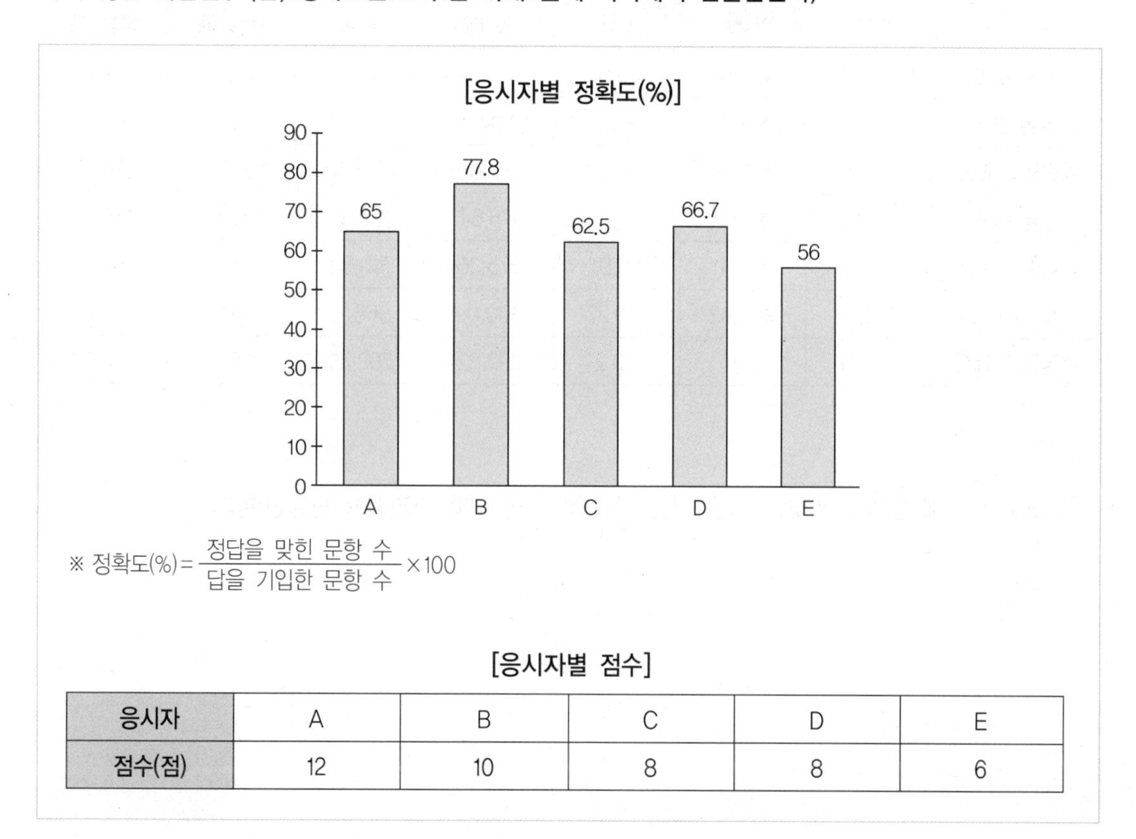

※ 정확도(%) = $\frac{\text{정답을 맞힌 문항 수}}{\text{답을 기입한 문항 수}} \times 100$

[응시자별 점수]

응시자	A	B	C	D	E
점수(점)	12	10	8	8	6

① A ② B ③ C
④ D ⑤ E

[07 ~ 08] 다음은 현재일 기준 우리나라의 환율 정보이다. 이어지는 질문에 답하시오(단, 거래는 현재일 시점으로 이루어지며, 거래 시 원 단위 절사 및 수수료 등은 무시한다).

구분	매매기준율(월)	전일 대비(원)	등락률(%)	현찰(원)		송금(원)	
				살 때	팔 때	보낼 때	받을 때
미국 USD	1,119.6	▲ 0.60	+0.05	1,139.19	1,100.01	1,130.50	1,108.70
일본 JPY	㉠	▲ 0.01	+0.0	1,004.80	970.24	997.24	977.85
유럽연합 EUR	1,304.50	▲ 2.94	+0.23	1,330.45	1,278.55	1,317.54	1,291.46
중국 CNY	168.23	▼ 0.11	㉡	176.64	159.82	169.91	166.55
호주 AUD	858.45	▼ 0.11	−0.01	875.36	841.54	831.59	815.13
캐나다 CAD	883.59	▲ 2.42	+0.27	900.99	866.19	892.42	874.76
뉴질랜드 NZD	777.51	㉢	−0.2	792.82	762.20	785.28	769.74

07. 표에서 ㉡에 들어갈 알맞은 값은? (단, 소수점 아래 셋째 자리에서 반올림한다)

① −0.13　② +0.07　③ −0.13
④ −0.07　⑤ +1.13

08. A는 캐나다를 여행하고 남은 350달러를 원화로 환전해서 절반의 금액을 호주에 있는 C에게 송금하고자 한다. C가 받게 될 금액은 약 얼마인가? (단, 소수점 아래 첫째 자리에서 반올림한다)

① AUD＄198　② AUD＄186　③ AUD＄178
④ AUD＄165　⑤ AUD＄149

[09 ~ 10] 다음 표를 보고 이어지는 질문에 답하시오.

[2019년 6월 27일 종목별 채권대차거래 현황]

(단위 : 억 원)

종목명	전일잔량	금일거래	금일상환	금일잔량
04-3	9,330	0	0	9,330
04-6	27,730	419	㉠	27,507
05-4	35,592	822	0	36,414
06-5	8,200	0	0	8,200
08-5	17,360	0	0	17,360
10-3	20,900	0	0	20,900
11-7	11,680	480	750	11,410
12-2	18,160	3,200	500	20,860
12-3	19,400	200	1,600	18,000
12-4	11,870	600	1,000	11,470
12-6	30,610	2,700	1,300	32,010
13-1	26,370	2,500	800	28,070
13-2	33,870	2,250	1,200	34,920
13-3	11,080	900	300	11,680
기타	68,042	1,350	3,530	65,862
합계	350,194	15,421	㉡	353,993

09. 다음 중 ㉠, ㉡에 들어갈 숫자는?

	㉠	㉡
①	0	10,980
②	196	11,176
③	223	11,203
④	642	11,622
⑤	466	11,980

10. 전일잔량에 비해 금일잔량이 가장 크게 증가한 종목은?

① 12-2
② 12-6
③ 13-1
④ 13-2
⑤ 13-3

[11 ~ 12] 다음 그림은 A ~ E 역의 무궁화호 운행 다이어그램이고, 〈정보〉는 무궁화호, 새마을호, 고속열차의 운행에 관련된 자료이다. 이어지는 질문에 답하시오.

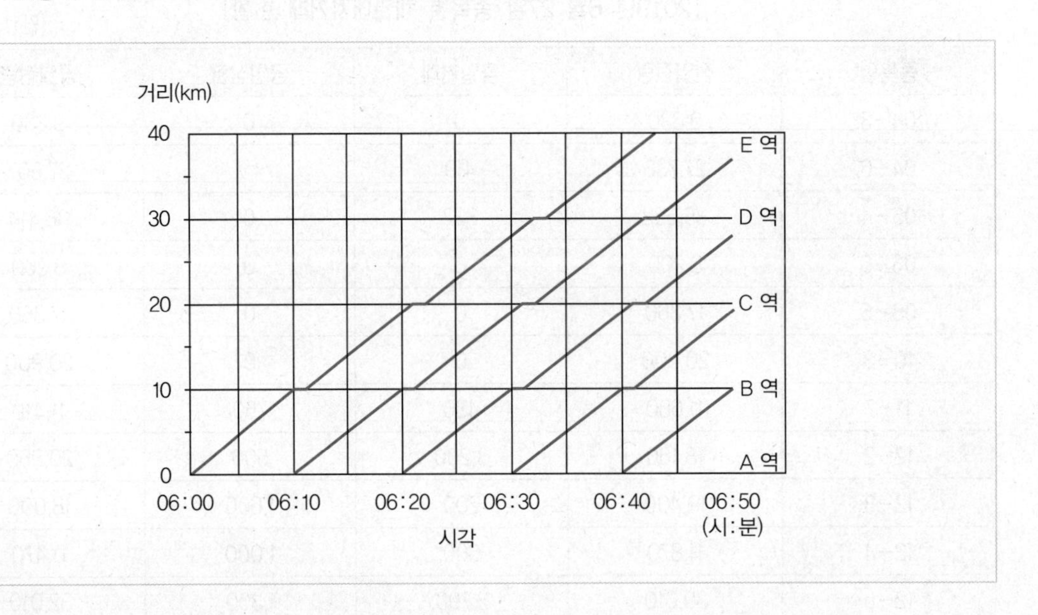

정보

- 무궁화호, 새마을호, 고속열차는 시발역인 A 역을 출발한 후 모든 역에 정차하며, 각 역에서 정차하는 시간은 1분이다.
- 역간 속력은 무궁화호 60km/h, 새마을호 120km/h, 고속열차 240km/h이다. 각 열차의 역간 속력은 일정하다.
- A 역에서 06시 00분에 첫 무궁화호가 출발하고, 06시 05분에 첫 새마을호와 첫 고속열차가 출발한다.
- 무궁화호, 새마을호, 고속열차는 동일노선의 각각 다른 선로와 플랫폼을 이용하며 역간 운행 거리는 동일하다.
- 열차의 길이는 무시한다.

11. 고속열차가 C 역을 출발하여 E 역에 도착하는 데까지 몇 분이 소요되는가?

① 5분 ② 6분 ③ 7분
④ 8분 ⑤ 10분

12. 첫 무궁화호가 C 역에 도착하기 6분 전에 첫 고속열차가 정차해 있는 역은?

① A 역 ② B 역 ③ C 역
④ D 역 ⑤ E 역

[13 ~ 14] 다음은 OECD 국가와 한국의 기대수명 추이를 나타낸 그래프이다. 이어지는 질문에 답하시오.

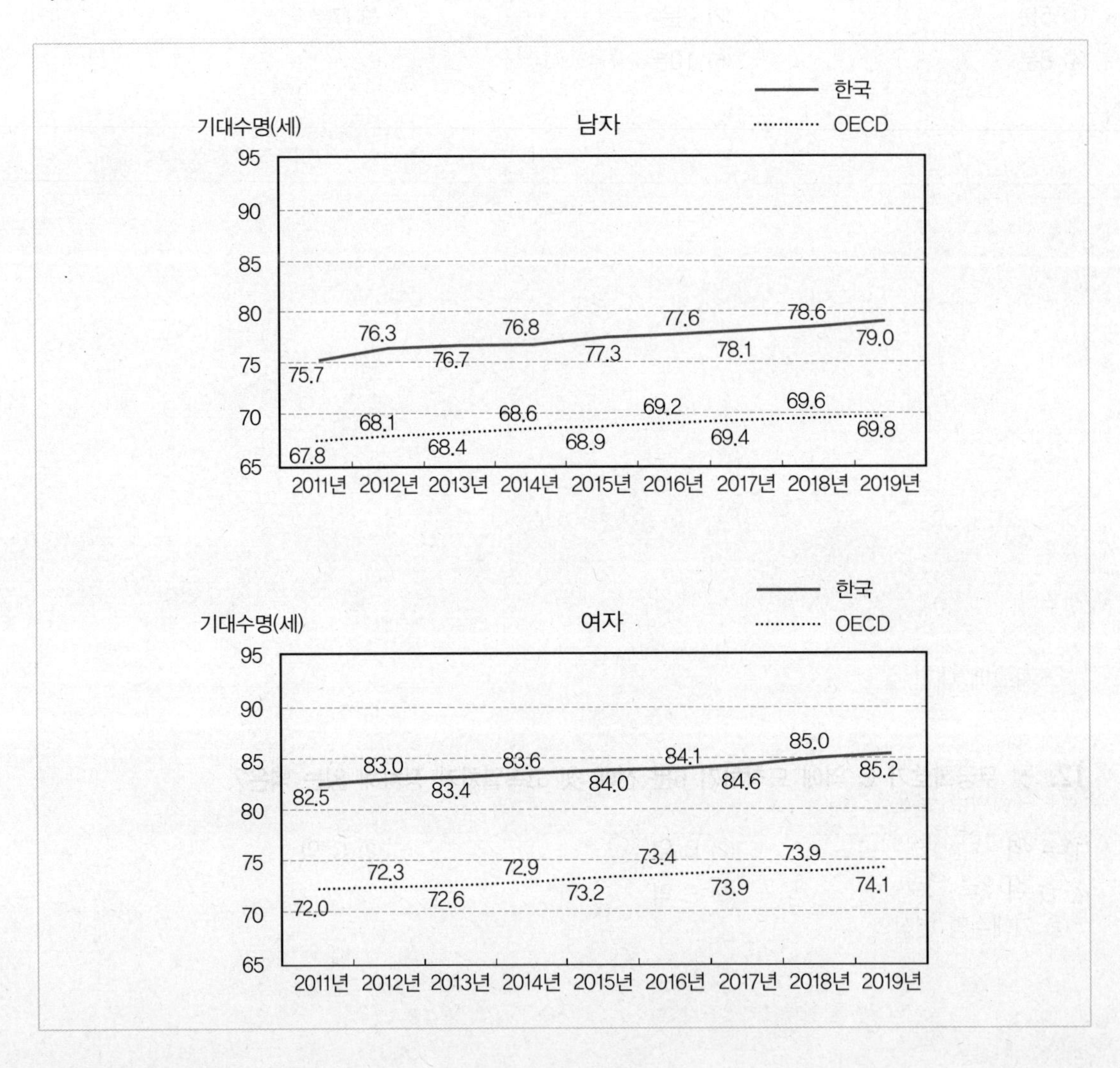

13. 2020년도 OECD 국가의 남녀 기대수명이 전년 대비 3%씩 높아졌다고 할 때 남자와 여자의 기대수명을 순서대로 바르게 구한 것은? (단, 소수점 아래 첫째 자리에서 반올림한다)

① 72세, 76세 ② 73세, 77세 ③ 74세, 78세
④ 75세, 79세 ⑤ 76세, 80세

14. 자료에 대한 설명으로 옳지 않은 것을 〈보기〉에서 모두 고르면?

보기

㉠ 우리나라 남자의 기대수명은 2015년부터 2019년까지 평균적으로 78세 정도이다.
㉡ 2011년 대비 2019년의 OECD 국가 평균 기대수명 증가폭은 남자가 여자보다 크다.
㉢ 2019년 우리나라 여자와 남자의 기대수명 차이는 약 10세이다.
㉣ 기대수명 연장의 영향으로 총 인구수도 함께 증가하였다.

① ㉠, ㉡ ② ㉠, ㉣ ③ ㉡, ㉢
④ ㉠, ㉢, ㉣ ⑤ ㉡, ㉢, ㉣

[15 ~ 16] 다음은 우리나라의 연도별 신용카드 실적과 관련된 자료이다. 이어지는 질문에 답하시오.

[현금 이외의 지급수단별 결제금액(일 평균)]

(단위 : 조 원, %)

구분	2018년	2019년		2020년	
		상반기	하반기	상반기	(증감률)
지급카드	2.1	2.2	2.2	2.3	(4.4)
(신용카드)	1.7	1.7	1.7	1.8	(3.7)
(체크카드)	0.4	0.5	0.5	0.5	(7.1)
어음 · 수표	21.6	20.6	20.6	20.6	(−0.1)
계좌이체	52.6	53.3	54.8	58.5	(9.8)
합계	76.3	76.1	77.6	81.4	(7.0)

[지급카드 이용실적(일 평균)]

(단위 : 십억 원, %)

구분		2018년	2019년				2020년	
			상반기	(증감률)	하반기	(증감률)	상반기	(증감률)
신용카드		1,677	1,762	(8.3)	1,757	(1.8)	1,827	(3.7)
	개인	1,207	1,302	(11.4)	1,358	(9.1)	1,410	(8.3)
	법인	471	461	(0.4)	399	(−17.2)	417	(−9.4)
체크카드		424	458	(13.4)	474	(7.0)	491	(7.1)
선불카드		2.2	2	(−19.1)	2	(7.7)	2	(12.4)
기타		0.9	1	(13.8)	1	(30.8)	1	(19.4)
합계		2,104	2,224	(9.3)	2,235	(2.8)	2,321	(4.4)

[지급카드별 이용실적 비중]

(단위 : %)

구분	2015년	2016년	2017년	2018년	2019년	2020년 상반기
신용카드	83.7	81.8	80.3	79.7	78.9	78.7
체크카드	16.1	18.0	19.5	20.1	20.9	21.1
기타	0.2	0.2	0.2	0.1	0.1	0.1
합계	100.0	100.0	100.0	100.0	100.0	100.0

15. 2018년도의 체크카드 사용액이 전년 대비 6% 상승하였을 경우, 2017년의 신용카드 사용액은?

① 약 1,588십억 원 ② 약 1,612십억 원 ③ 약 1,647십억 원
④ 약 1,669십억 원 ⑤ 약 1,682십억 원

16. 다음 〈보기〉의 의견 중 위 자료를 올바르게 이해한 것을 모두 고르면?

보기

(가) 2018 ~ 2020년 상반기까지 일 평균 계좌이체 경제금액은 꾸준히 증가했군.
(나) 2020년 상반기에는 현금 이외의 결제수단을 사용하는 금액이 전반기 대비 일 평균 약 3조 8천억 원이나 증가했어.
(다) 일 평균 법인 신용카드 사용액은 줄고 있지만 개인 신용카드 사용액이 늘고 있어서 전체 신용카드 사용액은 늘고 있구나.

① (가) ② (나) ③ (가), (나)
④ (나), (다) ⑤ (가), (나), (다)

[17 ~ 18] 다음은 ○○공사의 [12월 성과상여금 지급 기준]이다. A 팀의 성과보고를 참고하여 이어지는 질문에 답하시오.

[12월 성과상여금 지급 기준]

1. 지급원칙
   - 성과상여금은 팀의 전체 사원에 대하여 성과(근무성적, 업무 난이도, 조직 기여도의 평점 합) 순위를 매긴 후 적용대상에 해당되는 사원에 한하여 지급한다.
   - 적용대상 사원에는 계약직을 포함한 4급 이하 모든 사원이 포함된다.

2. 상여금의 배분

   성과상여금은 아래의 지급기준액을 기준으로 한다.

4급	5급	6급	계약직
400만 원	300만 원	200만 원	100만 원

3. 지급등급 및 지급률

지급등급	S 등급	A 등급	B 등급
성과 순위	1 ~ 2위	3 ~ 4위	5위 이하
지급률	150%	130%	100%

4. 지급액 등
   - 개인별 성과상여금 지급액은 지급기준액에 해당 등급의 지급률을 곱하여 산정한다.
   - 계약직의 경우 12월 기준 S 등급인 경우, 1월 1일자로 정규직 6급으로 전환한다.
   - 평점 총합이 같은 경우 근무성적 점수, 조직 기여도 점수, 업무 난이도 점수가 높은 순으로 성과 순위를 매기며, 모든 항목 점수가 같은 경우 직급이 높은 순으로, 직급까지 같은 경우 입사일이 빠른 순으로 성과 순위를 매긴다.

[12월 A 팀 성과 및 직급]

사원	평점			직급
	근무성적	업무 난이도	조직 기여도	
가	8	6	8	계약직
나	9	8	7	5급
다	7	4	8	5급
라	8	9	7	6급
마	6	5	7	4급
바	8	9	10	계약직
사	8	7	7	4급
아	8	6	8	3급

17. A 팀에서 성과상여금을 가장 많이 받는 사원과 가장 적게 받는 사원의 성과상여금 금액 차이는? (단, 성과상여금을 받지 못하는 사원은 제외한다)

① 150만 원 ② 250만 원 ③ 350만 원
④ 450만 원 ⑤ 550만 원

18. 내년 2월 A 팀의 구성원 2명이 다른 팀으로 옮겨간다고 한다. 직급과 성과에 상관없이 임의로 두 사원이 옮겨간다고 할 때, 5급 이하의 두 사원이 팀을 옮길 확률은 얼마인가? (단, 1월 직급을 기준으로 생각하며, 계약직 및 3급 사원은 팀을 옮기지 않는다)

① $\frac{3}{10}$ ② $\frac{5}{14}$ ③ $\frac{9}{25}$
④ $\frac{2}{5}$ ⑤ $\frac{4}{9}$

[19 ~ 20] 다음의 자동차 관련 정보를 참고하여 이어지는 질문에 답하시오.

• 자동차 기본 정보

차종	엔진	가격(만 원)	연료
A	3,000cc	3,400	고급 휘발유
B	2,400cc	4,300	하이브리드 (고급 휘발유+전기)
C	2,000cc	2,400	휘발유
D	1,800cc	2,800	경유

• 하이브리드 자동차 추가 정보

– 전기배터리는 휘발유가 다 떨어졌을 때 사용된다.
– 전기배터리 최대용량은 2,500,000암페어이다.
– 50,000암페어로 1km 운행이 가능하다.
– 휘발유로 달릴 때 10km당 5,000암페어씩 충전된다.

• 리터당 운행 가능 거리

엔진 \ 차종	A, B	C	D
1,500cc 이하	20km	24km	22km
1,500cc 초과 ~ 1,800cc 이하	18km	20km	20km
1,800cc 초과 ~ 2,400cc 이하	15km	18km	16km
2,400cc 초과 ~ 3,000cc 이하	10km	15km	14km

• 1리터당 유류 가격

구분	고급 휘발유	휘발유	경유
가격	1,600원	1,400원	1,100원

• 자동차 매매관련 추가 발생 비용

구분	A	B	C	D
구입비용	300만 원	100만 원	200만 원	150만 원
매각비용	150만 원	50만 원	100만 원	50만 원

※ 국가 지원 대상 자동차(단, 자동차 매매관련 추가 발생 비용에는 적용되지 않는다)
– 1,800cc 이하 자동차 : 구입가격의 5% 지원
– 하이브리드 자동차 : 구입가격의 10% 지원

19. 자동차 A를 구매하고 1년간 유지하는 비용은 자동차 D를 구매하고 1년간 유지하는 비용보다 얼마나 큰가? (단, 1년간 100,000km를 운행한다)

① 1,640만 원 ② 1,940만 원 ③ 2,450만 원
④ 3,100만 원 ⑤ 3,440만 원

20. 자동차 B의 전기배터리가 완전 방전된 상태에서 자동차에 기름을 가득 채워 달린다면 최대 몇 km까지 갈 수 있는가? (단, 300리터까지 연료를 보충할 수 있다)

① 3,400km ② 4,500km ③ 4,545km
④ 6,000km ⑤ 6,045km

[21 ~ 22] 다음은 예금상품 중 하나인 '농부의 마음 정기예금'에 대한 설명이다. 이어지는 질문에 답하시오.

<table>
<tr><th>구분</th><th>내용</th></tr>
<tr><td>가입대상</td><td>개인, 법인(국가 및 지방자치단체, 교육청, 금융기관 제외)</td></tr>
<tr><td>예금종류</td><td>정기예금</td></tr>
<tr><td>가입금액</td><td><table><tr><td>개인</td><td>1백만 원 이상(1인당 최고 가입한도 5억 원)</td></tr><tr><td>법인</td><td>1백만 원 이상(최고한도 제한 없음)</td></tr></table></td></tr>
<tr><td>가입기간</td><td><table><tr><td>개인</td><td>1년 이상 3년 이내(월 단위)</td></tr><tr><td>법인</td><td>1년</td></tr></table></td></tr>
<tr><td>기본금리
(연%, 세전)</td><td>• 계약기간별 기본금리<table><tr><th>구분</th><th>12개월 이상</th><th>24개월 이상</th><th>36개월 이상</th></tr><tr><td>개인</td><td>1.10</td><td>1.15</td><td>1.20</td></tr><tr><td>법인</td><td>1.05</td><td>–</td><td>–</td></tr></table></td></tr>
<tr><td>우대금리
(연%p, 세전)</td><td>아래 우대금리 기준을 만족하는 경우 가입일 현재 기본금리에 가산하여 만기해지 시 적용
• 개인 우대금리 : 최대 0.4%p<table><tr><th>구분</th><th>세부조건</th><th>우대금리</th></tr><tr><td rowspan="2">개인</td><td>① 가입 월부터 만기 전 전월 기간 중 농협 신용 · 체크카드 우대조건 월평균 15만 원 이상 이용 시</td><td>0.3%p</td></tr><tr><td>② 이 예금 만기일 전월 말 기준 '농부의 마음 적금' 보유 시</td><td>0.1%p</td></tr></table>1) 농협 신용 / 체크 사용실적은 승인기준(현금서비스 제외, 매출취소 시 차감)
2) '농부의 마음 정기예금' 만기일 전 월말 기준 '농부의 마음 적금' 유효계좌(대면 · 비대면 포함) 보유고객
• 법인 우대금리 : 최대 0.3%p<table><tr><th>구분</th><th>세부조건</th><th>우대금리</th></tr><tr><td rowspan="2">법인</td><td>* 가입 월부터 만기 전 전월 기간 중 농협신용 · 체크카드 우대조건 300만 원 이상 500만 원 미만 이용 시</td><td>0.2%p</td></tr><tr><td>* 가입 월부터 만기 전 전월 기간 중 농협신용 · 체크카드 우대조건 500만 원 이상 이용 시</td><td>0.3%p</td></tr></table>– 구매실적별로 우대금리 차등 적용
1) 농협 신용 / 체크 사용실적은 승인기준(현금서비스 제외, 매출취소 시 차감)</td></tr>
<tr><td>이자지급방식</td><td>만기일시지급식, 월이자지급식(단, 월이자지급식은 적용금리 0.1%p 차감)</td></tr>
</table>

21. 위 상품에 가입하려는 개인고객의 질문에 대한 올바른 답변에 해당하는 금액은? (단, 세후금액을 구하고, 이자소득세는 15.4%이다)

개인고객 : 제가 이번에 여유 자금이 생겨서 '농부의 마음 정기예금'에 가입하려고 합니다. 3천만 원을 16개월간 맡기면 얼마를 받을 수 있을까요? 이자는 만기일시지급식을 원합니다.

① 30,279,180원　② 30,330,000원　③ 30,372,240원
④ 30,440,000원　⑤ 30,507,760원

22. 원금 50,000,000원으로 2년의 기간 동안 위 상품에 가입한 개인고객이 만기일이 되었다. 개인 우대금리 세부조건 ①번 항목의 조건은 충족, ②번 항목의 조건은 충족되지 않을 경우 이 고객이 받을 수 있는 세후 만기일시지급식 이자는 얼마인가? (단, 이자소득세는 15.4%이며 단리로 계산한다)

① 725,000원　② 972,900원　③ 1,150,000원
④ 1,226,700원　⑤ 1,673,300원

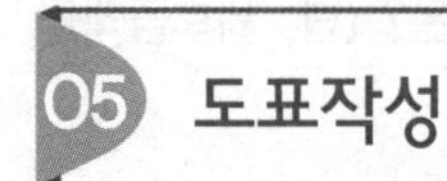

05 도표작성

3. 심화

01. 제시된 자료를 참고하여 다음의 퍼즐을 완성한다고 할 때, A ~ D에 들어갈 숫자를 모두 합한 값은?

[출판 현황]

구분	출판시장(억 원)	수출액(천 불)	수입액(천 불)
2012년	31,461	213,100	354,404
2013년	24,854	260,010	368,536
2014년	27,244	220,467	270,143
2015년	27,258	358,741	343,741
2016년	28,282	283,437	351,604
2017년	24,133	245,154	314,306
2018년	25,397	291,394	311,481
2019년	29,438	247,268	319,219

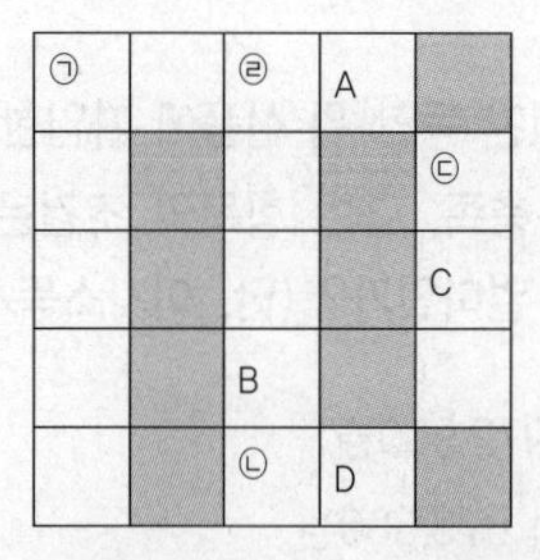

[가로열쇠]

㉠ 2016년의 출판시장과 2015년의 출판시장 차이는 ○,○○○억 원이다.

㉡ 2013년의 출판시장은 2012년 출판시장의 ○○%이다(단, 소수점 아래 첫째 자리에서 반올림한다).

[세로열쇠]

㉠ 2015년의 출판 수출액과 수입액의 차이는 ○○,○○○천 불이다.

㉢ 2017년 출판시장은 2016년에 비해 ○○.○% 감소하였다(단, 소수점 아래 둘째 자리에서 반올림한다).

㉣ 2018년의 출판 수입액과 수출액의 차이는 ○○,○○○천 불이다.

① 20 ② 22 ③ 24

④ 25 ⑤ 28

02. 다음 표를 보고 제시된 조건에 따라 가로세로 퍼즐을 완성한다고 할 때, A ~ D에 들어갈 숫자를 모두 합한 값은? (단, 필요시 소수점 아래 첫째 자리에서 반올림한다)

[주요 소아암 종류별 진료인원 및 점유율]

구분	진료인원(명)			점유율(%)		
	2017년	2018년	2019년	2017년	2018년	2019년
백혈병	3,495	3,405	3,484	23.6	23.2	22.1
뇌 및 중추신경계	1,525	1,514	1,728	10.4	10.3	11.0
비호치킨림프종	1,465		1,576	9.9	9.8	10.0
갑상선암	358	357	413	2.4	2.4	2.6
신장암	366	372	363	2.5	2.5	2.3

※ 위 표는 상위 5개 소아암의 자료이다.

㉠	A			㉣ B
C				
		㉢		
㉡	D			

[가로열쇠]

㉠ 백혈병의 점유율을 통해 볼 때 2018년 총 진료인원 수는 □□,□□□명이다.

㉡ ㉠의 총 진료인원 수와 백혈병의 점유율을 통해 볼 때 2018년 비호치킨림프종 진료인원 수는 □,□□□명이다.

[세로열쇠]

㉠ 2019년 비호치킨림프종, 갑상선암, 신장암의 점유율을 합한 값은 □□.□%이다.

㉢ 2019년 뇌 및 중추신경계 소아암 진료인원 수는 2017년에 비해 □□□명 늘었다.

㉣ 2017년 상위 5개 소아암의 진료인원 수를 합한 값은 □,□□□명이다.

① 15　② 17　③ 19　④ 21　⑤ 23

03. 다음 외국인 노동자와 국제결혼에 관한 보고의 내용을 표로 나타내었을 때 적절하지 않은 것은?

유럽의 국가들은 이삼백 년에 걸쳐 산업화가 진행되었던 반면, 우리나라는 반세기라는 비교적 짧은 시간 동안 산업화를 이룩하면서 빠른 성장을 거듭해 왔다. 이러한 빠른 경제성장과 더불어 생활수준 역시 빠른 속도로 향상되었으며 내국인 노동자의 인건비 역시 상승하였다. 결국 부가가치가 낮은 산업에서의 내국인 노동자 인건비는 그 경쟁력을 잃어버리는 추세를 보여 기업들은 상대적으로 인건비가 낮은 외국인 노동자들을 선호하게 되었다.

이러한 까닭으로 우리나라에도 외국인 노동자의 유입이 증가하고 있는 실정이다. 2017년부터 2020년까지의 지역별 외국인 등록 인구를 보면 경기도를 제외하고는 매년 전년 대비 증가하고 있으며, 경기도 역시 2018년부터 2020년까지 전년 대비 증가하는 추세를 보이고 있다. 2020년에 한국국적을 신규로 취득한 전체 외국인 수 역시 2019년에 비하여 증가하였으며, 그중에서 동북아시아 출신 외국인 수는 900명 이상 증가하였다.

2020년 국제결혼 이주자 수의 경우에는 아시아 지역이 90% 이상을 차지하고 있으며, 그중에서도 특히 동북아시아 지역이 아시아 지역의 80% 이상을 차지하고 있다. 국제결혼이 증가함에 따라 2020년의 국제결혼가정 자녀 수 역시 2019년의 두 배 이상이 되었다. 2020년 국제결혼가정 자녀의 연령층별 구성을 보면 연령층이 높아질수록 그 수가 감소하고 있다.

① 2020년 국제결혼가정 부모의 출신지역별 자녀의 연령분포

(단위 : 명)

출신지역 / 연령층	동북 아시아	동남 아시아	남부 아시아	중앙 아시아	미국	유럽	기타	합
6세 이하	18,210	8,301	281	532	880	171	714	29,089
7 ~ 12세	10,922	4,011	130	121	829	87	91	16,591
13 ~ 15세	4,207	2,506	30	28	391	24	132	7,318
16세 이상	3,070	1,494	13	26	306	21	79	5,009

② 출신지역별 한국국적 신규취득 외국인 수

(단위 : 명)

출신지역 / 연도	동북 아시아	동남 아시아	남부 아시아	중앙 아시아	미국	유럽	기타	합
2019년	18,412	14,411	9,307	4,097	23,137	3,919	31,059	104,342
2020년	19,374	12,737	8,906	5,283	24,428	4,468	29,448	104,644

③ 출신지역별 국제결혼가정 자녀 수

(단위 : 명)

출신지역 / 연도	동북 아시아	동남 아시아	남부 아시아	중앙 아시아	미국	유럽	기타	합
2019년	17,477	8,224	288	550	852	263	652	28,306
2020년	34,409	15,312	454	707	2,406	303	1,116	54,707

④ 2020년 출신지역별 국제결혼 이주자 수

(단위 : 명)

출신지역	동북 아시아	동남 아시아	남부 아시아	중앙 아시아	미국	유럽	기타	합
이주자수	98,139	17,805	1,179	1,173	1,794	835	2,564	123,489

⑤ 연도별 지역별 외국인 등록 인구

(단위 : 명)

연도 / 지역	2016년	2017년	2018년	2019년	2020년
경기도	165,922	155,942	200,798	234,030	256,827
강원도	7,265	7,989	10,252	11,994	12,892
충청북도	11,665	12,871	17,326	20,731	22,700
충청남도	19,147	19,849	26,411	30,553	35,254
전라북도	8,932	10,165	13,475	16,151	18,749
전라남도	7,819	9,260	11,903	15,126	19,690
경상북도	22,696	23,409	29,721	33,721	35,731
경상남도	24,920	26,679	35,953	42,389	51,707
제주도	1,873	2,178	3,199	4,130	4,902

[04 ~ 05] 다음 자료를 보고 이어지는 질문에 답하시오.

[자료 1] 한국의 폐기물 종류별 일평균 발생량

(단위 : 톤/일)

구분	2016년	2017년	2018년	2019년	2020년
총계	394,510	393,126	401,663	418,222	429,139
생활폐기물	48,990	48,728	49,915	51,247	53,772
사업장 배출시설계 폐기물	146,390	148,443	153,189	155,305	162,129
폐기물	186,629	183,538	185,382	198,260	199,444
지정폐기물	12,501	12,417	13,177	13,410	13,794

[자료 2] OECD 주요국의 1인당 생활폐기물 발생량

(단위 : kg)

구분	2015년	2016년	2017년	2018년	2019년
네덜란드	568	549	526	526	521
독일	620	619	615	632	629
미국	731	727	731	735	735
스페인	485	468	455	448	434
영국	498	484	488	489	489
이탈리아	518	492	483	483	479
일본	355	355	353	349	349
체코	320	308	307	310	317
터키	416	410	407	406	402
폴란드	315	314	297	272	286
프랑스	539	524	518	509	502
핀란드	505	506	493	481	499
한국	358	356	353	359	365

* 민간 생활폐기물 발생량을 총인구로 나눈 값임.

04. 위 자료에 대한 설명으로 옳지 않은 것은?

① 조사기간 중 한국의 폐기물 종류별 일평균 발생량이 지속적으로 증가하고 있는 항목은 사업장 배출시설계 폐기물이 유일하다.

② 조사기간 중 한국의 생활폐기물 일평균 발생량은 매년 지정폐기물 일평균 발생량의 4배 이상이다.

③ 2017년 OECD 주요국 중 1인당 생활폐기물 발생량의 전년 대비 증가율이 가장 높은 나라는 영국이다.

④ 2016년에 OECD 주요국 중 1인당 생활폐기물 발생량이 전년 대비 증가한 나라는 핀란드가 유일하다.

⑤ 조사기간 동안 OECD 주요국 중 1인당 생활폐기물 발생량이 매년 가장 많은 나라는 미국이다.

05. OECD 주요국의 1인당 생활폐기물 발생량에 대한 자료를 표현한 다음 그래프 중 수치가 옳지 않은 것은? (단, 계산은 소수점 아래 둘째 자리에서 반올림한다)

① [전년 대비 증가율]

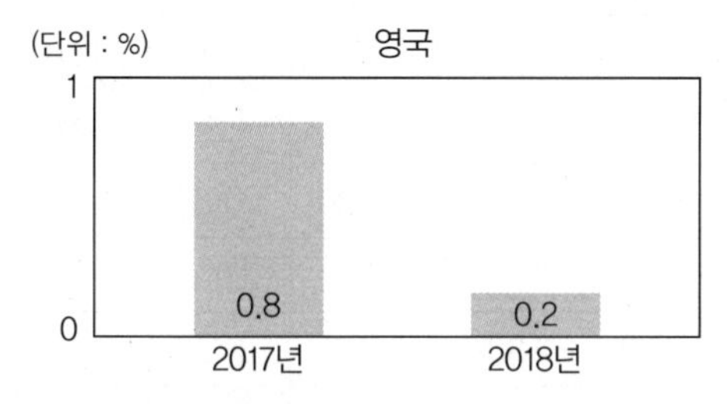

② [전년 대비 증가량]

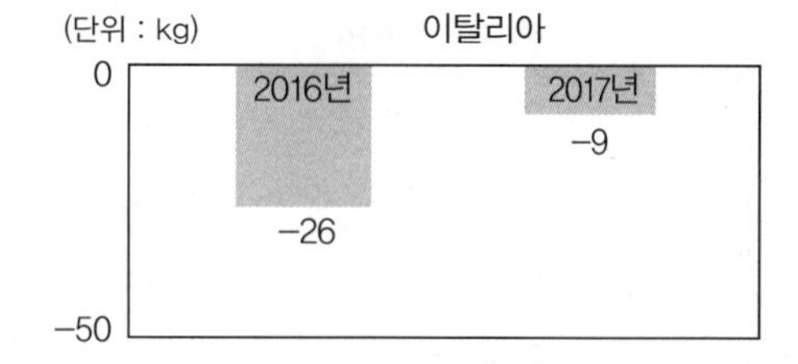

③ [전년 대비 증가율]

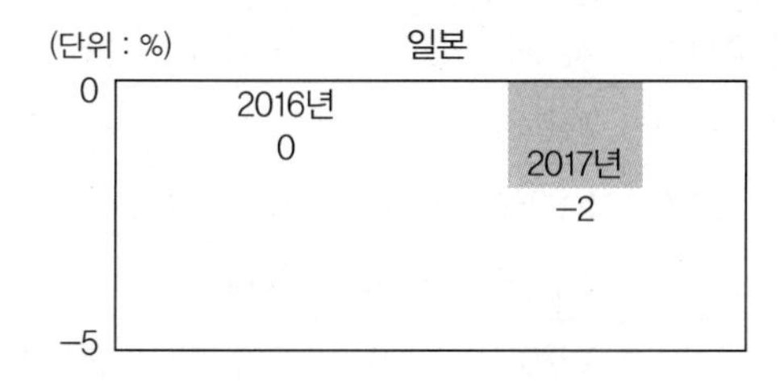

④ [전년 대비 증가량]

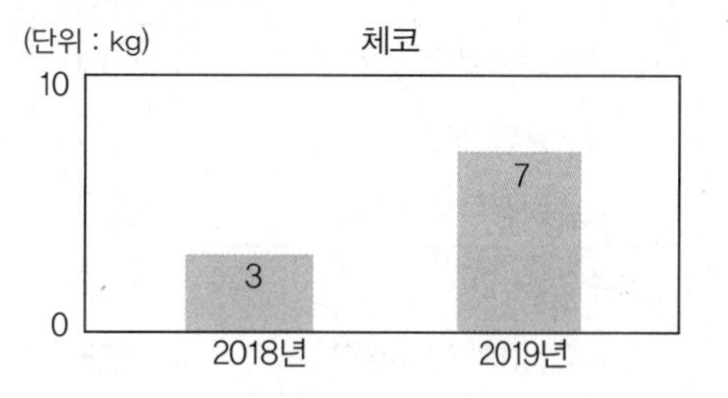

⑤ [전년 대비 증가량]

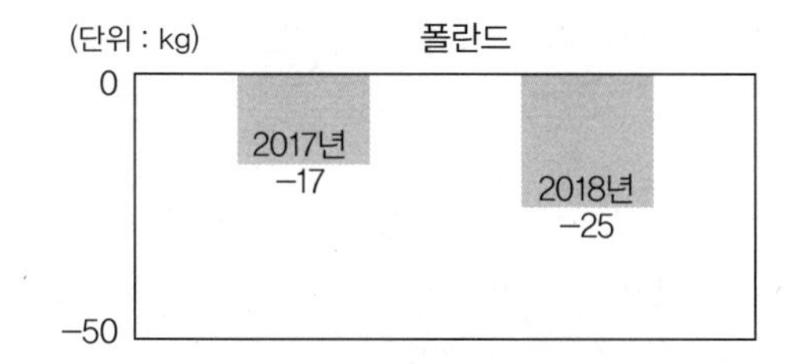

파트 4 실전연습

[06 ~ 07] 다음 자료를 바탕으로 이어지는 질문에 답하시오.

○○공사에서 근무하는 황 사원은 예산관리를 위해 철도운임 원가정보 총괄표를 참조하고 있다.

[철도운임 원가정보 총괄표]

(단위 : 억 원, %)

항목	결산					예산	
	20X4	20X5	20X6	20X7	20X8	20X9	비중
Ⅰ. 총괄원가	25,040	26,456	29,568	28,109	28,798	31,202	100.0
1. 적정원가	22,010	23,629	24,960	23,625	25,229	27,576	88.4
① 영업비용	22,010	23,629	24,960	23,625	25,229	27,576	88.4
ⓐ 인건비	6,219	7,380	7,544	7,827	8,732	9,121	29.2
ⓑ 판매비 및 일반관리비	844	799	896	774	767	802	2.6
- 간접부서 경비	795	765	856	733	699	731	2.3
- 연구관련 경비	25	12	18	12	12	20	0.06
- 판매촉진비 등	24	22	22	29	56	51	0.16
ⓒ 기타 경비	14,947	15,450	16,521	15,024	15,730	17,653	56.6
- 감가상각비	2,279	2,579	2,864	2,945	2,865	2,972	9.5
- 동력비	2,646	2,543	2,371	2,308	2,642	2,751	8.8
- 선로사용비	5,467	6,574	6,945	5,914	6,330	6,591	21.1
- 수선유지비 등 기타	4,555	3,754	4,341	3,857	3,894	5,339	17.1
2. 적정투자보수(①×②)	3,030	2,827	4,608	4,484	3,569	3,626	11.6
① 운임기저*	69,971	72,314	75,413	79,643	69,711	70,961	-
② 적정투자보수율**	4.33%	3.91%	6.11%	5.63%	5.12%	5.11%	-
Ⅱ. 총수입(1×2)	24,920	25,787	26,805	23,936	25,346	27,065	-
1. 수요량(1억 인km)***	228	234	237	220	230	-	-
2. 적용단가(원/인km)	109.3	110.2	113.1	108.8	110.2	-	-

* 운임기저 : 운송서비스에 기여하고 있는 해당 회계연도의 기초·기말 평균 순가동설비자산액, 기초·기말 평균 무형자산액, 운전자금 및 일정분의 건설중인 자산을 합산한 금액에서 자산재평가액을 차감한 금액

** 적정투자보수율 : 타인자본과 자기자본의 투자보수율을 가중평균

*** 수요량 : 해당 회계기간에 수송한 수송량으로 인킬로미터 단위 사용(1인km는 승객 1인이 1km 이동한 수송량)

06. 다음 중 위 자료에 대한 설명으로 적절하지 않은 것은?

① 총괄원가는 적정원가와 적정투자보수의 합이다.
② 20X4년부터 20X8년까지 인건비는 매년 증가하고 있다.
③ 20X8년 총괄원가에서 적정원가가 차지하는 비중은 87% 이상이다.
④ 기타 경비의 20X9년 예산 중 가장 큰 비중을 차지하는 것은 선로사용비이다.
⑤ 20X9년 총수입이 2조 7,065억 원이고 적용단가가 115원/인km라면 수요량은 약 232억 인km이다.

07. 황 사원은 철도운임 원가정보 총괄표를 바탕으로 다음의 〈보기〉와 같은 총괄원가 구성비 그래프를 작성하였다. 그래프의 ㉠, ㉡에 들어갈 값으로 적절한 것은? (단, 소수점 아래 둘째 자리에서 반올림한다)

보기

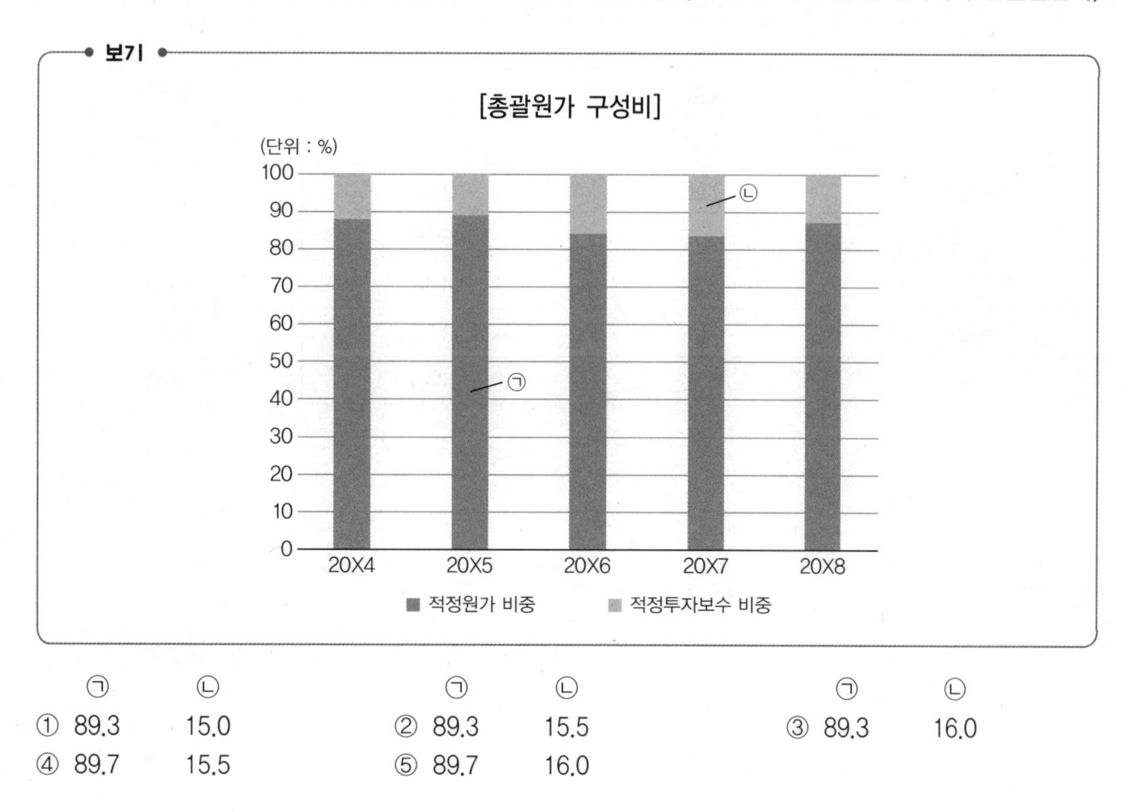

	㉠	㉡
①	89.3	15.0
②	89.3	15.5
③	89.3	16.0
④	89.7	15.5
⑤	89.7	16.0

[08 ~ 09] 다음 자료를 보고 이어지는 질문에 답하시오.

[문화예술시설 현황]

(단위 : 개)

구분	박물관	미술관	공공도서관	공연장	문예회관
2016년	754	190	865	992	220
2017년	809	202	930	991	232
2018년	826	219	978	1,024	229
2019년	853	229	1,010	1,024	236

[문화산업 분야별 매출액]

(단위 : 조 원)

구분	2016년	2017년	2018년
총 매출액	94.95	100.49	105.51
만화	0.85	0.92	0.98
음악	4.61	4.98	5.31
게임	9.97	10.72	10.89
영화	4.57	5.11	5.26
애니메이션	0.56	0.61	0.68
방송(영상)	15.77	16.46	17.33
광고	13.74	14.44	15.19
캐릭터	9.05	10.08	11.07
기타	35.82	37.16	38.81

08. 위 자료를 바탕으로 작성한 보고서의 내용으로 옳지 않은 것은?

① 문화예술시설 수는 2016년부터 2019년까지 지속적으로 증가했다. 그러나 전반적인 증가 추세는 줄어드는 경향을 보인다. ② 2019년 공공도서관은 전년 대비 3.3% 증가했지만 ③ 2018년의 전년 대비 증가율인 5.2%에 비해 증가율이 감소한 것을 알 수 있다. 한편, ④ 공연장은 2019년 1,010개로 전년에 비해 증가하였고 ⑤ 문예회관은 2018년에 전년 대비 감소하였다.

09. 위 자료를 바탕으로 작성한 그래프로 적절한 것을 모두 고르면?

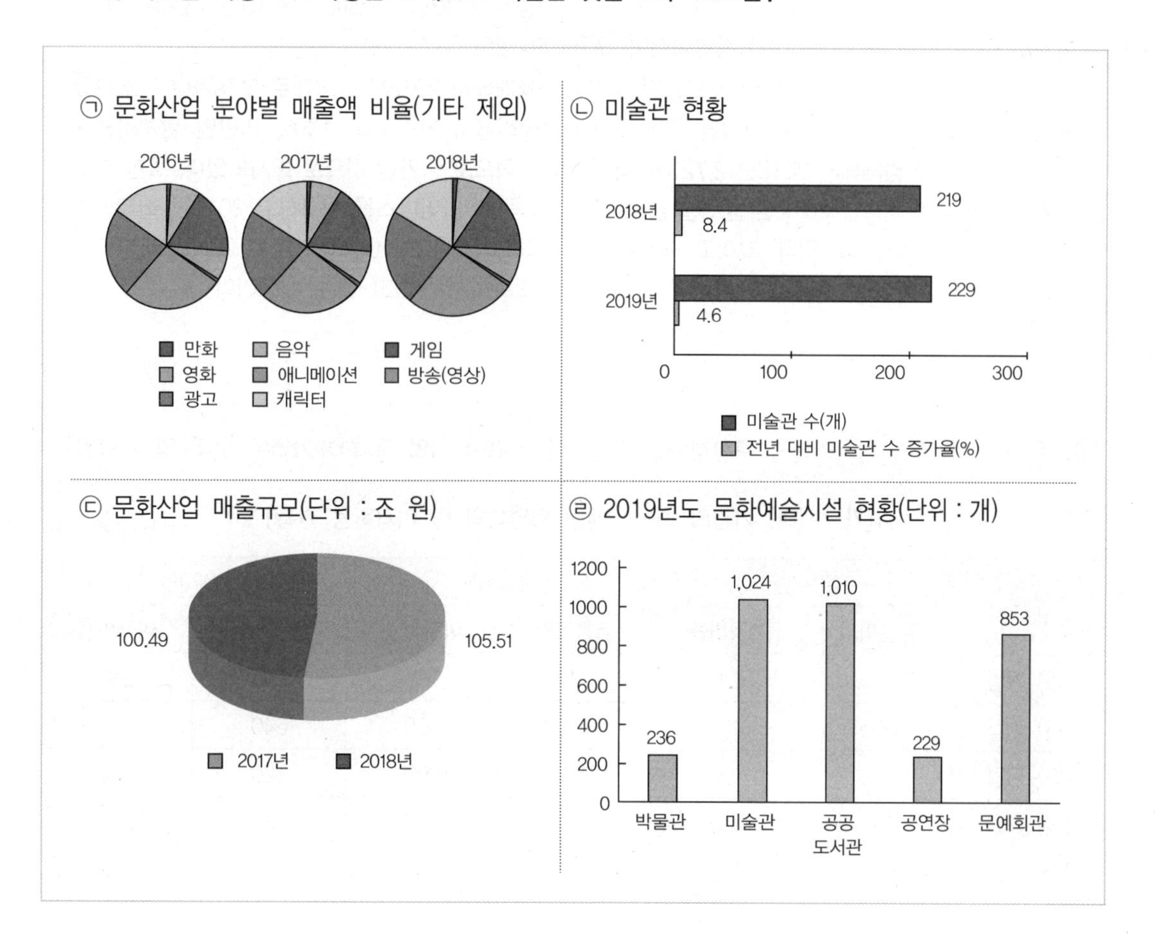

① ㉠, ㉡ ② ㉠, ㉢ ③ ㉡, ㉢

④ ㉡, ㉣ ⑤ ㉢, ㉣

[10 ~ 11] 다음은 한계중소기업에 관한 연구 자료이다. 자료를 읽고 이어지는 질문에 답하시오.

일반적으로 한계기업은 '이자보상비율$\left(=\frac{\text{영업이익}}{\text{이자비용}}\times 100\right)$이 3년 연속 100% 미만인 기업'으로 정의되며, 대상 기업 중 규모별로 중소기업에 해당하는 기업을 한계중소기업이라고 정의할 수 있다. 이처럼 한계중소기업은 경쟁력을 상실하여 이자지급과 월급상환 등을 지속하기 어려운 기업이다.

2020년에 한국은행에서 조사한 바에 따르면 기업 부채비율은 2018년 86.5%로 2013년 105.7%에 비해 19.2%p 하락하였다. 특히 기업의 규모별로 동 기간 중 중소기업이 144.3%에서 120.6%로 23.7%p 하락하여 99.2%에서 80.7%로 하락한 대기업보다 부채비율 하락폭이 큰 것으로 나타나고 있다. 또한 한계중소기업의 비중은 동기 대비 14.4%에서 15.0%로 다소 늘어나는 추세이다.

2019년 12월 발표된 한국은행의 금융안정보고서에 의하면 2019년 6월 한계중소기업에 대한 신용공여액은 32.2조 원을 차지하고 있으며, 한계기업의 비중은 2013년 8.8%에서 2019년 13.2%로 증가하면서 정부의 적극적인 구조조정지원정책이 요구되고 있다.

한국은행에 따르면 2013년부터 부도법인 수가 1,364개에서 2018년 614개로 50%가량 감소하였으나 중소기업을 포함한 모든 기업들 중에서 이자보상비율이 3년 연속 100% 미만인 한계기업은 2013년 2,355개 업체에서 2018년 2,723개 업체로 지속적으로 증가한 것으로 조사되었다. 또한 중소기업의 매출액 이익률은 2012년 글로벌 금융위기로 다음 해 마이너스를 기록하고 2015년 회복되었으나 이후 다시 감소하고 있다. 그리고 중소기업의 영업이익률은 2016년 3.20%로 2018년까지 3년 동안 증가 추세에 있으나 글로벌 금융위기 이전으로 회복하지 못하고 있는 실정이다.

10. 위 자료에 따라 한계기업을 구분할 때, 다음 (가) ~ (마) 기업 중 한계기업은 모두 몇 개인가?

[(가) ~ (마) 기업의 최근 3개년 영업이익 및 이자비용 현황]

(단위 : 백만 원)

구분	2018년		2019년		2020년	
	영업이익	이자비용	영업이익	이자비용	영업이익	이자비용
(가) 기업	260	270	300	250	310	240
(나) 기업	805	410	750	400	640	380
(다) 기업	690	290	700	290	820	250
(라) 기업	280	250	270	280	220	250
(마) 기업	400	570	420	550	440	550

① 0개　② 1개　③ 2개
④ 3개　⑤ 4개

11. 다음 중 위 연구 자료의 내용과 일치하지 않는 것은?

① [기업의 부채 현황]

(단위 : %)

2013년	2014년	2015년	2016년	2017년	2018년
105.7	98.4	100.5	94.2	90.0	86.5

② [부도법인 현황]

(단위 : 개)

2013년	2014년	2015년	2016년	2017년	2018년
1,364	1,143	967	890	703	614

③ [한계기업 현황]

(단위 : 개)

2013년	2014년	2015년	2016년	2017년	2018년
2,355	2,420	2,440	2,446	2,623	2,723

④ [중소기업 매출액 이익률 현황]

(단위 : %)

2011년	2012년	2013년	2014년	2015년	2016년	2017년	2018년
1.28	0.63	−1.57	−5.65	2.32	2.54	2.60	3.60

⑤ [중소기업 영업이익률 현황]

(단위 : %)

2011년	2012년	2013년	2014년	2015년	2016년	2017년	2018년
3.97	4.09	4.50	4.86	3.20	3.20	3.76	3.96

[12 ~ 14] 다음 자료를 바탕으로 이어지는 질문에 답하시오.

○○공사 직원인 김진호 씨는 철도 안전을 위하여 운행장애 현황 자료를 검토하고 있다.

[최근 5년간 운행장애 현황]

• 위험사건 발생현황

(단위 : 건)

구분	20X5	20X6	20X7	20X8	20X9
무허가 구간 열차운행	1	0	0	0	1
진행신호 잘못 현시	0	0	0	0	0
정지신호 위반운전	1	1	2	1	5
정거장 밖으로 차량구름	0	0	0	0	0
작업/공사구간 열차운행	0	0	0	0	0
본선지장 차량탈선	0	0	0	0	0
안전을 지장하는 시설고장	0	0	2	0	2
안전을 지장하는 차량고장	0	0	0	0	0
위험물 누출사건	0	0	0	1	1
기타 사고위험이 있는 사건	0	0	0	0	1

• 지연운행 발생현황

(단위 : 건)

구분	20X5	20X6	20X7	20X8	20X9
차량탈선	0	0	0	0	0
차량파손	1	0	0	0	0
차량화재	0	0	0	0	0
열차분리	3	3	1	1	0
차량구름	0	0	0	1	0
규정위반	6	14	4	4	15
선로장애/급전장애/신호장애	28	㉠	55	49	61
차량고장	116	119	㉡	109	184
열차방해	1	0	1	0	0
기타	98	67	51	67	87
합계	253	245	259	231	347

12. 다음 중 자료에 대한 설명으로 적절한 것은?

① 최근 5년 동안 정지신호 위반운전으로 인한 운행장애는 10건 넘게 발생하였다.
② 최근 5년 동안 무허가 구간 열차운행으로 인한 운행장애는 위험물 누출사건으로 인한 운행장애보다 많이 발생하였다.
③ 최근 5년 동안 차량탈선, 차량파손, 차량화재로 인한 운행장애는 발생하지 않았다.
④ 규정위반으로 인한 운행장애는 20X6년에서 20X8년 사이 매년 꾸준히 감소하였다.
⑤ 최근 5년 동안의 지연운행 발생건수에서 선로장애/급전장애/신호장애로 인한 지연운행 발생건수가 세 번째로 많다.

13. 제시된 자료의 ㉠, ㉡에 들어갈 값의 합은 얼마인가?

① 185 ② 187 ③ 189
④ 191 ⑤ 193

14. 김진호 씨는 위 자료를 바탕으로 그래프를 작성하였다. 다음 중 자료와 일치하지 않는 그래프는? (단, 운행장애는 위험사건발생과 지연운행발생밖에 일어나지 않으며, 계산은 소수점 아래 첫째 자리에서 반올림한다)

① [20X5 ~ 20X9년의 위험사건 발생건수]

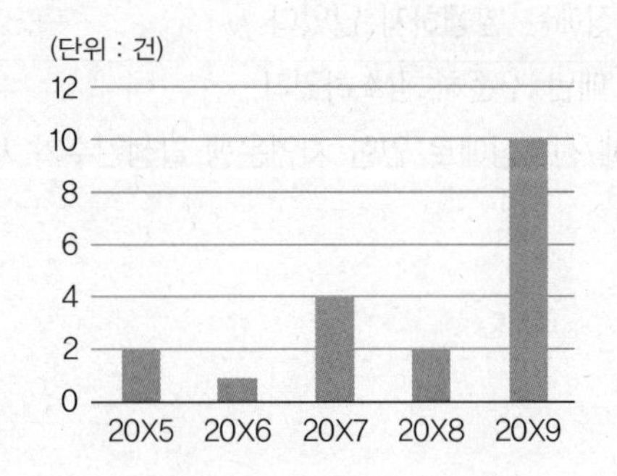

② [20X5 ~ 20X9년의 운행장애 발생건수]

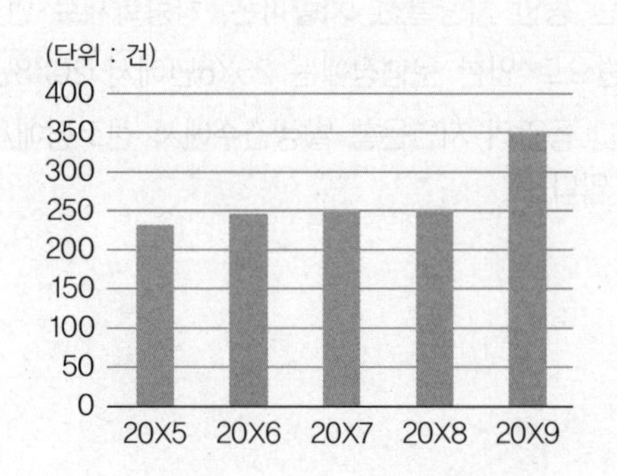

③ [20X9년 원인별 위험사건 발생건수]

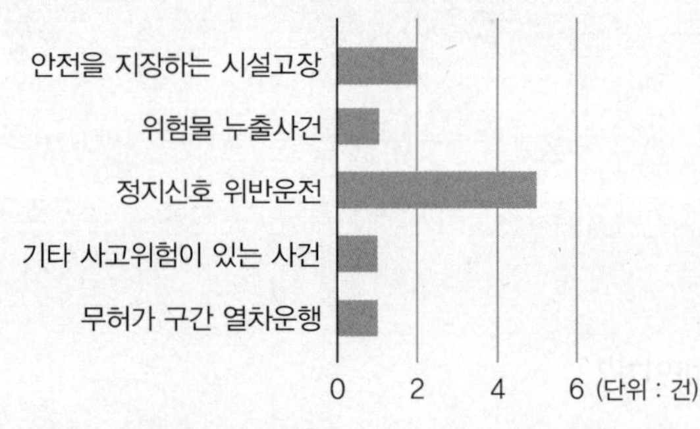

④ [20X7 ~ 20X9년의 지연운행 발생건수 중 선로장애/급전장애/신호장애로 인한 지연운행 발생건수의 비중]

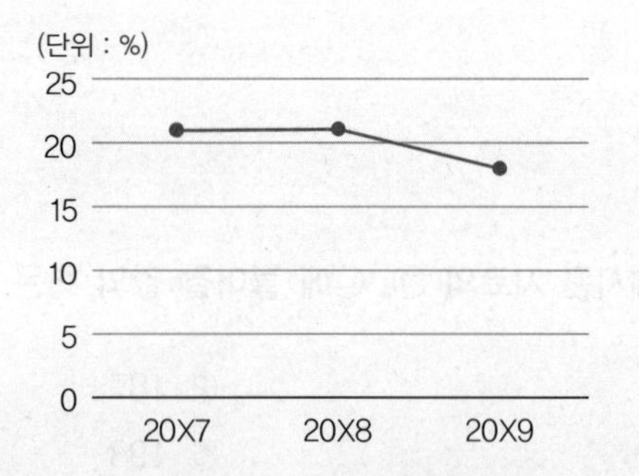

⑤ [20X5 ~ 20X9년의 지연운행 발생건수 중 기타로 인한 지연운행 발생건수의 비중]

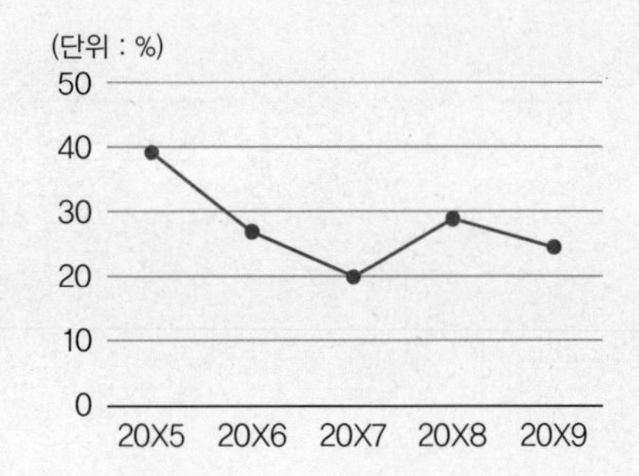

[15 ~ 16] 다음은 사업주 직업능력개발훈련지원 보고서상 훈련방법에 따른 성과에 관한 자료이다. 이어지는 질문에 답하시오.

[훈련방법별 훈련수료인원과 자격증취득인원]

(단위 : 명)

훈련방법 구분	집체훈련	현장훈련	인터넷원격훈련	스마트훈련	우편원격훈련
훈련수료인원	9,013	3,032	7,308	3,184	1,301
자격증취득인원	4,124	1,230	3,174	487	617

※ 훈련방법별 훈련수료인원의 중복은 없음.

[훈련방법별 자격증취득인원의 성 · 연령대 · 최종학력별 구성비]

(단위 : %)

구분	훈련방법	집체훈련	현장훈련	인터넷원격훈련	스마트훈련	우편원격훈련
성별	남	45	63	44	58	40
	여	55	37	56	42	60
연령대	20대	5	17	18	8	21
	30대	13	32	21	24	25
	40대	27	27	27	22	18
	50대	45	13	23	31	22
	60대 이상	10	11	11	15	14
최종학력	중졸이하	4	8	12	32	34
	고졸	23	25	18	28	23
	전문대졸	19	28	31	16	27
	대졸	38	21	23	15	14
	대학원졸	16	18	16	9	2

※ 소수점 아래 첫째 자리에서 반올림한 값임.

[훈련방법 · 최종학력별 훈련수료인원 및 자격증취득률]

(단위 : 명, %)

구분		집체훈련	현장훈련	인터넷 원격훈련	스마트 훈련	우편 원격훈련	전체
최종학력	중졸이하	1,498(11)	574(18)	865(44)	1,299(12)	499(42)	4,735(21)
	고졸	1,790(53)	854(36)	1,099(52)	852(16)	473(30)	5,068(42)
	전문대졸	2,528(31)	861(40)	1,789(55)	779(10)	203(82)	6,160(38)
	대졸	2,305(68)	497(52)	2,808(26)	203(36)	108(80)	5,921(46)
	대학원졸	892(74)	246(90)	747(68)	51(86)	18(70)	1,954(74)

※ 1) 자격증취득률(%) = $\frac{\text{자격증취득인원}}{\text{훈련수료인원}} \times 100$

2) 빈칸 안 수치는 자격증취득률을 의미함.

3) 소수점 아래 첫째 자리에서 반올림한 값임.

15. 위 자료에 관한 설명으로 옳은 것은?

① 고졸 집체훈련수료자의 자격증취득인원은 전문대졸 인터넷원격훈련수료자의 자격증취득인원보다 적다.

② 남성 자격증취득인원은 훈련방법 중 현장훈련이 가장 많다.

③ 현장훈련의 최종학력별 자격증취득률은 고졸이 대졸보다 높다.

④ 연령대 중 스마트훈련의 자격증취득률은 50대가 가장 낮다.

⑤ 전체 대졸 자격증취득인원 대비 훈련방법별 대졸 자격증취득인원의 비율이 가장 낮은 훈련방법은 우편원격훈련이다.

16. 다음 중 위 자료의 내용과 부합하는 것을 모두 고르면?

ㄱ. 훈련방법별 자격증취득인원

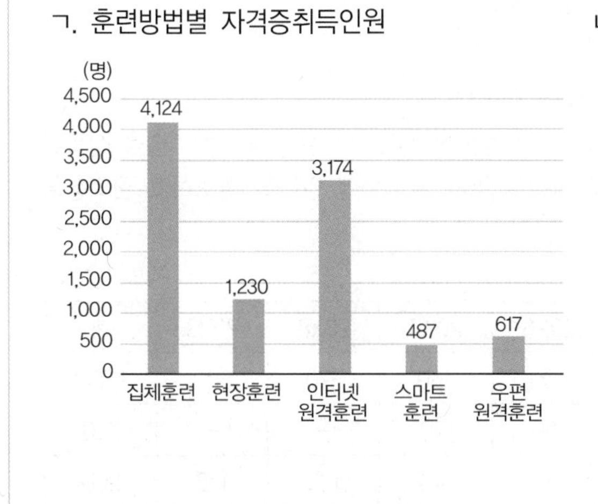

ㄴ. 훈련방법별 자격증취득인원의 연령대별 누적 구성비

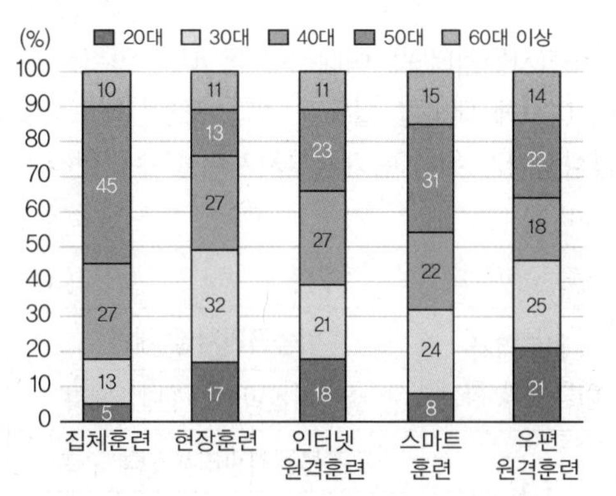

ㄷ. 훈련방법 · 성별 자격증취득률

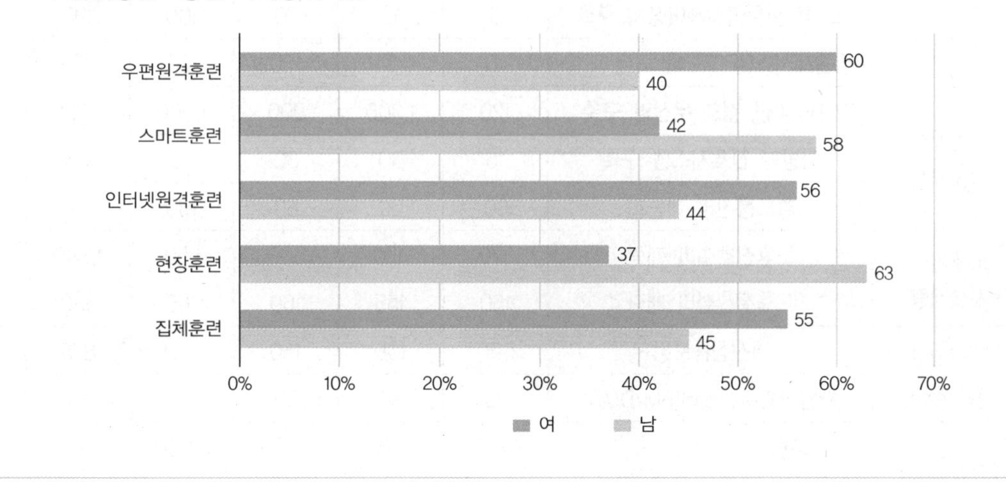

① ㄱ ② ㄴ ③ ㄷ

④ ㄱ, ㄴ ⑤ ㄱ, ㄷ

[17 ~ 19] 다음 자료를 바탕으로 이어지는 질문에 답하시오.

○○공사 직원인 정아윤 씨는 국가철도 개량투자계획을 살펴보고 있다.

[국가철도 개량투자계획]

IoT(사물인터넷), 빅데이터 등 4차산업혁명 핵심기술의 발전에 따라 철도분야에도 신기술을 접목하여 미래에 대비할 필요가 있다. 또한, 철도시설의 개량을 통해 열차운행 안전을 확보하고 편의성을 향상시키기 위하여 개량투자계획을 수립한다.

(단위 : 억 원)

구분		20X6	20X7	20X8	20X9	계
철도역사 이용편의 향상	이동편의시설 개량	400	350	370	380	1,500
	승강장조명설비 LED 개량	100	120	–	–	220
시설관리 과학화	구조물원격관리시스템 구축	130	140	160	170	600
	전기설비원격진단시스템 구축	20	50	150	200	420
	스마트전철급전제어장치 구축	5	15	70	100	190
철도교통관제시스템 고도화		10	5	150	120	285
기반시설 성능개선	LTE 기반 철도 무선망 구축	120	1,300	900	1,000	3,320
	양방향 신호시스템 구축	15	30	30	40	115
	철도통신망 이중화	30	60	80	100	270
노후기반 시설개량	노후신호설비 개량	370	420	500	550	1,840
	노후통신설비 개량	150	155	160	165	630
재해예방 시설확충	내진성능보강	500	100	150	125	875
	재난방송수신설비(FM/DMB)	25	40	50	50	165
계		1,875	2,785	2,770	3,000	

17. 다음 중 자료에 대한 설명으로 적절하지 않은 것은?

① 노후기반시설개량에 투자하는 금액은 매년 증가한다.
② 이동편의시설 개량에 투자하는 금액은 매년 감소한다.
③ LTE 기반 철도 무선망 구축에 대한 총 투자금이 가장 많다.
④ 승강장조명설비 LED 개량에는 2년 동안만 투자가 이루어진다.
⑤ 구조물원격관리시스템 구축에 투자하는 금액은 20X9년에 가장 많다.

18. 다음은 철도통신망 이중화와 노후신호설비 개량에 투자하는 금액의 전년 대비 증감률을 나타낸 그래프이다. ㉠, ㉡에 해당하는 값이 바르게 짝지어진 것은? (단, 소수점 아래 첫째 자리에서 반올림한다)

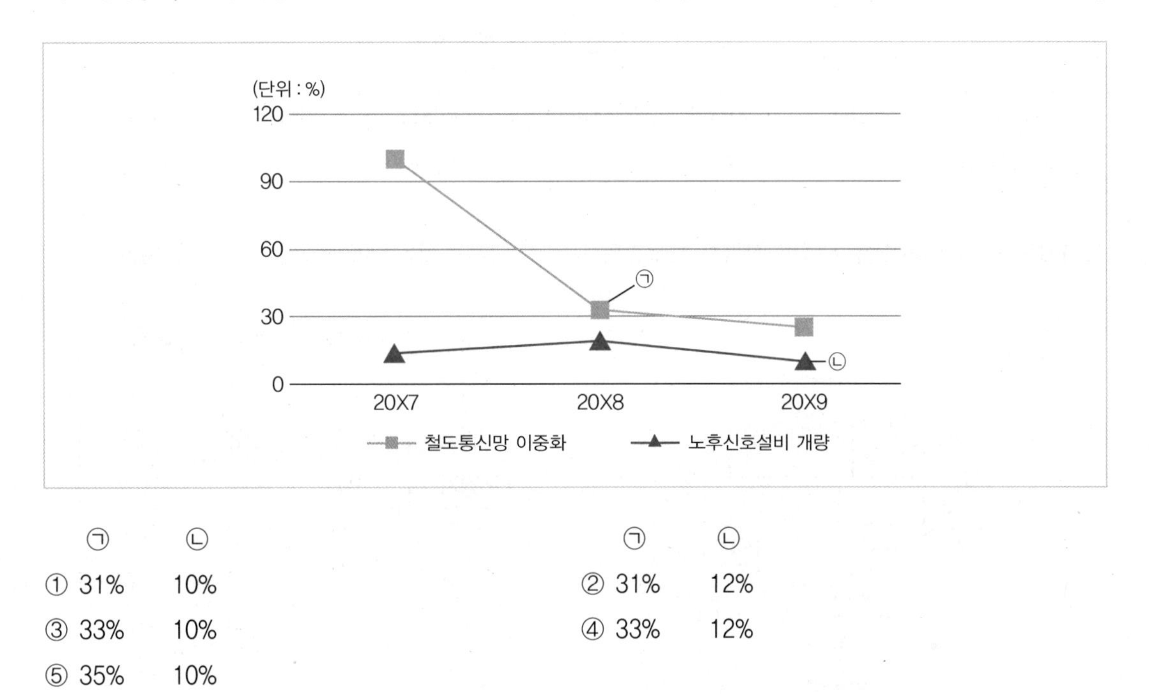

	㉠	㉡
①	31%	10%
②	31%	12%
③	33%	10%
④	33%	12%
⑤	35%	10%

19. 다음은 20X9년의 개량투자계획 총 투자금에서 각 부문이 차지하는 비중을 그래프로 나타낸 것이다. (가)에 해당하는 값으로 적절한 것은?

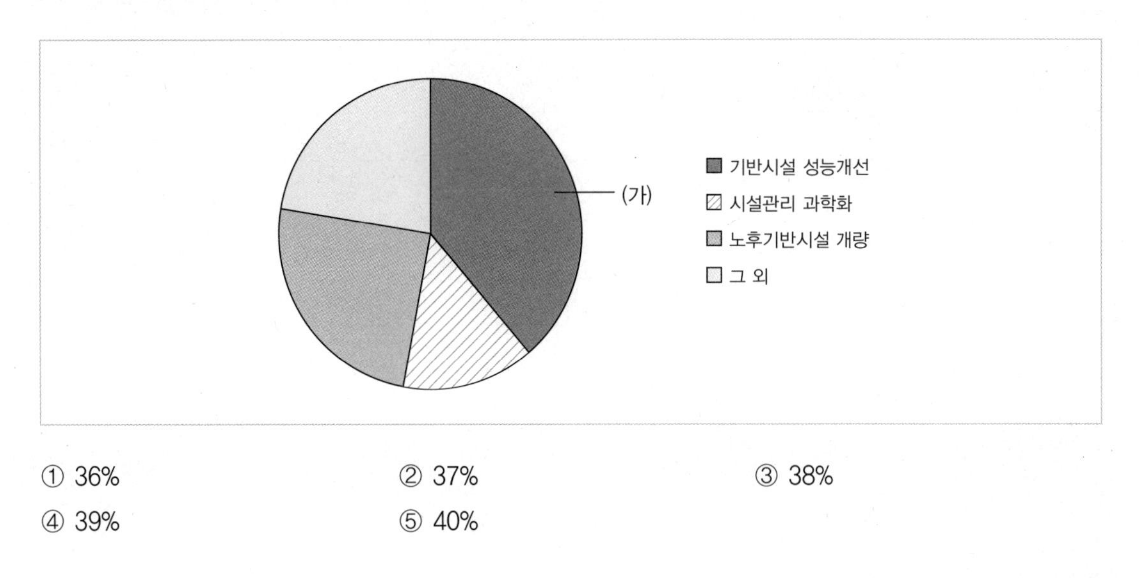

① 36% ② 37% ③ 38% ④ 39% ⑤ 40%

[20 ~ 21] 다음 자료를 읽고 이어지는 질문에 답하시오.

[자료 1] 연도별 전기차 보급현황

(단위 : 대)

구분	2013년	2014년	2015년	2016년	2017년	합계
전기차 수	338	753	780	1,075	2,821	5,767

[자료 2] 2019년 9월 지역별 전기차 등록현황

(단위 : 대)

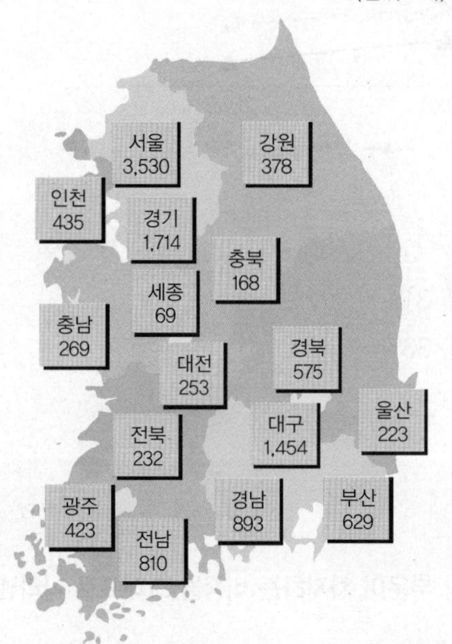

[자료 3] 2020년 3월 전기차 등록현황

(단위 : 대)

지역	등록대수	지역	등록대수
서울	5,036	광주	634
인천	659	강원	571
경기	2,845	경북	1,024
충북	410	경남	1,202
충남	482	대구	2,569
세종	175	울산	404
대전	364	부산	935
전북	422	제주	10,368
전남	1,209	계	29,309

20. 자료를 바탕으로 작성한 보고서의 내용이 다음과 같을 때, ㉠ ~ ㉤ 중 잘못된 것은?

㉠ 연도별 전기차 보급현황을 살펴보면 2013년부터 2017년까지 매년 보급대수가 증가하는 추세를 보이고 있으며, 5년간 총 보급대수는 5,767대이다. 2019년 9월 지역별 전기차 등록현황을 살펴보면, ㉡ 제주도에 가장 많은 전기차가 등록되어 있는 것을 알 수 있으며, ㉢ 서울에 등록된 전기차 수의 2배 이상이 제주도에 등록되어 있다. 2020년 3월 전기차 등록현황을 살펴보면 ㉣ 6개월 전 대비 증가율이 가장 큰 지역은 세종시로 그 증가율이 약 154%에 달한다. 그리고 ㉤ 6개월 전 대비 증가율이 가장 작은 지역은 경남으로 약 35%이다.

① ㉠ ② ㉡ ③ ㉢
④ ㉣ ⑤ ㉤

21. 위 자료를 토대로 그린 그래프 중 옳지 않은 것을 모두 고르면?

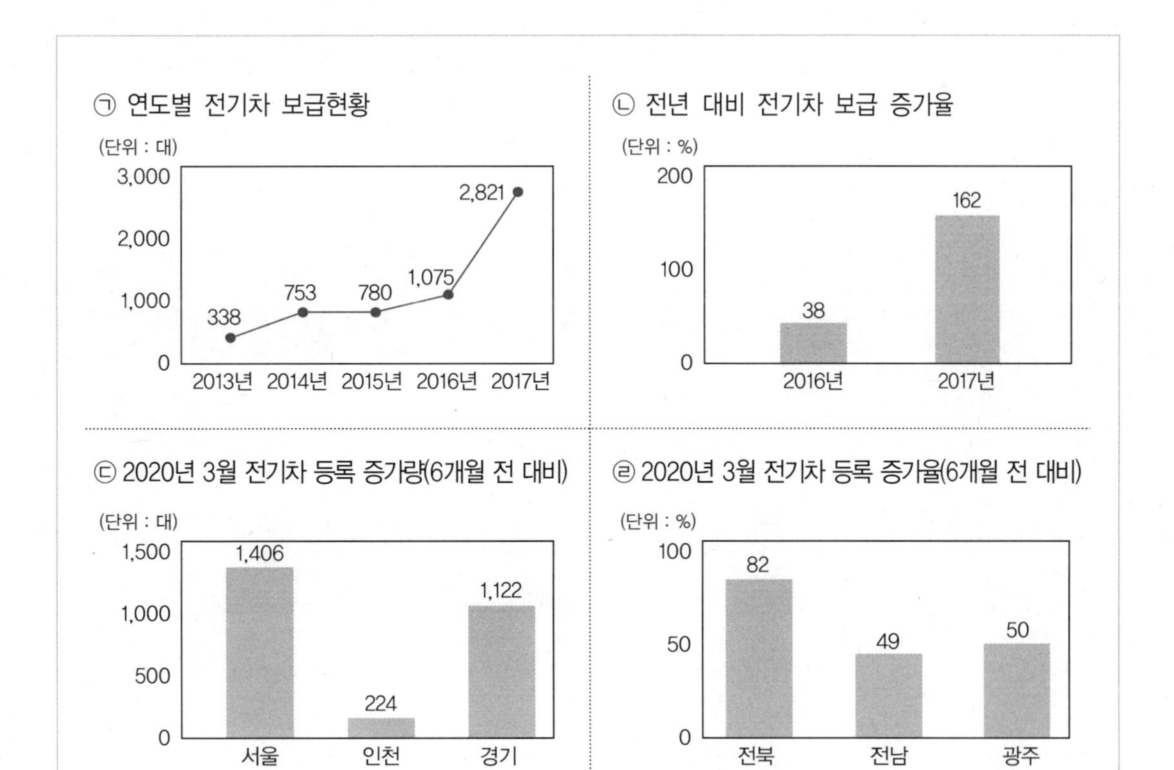

① ㉠ ② ㉢ ③ ㉡, ㉢
④ ㉡, ㉣ ⑤ ㉢, ㉣

Memo

미래를 창조하기에 꿈만큼 좋은 것은 없다.
오늘의 유토피아가 내일 현실이 될 수 있다.

There is nothing like dream to create the future.
Utopia today, flesh and blood tomorrow.
빅토르 위고 Victor Hugo

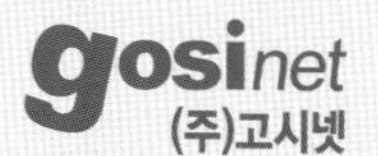
gosinet
(주)고시넷

대기업 · 금융

고시넷 대기업
20대기업 인적성검사 온·오프라인 통합 기본서
고시넷 대기업
LG그룹 온라인 인적성검사 최신기출유형 모의고사
고시넷 대기업
SK그룹 종합역량검사 온라인 SKCT 최신기출유형 모의고사
4회
2025 고시넷 대기업
현대자동차 생산직 모빌리티 기술인력 최신 기출유형 모의고사
고시넷 대기업
KT그룹 온라인 인적성검사 종합인적성검사 최신기출유형 모의고사
5회

2025 고시넷 대기업
포스코그룹 온라인 인적성검사 최신 기출유형 모의고사
고시넷 대기업
포스코 생산기술직 온라인 인적성검사 최신기출유형 모의고사
4회
2025 고시넷 대기업
삼성그룹 온라인 GSAT 5급 고졸채용 최신 기출유형 모의고사
2025 고시넷 대기업
삼성그룹 온라인 GSAT 4급 전문대졸 최신 기출유형 모의고사
2025 고시넷 대기업
이랜드그룹 인적성검사 최신 기출유형 모의고사

2023
고시넷 대기업
효성그룹 인적성검사 최신 기출유형 모의고사
2023
고시넷 대기업
샘표식품 인적성검사 최신 기출유형 모의고사
2023
고시넷 대기업
삼양그룹 온라인 인적성검사 최신 기출유형 모의고사
2025 고시넷 대기업
SK하이닉스 온라인 SKCT Maintenance/Operator 최신기출유형 모의고사
2025 고시넷 대기업
S-OIL 생산직 온라인 필기시험 최신기출유형 모의고사

2024
고시넷 대기업
MG새마을금고 NCS 기출예상모의고사
2024
고시넷 대기업
지역신협 인적성검사 최신 기출유형 모의고사
2024
고시넷 대기업
지역수협 인적성검사 최신 기출유형 모의고사
2024
고시넷 대기업
S-OIL 에쓰오일 온라인 인적성검사 최신 기출유형 모의고사
2024
고시넷 대기업
KCC 온라인 인적성검사 최신 기출유형 모의고사

2025 고시넷 금융권
은행·금융 공기업 NCS 실제유형 + 실전모의고사
고시넷 금융권
NH농협은행 NCS 직무상식 온라인 필기시험 최신기출유형 모의고사
6급
고시넷 금융권
금융상식 경제상식 은행 필기시험 (경영상식 포함)
2025 고시넷 NCS
지역농협 6급 통합기본서
고시넷 농·축협
지역농협 6급 NCS 오픈봉투모의고사
6회

저마다의 일생에는,

특히 그 일생이 동터 오르는 여명기에는

모든 것을 결정짓는 한 순간이 있다.

그 순간을 다시 찾아내는 것은 어렵다.

그것은 다른 수많은 순간들의 퇴적 속에

깊이 묻혀있다.

- 장 그르니에, 섬 LES ILES

고시넷
공기업 NCS 대기업 인적성

수리능력 파랑이 자료해석

정답과 해설

수리능력 전략과목 만들기

gosinet
(주)고시넷

고시넷

공기업 NCS
대기업 인적성

수리능력 파랑이 자료해석

정답과 해설

수리능력 전략과목 만들기

gosinet
(주)고시넷

정답과 해설

파트 4 실전연습

1 기초

01 도표이해

문제 202쪽

01	②	02	④	03	⑤	04	②	05	②
06	①	07	②	08	④	09	②	10	⑤
11	③	12	⑤	13	④	14	③	15	①
16	④	17	②	18	③	19	①	20	④

01

| 정답 | ②

| 해설 | ㄷ. 2019년 프랑스의 인구가 6,500만 명이라면 사망자는 $65,000,000 \times \frac{9}{1,000} = 585,000$(명)이다.

| 오답풀이 |

ㄱ. 유럽 5개 국가에 대한 자료만 제시되어 있으므로 유럽에서 기대수명이 가장 낮은 국가가 그리스인지는 알 수 없다.

ㄴ. 독일은 영국보다 인구 만 명당 의사 수가 많지만 조사망률이 더 높다.

02

| 정답 | ④

| 해설 | K 백화점은 J 백화점보다 인건비는 적게 들면서 매출액은 더 많으므로 인건비 대비 매출액이 높다.

| 오답풀이 |

① K 백화점의 매출액은 343,410백만 원이고 매출원가는 181,656백만 원이다. J 백화점의 매출액은 312,650백만 원, 매출원가는 153,740백만 원이므로 둘 다 K 백화점이 높다.

② 매출 총이익=매출액−매출원가

- K 백화점의 매출 총이익 : 343,410−181,656=161,754(백만 원)
- J 백화점의 매출 총이익 : 312,650−153,740=158,910(백만 원)

③ 직원 1인당 평균 인건비=인건비÷종사자 수

- K 백화점의 직원 1인당 평균 인건비 : 26,705÷245=109(백만 원)
- J 백화점의 직원 1인당 평균 인건비 : 28,160÷256=110(백만 원)

⑤ J 백화점이 직원을 30명 줄이고 인건비를 3,000백만 원 낮추었을 때의 1인당 평균 인건비는 25,160÷226≒111(백만 원)으로 K 백화점보다 약 2백만 원 더 많아진다.

03

| 정답 | ⑤

| 해설 | (Y+2)년의 환율은 800원으로 (Y+1)년의 1,200원보다 더 낮다. 따라서 달러화 표시 외채를 상환할 때 필요한 원화가 더 적으므로 외채 상환 부담은 더 작아지게 된다.

| 오답풀이 |

① Y년의 원/달러 환율은 2,000÷2=1,000(원)이다.

② Y년보다 (Y+1)년의 원/달러 환율이 더 높으므로 달러화 대비 원화의 가치는 Y년보다 (Y+1)년에 더 낮다.

③ Y년보다 (Y+1)년의 원/달러 환율이 더 높으므로 미국 시장에서 한국산 제품의 가격 경쟁력은 Y년보다 (Y+1)년에 더 높다.

④ 미국인의 한국 여행 경비 부담은 동일한 원화를 얻기 위해 더 많은 달러가 필요한 (Y+2)년이 (Y+1)년보다 더 크다.

04

| 정답 | ②

| 해설 | 2019년의 평균 시급은 2015년의 $\frac{9,100}{6,210} \fallingdotseq 1.47$(배)이다.

| 오답풀이 |

① 2017년, 2019년에는 월 평균 소득이 감소하였다.

③ 2017년 주간 평균 근로시간은 22시간이므로 월 평균 근로시간은 22×4=88(시간) 정도이다.

④ 2017년에서 2018년 사이에 월 평균 소득은 증가하지만 평균 시급은 감소하였다.

⑤ 2017년에는 7,100원이지만 2018년에는 6,900원으로 감소하였으므로 평균 시급은 꾸준히 증가하지 않았다.

05

| 정답 | ②

| 해설 | ㉠ 근로자당 평균 노동시간은 $\frac{36,000}{700} \fallingdotseq 51.4$(시간)이므로 50시간 이상이다.

㉢ 50 ~ 54시간, 55 ~ 60시간을 일하는 근로자의 수가 총 250+150=400(명)이므로 절반 이상의 근로자들이 50시간 이상 일한다고 할 수 있다.

| 오답풀이 |

㉡ 55 ~ 60시간 일하는 근로자의 수가 150명이지만, 58시간 이상 일하는 근로자 수를 알 수는 없다.

㉣ 40 ~ 44시간, 45 ~ 49시간을 일하는 근로자의 수가 총 50+250=300(명)이므로 50시간 미만 일하는 근로자의 비율은 전체의 50%를 넘지 않는다.

06

| 정답 | ①

| 해설 | 3ha 이상의 농가 비중은 2000 ~ 2015년 동안 6.3 → 7.2 → 8.6 → 9.4로 계속 증가하다가 2020년에 9.0으로 감소하였다.

| 오답풀이 |

② 0.5 ~ 3ha 미만 농가 비중은 64.8 → 61.0 → 55.4 → 50.5 → 46.3으로 계속 감소했다.

③ 0.5 ~ 3ha 미만 농가의 수치가 가장 큰 것을 그래프를 통해 확인할 수 있다.

④ 0.5ha 미만 농가는 2000년 ~ 2020년 동안 28.9 → 31.8 → 36.0 → 40.1 → 44.7로 꾸준히 증가했다.

⑤ 2000년 대비 2020년의 경지규모가 3ha 이상인 농가 비중의 증감률은 $\frac{9.0-6.3}{6.3} \times 100 \fallingdotseq 42.9$(%), 0.5 ~ 3ha 미만인 농가비중의 증감률은 $\frac{64.8-46.3}{46.3} \times 100 \fallingdotseq 40$(%), 0.5ha 미만인 농가 비중의 증감률은 $\frac{44.7-28.9}{28.9} \times 100 \fallingdotseq 54.7$(%)이므로 0.5ha 미만인 농가 비중의 증감률이 제일 크다.

07

| 정답 | ②

| 해설 | (다) 2008년이 598가족으로 가장 많다.

| 오답풀이 |

(가) 2011년과 2020년에는 증가하였다.

(나) 2020년에는 증가하였다.

08

| 정답 | ④

| 해설 | 2020년의 기타종사자 수는 1년 전보다 12천 명 더 증가하였다.

| 오답풀이 |

① 네 개 유형의 종사자 지위 중 상용근로자 수가 월등히 많은 것을 알 수 있다.

② 173천 명이 증가하여 가장 많은 증가를 보이고 있다.

③ 상용근로자의 경우 종사자수는 가장 많이 증가했으나 구성비는 오히려 0.2%p 감소하였다.

⑤ 모든 지위의 종사자수가 증가하였으며, 구성비의 합이 100을 나타내므로 전체 종사자수가 증가하였다.

09

| 정답 | ②

| 해설 | 2월 9일과 2월 11일 사이에 완치자는 3명에서 4명으로 1명 늘어났는데 치료 중인 환자 수는 동일하므로 1명의 추가 확진자가 발생했음을 알 수 있다.

| 오답풀이 |

① 2월 12일에 치료 중인 환자 수는 21명, 누적 완치자 수는 7명이므로 2월 12일까지 총 28명의 환자가 발생했음을 알 수 있다.

⑤ 2월 11일에 치료 중인 환자 수는 24명, 누적 완치자 수는 4명으로 누적 확진자 수는 24+4=28(명)이다. 다음날인 2월 12일에는 완치자가 3명 증가하고 환자 수는 3명 감소했으므로 추가 확진자가 발생하지 않았다.

10

| 정답 | ⑤

| 해설 | 대중교통을 이용하는 사원 중 환승 횟수가 한 번 이상인 사원은 전체 사원의 27+23+8=58(%)이다.

| 오답풀이 |

① 자가용을 이용하는 사원은 60×0.25=15(명)이다.

② 버스를 이용하는 사원은 대중교통을 이용하는 사원 60×0.75=45(명)의 31%인 45×0.31≒14(명)이다.

③ 환승 횟수가 3번 이상인 사원은 60×0.08≒5(명)이다.

④ 대중교통을 이용하는 사원 중 한 번도 환승을 하지 않는 사원은 60×0.42≒25(명) 가운데 자가용 이용 사원 15명을 뺀 10명이다.

11

| 정답 | ③

| 해설 | 북한은 2020년에 석탄 생산량이 감소하였으며, 남한은 증가와 감소한 해가 모두 섞여 있다.

| 오답풀이 |

① 매년 생산량 차이가 10배가 넘는다.

② 2018년부터 생산량이 지속적으로 감소하고 있다.

④ 북한은 매년 석탄 생산량이 철광석 생산량의 4 ~ 5배 정도이다.

12

| 정답 | ⑤

| 해설 | 부서별로 인원수가 다르므로, 전체 평균 계산 시 가중치를 고려하여야 한다.

- 전 부서원의 정신적 스트레스 지수 평균점수 :

$$\frac{1\times1.83+2\times1.79+1\times1.79}{4}=1.80(\text{점})$$

- 전 부서원의 신체적 스트레스 지수 평균점수 :

$$\frac{1\times1.95+2\times1.89+1\times2.05}{4}=1.945(\text{점})$$

따라서 두 평균점수의 차이는 0.145이므로 0.16 미만이다.

13

| 정답 | ④

| 해설 | ㉡ 남자 수 : 여자 수= $a : b$ 라고 하면 $42.3a+41.3b=41.7(a+b)$가 되며, 이를 정리하면 $3a=2b$, 즉 $a : b=2 : 3$이다. 따라서 여자는 $\frac{3}{5}$, 즉 60%를 차지한다.

㉣ 가족기업 수 : 일반기업 수= c : d 라고 하면 $39.5c+43.5d=41.7(c+d)$가 되며, 이를 정리하면 $9d=11c$, 즉 c : $d=9$: 11이다. 따라서 조사대상 중 가족기업의 비중은 $\frac{9}{20}$이므로 그 숫자는 $700\times\frac{9}{20}=315$(명)이다.

| 오답풀이 |

㉠ 남자의 수는 $700\times\frac{2}{5}=280$(명)이다.

㉢ 일반기업을 경영하는 사람은 $700\times\frac{11}{20}=385$(명)이다.

14

| 정답 | ③

| 해설 | 연령계층별로 인원수를 알 수 없기 때문에 20 ~ 39세 전체 청년의 자가 거주 비중은 알 수 없다.

| 오답풀이 |

① 20 ~ 24세 청년 중 62.7%가 보증부월세, 15.4%가 순수월세로, 약 78.1%가 월세 형태로 거주하고 있으며 자가 비율은 5.1%이다.

② 20 ~ 24세 청년을 제외한 연령계층은 모두 무상 거주 비율이 순수월세 비율보다 높지만 20 ~ 24세 청년은 순수월세 비율이 15.4%로 무상 거주 비율인 4.9%보다 높다.

④ 연령계층이 높아질수록 자가 거주 비율은 5.1 → 13.6 → 31.9 → 45.0으로 높아지고 있으나 월세 비중은 78.1 → 54.2 → 31.6 → 25.2로 낮아지고 있다.

⑤ 25 ~ 29세 청년의 자가 거주 비중은 13.6%로 5.1%인 20 ~ 24세 보다 높다. 25 ~ 29세 청년 중 임차 형태로 거주하는 비중은 24.7+47.7+6.5=78.9(%)이며, 월세로 거주하는 비중은 47.7+6.5=54.2(%)이다.

15

| 정답 | ①

| 해설 | 각 기업별 조사 회답자 수를 100%로 하고 각각의 회답 비율을 집계하면 다음과 같다.

(단위 : 명)

구분	불만	어느 쪽도 아니다	만족	계
A사	29 (25.9%)	36 (32.1%)	47 (42.0%)	112 (100.0%)
B사	73 (51.4%)	11 (7.7%)	58 (40.8%)	142 (100.0%)
C사	71 (52.2%)	41 (30.1%)	24 (17.6%)	136 (100.0%)
계	173 (44.4%)	88 (22.6%)	129 (33.1%)	390 (100.0%)

㉠ '불만'이라고 응답한 사원 수(173명)의 총 인원수 (390명)에 대한 비율은 44.4%로 과반수가 되지 않는다.

㉡ '불만'이라고 응답한 사람의 수가 가장 많은 것은 B사(73명)이지만, B사는 대상이 된 142명 중 73명으로 51.4%이고 C사는 136명 중 71명으로 52.2%가 되어, 근소하긴 하나 C사의 비율이 더 높다.

| 오답풀이 |

㉢ '어느 쪽도 아니다'라고 답한 사람이 가장 적다는 것은 근무조건의 좋고 나쁨과는 관계가 없다.

㉣ '만족'을 나타낸 사람의 수가 높다는 것만으로 근무조건이 좋다고 단정할 수 없다.

16

| 정답 | ④

| 해설 | • 인턴 경험과 해외연수 경험이 모두 없는 지원자의 합격률 : 2.8%

• 인턴 경험만 있는 지원자의 합격률 : 22.9%

따라서 두 합격률의 차이는 20.1%p이다.

| 오답풀이 |

③ • 해외연수 경험이 있는 지원자의 합격률

$$=\frac{53}{53+414+16}\times100=\frac{53}{483}\times100\fallingdotseq11.0(\%)$$

• 해외연수 경험이 없는 지원자의 합격률

$$=\frac{11+4}{11+4+37+139}\times100=\frac{15}{191}\times100\fallingdotseq7.9(\%)$$

17

| 정답 | ②

| 해설 | 불법체류 외국인의 수가 2015년에 최고치를 기록한 것은 사실이지만, 처음으로 등록 외국인 수보다 많아진 것은 2014년이다.

| 오답풀이 |

- 미애 : 등록 외국인 수는 꾸준히 증가하고 있지만 변수가 발생하면 그 증가폭이 감소할 수도 있다.
- 혜수 : 2016년도에 불법체류 외국인의 수가 급격히 감소하면서 등록 외국인의 수가 급격히 늘어났으므로 서로 관련이 있을 것이라 예상할 수 있다.
- 예진 : 2017년 이후 큰 증감 없이 유지되고 있으므로 옳다.

18

| 정답 | ③

| 해설 | ㉠ 자료를 통하여 학년이 높아질수록 장학금을 받는 학생들의 1인당 평균 교내 특별활동 수가 증가한 사실은 알 수 있지만, 장학금을 받는 학생 수에 대한 정보는 알 수 없다. 즉, 자료는 1인당 평균 교내 특별활동 수를 장학금을 받는 학생과 장학금을 받지 못하는 학생으로 구분하여 학년별로 비교한 것일 뿐 장학금을 받는 학생 수나 전체 학생 수 등을 나타내는 것은 아니므로 주의해야 한다.

㉡ 장학금을 받지 못하는 4학년생이 참가한 1인당 평균 교내 특별 활동 수는 약 0.5개이고, 장학금을 받는 4학년생이 참가한 1인당 평균 교내활동 수는 2.5개 이상이므로 5배 이상이다.

㉣ 자료는 각각 장학금을 받는 학생과 받지 못하는 학생의 1인당 평균 교내 특별활동 수를 비교하고 있으므로 각 학년 전체의 1인당 평균 교내 특별활동 수는 알 수 없다.

| 오답풀이 |

㉢ 그래프를 통해 쉽게 확인할 수 있다.

19

| 정답 | ①

| 해설 | 주어진 자료는 업무 편의상 교역 국가 수 10개 미만인 기업과 20개 이상인 기업으로 구분한 것이며, 전체 기업 수와 비교해도 이외의 교역 국가 수를 가진 기업이 있음을 알 수 있다. 따라서 이 두 가지 기준으로만 구분된다고 볼 수는 없다.

| 오답풀이 |

② 전체 기업 수에서 차지하는 비중으로 확인할 수 있다.

③ 중소기업이 두 가지 기준 모두에서 대기업, 중견기업보다 월등히 많음을 알 수 있다.

④ 비율의 합이 100을 나타내는 지표가 어느 것인지를 확인하여 알 수 있다. 따라서 괄호 안의 비율은 해당 교역 국가 수를 가진 기업 내에서의 비율임을 알 수 있다.

⑤ 두 비교 대상의 차이를 나타내는 수치가 앞선 연도의 수치에서 차지하는 비중이 증감률을 계산하는 산식이므로 주어진 자료로 증감률을 계산할 수 있다.

20

| 정답 | ④

| 해설 | 논벼, 과수, 채소, 축산농가의 소득을 모두 합한 값이 두 번째로 큰 해는 2015년으로 20,628+34,991+28,625+42,179=126,423(천 원)이다. 2010년의 논벼, 과수, 채소, 축산농가 소득의 합은 125,833천 원으로 세 번째로 큰 해이다.

| 오답풀이 |

⑤ 논벼, 과수, 채소, 축산농가 모두 1998년에 소득이 가장 적었으므로 합한 값이 가장 작은 해도 1998년이다.

02 단순계산

문제 218쪽

01	②	02	①	03	①	04	②	05	④
06	④	07	③	08	③	09	②	10	⑤
11	③	12	②	13	①	14	④	15	③
16	④	17	④	18	④	19	③	20	②

01

| 정답 | ②

| 해설 | 각 연도별 직구금액을 직구 수로 나누어 계산해 보면 다음과 같다(금액 단위에 주의하여 계산한다).

- 2016년 : 10.4×10,000,000÷1,116≒93,190(원)
- 2017년 : 15.4×10,000,000÷1,553≒99,163(원)
- 2018년 : 15.2×10,000,000÷1,586≒95,839(원)
- 2019년 : 16.3×10,000,000÷1,740≒93,678(원)
- 2020년 : 21.1×10,000,000÷2,359≒89,445(원)

따라서 해외 직구 1건당 평균 직구금액이 가장 큰 시기는 2017년이다.

02

| 정답 | ①

| 해설 | 다음과 같이 계산할 수 있다.

(단위 : 개소)

구분	전체 항만시설의 개수	보완 예정에 포함되지 않은 시설 개수
갑 부두	310÷0.75≒413	413−310=103
을 부두	250÷0.8≒313	313−250=63
병 부두	220÷0.55=400	400−220=180
정 부두	195÷0.4≒488	488−195=293

따라서 보완 예정에 포함되지 않은 시설 개수는 정−병−갑−을 부두의 순으로 많음을 알 수 있다.

03

| 정답 | ①

| 해설 | 전년 대비 2020년의 수출액은 2,759×1.07≒2,952(억 불)이고 수입액은 1,682×1.1≒1,850(억 불)이다. 무역수지는 2,952−1,850=1,102(억 불)이므로 2020년의 무역수지가 주어진 자료의 모든 해의 무역 수지보다 크다.

04

| 정답 | ②

| 해설 | 주어진 식을 통해 '구매한 대상=광고 수신 회사× $\frac{\text{광고 반응 비율}}{100}$ × $\frac{\text{구매율}}{100}$'임을 알 수 있다. 지역별 구매한 대상 수를 구하면 다음과 같다.

- 서울 : 1,600×0.3×0.6=288(곳)
- 부산 : 2,600×0.6×0.5=780(곳)
- 인천 : 3,300×0.7×0.3=693(곳)
- 대구 : 1,800×0.3×0.7=378(곳)
- 대전 : 2,400×0.2×0.8=384(곳)

따라서 제품을 구매한 곳이 가장 많은 지역은 부산이다.

05

| 정답 | ④

| 해설 | c의 사교육비가 전체 사교육비에서 차지하는 비중은 '$\frac{\text{c의 사교육비}}{\text{전체 사교육비}} \times 100$'으로 계산할 수 있다.

- 2017년 : $\frac{23.0}{73.2} \times 100 \fallingdotseq 31.4(\%)$
- 2020년 : $\frac{28.4}{82.8} \times 100 \fallingdotseq 34.3(\%)$

따라서 c의 사교육비가 전체 사교육비에서 차지하는 비중은 34.3−31.4=2.9(%p) 증가하였다. 이때 비중을 나타내는 %의 단순 수치 증감을 나타낼 때에는 %p로 표기한다.

06

| 정답 | ④

| 해설 | A에서 B로 변동된 수치의 증가율은 '$\frac{B-A}{A}\times 100$'으로 계산할 수 있다. 따라서 신용대출 증가율은 $\frac{768-678}{678}\times 100 ≒ 13.3(\%)$가 되어 증가율이 10%가 넘는다. 같은 방식으로 계산해 보면 선택지의 나머지 항목들은 모두 증가율이 10%를 넘지 않음을 알 수 있다.

07

| 정답 | ③

| 해설 | 2018년 대비 2019년에 판매 점유율이 감소한 제조사는 C사와 E사로, 두 회사의 총 판매량은 140×(0.11+0.07)−145×(0.06+0.06)=25.2−17.4=7.8(만 대) 감소하였다.

08

| 정답 | ③

| 해설 | 2011년 위암 수검자 비율은 $\frac{2,085}{5,749}\times 100 ≒ 36.3$(%)이며, 2020년의 위암 수검자 비율은 $\frac{3,255}{10,703}\times 100 ≒$ 30.4(%)이다.

따라서 36.3−30.4=5.9(%p)의 차이가 난다.

09

| 정답 | ②

| 해설 | 2019년 노년부양비가 18.6%, 65세 이상 인구가 100만 명이므로 구하고자 하는 생산 가능 인구를 x명이라 하면 식은 다음과 같다.

$$\frac{1,000,000}{x}\times 100 = 18.6$$

$100,000,000=18.6x$

$\therefore\ x=5,376,344.08\cdots$≒538(만 명)이다.

10

| 정답 | ⑤

| 해설 | • 2018년 3월 전체 승용차 판매량 : 10,757+10,991+2,532=24,280(대)

• 2019년 3월 전체 승용차 판매량 : 7,738+10,636+2,264=20,638(대)

따라서 전년 동월 대비 전체 승용차 판매량의 증감률은 $\frac{20,638-24,280}{24,280}\times 100 = \frac{-3,642}{24,280}\times 100 = -15(\%)$이다.

11

| 정답 | ③

| 해설 | 2010년 대비 2020년 연안 습지 면적이 감소한 지역은 경기, 충남, 전북, 경남, 부산으로 다섯 지역이다. 이 지역들의 연안 습지 면적 감소율은 다음과 같다.

구분	경기	충남	전북	경남	부산
감소율	0.65%	5.55%	6.12%	20.61%	16.94%

따라서 경기를 제외한 나머지 네 지역에서 연안 습지 면적이 5% 이상 감소했음을 알 수 있다.

12

| 정답 | ②

| 해설 | 친환경 자동차 이외의 자동차는 일반 자동차로 분류한다고 나와 있다. 주어진 자료는 친환경 자동차의 생산 비율이므로, 일반 자동차 생산 비율 대비 친환경 자동차의 생산 비율을 구하면 다음과 같다.

- A사 : $\frac{16}{100-16}\times 100 \fallingdotseq 19.05(\%)$
- B사 : $\frac{25}{100-25}\times 100 \fallingdotseq 33.33(\%)$
- C사 : $\frac{22}{100-22}\times 100 \fallingdotseq 28.21(\%)$
- D사 : $\frac{18}{100-18}\times 100 \fallingdotseq 21.95(\%)$
- E사 : $\frac{19}{100-19}\times 100 \fallingdotseq 23.46(\%)$

따라서 일반 자동차 생산 비율 대비 친환경 자동차의 생산 비율이 25% 이상인 회사는 B사와 C사이다.

13

| 정답 | ①

| 해설 | A사와 B사에서 생산된 자동차 수가 10만 대와 8만 대이면, 두 회사에서 생산된 친환경 자동차 수는 다음과 같다.

- A사 : $100,000\times \frac{16}{100}=16,000$(대)
- B사 : $80,000\times \frac{25}{100}=20,000$(대)

따라서 두 회사가 생산한 총 차량 수에서 친환경 자동차가 차지하는 비율은 $\frac{16,000+20,000}{100,000+80,000}\times 100=20(\%)$이다.

14

| 정답 | ④

| 해설 | 소계는 화재로 인해 사망하거나 부상당한 사람들의 수를 합한 것이다.

(가) : 304+1,588=1,892(명)

(나) : 2,441−2,032=409(명)

∴ 1,892+409=2,301(명)

15

| 정답 | ③

| 해설 | 화재 발생 건수가 가장 많은 해는 49,631건의 화재가 발생한 2016년이므로 재산피해 금액은 383,141백만 원이다.

16

| 정답 | ④

| 해설 | 2019년 7월의 경제 활동 인구는 전년 동월 대비 $\frac{27,879-27,578}{27,578}\times 100 \fallingdotseq 1.1(\%)$ 증가하였다.

17

| 정답 | ④

| 해설 | 경제 활동 참가율은 '$\frac{\text{경제 활동 인구}}{\text{15세 이상 인구}}\times 100$'으로 구할 수 있으므로 15세 이상 인구를 x천 명이라 하면 다음과 같은 식이 성립한다.

$$\frac{27,879}{x}\times 100=63.7$$

$$\therefore\ x=\frac{27,879}{0.637}\fallingdotseq 43,766(\text{천 명})$$

따라서 2019년 7월 우리나라의 15세 이상 인구는 약 4,400만 명이다.

18

| 정답 | ④

| 해설 | 금요일에 방문한 총 인원수(2,500명)에 40대 고객이 차지하는 비율(36%)을 곱하면 2,500×0.36=900(명)이다.

19

| 정답 | ③

| 해설 | 토요일에 방문한 30세 미만 고객은 2+14=16(%)이므로 1,500×0.16=240(명)이고, 일요일에 방문한 30세 미만 고객은 19+50=69(%)이므로 2,000×0.69=1,380(명)이다. 따라서 1,380÷240=5.75(배)이다.

20

| 정답 | ②

| 해설 | 금요일에 방문 비율이 가장 낮은 연령대는 10대로 2,500×0.08=200(명)이고, 토요일에 방문 비율이 세 번째로 낮은 연령대는 30대로 1,500×0.21=315(명)이고, 일요일에 방문 비율이 가장 낮은 연령대는 50세 이상으로 2,000×0.01=20(명)이다. 따라서 이를 모두 합하면 200+315+20=535(명)이다.

2 실력

01 도표이해

문제 228쪽

01	②	02	⑤	03	②	04	④	05	④
06	②	07	③	08	④	09	③	10	③
11	③	12	④	13	②	14	④	15	②
16	②	17	②	18	③	19	③	20	④
21	③	22	⑤	23	③	24	②	25	③

01

| 정답 | ②

| 해설 | 국가별 출발지와 도착지의 물량 합계를 구하면 다음과 같다.

(단위 : 천 톤)

출발지 \ 도착지	태국	필리핀	인도	인도네시아	합계
태국	0	25	33	30	88
필리핀	12	0	9	22	43
인도	23	15	0	10	48
인도네시아	16	24	6	0	46
합계	51	64	48	62	225

따라서 현재 도착지 국가별 물량은 '필리핀-인도네시아-태국-인도' 순으로 많다. 인도네시아에서 출발하는 물량이 모든 국가별로 절반씩 감소하게 되면 도착지 국가별 '인도네시아(62)-필리핀(52)-인도(45)-태국(43)'의 순으로 많게 된다.

| 오답풀이 |

① 출발지에서의 국가별 이동 물량은 '태국-인도-인도네시아-필리핀' 순으로 많다.

③ 인도는 출발 물량과 도착 물량이 모두 48천 톤으로 동일하다.

④ 출발 물량은 태국이 88천 톤으로 가장 많으나 $\frac{88}{225}\times100 ≒ 39.1(\%)$로 전체의 40%를 넘지 않는다.

⑤ 필리핀으로 도착하는 K 제품은 64천 톤이고, 인도로 도착하는 K 제품은 $64\times\frac{75}{100}=48$(천 톤)이다.

02

| 정답 | ⑤

| 해설 | '오퍼나지'과 '동감'의 스크린당 관객 수는 다음과 같다.

- 오퍼나지 : $\frac{491,532}{1,081} ≒ 454.70$(명)
- 동감 : $\frac{464,015}{837} ≒ 554.38$(명)

따라서 스크린당 관객 수는 동감이 오퍼나지보다 많다.

03

| 정답 | ②

| 해설 | 2020년 주요 신문사의 판매 수입은 총 매출액 2조 3,576억 원의 53.6%이므로 약 1조 2,636억 원이다. K 방송사의 사업 수입은 6,693억 원이므로 주요 신문사의 판매 수입이 더 크다.

| 오답풀이 |

㉠ 주요 신문사의 판매 수입은 총 매출액의 53.6%, 광고 수입은 32.0%이므로 판매 수입이 더 높다.

㉢ 98개는 주요 신문사의 수이며 전체 신문사 수는 제시되어 있지 않다.

04

| 정답 | ④

| 해설 | ㉠ 주요 신문사의 총 매출액과 K 방송사의 사업 수입의 합은 2조 3,576억 원+6,693억 원=3조 269억 원이므로 P 자동차의 단독 매출액인 8조 9,367억 원에 미치지 않는다.

㉢ 한때는 신문사의 광고 수입이 판매 수입과 어깨를 나란히 하였으나, 90년대 중반부터 광고 수입이 차지하는 비율은 크게 떨어졌다고 제시되어 있다.

| 오답풀이 |

㉡ 주요 신문사 98개의 총 매출액이 K 방송사 연간수신료의 3.5배이다. 광고 수입은 2조 3,576억 원$\times \frac{32}{100}=$ 7,544억 3,200만 원이므로 6,693억 원의 3.5배는 되지 못한다.

05

| 정답 | ④

| 해설 | 우선 각 기관별 전체 채용인원을 구하면 다음과 같다.

(단위 : 명)

구분	신입직		경력직		합계
	사무직	기술직	사무직	기술직	
A 기관	92	80	45	70	287
B 기관	77	124	131	166	498
C 기관	236	360	26	107	729
D 기관	302	529	89	73	993
E 기관	168	91	69	84	412

D 기관 전체 채용인원에서 경력직 채용인원의 비중은 $\frac{89+73}{993}\times 100 \fallingdotseq 16.3(\%)$로 16%를 초과한다.

| 오답풀이 |

① B 기관 전체 채용인원은 498명으로 E 기관 전체 채용인원인 412명보다 86명이 많다.

② 각 기관별 전체 채용인원에서 사무직 채용인원의 비중은 다음과 같다.

- A 기관 : $\frac{92+45}{287}\times 100 \fallingdotseq 47.7(\%)$
- B 기관 : $\frac{77+131}{498}\times 100 \fallingdotseq 41.8(\%)$
- C 기관 : $\frac{236+26}{729}\times 100 \fallingdotseq 35.9(\%)$
- D 기관 : $\frac{302+89}{993}\times 100 \fallingdotseq 39.4(\%)$
- E 기관 : $\frac{168+69}{412}\times 100 \fallingdotseq 57.5(\%)$

따라서 E 기관이 가장 높다.

③ 5개 공공기관의 채용인원을 더하면 287+498+729+993+412=2,919(명)으로, 전체 채용인원에서 C 기관 채용인원의 비중은 $\frac{729}{2,919}\times 100 \fallingdotseq 25(\%)$이다.

⑤ 각 기관별 전체 채용인원에서 신입직 채용인원의 비중은 다음과 같다.

- A 기관 : $\frac{92+80}{287}\times 100 \fallingdotseq 59.9(\%)$
- B 기관 : $\frac{77+124}{498}\times 100 \fallingdotseq 40.4(\%)$
- C 기관 : $\frac{236+360}{729}\times 100 \fallingdotseq 81.8(\%)$

• D 기관 : $\frac{302+529}{993}\times 100 \fallingdotseq 83.7(\%)$

• E 기관 : $\frac{168+91}{412}\times 100 \fallingdotseq 62.9(\%)$

따라서 50% 미만인 공공기관은 B 기관뿐이다.

06

| 정답 | ②

| 해설 | ㉠ 국내 경제성장률은 2014년에 전년 대비 0.6%p 감소하였다가 2015년에 1.2%p 상승한 이후로 2018년까지 지속해서 감소하였다. 2019년에 다시 6%p 상승하였다가 2020년에 2.7%p 감소한 것으로 보아 경제성장률이 증감을 반복하고 있음을 알 수 있다.

㉡ 경제성장률이란 경제활동부문이 만들어 낸 부가가치가 전년 대비 얼마나 증가하였는가를 보기 위한 지표이므로 전년 대비 6.3%p 증가한 2019년의 경제성장률이 가장 높게 증가했음을 알 수 있다.

㉢ 2020년 국내총생산은 2013년 대비 약 $\frac{1,237,128-826,893}{826,893}\times 100 \fallingdotseq 50(\%)$ 증가하였다.

| 오답풀이 |

㉣ 국내총생산의 단위는 십억 원이므로 전년 대비 약 5.3%p 증가한 2017년의 국내총생산은 1,000조 원을 넘어설 것이라고 추론할 수 있다.

직접 계산을 해 보면, $\frac{x-975,013}{975,013}\times 100=5.3(\%)$에서 $x=1,026,688$(십억 원)이므로, 2017년의 국내총생산은 처음으로 1,000조 원을 넘어서게 된다.

07

| 정답 | ③

| 해설 | 2010년의 인천의 주택 1호당 평균 인구수는 $\frac{2,475}{632.1}\fallingdotseq 3.92$(명)이다.

| 오답풀이 |

② 빈칸에 들어갈 인구수는 다음과 같다.

• 2010년 서울 인구 : $\frac{1,973.2}{199.4}\times 1,000 \fallingdotseq 9,896$(천 명)

• 2010년 부산 인구 : $\frac{830.2}{226.7}\times 1,000 \fallingdotseq 3,662$(천 명)

• 2020년 서울 인구 : $\frac{3,399.8}{347.1}\times 1,000 \fallingdotseq 9,795$(천 명)

• 2020년 부산 인구 : $\frac{1,243.1}{364}\times 1,000 \fallingdotseq 3,415$(천 명)

따라서 2010년의 인구수 상위 3개 도시인 서울, 부산, 대구는 모두 2020년에 인구가 감소하였다.

08

| 정답 | ④

| 해설 | 수의 단위가 크므로 백의 자리에서 반올림하여 계산한다. 전체 가구 수는 면부가 1,049,000+410,000+535,000=1,994,000(가구), 읍부가 1,277,000+272,000+250,000=1,799,000(가구)이다. 65세 이상 고령자를 포함한 가구 수는 면부가 410,000 +535,000=945,000(가구), 읍부가 272,000+250,000=522,000(가구)이다. 따라서 전체 가구 수와 65세 이상 고령자 포함 가구 수 모두 면부가 읍부보다 많다.

| 오답풀이 |

① 동부에서 가구원이 모두 65세 이상인 가구의 비율은 $\frac{1,619,988}{12,138,590+2,122,638+1,619,988}\times 100 \fallingdotseq 10.2$(%)이다.

② 제시된 원그래프에서의 면적에 따라 65세 이상 고령자를 포함한 가구가 차지하는 비율은 면부, 읍부, 동부 순으로 높음을 알 수 있다.

③ 가구원 모두 65세 미만인 가구 중 동부에 속한 가구의 비율은 $\frac{12,138,590}{1,277,458+1,049,161+12,138,590}\times 100$ $\fallingdotseq 83.9$(%)이다.

⑤ 65세 미만 가구원과 65세 이상 가구원을 모두 포함한 가구가 읍부에 속할 확률은 $\frac{272,000}{272,000+410,000+2,123,000}\times 100 \fallingdotseq 9.7(\%)$이다.

09

| 정답 | ③

| 해설 | 마약밀수 단속 금액은 20X4년 620억 원, 20X8년 2,140억 원으로 $\frac{2,140-620}{620}\times 100 \fallingdotseq 245.2(\%)$ 증가하였다.

| 오답풀이 |

① 마약밀수 단속 건수는 20X4년에 186건, 20X5년에 232건으로 46건 증가하였다.

② 마약밀수 단속 수량은 20X6년에 46kg, 20X7년에 72kg으로 $\frac{72-46}{46}\times 100 \fallingdotseq 56.5(\%)$ 증가하였다.

④ 20X9년 마약밀수 단속 건수는 382건, 마약밀수 단속 수량은 50kg이므로, 마약밀수 단속 건당 평균 $\frac{50\times 1,000}{382}$ $\fallingdotseq$130.89(g)의 마약을 적발하였다.

⑤ 막대그래프를 통해 마약밀수 단속 건수는 지속적으로 증가하고 있음을 알 수 있다.

10

| 정답 | ③

| 해설 | 빈칸에 들어갈 수를 계산하면 보수총액은 3,570,000원, 공제총액은 570,000원, 실수령액은 3,000,000원이다.

㉠ 일반기여금이 15% 증가하면 284,000×0.15=42,600(원) 증가하게 되므로, 공제총액은 570,000+42,600=612,600(원)이 된다.

㉢ 건강보험료는 장기요양보험료의 $\frac{103,000}{7,000}\fallingdotseq 14.7$(배)이다.

㉣ 공제총액에서 일반기여금이 차지하는 비중은 $\frac{284,000}{570,000}\times 100 \fallingdotseq 49.8(\%)$, 보수총액에서 직급보조비가 차지하는 비중은 $\frac{250,000}{3,570,000}\times 100 \fallingdotseq 7.0(\%)$로, $\frac{49.8}{7.0}\fallingdotseq$ 7.1(배)이다.

| 오답풀이 |

㉡ 실수령액은 기본급의 $\frac{3,000,000}{2,530,000}\fallingdotseq 1.19$(배)이다.

11

| 정답 | ③

| 해설 | 울산의 20X0년 대비 20X5년 인구 증가율은 $\frac{1,167-1,083}{1,083}\times 100\fallingdotseq 7.8(\%)$로 10% 미만이지만 주택 증가율은 $\frac{453-387.2}{387.2}\times 100\fallingdotseq 17(\%)$이므로 주택 증가율이 인구 증가율보다 더 높다. 이는 소수점까지 계산하지 않고 어림잡아 20X0년 주택 수인 387.2천 호의 10%인 약 38천 호를 더해도 20X5년 주택 수인 453천 호보다 적다는 것을 통해 빠르게 판단할 수 있다.

| 오답풀이 |

① 부산이 397.2호/천 명으로 가장 높다.

② $\frac{9,017-8,173.2}{8,173.2}\times 100\fallingdotseq 10.3(\%)$ 증가했다.

④ 전국 계 항목의 인구수와 주택 수가 모두 증가하였다.

⑤ 수도권은 서울, 인천, 경기를 합한 것이므로 20X0년 경기의 인구는 수도권 인구인 23,836천 명에서 서울 인구수 9,794천 명, 인천 인구수 2,663천 명을 뺀 11,379천 명이다.

12

| 정답 | ④

| 해설 | 중학교 졸업자 수는 1,830×0.28=512.4(만 명), 중학교 입학자 수는 1,730×0.25=432.5(만 명)이다. 따라서

중학교 졸업자 수가 입학자 수보다 많다. 수를 계산할 필요 없이 1,830과 0.28, 1,730과 0.25를 각각 비교하면 1,830과 0.28이 크므로 졸업자 수가 많다고 추론할 수 있다.

| 오답풀이 |

① 초등학교 학생 수는 6,600×0.4=2,640(만 명)이고, 학급 수는 250×0.4=100(만 개)이다. 따라서 학급당 학생 수는 2,640÷100=26.4, 약 26명이다.

② 교원 1명당 학생 수는 중학교가 가장 많다.

- 유치원 : (6,600×0.1)÷(460×0.1)≒14.3(명)
- 초등학교 : (6,600×0.4)÷(460×0.4)≒14.3(명)
- 중학교 : (6,600×0.24)÷(460×0.2)≒17.2(명)
- 고등학교 : (6,600×0.26)÷(460×0.3)≒12.4(명)

③ [자료 1]을 보면 입학자 수와 졸업자 수의 경우 고등학교의 비율이 가장 높다.

⑤ 전체 고등학교 학생 수는 6,600×0.26=1,716(만 명), 고등학교 졸업자 수는 1,830×0.32=585.6(만 명)이다. 따라서 전체 고등학교 학생 중 졸업자의 비율은 $\frac{585.6}{1,716}\times100≒34.1(\%)$이다.

13

| 정답 | ②

| 해설 | 26 ~ 30세 응답자 중 4회 이상 방문한 응답자는 총 7명(4 ~ 5회 5명, 6회 이상 2명)으로 비율은 $\frac{7}{51}\times100≒13.7(\%)$이다.

| 오답풀이 |

① 전체 응답자 113명 중 20 ~ 25세 응답자는 총 53명으로, 20 ~ 25세 응답자가 차지하는 비율은 $\frac{53}{113}\times100≒46.9(\%)$이다.

③ 31 ~ 35세 응답자의 1인당 평균 방문횟수는 $\frac{(1\times3)+(2.5\times4)+(4.5\times2)}{9}≒2.4$(회)이다.

④ 전체 응답자 113명 중 직업이 학생 또는 공무원인 응답자는 총 51명(학생 49명, 공무원 2명)으로 비율은 $\frac{51}{113}\times100≒45(\%)$이다.

⑤ 만일 전문직이라고 응답한 7명이 모두 20 ~ 25세일 경우 그 비율은 $\frac{7}{113}\times100≒6.2(\%)$이다.

14

| 정답 | ④

| 해설 | 전기 대비 수입 증감률은 다음과 같다.

- 2018년 하반기 : $\frac{2,443-2,342}{2,342}\times100≒4.31(\%)$
- 2019년 상반기 : $\frac{2,660-2,443}{2,443}\times100≒8.88(\%)$
- 2019년 하반기 : $\frac{2,650-2,660}{2,660}\times100≒-0.38(\%)$

따라서 전기 대비 수입 증감률은 2019년 하반기에 작아졌다.

| 오답풀이 |

① '무역수지=수출−수입'이다. 따라서 시기별로 449→503→310→430만 달러로 증감을 반복하고 있음을 알 수 있다.

② 수출이 지속적으로 증가하고 있으므로 전기 대비 수출 증감률은 모두 양수(+)이다.

③ 전년 동기 대비 수입 증감률은 2019년 하반기가 $\frac{2,650-2,443}{2,443}\times100≒8.47(\%)$로 $\frac{2,660-2,342}{2,342}\times100≒13.58(\%)$인 상반기보다 더 작다.

⑤ 2019년의 전년 동기 대비 무역수지 증감률은 상반기가 약 −31%, 하반기가 약 −14.5%로 모두 음수(−)이다.

15

| 정답 | ②

| 해설 | 전년 대비 평균유가의 증감폭은 2016년에 112원, 2017년에 94원, 2018년에 100원, 2019년에 81원으로 2018년에 평균유가 증감폭이 증가하였다.

| 오답풀이 |

③ 2019년 자동차 주행거리는 약 3,296억 km로 2018년 대비 $\frac{3,296-3,271}{3,271}\times 100 \fallingdotseq 0.8(\%)$ 증가하였다.

④ 2019년 자동차 등록대수는 약 23,444천 대로 2018년 대비 $\frac{23,444-22,882}{22,882}\times 100 \fallingdotseq 2.5(\%)$ 증가하였다.

⑤ 2019년 자동차 총 주행거리는 329,554백만 km, 자동차 등록대수는 234,442백 대로 자동차 1대당 하루 평균 주행거리는 $329,554,000,000\div 365\div 23,444,200\fallingdotseq 38.5$(km)이다.

16

| 정답 | ②

| 해설 | ㉠ A 기업과 국내 기업평균을 나타내는 점이 노동시장 이용성 부문에서는 같고 복지 부문에서는 한 칸보다 조금 더 떨어져 있으므로 옳은 설명이다.

㉢ 12개 부문 중 A 기업을 나타내는 점이 가장 안쪽에 위치하는 것은 혁신이므로 옳은 설명이다.

| 오답풀이 |

㉡ 7단계가 가장 높다고 하였으므로 점이 바깥쪽일수록 수준이 높은 것이다. 시장확보 부문에서는 A 기업의 점이 더 바깥쪽에 있으므로 옳지 않은 설명이다.

㉣ 시설 부문에서는 국내 기업평균이 더 바깥쪽에 위치하며, 기초교육과 노동시장 이용성 부문은 동일한 수준이므로 옳지 않은 설명이다.

17

| 정답 | ②

| 해설 | 각 국가별 여름철 강수 집중도를 대략적으로 구하면 다음과 같다.

• A : $\frac{100}{1,250}\fallingdotseq 0.08$

• B : $\frac{200}{700}\fallingdotseq 0.29$

• C : $\frac{300}{1,800}\fallingdotseq 0.17$

• D : $\frac{800}{1,000}\fallingdotseq 0.80$

• E : $\frac{1,400}{1,600}\fallingdotseq 0.875$

첫 번째 정보에서 여름철 강수 집중도는 ㉱, ㉲ 국가가 ㉮, ㉯ 국가보다 2배 이상 높다고 했으므로 D, E는 ㉱ 국가 또는 ㉲ 국가이고, A, B, C는 ㉮ 국가 또는 ㉯ 국가 또는 ㉰ 국가이다.

세 번째 정보에서 ㉱ 국가는 ㉲ 국가보다 연간 강수량이 많다고 했으므로 D, E 중 연간 강수량이 더 많은 E가 ㉱ 국가임을 알 수 있다. 따라서 D는 ㉲ 국가이다.

네 번째 정보에서 ㉯ 국가는 ㉰ 국가에 비해서 연간 강수량은 많지만 여름철 강수량은 적다고 했으므로 A가 ㉯ 국가, B가 ㉰ 국가임을 알 수 있다. 정리하면 ㉮ 국가－C, ㉯ 국가－A, ㉰ 국가－B, ㉱ 국가－E, ㉲ 국가－D이다.

18

| 정답 | ③

| 해설 | 수도권이 지방보다 더 많은 재건축 인가 호수를 보인 해는 2015년과 2018년이며, 수도권이 지방보다 더 많은 재건축 준공 호수를 보인 해는 2018년뿐이다.

| 오답풀이 |

① 수도권의 5년 평균 재건축 인가 호수는 $\frac{9.7+2.0+2.9+8.7+10.9}{5}=6.84$(천 호)로, $\frac{1.1+3.4+0.7+10.2+5.9}{5}=4.26$(천 호)인 준공 호수보다 많다.

② 그래프상으로 2019년 지방의 재건축 인가 호수가 15.1천 호 상승으로 전년 대비 가장 큰 변동 폭을 나타내고 있다.

④ 2019년 지방의 재건축 준공 호수는 전년 대비 $\frac{10.3-6.5}{6.5}\times 100\fallingdotseq 58.5(\%)$ 증가하였다.

⑤ 지방의 재건축 준공 호수의 증감 추이는 증가, 감소, 증가, 증가로 이와 동일한 항목은 없다.

19

| 정답 | ③

| 해설 | 학교 성적으로 나눈 그룹에서 초등학교와 중학교 사교육 참여 시간이 같은 그룹은 상위 11 ~ 30%와 31 ~ 60% 두 개이다.

| 오답풀이 |

① 학교 성적이 높을수록 사교육 참여 시간도 많으므로 비례한다.

② 중학교 성적 상위 10% 이내 학생들의 사교육 참여 시간은 8.9시간으로 상위 61 ~ 80%인 학생과 하위 20% 이내의 학생의 사교육 참여시간의 합 5.8+3.7=9.5(시간)보다 적다.

④ 아버지의 학력이 대학원 졸업일 경우(7.6시간)보다 대학교 졸업일 경우(7.7시간)가 초등학교 사교육 참여시간이 더 많으므로 비례하지 않는다.

⑤ 어머니가 대학원 졸업 이상일 경우 초등학교 사교육 참여 시간은 7.5시간 → 중학교 8.6시간 → 고등학교 5.9시간으로 계속 늘어나지 않는다.

20

| 정답 | ④

| 해설 | '전입률－전출률＝인구의 전년 대비 증가율'이므로 2019년과 1988년의 F 시 '전입률－전출률' 값을 비교하면 확실히 2019년의 값이 크다. 산포도의 직선상에서 볼 때도 1988년은 직선(균등선)에 거의 근접해 있고 2019년에는 오른쪽 하단에 멀리 떨어져 있다. 따라서 인구의 전년 대비 증가율도 2019년이 크다.

| 오답풀이 |

① 1988년 인구의 전년 대비 증가율이 음수(−)인 시는 C, E, 인구의 대비 전년 증가율이 0%인 시는 D, 인구의 전년 대비 증가율이 양수(+)인 시는 A, B, F, G이다. 하지만 각 해의 전년도 인구 또는 그 비율에 대한 정보가 주어져 있지 않으므로 총 인구가 전년보다 증가했는지의 여부는 판단할 수 없다.

② 1988년 각 시의 인구 또는 그 비율에 대한 정보가 주어져 있지 않으므로 전출률을 바탕으로 전출자 수의 대소 여부는 판단할 수 없다.

③, ⑤ 1988년, 2019년 모두 전년도의 인구 또는 그 비율에 대한 정보가 주어져 있지 않으므로 1988년과 2019년의 인구와 전입자 수를 비교하는 것은 불가능하다.

21

| 정답 | ③

| 해설 | 2010년 대비 2020년의 총인구 비율은 $\frac{51,974}{49,554}\times 100 \fallingdotseq 104.88$(%)로, 약 4.9% 증가하였다.

| 오답풀이 |

① 1980년부터 청소년 인구 구성비가 지속적으로 감소하고 있으며, 향후에도 계속 감소할 것으로 전망되고 있다.

② 1980년 청소년 인구 대비 1990년 청소년 인구비율은 $\frac{13,553}{14,015}\times 100 \fallingdotseq 96.7$(%)로, 약 3.3% 감소하였다.

④ 2000년의 10년 전 대비 청소년 인구비율은 $\frac{11,501}{13,553}\times 100 \fallingdotseq 84.86$(%)로 약 15.14% 감소했고, 2010년의 10년 전 대비 청소년 인구 비율은 $\frac{10,370}{11,501}\times 100 \fallingdotseq 90.17$(%)로 약 9.83% 감소하였다. 따라서 2000년의 10년 전 대비 감소율이 더 크다.

⑤ 청소년 인구수는 1982년이 14,209천 명으로 가장 많다.

22

| 정답 | ⑤

| 해설 | 빈칸에 해당하는 발생지수는 다음과 같다.

- 한파의 발생지수 : $4\times\frac{5}{16}+1=2.25$
- 호우의 발생지수 : $4\times\frac{3}{16}+1=1.75$
- 강풍의 발생지수 : $4\times\frac{1}{16}+1=1.25$

이때, 2020년 유형별 극한기후 발생일수의 평균은 $\frac{16+5+3+0+1}{5}=5$이므로 발생지수 산정식의 A 대신 5를 넣어 계산한 값은 $4\times\left(\frac{5-0}{16-0}\right)+1=2.25$이다.

또, 2020년 각 발생지수들의 평균은 $\frac{5.00+2.25+1.75+1.00+1.25}{5}=2.25$로 위의 값과 일치한다.

| 오답풀이 |

③ 발생지수의 최솟값은 발생일수가 0일 때로, 1이다.

④ 발생지수의 중앙값에 해당하는 것은 발생일수 3일의 호우이므로 그 발생지수는 1.75이다.

23

| 정답 | ③

| 해설 | 8월의 유입인원(B)은 6,720−3,103=3,617(천 명)으로 361만 7천 명이다. 9월의 유입인원은 348만 명으로 8월에 비해 13만 7천 명이 줄어들었다.

| 오답풀이 |

① 1분기부터 각 분기별 수송인원은 1,767만 3천 명, 1,913만 1천 명, 1,948만 4천 명, 2,050만 2천 명으로 점차 증가한다.

② 2분기의 유입인원은 987만 명이다.

④ 12월의 수송인원(C)은 3,010+3,900=6,910(천 명)으로 691만 명이다. 유입인원과 수송인원이 가장 많은 달은 모두 12월이다.

⑤ 2월의 승차인원(A)은 5,520−2,817=2,703(천 명), 270만 3천 명으로 가장 적다. 승차인원이 가장 많은 달은 7월로 316만 4천 명이다. 따라서 두 인원의 차는 46만 1천 명이다.

24

| 정답 | ②

| 해설 | 연구 인력과 지원 인력의 평균 연령 차이를 살펴보면 2015년 1.7세, 2016년 2세, 2017년 4.9세, 2018년 4.9세, 2019년 5.7세로, 2018년의 평균 연령 차이가 전년과 동일하므로 전년 대비 계속 커지는 것은 아니다.

| 오답풀이 |

① 2018년의 지원 인력 정원은 20명이고 현원은 21명이므로 충원율은 $\frac{21}{20}\times100=105(\%)$로 100%를 넘는다.

③ 지원 인력은 매년 늘어나지만 박사학위 소지자 수는 동일하므로 그 비율은 줄어든다.

④ 2016년 이후 지원 인력의 평균 연봉 지급액은 2019년까지 계속 연구 인력보다 적었다.

⑤ 2015년 대비 2019년의 정원 증가율은 $\frac{120-95}{95}\times100\fallingdotseq26.3(\%)$이다.

25

| 정답 | ③

| 해설 | [표 2]의 시간별 이용률에서 청소년의 스마트폰 이용 시간은 3시간 이상대가 가장 높은 비중을 차지하고 있으며, 이는 일평균 이용 시간인 2.7시간(2018년), 2.6시간(2019년)보다 높다. 또한 일평균 스마트폰 이용 현황 중 문자메시지가 차지하는 시간은 2018년에 2.7×0.382=1.0314(시간), 2019년에 2.6×0.367=0.9542(시간)으로 1.0314−0.9542=0.0772(시간), 즉 4.632분 감소하였다.

| 오답풀이 |

① [표 1]에서 청소년의 일평균 스마트폰 이용 현황에서 문자메시지 이용률이 가장 높다.

② [표 2]에서 청소년의 스마트폰 일평균 이용 시간은 2019년과 2018년에 각각 2.6시간, 2.7시간으로 비슷한 수준을 보이고 있다.

④ [표 1]에서 청소년의 스마트폰 이용률은 2018년에는 40.0%, 2019년에는 80.7%로 40.7%p 급증하였다.

⑤ 2018년과 2019년 각각의 총 응답자 수를 제시해 주지 않았으므로 알 수 없다.

02 도표응용계산

문제 252쪽

01	②	02	③	03	③	04	④	05	④
06	③	07	⑤	08	②	09	①	10	④
11	④	12	②	13	④	14	④	15	③
16	④	17	②	18	④	19	②	20	⑤
21	①	22	②	23	⑤	24	④	25	③
26	⑤								

01

| 정답 | ②

| 해설 | (가) $\frac{116,908-105,866}{105,866} \times 100 \fallingdotseq 10.4(\%)$

(나) $79.7 \times \frac{100-10.7}{100} \fallingdotseq 71.2$

02

| 정답 | ③

| 해설 | 각국의 환율 단위를 인지하여 환산하면 다음과 같다.

- 미국 기업 : 40,000×(1,120+1,200+1,100) =136,800,000(원)
- 중국 기업 : 300,000×(170+160+180) =153,000,000(원)
- 일본 기업 : 28,000×(980+1,200+1,250) =96,040,000(원)

03

| 정답 | ③

| 해설 | 각 가입자가 받는 탄소포인트를 정리하면 다음과 같다.

- 가입자 A가 지급받는 탄소포인트=0+2,500+5,000= 7,500(포인트)
- 가입자 B가 지급받는 탄소포인트=5,000+0+5,000= 10,000(포인트)
- 가입자 C가 지급받는 탄소포인트=(5,000+1,250+2,500) ×1.1=9,625(포인트)
- 가입자 D가 지급받는 탄소포인트=(5,000+1,250+0)× 1.1=6,875(포인트)

04

| 정답 | ④

| 해설 | 전체 조사대상자 중 몇 퍼센트인지 묻고 있으므로 0.654×0.53=0.34662, 약 34.7%가 들어가야 한다.

[자료 2]의 국민연금 비율인 53%는 노후를 준비하고 있는 사람들 중에서 차지하는 비율임에 주의해야 한다.

05

| 정답 | ④

| 해설 | • (가) : $\frac{x}{2,097} \times 100 = 91.1$

$\therefore x = 1,910.367 \fallingdotseq 1,910.4$(천 명)

• (나) : $\frac{2,958}{3,403} \times 100 = 86.923\cdots \fallingdotseq 86.9(\%)$

06

| 정답 | ③

| 해설 | 성수기 기명 회원할인율과 무기명 회원할인율이 A, B, E는 5%p 차이이므로 각각 500×0.05=25(천 원), 350×0.05=17.5(천 원), 200×0.05=10(천 원), C, D는 10%p 차이이므로 각각 300×0.1=30(천 원), 250×0.1 =25(천 원) 차이가 난다. 따라서 성수기 기명 회원요금과 성수기 무기명 회원요금 차이가 가장 큰 리조트는 C 리조트이다.

07

| 정답 | ⑤

| 해설 | 리조트 B의 비수기와 성수기 회원요금은 다음과 같다.

(단위 : 천 원)

구분 \ 회원유형 \ 리조트		B
비수기 회원요금	기명	137.5
	무기명	150
성수기 회원요금	기명	245
	무기명	262.5

리조트 B의 가장 높은 금액(262.5천 원)에서 가장 낮은 금액(137.5천 원)을 빼면 125,000원이 된다.

08

| 정답 | ②

| 해설 | $\frac{223,908-214,696}{214,696}\times 100=4.290\cdots(\%)$

이므로 전년 대비 약 4% 증가했음을 알 수 있다.

09

| 정답 | ①

| 해설 | '유학 및 연수 수지=국내수입액−해외지출액'이므로 계산하면 다음과 같다.

- 2013년 : 37.4−4,488.0=−4,450.6(백만 달러)
- 2014년 : 128.3−4,389.5=−4,261.2(백만 달러)
- 2015년 : 71.8−4,150.4=−4,078.6(백만 달러)
- 2016년 : 104.0−4,306.9=−4,202.9(백만 달러)
- 2017년 : 123.9−3,722.1=−3,598.2(백만 달러)
- 2018년 : 122.6−3,741.9=−3,619.3(백만 달러)
- 2019년 : 122.7−3,518.5=−3,395.8(백만 달러)

따라서 가장 심한 적자를 기록한 해는 2013년이다.

10

| 정답 | ④

| 해설 | $\frac{74.0-66.0}{66.0}\times100=12.1212\cdots≒12(\%)$

따라서 2019년 손해보험 자산은 2018년에 비해 약 12% 증가했다.

11

| 정답 | ④

| 해설 | • 2018년 생명보험 자산 : 371.4−66.0=305.4(조 원)

• 2016년 생명보험 자산 : 288.8−49.4=239.4(조 원)

따라서 $\frac{305.4}{239.4}=1.27568\cdots≒1.28$(배)이다.

12

| 정답 | ②

| 해설 | • 20대의 저축자 비율 : $\frac{178}{250}\times100=71.2(\%)$

• 30대의 저축자 비율 : $\frac{175}{200}\times100=87.5(\%)$

• 40대의 저축자 비율 : $\frac{201}{300}\times100=67(\%)$

• 50대의 저축자 비율 : $\frac{136}{200}\times100=68(\%)$

• 60대의 저축자 비율 : $\frac{21}{50}\times100=42(\%)$

따라서 저축자의 비율이 가장 높은 연령대는 30대이다.

13

| 정답 | ④

| 해설 | 40대의 저축자 비율인 67%보다 50대의 저축자 비율인 68%가 더 높다. 따라서 연령대가 높아질수록 저축자의 비율이 계속 낮아지는 것은 아니다.

| 오답풀이 |

① 60대의 저축자 비율은 42%로 50% 이상이 저축을 하지 않는다.

② 전체 조사자 중 저축자의 수는 178+175+201+136+21=711(명)으로 700명 이상이다.

③ 저축을 하지 않는 50대는 64명으로 저축을 하지 않는 30대 25명의 2배 이상이다.

⑤ 20대와 30대의 저축자 비율은 71.2%, 87.5%, 40대와 50대는 67%, 68%이므로 2 ~ 30대의 저축자 비율이 4 ~ 50대의 저축자 비율보다 높다.

14

| 정답 | ④

| 해설 | $\frac{\text{50대 저축자 수}}{\text{전체 저축자 수}}\times 100$

$=\frac{136}{178+175+201+136+21}\times 100=\frac{136}{711}\times 100$

$≒19.1(\%)$

15

| 정답 | ③

| 해설 | 한국의 25 ~ 29세의 고용률은 2005년에 증가한 이후 계속 감소하였다. 이와 같은 고용률 변동 추이는 프랑스에서 나타나고 있다.

한국의 30 ~ 34세의 고용률은 계속 감소하다가 2019년에 증가하였다. 이와 같은 고용률 변동 추이는 일본에서 나타나고 있다.

16

| 정답 | ④

| 해설 | 선택지에 제시된 국가들의 30 ~ 34세 고용률 증가율을 구하면 다음과 같다.

- 한국 : $\frac{90.0-87.5}{87.5}\times 100≒2.9(\%)$
- 독일 : $\frac{88.5-87.1}{87.1}\times 100≒1.6(\%)$
- 일본 : $\frac{91.7-91.2}{91.2}\times 100≒0.5(\%)$
- 영국 : $\frac{89.4-86.6}{86.6}\times 100≒3.2(\%)$
- 미국 : $\frac{85.9-82.1}{82.1}\times 100≒4.6(\%)$

따라서 30 ~ 34세에서 2015년 대비 2019년의 고용률 증가율이 가장 큰 나라는 미국이다.

17

| 정답 | ②

| 해설 | 모든 주택형태에서 도시가스 에너지가 가장 많이 소비되고 있다.

| 오답풀이 |

① 단독주택 전체 에너지 소비량의 30%는 7,354×0.3=2,206.2로 단독주택에서 소비한 전력 에너지량인 2,118보다 많다.

③ 가구 수는 나와 있지 않으므로 가구당 에너지 소비량은 알 수 없다.

④ 모든 주택형태에서 공통적으로 소비되는 에너지 유형은 석유, 도시가스, 전력으로 3가지이다.

⑤ 단독주택은 열에너지를 소비하지 않는다.

18

| 정답 | ④

| 해설 | 아파트 전체 에너지 소비량 중 도시가스 에너지 소비량이 차지하는 비율은 $\frac{5,609.3}{10,125.1}\times 100≒55.4(\%)$이다.

19

| 정답 | ②

| 해설 | 법인세의 실효세율이 가장 낮은 해는 2019년이다. 2019년의 전년 대비 근로소득세 실효세율 증감률은 $\frac{11.30-11.14}{11.14}\times 100≒1.44(\%)$이다.

20

| 정답 | ⑤

| 해설 | • 2017년 대비 2018년의 법인세 실효세율 증감률 :

$\frac{16.80-16.65}{16.65}\times 100 \fallingdotseq 0.9(\%)$

• 2017년 대비 2018년의 근로소득세 실효세율 증감률 :

$\frac{11.14-11.00}{11.00}\times 100 \fallingdotseq 1.27(\%)$

따라서 법인세보다 근로소득세 증감률이 높다.

21

| 정답 | ①

| 해설 | • 전체 참여인원 : 6,500명

• 전체 참여인원 중 정규직 근로자 수 : 4,591명

• 청년통장사업에 참여한 근로자 중 정규직 근로자의 비율 :

$\frac{4,591}{6,500}\times 100 \fallingdotseq 71(\%)$

22

| 정답 | ②

| 해설 | 근무연수가 2년 이상인 근로자 수에서 비정규직 근로자 수를 빼면, 최소한의 정규직 근로자 중 근무연수가 2년 이상인 근로자 수가 된다.

• 청년통장사업에 참여한 정규직 근로자 수 : 4,591명

• 근무연수가 2년 이상인 근로자 수 : 2,044명

• 비정규직 근로자 수 : 1,909명

따라서 최소 2,044−1,909=135(명)은 근무연수가 2년 이상인 정규직 근로자이다.

따라서 청년통장사업에 참여한 정규직 근로자 중 근무연수가 2년 이상인 근로자의 최소 비율은 $\frac{135}{4,591}\times 100 \fallingdotseq 2.9$ (%)이다.

23

| 정답 | ⑤

| 해설 | 지난주 당근은 kg당 가격이 1,886−108=1,778(원), 양파는 kg당 가격이 927+16=943(원)으로 당근이 $\frac{1,778}{943} \fallingdotseq 1.89$(배) 비쌌다. 따라서 지난주 당근의 kg당 가격이 양파보다 2배 이상 비쌌다는 설명은 적절하지 않다.

| 오답풀이 |

① 쌀 20kg의 작년 가격은 오늘(44,520원)보다 12,720원 저렴한 31,800원이다. 따라서 작년 쌀 40kg의 가격은 31,800×2=63,600(원)이다.

② 오늘 소고기는 kg당 17,711원, 닭고기는 kg당 1,523원이므로 소고기가 $\frac{17,711}{1,523} \fallingdotseq 11.6$(배) 더 비싸다.

③ 애호박은 오늘 1개에 $\frac{12,074}{20}=603.7$(원), 지난주는 1개에 $\frac{12,074+3,385}{20}=772.95$(원)으로 지난주에 비해 약 170원 저렴하다.

④ 지난주에 비해 배추의 가격은 295원 하락하였고 무의 가격은 114원 상승하였다.

24

| 정답 | ④

| 해설 | 딸기는 오늘 2kg에 1,106원 더 싸기 때문에 6kg의 딸기를 오늘 구입했다면 1,106×3=3,318(원)을 덜 지불했을 것이다.

25

| 정답 | ③

| 해설 | • 청소년 운임 : 일반 교통카드운임에서 350원을 제하고 20% 할인 → (1,250−350)×0.8=720(원)

• 어린이 운임 : 일반 교통카드운임에서 350원을 제하고 50% 할인 → (1,250−350)×0.5=450(원)

따라서 두 운임의 합은 1,170원이다.

26

| 정답 | ⑤

| 해설 | K 씨는 아침 6시에 후불 교통카드를 사용하여 지하철을 탔으므로 조조할인을 받을 수 있다. 따라서 친구의 집을 방문할 때는 1,250×0.8+300(15km 추가운임)=1,300(원), 천호동으로 돌아올 때는 1,550원이 든다. 그러므로 K 씨가 지하철 교통비로 사용한 금액은 1,300+1,550=2,850(원)이다.

03 도표작성

문제 270쪽

01	③	02	④	03	④	04	③	05	①
06	④	07	④	08	⑤	09	②	10	⑤

01

| 정답 | ③

| 해설 | 2017년의 평균 통근시간만 30분 미만이고 그 외의 연도는 모두 30 ~ 35분 사이로 올바르게 작성되었다.

| 오답풀이 |

① 2018년에 통근시간이 30분 미만인 인구는 515천 명이다.

② 2020년에 통근시간이 60분 이상인 인구는 241천 명이다.

④ 전년 대비 평균 통근시간은 2018년에는 32.1−29.6=2.5(분), 2019년에는 31.1−32.1=−1.0(분), 2020년에는 33.7−31.1=2.6(분)만큼 변화하였다.

⑤ 2019년에 통근시간이 30분 이상 60분 미만인 인구는 488천 명이다.

02

| 정답 | ④

| 해설 | 문제에서 요구하는 20X7 ~ 20X8년 신용카드, 체크카드의 발급 수와 20X8년 이용 건수를 모두 포함하여 수치 또한 지문과 일치한다.

| 오답풀이 |

①, ② 20X8년 이용 건수 내용이 없다.

③ 20X8년 이용 금액은 문제에서 요구한 내용이 아니다.

⑤ 20X9년 발급예상 수는 주어진 자료로 알 수 없다.

03

| 정답 | ④

| 해설 | 단위 표시, 범례나 축 값, 그래프 종류 선정 등에서 모두 적절하다.

| 오답풀이 |

① 우측 65세 이상 인구의 단위는 천 명이 되어야 한다.

② 범례의 설명 중 좌측과 우측이 바뀌었다.

③ 원그래프는 구성비율을 나타내기에 적절한 그래프이다.

⑤ 해당 자료에서 두 개의 추이선의 교차하는 것은 의미가 없으며 지속적인 상승을 보여주는 것이 바람직하므로, 이런 경우에는 좌측 축 값의 범위를 더 넓게 설정하여 ④와 같이 교차하지 않으면서 두 추이선 모두 상승함을 표현하는 것이 적절하다.

04

| 정답 | ③

| 해설 | 계절별 매출액을 쉽게 비교하기 위해서는, 계절별로 두 제품의 가장 많이 판매되는 시기, 판매액 차이가 적거나 많게 나는 시기 등 비교 자료를 확인할 수 있는 그래프로 방사형그래프가 가장 적절하다.

| 오답풀이 |

①, ② 각 계절의 해당 수치는 알 수 있으나 두 제품 간의 비교 상황을 함께 확인하기에는 방사형그래프보다 적절하다고 할 수 없다.

④ 알고자 하는 수치를 정확하게 확인할 수 없어 부적절하다.

⑤ A 제품에 대한 정보만 있고 B 제품에 대한 정보는 나타나있지 않다.

05

| 정답 | ①

| 해설 | 방사형그래프를 활용하면 갑, 을, 병, 정, 무, 기의 A ~ F 6가지 항목별 만족도를 한눈에 파악할 수 있어 가장 적절하다.

06

| 정답 | ④

| 해설 | 두 번째 문단에서 40대 이하 실업자 수가 모두 증가하였다고 하였으나 ④에서 30 ~ 39세 실업자 수가 전년 동월의 160천 명에서 2020년 12월 158천 명으로 약 2천 명 감소한 것을 확인할 수 있다.

07

| 정답 | ④

| 해설 | '기초노령연금 등 기타'와 '가족, 친지 등의 용돈' 항목의 구성비가 서로 바뀌었다.

08

| 정답 | ⑤

| 해설 | 법인의 판매량은 2월에 627+12+6=645(호), 3월에 536+3+9=548(호), 4월에 585+9+6=600(호)이다.

| 오답풀이 |

③ 2월의 거래 중 판매자가 개인인 경우는 9,152+68+78=9,298(호)이고, 법인인 경우는 627+12+6=645(호)이고, 기타인 경우는 106+0+36=142(호)이다.

④ 기타의 구매량은 2월에 78+6+36=120(호), 3월에 49+9+18=76(호), 4월에 37+6+2=45(호)이다.

09

| 정답 | ②

| 해설 | 2016년 표본감리 결과 위반 비율은 $\frac{43}{222} \times 100 \fallingdotseq 19(\%)$이다.

10

| 정답 | ⑤

| 해설 | • 김제시의 밭 면적 : 경지 면적(28,501) − 논 면적(23,415) = 5,086(ha)

• 서산시의 밭 면적 : 경지 면적(27,285) − 논 면적(21,730) = 5,555(ha)

서산시의 밭 면적은 김제시의 밭 면적보다 크나 그래프는 김제시의 면적이 더 큰 것으로 잘못 표현되어 있으며, 세로축의 수치도 맞지 않는다.

3 심화

01 일치부합

문제 284쪽

01	④	02	③	03	③	04	③	05	④
06	③	07	③	08	④	09	⑤	10	④
11	④	12	③	13	②	14	①	15	①
16	②	17	⑤	18	⑤	19	②	20	④

01

| 정답 | ④

| 해설 | 2012년 이후 전년 대비 무역규모가 감소한 해는 2020년이다. 2020년에 전년 대비 수출액은 약 4천억 달러에서 약 4천2백억 달러로 증가하였으나, 수입액은 약 3천9백억 달러에서 3천3백억 달러로 감소하였다.

| 오답풀이 |

① '무역규모=수출액+수입액'에 따라 무역규모가 가장 큰 해는 2019년(약 7천9백억 달러)이고, 가장 작은 해는 2012년(약 2천8백억 달러)이다.

② 수출액 대비 수입액의 비율은 그래프에서 각 해당 연도를 원점에 직선으로 이었을 때 기울기 값이 되므로, 기울기 값이 가장 클 때 수출액 대비 수입액의 비율이 가장 높은 해가 된다. 따라서 기울기 값이 가장 큰 2014년이 수출액 대비 수입액의 비율이 가장 높은 해가 된다.

③ 그래프에서 대각선으로 연결된 선은 무역수지가 0이 되는 지점으로, 왼쪽은 수입액이 더 크므로 무역수지 적자, 오른쪽은 수출액이 더 크므로 무역수지 흑자를 의미하며, 대각선에서 멀리 위치할수록 그 폭이 커진다. 따라서 무역수지 적자폭이 가장 큰 해는 2014년이며, 흑자폭이 가장 큰 해는 2018년이다.

⑤ 수출액이 가장 큰 해는 가장 오른쪽에 위치하고 있는 2018년(약 4천4백억 달러)이고, 수입액이 가장 큰 해는 가장 위쪽에 위치하고 있는 2019년(약 3천9백억 달러)이다.

02

| 정답 | ③

| 해설 | 10월의 환율을 적용해 5만 달러를 원화로 환산하면 50,000×1,139.6=56,980,000(원)이다. 따라서 5,500만 원보다 많은 금액을 송금했다.

| 오답풀이 |

① 수입품에 대한 지불대금이 달러이고, 환율은 달러의 상대적 가치를 의미하기 때문에 한국 수입업자가 환율에서 이득을 보기 위해서는 환율이 낮아져야 한다. 즉, 환율이 낮을수록 동일한 양의 수입품을 더욱 저렴하게 구매할 수 있는 것이다. 따라서 10월보다 환율이 낮은 3월에 상대적인 이득이 발생한다.

② (500,000÷1,063.5)−(500,000÷1,082.8)≒8.38(달러)이다. 따라서 5달러 이상의 환차익이 발생한다.

④ 3,000,000,000÷1,109.3 ≒ 2,704,408(달러)이므로 약 270만 달러에 해당한다.

⑤ 10월의 환율이 1,139.6원/달러로 가장 높고, 전월 대비 변동이 가장 크게 나타난 달은 그래프의 기울기가 가장 가파른 6월이다.

03

| 정답 | ③

| 해설 | ㉠ 각 마을의 경지면적을 계산하면 다음과 같다.

- A 마을 : 244×6.61≒1,613(ha)
- C 마을 : 58×1.95≒113(ha)
- D 마을 : 23×2.61≒60(ha)
- E 마을 : 16×2.75=44(ha)

따라서 B 마을의 경지면적(1,183)은 D 마을과 E 마을의 경지면적의 합(60+44=104)보다 크다.

㉣ 각 마을의 젖소 1마리당 경지면적을 구하면 다음과 같다.

- D 마을 : $\frac{60}{12}=5$(ha)
- E 마을 : $\frac{44}{8}=5.5$(ha)

각 마을의 돼지 1마리당 경지면적을 구하면 다음과 같다.

- D 마을 : $\frac{60}{46} \fallingdotseq 1.30$(ha)
- E 마을 : $\frac{44}{20}=2.2$(ha)

따라서 D 마을이 E 마을보다 모두 좁다.

| 오답풀이 |

㉡ 가구당 주민 수는 주민 수를 가구 수로 나눈 값이다. 각 마을의 가구당 주민 수는 다음과 같다.

- A 마을 : 1,243÷244≒5.09(명)
- B 마을 : 572÷130=4.4(명)
- C 마을 : 248÷58≒4.28(명)
- D 마을 : 111÷23≒4.83(명)
- E 마을 : 60÷16=3.75(명)

가구당 주민 수가 가장 많은 마을은 A 마을(5.09)이며, A 마을의 가구당 돼지 수는 1.68마리이다. 그러나 가구당 돼지 수가 가장 많은 마을은 D 마을로 2.00마리이다.

ⓒ A 마을의 젖소 수가 80% 감소한다면 90마리에서 72마리 줄어든 18마리가 된다. 따라서 전체 젖소의 수는 150마리에서 72마리 줄어든 78마리이므로 전체 돼지 수인 769마리의 $\frac{78}{769}\times 100 \fallingdotseq 10.1$(%)이다.

04

| 정답 | ③

| 해설 | ㉠ 2012 ~ 2019년 중 안타 수가 가장 많은 해는 2015년이고, 4사구 수가 가장 적은 해는 2014년이다.

㉡ 2009 ~ 2019년 중 타율이 0.310 이하인 해는 2014년, 2017년, 2018년으로 총 3번 있었다.

㉣ 2009 ~ 2015년 중 출전경기 수가 가장 많은 해인 2015년에 홈런 수가 가장 많았으나, 타점은 2011년에 가장 높았다.

| 오답풀이 |

ⓒ K 선수가 C 구단에 소속되어 있었던 2012년과 2013년의 평균 타점은 92타점이고, 나머지 A 구단과 B 구단 시절의 평균 타점은 약 82타점으로 C 구단에 소속되어 있을 때가 더 높다.

05

| 정답 | ④

| 해설 | A 국가와 C 국가의 웰빙지수 차이가 가장 작은 항목은 그래프에서 가장 근접한 항목인 '안전' 항목이다. B 국가와 D 국가의 웰빙지수 차이가 가장 작은 항목은 교육과 주거이므로 동일하지 않다.

| 오답풀이 |

① A 국가의 각 항목 웰빙지수를 소수점 아래 첫째 자리는 내림한 뒤 종합웰빙지수를 계산한다.

$$\frac{5+8+6+8+8+7+8+6+8+9+8}{11} \fallingdotseq 7.4$$

따라서 A 국가의 종합웰빙지수는 7 이상이다.

② B 국가와 D 국가의 종합웰빙지수 차이를 계산할 수도 있지만, B 국가와 D 국가의 그래프상 각 항목의 차이가 대체로 한 칸 이하이므로, 차이가 1 미만임을 쉽게 알 수 있다.

③ D 국가의 웰빙지수가 B 국가보다 높은 항목의 수는 4개로, 총 11개 항목이므로 전체 항목의 50% 미만이다.

⑤ A 국가와 C 국가의 주관적 만족도 차이는 7 정도로, 웰빙지수 차이가 가장 큰 항목이다.

06

| 정답 | ③

| 해설 | ㉡ 20X5년 도시가스의 1인 공급량이 3,000톤이라면 공급량이 21,678천 톤이므로 표준사용량은 $\frac{21,678,000}{3,000}=7,226$(톤)이다.

ⓒ 20X1년 열에너지의 표준사용량은 $\frac{1,020}{2,040}=0.5$이고 공급량은 1,702천 톤이므로 1인 공급량은 $\frac{1,702,000}{0.5}$ $=3,404,000$(톤)이다.

| 오답풀이 |

㉠ 신재생 에너지의 공급량은 5,834천 톤 → 7,124천 톤 → 7,883천 톤 → 9,466천 톤 → 11,096천 톤으로 20X1년 이후 점차 늘어나고 있다.

㉣ 20X5년 LNG의 1인 공급량이 1,400톤이라면 공급량이 850천 톤이므로 표준사용량은 $\frac{850,000}{1,400}$이다. 따라서 에너지 사용량 총합은 $850 \div \frac{850,000}{1,400}=1.4$(톤)이다.

07

| 정답 | ③

| 해설 | 남자와 여자의 음료류 섭취량의 합은 2009년이 69+56=125(g)이고, 2019년이 231+182=413(g)이다. $125\times(1+0.127)^{10}=125\times3.3\fallingdotseq413$(g)이므로 음료류 섭취량은 연평균 약 12.7%씩 성장하였다.

08

| 정답 | ④

| 해설 | ㉠ 국가대표선수의 평균 연령이 높은 순서대로 나열하면 남자는 사격, 농구, 테니스, 역도, 수영, 축구 순이고, 여자는 사격, 농구, 역도, 테니스, 축구, 수영 순이다. 따라서 남녀의 종목 순서는 동일하지 않다.

㉢ 역도 국가대표선수의 평균 연령은 남자가 여자보다 낮다.

㉣ 역도 국가대표선수의 성별 평균 신장 차이는 10cm보다 작다.

| 오답풀이 |

㉡ 국가대표선수의 평균 신장이 큰 순서대로 나열하면 남자는 농구, 테니스, 수영, 축구, 사격, 역도 순이고, 여자는 농구, 테니스, 수영, 역도, 축구, 사격 순이다. 따라서 상위 세 종목은 같다.

09

| 정답 | ⑤

| 해설 | A도 전체 그래프를 보면 2019년에 비해 2040년에는 젊은 층의 인구수가 줄고 고령층의 인구수가 눈에 띄게 증가하는 것을 알 수 있다. 따라서 A도 내의 평균 연령은 점차 높아질 것이라고 판단할 수 있다.

| 오답풀이 |

③ A도 전체 그래프를 보면 젊은 층의 인구 그래프가 감소하는 면적보다 고령층의 인구 그래프가 증가하는 면적이 더 크므로 A도의 전체 인구는 증가할 것이라고 추측할 수 있다.

10

| 정답 | ④

| 해설 | 2019년 국가유공자의 1인당 보상금액은 27,570(억 원)÷246(천 명)≒112.07(십만 원)이고 2018년에는 26,967(억 원)÷237(천 명)≒113.78(십만 원)이므로 약 17만 1천 원 감소하였다.

| 오답풀이 |

① 독립유공자, 고엽제후유의증 환자 인원수는 변화가 없고 국가유공자는 10천 명이 증가하였지만 참전유공자 인원이 30천 명 감소하여 전체 대상자 인원이 감소하였다고 볼 수 있다.

② 2016년 참전유공자의 1인당 보상금액은 4,550(억 원)÷252(천 명)≒18.06(십만 원)이다. 2016년 고엽제후유의증 환자 1인당 보상금액은 2,209(억 원)÷37(천 명)≒59.70(십만 원)이므로 3배 이상이다.

③ 2018년 보훈 대상자는 전년 대비 527−524=3(천 명) 증가하였고 보상금액은 35,610−34,370=1,240(억 원) 증가하였다.

⑤ 2020년 고엽제후유의증 환자의 보상금액은 전년 대비 2,590−2,512=78(억 원) 증가한 것을 확인할 수 있다.

11

| 정답 | ④

| 해설 | 비취업자는 개인유지(10 : 35)>여가 활동(7 : 15)>학습(5 : 17)>가정관리(3 : 11) 순으로 많은 시간을 할애하고 있다.

| 오답풀이 |

① 취업자는 개인유지보다 일에 더 많은 시간을 할애한다.

② 취업자 전체는 일에 할애하는 시간이 11시간으로 가장 많으나, 비취업자들은 여가에 7 : 15, 학습에 5 : 17을 할애해 약 2시간 차이가 나므로 비슷하다고 하기 어렵다.

③ 가정관리 시간은 취업자의 경우 남성 124분, 여성 143분으로 약 1.15배, 비취업자의 경우 남성 88분, 여성 223분으로 약 2.5배 차이가 난다.

⑤ 성별 간 항목별 시간 분포가 비슷한 양상을 띠고 있음을 볼 수 있다.

12

| 정답 | ③

| 해설 | ㉡ 시장점유율과 이익률 공식을 이용하여 2개년 E 품목의 시장규모와 이익을 구하면 다음과 같다.

• 2019년 시장규모(x) : $\frac{50}{x}\times100=40$　　$x=125$

• 2020년 시장규모(y) : $\frac{60}{y}\times100=30$　　$y=200$

• 2019년 이익(p) : $\frac{p}{50}\times100=14$　　$p=7$

• 2020년 이익(q) : $\frac{q}{60}\times100=20$　　$q=12$

따라서 E 품목은 2019년 대비 2020년에 시장규모와 이익이 모두 늘었다.

㉣ 2020년 매출액이 가장 큰 품목은 90억 원의 A 품목이므로, 이의 시장규모를 구하면 다음과 같다.

• 2019년 시장규모(x) : $\frac{100}{x}\times100=30$

$x=333.333\cdots$

• 2020년 시장규모(y) : $\frac{90}{y}\times100=40$　　$y=225$

따라서 A 품목의 2020년 시장규모는 2019년보다 작아졌다.

| 오답풀이 |

㉠ 2019년보다 시장점유율이 줄어든 품목은 B(20%→15%), C(50%→40%), E(40%→30%)이고, 이익률이 줄어든 품목은 A(5%→4%), B(10%→8%)이다. 따라서 모두 줄어든 것은 B 품목뿐이다.

㉢ • 2020년 D 품목 이익(x) : $\frac{x}{35}\times100=10$　　$x=3.5$

• 2020년 A 품목 이익(y) : $\frac{y}{90}\times100=4$　　$y=3.6$

따라서 A 품목 이익이 D 품목 이익보다 크다.

13

| 정답 | ②

| 해설 | ㉠ $3,100\times0.2\times\frac{18.2}{100}=112.84$, 따라서 약 113명이다.

㉡ 대도시와 대도시 이외 지역의 사교육비 비율을 비교하면 사교육을 받지 않거나 30만 원 미만까지는 대도시 이외 지역이 더 높고 30만 원 이상부터는 대도시 지역이 더 높으며, 대도시 지역에서 30만 원 이상의 사교육비를 지출하는 비율은 19.7+18.4=38.1(%)로 $\frac{1}{3}$ 이상을 차지한다.

㉣ 학교 성적이 상위 10% 이내인 학생이 사교육비로 10만 원 이상을 지출하는 비율은 28.0+22.3+21.5=71.8(%)이고 성적 11 ~ 30%인 학생이 동일한 비용을 지출하는 비율은 28.5+23.4+18.2=70.1(%)이다. 따라서 상위 10% 이내의 학생들의 경우가 더 높다.

| 오답풀이 |

㉢ 초 · 중 · 고등학교로 올라갈수록, 부모님의 평균 연령대가 올라갈수록 사교육을 받지 않는 비율이 높아진다. 또한 사교육을 받지 않는 경우를 제외하면 초등학교, 부모님의 평균 연령대 모두에서 10 ~ 30만 원 미만의 범위 비율이 가장 높으나 중학교는 30 ~ 50만 원 미만이, 고등학교는 50만 원 이상이 가장 많다.

㉤ 학교 성적이 하위권으로 내려갈수록 사교육을 받지 않는 비율이 높아지며, 사교육을 받지 않는 경우를 제외하여야 모든 성적에서 지출 비용 10 ~ 30만 원 미만이 차지하는 비율이 가장 높아진다.

14

| 정답 | ①

| 해설 | 가. 사우디아라비아는 석유 수출량(18.7%)이 수입량(최대 2.8%)보다 크므로 자국 수요 이상을 생산했다고 볼 수 있고, 미국은 석유 수입량(17.6%)이 수출량(최대 3.4%)보다 크므로 자국 수요보다 부족한 양을 생산했다고 볼 수 있다.

| 오답풀이 |

나. 수출과 수입은 상위 2개국 비중의 합이 각각 30.4%와 33.3%로 그 외 국가 27.2%, 26.0%보다 크지만 생산 비중은 26.3%<32.7%로 그 외 국가의 비중이 더 큼을 알 수 있다.

다. 상위 5개국 비중의 합은 수입(57.8%), 수출(49.5%), 생산(48.7%)의 순으로 높다.

라. 석유 수출 기준이 전 국가에서 동일하므로 수출액은 수출 비중에 비례한다. 그런데 석유를 두 번째로 많이 생산하는 국가는 미국으로, 미국의 수출 비중은 3.4% 이하이다. 따라서 석유 최대 생산국인 사우디아라비아의 수출액은 미국보다 5배 이상 크다.

15

| 정답 | ①

| 해설 | [보고서]에서 경복궁과 창덕궁의 유료 관람객 수는 매년 무료 관람객 수의 2배 이상이었다고 했으므로, A와 D가 이에 해당한다. 또한 유료 관람객을 내국인과 외국인으로 나누어 분석해 보면, 창덕궁의 내국인 유료 관람객 수는 매년 증가하였다고 했으므로, A와 D의 내국인 유료 관람객 수를 계산해 보면 A와 D의 문화유적지 명칭을 알 수 있다.

(단위 : 천 명)

구분	A의 내국인 유료 관람객 수	D의 내국인 유료 관람객 수
2016년	673−299=374	1,704−773=931
2017년	739−352=387	2,029−1,191=838
2018년	1,001−327=674	2,657−1,103=1,554
2019년	1,120−443=677	2,837−1,284=1,553
2020년	1,287−587=700	3,309−1,423=1,886

위의 표를 보면 A의 내국인 유료 관람객 수가 매년 증가한 것을 알 수 있다. 따라서 A는 창덕궁, D는 경복궁이 된다.

[보고서]에서 덕수궁과 종묘의 유료 관람객 수와 무료 관람객 수는 각각 2016년보다 2020년에 감소한 것으로 나타났다고 했으므로 B와 C가 이에 해당한다. 특히 종묘는 전체 관람객 수가 매년 감소하였다고 했으므로 아래 표를 참조하면 C의 관람객 수가 매년 감소한 것을 알 수 있다. 따라서 C는 종묘, B는 덕수궁이다.

(단위 : 천 명)

문화유적지 \ 관람료 \ 연도		2016	2017	2018	2019	2020
B	유료	779	851	716	749	615
	무료	688	459	381	434	368
	합계	1,467	1,310	1,097	1,183	983
C	유료	370	442	322	275	305
	무료	618	344	168	148	111
	합계	988	786	490	423	416

16

| 정답 | ②

| 해설 | • A 생산점의 배 생산량 : 1,280상자

• C 생산점의 배 생산량 : 800상자

따라서 1,280−800=480(상자) 줄어든다.

| 오답풀이 |

① 배를 생산하지 않을 경우 최대 2,000상자의 사과 생산이 가능하다.

③ • B 생산점의 사과 생산량 : 1,600상자
  • A 생산점의 사과 생산량 : 1,400상자
  따라서 1,600−1,400=200(상자) 줄어든다.

④ 사과와 배의 총 생산량을 물었으므로 각 생산점의 합계 생산량을 구한다.
  • A 생산점의 합계 생산량 : 1,280+1,400=2,680(상자)
  • B 생산점의 합계 생산량 : 1,120+1,600=2,720(상자)
  • C 생산점의 합계 생산량 : 800+1,800=2,600(상자)
  따라서 B 생산점의 총 생산량이 가장 많다.

⑤ C 생산점은 사과를 1,800상자를 생산할 수 있으므로 가장 많은 사과를 생산한다.

17

| 정답 | ⑤

| 해설 | (다) 국외 주요 발생 국가 현황을 보면 제시된 10개 국가 중 사망자가 5만 명을 넘는 국가는 미국, 브라질로 2개 국가이다. 미국과 브라질의 코로나 19 치명률은 순서대로 각각 5.2%, 4.6%로 이탈리아(14.5%)와 영국(14.0%), 스페인(11.5%)에 비해 낮다.

(라) 국외 주요 발생 국가 현황에 제시된 10개 국가의 확진자 발생률을 높은 순서대로 나열하면 칠레−페루−미국−브라질−스페인−영국−러시아−이탈리아−이란−인도 순이다.

18

| 정답 | ⑤

| 해설 | [저감량 평가 방법]에 따라 표의 빈칸을 채우면 다음과 같다.

구분	A 차	B 차
차량 구분	5인승	11인승
냉매의 종류	HFO−134a	저온난화지수냉매
냉매 용량	600g	750g
전기 압축기	있음	없음
max credit (M·C)	7.0	9.9
leak score (L·S)	4.1	10.4
GWP		
leak threshold (L·T)	11.0	$750 \times 0.02 = 15$
hileak dis (H·L·D)	$1.1 \times \left(\frac{4.1-11.0}{3.3}\right)$ $= -2.3$이므로 0	$1.3 \times \left(\frac{10.4-15}{3.3}\right)$ $\fallingdotseq -1.81$이므로 0

구분	C 차	D 차
차량 구분	10인승	8인승
냉매의 종류	저온난화지수냉매	HFO−134a
냉매 용량	650g	800g
전기 압축기	있음	없음
max credit (M·C)	7.9	7.0
leak score (L·S)	4.1	8.3
GWP	166	715
leak threshold (L·T)	11.0	$800 \times 0.02 = 16$
hileak dis (H·L·D)	GWP가 150보다 크므로 0	GWP가 150보다 크므로 0

따라서 A 차의 Leakage Credit이 주어지지 않았으므로 GWP는 알 수 없다.

| 오답풀이 |

④ D 차의 Leakage Credit은

$$7.0 \times \left(1 - \frac{8.3}{16.6} \times \frac{715}{1,430}\right) - 0 = 5.25$$이다.

19

| 정답 | ②

| 해설 | 두 번째 조건에 의하면, 2015년 대비 2019년의 에너지공급량 증가율이 약 16.62%로 가장 큰 지역인 (나)가 중국임을 알 수 있다.

네 번째 조건에 의하면, '그 외 국가'의 2015년 대비 2019년의 에너지공급량 증가율이 약 3.41%이므로 이보다 낮은 약 0.05%의 증가율을 보이는 (가)가 미국임을 알 수 있다.

세 번째 조건에 의하면, (다)와 (라)의 2005년 대비 2019년의 에너지공급량 증가율이 각각 약 67.73%와 약 103.67%이므로 증가율이 더 큰 (라)가 중동, (다)가 중국 외 아시아임을 알 수 있다.

따라서 순서대로 '미국−중국−중국 외 아시아−중동'이 된다.

20

| 정답 | ④

| 해설 | 권역별 1차 에너지공급량의 시기별 증감 추이는 다음과 같다.

구분	2010년	2015년	2019년
유럽(OECD)	+	−	−
미국	+	−	+
중국	+	+	+
중국 외 아시아	+	+	+
중동	+	+	+
그 외 국가	+	+	+

따라서 유럽과 미국을 제외한 전 지역에서 1차 에너지공급량의 시기별 증감 추이는 동일하다.

02 비율 계산

문제 306쪽

01	①	02	④	03	④	04	③	05	⑤
06	④	07	④	08	⑤	09	③	10	⑤
11	⑤	12	②	13	③	14	①	15	③
16	①	17	②	18	⑤	19	⑤	20	②

01

| 정답 | ①

| 해설 | 어떤 사람이 박사 학위를 가진 연구원일 때, 그 사람의 전공 분야가 X일 확률은 다음과 같다.

전공 분야	확률
이학	17.35%
공학	43.87%
농학	4.63%
의 · 약 · 보건학	13.63%
인문학	7.74%
사회과학	12.77%

확률이 8%보다 큰 분야는 이학, 공학, 의 · 약 · 보건학, 사회과학이다. 이 중 석박사 학위를 갖지 않은 연구원의 비율은 다음과 같다.

전공 분야	비율
이학	40.12%
공학	57.51%
의 · 약 · 보건학	20.34%
사회과학	24.84%

비율이 35% 이상인 분야는 이학과 공학이다. 따라서 두 분야 중 석사와 학사 연구원 수의 차이가 3,000명보다 적은 이학이 X 분야이다.

02

| 정답 | ④

| 해설 | ㉢ 외국 항공사 전체의 취항 노선 수 중에서 L 항공사의 취항 노선 수가 차지하는 비중은 $\frac{17}{89}\times 100 ≒$ 19.1(%)로, 20%를 넘지 않는다.

㉣ • 국내 A 항공사의 운항 횟수 중 화물 운항 횟수가 차지하는 비율 : $\frac{123}{780}\times 100 ≒ 15.8(\%)$

• 국내 B 항공사의 운항 횟수 중 화물 운항 횟수가 차지하는 비율 : $\frac{54}{555}\times 100 ≒ 9.7(\%)$

따라서 A 항공사의 화물 운항 횟수의 비율이 B 항공사의 비율보다 15.8−9.7=6.1(%p) 더 높다.

| 오답풀이 |

㉠ 국내 A 항공사의 여객 지수는 $\frac{657}{780} ≒ 0.8$이다. 외국 항공사의 여객 지수를 구하면 다음과 같다.

• C 항공사 : $\frac{13}{17} ≒ 0.8$ • D 항공사 : $\frac{0}{5} = 0$

• E 항공사 : $\frac{7}{7} = 1$ • F 항공사 : $\frac{14}{18} ≒ 0.8$

• G 항공사 : $\frac{0}{14} = 0$ • H 항공사 : $\frac{0}{31} = 0$

• I 항공사 : $\frac{0}{28} = 0$ • J 항공사 : $\frac{75}{76} ≒ 1$

• K 항공사 : $\frac{82}{88} ≒ 0.9$ • L 항공사 : $\frac{102}{111} ≒ 0.9$

따라서 국내 A 항공사보다 여객 지수가 높은 외국 항공사는 E, J, K, L 4곳이다.

㉡ '화물 지수=1−여객 지수'이므로 여객 지수가 0인 곳이 화물 지수가 1이 된다. 따라서 화물 지수가 1인 외국 항공사는 D, G, H, I 4곳이다.

03

| 정답 | ④

| 해설 | B 국의 구성비를 살펴보면 '기타 복지'가 약 35%, '연금'이 약 45%, '의료'가 20%라는 것을 알 수 있다. 따라서 3개 항목 중 '연금'이 차지하는 비율이 가장 높다.

| 오답풀이 |

① A 국과 D 국의 '기타 복지'는 20%를 밑돌고 있는 것을 알 수 있다.

② 주어진 자료는 각국의 구성비이므로 보험비를 비교할 수 없다.

③ 국민 소득 대비 사회 보험 비용이 증가하고 있는지는 주어진 자료로 알 수 없다.

⑤ A 국 : 연금(50%) > 의료(40%)

B 국 : 연금(약 45%) > 의료(20%)

C 국 : 연금(40%) > 의료(20%)

D 국 : 연금(약 43%) > 의료(40%)

E 국 : 연금(약 35%) > 의료(약 25%)

F 국 : 연금(약 45%) > 의료(약 25%)

따라서 모든 나라에서 의료보다 연금이 차지하는 비율이 더 높다.

04

| 정답 | ③

| 해설 | 원유는 모두 수입한다고 하였으므로 2005년의 수입에너지 중 원유 비율은 $\frac{54.0}{87.9} \times 100 \fallingdotseq 61.4(\%)$ 이고, 2010년의 수입에너지 중 원유 비율은 $\frac{52.0}{97.2} \times 100 \fallingdotseq 53.5(\%)$로 약 7.9%p 감소하였으므로 5%p 이상 감소하였다.

| 오답풀이 |

① 2000년 산업용 에너지소비량은 17.7백만 TOE, 2010년 산업용 에너지소비량은 36.1백만 TOE로 증가하였다. 또한, 총 에너지소비량 중 산업용 에너지소비량의 비율을 구하면 2000년에는 $\frac{17.7}{37.2} \times 100 \fallingdotseq 47.6(\%)$, 2010년에는 $\frac{36.1}{72.8} \times 100 \fallingdotseq 49.6(\%)$로 역시 증가하고 있다.

② 2010년으로부터 5년 전인 2005년 총 에너지소비량 중 중동산 원유의 비율은 (총 에너지소비량 중 원유 비율)×(원유 중 중동산 원유 비율)×100=0.54×0.75×100=40.5(%)이고, 2010년의 총 에너지소비량 중 중동산 원유의 비율은 0.52×0.76×100=39.52(%)로 5년 전보다 감소하였다.

④ 2020년 총 에너지소비량 중 가스 비율은 13.0(%)이므로, 가스 에너지소비량을 구하면 162.4×0.13=21.112(백만 TOE)가 된다. 따라서 가정용 에너지소비량인 34.8백만 TOE은 가스 에너지소비량의 2배 이하이다.

⑤ 2020년 수송용 에너지소비량은 34.6백만 TOE로 2010년 수송용 에너지소비량의 3배인 44.1백만 TOE를 넘지 않는다.

05

| 정답 | ⑤

| 해설 |

(단위 : 원)

실수령액 : (2,575,486)			
소득내역		공제내역	
보수항목	보수액	공제항목	공제금액
기본급여(연봉월액)	2,408,400	소득세	160,000
직책수당(직무급)	200,000	지방소득세	16,000
시간외수당	220,000	건강보험료	156,420
중식보조비	100,000	국민연금료	148,360
직급보조비	210,000	고용보험료	19,003
		노동조합비	52,531
		카페 이용요금	4,600
		기부금	1,000
		상조회비	5,000
소득총액	3,138,400	공제총액	562,914

건강보험료의 25%는 156,420×0.25=39,105(원)이므로 공제총액은 562,914+39,105=602,019(원)이 된다. 따라서 건강보험료가 25% 증가해도 공제총액은 65만 원 이하이다.

| 오답풀이 |

① 기본급여가 소득총액에서 차지하는 비율 :

$\frac{2,408,400}{3,138,400} \times 100 \fallingdotseq 76.7(\%)$

② • 공제총액에서 소득세가 차지하는 비율 :

$\frac{160,000}{562,914} \times 100 \fallingdotseq 28.4(\%)$

• 소득총액에서 직급보조비가 차지하는 비율 :

$\frac{210,000}{3,138,400} \times 100 \fallingdotseq 6.7(\%)$

28.4 > 6.7×4=26.8이므로 옳다.

③ 건강보험료(156,420원)는 고용보험료의 8배(19,003×8 =152,024(원)) 이상이다.

④ • 건강보험료, 국민연금료, 고용보험료의 합이 공제총액에서 차지하는 비율 : 156,420+148,360+19,003 =323,783(원)

$\frac{323,783}{562,914}\times100 \fallingdotseq 57.5(\%)$

• 소득세, 지방소득세의 합이 공제총액에서 차지하는 비율 : 160,000+16,000=176,000(원)

$\frac{176,000}{562,914}\times100 \fallingdotseq 31.3(\%)$

57.5−31.3=26.2(%p)이므로 옳다.

06

| 정답 | ④

| 해설 | 니켈은 러시아가 17%, 캐나다가 16%, 호주가 11%를 보유하고 있다. 나머지 56%는 8개국을 제외한 국가가 보유하고 있는데, 제시되지 않은 국가는 제시된 국가의 최소량보다 적게 보유한다. 따라서 상위 3개국을 제외한 최소 6개 이상의 국가에서 니켈을 11% 미만으로 보유하고 있다.

| 오답풀이 |

① 남아공의 백금속 부존량은 러시아의 $\frac{57}{28} \fallingdotseq 2.04$(배)이다.

② 제시된 국가가 아닌 경우 제시된 국가보다 각각의 희소금속을 적게 보유하므로 부존량 비율 50%를 넘는 희소금속이 있는 국가는 중국, 남아공, 호주 3개국이다.

③ 남아공, 호주, 캐나다 3개국이다.

⑤ 리튬과 인듐은 서로 다른 희소금속 종류이므로 비율만으로 부존량을 비교할 수 없다.

07

| 정답 | ④

| 해설 | 2018 ~ 2020년 전체 입양 아동 중 3세 미만 아동의 입양 비율은 다음과 같다.

2018년 : $\frac{(29+394+215+338)}{683+374}\times100$

$=\frac{976}{1,057}\times100 \fallingdotseq 92.3(\%)$

2019년 : $\frac{(43+330+142+62+250)}{334+550}\times100$

$=\frac{827}{884}\times100 \fallingdotseq 93.6(\%)$

2020년 : $\frac{(4+281+150+382)}{(4+281+150+30+382+16)}\times100$

$=\frac{817}{863}\times100 \fallingdotseq 94.7(\%)$

해당 비율은 매년 1%p 이상 증가하고 있다.

보충 플러스+

3세 미만은 3개의 항목을 더해야 하는데 여집합인 3세 이상은 항목이 1개이므로 이를 이용하는 것이 간단하다. 3세 이상 비율이 매년 1% 이상 증가하면 3세 미만은 매년 1% 이상 감소하게 된다.

| 오답풀이 |

① 2015년 1,548−1,125=423(명), 2016년 1,125−686 =439(명)으로 2016년이 가장 많이 감소하였다.

② 2017년 $\frac{637-535}{637+535}\times100=\frac{102}{1,172}\times100 \fallingdotseq 8.7(\%p)$ 차이, 2020년 $\frac{465-398}{465+398}\times100=\frac{67}{863}\times100 \fallingdotseq 7.8$(%p) 차이로 2020년이 차이가 가장 작다.

③ 2019년 $\frac{142+35}{43+330+142+35}\times100=\frac{177}{550}\times100 \fallingdotseq$ 32.2(%), 2020년 $\frac{150+30}{4+281+150+30}\times100$ $=\frac{180}{465}\times100 \fallingdotseq 38.7(\%)$로 6%p 이상 증가하였다.

⑤ 2018년 이후 국내 입양 아동 수는 683명, 550명, 465명으로 매년 점점 감소한다.

08

| 정답 | ⑤

| 해설 | 제시된 수험 결과를 여성 수험자 수와 남성 수험자 수를 기준으로 정리하면 다음과 같다.

(단위 : 명)

연도	시험	여성 수험자	남성 수험자	전체 수험자
2018년	A	7,273	17,384	24,657
	B	5,427	14,283	19,710
	C	4,847	8,844	13,691
	D	438	1,283	1,721
2019년	A	6,974	16,549	23,523
	B	4,258	12,587	16,845
	C	4,964	8,496	13,460
	D	411	1,268	1,679
2020년	A	7,928	19,738	27,666
	B	5,834	10,172	16,006
	C	13,549	17,891	31,440
	D	1,080	2,678	3,758

두 번째 조건에 근거하여 2019년과 2020년의 합격자 수가 매년 증가한 시험은 C와 D이다. 따라서 공인노무사 시험은 C 혹은 D이다. 세 번째 조건에 따라 위 표를 확인하면 2019년 여성 수험자 수는 A가 6,974명으로 가장 많으므로 A가 사회복지사 1급 시험임을 알 수 있다. 네 번째 조건에 따라 세무사 시험을 알기 위해 2020년 시험의 불합격자 수 대비 합격자 수의 비율을 계산하면 다음과 같다.

- A : $\frac{3,425}{24,241} \times 100 \fallingdotseq 14.1(\%)$
- B : $\frac{2,676}{13,330} \times 100 \fallingdotseq 20.1(\%)$
- C : $\frac{4,592}{26,848} \times 100 \fallingdotseq 17.1(\%)$
- D : $\frac{625}{3,133} \times 100 \fallingdotseq 19.9(\%)$

20%가 넘는 시험은 B이므로 네 번째 조건에 근거하여 B가 세무사 시험임을 알 수 있다. 다섯 번째 조건에 근거하여 위 표를 확인하면 C가 주택관리사보 시험이 되므로 D는 공인노무사 시험이 된다.

따라서 A는 사회복지사 1급, B는 세무사, C는 주택관리사보, D는 공인노무사 시험이다. 2020년 전체 수험자 수가 많은 순서대로 나열하면 주택관리사보(31,440명), 사회복지사 1급(27,666명), 세무사(16,006명), 공인노무사(3,758명)이다.

09

| 정답 | ③

| 해설 | 2019년 고등교육기관을 졸업한 취업자 349,584명 중 프리랜서의 수는 20,280명이므로 프리랜서의 비율은 $\frac{20,280}{349,584} \times 100 \fallingdotseq 5.8(\%)$이다.

| 오답풀이 |

① 남자와 여자의 취업률 차이는 2014년에 6.2%p, 2015년에 4.9%p, 2016년에 5%p, 2017년에 3.8%p, 2018년에 2.9%p, 2019년에 2.6%p로, 2016년에는 2015년에 비해 취업률 차이가 커졌다.

② 제시된 자료에는 취업률만 나와 있으므로 2014 ~ 2018년의 취업자 수는 비교할 수 없다.

④ 2019년 남자의 진학률은 $\frac{19,415}{285,443} \times 100 \fallingdotseq 6.8(\%)$, 여자의 진학률은 $\frac{17,423}{295,252} \times 100 \fallingdotseq 5.9(\%)$로 남자의 진학률이 더 높다.

⑤ 2019년 고등교육기관 졸업자의 취업률은 $\frac{349,584}{516,620} \times 100 \fallingdotseq 67.7(\%)$이다.

10

| 정답 | ⑤

| 해설 | 2019년 고등교육기관을 졸업한 취업자 중 해외취업자(B), 개인창작활동종사자(D), 1인 창업 · 사업자(E)의 비율을 각각 구하면 다음과 같다.

- 해외취업자 : $\frac{2,333}{349,584} \times 100 \fallingdotseq 0.67(\%)$
- 개인창작활동종사자 : $\frac{3,125}{349,584} \times 100 \fallingdotseq 0.89(\%)$
- 1인 창업 · 사업자 : $\frac{4,791}{349,584} \times 100 \fallingdotseq 1.37(\%)$

| 오답풀이 |

① 2019년 고등교육기관 졸업자 580,695명 중 취업대상자 수는 516,620명이다. 따라서 고등교육기관 졸업자 중 취업대상자의 비율은 $\frac{516,620}{580,695} \times 100 \fallingdotseq 89.0(\%)$이다.

② 남자의 경우 국내진학자 19,066명, 국외진학자 349명으로 국내진학자는 국외진학자의 $\frac{19,066}{349}$ ≒54.6(배)이고, 여자의 경우 국내진학자 16,893명, 국외진학자 530명으로 국내진학자는 국외진학자의 $\frac{16,893}{530}$ ≒ 31.9(배)이다.

③ [자료 3]의 '취업현황'을 보면 C(농림어업종사자)의 수가 가장 적은 것을 알 수 있다. 따라서 2019년 고등교육기관을 졸업한 취업자 중 농림어업종사자의 비율이 $\frac{617}{349,584}$ ×100≒0.18(%)로 가장 낮다.

④ [자료 3]의 '취업현황'을 보면 A(건강보험 직장가입자)의 수가 가장 많은 것을 알 수 있다. 따라서 2019년 고등교육기관을 졸업한 취업자 중 건강보험 직장가입자의 비율이 $\frac{318,438}{349,584}$ ×100≒91.1(%)로 가장 높다.

11

| 정답 | ⑤

| 해설 | 〈보기〉의 조건을 살펴보면 다음과 같다.

가. 한국의 '동의'라고 답한 응답자의 비율은 38.2%이므로 ㉢과 ㉣이 독일 또는 스페인임을 알 수 있다.

나. 4.6+7.8=12.4이므로 24.8%보다 높은 '모름'의 비율을 보인 ㉠이 일본이 된다. 따라서 중국은 ㉡이 된다.

다. 여성의 유급노동을 중시한다는 것은 조사 내용에 반대하는 의견이 많다는 의미이므로 '반대'와 '강하게 반대'의 의견이 더 많은 비중을 보이는 ㉣이 스페인이며, 따라서 ㉢은 독일이 됨을 알 수 있다.

따라서 ㉠ ~ ㉣ 순으로 일본－중국－독일－스페인이다.

12

| 정답 | ②

| 해설 | 2001년과 2010년 우리나라의 여성의 사회 참여 인식 지수는 아래와 같다.

- 2001년 : 동의 이상 비율=86.3%, 반대 이하 비율=11.3%
  여성의 사회 참여 인식 지수
  $=\log\frac{86.3}{11.3} ≒ \log 7.6 = 0.88081$
- 2010년 : 동의 이상 비율=86.7%, 반대 이하 비율=13.3%
  여성의 사회 참여 인식 지수
  $=\log\frac{86.7}{13.3} ≒ \log 6.5 = 0.81291$

따라서 위의 두 값의 차이는 0.0679이다.

또한 2020년 여성의 사회 참여 인식 지수가 음수인 국가는 동의 이상 비율이 반대 이하 비율보다 작은 국가로, 한국, 스페인, 스웨덴의 3개 국가이다.

13

| 정답 | ③

| 해설 | • 다 : 그림의 고용률 전월비와 고용률을 기준으로 판단하면 2019년 10월 고용률이 60% 이상인 곳에서 전월비를 뺀 값이 60% 미만인 곳은 없다.

- 라 : 경기도의 2019년 1월 고용률 60.4%와 2019년 10월 고용률 62.5%는 2.1%p 차이가 난다. 서울, 인천, 대전, 광주, 대구, 부산의 전월 대비 2019년 10월의 고용률 변동분의 합은 0.1+0.8+0.2+0.7+0.6+0.1=2.5(%p)이다.

| 오답풀이 |

- 가 : 0.1%가 아닌 0.1%p 증가하였다.
- 나 : 그림에 제시된 전국 시 · 도는 총 15곳이며 그중 전월비가 음수인 곳은 경기도, 충청북도, 충청남도, 전라북도로 네 곳이다. 따라서 $\frac{4}{15}$ ×100≒26.7(%)이다.

14

| 정답 | ①

| 해설 | 2019년 9월 대비 2019년 10월 고용률의 증감분이 가장 작은 곳은 전월비가 0.1 또는 －0.1인 곳인 경우이다. 따라서 서울, 경기도, 경상북도, 부산으로 총 4곳이므로 ⓐ=4이다.

2019년 10월 고용률에서 전년 동월비 고용률을 빼면 2018년 10월 고용률을 구할 수 있다.

- 서울 : 60.5+0.1=60.6(%)

- 부산광역시 : 56%
- 대구광역시 : 57.7+1.6=59.3(%)
- 인천광역시 : 62.5−0.8=61.7(%)
- 광주광역시 : 59.3−1.1=58.2(%)
- 대전광역시 : 59.4+1.3=60.7(%)
- 울산광역시 : 59.7%
- 경기도 : 62.5−0.7=61.8(%)
- 강원도 : 63−2.8=60.2(%)
- 충청북도 : 64.5−1.5=63(%)
- 충청남도 : 64.4−0.6=63.8(%)
- 전라북도 : 59+2.1=61.1(%)
- 전라남도 : 62.6+0.6=63.2(%)
- 경상북도 : 63.1+0.1=63.2(%)
- 경상남도 : 61.1−0.2=60.9(%)

2018년 10월 고용률이 63% 이상이었던 곳은 충청북도, 충청남도, 전라남도, 경상북도로 총 4곳이다. 따라서 ⓑ=4이다.

2019년 10월 고용률이 5번째로 낮았던 곳은 대전(59.4%)이다. 대전의 2018년 10월 고용률은 60.7%이므로 이보다 낮은 고용률을 기록한 시·도의 개수를 구하면 서울, 부산, 대구, 광주, 울산, 강원도로 총 6곳이다. 따라서 ⓒ=6이다.

∴ ⓐ+ⓑ+ⓒ=14

15

| 정답 | ③

| 해설 | 무임승차 대상별 철도 회사 전체의 무임승차자 1인당 무임비용은 무임비용을 인원으로 나눈 값으로 다음 표와 같다.

(단위 : 원)

구분	노인	장애인	국가유공자	기타
1인당 무임승차 비용	1,338.31	1,343.24	1,373.69	1,261.01

따라서 철도 회사 전체의 무임승차자 1인당 무임비용이 가장 큰 무임승차 대상은 국가유공자이다. 또, 전체 무임인원 대비 국가유공자 무임인원의 비율은 다음 표와 같다.

(단위 : %)

구분	국가유공자
서울교통공사	1.31
METRO 9	1.33
DX LINE	1.41
부산교통공사	1.00
대구도시철도공사	0.92
인천교통공사	0.99
광주광역시 도시철도공사	1.50
대전광역시 도시철도공사	1.13
부산−김해 경전철	6.72
의정부 경전철	0.85
용인 경전철	0.78
우이 신설경전철	0.60

부산−김해 경전철을 제외한 전체 무임인원 대비 국가유공자 무임인원의 비율이 가장 큰 철도 회사는 광주광역시 도시철도공사이다.

16

| 정답 | ①

| 해설 | 영업손실액이 무임비용보다 큰 회사는 서울교통공사, 대구도시철도공사, 인천교통공사, 부산−김해 경전철, 우이 신설경전철이다. 이 다섯 회사의 무임비용 감축 목표액은 다음 표와 같다.

(단위 : 백만 원)

구분	노인	장애인
서울교통공사	28,305.9	3,200
대구도시철도공사	4,526.4	448.75
인천교통공사	1,904.7	254.05
부산−김해 경전철	−	70.55
우이 신설경전철	271.3	20.9

위의 모든 항목의 합은 390억 255만 원으로 약 390억 원의 감축이 예상된다고 볼 수 있다.

보충 플러스+

감축 대상 회사에서 서울교통공사를 제외한 회사들의 노인과 장애인 무임비용의 합은 각각 67,024백만 원, 15,885백만 원이다. 이는 서울교통공사의 노인과 장애인 무임비용의 $\frac{1}{4}$ 이하이다. 따라서 서울교통공사의 노인과 장애인 무임비용의 감축액만 계산하여, 그 값에 $\frac{5}{4}$를 곱하면 전체 감축액보다 큰 값을 구할 수 있고, 이 값은 $(28,305.9+3,200)\times\left(\frac{5}{4}\right)=$ 39,382.38<40,000백만 원이므로 정답은 ①이다.

17

| 정답 | ②

| 해설 | 2000년 대비 2010년의 유소년 인구는 약 19% 감소$\left(\frac{7,979-9,911}{9,911}\times 100 \fallingdotseq -19.49(\%)\right)$하여 가장 큰 감소율을 보였다. 1980년 대비 1990년의 유소년 인구는 약 15% 감소하였다.

18

| 정답 | ⑤

| 해설 | 2020년 노년부양비는 $\frac{7,076}{37,620}\times 100 \fallingdotseq 19(\%)$이고, 총 부양비는 $\frac{6,751+7,076}{37,620}\times 100 \fallingdotseq 37(\%)$이다.

19

| 정답 | ⑤

| 해설 | 주어진 자료만으로는 청양군 이외의 농촌 지역 농가인구 비율을 유추할 수 없다.

| 오답풀이 |

① 30세 미만 인구 비율은 도시형이 41.1%, 농촌형이 22.6%로, 18.5%p 차이가 난다.

② 그래프 형태를 보았을 때 농촌형은 우상향, 도농복합형은 완만한 W형, 도시형은 우하향 형태로 볼 수 있다.

③ 농촌형은 60세 이상 인구 비율이 거의 절반에 달하나, 도농복합형이나 도시형은 상대적으로 20 ~ 50대 인구층이 많은 편이다.

④ 농촌형 지역의 60세 이상 인구 비율은 41.1%로, 도시형 지역의 60세 이상 인구 비율인 11.1%의 세 배보다 높다.

20

| 정답 | ②

| 해설 | ① 완주군의 50 ~ 59세 : $97,099\times 0.145 \fallingdotseq 14,079$(명)

② 청양군의 70세 이상 : $32,650\times 0.263 \fallingdotseq 8,587$(명)

③ 대전광역시 유성구의 60 ~ 69세 : $352,228\times 0.059 \fallingdotseq 20,781$(명)

④ 대전광역시 유성구의 70세 이상 : $352,228\times 0.052 \fallingdotseq 18,316$(명)

⑤ 완주군의 0 ~ 19세 : $97,099\times 0.202 \fallingdotseq 19,614$(명)

따라서 청양군의 70세 이상 구간이 인구수가 가장 적다.

03 증감률 계산

문제 326쪽

01	④	02	③	03	⑤	04	④	05	③
06	②	07	③	08	⑤	09	④	10	②
11	④	12	④	13	④	14	③	15	④
16	④	17	③	18	①	19	⑤	20	④

01

| 정답 | ④

| 해설 | 2020년 5월과 7월의 톤당 주석 가격을 계산하면 다음과 같다.

- 5월 : $20,900\times 1,077=22,509,300$(원)
- 7월 : $19,700\times 1,124=22,142,800$(원)

따라서 7월에 주석을 수입할 때 더 비용절감 효과를 얻는다. 혹은 주석의 톤당 국제가격 하락률이 환율 상승률보다 크므로 수입가격은 7월이 더 저렴함을 알 수 있다.

| 오답풀이 |

① 2020년 6월 니켈 가격은 전월보다 $\frac{15,111-14,356}{14,356}\times100≒5.26(\%)$ 상승하였다.

② 조사기간 동안 톤당 국제가격은 전기 동이 납의 약 3배이다. 동일한 기간 동안 환율은 같으므로 국제가격만 확인하면 된다.

③ 2,291×1,077−2,246×1,069=66,433(원) 차이가 난다.

⑤ 2020년 7, 8월에 아연을 30t씩 수입한 금액은 (2,659+2,511)×30=155,100(달러)이다.

02

| 정답 | ③

| 해설 | 2017 ~ 2018년, 2018 ~ 2019년 국가기술자격 기술사 등급 취득자의 증가율을 구하면 다음과 같다.

- 2017 ~ 2018년 : $\frac{1,350-1,079}{1,079}\times100≒25.12(\%)$
- 2018 ~ 2019년 : $\frac{1,624-1,350}{1,350}\times100≒20.30(\%)$

따라서 2017 ~ 2018년, 2018 ~ 2019년 국가기술자격 기술사 등급 취득자의 증가율은 같지 않다.

| 오답풀이 |

① 5년간 전체 국가기술자격 취득자는 2016년에 소폭 감소한 이후 점차 증가하고 있음을 알 수 있다.

② 첫 번째 그래프를 보면 여성 국가기술자격 취득자의 수는 2017년 이후 2년 연속 감소하고 있음을 알 수 있다.

④ 2017 ~ 2019년 남성 국가기술자격 취득자의 증가율과 전체 국가기술자격 취득자의 증가율은 다음과 같다.

- 2017 ~ 2019년 전체 국가기술자격 취득자의 증가율
: $\frac{677,686-647,673}{647,673}\times100≒4.63(\%)$
- 2017 ~ 2019년 남성 국가기술자격 취득자의 증가율
: $\frac{434,081-395,473}{395,473}\times100≒9.76(\%)$

⑤ 5년간 국가기술자격 기술사 등급 취득자의 수는 2015년 1,358명 이후 감소하다가 2018년에 1,350명으로 늘어나 거의 2015년 수준으로 회복하였다.

03

| 정답 | ⑤

| 해설 | ㉤ 시 · 도별 생산량은 제시된 자료에서 다루지 않은 내용이므로 알 수 없다.

| 오답풀이 |

㉠ 표의 생산량 항목을 보면 2019년 보리 생산량은 전년 대비 $\frac{109,727-107,812}{107,812}\times100≒1.8(\%)$ 증가한 것을 알 수 있다.

㉡ 표의 재배면적 항목을 보면 2019년 보리 재배면적은 전년 대비 $\frac{29,096-36,631}{36,631}\times100≒-20.6(\%)$로 약 20.6% 감소한 것을 알 수 있다.

㉢ 표의 재배면적 항목을 보면 2019년 겉보리 재배면적은 8,523ha로 전년 8,806ha에 비해 283ha가 감소하였으며, $\frac{8,523-8,806}{8,806}\times100≒-3.2(\%)$로 감소율이 약 3.2%에 달했음을 알 수 있다.

㉣ 표의 10a당 생산량 항목을 보면 2019년 보리의 10a당 생산량은 전년 대비 $\frac{377-294}{294}\times100≒28.2(\%)$ 증가한 것을 알 수 있다.

04

| 정답 | ④

| 해설 | 2015년 대비 2016년 전체 지원자 수의 변화율을 구하면 $\frac{2,652-3,231}{3,231}\times100≒-17.9(\%)$이므로 25%가 아닌 약 17.9% 감소하였다.

| 오답풀이 |

① [표 2]에서 해외 지원자 비율을 보면 전반적으로 감소하는 추세임을 알 수 있다.

② [표 1]에서 2019년 전체 지원자 수 대비 국내 지원자의 비율은 $\frac{1,462}{2,475}\times 100 \fallingdotseq 59.1(\%)$이다.

③ [표 1]의 수치를 통해 2013년 대비 2019년 전체 지원자 수는 3,899－2,475=1,424(명) 감소했음을 알 수 있다.

⑤ [표 1]을 통해 (A)와 (B)를 구하면 다음과 같다.

$(A)=\frac{1,462}{2,475}\times 100 \fallingdotseq 59.1(\%)$

$(B)=\frac{1,013}{2,475}\times 100 \fallingdotseq 40.9(\%)$

따라서 (A)－(B)는 18.2%p이다.

05

| 정답 | ③

| 해설 | ⓑ 경제사업 중 2021년 6월 말 실적이 높은 상위 세 개 항목을 순서대로 나열하면 마트(26,706), 판매(12,328), 구매(7,350) 순이다.

ⓒ 판매와 기타의 경우 2021년 계획이 2020년 실적보다 낮게 설정되었다.

| 오답풀이 |

ⓐ 2021년 신용사업의 달성률은 예금이 94%, 상호금융대출이 97%, 정책자금대출이 97%로 모두 90% 이상이다.

ⓓ 보험의 2021년 6월 말 실적 달성률은 $\frac{5,856}{11,210}\times 100 \fallingdotseq 52(\%)$이다.

06

| 정답 | ②

| 해설 | ㉠ : $\frac{469,249-435,359}{435,359}\times 100 \fallingdotseq 8(\%)$

㉡ : $\frac{8,172-7,980}{7,980}\times 100 \fallingdotseq 2(\%)$

㉢ : $\frac{7,350-6,876}{6,876}\times 100 \fallingdotseq 7(\%)$

㉣ : $\frac{368-436}{436}\times 100 \fallingdotseq -16(\%)$

따라서 큰 순서대로 나열하면 ㉠, ㉢, ㉡, ㉣이다.

07

| 정답 | ③

| 해설 | 현재 전체 전기차 등록 수 대비 제주의 전기차 등록 수의 비는 $\frac{7,244}{13,680}\times 100 \fallingdotseq 53(\%)$이다.

| 오답풀이 |

① 경기와 대구의 전기차 등록 수의 합은 1,162+1,125=2,287(대)로 서울의 전기차 등록 수인 2,327대보다 적다.

② 대구의 전기차 등록 수는 1,125대로 부산의 전기차 등록 수인 478대의 $\frac{1,125}{478}\fallingdotseq 2.4$(배)이다.

④ 현재 전체 전기차 등록 수 대비 대구, 경남, 부산의 전기차 등록 수의 비는 $\frac{1,125+743+478}{13,680}\times 100 \fallingdotseq 17(\%)$이다.

⑤ 전기차 등록 수가 1,000대가 안 되는 지역은 경남, 전남, 부산으로 이 지역의 전기차 평균 등록 수는 $\frac{743+601+478}{3}\fallingdotseq 607$(대)이다.

08

| 정답 | ⑤

| 해설 | • 전년도 대비 20X5년도 전기차 등록 증가율 :

$\frac{6,105-2,776}{2,776}\times 100 \fallingdotseq 120(\%)$

• 전년도 대비 20X3년도 전기차 등록 증가율 :

$\frac{1,505-860}{860}\times 100 = 75(\%)$

따라서 차이는 120－75=45(%p)이다.

09

| 정답 | ④

| 해설 | 2020년 3월 구직급여 지급액의 전년 동월 대비 증가율은 $\frac{8,982-6,397}{6,397}\times 100 \fallingdotseq 40.4(\%)$이다.

| 오답풀이 |

② 2020년 3월 구직급여 신청자의 전년 동월 대비 증가율은 $\frac{155,792-125,006}{125,006}\times 100 \fallingdotseq 24.6(\%)$이다.

10

| 정답 | ②

| 해설 | 2020년 1분기 숙박음식업 구직급여 신청자 수는 전년도 1분기 대비 29,090−19,092=9,998(명)의 증가로 산업별 구직급여 신청자 수 중 가장 크게 증가하였다.

| 오답풀이 |

① 2020년 1분기 농림어업의 구직급여 신청자 수는 전년도 1분기 대비 1,967−1,636=331(명) 감소하였다.

③ 2020년 1분기 도소매업 구직급여 신청자 수는 전년도 1분기 대비 $\frac{39,744-33,748}{33,748}\times 100 \fallingdotseq 18(\%)$ 증가하였다.

④ 2020년 1분기 운수업 구직급여 신청자 수는 전년도 1분기 대비 $\frac{15,768-11,274}{11,274}\times 100 \fallingdotseq 40(\%)$ 증가하였다.

⑤ 2020년 1분기 예술스포츠업 구직급여 신청자 수는 전년도 1분기 대비 $\frac{7,037-5,446}{5,446}\times 100 \fallingdotseq 29(\%)$ 증가하였다.

11

| 정답 | ④

| 해설 | 20X7년 인적재난 발생건수는 전년 대비 $\frac{292-277}{277}\times 100 \fallingdotseq 5(\%)$ 증가하였다.

| 오답풀이 |

⑤ 20X7년 인적재난 인명피해는 전년 대비 $\frac{377-356}{356}\times 100 \fallingdotseq 5.9(\%)$ 증가하였다.

12

| 정답 | ④

| 해설 | 20X9년 전체 인적재난 중 도로교통의 발생 비율과 인명피해 비율을 계산하면 다음과 같다.

- 발생 비율 : $\frac{221,711}{286,851}\times 100 \fallingdotseq 77.3(\%)$
- 인명피해 비율 : $\frac{346,620}{365,947}\times 100 \fallingdotseq 94.7(\%)$

13

| 정답 | ④

| 해설 | 2018년 근로장려금 신청 가구 중 근로장려금을 지급받은 가구의 비율은 $\frac{1,439}{1,738}\times 100 \fallingdotseq 83(\%)$이다.

| 오답풀이 |

① 2018년에 근로장려금 신청 가구는 증가하였으나 신청금액은 감소하였다.

② 2019년 근로장려금을 신청한 총 1,883가구 중 1,570가구만 혜택을 받았으므로, 313가구는 혜택을 받지 못했다. 즉, $\frac{313}{1,883}\times 100 \fallingdotseq 17(\%)$의 가구는 근로장려금 지원혜택을 받지 못했다.

③ 2018년 증가율은 $\frac{1,738-1,658}{1,658}\times 100 \fallingdotseq 5(\%)$, 2019년 증가율은 $\frac{1,883-1,738}{1,738}\times 100 \fallingdotseq 8(\%)$이다.

⑤ 조사 기간 동안 지급 가구당 근로장려금 지급액은 다음과 같다.

- 2017년 : $\frac{1,056,500,000,000}{1,281,000} \fallingdotseq 824,746$(원)

파트 4 실전연습 심화

• 2018년 : $\frac{1,057,300,000,000}{1,439,000}$ ≒ 734,746(원)

• 2019년 : $\frac{1,141,600,000,000}{1,570,000}$ ≒ 727,134(원)

따라서 지급액이 가장 많았던 해는 2017년이다.

14

| 정답 | ③

| 해설 | 2019년 상용근로 가구의 근로장려금이 당해 전체 지급액에서 차지하는 비율은 $\frac{3,248}{11,416} \times 100$ ≒ 28.5(%)로, 30% 미만이다.

| 오답풀이 |

① 2018년 근로장려금을 지원받은 기타 사업소득 가구는 전년 대비 $\frac{492-428}{428} \times 100$ ≒ 15.0(%) 증가하였다.

② 근로장려금을 받는 일용근로 가구의 전년 대비 증가량은 2018년 74천 가구, 2019년 75천 가구로, 2019년의 증가량이 더 많다.

④ 2019년에는 근로장려금을 지급받는 일용근로 가구가 509,000가구로 50만 가구를 상회하였다.

⑤ 상용근로와 일용근로를 겸함에도 불구하고 근로장려금을 받는 가구의 수는 2018년 110,000가구, 2019년 114,000가구로 매년 증가하고 있다.

15

| 정답 | ④

| 해설 | (B) 2015년 AMDR 미만 전체 인구분율은 100−(44.0+20.4)=35.6(%)이므로 2015년 전체 인구가 1,800만 명일 때 AMDR 미만 인구는 $1,800 \times \frac{35.6}{100}$ ≒ 641(만 명)이다.

※ (A)=48.3, (B)=35.6, (C)=28.7, (D)=44.4, (E)=25.5

| 오답풀이 |

③ 2015년과 2020년 각각의 여성 전체 인구를 알지 못하므로 2020년의 AMDR 초과 여성 인구의 증가율은 알 수 없다.

16

| 정답 | ④

| 해설 | 조사기간 동안 AMDR를 초과하는 인구분율이 가장 높은 연령대는 19 ~ 29세 사이로 가정에 의해 이 연령대에서 비만발생 가능성이 가장 높다.

17

| 정답 | ③

| 해설 | 취업률은 '고용률÷경제활동참가율×100'으로 계산하며, 실업률은 '1−취업률'로 계산할 수 있다. 2015년부터 고령자 실업률을 계산하면 다음과 같다.

구분	2015년	2016년	2017년	2018년	2019년
고령자 실업률	2.13%	2.37%	2.80%	2.79%	2.32%

따라서 고령자 실업률은 2015년부터 2017년까지 증가하다 그 이후로 감소한다.

| 오답풀이 |

① 고령자 수입은 매년 증가하지 않는다.

② 2019년 고령자 고용률은 전년보다 1.3%p 증가했다.

④ 제시된 나라 중 OECD 평균보다 고령자 고용률이 낮은 나라는 프랑스뿐이다.

⑤ 스웨덴의 고령자 고용률은 일본에 비해 4.2%p 높다.

18

| 정답 | ①

| 해설 | 2019년 고령생산가능인구는 $43,931 \times \frac{16.8}{100}$ ≒7,380(천 명)이다. 이는 전년도 고령생산가능인구인 43,606×

$\frac{16.3}{100}$ ≒7,108(천 명)보다 $\frac{7,380-7,108}{7,108}\times100$≒4(%) 증가한 값이다.

19

| 정답 | ⑤

| 해설 | ㉠ 2020년 한국의 자동차 생산량은 세계 총 생산량의 $\frac{4,115}{98,909}\times100 ≒ 4$(%)이다.

㉡ 자동차 내수량이 가장 많았던 해는 2019년으로 전년 대비 11,000대가 증가하였다.

㉢ 모든 해에서 무역수지의 값은 양수이며 2016년에 635억 불로 가장 크다.

20

| 정답 | ④

| 해설 | 한국의 2020년 자동차 생산량은 전년 대비 3% 감소했다$\left(\frac{4,115-4,229}{4,229}\times100 ≒ -3(\%)\right)$. 이는 일본의 전년 대비 2020년의 증가율과 동일하다고 하였으므로 일본의 2019년 자동차 생산량은 $\frac{9,684}{1.03}$ ≒ 9,402(천 대)이다.

04 도표 계산

문제 346쪽

01	③	02	①	03	③	04	①	05	②
06	②	07	④	08	②	09	④	10	①
11	②	12	④	13	①	14	⑤	15	③
16	③	17	③	18	④	19	②	20	③
21	③	22	④						

01

| 정답 | ③

| 해설 | 5개 도시의 통합미세먼지 지수를 구하면 다음과 같다.

- 서울 : (86−70+63)+(3×10+60)=169
- 부산 : (77−70+63)+(2×22)=114
- 광주 : (0.9×43)+(2×27)=92.7
- 인천 : (0.9×63)+(2×23)=102.7
- 대전 : (0.9×52)+(3×8+60)=130.8

따라서 통합미세먼지 지수가 '보통' 단계인 도시는 부산, 광주, 인천 총 3곳이다.

02

| 정답 | ①

| 해설 | 엔진 종류별 압축비는 다음과 같다.

- 직렬 6기통 : $\frac{125+16}{16}$ ≒ 8.8
- V형 6기통 : $\frac{250+20}{20}=13.5$
- 직렬 4기통 : $\frac{250+15}{15}$ ≒ 17.7
- 수평대향 6기통 : $\frac{300+18}{18}$ ≒ 17.7
- V형 8기통 : $\frac{375+15}{15}=26$

따라서 압축비가 가장 큰 엔진은 V형 8기통, 가장 작은 엔진은 직렬 6기통이다.

03

| 정답 | ③

| 해설 | A는 저압, B는 고압의 전력을 사용하므로 다음과 같이 전기요금을 산출할 수 있다.

- A의 전기요금
  - 1,300kWh 사용이므로 기본요금 7,200원 발생
  - 1,300kWh의 전력량 요금 : (200×90)+(200×180)+(600×279)+(300×720)=437,400(원)

    → 7,200+437,400=444,600(원)
- B의 전기요금
  - 180kWh 사용이므로 기본요금 720원 발생
  - 180kWh의 전력량 요금 : 180×72=12,960(원)
  - 200kWh 이하 사용에 따른 필수사용량 보장공제 : 2,500원

  → 720+12,960−2,500=11,180(원)

04

| 정답 | ①

| 해설 | 주어진 [산출공식]과 [자료]를 바탕으로 직원 A ~ E의 공회전 발생률에 대한 구간별 탄소포인트와 공회전 시 연료소모량에 대한 구간별 탄소포인트를 구하여 정리하면 다음 표와 같다.

직원	주행 시간 (분)	총 공회전 시간(분)	공회전 발생률(%)	탄소 포인트 (1)	공회전 시 연료 소모량 (cc)	탄소 포인트 (2)
A	200	20	$\frac{20}{200}\times 100=10$	100	400	0
B	30	15	$\frac{15}{30}\times 100=50$	50	300	25
C	50	10	$\frac{10}{50}\times 100=20$	80	200	50
D	25	5	$\frac{5}{25}\times 100=20$	80	100	75
E	50	25	$\frac{25}{50}\times 100=50$	50	500	0

직원 A ~ E가 받을 수 있는 탄소포인트 총합의 순서는 D(155)>C(130)>A(100)>B(75)>E(50)가 된다.

05

| 정답 | ②

| 해설 | • A의 소득세

근로소득 15,000만 원과 금융소득 5,000만 원이 있으므로 이를 합쳐서 소득세를 산출해야 한다.

- 근로소득세 : 1,000×0.05+4,000×0.1+5,000×0.15+5,000×0.2=2,200(만 원)

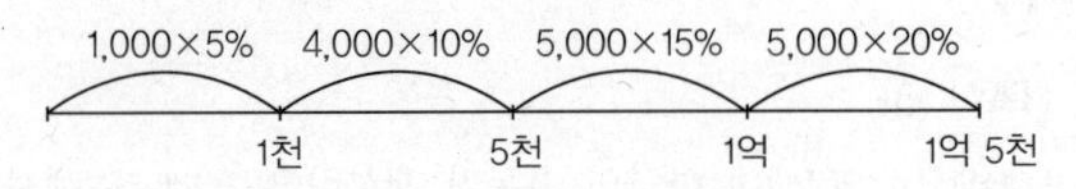

- 금융소득세 : 5,000×0.15=750(만 원)

∴ 2,200+750=2,950(만 원)

- B의 소득세

[소득세 결정기준]을 보면 과세표준은 금융소득 중 5천만 원을 초과하는 부분과 근로소득의 합이라고 하였으므로 2억 원을 [과세표준에 따른 근로소득세율]로 계산해야 한다.

- 근로소득세 : 1,000×0.05+4,000×0.1+5,000×0.15+10,000×0.2=3,200(만 원)

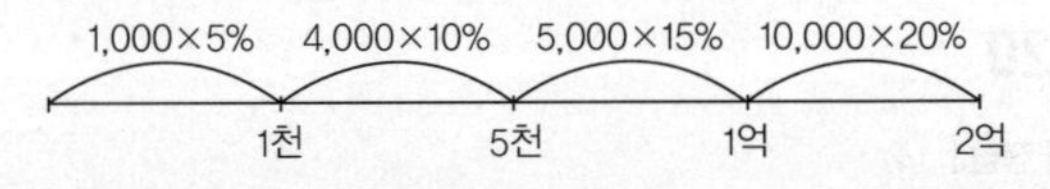

- 금융소득세 : 5,000×0.15=750(만 원)

∴ 3,200+750=3,950(만 원)

따라서 직원 A와 B의 소득세 산출액의 차이는 1,000만 원이다.

06

| 정답 | ②

| 해설 | 답을 기입한 문항 수와 정답을 맞힌 문항 수를 미지수로 설정하고, 정확도와 점수를 미지수로 표현하면 다음과 같다.

(단위 : 문항, %, 점)

구분	답을 기입한 문항 수	정답을 맞힌 문항 수	정확도	점수
A	a	a'	$\frac{a'}{a}\times 100=65$	$a'-(a-a')$ $=2a'-a=12$
B	b	b'	$\frac{b'}{b}\times 100=77.8$	$b'-(b-b')$ $=2b'-b=10$

C	c	c'	$\frac{c'}{c}\times100=62.5$	$c'-(c-c')$ $=2c'-c=8$
D	d	d'	$\frac{d'}{d}\times100=66.7$	$d'-(d-d')$ $=2d'-d=8$
E	e	e'	$\frac{e'}{e}\times100=56$	$e'-(e-e')$ $=2e'-e=6$

정확도와 점수를 바탕으로 연립방정식을 세워 풀면 다음과 같다.

• A 응시자

$\frac{a'}{a}\times100=65$　　$\frac{a'}{a}=0.65$ ………… ㉠

$2a'-a=12$　　$a'=\frac{1}{2}a+6$ ………… ㉡

㉡을 ㉠에 대입하면,

$\frac{1}{2}+\frac{6}{a}=0.65$

$\frac{6}{a}=0.15$

$a=40$

따라서 답을 기입하지 않은 문항은 50−40=10(문항)이다.

B ~ E도 A와 같은 방식으로 계산하면 답을 기입하지 않은 문항 수는 각각 32문항, 18문항, 26문항, 0문항이다. 따라서 답을 가장 많이 기입하지 않은 사람은 B이다.

07

| 정답 | ④

| 해설 | 현재일 기준으로 중국 간 환율이 0.11원이 떨어졌으므로 전일 매매기준율은 168.23+0.11=168.34(원)이 된다.

$$등락률=\frac{변동\ 매매기준율-기준\ 매매기준율}{기준\ 매매기준율}\times100$$

$$\therefore \frac{-0.11}{168.34}\times100=-0.0653\cdots ≒-0.07(\%)$$

08

| 정답 | ②

| 해설 | 우선 캐나다 달러를 원화로 환전하면 350×866.19=303,166.5(원)이다. 이 금액의 절반을 호주로 송금한다고 하였으므로, A로부터 C가 받게 될 금액은 151,583.25÷815.13=185.962…≒186(AUD$)이다.

09

| 정답 | ④

| 해설 | 다른 종목들을 살펴보면 '전일잔량+금일거래−금일상환=금일잔량'임을 알 수 있다.

여기에 04−6 종목을 적용해 보면,

27,730+419−㉠=27,507(억 원)

㉠=27,730+419−27,507=642(억 원)

㉡은 모든 종목의 금일상환의 합계이므로,

0+642+0+0+0+0+750+500+1,600+1,000+1,300+800+1,200+300+3,530=11,622(억 원)

10

| 정답 | ①

| 해설 | 전일잔량에 비해 금일잔량이 감소하거나 변함없는 종목(04−3, 04−6, 06−5, 08−5, 10−3, 11−7, 12−3, 12−4, 기타)은 제외하고 계산한다.

• 05−4 : 36,414−35,592=822(억 원)
• 12−2 : 20,860−18,160=2,700(억 원)
• 12−6 : 32,010−30,610=1,400(억 원)
• 13−1 : 28,070−26,370=1,700(억 원)
• 13−2 : 34,920−33,870=1,050(억 원)
• 13−3 : 11,680−11,080=600(억 원)

따라서 전일잔량에 비해 금일잔량이 가장 크게 증가한 종목은 12−2이다.

11

| 정답 | ②

| 해설 | 고속열차는 시속 240km(=분속 4km)로 달리고, C 역에서 E 역까지의 거리는 20km이므로 E 역까지 가는 데 5분이 소요된다. 그런데 각 역에서 1분간 정차한다고 했으므로 D 역에서 1분 동안 정차해야 한다. 따라서 E 역에 도착하는 데 걸리는 시간은 6분이다.

12

| 정답 | ④

| 해설 | 첫 무궁화호가 C 역에 도착한 시간은 6시 21분이다. C 역에 도착하기 6분 전이면 6시 15분이므로 첫 고속열차가 출발한 6시 5분에서 10분 지난 시간이다. 고속열차는 시간당 240km(=분속 4km)를 가므로, A 역에서 출발하여 2.5분이 지난 시간인 6시 7.5분에 B 역에 도착한다. 여기서 1분간 정차하고 6시 8.5분에 B 역을 출발하여 2.5분이 지난 시간인 6시 11분에 C 역에 도착한다. 여기서 1분간 정차하고 6시 12분에 C 역을 출발하여 2.5분이 지난 시간인 6시 14.5분에 D 역에 도착한다. 여기서 1분간 정차하고 6시 15.5분에 E 역으로 출발하므로 6시 15분에 첫 고속열차의 위치는 D 역이다.

13

| 정답 | ①

| 해설 | 2020년 OECD 국가의 남자 기대수명은 69.8×1.03≒72(세), 여자 기대수명은 74.1×1.03≒76(세)이다.

14

| 정답 | ⑤

| 해설 | ㉡ • 남자 기대수명 증가폭 : 69.8−67.8=2(세)

• 여자 기대수명 증가폭 : 74.1−72.0=2.1(세)

따라서 여자의 증가폭이 더 크다.

㉢ 2019년 우리나라 여자와 남자의 기대수명 차이는 85.2−79.0=6.2(세)이다.

㉣ 제시된 그래프는 기대수명을 나타낸 것으로 총 인구수의 증가가 이루어졌는지는 정확히 알 수 없다.

| 오답풀이 |

㉠ $\frac{77.3+77.6+78.1+78.6+79.0}{5} \fallingdotseq 78$(세)

15

| 정답 | ③

| 해설 | 2018년도의 체크카드 사용액은 424십억 원이며 이것이 전년 대비 6% 상승한 것이라면 2017년도의 체크카드 사용액은 $\frac{424}{1.06}=400$(십억 원)이 된다.

2017년도 체크카드 이용실적은 19.5%의 비중이며, 신용카드 이용실적은 80.3%의 비중이므로 2017년 신용카드 사용액을 x십억 원이라고 하면 19.5 : 80.3=400 : x가 되어 x=80.3×400÷19.5≒1,647(십억 원)이 됨을 알 수 있다.

16

| 정답 | ③

| 해설 | (가) 2018 ~ 2020년 상반기까지 계좌이체 결제금액은 52.6→53.3→54.8→58.5조 원으로 꾸준히 증가하였음을 확인할 수 있다.

(나) 2019년 하반기가 77.6조 원이며, 2020년 상반기는 81.4조 원이므로 약 3조 8천억 원 증가했다.

| 오답풀이 |

(다) 법인 신용카드 사용액은 지속적으로 감소하다가 2020년 상반기에 증가하였다.

17

| 정답 | ③

| 해설 | 평점 총합이 27점인 '바'가 1위이며, '나'와 '라'가 24점으로 동일하나 근무성적 점수에 따라 '나'가 2위, '라'가 3위가 된다. 다음으로 '가', '사', '아'의 총합이 22점으로 동일하므로 조직 기여도 점수가 가장 낮은 '사'가 6위, 직급이 높은 '아'가 4위, '가'가 5위가 된다. 이어서 총합 19점인 '다'가 7위, 18점인 '마'가 8위이다. 순위에 따른 지급률과 등급에 따른 상여금을 고려하여 계산하면 다음과 같다.

사원	평점 합	순위	등급	상여급 지급액 (단위 : 만 원)	1월 직급
가	22	5	B	100	계약직
나	24	2	S	450	5
다	19	7	B	300	5
라	24	3	A	260	6
마	18	8	B	400	4
바	27	1	S	150	6
사	22	6	B	400	4
아	22	4	A	–	3

따라서 성과상여금을 가장 많이 받는 '나'와 가장 적게 받는 '가'의 차이는 350만 원이다.

18

| 정답 | ④

| 해설 | **17**번의 해설을 참고하면 1월 기준 6급 ~ 4급 사원의 수는 6명이고, 이 중 5급 이하의 사원은 4명이다. 따라서 5급 이하의 두 사원이 팀을 옮길 확률은 $\frac{{}_4C_2}{{}_6C_2}=\frac{6}{15}$ $=\frac{2}{5}$이다.

19

| 정답 | ②

| 해설 | • 자동차 A

– 자동차 구입가격 : 3,400만 원

– 유류 가격 : 3,000cc 엔진이므로 리터당 10km 운행이 가능하다. 따라서 100,000km를 운행하려면 $\frac{100,000}{10}$ =10,000(L)가 필요하다. 고급 휘발유는 1리터당 1,600원이므로 총 유류 가격은 1,600만 원이다.

– 자동차 매매관련 추가 발생 비용 : 300만 원

∴ 3,400+1,600+300=5,300(만 원)

• 자동차 D

– 자동차 구입가격 : 2,800×0.95=2,660(만 원)
(1,800cc 이하 자동차이므로 구입가격의 5% 지원받음)

– 유류 가격 : 1,800cc 엔진이므로 리터당 20km 운행이 가능하다. 따라서 100,000km를 운행하려면 $\frac{100,000}{20}$ =5,000(L)가 필요하다. 경유는 1리터당 1,100원이므로 총 유류 가격은 550만 원이다.

– 자동차 매매관련 추가 발생 비용 : 150만 원

∴ 2,660+550+150=3,360(만 원)

따라서 자동차 A를 구매하고 1년간 유지하는 비용이 자동차 D보다 5,300−3,360=1,940(만 원) 더 많이 든다.

20

| 정답 | ③

| 해설 | 자동차 B의 경우, 엔진이 2,400cc이므로 리터당 15km 운행이 가능하다. 따라서 300리터의 연료로 15×300=4,500(km)를 주행할 수 있다. 여기에 하이브리드 자동차는 휘발유로 달릴 때 10km당 5,000암페어씩 충전되기 때문에 4,500km를 가는 동안 2,250,000암페어가 충전된다. 그러므로 $\frac{2,250,000}{50,000}=45$(km)를 추가로 운행할 수 있게 되어 총 4,545km를 갈 수 있다.

21

| 정답 | ③

| 해설 | 원금은 30,000,000원이며, 연리 1.1%, 기간은 16개월이므로 12개월분과 나머지 4개월분을 나누어 계산하면 다음과 같다.

• 원금 : 30,000,000원

• 12개월분 이자 : 30,000,000×0.011=330,000(원)

• 4개월분 이자 : 30,000,000×0.011÷3=110,000(원)

• 15.4%의 이자소득세 : 440,000×0.154=67,760(원)

따라서 30,000,000+(440,000−67,760)=30,372,240(원)을 받게 된다. 이때 이자지급방식은 만기일시지급식이므로 차감금리 적용은 없다.

22

| 정답 | ④

| 해설 | 원금은 50,000,000원이며, 연리 1.15%, 우대금리 0.3%p, 기간은 24개월이므로 다음과 같이 계산한다.

• 원금 : 50,000,000원

• 24개월분 이자 : 50,000,000×0.0145×2=1,450,000(원)

• 15.4%의 이자소득세 : 1,450,000×0.154=223,300(원)

따라서 이 고객이 받을 수 있는 만기일시지급식 이자는 1,450,000−223,300=1,226,700(원)이다.

05 도표작성

문제 366쪽

01	④	02	③	03	③	04	②	05	③
06	⑤	07	③	08	④	09	①	10	②
11	④	12	⑤	13	③	14	②	15	①
16	④	17	②	18	③	19	③	20	⑤
21	②								

01

| 정답 | ④

| 해설 | • 가로 ㉠ : 2016년의 출판시장과 2015년의 출판시장 차이는 28,282−27,258=1,024(억 원)이다.

• 가로 ㉡ : 2013년의 출판시장은 2012년 출판시장과 비교하면 $\frac{24,854}{31,461}\times 100 \fallingdotseq 79(\%)$이다.

• 세로 ㉠ : 2015년의 출판 수출액과 수입액의 차이는 358,741−343,741=15,000(천 불)이다.

• 세로 ㉢ : 2017년 출판시장은 2016년에 비해 $\frac{24,133-28,282}{28,282}\times 100=-14.7(\%)$ 즉, 14.7% 감소하였다.

• 세로 ㉣ : 2018년의 출판 수입액과 수출액의 차이는 311,481−291,394=20,087(천 불)이다.

따라서 A=4, B=8, C=4, D=9이므로 A+B+C+D=4+8+4+9=25이다.

02

| 정답 | ③

| 해설 | • 가로 ㉠ : 3,405 : 23.2=x : 100

$23.2x=340,500$

$x=14,676.724\cdots\fallingdotseq 14,677$(명)

• 가로 ㉡ : $14,677\times\frac{9.8}{100}=1,438.346\fallingdotseq 1,438$(명)

• 세로 ㉠ : 10.0+2.6+2.3=14.9(%)

• 세로 ㉢ : 1,728−1,525=203(명)

• 세로 ㉣ : 3,495+1,525+1,465+358+366=7,209(명)

즉, A=4, B=7, C=4, D=4이므로 모두 합한 값은 19이다.

03

| 정답 | ③

| 해설 | 마지막 문단에 '2020년의 국제결혼가정 자녀 수 역시 2019년의 두 배 이상이 되었다'라는 부분이 있는데, 2020년에 두 배 이상이 되려면 56,612명 이상이 되어야 하므로 적절하지 않다.

| 오답풀이 |

① 보고서의 마지막 문장인 '2020년 국제결혼가정 자녀의 연령층별 구성을 보면 연령층이 높아질수록 그 수가 감소하고 있다.'라는 부분과 일치한다.

② 두 번째 문단 중 마지막 문장인 '한국국적을 신규로 취득한 전체 외국인 수 역시 2019년에 비하여 증가하였으며, 그중에서 동북아시아 출신 외국인 수는 900명 이상 증가하였다.'라는 부분과 일치한다.

④ 마지막 문단 첫 번째 문장에 '2020년 국제결혼 이주자 수의 경우에는 아시아 지역이 90% 이상을 차지하고 있으며(전체 123,489명 중에 아시아 지역이 118,296명이므로 약 96%를 차지한다), 그중에서도 특히 동북아시아 지역이 아시아 지역의 80% 이상을 차지하고 있다(아시아 지역 118,296명 중에 동북아시아는 98,139명이므로 약 83%를 차지한다).'는 부분과 일치한다.

⑤ 두 번째 문단 두 번째 문장에 '2017년부터 2020년까지의 지역별 외국인 등록 인구를 보면 경기도를 제외하고는 매년 전년 대비 증가하고 있으며, 경기도 역시 2018년부터 2020년까지 전년 대비 증가하는 추세를 보이고 있다.'라는 부분과 일치한다.

04

| 정답 | ②

| 해설 | • 2016년 : $\frac{48,990}{12,501} ≒ 3.9$(배)

• 2017년 : $\frac{48,728}{12,417} ≒ 3.9$(배)

• 2018년 : $\frac{49,915}{13,177} ≒ 3.8$(배)

• 2019년 : $\frac{51,247}{13,410} ≒ 3.8$(배)

• 2020년 : $\frac{53,772}{13,794} ≒ 3.9$(배)

따라서 조사기간 중 한국의 생활폐기물 일평균 발생량은 매년 지정폐기물 일평균 발생량의 4배에 미치지 못한다.

| 오답풀이 |

① 한국의 폐기물 종류별 일평균 발생량 중 수치가 꾸준히 증가하고 있는 항목은 사업장 배출시설계 폐기물뿐이다.

③ 2017년에 전년 대비 생활폐기물 발생량이 감소한 국가를 제외하고 증가율을 구하면 다음과 같다.

• 미국 : $\frac{731-727}{727} \times 100 ≒ 0.6$(%)

• 영국 : $\frac{488-484}{484} \times 100 ≒ 0.8$(%)

따라서 1인당 생활폐기물 발생량의 전년 대비 증가율이 가장 높은 나라는 영국이다.

④ 2016년에 1인당 생활폐기물 발생량이 전년 대비 증가한 나라는 핀란드뿐이다.

⑤ 매년 미국의 생활폐기물 발생량이 가장 많다.

05

| 정답 | ③

| 해설 | 일본의 전년 대비 증가율은 다음과 같다.

• 2016년 : $\frac{355-355}{355} \times 100 = 0$(%)

• 2017년 : $\frac{353-355}{355} \times 100 ≒ -0.6$(%)

| 오답풀이 |

① 영국의 전년 대비 증가율은 다음과 같다.

• 2017년 : $\frac{488-484}{484} \times 100 ≒ 0.8$(%)

• 2018년 : $\frac{489-488}{488} \times 100 ≒ 0.2$(%)

② 이탈리아의 전년 대비 증가량은 다음과 같다.

• 2016년 : $492-518=-26$(kg)

• 2017년 : $483-492=-9$(kg)

④ 체코의 전년 대비 증가량은 다음과 같다.

• 2018년 : $310-307=3$(kg)

• 2019년 : $317-310=7$(kg)

⑤ 폴란드의 전년 대비 증가량은 다음과 같다.

- 2017년 : 297－314＝－17(kg)
- 2018년 : 272－297＝－25(kg)

06

| 정답 | ⑤

| 해설 | 20X9년 총수입이 2조 7,065억 원이고 적용단가가 115원/인km라면 수요량은 27,065(억 원)÷115(원/인km)＝235(억 인km)이다.

| 오답풀이 |

② 20X4년부터 20X8년까지 인건비는 6,219 → 7,380 → 7,544 → 7,827 → 8,732억 원으로 매년 증가하고 있다.

③ 20X8년 총괄원가에서 적정원가가 차지하는 비중은 $\frac{25,229}{28,798}\times 100 ≒ 87.6(\%)$로 87% 이상이다.

④ 기타 경비 1조 7,653억 원 중 선로사용비가 6,591억 원으로 가장 큰 비중을 차지한다.

07

| 정답 | ③

| 해설 | ㉠ : $\frac{23,629}{26,456}\times 100 ≒ 89.3(\%)$

㉡ : $\frac{4,484}{28,109}\times 100 ≒ 16.0(\%)$

08

| 정답 | ④

| 해설 | 공연장은 2019년에 1,024개로 전년과 동일하다.

| 오답풀이 |

②, ③ 공공도서관은 2019년에 전년 대비 $\frac{1,010-978}{978}\times 100 ≒ 3.3(\%)$ 증가하였고, 2018년에 전년 대비 $\frac{978-930}{930}\times 100 ≒ 5.2(\%)$ 증가하였다.

⑤ 문예회관은 2018년에 229개로 2017년의 232개에 비해 감소하였다.

09

| 정답 | ①

| 해설 | ㉢ 2017년 100.49조 원, 2018년 105.51조 원으로 수정해야 한다.

㉣ 박물관 853건, 미술관 229건, 공연장 1,024건, 문예회관 236건으로 수정해야 한다.

10

| 정답 | ②

| 해설 | 한계기업은 '이자보상비율$\left(=\frac{영업이익}{이자비용}\times 100\right)$이 3년 연속 100% 미만인 기업'으로 영업이익이 이자비용보다 작은 기업을 찾으면 된다.

(마) 기업은 2018 ~ 2020년의 3년간 영업이익이 이자비용보다 작으므로 이자보상비율이 100% 미만이다.

11

| 정답 | ④

| 해설 | 자료에서는 중소기업의 매출액 이익률은 2012년 글로벌 금융위기로 다음 해(2013년) 마이너스를 기록하고 2015년 회복(플러스)되었으나 이후 다시 감소한다고 했는데, 통계표에서는 2015년 이후 계속 증가하고 있으므로 일치하지 않는다.

| 오답풀이 |

① 연구 자료에서 기업 부채비율은 2018년 86.5%로 2013년 105.7%에 비해 19.2%p 하락하였다고 했으며 통계표가 맞게 표현하고 있다.

② 연구 자료에서 2013년부터 부도법인 수가 1,364개에서 2018년 614개로 감소하였다고 했으며 통계표가 맞게 표현하고 있다.

③ 연구 자료에서 한계기업 수가 2013년 2,355개 업체에서 2018년 2,723개 업체로 지속적으로 증가했다고 했으며 통계표가 맞게 표현하고 있다.

⑤ 연구 자료에서 중소기업의 영업이익률은 2016년 3.20%로 2018년까지 3년 동안 증가 추세에 있으나 글로벌 금융위기 이전(2011년)으로 회복하지 못하고 있는 실정이라고 했으며 통계표가 맞게 표현하고 있다.

12

| 정답 | ⑤

| 해설 | '지연운행 발생현황'의 ㉠, ㉡에 들어갈 수치를 계산하면 다음과 같다.

㉠ : 245−3−14−119−67=42(건)

㉡ : 259−1−4−55−1−51=147(건)

따라서 선로장애/급전장애/신호장애로 인한 지연운행 발생건수는 235건으로, 차량고장(675건), 기타(370건)에 이어 세 번째로 많다.

| 오답풀이 |

① 최근 5년 동안 정지신호 위반운전으로 인한 운행장애는 1+1+2+1+5=10(건) 발생하였다.

② 최근 5년 동안 무허가 구간 열차운행, 위험물 누출사건으로 인한 운행장애는 모두 2건씩 발생하였다.

③ 20X5년에 차량파손으로 인한 운행장애가 1건 발생하였다.

④ 20X8년에는 전년과 동일하게 4건이 발생하였다.

13

| 정답 | ③

| 해설 | **12**의 해설을 참고하면 ㉠은 42, ㉡은 147이다. 따라서 ㉠, ㉡에 들어갈 값의 합은 42+147=189이다.

14

| 정답 | ②

| 해설 | 20X5 ~ 20X9년의 운행장애 발생건수는 다음과 같다.

- 20X5년 : 2+253=255(건)
- 20X6년 : 1+245=246(건)
- 20X7년 : 4+259=263(건)
- 20X8년 : 2+231=233(건)
- 20X9년 : 10+347=357(건)

따라서 자료와 일치하지 않는 그래프이다.

| 오답풀이 |

① 20X5 ~ 20X9년의 위험사건 발생건수는 다음과 같다.

- 20X5년 : 1+1=2(건)
- 20X6년 : 1건
- 20X7년 : 2+2=4(건)
- 20X8년 : 1+1=2(건)
- 20X9년 : 1+5+2+1+1=10(건)

따라서 바르게 그려진 그래프이다.

④ 20X7 ~ 20X9년의 지연운행 발생건수 중 선로장애/급전장애/신호장애로 인한 지연운행 발생건수의 비중은 다음과 같다.

- 20X7년 : $\frac{55}{259} \times 100 \fallingdotseq 21(\%)$
- 20X8년 : $\frac{49}{231} \times 100 \fallingdotseq 21(\%)$
- 20X9년 : $\frac{61}{347} \times 100 \fallingdotseq 18(\%)$

따라서 바르게 그려진 그래프이다.

⑤ 20X5 ~ 20X9년의 지연운행 발생건수 중 기타로 인한 지연운행 발생건수의 비중은 다음과 같다.

- 20X5년 : $\frac{98}{253} \times 100 \fallingdotseq 39(\%)$
- 20X6년 : $\frac{67}{245} \times 100 \fallingdotseq 27(\%)$
- 20X7년 : $\frac{51}{259} \times 100 \fallingdotseq 20(\%)$
- 20X8년 : $\frac{67}{231} \times 100 \fallingdotseq 29(\%)$

• 20X9년 : $\frac{87}{347} \times 100 ≒ 25(\%)$

따라서 바르게 그려진 그래프이다.

15

| 정답 | ①

| 해설 | 자격증취득률(%) = $\frac{자격증취득인원}{훈련수료인원} \times 100$이므로

자격증취득인원 = $\frac{자격증취득률 \times 훈련수료인원}{100}$이 된다.

고졸 집체훈련수료자의 자격증취득인원은 $53 \times 1,790 \times \frac{1}{100} = 948.7$(명)이고, 전문대졸 인터넷원격훈련수료자의 자격증 취득인원은 $55 \times 1,789 \times \frac{1}{100} = 983.95$(명)이다. 따라서 고졸 집체훈련수료자의 자격증취득인원이 전문대졸 인터넷원격훈련수료자의 자격증취득인원보다 적다.

| 오답풀이 |

② 남성 자격증취득인원은 집체훈련 방법이 제일 많다.

(단위 : %, 명)

구분	구성비	남성 자격증취득인원
집체훈련	45	4,124×0.45=1855.8
현장훈련	63	1,230×0.63=774.9
인터넷원격훈련	44	3,174×0.44=1396.56
스마트훈련	58	487×0.58=282.46
우편원격훈련	40	617×0.40=246.8

③ [훈련방법 · 최종학력별 훈련수료인원 및 자격증취득률]을 보면 고졸은 36%, 대졸은 52%이다. 따라서 대졸이 더 높다.

④ 자격증취득률을 구하려면 자격증취득인원과 훈련수료인원을 알아야 한다. 하지만 제시된 자료에는 훈련방법별 훈련수료인원의 연령대별 구성비가 나와있지 않으므로 구할 수 없다.

⑤ 전체 대졸 자격증취득인원 대비 훈련방법별 대졸 자격증취득인원의 비율이 가장 낮은 훈련방법은 스마트훈련이다.

(단위 : 명, %)

구분	대졸 자격증 취득인원	전체 대졸 자격증취득인원 대비 대졸 자격증취득인원의 비율
집체훈련	2,305×0.68 =1,567.4	$\frac{1,567.4}{2,723.7} \times 100 ≒ 57.5$
현장훈련	497×0.52 ≒258.4	$\frac{258.4}{2,723.7} \times 100 ≒ 9.5$
인터넷 원격훈련	2,808×0.26 ≒730.1	$\frac{730.1}{2,723.7} \times 100 ≒ 26.8$
스마트 훈련	203×0.36 ≒73.1	$\frac{73.1}{2,723.7} \times 100 ≒ 2.7$
우편 원격훈련	108×0.80 =86.4	$\frac{86.4}{2,723.7} \times 100 ≒ 3.2$
전체	5,921×0.46 ≒2,723.7	-

16

| 정답 | ④

| 해설 | ㄷ. 훈련방법별 자격증취득인원의 성별 구성비를 막대그래프로 나타낸 것으로, 훈련방법 · 성별 자격증 취득률이 아니다.

17

| 정답 | ②

| 해설 | 이동편의시설 개량에 투자하는 금액은 20X8년과 20X9년에 증가한다.

| 오답풀이 |

① 노후기반시설개량에 투자하는 금액은 520 → 575 → 660 → 715억 원으로 매년 증가한다. 계산을 하지 않아도 노후신호설비 개량, 노후통신설비 개량에 투자하는 금액이 각각 매년 증가하므로 전체 금액도 매년 증가함을 알 수 있다.

③ LTE 기반 철도 무선망 구축에 대한 총 투자금이 3,320억 원으로 가장 많다.

④ 승강장조명설비 LED 개량에는 20X6년, 20X7년에만 투자가 이루어진다.

⑤ 구조물원격관리시스템 구축에 투자하는 금액은 20X9년이 170억 원으로 가장 많다.

18

| 정답 | ③

| 해설 | ㉠ : $\frac{80-60}{60} \times 100 ≒ 33(\%)$

㉡ : $\frac{550-500}{500} \times 100 = 10(\%)$

19

| 정답 | ③

| 해설 | 20X9년의 개량투자계획 총 투자금에서 기반시설 성능개선에 투자하는 금액이 차지하는 비중은 $\frac{1,000+40+100}{3,000} \times 100 = 38(\%)$이다.

20

| 정답 | ⑤

| 해설 | 지역별로 2019년 9월 대비 2020년 3월의 전기차 등록 증가율을 구하면 다음과 같다.

지역	2019년 9월 대비 2020년 3월의 전기차 등록 증가율	지역	2019년 9월 대비 2020년 3월의 전기차 등록 증가율
서울	$\frac{5,036-3,530}{3,530} \times 100 ≒ 42.7(\%)$	광주	$\frac{634-423}{423} \times 100 ≒ 49.9(\%)$
인천	$\frac{659-435}{435} \times 100 ≒ 51.5(\%)$	강원	$\frac{571-378}{378} \times 100 ≒ 51.1(\%)$
경기	$\frac{2,845-1,714}{1,714} \times 100 ≒ 66.0(\%)$	경북	$\frac{1,024-575}{575} \times 100 ≒ 78.1(\%)$
충북	$\frac{410-168}{168} \times 100 ≒ 144.0(\%)$	경남	$\frac{1,202-893}{893} \times 100 ≒ 34.6(\%)$
충남	$\frac{482-269}{269} \times 100 ≒ 79.2(\%)$	대구	$\frac{2,569-1,454}{1,454} \times 100 ≒ 76.7(\%)$
세종	$\frac{175-69}{69} \times 100 ≒ 153.6(\%)$	울산	$\frac{404-223}{223} \times 100 ≒ 81.2(\%)$
대전	$\frac{364-253}{253} \times 100 ≒ 43.9(\%)$	부산	$\frac{935-629}{629} \times 100 ≒ 48.6(\%)$
전북	$\frac{422-232}{232} \times 100 ≒ 81.9(\%)$	제주	$\frac{10,368-8,281}{8,281} \times 100 ≒ 25.2(\%)$
전남	$\frac{1,209-810}{810} \times 100 ≒ 49.3(\%)$		

따라서 전기차 등록 증가율은 제주가 가장 작고, 세종시가 가장 크다.

| 오답풀이 |

② [자료 2]를 보면 제주도에 등록된 전기차가 8,281대로 가장 많은 것을 알 수 있다.

③ [자료 2]를 보면 서울에 등록된 전기차는 3,530대, 제주도에 등록된 전기차는 8,281대로 서울에 등록된 전기차 수의 $\frac{8,281}{3,530} ≒ 2.3$(배)가 제주도에 등록되어 있음을 알 수 있다.

21

| 정답 | ②

| 해설 | ㉢ 2019년 9월 대비 2020년 3월 전기차 등록 증가량은 서울이 5,036−3,530=1,506(대), 인천이 659−435=224(대), 경기가 2,845−1,714=1,131(대)이다.

| 오답풀이 |

㉡ 2016년과 2017년의 전년 대비 전기차 보급 증가율을 구하면 다음과 같다.

- 2016년 : $\frac{1,075-780}{780} \times 100 ≒ 38(\%)$
- 2017년 : $\frac{2,821-1,075}{1,075} \times 100 ≒ 162(\%)$

따라서 바르게 그려진 그래프이다.

㉣ **20**의 해설을 참고하면 전북, 전남, 광주의 2019년 9월 대비 2020년 3월 전기차 등록 증가율은 순서대로 82%, 49%, 50%이다. 따라서 바르게 그려진 그래프이다.

Memo

미래를 창조하기에 꿈만큼 좋은 것은 없다.
오늘의 유토피아가 내일 현실이 될 수 있다.

There is nothing like dream to create the future.
Utopia today, flesh and blood tomorrow.
빅토르 위고 Victor Hugo

고시넷 금융권 직무평가 최신판

은행 · 금융 공기업 NCS
실제유형 + 실전모의고사

지역농협 6급
인적성&직무능력평가

NH농협은행 6급
온라인 필기시험

MG 새마을금고
기출예상모의고사

지역신협 인적성검사
최신 기출유형 모의고사

지역수협 인적성검사
최신 기출유형 모의고사

고시넷
공기업 NCS
대기업 인적성

수리능력 파랑이 자료해석

수리능력 전략과목 만들기

gosinet
(주)고시넷

공기업_NCS

2025 고시넷 공기업 초록이① NCS 통합기본서
2025 고시넷 공기업 초록이② NCS 통합문제집
고시넷 공기업 NCS 피듈형 통합 오픈봉투모의고사 6회
고시넷 공기업 LH 한국토지주택공사 5·6급 NCS 기출예상모의고사 6회
고시넷 공기업 LH 한국토지주택공사 업무직 NCS 기출예상모의고사 5회

2025 고시넷 공기업 코레일 한국철도공사 NCS + 철도법 기출예상모의고사
2025 고시넷 공기업 코레일 한국철도공사 경영학 직무수행능력평가 기출문제집
2025 고시넷 공기업 코레일 한국철도공사 보훈·고졸채용 NCS + 철도법 기출예상모의고사
고시넷 공기업 서울교통공사 NCS 기출예상모의고사 8회
고시넷 공기업 부산교통공사 + 부산시 공공기관 통합채용 NCS 기출예상모의고사 6회

고시넷 공기업 경기도 공공기관 통합채용 NCS 기출예상모의고사 6회
고시넷 공기업 한국산업인력공단 6급 NCS + 한국사 + 영어 기출예상모의고사 5회
고시넷 공기업 한국가스공사 NCS 기출예상모의고사 6회
2025 고시넷 공기업 한국도로공사서비스 NCS 기출예상모의고사
고시넷 공기업 한국전력공사 NCS 기출예상모의고사 5회

고시넷 공기업 사람인 NCS 출제유형모의고사
고시넷 공기업 인크루트 NCS 출제유형모의고사
고시넷 공기업 휴노 NCS 출제유형모의고사
고시넷 공기업 매일경제 NCS 출제유형모의고사
고시넷 공기업 휴스테이션 한국사회능력개발원 NCS 출제유형모의고사

고시넷 공기업 한국도로공사 NCS 기출예상모의고사 5회
고시넷 공기업 공기업 통합전공 사무직 핵심이론 + 문제풀이
고시넷 공기업 한국수자원공사 NCS 기출예상모의고사 6회
2025 고시넷 공기업 코레일 한국철도공사 경영학 통합기본서
고시넷 공기업 한국수력원자력 NCS 기출예상모의고사 4회